本年鉴获武汉大学文学院出版基金资助

SONGDAI WENXUE YANJIU NIANJIAN

宋代文学研究年鉴

刘扬忠 王兆鹏／主编

(2012–2013)

武汉出版社
WUHAN PUBLISHING HOUSE

《宋代文学研究年鉴》编委会

目 录

⊙统计分析

⊙会议追踪

⊙研究综述

⊙专题讨论

⊙海外概览

⊙论文摘要

⊙新著选评

⊙学者研究

⊙怀仰清芬

⊙论著索引

2012—2013年
宋代文学研究论著的统计分析

刘　学　瞿梦琴

进入新世纪以来,宋代文学(含辽金)研究持续发展,表现出一些新的态势。尽管在2010—2011年的统计中,我们发现宋代文学研究中存在着研究视角的固化以及研究成果的重复等问题,总体上的发展趋势却是毋庸置疑的:成果数量趋多,研究程度趋深。那么,以2010—2011年为参照,2012—2013年的宋代文学研究呈现出怎样的特点,在哪些方面表现出研究的推进呢?我们继续对2012—2013年大陆地区出版的宋代文学研究论著进行统计与分析。

统计资料来源于《全国新书目》(中国新闻出版署)、《全国报刊索引》(上海图书馆)、《报刊资料索引》(中国人民大学书报资料中心)、中国国家图书馆馆藏书目(网络版)所收录该时段的宋代文学研究论著,以及宋代文学学术会议集刊和学术期刊网所收相关硕士、博士学位论文。详目见本年鉴《2012—2013年宋代文学研究著作索引》与《2012—2013年宋代文学研究论文索引》。

一、成果总量

2012—2013 年宋代文学研究成果丰富，在总量上较 2010—2011 年有所增长。总量统计结果见表 1。

表 1　论著总量统计表

时　段	论著总数(项)	论文数(篇)	著作数(部)	作者总数(人)
2012—2013 年	3483	2845	638	2826
2010—2011 年	2981	2565	416	2429

说明：表 1 中，“论著总数”为“论文数”与“著作数”之和。论文与著作均以“项”为单位。“作者总数”统计的是论著署名作者的数量，含第二作者。2012—2013 年的数据中，论文项含硕士论文 306 篇；著作项含博士论文 39 部；除去了 77 项集体署名或署名不详的论著的作者）。

被统计的宋代文学研究论著总量是 3483 项，比前两年增长了 500 多项，其中，著作增长了 200 多项。考察这些著作，并非全是学术著作，很多是普及性选本，或者是面向普通接受者的通俗读物。

根据其研究的方式，我们将统计中的所有论著分为五种类型：论述型（偏重于理论阐释）；考证型（偏重于文献考证）；选注型（作品选本）；编著型（人物故事、作品演绎）；评述型（书评或学术综述），表 2 中分别用“论”、“考”、“选”、“编”、“评”标示。

表 2　论著研究类型表(单位:项)

时　段	论	考	选	编	评
2012—2013 年	2664	315	337	94	73
2010—2011 年	2491	208	201	30	51

严格说来，编著型的著作不能算是宋代文学研究论著，因为这些著作基本上属于通俗读物，大多学术含量低，其作者多为非专业研究者。由于这是学术史的计量分析，我们无法用主观判断的方式将其拒绝于宋代文学研究领域之外，只能通过查阅文本，将其归类为“编著型”作品，纳入统计之中，以保证统计的相对客观与全面。实际上，这类论著对于学术史发展的反映甚微。考察2012—2013年宋代文学研究论著，此类论著数量增长极快，多达近百种，从宋代文学传播与推广的角度来看，反映了普通接受者对于宋代文学的喜爱，应是一个好的信息，而从宋代文学专业研究的角度来看，则不能表现出研究的推进。其中一些编写较为随意、编辑较为粗糙的读物，甚至可能有误导之嫌。

2012—2013年中，选本也大量出版，比前两年多出100多项。同样存在的问题是，大多数选本是旧本重刊，创新性有限；而新出选本中学术含量较高、质量上乘的亦有限。所以综观著作的增长，只有新增的一百多种论述型与考证型著作，最能反映学术的推进。而面对文化市场的巨大需求，学术界也应该贡献力量进行有效的引导，并参与创作。

论文成果主要分布于论述、考证与评述三种类型，表现出正常的数量增长，虽然文献综述与书评略多，但这是宋代文学研究成果丰富化之后的必然产物。

二、研究对象

考察2012—2013年的宋代文学研究情况，在论著总量的统计之下，应该对其具体的研究对象进行更细致的统计与分析。首先来看论著在文体上的分布情况，见表3。

表3　论著文体分布表

年份	文体	词	诗	文	小说	戏曲	总论及其他	合计（项）
2012—2012	作品（项）	912	700	407	138	40	973	3170
	理论（项）	31	180	43	0	2	57	313
	总数（项）	943	880	450	138	42	1030	3483
	总数所占百分比	27.0%	25.3%	12.9%	4.0%	1.2%	29.6%	100%
2010—2011	作品（项）	1245	646	249	70	23	589	2822
	理论（项）	17	99	16	1	0	26	159
	总数（项）	1262	745	265	71	23	615	2981
	总数所占百分比	42.3%	25.0%	8.9%	2.4%	0.8%	20.6%	100%

不难发现，2012—2013年宋代文学研究论著在文体上的分布趋于平衡。长久以来的宋代文学研究在文体上的严重失衡现象正在逐步扭转，词体研究不再是一枝独秀，宋诗研究已经几乎可以与宋词研究并驾齐驱。宋代散文研究、小说研究都有较大增长。尽管由于宋代戏曲文体发展本身的状态，戏曲研究论著在宋代文学研究领域所占比重仍然最小，但同2010—2011年相比，增长了0.4个百分点。应该说这是宋代文学研究走向成熟的表现，也是学术研究趋于理性的表现。

在文体分布趋于均衡的同时，宋代文学研究倾向于跨文体的宏观视野，故表3中的“总论及其他”项增幅很大，也就是说，这两年中涉及两种及以上文体的研究居多，所占比重最大，比前两年增加了400多项成果。而针对宋代文学理论展开的研究论著有313项，比前两年几乎增长了1倍，这似乎是研究走向深入的又一个佐证。当然，其中的小说理论研究过于薄弱，亟待加强。

再看论著在具体研究对象上的分布情况，这两年有353个作家进入宋代文学专门研究的视野，其中不乏此前较受冷落的一些作家，而2010—2011年仅207位作家成为个体研究对象。不仅个体研究视野大大拓宽，而且对研究对象的关注趋于平衡。相关论著4项及以上的个体研究对象的分布详见表4。

表4　文学家研究分布表(单位:项)

对象	总数	成果形式		研究类别					文体分布				
		论文	书	论	考	选	编	评	诗	词	文	小说	总论
苏　轼	347	296	51	288	16	17	24	2	64	78	45		160
李清照	97	71	26	70	3	18	5	1		63			34
欧阳修	96	80	16	79	4	8	5		18	10	35		33
辛弃疾	85	70	15	66	5	10	4			67	3		15
陆　游	75	65	10	57	4	7		7	27	11	7		30
柳　永	54	43	11	41	2	10	1			45			9
黄庭坚	53	46	7	45	3	4	1		26	9	3		15
朱　熹	44	39	5	35	4	2	1	2	23	3	1		17
王安石	41	28	13	28	3	2	8		20		4	1	16
秦　观	32	25	7	21	2	7		2	5	20	2		5
杨万里	32	29	3	27	3	1		1	22		3		7
严　羽	31	30	1	30	1				30				1
姜　夔	30	26	4	25	1	3		1	4	22			4
刘克庄	23	19	4	21	1	1			10	5	6		2
范仲淹	22	16	6	17	1		4			4	3		15
吴文英	22	18	4	14	6	2				22			
梅尧臣	19	18	1	18	1				16		2		1
洪　迈	18	12	6	13		5			2		2	13	1
晏　殊	17	13	4	12	2	3			1	13	2		1
范成大	16	16		14	2				9	1	1		5
岳　飞	16	1	15	1	1		14			1			15
张　炎	16	16		11	3			2		16			
曾　巩	14	10	4	9	2	2	1				9		5
朱淑真	14	10	4	10		3	1			7			7
贺　铸	13	12	1	11	1	1				12			1
苏　辙	13	9	4	10		2	1		3		3		7
元好问	13	13		12	1				2	5	2		4

续表

对象	总数	成果形式		研究类别					文体分布				
		论文	书	论	考	选	编	评	诗	词	文	小说	总论
周　密	12	11	1	11	1					5	3	1	3
王禹偁	11	11		10	1				5		2		4
晏几道	11	9	2	8	1	2				10			1
沈　括	10	5	5	5		5			1		3	5	1
宋　祁	9	9		6	2			1	4		3		2
晁补之	8	8		6	2				3		4		1
王沂孙	8	6	2	6		2				8			
徐　铉	8	8		5	3				5		2		1
张　戒	8	8		7				1	7				1
叶　适	7	6	1	6		1			1		4		2
陈师道	6	6		6					6				
陈与义	6	4	2	5		1			4	1			1
惠　洪	6	3	3	5		1			2		1		3
蒋　捷	6	6		6						5			1
邵　雍	6	5	1	4	1	1				5			1
杨　亿	6	6		4	1			1	2		2		2
张　耒	6	6		6					2	1	2		1
周必大	6	5	1	6					2		1		3
白玉蟾	5	1	4	1	1	3			2		1		2
蔡　襄	5	5		3	2				3		1		1
苏　洵	5	2	3	2		2	1				3		2
文天祥	5	1	4	1			4						5
周紫芝	5	5		5					4		1		
林　逋	4	3	1	3		1			4				
吕本中	4	4		3	1				3	1			
吕祖谦	4	4		3	1				2		2		
王十朋	4	2	2	2	2				3				1
杨宏道	4	3	1	3	1				1		1		2
叶梦得	4	3	1	3	1					1	1		2
赵　鼎	4	4		4					2		1		1
赵　佶	4	4		4						2			2

宋代文学研究者对于研究对象的选择逐渐回归理性，不再是聚集于传统的研究热点，而是表现出补白的意识。通过表 4 可以大致了解宋代文学研究者对于个体对象的关注情况。

先看排在前十位的研究对象，有一个大变化：苏轼、李清照、辛弃疾形成的前三甲格局终于被欧阳修打破，欧阳修摘得“榜眼”。不同于此前柳永的“黑马”现象，欧阳修的相关研究是渐进累积的，前两年就已蓄势待发，屈居辛弃疾之后，在 2012－2013 年终于实现了这一突破。作为北宋中期的文坛盟主，宋代文学发展史进程中的枢纽人物，他的文学成就与思想越来越受到当下学术界的关注。其积极的入世精神与达观的处世态度，也唤起当代接受者的共鸣。虽然苏轼仍然保持了宋代文学研究中的绝对优势，但新的研究增长点正在崛起。新的排名中，对于苏轼的研究全面开花，对于欧阳修的研究偏重于其散文，对于李清照的研究主要集中于词，各具特色，这样的格局也从一定程度上呼应着宋代文学研究在文体上的趋于平衡。

再考察排名第十一到二十的研究对象，从杨万里到范成大，诗人更占优势。其中诗评家严羽和诗人刘克庄的排名上升很快，从第 29 名和第 26 名跃进前二十。研究者对严羽的关注从一定程度上反映出 2012－2013 年对于宋代文学理论的关注。而此前排名靠前的大词人周邦彦，2010－2011 年排名在第 16，这两年相关研究严重萎缩，甚至于表 4 中榜上无名。考察这两年的成果，数量极少，且其研究内容与视角尚属老生常谈。这其中仅词人吴文英的研究成果较为单纯，而姜夔与晏殊都有相关诗学研究成果问世，晏殊的赋体创作也引起了研究者的注意。

从岳飞到晏几道，也就是从第二十一到三十名，呈现出五彩缤纷的面貌，文体分布较为均衡，不同类型的大家汇聚此间。以词体见长的张炎、朱淑真、贺铸、晏几道，以诗体见长的王禹偁，以文章见长的曾巩、苏辙，文学成就较为全面的元好问以及杂家周密，济济一堂。仅从文学成就的角度来考察，岳飞是较为单薄的，然而从个人影响的角度来看，岳飞的知名度却极高。2012—2013 年关于岳飞的论著，仅有一篇论文，却有 15 种著作，其中 14 种是编著，也就是非学术性的成果，因而其影响主要是非学术性的。这是我们在计量统计中需要甄别的。

表 4 中从沈括到赵佶，越来越多的文学家受到空前的关注。研究者努力地挖掘新的研究对象，开拓新的研究空间。表现出来的总体趋势是：弥补此前的研究空白；对于宋诗领域开拓尤多；对个体对象的研究更加全面。这些文学家中，徐铉、邵雍、白玉蟾、王十朋等，此前较少受到关注。在文体上，宋词的研究密度一直是最高的，于是研究者开始向宋诗转移阵地，所以榜单中的诗人明显增多，除了前面的严羽、黄庭坚和朱熹，诗论家张戒、吕本中也颇受关注，文论家邵雍、吕祖谦等也获得较多的研究。

虽然宋代文学研究论著在个体对象上的分布表现出这些新的开拓，但总体上个体研究数量趋小，更多的研究关注被投放在群体研究与其他宏观视野研究之中。

三、研究视角与方法

由于宋代文学研究趋于理性，故从总体上推动着宋代学术史向纵深发展。我们从具体的研究视角与方法上来进行考察。这两年，宋代文学研究并没有出现二十世纪末期风起云涌、全面探索新视角、新方法的局面，基本上还是采用大家已经了解的一些研究角度和方法。但是方法运用更为纯熟，并且表现出宏观的学科交叉视野。

我们把这些方法归为三大类，其一是作品研究，即传统意义上的文本研究；其二是文学史研究，即宏观考察文学史各种现象的研究；其三是文化研究，即跨学科跨领域的交叉研究。2012—2013

年三类研究中使用较多的研究方法详见表5。

表5 研究视角分类表(单位:项)

作品研究	类型	文本	意象	风格	文体	手法	情感	形象
	277	157	128	100	79	72	64	30
文学史研究	传播接受	群体	学术	来源	生平交游	比较	选学	
	167	121	97	85	83	80	60	
文化研究	其他艺术	思想	地域	政治	哲学	宗教	民俗	
	154	142	89	80	77	72	34	

在三类研究中,作品研究较为平稳,主要涉及作品的风格、手法、语言、情感、文体特色等方面的研究。曾经广受欢迎的意象研究大为减少。在上个世纪的宋代文学研究领域,意象研究在中国传统意象理论结合西方原型批评理论的背景下大量展开。由于诗歌在宋代文学中占有很大的比重,意象研究不失为一种应用广泛、易于操作的方式。然而随着研究的深入,意象研究往往停留于文本表层,未能开拓出更为深广的对象与理论空间,反而造成不少的重复研究。因而意象研究在宋代文学研究领域已经降温。而作品研究中的类型研究,一直是备受研究者青睐的研究方式。类型研究主要指根据题材来选择某一类型的作品进行专门研究,例如咏史诗,咏物词。同此前相比,这两年的研究"类型"更为丰富、新颖,有许多着眼于文体类型展开的研究,例如昆体四六文、集议、制书、郊祀声诗等,开拓了研究对象。另外,在类型的选取上更为细化,在研究上更为深化,常常从审美范式的角度来进行归类和选取,故走出了一般类型研究的俗套,表现出思考的深度,例如温瑜《宋代"销魂词"及其文学史意义》(《北方论丛》2013年第4期);张兴武,李梅洁《唐宋之际"学人之诗"的传承与嬗变》(《西北师范大学学

报》2013 年第 2 期);张若兰《多元共生的系统与文化:北宋怀古咏史词研究》(云南大学出版社 2013 年)等。无论是类型研究还是意象研究,选题重复的现象大为减少,甚至在标题制作上也费心经营,表现出读者意识的自觉。

宋代文学研究趋向于宏观视野,不仅表现于文学史研究和文化研究,在作品研究中,也打破文体的藩篱,展开文体之间的横向比较,例如研究周密的词创作与其笔记之间的关系。当然,研究的宏观视野更突出表现于文学史研究和文化研究中。

在文学史研究中,研究者注重在文学互动关系中考察文学对象,故而宋代文学的传播接受研究仍然相当热门,两年中研究论著多达 167 项,而对于宋代文学家所继承的文学传统和文学来源的研究,也有 85 项之多。两项相加的结果,几乎占所有研究论著的十分之一。同样基于文学互动关系的视野,文学家的比较研究有 80 项,而在文学家的生平事迹考证之中,文学家之间的交游活动及其意义尤受关注,超过三分之一的论著集中于文学家的交游研究。与之相关的,同个体对象研究的收缩形成对照,群体研究蓬勃生长,共计 121 项论著选择了这样的视角。其中仅包含 6 项传统意义上的流派研究,更多的论著是突破表层的集合关系,梳理出具有深层文学互动关系的群体展开研究。在这其间,又以“唱和”研究最为引人注目。共计 19 项论著展开了文学家之间的唱和研究,已有相关专著问世,如巩本栋《唱和诗词研究:以唐宋为中心》(中华书局 2013 年版)。而近年来相关的哲学社会科学研究立项中,唱和研究也是热点选题。此外,2012－2013 年有 97 项论著是从学术史的角度进行的研究,其中书评和学术综述有 51 项,学术史相关论题或者重要学术思想研究有 46 项,其对学术史的反思与自觉也同样是宏观视野下的产物。

在文化研究中,研究者充分展开文学与其他艺术门类、哲学、地域、政治、经济、宗教、民俗等的探讨。尤以文学与地域、政治、宗教三类的考察最为凸显。从政治制度的层面，探讨文学的发生发展机制；或是从文学家思想来源的层面，考察宗教对于文学家的创作理念的影响。相关成果甚繁。家族研究似乎已经不复往日的热度，然而研究者对于地域、地理与文学的关系却投入了更多的热情，文学的家族研究也往往与地域文化研究相结合。研究者还将地域研究与唱和研究相结合，展开文化层面的考察与阐释。研究者还展开文学与其他艺术门类，包括音乐、书法、绘画等之间的互动关系研究，从其他艺术思维与美学、哲学、民俗、宗教等思想中寻绎文学家的创作与批评来源。上述研究视角与方法都表现出宋代文学研究者在该领域的开拓与进取，也是该学科走向成熟的表现。

此外，研究者还特注重新文献的发掘与利用。例如欧阳修散佚书简发现伊始，有一系列相关研究跟进，逐步深入地展开考证与阐释，在东英寿《新见九十六篇欧阳修散佚书简辑存稿》(《中华文史论丛》2012年第1期)发表之后，《武汉大学学报》组织了专题论文，例如洪本健《东英寿教授新见欧阳修散佚书简解读》(《武汉大学学报》2012年第3期)；欧明俊《从新发现的96通书简看欧阳修的日常生活》(《武汉大学学报》2012年第3期)等。

随着学术规范的确立与普及，宋代文学研究者的创新意识日益增强，从研究的内容、视角到论著标题的拟定，常常都有新人耳目之效，研究的重复率有所下降。

四、论著作者

再来考察2012—2013年宋代文学研究论著的作者队伍。由于这两年中论著作者的最高成果量是17项，所以根据普赖斯定律，以17的开平方根乘以0.749，获得3.09的成果数。取整数计，则活跃作者的标准突破了此前的3项，达到了4项。两年中产出宋代文学研究论著4项及以上的作者，方为活跃作者，而拥有3项及以下论著的作者则为一般作者。一般作者与活跃作者的分布详见表6。

表6　作者创作量分布表(论著单位:项)

时段＼梯队	一般作者					活跃作者				
	论著量	百分比%	人数	百分比%	人均量	论著量	百分比%	人数	百分比%	人均量
2012—2013	1—3	85.1	2718	96.2	1.2	4—17	14.9	108	3.8	5.5
2010—2011	1—2	83.7	2265	93.2	1.1	3—15	16.3	164	6.8	3.0

除去74项集体署名的论著和3项署名不详的论著,其余论著的作者(含第二作者)2826人。其中一般作者有2718人,在所有作者中所占比例为96.2%;其人均论著量是1.2篇,创造的论著量是所有论著的85.1%。而活跃作者共计108人,人均论著量高达5.5项,其创造的论著在论著总量中占14.9%。同2010—2011年相比,活跃作者的门槛更高了,而数量也相对减少。且无论是一般作者还是活跃作者,人均论著量都有所提高,活跃作者提高的幅度更大。总体而言,论著的作者队伍活跃性有所增强。

再来看论著量在7项以上的作者情况,详见表7。

表7　高产作者排名表(论著单位:项)

作者	论著量	类别		文体分布						研究方式				
		论文	书	诗	词	文	戏曲	小说	总论	论	考	选	编	评
何泽棠	17	16	1	17						16		1		
王兆鹏	16	11	5	2	3				11	9	5	2		
喻世华	15	15		1					14	13	2			

续表

作者	论著量	类别		文体分布						研究方式				
		论文	书	诗	词	文	戏曲	小说	总论	论	考	选	编	评
郭艳华	13	12	1	3	6				4	13				
左汉林	13	13		13						12	1			
孙　虹	10	10			10					5	5			
房日晰	9	9			9					9				
刘京臣	9	9		4	5					7	2			
刘　培	9	8	1			6			3	8				1
陶文鹏	9	8	1	3	4				2	8				1
张　颖	9	9		8					1	8				1
操瑞文	8	8		3	2	2		1		7	1			
刘尊明	8	7	1		8					7				1
王水照	8	3	5	2		2			4	3		3	2	
程　磊	7	7		1	1				5	7				
王培友	7			4		2			1	7				
曾维刚	7	7		4					3	4	2			1
张晓利	7	7		3	1	1		1	1	6	1			
周剑之	7	6	1	6		1				7				
朱　刚	7	4	3	2				1	4	4	2	1		

表 7 中的高产作者，大多为中青年的学者。其中的学界前辈，仅包括老一辈的学者房日晰、陶文鹏和王水照先生，上个世纪早期的古代文学博士王兆鹏、孙虹、刘尊明先生，以及中年学者喻世华先生。学界前辈学术积累更为深厚，2012—2013 年中多有著作成果问世，而且研究领域相对宽广。而新一代学者的成果主要是论文，以新锐的思维和崭新的研究方式见长。中青年学者的研究领域较为集中，研究方式也形成了个人的特色。不仅在文体上有所取舍，在研究视角上也相对固定。例如排在榜首的何泽棠，主要从

事宋诗研究，其研究对象主要集中于宋代诗选与诗学，故而多从传播接受、选学的角度展开研究。近几年来，何泽棠一直榜上有名，成果数量惊人。

其他年轻学者，刘京臣对晁氏家族关注较多；郭艳华关注宋夏战争对词学的影响；左汉林关注宋诗对唐诗的接受，其研究视角几乎都是来源研究；而张颖集中于严羽和张戒的诗学比较研究；操瑞文和张晓利两人合作，多研究宋末作家特别是周密；王培友多展开诗歌与哲学、政治等文化关联的研究；曾维刚多展开南宋中兴诗坛的群体及其研究；周剑之集中于宋诗的叙事性研究。其中，朱刚年纪尚轻，却在两年中有两本专著与一种选本问世，且较一般年轻学者视野更为开阔，其研究有文本考证，也有群体研究。一般年轻学者的系列研究论文往往来源于博士论文写作的相关积累与研究思路。其新人耳目之处自然是优点，但研究领域与视野的相对狭窄，研究的可持续性等问题，则应当引起注意。

通过对 2012—2013 年宋代文学研究论著进行统计分析，我们发现宋代文学研究表现出来较好的发展态势。学科规范已经确立，重复投稿几不复见，研究视野更为开阔，研究对象更为丰富，而研究的深度更为推进。宋代文学研究在趋于平稳的过程中，是否蕴育着新的突破，值得期待。

第八届中国宋代文学学会年会开幕词

王水照

各位领导、各位代表、各位朋友：

两年一度的学会年会如期召开了，使我们自然地想到苏东坡的诗句“人似秋鸿来有信”，在这秋光明丽、迎接丰收的日子里，我们不论是新交还是旧识，带来了近两年来的研究成果，互相切磋，交流心得，共商学科发展大计，迎来又一次宋代文学研究界的学术盛会。当然，我们也自然不会忘记这次会议的东道主——赣南师范学院文学院的各级领导和朋友，他们经过精心筹办，费心费力，又联合江西省社科院文学所、黄冈师院文学院，同心协力，保证了这次会议，即“中国宋代文学学会第八届年会暨宋代文学与宋城文化国际学术研讨会”的顺利举行，我们要感谢东道主为我们提供了得以酣畅论学的良好机会。

苏东坡的诗接着说“事如春梦了无痕”，抒发了沉重的人生空漠之感。我想借用他的“春梦”，即“春天的梦想”来表达一下对宋代文学研究未来的展望与期待。我们期待宋代文学在我国断代文学研究中，继续成为最为活跃、最见成果的领域之一，期待在视野的拓展、方法的探索、材料的挖掘、队伍的建设诸多方面，继续展示出稳中求进、可持续发展的前景。我们要继续精深治学，跟踪学术前沿,追求在传统基础上的创新,警惕学术上的短板、瓶颈和套路,如有些学者提到的,要突破在教科书文学史书写格局下所逐渐形成的自闭式学术生产和碎片化的操作方式,这不失为对我们的一种有益的提醒。

这次到江西来开年会,也是不少学会同道的“梦想”。江西地区的文学一直占据宋代文学的半壁江山。古文宋六家,江西占其半;黄庭坚和江西诗派影响整整一代宋诗;晏欧词派又是宋初词坛的翘楚。至于南宋,江西籍的作家和流寓江西的作家中,更涌现出一大批名家、大家:杨万里、周必大、姜夔、刘辰翁、文天祥、谢枋得以及辛弃疾等,都是研治宋代文学无法绕过的高峰。我们到江西来研讨宋代文学,自然能得到地域的特殊优势,在这里与宋人作异代精神沟通,体会远隔时空而尽可能体会到的时代风貌与人文情怀,以思古之幽情,求历史之原貌。

我来江西四次,先后参加过曾巩、辛弃疾、欧阳修、杨万里的讨论会,每次都会得到意外的收获和体会。学者们已注意到,北宋名臣达官,大都死后不卒葬于故乡,但我在南丰亲谒曾巩墓,那时发掘不久,尚可猜想当时的墓制规格,而其他宋五家,除苏洵归葬四川外,欧、王、二苏均葬于他乡。在上饶参加辛弃疾会,参观鹅湖书院,又走官道到达武夷山界,体会辛弃疾与陈亮唱和的五首《贺新郎》的愤激情绪,对于他们背后是否藏有一段隐情,就引起我追索的兴趣,还写过一篇随笔式的考辨文章。又如郁孤台乃赣州一大名胜,而造口则在万安县,两地相距二百多里,辛氏为什么要将作于郁孤台的作品书于造口?在吉安吉水地区,我还第一次了解到宋代这一地区的人才盛况。宋明两代,吉安先后出了18位状元,16位榜眼,14位探花,2823位进士,吉水也有相关的民谣,说明宋代的江西南部地区是一方具有深厚文化底蕴的“文章节义之邦”,也引领着宋代文学特别是南宋文学的发展趋向。以上我汇报的是以前几次到江西的收获,我想,这次到江西来参加会议,一定也会不虚此行。

关于学会本身的工作，主要是一个会议、几套书刊，两年来进行十分顺利，发给每位代表的开封会议论文集和2010—2011年的《年鉴》，都能保持原来的学术水平。只是《新宋学》停刊多年了，目前由在座的李伟国先生帮助，复刊后的第三辑业已编完，可望由上海人民出版社出版，打算尽快即出第四辑，希望朋友们踊跃赐稿。

说了这些高兴事，也要提到伤心事。2012年是我们学界的凶年。不久前，本会顾问、著名词学家吴熊和先生久病不愈，离我们而去。在他之前不久，本会理事、江西财大龙建国先生，还有南京师大的邓红梅先生也不幸去世，我们感到非常悲痛。去者长已矣，让我们生者以更辛勤的劳作接续他们的事业，用更出色的成果告慰他们在天之灵。

最后，我再次借用、引申苏东坡的诗句意思，就是：以秋天收获的实绩，来实现春天般美好的梦想，实现宋代文学研究的新开拓、新突破。

祝大会圆满成功！

谢谢大家！

2013年9月21日

宋代文学研究与江西

——第八届宋代文学年会学术总结

莫砺锋

尊敬的王水照会长,各位代表,女士们、先生们:

受王水照会长的委托,由我来作会议总结。刚才听了四位小组代表的汇报以后,我觉得我原来准备要讲的许多内容都显得多余了。我非常感谢刚才李朝军(贵州师范大学)、巩本栋(南京大学)、范松义(重庆师范大学)、程杰(南京师范大学)四位先生代表他们小组所作的汇报,他们四个人的发言风格不一样,但是春兰秋菊各有所长,汇报得都很精彩。当然也有一点点的遗憾,因为四个小组发言的都是男性学者,而我们这次会议代表中间,女性学者在数量方面三分天下占其一,所以我们希望下一次年会的小组汇报至少能推荐1—2位女性学者上来报告。女性学者有她们天生的优势,她们比较细致,比较缜密,报告起来会有另外一种风味。

因为王水照先生(复旦大学)下午开会前才交给我这个任务,他没有时间向我交代他的想法,我只能讲一点我个人的感想。这次参加赣州师范学院主办的第八届宋代文学年会,我拿到会议手册感到很惊讶,因为代表人数非常多。我以前总认为宋代文学研究界我认识的人大概会占一半以上,可是看到代表名单,大吃一惊,我认识的人远远不到一半。说明我们宋代文学研究界又涌现了很多青年才俊,我以前不太认识的新人层出不穷,这是我们宋代文学学会一个非常可喜的现象。好像这几届都有这个情况,每一届都有年青学者涌现出来。刚才有几个组的汇报人已经提到我们这次会议的论文非常多,我也统计了一下,按现在的分组情况,大致是这样一个数字:宋诗55篇,宋文包括小说33篇,宋词33篇,综合37篇。这次会议提交的论文,大家能看到全文的，共有159篇之多。宋代文学学会开年会开到第八届，好像从来没有哪一次会议的论文集有这么厚重，这可能给各位代表带回去增加负担，但是这也显示了这次会议的成果是非常丰硕的。

记得前年在开封举办的第七届年会上，王水照先生做了一个闭幕词，其中也有刚才程杰先生汇报的、王先生这次会议提交论文中提到的内容[①]。王先生当时在闭幕词里说过，在宋代文学的学术界，文学与科举、文学与党争、文学与地域、文学与传播、文学与家族等这些关系的研究，受到学界的普遍关注，很有发展前途。王先生还用了一句很生动的话，称它们是五朵金花。王先生在闭幕词里还提出一种希望，他认为我们还可以关注宋代文学与经济、文学与宗教、文学与民俗等方面的研究。那么，我们很可喜地看到，本次会议提交的论文中已经出现这些方面的内容。比如说文学与经济，文学与宗教都有。如果说两年前王先生在闭幕词中所提出来的这几个选题方向还是一种希望，是一种预期的话，那么到了今天，我们完全可以借用台湾同胞所发明的一个汉语新词，称它们为“愿景”，宋代文学发展的“愿景”已经有一部分实现了。除此以外，本次提交的论文中间，还有一些新的开拓，比如说，宋代文学与职官制度，宋代文学与自然，主要指草木花卉，等等。这些方面，刚才程杰先生用比较多的时间介绍了侯体健（复旦大学）那篇论文所研究的祠禄的问题[②]，这个确实让大家觉得耳目一新。其他，比如说关于佛教的2篇，道教的1篇，关于民俗方面的都市书写以及民俗对象化选题都非常新颖。即使在一些传统的研究内容方面，本次大会的论文也是有开拓的。比如说宋代文学与宋代思想的关系，这当然是一个老课题，以前就有人研究过，但是这一次、这几届在这方面的研究，我个人感觉是很有深度的，我甚至觉得我们圈子里某些学者在关于宋代思想研究方面的学术水平，已经不亚于中国哲学史学术圈子里的水平，这是一种非常可喜的现象。其他，比如说宋代文学的文体研究，以前一直有，但这次已扩大到字说、桥记等等比较罕见的、不大被提及的内容。在文献方面也是，这一次比较多的论文引用了一些域外的汉籍，甚至关注到域外从事宋代文学研究的学者，这都是一些可喜的方向。所以，总的来说，这次宋代文学年会提交的论文总体上应该是：在题材的广度上有很大的开拓，在论述的深度上也有很深的开拓。所以，本次会议是学术水平非常高的一次会议。

下面我就从个人的角度谈一谈与这次会议有关的一些感受，尤其是会议在江西举办所引起的一些想法。

我本人在29年前完成了我的博士论文《江西诗派研究》(齐鲁书社1986年版),成为我们学术圈里的一个新兵。从那个时候开始,我一直觉得江西对于我们研究宋代文学的人来说是一块圣地。江西的宋代文学的大家太多了,如果从宋代现存资料可见的宋代作家的绝对人数来说,也许宋代的江南西路不是人数最多的一个路,但如果说宋代文学的大家,一流、二流作家,那么江西绝对称得上是宋代文学的半壁江山。江西确实是我们大家非常向往的一个地方,这次年会能够到江西来举行,这本身是一个非常好的事情。在昨天的开幕式上,王水照会长还说到了辛弃疾和陈亮的那次鹅湖之会的情况。也就是说,在825年以前,词人辛稼轩和词人陈亮在江西信州(今属江西上饶)的带湖那个地方相会。这次相会之后,产生了5首脍炙人口、传之千秋的《贺新郎》词,那些词非常好。其实辛稼轩第一首《贺新郎》的小序也非常优美[3],王先生也转述了那个小序的内容。我觉得那首小序真好,写出了辛稼轩和陈亮二人的那种胸怀,那种肝胆,那种意气,那种风度。辛稼轩有词曰:“我见青山多妩媚,料青山见我应如是。”(《贺新郎》)宋代的文学家跟自然有一种良好的沟通,一种和谐的关系,一种深深的默契,这些在辛稼轩的《贺新郎》这样的词以及小序中也体现出来了。也就是说宋代文学的繁盛,整体性地得到了江山之助。宋代文学与江西的明山秀水有深刻的关系。其实宋代的学术也如此,宋代学者的学术精神以及宋代学者在进行学术活动时所体现出来的学术风格和风度也都值得我们学习。在王先生提到的那场辛稼轩和陈亮的鹅湖之会发生的13年以前,另外一场鹅湖之会,就是理学家朱熹和陆九渊,在另外一位理学家吕祖谦的介绍下,在江西鹅湖相会,进行哲学思想的讨论。朱熹和陆九渊都是当时的一流学者,即使在整个中国思想史上也是一流学者。不但如此,他们两人都非常善于教学,都是讲学非常出色的人,以我们今天的标准的话,这两个人绝对是国家级的教学名师。那么,这样两位大学者与教学名师在鹅湖相会,以及之前他们在江西的白鹿洞书院的相会,因为朱熹主持白鹿洞书院,请陆九渊去讲学,都体现了一种非常好的学术精神和学术风度。他们两个人的观念不同,思想上有较大的距离,甚至可以说是针锋相对,但在学术讨论中间,在商讨过程中间,双方体现出非常宽容的胸怀,非常谦虚的一种风度。这也就是朱熹在鹅湖之会以后写的诗里面的两个句子:“旧学商量加邃密,新知培养转深沉。”(《鹅湖寺和陆子寿》)我觉得我们到江西来举行宋代文学研讨会，我们的本次会议，刚才第二组的巩本栋教授也说过，大家的讨论态度非常好，我们在学风上学习宋代的先贤，学习宋代先贤在江西这块土地上所创造的范例，这也是我们的会议得地利的一个方面。

各位代表，会议的主要议程今天下午就要结束了，明天开始我们要进入文化考察的阶段。说到文化考察，说到赣州，大家首先会联想起来一件事情，这些年来，不管代表们处于哪个城市，只要一碰到连下几个小时的暴雨，这座城市一定淹在洪水中间。大家说在武汉大学看海，我们在南京大学也曾经看过海，还看过瀑布，城市排涝大成问题。赣州在这方面是特别值得关注的一个城市。在北宋的熙宁年间，赣州当时叫虔州，知州刘彝在这里开挖了福寿沟，就是当时的城市排水系统。这个城市排水系统使得赣州在以后的一千年间，不管下怎么大的暴雨都没有积水，没有洪涝，这非常了不起。我这样说，并不是希望主办方组织我们去参观一下这个福寿沟的遗址，这可能已经没有时间了，我是要引出另外一个话题，就是这位刘彝先生有一句名言，他说“读万卷书，不如行万里路。”以前我们都知道司马迁的名言，既要读万卷书，又要行万里路，而刘彝说读万卷书，不如行万里路，就是实地考察比读书更重要。我们在赣州举行宋代文学研讨会，应该有一个地域性的文化考察。赣州这个地方北有奔腾的赣江，南有巍峨的五岭，赣江和五岭（就是南岭、大庾岭）正是919年以前苏东坡从河北定州贬到广东惠州途经的路线。所以假如会议能够组织我们沿着这条路走一走，体会一下当年苏东坡是怎么走过来的，苏东坡6年以后北归走的也是这条路，那多么有意义！当然，会议目前给我们的安排是到瑞金去考察。我再三地想，他们的思考也许是为了旅游的方便，江西旅行社安排现成的旅游路线比较方便，而赣江到大庾岭这条路线可能还没有开发出来。当然，也可能是因为我们这次会议年青学者比较多，所以老区人民希望大家接受一些革命传统的教育，希望你们到瑞金去，尝一尝红军吃过的红米饭和南瓜汤。但是对于我们宋代文学研究者来说，也许前面的选择是更好的，当然我们寄希望于未来。有一个问题请大家思考，就是919年以前苏东坡沿着这一条路线南贬的过程。他在那一年的八月七日，初入赣，刚刚进入赣江，过了惶恐滩——十八滩最险的一个滩，他写了一首诗：“七千里外二毛人，十八滩头一叶身。山忆喜欢劳远梦，地名惶恐泣孤臣。”（《八月七日初入赣，过惶恐滩》）诗写得非常悲凉。这首诗的最后两句是：“便合与官充水手，此生何止略知津。”牢骚满腹。但是等到苏东坡经过了虔州，再往南，也就是一个月之后，当他翻过大庾岭的时候，他又写了一首诗，他的心情已经变了。他说："今日岭上行，身世永相忘。"（《过大庾岭》）现在翻过大庾岭，心情已经平淡了，连身世都忘掉了。我一直在思考这个问题，是什么使得我们的苏东坡在短短的一段时间之内，从赣江上的心情变为大庾岭上的另外一种心情。这跟我们的赣州，跟赣州的民俗，跟赣州的官吏及百姓对他的态度，或者跟这里的山水地貌有没有关系？假如我们有机会去走一走，也许会对这些问题有更深的理解。当然，我很理解我们的赣州师范学院的同行，他们办这个会议很不容易，江西毕竟是老区，受条件所限，他们目前做的安排已经很好了。也许他们觉得赣州这个地方古迹甚多，文化资源也很多，为了要大家以后常来赣州，就暂时把最好的景点放在后面。我们寄希望于若干年以后，赣州师院能第二次举办宋代文学讨论会，一定要让我们走一走赣江和大庾岭这条路线。

各位朋友，各位代表，两年以后，也就是我们的第九届年会将要在杭州举行，就是在南宋的首都举行。我想起一个文本，就是辛稼轩在江西信州的带湖购地筑居，他的山庄里面有一间叫做稼轩，他请洪迈为他写了一篇《稼轩记》。洪迈在《稼轩记》里一开始就这样说："国家行在武林，广信最密迩畿辅。东舟西车，蜂午错出，势处便近，士大夫乐寄焉。"意思是说现在国家的临时首都是在武林，就是在杭州。信州，也就是今天的江西上饶，这个地方离首都最近，交通非常方便，所以当时的士大夫都愿意到信州这个地方来安居。辛稼轩以一个山东的汉子，渡江南来成为归正人，然后在官场里受到种种猜忌，他选择信州这个地方来归隐，一则有山水之美，江西的文化也很发达，二来是离杭州非常近，辛稼轩后来两次复出，都是从信州出发，再前往杭州去的。所以，我希望在座的各位代表，让我们两年以后，大家一起沿着辛稼轩当年的足迹，从江西到杭州去，参加我们的第九届年会。

刚才刘扬忠先生说让我代表王先生来做这个大会总结并且宣布闭幕，大会总结我愿意做，我虽然不想让我这个粗浅的总结取代王先生高瞻远瞩、带有指导性的意见，但是我更愿意保护王先生目前不太舒服的嗓子，不让他太劳累。可是宣布闭幕是庄严的大事，还是让我们的会长来宣布比较好，所以我的总结到此为止，下面让王先生来宣布大会闭幕。谢谢大家！

（高利华整理 2013.09.26）

①王水照《宋代文学研究的前沿问题——以文学与科举、党争、地域、家族、传播等学科交叉型专题为中心》，中国宋代文学学会第八届年会暨宋代文学与宋城文化国际研讨会论文。

②侯体健《南宋祠禄官制与地方文人群体——以福建为中心的考察》，同上。

③辛弃疾《贺新郎》词序："陈同甫自东阳来过余，留十日。与之同游鹅湖，且会朱晦庵于紫溪，不至，飘然东归。既别之明日，余意中殊恋恋，复欲追路，至鹭鸶林，则雪深泥滑，不得前矣。独饮方村，怅然久之，颇恨挽留之不遂也。夜半投宿吴氏泉湖四望楼，闻邻笛悲甚，为赋《贺新郎》以见意。又五日，同甫书来索词。心所同然者如此，可发千里一笑。"

中国宋代文学学会第八届年会暨宋代文学与宋城文化国际学术研讨会综述

马国栋　王利民

2013年9月21日，由赣南师范学院文学院、江西省社会科学院语言文学研究所、黄冈师范学院文学院联合承办的中国宋代文学学会第八届年会暨宋代文学与宋城文化国际学术研讨会在江西省赣州市隆重召开。国内外近二百名学者出席了这次学术盛会。

大会开幕式由赣南师范学院副院长陈春生教授主持，赣南师范学院副院长范小林教授致欢迎辞，赣州市政府副秘书长彭江闽受冷新生市长委托也到会致辞。随后，中国宋代文学会会长、复旦大学王水照先生致开幕词。中国社科院文学所刘扬忠教授介绍了他为江泽民同志讲宋词的情况。新加坡南洋理工大学衣若芬教授剖析了朱熹《武夷棹歌》与朝鲜理学家李退溪次韵诗的关系。南京大学莫砺锋教授讲述了北宋名臣韩琦诗歌的特点。日本大阪大学浅见洋二教授从杨万里与"诗债"的角度论述了杨万里诗学的独特性。

台湾大学黄启方教授论述了黄庭坚“定韵组诗”的开创性。赣南师院文学院吴中胜教授以《翁方纲论宋诗》为题作了报告。

21日下午至22日上午，全体代表分四个小组，围绕“宋代文化演进与文学思想嬗变”、“宋代作家、作品研究”、“宋代文学流派研究”、“宋城文化研究”等议题展开了深入研讨，其中不少论文可圈可点。

第一组诗歌组。中国社科院张剑编审指出，两宋之交的范浚是一位独特儒者，他的诗歌传达出多种文学或文化意味。对范浚诗歌作多元观照，有利于释放被一元化或常规化视角所遮蔽的问题。安徽师范大学胡传志的《日课一诗论》认为：日课一诗源于宋前，宋代梅尧臣大力践行日课一诗法，直接开启了宋诗的面貌。上海财经大学李贵博士阐述了黄庭坚《书摩崖碑后》的文化背景，指出该诗在记忆、文化、诠释的创造性和玩味心理四个方面吸引着历代读者。北京师范大学周剑之博士作了《从“意象”到“事象”：叙事视野中的唐宋诗转型》的报告，指出宋诗通过“事象”营造出“事境”，在每一个独特的事境中传达多元而充满变化的复杂体验，进而实现诗歌主旨的表达。

第二组散文小说组。南京大学巩本栋教授概述了欧阳修经学的起点、观念、方法、特色和成绩，并指出其经学对文学的深刻影响。复旦大学朱刚教授对苏轼写给临济宗禅僧的尺牍作了补遗与考辨。南通大学张祝平教授提出，元代“股”的概念及其考试经义继承了宋代的“脚体”时文的形式特点。

第三组宋词组。武汉大学王兆鹏教授论述了黄庭坚行书和苏轼草书《念奴娇·赤壁怀古》词石刻的真伪及文献价值。深圳大学刘尊明教授探讨了宋词对琵琶乐妓的描写及其审美特征。南开大学孙克强教授从宋初城市格局的变化及其对词坛的影响这一角度分析了宋初词坛沉寂以及由沉寂转为繁盛的原因。浙江大学陶然博士认为，高丽早期词作的用调与欧阳修词颇有关联，高丽存世的第一首词宣宗《贺圣朝》用调受欧阳修《贺圣朝影》的影响，金克己等高丽早期词人的作品也有许多受欧词影响的痕迹。

第四组综合组。王水照先生指出学科交叉型专题研究需要关注三个问题：一是坚持以文学为本位的原则；二是真正打通文学学科和其他学科的交集点，善于借鉴其他学科的丰富成果，转换视角，开辟宋代文学研究的新境界；三是对文学研究中社会学化的倾向（如计量统计法）要有所警觉，不能完全脱离行之有效的文学研究方法，要注意从方法论上落实“以文学为本位”的原则。

22日下午，在闭幕式前的大会发言中，浙江大学胡可先教授论述了宋代徽籍进士及其文学创作，揭示了宋代徽州文学繁盛的特点和意义。中国人民大学诸葛忆兵教授分析了帝王词作与尊体的关系，指出歌咏太平之作在“尊体”过程中有特别的作用。黄冈师范学院方星移教授对北宋“后湖居士”苏庠的生平作了考证。四川大学周裕锴教授就《楞严经》中“若能转物，即同如来”对宋代文人处理物我关系的重要影响作了深入的探析。广西师范大学王德明教授指出宋人以“集注”注诗，促使大量集注著作出现，推动了宋代诗歌注释的发展。赣南师范学院邱昌员教授论述了志怪小说《夷坚志》对科举的批判。大会闭幕式由刘扬忠教授主持，莫砺锋先生作了总结发言。

中国宋代文学学会是中国古代文学研究界影响较大、学术声誉良好的大型学术团体，该学会每两年举行一次年会。本届会议收到的近二百篇论文，集中展示了近两年来宋代文学研究的新动向和新成果。

2012词学国际学术研讨会开幕词

王兆鹏

各位女士、各位先生：

上午好！

首先请允许我代表中国词学研究会，欢迎海内外160多位专家出席今天的大会，感谢武汉大学、武汉大学文学院的各级领导给予本次会议的大力支持，感谢陈水云教授及其团队为本次大会的筹备和顺利举行所付出的大量心力汗水，感谢马来亚大学中文系潘碧华教授为本次研讨会论文集的正式出版提供的有力支撑。

各位代表，2010年西安词学会后，我们又相约在美丽的国家级风景区武汉东湖之滨。往年这个时候的武汉，是热情如火，今天的武汉，却是柔情似水，正以唐宋词主体风格所呈现的姿态来欢迎各位词学专家的光临。这不仅仅是天公赐给我们的福分，也是各位专家对词学研究的执着坚持而得到天公的感应、得到武汉这座正变得越来越美丽的城市的向慕。你们的光临，也让武汉变得更靓丽！谢谢你们。

我们的词学国际学术研讨会，两年一次，一次比一次规模大、水平高。旧雨重逢，很是让人开心；新知相识，尤其让人兴奋。每次大会，既有资深的学者光临，也有新鲜的力量加盟，这不仅体现了词学同仁对中国词学研究会的支持，更反映出词学研究队伍的不断壮大。

上次在西安词学会开幕式上，我从研究队伍变化的角度简要回顾了十多年来词学研究的进展。今天，我想就研究实绩的观察向各位汇报一下个人对近年来词学研究发展进程的观感。

新世纪以来，词学研究最突出的变化，如果用一个关键词来形容，可说是“格局”大变。重唐宋词而轻金元明清词的研究格局，已发生明显的变化。

首先，从夏承焘词学奖获奖成果的变化来看，金元明清词研究呈明显上升的趋势。夏承焘词学奖，是词学界具有很高公信力的一种荣誉，获奖成果是一个时段词学研究中高端成果的一种标志。所以，夏承焘词学奖获奖成果的变化，在一定程度上能反映词学研究格局的变化。1991 年以来，“夏奖”已评出五届。2002 年前三届的获奖作品，都是上世纪的词学研究成果，共评出一等奖 11 项，其中 10 项都是唐宋词的研究成果，只有 1 项是清词研究成果，即严迪昌先生的《清词史》。清词研究成果，是一枝独秀。近两届则发生了明显变化，2008 年揭晓的第四届“夏奖”，一等奖 4 项，其中唐宋词研究 2 项，金元词研究和明词研究各 1 项。金元词和明词研究，占了半壁江山。2011 年第 5 届评出的一等奖 3 项，全是清词研究的成果（孙克强的《清代词学批评史》、张宏生的《清词探微》、朱惠国的《中国近世词学思想研究》）。总的来看，近两届“夏奖”的 7 项一等奖，金元明清词研究的成果占了 5 项。这表明金元明清词研究的实力和水平大大提升，学者对金元明清词的关注度也大幅提高。

其次，从近年来词学界标志性的研究成果来看，明清词的研究最为突出。如果要评出新世纪以来词学研究最具标志性和突破性的研究成果，我以为非《全清词》莫属。2002 年，南京大学《全清词》研究室出版了 20 大册的《全清词·顺康卷》，2008 年张宏生教授和他的团队又编纂出版了《全清词·顺康卷补编》4 册，今年又一鼓作气，隆重推出了《全清词·雍乾卷》16 册。40 巨册的《全清词》，犹如词学界的“长城”，标志着新世纪的词学研究达到了一个新的学术高度，推进到了一个新的历史阶段。这是张宏生教授和他团队的光荣，我们词学界同仁也分享这份光荣。《全清词·雍乾卷》的问世，表明我们这代学人，也有能力做出跟前辈学者媲美的成果，也能创造同样的辉煌、甚至是更大的辉煌！虽然目前出版的《全清词》，还只是汇聚了顺、康、雍、乾四朝的词作，而不是有清一代的全部词作，但已为清词研究的进一步拓展奠定了坚实而宽广的基础，为唐宋金元明词的影响研究和传播接受研究提供了前所未有的丰富而便利的资料。

文献的整理，是学术研究的基石，是重回历史现场的主要依据。我现在越来越觉得：“重回历史现场”是一种重要的研究古代文学的观念和方法。重回历史现场，才能真切地去体会感受古人创作的环境和心境。我这次提交给大会的论文，就是用重回历史现场的方法和理路，去重新认识辛弃疾生擒张安国事件的过程、动机和影响。而要重回历史现场，就必须广泛搜罗和利用第一手史料文献。新而全的文献史料，是开拓学术新局、使学术研究可持续发展的前提条件。20世纪的宋词研究，能在整个词学研究和宋代文学研究中脱颖而出，无疑是得力于先师唐圭璋先生编纂的《全宋词》。有了完备的文本，才有可能了解一个时代词作的整体风貌，才能全方位地探讨一代词史的发展进程。《全清词》的出版，必将推动清词研究向深度发展。今后的清词研究，不仅是整个词学研究格局的一大增长点，也将是整个清代文学研究格局中的一大亮点。

事实上，近些年的清词研究，已有了突破性的进展。特别是清词群体、流派的研究，成果最为丰硕，沙先一的《清代吴中词派研究》(2004)、徐枫的《嘉道年间的常州词派》(2002)、朱德慈的《常州词派通论》(2006)、侯雅文的《中国文学流派学初论：以常州词派为例》(2009)、刘勇刚的《云间派文学研究》(2008)、林琬瑜的《清初广陵词人群体研究》(2009)、李丹的《顺康之际广陵词坛研究》(2008)、巨传友的《清代临桂词派研究》(2008)、陈雪军的《梅里词派研究》(2009)、姚蓉的《明清词派史论》(2007)等，都是具有代表性的著作。

清代词学理论批评的研究，也有令人注目的成果。如孙克强的《清代词学批评史论》(2008)、朱惠国的《中国近世词学思想研究》(2005)、杨伯岭的《晚清民初词学思想建构》(2004)、皮述平的《晚清词学的思想与方法》(2003)和鲍恒的《清代词体学论稿》(2007)等，在清代词学理论批评方面都各有开拓。

理论研究之外，清词实证研究成果也颇可观。清代词人年谱和词集编年笺注，较上世纪明显增多。仅陈维崧一家，就有三种年谱，其中用力最勤、创获最多的是周绚隆的《陈维崧年谱》(2012)。彭靖、彭崇伟父子相继完成的《王船山词编年笺注》(2004)也多有创获。孙克强辑校的《广蕙风词话》(2003)、孙克强和杨传庆辑校的《大鹤山人词话》(2009)以及王伟勇的《清代论词绝句初编》(2010)则为清词的理论批评提供了新的资料。

沿清词而下，近代和民国词坛也逐渐成为一个新的学术增长点，研究成果日益增多，谢永芳的《广东近世词坛研究》(2008)和莫立民的《近代词史》(2010)是这方面的代表作。南京师范大学曹辛华教授的团队正在对民国的词籍文献进行大规模的整理，我们期待着他们的成果能够早日问世。

明词的文献整理和明代词史词学的研究，也是新世纪以来词学研究的一大亮点。饶宗颐、张璋先生合作完成的《全明词》(2004)，是明词文献整理的重要成果，虽然存在的问题不少，但毕竟给有明一代的词作文本提供了一个基本蓝图，筚路蓝缕之功值得尊敬。周明初和叶晔的《全明词补编》(2007)，多有补苴，厥功不小。周明初又在申请国家重大招标项目，准备对《全明词》进行重编，我们乐观其成。在明词研究方面，张仲谋的《明词史》(2002)、余意的《明代词学之建构》(2009)和张若兰的《明代中后期词坛研究》(2010)，都是开创性的著作。过去我们只是听信清人“明词中衰”的说法，有了上述文献整理和理论研究的成果，我们对清词的发展面貌就有了新的认识，对明词的得失成败就能作出自己的判断。

金元词的研究，较之上世纪，也有了长足的进步。赵维江的《金元词论稿》(2000)、陶然的《金元词通论》(2001)、丁放的《金元词学研究》(2002)、刘锋焘的《宋金词论稿》(2002)、陈宏铭的《金元全真道士词研究》(2007)和牛海蓉的《元初宋金遗民词人研究》(2007)等专著，从不同的角度深化了金元词的研究，成为新世纪以来词学研究的一道靓丽风景。

唐宋词的研究，也出现了一些新的气象。其中有关唐宋词传播与接受研究的成果，尤其让人耳目一新。如龙建国的《唐宋词与传播》(2004)、杨雨的《传播学视野下的宋词生态》(2005)、刘学的《词人家庭与宋词传承——以父子词人为中心》(2008)、钱锡生的《唐宋词传播方式研究》(2009)、黄立的《英语世界唐宋词研究》(2009)、谭新红的《宋词传播方式研究》(2010)、陈水云的

《唐宋词在明末清初的传播与接受》(2010)、王伟勇的《宋词与唐诗之对应研究》和朱丽霞的《清代辛稼轩接受史》(2005)等,都是有创意的成果。

唐宋词研究中引人注目的另一亮点是经典研究和定量分析,代表性的著作有刘尊明和王兆鹏的《唐宋词的定量分析》(2012)以及后起之秀郁玉英博士的相关系列论文。

唐宋词的文化学研究,是近些年来的一大热点,成果也很丰硕。沈松勤的《唐宋词社会文化学研究》(2000)、沈家庄的《宋词文化与文学新视野》(2001)、张玉璞的《宋代词人的文化精神与人生意趣》(2002)、王晓骊的《唐宋词与商业文化关系研究》(2004)、李剑亮的《唐宋词与唐宋歌妓制度》(2006)、薛玉坤的《宋词与江南区域文化》(2007)、杨柏岭的《唐宋词审美文化阐释》(2007)、刘尊明和甘松的《唐宋词与唐宋文化》(2009)、黄杰的《宋词与民俗》(2005)、张春义的《宋词与理学》(2008)以及刘晓珍的《宋词与禅》(2010)等等,都各有特色。

宋词的分类研究,也是一个热点,如路成文的《宋代咏物词史论》(2005)、陶子珍的《两宋元宵词研究》(2006)、许伯卿的《宋词题材研究》(2007)、曲向红的《两宋俗词研究》(2008)、何春环的《唐宋俗词研究》(2010)、苏慧霜的《宋代骚雅词》(2011)和李文钰的《宋词中的神话特质与运用》(2006),都饶有新意。

以社会生活史的眼光对词人日常生活的关注和研究,是值得注意的新动向。这方面的成果有:杨万里的《宋词与宋代的城市生活》(2006)、程继红的《带湖与瓢泉:辛弃疾在信州日常生活研究》(2007)、叶烨的《宋代文人的经济生活》(2008)和方妙凤的《宋词中的杭州书写》(2011)等。唐宋词与现代流行歌曲的关系,也是一个有意义的新话题,宋秋敏的《唐宋词与流行歌曲》(2009)在这方面做了有益的探索,值得注目。这方面可以开拓的前景还很大。

宋词的时段研究,本应引起关注。诸葛忆兵的《徽宗词坛研究》(2001)和彭国忠的《元祐词坛研究》(2002),很有开拓,在选题角度和理论方法上都值得借鉴。可惜后续跟进者不多。其实这类时段研究,最适合于做博士论文的选题。

宋词的文献资料整理和基础研究,近些年也有较大的进展。方星移和曾维刚两位新秀分别推出的《宋四家词人年谱》(2008)和《张镃年谱》(2010),是可喜的成果。吴熊和先生主编的《唐宋词汇评》(2004)、邓子勉的《宋金元词话全编》(2008)和朱崇才的《词话丛编续编》(2010),都富有文献资料价值。此外,苏轼、黄庭坚、秦观、周邦彦、李清照、姜夔、吴文英、蒋捷和元好问词集,都有了新的注本,有的还是编年笺注。苏轼、秦观、张孝祥、辛弃疾、吴文英和元好问的研究资料汇编,也都先后问世。为个体词人的研究提供了极大的方便。

词学学术史的研究,也是近十年的一大热点。出版的著作有 10 多种,重要的著述有:谢桃坊的《中国词学史》(2002)、蒋哲伦和傅蓉蓉的《中国诗学史·词学卷》(2002)、曹辛华的《20 世纪中国古代文学研究史·词学卷》(2006)、张幼良的《当代视野下的唐宋词研究论纲》(2006)、曹辛华和张幼良合著的《中国词学研究》(2006)、崔海正主编的《中国历代词研究史稿》五种(2006)、崔海正独著的《中国词学研究体系建构稿》(2007)、陈水云的《二十世纪明清词研究史》(2007)、曾大兴的《词学的星空:20 世纪词学名家传》(2008)以及谭新红的《词学档案》(2012)等等。

回顾已有的成绩,足以让我们自豪。但我们也应该清醒地看到,词学研究中的问题也不少。成果的创新性不足、文本的艺术研究不足、研究成果大量重复、学风浮躁甚至学风不端,是词学研究存在的四大问题。由于时间的关系,不能展开。我们只有正视问题,才能去解决问题。

各位代表,会议的时间虽然短暂,但我希望大家留下的印象是永恒的,收获是丰富的。

最后,祝大家在武汉的生活安顺快乐!

谢谢!

2012 年 8 月 28 日

2012词学国际学术研讨会综述

昝圣骞　吴妮妮

2012年8月27至29日，词学国际学术研讨会在武汉大学隆重举行。会议由中国词学研究会、武汉大学文学院、马来亚大学华人研究中心和湖北民族学院文学与新闻传播学院联合举办，武汉大学文学院具体承办。来自两岸及日本、韩国的近一百三十名专家学者云集珞珈山下、东湖之滨，回顾词学研究历程，交流最新研究成果，商讨热点、难点问题，展望词学发展方向，完成了一次学术的盛会，一次思想的盛宴。

大会开幕式于8月28日上午在易斯特国际酒店多功能报告厅举行，由武汉大学文学院陈水云教授主持。武汉大学社会科学部常务副部长沈壮海教授首先致辞，他简要介绍了武汉大学和武汉大学文学院的光荣历史，尤其是从刘永济先生等老一辈词学家，到以王兆鹏教授为首的新一代词学团队，武汉大学在词学研究领域结出了累累硕果。沈部长强调，本次学术研讨会的召开，一定能进一步推动新世纪的词学研究。武汉大学文学院副院长陈国恩教授随后致辞，他代表武汉大学文学院热情欢迎各位专家学者的光临，并表示本次盛会由武汉大学文学院承办是文学院的荣幸，也是学界对文学院词学研究团队成就的肯定和鼓励，相信在王兆鹏、陈水云等教授的带领下，本院师生在词学研究方面一定会奉献出更多成果。中国词学会会长、武汉大学文学院王兆鹏教授的致辞，以“格局新变”为主题，指出新世纪以来的词学研究重唐宋轻元明清的格局已经改变，如近两届“夏承焘词学奖”7个一等奖中就有5项是明清词研究成果；又如十余年来词学领域最具代表性的成果当属《全清词》，相应的清词研究已经成为一大亮点和增长点。“格局新变”还体现在新领域的开拓，如唐宋词传播与接受研究、唐宋词文化学研究、宋词分类研究、词学档案整理等，都取得了丰富、重大的成就。《文学遗产》前主编陶文鹏教授的发言,提出了对词学研究发展方向的几点思考,包括宏观中观微观研究并行、强化词学理论研究、加强词体艺术研究、加强金元明清词研究、增加词学争鸣、广泛开展两岸词学交流、提高论文的可读性与文学性等七个方面。随后,台湾成功大学王伟勇教授发言,介绍了此次来汉的台湾老中青三代词学研究者队伍,其中薛乃文、林宏达、方妙凤等年轻学者多是首次亮相于词学国际研讨会,希望能与各地学者多多交流。台湾"中央研究院"林玫仪研究员的发言,回应了王兆鹏教授"格局新变"的话题,认为金元明清词研究正直追唐宋,清词成果尤其显赫,《全清词》等总集、丛书的出版,极大地推进了词学研究,希望出版社与图书馆可以更多地合作。林先生还称许了本次大会推行的"提前评议"制,认为提前一个月的时间将论文分派给评议人,提升了讨论会的质量和会议的规格。最后,会务组组长陈水云教授总结汇报了大会的筹办工作:在王兆鹏教授和马来亚大学华人研究中心潘碧华博士的努力下,第一次将会议论文集提前出版;所有学术发言、报告均设立评议人,力求提高会议的学术规格;在严格评审的基础上,尽可能多吸收年轻学者的文章,以扶植新生力量;会务组成员的团结与协作,有力地保障了大会的顺利召开。

大会学术研讨包括主题发言和分组讨论。主题发言中,刘扬忠、张宏生、曾大兴、诸葛忆兵等先生先后主持、评议,邓乔彬、孙克强、欧明俊、沈松勤等先生分别作了精彩发言。所有与会专家分为综合、唐宋、金元明清、近现代等四个小组,分别集中论议提交论文及相关领域问题,每组推选一位代表于闭幕式上总结发言。专家们就词体起源、词谱词乐、词学文献、词史与词学史、词学与文化等方面展开了广泛而深入的讨论,反映了当下的词学景观和水平,也折射出了词学研究的未来走向。

一、词学研究热点问题

综观所有提交论文,在涵盖几乎所有词学领域的同时,又聚焦到不少热点、难点,体现了当代词学研究者的学术勇气和创新精神。

1. **词体体制研究。**作为词学研究的首要问题,词体体制研究是历代词学都会关注的话题,也是词学难点所在。本次大会,专家学者们主要就词体起源、词谱和词乐等方面展开了讨论。

关于词体起源，由于新材料难以发现，研究者多致力于方法的革新。王伟勇、薛乃文二先生的文章《从汉、胡音乐“三管”齐下的观点论词的起源》，将词体起源界为乐曲、文体、时代、场域及作者四方面，认为词体起源来自汉乐、胡乐和燕乐三者交互作用，发生在民间乐府渐渐律化的时期，由民间作者、文人、宫廷乐师共同努力，然后由文人专业化。曹辛华教授《从生成要素再论词体起源问题》一文，则认为词体生成问题包含音乐、乐府、格律、游戏四大要素，强调了词体起源于多种音乐形式提供的“格”与“律”，是乐府的“格、律化”，也是文人仿调、编码的游戏程序。金春媛《两个标志，一个长过程——词源问题的文本论定》一文，引述、论证了施议对先生在《词与音乐关系研究》中提出的词体产生“两个标志、一个长过程”（句式与歌法标志、歌诗到歌词的长过程）的提法。龙建国《从乐拍的发展和规范看词体的定型》一文，首先辨析了文体“诞生”与“起源”的差异，随后从燕乐乐拍的发展角度分论了令词与慢词的定型。

词谱与词乐是词学的专门问题。从提交论文来看，研究者眼界开阔，角度新颖，方法灵活。如王伟勇先生《闽南语歌、唱唐宋词析论》以台湾诗社诵、吟、歌、唱唐宋词法为“资料”，论证了以闽南语唱词的可行性和方法，并且当场演唱了《忆江南》等词，可说是既有理论又有实践，专业水平很高，赢得与会专家的一致称赞。李宝龙《〈高丽史·乐志〉“新乐”、“唐乐”论析》和彭洁明《〈钦定词谱〉杂录曲调探微》两篇文章，则致力于词谱词乐文献研究。前者是对重要的域外词乐文献《高丽史·乐志》的集中研究，后者则考辨了号称“集大成”的清代《钦定词谱》混淆词曲之处。田玉琪《关于新词谱编纂的一点想法》一文，具体而细致地阐述了当代新词谱编纂的原则与法则、内容与体例，具有指导意义。

2. **词体传播与接受研究。** 词体传播与接受研究是近年来词学研究的一大热门，新成果不断涌现。从大会收到的近 20 篇相关论文来看，该领域研究在传播范围、样本选择等方面都有所深化和拓展。

目前，唐宋词的传播与接受仍是学者关注的焦点。谭新红《宋代的歌妓与宋词传播》一文，抓住了“宋词主要是靠歌妓演唱的方式进行传播”这一核心事实，还原当时历史与文化景观，讨论了歌妓唱词对宋词创作和传播的影响。以选本传播为视角，用“定量分析”的方法让事实说话的，有薛泉《宋人词选接受本朝词籍的文献价值》和邓建《宋代词选传播的特点与宋人心目中的宋词“名家”》两篇文章。薛文论证了宋人词选是精确保存、传播宋词的重要载体与途径，邓文探问了宋人自己心目中的大词人，从而揭示出宋代词学观念、审美理想与后世之间的传承与流变。个体传播与接受研究，集中在北宋苏轼、欧阳修等名家名作。如刘扬忠先生《东坡词从南宋到金元明清各代的传播与接受简史》一文，是其研究苏词传播与接受最新成果的纲要部分，文章要言不烦地勾画了千年苏词接受史的轨迹与关节。刘双琴《欧阳修艳词接受的历史考察》一文，以欧阳修的“艳词”这个自诞生之日起就争议不断的话题为传播接受样本，考察了宋至清代的词学雅俗观问题，角度新颖。

不少文章注意到不断拓宽和选取新的传播与接受场域。钱锡生教授的《唐宋词在韩国的接受探析》，还是以唐宋词为样本，传播环境则转到域外，视野开阔，丰富了域外汉学的研究。柳己洙、文美振《韩国汉籍中的柳永资料考》一文梳理了韩国汉籍中对柳永的记载，其实也是反映了高丽、朝鲜词坛对柳永的接受。宋秋敏《论当代流行歌曲对唐宋词的受容与“温柔的背叛”》一文着眼于当代流行歌曲接受唐宋词的情况，属当代词学范围，具有前瞻性。池田智幸《苏轼〈江神子(密州出猎)〉词的接受与评价——二十世纪中叶中国词学界发现的“豪放”词》一文，实际上考察了苏轼《江神子》的完整接受史，重点放在了当代，提出了这首词在新中国成立后被“发现”的问题。蔡雯《奉为经典与承前启后——〈乐府补题〉接受史转变期论略》一文，更是为了填补《乐府补题》在清中叶的接受情况这一空白而作。这些文章切入口不大，但论证细密，挖掘很深。

传播与接受研究作为理论与方法，不应只是应用于唐宋词，样本的选择面应该涵盖整个词史。张宏生先生《雍乾词坛对陈维崧的接受》一文，从记述迦陵其人、模拟迦陵其词、践行迦陵“词史”之说和以选本方式体认迦陵词风等角度，梳理了陈维崧在雍乾词坛的接受情况。文章提出了陈氏“词史”说在创作中的践行、陈维崧与浙西词派间的离合关系等问题，引人思考。当下词体传播与接受研究虽热，但不少文章有堆垛材料、理论偏弱等缺点，张文有示范性价值。马大勇的《留得悲秋残影在：论〈庚子秋词〉及其接受》一文的问题意识很强，作者力陈《庚子秋词》在实践“词史”说上的倒退，认为其不能代表王鹏运、朱祖谋词的最高成就，是一篇挑战词史成说的翻案之作。

3. **词学名家研究。**文学史大家、名家理应是学术研究的焦点，文学经典经得起时间考验，也需要多维解读。从大会提交的论文来看，研究者依然对词史、词学史名家如柳永、苏轼、王国维、夏承焘等抱有极大兴趣,而重在另辟思路,革新方法。

曹志平《苏柳对峙申论》一文通过排比史料,探析苏、柳二人建立各自词坛"阵地"的心理,以小见大,揭示出宋代词坛市民俗味与文人雅趣、传播性合乐歌词与抒情言志新诗体之间的文化矛盾现象。黄俊杰《论柳永〈望海潮〉词的赠予者及创作时间——兼谈考据中的对证法》一文针对《望海潮》词这一柳词研究中的关键,尝试了从赠予者孙何、孙沔入手的新思路。对于东坡词,近年来颇有学者以地域和时间作切分,对"黄州所作词"作整体性研究,以凸显"苏轼的黄州"和"黄州的苏轼";方妙凤的《余杭丰碑——论〈东坡乐府〉中的杭州书写》一文,顺此思路观照坡词的"杭州书写",认为其创作特色鲜明,为提高词品、革新词风奠定了基础,很有方法论意义。

词学史名家方面,多篇聚焦于王国维和夏承焘的文章引人关注。王国维是词学"现代化"的奠基人之一,其熔旧形式与新方法于一炉的《人间词话》百年来一直是词学研究的大热门。本次大会收到的多篇王国维研究论文,皆能推陈出新。如彭玉平教授《境界说与王国维之语源与语境》一文是其王国维系列研究的新成果,通过梳理王国维对"境界"一词的使用与理解情况,揭示了"境界"在王氏著作中从地理学概念到哲学意义填充再到诗学范畴的发展历程。作者又从王国维自己创设的语境出发,申说了"境界"说的内涵和与"兴趣"、"神韵"诸说的关系。彭文针对的虽然是"境界说"这个老话题,切入时采取的却是"语源与语境"这个较新的角度,且材料上泛及王国维的全部著作,尤其是《人间词话》的多个版本,很有示范性意义。

刘方《王国维〈人间词话〉研究的盲视与洞见——兼谈词学研究方法的突破与创新》是一篇反思王国维研究史的文章。作者运用西方文艺学中关于"过度诠释"和"洞见"的理论,以"境界"说的诠释为例探讨了《人间词话》研究中可能出现的先在性误读,又以罗钢和彭玉平为例探讨了领域转换与交叉带来的研究突破。本文在会场引发了热烈的讨论。有学者结合自身阅读与创作体验,维护《人间词话》的经典地位,不认同刘文关于王国维有"基于误读的非自觉创新"的一面的观点,也不认为当代学者对"境界"说的阐释和高度评价是所谓的"过度诠释"。专家们还就俞平伯《重印〈人间词话〉序》的文本解读问题进行了探讨。

同时,现代词学的另一位大家夏承焘也成为本次大会研讨的一个热点。

朱惠国教授《论夏承焘的词学渊源及其对常州词派的扬弃》一文，探考了朱祖谋、况周颐到林鹍翔再到夏承焘的词学传承，并从词体寄托观、正变观、功用观等方面论证了夏氏扬弃常州派词学思想、自成一家的过程，是夏承焘词学研究的重要成果。胡可先教授《词学研究取向之省思：重读夏承焘〈唐宋词论丛〉》一文同样是抓住研究薄弱环节，整理了夏氏词律词韵词谱词乐之学。而这一选题来源于作者对当下唐宋词研究渐渐与音乐分离之现状的担忧，这是应当引起广泛关注的。陶然《夏承焘〈洞仙歌〉词稿小札》一文披露了一份夏承焘先生改词的珍贵手迹，以最直观的角度，用最直接的证据，显示了夏氏的填词造诣和前后心态变化，开辟了夏承焘研究乃至诗词研究的新角度。

二、传统词学研究领域的新成果

从本次大会提交的论文来看，在词学文献、词史与词学理论等词学传统研究领域中，研究者着力于推陈出新，将当代词学向更广、更深、更新的方向拓展，且普遍有形而上的理论追求。

1. **词学文献研究及其新动向。**文献研究是词学研究的必要基础，如前述词体体制研究和传播接受研究本身就是从排比、解读文献出发的。本次会议提交的论文大多具有扎实的文献基础。就专门的词学文献研究论文来看，内容涉及千年词史各个阶段，作家（年谱、交游、家世等）、作品（校勘、笺注、辑佚等）的方方面面，不回避考证难点，多有方法总结上的亮点。

林玫仪先生的《晚清许玉瑑罕见词籍之蒐集与整理：稿本〈诗契斋词钞〉与〈城南拜石词〉》，是整理晚清词籍文献的最新成果。经过对清代词学文献长期、细密地探访与爬梳，作者总结出“据人访书、因书知人”的研究方法，提出建立周详准确的亲友关系网络的重要性；其补辑王鹏运、左锡璇等词人词作的重大成果，展示了深厚的考据功力与谨严的治学精神。孙克强教授《龚鼎孳词集版本考辨——兼及〈全清词〉龚词部分补正》一文指出，如果说“清词中兴”局面是浙西、阳羡等词家共同开创的，那么龚鼎孳的创作有开风气的意义。厘清龚词版本问题，就为进一步的词史研究打下了基石。张仲谋先生《明词三考》一文从极深细处切入，针对的其实是如《诗馀图谱》《草堂诗余》这样的明代词学的焦点话题，而且涉及域外汉籍、其他文学样式和家族词学研究，从事的虽是“传统”文献研究，方法却很“新潮”，值得学界借鉴。杨传庆《八旗词家郑文焯生平三考》一文廓清了郑文焯旗籍、官职、佐幕年代等三个生平关键问题上的疑误，有力地推进了对郑文焯的研究。

文献研究也将业已十分成熟的宋词研究推向精密化。王兆鹏教授《重回历史现场——辛弃疾生擒张安国始末考释》一文参考大量文献，细密考证了“辛弃疾生擒张安国”这一重要历史事件的始末原委，探析了此事对稼轩心态与仕途的影响，可称“知人论世”的示范之作。夏志颖《姜夔〈暗香〉、〈疏影〉三议》、孙虹《吴梦窗与李宗勉交游新证》，也都是通过细读、精读文献，切实地解决名家研究中存在的问题。尤其孙文考证梦窗三词皆为赠李宗勉之作，形成“自我完足的‘证据链’”（作者语），客观上提供了一种考证工作的思路。

有着悠久历史和深厚积淀的词学文献学，需要进一步现代化、体系化、科学化。不少学者致力于词文献研究方法的总结与创新，以求超越古人，打上“当代”的烙印。甘松、丁放《中国古代词集笺注刍议》一文对“词集笺注”之学展开宏观研究。文章扫描了古代笺注词集的历史，总结出从单一到综合、从普及性到学术化的发展趋向，并借鉴文艺学“副文本”理论讨论了笺注的功能，具有开创性。刘京臣《文史哲物联网架构初探——以〈增订注释全宋词〉补注为中心》一文，探讨了利用计算机对语料进行识别、抽取、整理，并构建成“文史哲物联网”的可能性，从而更快捷、完备地提供出“影响－接受”、年谱、系年、交游等研究的资料。诚如作者所指出的，当代文献学的一大发展方向就是充分利用发达的信息技术，做到“心智与技术的高层次互补”，尽可能多地将简单却繁琐的文献工作交给计算机，使得学者得以腾出更多精力做那些“计算机做不了的事”。宋娟《宋代笔记在王仲闻修订〈全宋词〉中辑佚价值》一文从“宋代笔记”这一角度切入，总结了《全宋词》修订者王仲闻先生的辑佚之学，也强调了笔记在辑佚中的重要史料价值，对今后词集的编纂与补辑工作具有指导意义。

有不少论文虽不属于专门的词学文献研究，却在新材料的挖掘和使用上颇有成效，实际上提供了词文献研究的新路径。如彭玉平教授对《人间词话》不同版本的考证研究，说明版本比勘不分古今，始终是文献研究不可忽视的一部分。又如曾大兴教授《〈缪钺先生与曾大兴论词书〉及有关说明》一文，和陶然教授《夏承焘〈洞仙歌〉词稿小札》一样，也是以新材料推进旧课题的研究，作者披露并探讨了缪先生在信札中提出的“王国维是给词带来第四次大变的人”这一话题，当会引发学界对王国维哲理词与缪氏词学的更多关注。曾文和陶文举出改词手迹和来往信札这样易被忽视的词学文献，有力地推进了相关问题的深入，显示出文献工作不仅仅是研究的起步，更是一种方法和视角。

2. **词史作家作品研究。**本次大会词史研究论文数量最多，其中唐宋词研究与其他时代约各占一半，显示了较均衡的发展态势。

在唐宋词研究业已十分成熟的背景下，不少文章致力于词史进程的深描和作品的多维解读。金贤珠《中唐民间词转化为文人词之考察——以题材风格为中心》一文从题材与风格两个角度，比较了中唐民间词与文人词之间的异同，指出文人选取民间曲调、效法民间词进行创作时，将题材向爱情、咏物集中，将边塞题材转为南方都市，保留了清新、明快的风格，更加入了他们熟悉的写诗技法。这其实是具有文学史普遍意义的过程。沈松勤、楼培《词坛沉寂与南词北进——论宋初百年词坛的演进历程》一文，描述了宋初南文北移、南北交融的社会文化生态背景下，发生了柳、晏、欧、张四大词人由南入北，使得汴京成为继西蜀成都、南唐金陵后的词坛中心，迎来了宋词的第一个高峰的演进历程。管琴《“自然”与“法度”之歧——从贺铸、周邦彦看北宋中后期词坛的新变》一文体悟深细，从“取其精”的贺铸词和“集其成”的周邦彦词在“自然”与“法度”上的分野，见出北宋中后期词坛的新风气和下启南宋的道路。“花间”词人的研究成果已经十分丰富，而郭娟玉的《〈醉乡日月〉与皇甫松词》转换视角，从皇甫松残本笔记《醉乡日月》入手，探析其“醉乡”心态和文化品格，又考其存词还有作为“送酒著辞”和“并著辞令”的属性，有功于“词与酒令”研究。彭国忠《弱势外交下的宋代使金词》一文以“宋代使金词”这一特殊时代催生的特殊题材为考察对象，发现其多个人抒写、少宏大叙事，多感伤基调、少慷慨之音，从一个侧面表现了宋词的特殊风貌。

从大会收到的金元明清词史研究论文来看，研究者普遍选取中观视角，善于抓住“群体”，以面带点。李艺《金末遗民词连章双线章法结构研究》一文着眼于“金代遗民词人”这一学界关注较少的群体，探析其在两代异族统治之下、追怀汉文化的心态和善用联章体在词史上的开创意义。张若兰《明代云南词初探》一文则从“地域”入手，系统扫描了明代云南词坛词人词作、地理分布、题材体裁、发展历程、风格与成因等多个侧面，勾勒出了明代滇词较清晰的面目。汪超《明代闺秀词人的疾病叙写》一文从“疾病词”这一题材透视明代女性词史，从以闺阃为主要空间、对家庭和亲人的归属感、才女形象的自我塑造和闺秀间的往来等四个方面发掘了明代女性词不同于前代的特征。同样以“特殊身份”对明词人进行“切分”，薛清涛的《“强拈采笔赋离情”：论王阳明弟子词之特质》角度更加别致，作者选择王阳明门下弟子词作为考察对象，认为其以“真”为本、不尚浮辞的特点是明代中后期词主情求真风气的先声。近来词学研究中，地域、家族、流派等研究方法已为学者们所熟知，“师门”这一角度除宋代苏门外似乎还不多见，薛文是有启发性的。丁鹏的《清代曲阜孔氏词人群体述论》和王翼飞的《“饰性渊深静一雅，冷藕双香亦不群”——晚清湘潭周氏闺秀诗词研究》，是两篇从“地域－家族”入手的论文。前者梳理了“天下第一大家族”曲阜孔氏词人的词学活动，将带动鲁词之研究；后者则更细致地论述了湖南周氏一门闺秀词人的创作情况，重在诗心、词心的揭示。刘东海《陈维崧词人唱和群体在阳羡一地步韵创作的词史地位》一文，是对陈维崧和阳羡词派的深入研究。文章针对清初以陈氏为中心的唱和词数量最多和阳羡派确立时间等词史现象与问题，以细致的排比论证，指出“康熙十一年至十四年间阳羡词人唱和”是阳羡词和陈词的成熟期和创作高峰，也是清初词坛“稼轩风”的高潮。

近现代词史作家作品研究有不少成果呈现在本次研讨会上，尤其是民国词作为千年词史的结穴，正在进入越来越多研究者的视野。如金鲜《近代女词人吕碧城的羞耻感》一文以“羞耻感”和心理学理论探入吕碧城的特异人生和特异心理，有举一反三、以少总多之效果。李剑亮《抗战时期高校迁徙与教授的词创作——以刘永济〈诵帚词〉为例》一文择国立武汉大学教授刘永济《诵帚词》为例，探讨抗战时期高校迁徙与教授词创作之关系，把握到了刘词兼有凄艳与沉健的特质的行程，见出特殊的时代对词体创作的影响。

当然，“词史”并非仅仅有时代与作家一种坐标系，在传统意义上“史”的研究之外，更应该以题材、体裁、意象等要素为轴丰富当下的词史研究。这也是本次研讨会的一个亮点所在。如题材研究方面，董继兵《论宋代边塞词的创作发展》、余意《明词中的“边塞”风》和许博《清初边塞词中的遗民情节》三篇文章几可组成半部“边塞词史”，而各自着眼点不同。董文将宋代边塞词划分为承袭期、自立期、深化期、繁盛期四个阶段，突出了每个时段边塞词中的时代精神与大家名作；余文重在联系明代边塞守备为本和御东为要的政治历史背景，揭示了明代边塞词“一边是边事，一边是风雅清事”的特征；许文则围绕“有明一朝亡于边塞”的观点，凸显出遗民情节浓重这一清初边塞词的特出之处。

体裁研究方面，近年来王兆鹏、刘尊明、曹辛华等先生颇致力于词之分调研究，开辟了“分调词史”的研究新领域。刘尊明、余泽薇的《唐宋〈望江南〉歌词创作的发展历程》详细考察了唐宋“第一金曲”《望江南》的创作情况，揭示了其形式、内容与功能不断丰富、拓展的历程与原因。陈鑫《宋词“金曲”〈水调歌头〉声情管窥》一文从唐宋词学文献入手，比照词论与词作，对《水调歌头》一调的声情与传唱情况，进行了细致的探考。作者沿着夏承焘、龙榆生等先生的研究继续前进，在号称绝学的词与音乐领域取得了扎实的成果，也显示了词之分调研究的一定优势。

意象研究方面，沈文凡、王慷《茫茫万世织绮梦，烟尘花落两纷纷——唐宋元明清“梦词”创作综论》一文着眼于“梦”之境迷旨幻与词体之情婉言长之间的相通之处，特对词中的“梦”意象展开研究，点出了写梦词之特质、成因和演进过程，以及历代名家名作。王晓雯《“孤舟”作为空间意象之探讨——以宋词为例》同样拈出一个本身就“自给自足”且充满感发力的重要意象——孤舟，而将笔墨集中于其空间性，析出“离情乡愁栖居”、“隐逸理想栖居”、“游赏乘兴”三类，以明其情感的抒发和美感的生成作用。

3. **词学史、词学理论研究。**从大会提交的论文来看，词学史及词学理论研究多数集中于词学较昌明的明清及近现代，这一点和词史研究唐宋与元明清各占半壁有明显不同。

明代是词史发展的相对低潮期，但明词和明词学并非乏善可陈，而是自有其独特的话题和特色。《草堂诗余》系列选本研究是明代词学研究的热点。本次大会上，张仲谋先生提交的论文《明词三考》就包括对《草堂诗余续集》编者“长湖外史”的考证。朱丽霞《顾从敬与明代词学》一文聚焦于顾从敬刻本《草堂诗余》一出而旧本渐废的特殊现象，指出了顾氏将原本题材分类法改为小令、中调、长调分类法的做法成为《草堂》传播史乃至词学史上的一次重要变革，深刻影响了后世词谱的编纂和词风的演化。这一话题，如其中顾氏的动机与旨归等问题，还可以进一步研究。明代词学家俞彦的《爰园词话》言简意赅，自成系统，是明代最重要的几部词话之一。岳淑珍《论俞彦的词学思想》一文首次全面性地总结梳理了《爰园词话》的词学思想，有填补空白之意义。

清代词学研究发展迅速，研究者普遍很有问题意识和创新精神。随着学界对清代词学的研究不断深入和拓宽，清代词学越来越呈现出多元化的面貌，远非云间派、阳羡派、浙西派、常州派的简单更替。但是对于某一词派的地理分布景观和流传、拓展情况，往往出了发源地后就难以详明了。范松义《论清代词派的地域拓展——以浙西词派为例》一文针对这一亟待解决的难题，选择浙西词派在广东的传播作为切入点，指出粤词迟至晚清才大行浙西风，这就改变了以往对浙派平面、单线的认识，很有启发意义。近年来清代词学"两头大、中间小"的局面渐渐改观，雍乾词坛益受瞩目。曹明升《雍乾学人群体与清代词学复兴的进境》一文紧扣当时词家的学者身份，从词体尊体、词史批评、词律词乐、学人之词四个方面阐述了雍乾学者群的词学观，指出其学术与词学相沟通，促成了清词复兴的一大进境。谢永芳《词籍禁毁与词学发展——以清乾隆朝为中心》一文梳理了乾隆朝以政治考虑为主因的词籍禁毁情况，考察了其对词学发展影响的双面性：一方面造成了乾隆词坛整体颓靡的局面，一方面客观上提供了总结前代词学以转变观念的时机。

晚清民国时期是词学现代化的时期，新旧交汇，百家争鸣，遂成为词学史研究的热门时段。本次大会现代词学方面的论文可谓各有特色，各占胜场。杨柏岭教授《张惠言的词学史地位及其〈茗柯词〉之价值》一文从张惠言的学术历程、学术人格看其词学主张，展现了张氏词学在《词选》并序之外的丰富内容。陈水云教授《东南大学与现代词学》一文是其"现代高校与现代词学"系列研究中的新成果，文章从导师——王瀣和胡先骕、领袖——吴梅、传承——国学研究会和《国学丛刊》、流派——"东南学派"等方面阐发了东南大学词学研究的特点、现代词学史地位和在词学现代转型中的作用。梅向东《龙榆生词学的"奇崛"范畴及其现代意义》一文以"奇崛"这个词学范畴为镜，观照了龙榆生词学理论体系的整体和脉络，颇有发明之功。作者认为龙榆生以"奇崛"统括贺铸"谐律之悲壮"、周邦彦"健笔起柔情"的特点，一方面坚守时代要求词体的"苏、辛精神"，一方面又坚守了词体的艺术本位，这是龙氏词学的骨干，也是其现代性的鲜明体现。倪春军的《词学传媒：期刊论文和词学话语》也是一篇彰显现代词学鲜明特色的文章，作者抓住现代学术期刊这一词学研究的新阵地，通过计量分析，拈出"30 年代"、"《青鹤》杂志"等关键词，描画了现代词学在 20 世纪上半叶的发展轨迹。现代词学名家研究中，卓清芬《赵尊岳〈珠玉词〉评点探析》、王作良《吴世昌评〈白雨斋词话〉刍议》和闵定庆《试论〈花外集笺注〉的学术转型意义》等文章，分别选择了赵尊岳、吴世昌的评点和詹安泰的笺注作为样本，因其旧式的治学方法中蕴含着词学“现代性”的体现。

邓乔彬教授的《唐宋词研究的回顾与前瞻》与欧明俊教授的《口述词学史研究设想》是两篇重要的词学学研究成果。邓文从外围（民俗学、叙事学、主题学、心理学、传播与接受等）与本体（词体体制、词乐、词学理论、词学学与学术史等）两大方面，简明扼要地对唐宋词研究现有成果进行了回顾，对发展方向做出了前瞻，并且点出了词学文献学和词学文化学两个主要增长点。欧明俊教授的文章，借用西方口述史学理论，架构了口述词学史研究的理路与体系，创新意义重大，获得了与会专家的一致赞同，我们期待其能尽快付诸实践。

大会提交论文中，狭义词学理论研究略显薄弱。其中，张再林《词史“尊体”说检讨》一文以苏轼、刘将孙、陈维崧、朱彝尊、张惠言、周济、王国维、胡适为主要节点，梳理了词学史“尊体”观的发展过程。王卫星《论词体正变观的基本类型》一文将词学史正变观分成“纵”（词与其他文体）、“横”（词体内部）两个体系，又细分为“弃横从纵”、“纵横并行”等五种。胡建次《中国现代词学中的词意论》一文是其词学理论命题研究的新成果，文章将现代词学家对词中之“意”的相关论述归纳为“意内言外”之说、意旨表达之法、意旨与创作之关系三方面，突显了现代词学的新变。

三、文化视野下的词学研究多元化

文化视野下的词学研究，包括以文化视角切入来研究词学，也包括以词学研究为手段来研究文化。此类研究领域宽广，包括词学与社会、宗教、地理、艺术等等方面，方法多样，角度新颖，充满活力。经过上世纪九十年代词学界“向古典回归”和“学术史总结与反思”等思潮，立足文学本位、以解决文学问题为目标的“原则”已成为词学文化学研究者们的共识。

唐宋词与歌妓研究已有不少成果问世，张惠民、向娜《唐宋妓乐文化与闺情词论纲》一文将词史范围缩小到“闺情词”，简要而不失系统地论述了其在唐宋不同时期不同妓乐文化背景下的不同特点。赵赟《从后花园到西园：宋代私家园林词的新变及其意义》一文将文学融化在文化之中，透过宋代私家园林不同于以往山野、田园或者闺阁后花园，而是充满富贵承平气象和士大夫宴游之乐的“西园”这一都市文化背景，考察了宋代园林词摆脱晚唐五代词的纤靡绮艳而形成“宋调”的过程和影响。张文利《宋词与书院述说》一文从“词与书院”这样一个“冷僻”的角度研究宋词几乎没有写到书院这一“冷僻”现象，从《乐府补题》中“余闲书院咏蝉”组词，揭示了南宋中后期书院功能的变化——从单纯作为读书养性的场所到成为士大夫游赏唱和的所在。当代词学名家杨海明先生在《唐宋词史》中曾运用文化地理学方法，将唐宋词定性为“南方文学”。李春丽《金词“北派风格”的文化解析》一文则沿此方向继续前进，从“朔风雪山与苍凉词境”、“雄关大川与壮阔气象”、“尚勇精神与激越词风”、“淳朴风俗与浅率表现”四个方面论证了金词恰与宋词相辅相成的“北派风格”，对于认识金代词风很有帮助。叶晔《论明幛词的起源与演变》一文以幛词这一词体形式为研究对象，对其概念、起源、演变与文体重心进行了详实的考述。对读者来说，幛词也成为认识明词与明代社会、明词与明代文化的一个窗口。

唐宋以来，大多数文人士子都兼有填词与信教（尤其是信佛、参禅）的生活经历，其词风与词学也深受宗教思想的影响。从宗教行为与思想的角度研究词家之词心、词作与词学，往往能有别样的发现。胥洪泉《满族女词人顾太清与全真教》一文，考述了奕绘、顾春夫妇与全真教的密切联系，从其信道行为与体道思想入手，得出了顾春的诗词有重视精气神、追求清静之境、崇尚朴素之美等特征，观点新颖，言之有据。禅宗虽倡言不着法相、不立文字，却更强调净染不二、圆融无碍，故而历代词人颇有以词证道之作。刘长焕的《两宋词人于佛法之“体道”“证道”旨趣浅说》即以宋词中的证道词（大乘佛教与禅宗）为研究对象，从体悟深浅、境界高低之处解读其人其词，颇能给人启发。

中国古典艺术与美学博大精深，古代作家往往博学多才、兼善诸艺，词作不过是其成就的一部分，故而词与其他文体以及其他艺术门类之间的互动研究，也为研究者所重视。如黄海《论姜夔诗、词互动及原因》一文发掘姜白石“词具诗韵、诗有词意”的表现与成因，认为其源于“以诗为词”的时代诗学背景和打通文体、以为诗词皆陶写性情之具的文学观，故而其诗其词皆独树一帜、独具风标。当前诗乐一体论、诗书画一体论、词乐论研究都已较发达，而词论与书画论尚有较大的开拓空间。李连生《清代词论与书画论发微》一文以若干清代词论的关键词如“沉郁”、“勾勒”、“潜气内转”、“涩”、“拙”为例，探查了其在书画论（尤其是书法论）中的源头意义，及其在词论中的功能，作出对词论范畴的新理解。王晓骊的《论〈梅花喜神谱〉的题跋词》也是研究词、画互动关系的文章，其研究内容虽然“微观”，却堪在词籍副文本研究、词学批评文体研究、词体演化与功能及题跋词研究等方面给人以角度和方法上的启迪。

以上的归纳总结并不能涵盖本次词学研讨会的所有论文，更难以“一网打尽”大会研讨纷呈之精彩，甚至挂一漏万；然而仅此一斑，大会所汇集的论文领域之广、质量之高已可有目共睹。当然，提交的论文中也有一些较普遍存在的问题。诚如闭幕式上孙克强教授总结出的那样，如传播接受研究材料排比比例过高、理论较弱，一些文章研究史考察不够、对已有成果的论说不足等。2012 年 8 月 29 日下午，武汉词学国际研讨会在浓厚热烈的学术气氛中圆满地落下帷幕。

较之以往，本届词学会的举办突显出三大亮点：一是海外词学家的聚集。与会专家学者中，来自台湾、香港、澳门及日本、韩国等地的海外学者达二十余位，其中台湾老中青三代词学团队几乎全部前来，尤其引人瞩目。这显示了词学研究队伍的进一步扩大和学术交流的进一步深入。二是提交论文质量较高。大会共收到论文一百四十余篇，涉及领域甚广，不但有对词体起源、词谱词乐、《人间词话》等难点、热点问题进行的充分讨论，也有对民国词学、词学与教学、词学与家族等新鲜课题的探索，大都做到了文献基础与理论高度两轨并行，避免了以往选题重复、扎堆、偏冷等现象。三是年青一代词学研究者初露锋芒。本次大会的主题之一便是扶植年轻学者成长。从论文的提交收辑、大会开闭幕式发言、小组讨论主持及评议、小组发言总结等各个方面，都能看到新生代词学家崭露头角，充分显示了词学研究队伍的健康成长、后继有人。此外，本次大会推选出了新一届的词学会副会长、常务理事、理事，这也从另一个方面说明本次词学会在词学研究史上继往开来的作用。在所有与会领导、专家学者的努力下，本届词学研讨会打造了一个高规格、高水平、高效率的学术交流平台，展示了海内外词学研究的深厚学术底蕴和研究水平，拓宽了词学研究的视野，加深了学者间的相互了解，促进了词学研究向纵深发展。

第18届苏轼国际学术研讨会综述

陈晓春　申东城

为进一步弘扬和开发三苏文化精神，服务当代文化建设，四川省苏轼研究会与乐山师范学院于2013年7月25—28日，在四川乐山举办以“三苏文化传承创新与地方文化建设”为主题的“第十八届苏轼国际学术研讨会”。

本次大会引起国内外苏学研究专家、学者及广大苏学爱好者的广泛关注，会议共收到海内外参会人员提交的论文90篇，约95万字。为期两天的讨论，除了让我们进一步领略了“苏海”的浩瀚深广，同时也体现了“苏学”正日趋成为当今中国文化研究领域的“显学”（江苏科大喻世华先生的《基于“中国知网”“复印报刊资料”数据库的苏轼研究情况分析》，通过分析数据库，认为苏轼研究已经与红学、鲁学以及孔子、老子研究一样成为学术研究的重点，有成为显学的趋势）。“苟日新、日日新、又日新”，三苏文化作为一个常说常新的话题，正不断吸引着人们探索的热情和研究的兴趣。

短短两天的会议，气氛活跃、交锋激烈，达到了张志烈会长所预期的目标，真正做到了扎扎实实、有声有色。

一、关于三苏文化的当代性与地域性

当代性与地域性，一为时间概念，一为空间概念。三苏文化所具有的当代性与地域性，客观显示了三苏文化在时间与空间上的流播所凸显的意义与价值。学者们均深刻认识到，应立足当代，深入挖掘这一价值，以推进当代与地方文化建设。有关这一论题的讨论涉及以下三个方面：

1. **三苏文化的当代性。**乐山师范学院教授、四川省苏轼研究会副会长杨胜宽先生的《三苏的文化观及其当代启示》，从本于人情的文化起源观、经史并重到百家共存共荣的文化发展观、通变与致用的文化价值观等三种独特的苏轼文化观念出发，得出文化建设必须遵循“人情”需要的基本原则，文化发展必须遵循多元并存共生共荣的基本规律，文化的价值评判必须体现人文性、时代性与进步性要求等结论。此外，成都师范学院的张春阳先生、平顶山学院的赵志勋先生、《河北法制报》高级编辑齐梅鹿先生等，也分别从不同的角度阐述了三苏文化的政治、经济与文化价值。

2. **三苏文化的地域性。**苏轼一生飘泊，足迹所至，均投下他的人格、理想和情感，成为我们今天宝贵的地方文化资源。我们非常高兴地看到三苏文化研究中活跃着一支重要的力量——地方文化研究力量。以四川省苏轼研究会副会长宋明刚先生，黄冈市东坡文化研究会会长涂普生先生，山东省诸城市地方文化研究学会会长徐恩聪先生、副会长兼秘书长乔云峰先生，郏县苏轼学会副会长刘继增先生，眉山市三苏文化研究院研究室主任刘清泉先生，郏县苏轼学会理事刘彩平女士，《杜甫研究学刊》编辑刘晓凤女士等为代表，他们的研究非常重视三苏文化所惠及区域的地域文化特征，而我们看到，也恰恰是这种地域性不但成就了地方丰富深厚的文化资源，也因为这一基因而造就了三苏文化世界性的影响力。因此，他们的研究不但具有重要的理论意义，更具有直接实际意义。因为这一研究为地方文化资源的开发与利用提供了前提。

3. **三苏文化的教育观。**在本次的研讨中，三苏文化的教育观是结合苏轼成长的环境来思考的，体现出了学界一些新的思考和探索。四川省苏轼研究会副会长宋明刚先生的《苏轼成才环境初探》，从家风、社会环境、自然环境、顽强的毅力和乐观的心境等角度，探寻了苏轼成才的原因。西南民族大学文学院院长徐希平的《苏东坡成长经历之要素及其对当代中国教育之启示》，从情感教育、人格教育和通才教育三方面新探了苏轼的教育思想和教育理论。山东省诸城市城北学校校长徐增宝先生的《论中小学校在苏轼文化传承中的重要性》，提出了开发独具特色的东坡文化校本课程，打造“特色＋品牌”的现代化名校实践和理念。

二、关于三苏文学研究

文学研究一向是三苏研究的热点，会议研讨主要涉及两个方面：

1. **三苏作品研究。**四川大学教授、四川省苏轼研究会会长张志烈先生的《〈苏轼诗词写意〉序》，以书评兼书序形式，充分肯定了刘清泉先生和画家杨再琪先生采用现代散文诗和水墨画组合的方式来诠释苏轼诗词意境的做法。张会长凝练精要的评述，也让我们真切感悟到苏轼文学融通书画艺术所具有的独特魅力。四川师范大学文理学院教授、四川省苏轼研究会名誉会长曾枣庄先生的《"心似已灰之木，身如不系之舟"——苏轼贬官黄州、惠州、儋州的心路历程和文学成就》，让我们看到了一个非常奇特的现象：苏轼的文学成就与苏轼的人生遭际呈现出反向的情形。苏轼历贬三州，文学成就也远超过他处境顺利时，从中我们既能看到苏轼人生遭受着一次次的挫折，文学却实现了一次次超越，也深刻领悟了"诗穷而后工"的哲理。山东大学刘培教授、四川师范大学王红霞教授专门对苏轼、苏辙的赋进行了深入的研究。西华大学潘殊闲教授的《试论苏轼海南诗词的"海"味》，让我们体会到了苏轼远谪海南三年期间的诗词独特的思想艺术和风格。台湾东华大学副教授张蜀蕙女士着重分析了苏轼的纪行诗中的舟行诗，强调了这类诗词在苏诗中独特的地位和耐人寻味的审美意义。此外，汉中市陆游学会会长、陕西理工学院孙启祥教授，《超然台》编辑部王晓磊先生，均分别就他们所关注的具体作品进行了深入分析与解读。

2. **苏轼对文学传统的继承和创新。**关于苏轼对文学传统的继承和创新的研究，就是将苏轼的文学观念与文学成就放置于中国文学生动的语境中进行考察，突出他所关联的谱系及所做出的贡献与成就。中国社会科学院文学研究所陈才智研究员的《苏东坡对白香山的受容与超越——咏梅诗的视角》，指出苏轼于白居易受容最大超越处在于将梅格与人品有机融合，创造性地提出"梅格"概念。兰州大学教授、中国古代文学暨古典文献研究所所长庆振轩先生的《苏轼对"穷而后工说"的承继与拓展》，指出东坡力主"诗能穷人"之说，并且有"意所乐则为之，何暇计穷达"的透脱之论，对"穷而后工"之说有新的拓展。盐城师范学院教授王文龙先生认为东坡论诗诗是杜甫论诗诗的嫡传，且更有其独创性，其论诗宗旨大体上可归结为对诗艺的研究和诗美的探求。四川师范大学教授房锐女士通过赏析苏轼三篇短文，得出苏轼对司马相如一生行事和为文进行了否定性评价的结论。绵阳师范学院副教授伍联群女士从政治、文化、对巴蜀士人三方面论述了入蜀文人的巨大贡献，其中有张方平、雷简夫对"三苏"父子的扶助、荐举和识拔。乐山师范学院副教授申东城先生的《苏轼巴蜀诗与唐宋诗歌嬗变》，从苏轼巴蜀诗数量和五阶段分期、苏轼巴蜀诗变体现苏诗之变、苏轼巴蜀诗展示出苏诗的承唐启宋及其价值意义三大方面，论述了苏轼巴蜀诗及其价值。西南交通大学副教授段莉萍女士、东莞理工学院城市学院副教授宋秋敏女士、宜宾学院副教授赵德坤先生、乐山师范学院副教授王琴女士也就苏轼诗词诗论的继承与创新进行了有创见的分析。

三、关于三苏思想生平研究

思想研究向来也是"苏学"界所关注的热点。在宋代儒、道、释交汇的思想文化语境中，弄清三苏思想方面的抉择和基本取向，具有非常重要的意义。本次会议这一领域的讨论主要集中在如下几方面：

1.**从文学创作反观其思想特征。**这也是研究三苏思想的基本路径。三苏的思想和人生感悟大都是通过文学作品来表达的。四川大学马德富教授的《苏轼诗歌的哲理思辨倾向》认为，苏诗的哲理思辨因其对困境的体验和超越而上升到了崭新的境界，同时也突破了唐诗情景交融的艺术范式，在内容和形式两方面拓展了诗歌的表现天地。韩国东国大学国际语学院院长兼中文系教授朴永焕先生的《苏轼禅诗所体现的幸福》指出，贯通苏轼禅诗的重要思想，是坚持伴随着大乘空观、随缘自适、无执著、圆融无碍等因缘的人生观。德国法兰克福大学汉学系助理教授杨治宜女士通过对苏轼流放岭海期间和陶诗的解读，认为苏轼的"回归"是美学和伦理的回归，即通过美学方面走向平淡，在伦理方面走向生命原始本然状态，最终遁入内心的"乌托邦"。此外，四川师范大学庄逸云女士、内蒙古师范大学刘伟先生、乐山师范学院副教授刘丽珈女士等，均就苏轼相关作品所呈现的思想与心境进行了深入的分析。

2.**继续关注三苏儒道佛思想。**西南交通大学副教授沈如泉先生的《苏辙养生修道简论》，分析了苏辙养生修道三特点，指出佛道思想使其对待生命和生活的态度更积极。平顶山学院罗浩刚先生的《苏轼与孔颜乐处命题》，认为苏轼的快乐生活和快乐哲学是孔颜乐处命题充分展开的结果。常州工学院高纯林先生的《在中华传统文化培育下——浅谈道家思想对苏轼的影响》，从生活、交往、诗文作品及名人评论等多方面，论说了传统文化中道家思想对苏轼的影响。此外,武汉大学程磊先生、玉溪师范学院杨松冀先生、宝鸡文理学院王渭清先生,还就苏轼人格的形成与特征进行了颇有新意的分析。

3.**政治与哲学思想。**三苏尤其是苏轼的政治与哲学思想是三苏研究中的薄弱环节,现正日益引起学界的重视,尽管长期以来这一领域的研究远远还不能令人满意。西南民族大学祁和晖教授的《苏轼倡兴"天下之水学"应得到注意》一文,敏锐地发现并简要阐释了苏轼由孔孟"水道"而提出的"水学"的政治理念和治世原则。西华师范大学金生杨教授的《眉山苏氏与扬雄〈太玄〉》,揭示了苏洵、苏轼对扬雄所作《太玄》皆有论说,并直接影响到扬雄历史地位的升降。黄冈市的谈祖应先生介绍了苏轼《东坡易传》中标新立异地提出了"以有所不同为同","和而不同为和"以及"惟同必睽","知睽必同"的同异辩证观。东吴大学林宜陵女士、乐山师范学院副教授唐瑛和成都杜甫草堂博物馆潘玥女士,均对苏轼特定时期独特的政治情怀进行了细腻地体察和呈现。平顶山学院郝二旭先生、杨秋玲女士专门就苏轼的农业思想进行了评述。此外,眉山的赖正和先生、乐山师范学院副教授何晓苇先生,分别对苏洵积极有为的精神层面和苏轼一贯的裕民思想进行了深入的分析。

4.**生平史实的考证。**乔建功、王祥林、王宪斌、罗宁等先生在详细占有相关材料的基础上,均对与三苏相关的史实进行了辨析与考证,为我们了解三苏的生平和相关史实提供了宝贵的材料。

四、关于三苏接受与传播研究

三苏的接受与传播研究,也是本次研讨会的热点,讨论围绕以下两方面展开。

首先是三苏的接受与传播研究,这方面研究体现了研究者较为宽阔的视野和一些新的突破。福建师范大学欧明俊教授《论苏轼〈前赤壁赋〉的"跨体"传播与"跨国"传播》一文在指出《前赤壁赋》跨体传播的同时,也给我们介绍了这一名篇在韩国、日本的传播盛况。厦门理工学院何李女士、四川理工学院万燚女士分别讨论了不同文化背景下不同的三苏书写和苏轼形象的变异。乐山师范学院副教授杨玉英对英语世界"赤壁赋"研究概述、英译、英译注释与评论、文本解读等做了梳理,并分析了译介误读、误释的原因。郏县苏轼学会会长萧根胜先生、副会长刘继增先生采用地方文献学、文化地理学的学科方法，以苏轼在中原为个案、人地关系为视域，在明清时期特定历史坐标中，探究和梳理了苏轼中原宦绩和行踪诗文在中原地区传播的基本路径。

其次是“后苏轼时代”对苏轼的接受与传播。吉林大学沈文凡教授、武振玉教授的《苏轼韵文明代接受文献缉考》，从“为韵”“和苏”“仿苏”“效苏”“拟苏”“用苏”“集苏”等方面，对明代苏轼韵文的接受文献进行了全面缉考。深圳大学刘尊明教授和李志丽女士对历代次韵“赤壁词”进行了定量的统计和分析，凸显了苏轼这一作品的广泛传播和深远影响。此外，华南农业大学副教授何泽棠、西华师范大学方新蓉、保定学院中文系李新、乐山师范学院徐立昕等，也分别从更加具体的层面探讨了“后苏轼时代”的接受和传播情况。

五、关于苏轼书画艺术研究

苏轼在书画艺术方面突出的成就，使研究者从来就绕不开对这方面问题的研究和思考。

关于书画方面的研究，直接研究作品的文章仍然很少，主要都集中在对其画论、书论的研究上。乐山师范学院陈晓春教授的《苏轼画论略谈》，强调要将苏轼的画论放在中国古代尤其是宋代的思想文化及艺术理论语境中来细读，苏轼有关绘画的言论虽然零散，但已经形成了包括本体论、创作论和审美风格论的绘画理论体系。《杜甫研究学刊》编辑部彭燕女士从杜甫的题画诗说起，对杜甫、苏轼二人书画艺术的审美观以及二人艺术审美分歧的原因进行了分析和论述。四川大学王万洪先生的《苏轼书张少公判状发微》通过对张旭笔法来由的讨论，以及苏轼对张旭草书几则评论的剖析，指出了苏轼尚意书风的得与失。另外，王琳祥、张海等先生还为我们提供了苏轼与绘事相关事实的考证和与画家们交往的史料。

中华书局编审、四川省苏轼研究会顾问刘尚荣先生的《追求“真苏轼”》一文，以严谨科学的分析进行学术打假。刘先生所强调的学术规范，是一个我们这个浮躁的时代需要特别关注、特别重视的问题。此外，中国社会科学院陈才智先生为我们提供了《苏轼研究书目》，汉中宗教局张芳女士还向大家简要介绍了汉中作协主席清扬女士的中篇小说《情归苏东坡》。

两天的学术研讨，大家围绕会议主题，或者从价值论出发，深入研究三苏文化在当代宝贵的价值和丰富的意义，它的接受、传播和深远影响；或者从本体论的角度，深入探讨三苏文化本身的特征及其多元的构成，诸如政治、军事、经济、文学、艺术等。两方面的研究在内容方面有新的拓展，在方法手段方面也呈现出多样化的特点。但正如学会名誉会长曾枣庄先生所指出的那样，尽管目前三苏研究的成果多，但问题仍然不少。他所例举的诸如选题重复但仍有盲区，新观点、新方法不多等问题在本次会议中依然或多或少存在。这都有赖于我们今后加倍的努力，以更大的智慧、更严谨科学的态度推进三苏文化研究迈向纵深。

务实高效　开拓创新

——中国古代诗词研究与当代人文素质培养国际学术研讨会学术总结

朱惠国

2013年11月9日至11日，中国李清照辛弃疾学会和山东大学大学生人文素质教育基地联合举办的“中国古代诗词研究与当代人文素质培养国际学术研讨会”在济南市长城大厦举行，来自全国各地以及美国、香港、台湾地区的李清照、辛弃疾研究专家近百人出席了会议。学会以及山东大学的领导与会议代表共聚一堂，共同就当前李清照、辛弃疾的研究动向以及如何发扬“二安”的爱国主义精神、普及“二安”的优秀文学作品，提高大学生人文素养等问题发表了各自的看法。会议务实高效，气氛热烈。

会议共收到论文50余篇，依照会议的议题，主要有两大类：一类是有关李清照、辛弃疾研究的专题论文；一类是有关中国古代文学研究和当代大学生人文素养培育的学术论文。另外，尚有几篇有关其它问题的论文以及济南和济南新世界小学分别学习、研讨"二安"诗词的情况汇报。

大部分论文视野开阔、基础扎实,并有一个共同的特点,就是有一种比较明显的创新意识,这一点在有关李清照、辛弃疾研究的专题论文中体现得尤其强烈。李清照、辛弃疾长期以来一直是学术界的研究热点,留下了一大批高质量的研究成果,这一方面说明"二安"研究十分繁荣,但另一方面也一定程度上压缩了后续的研究空间,成了目前"二安"研究的学术瓶颈。如何突破瓶颈,走出一条新的研究路子,是最近几年"二安"研究者经常思考的问题。可喜的是,本次会议在此方面作了有益的探索。会议收到的论文虽然数量不多,但大都表现出一定的创新意识。大家试图对现有的研究有所突破、有所推进。这主要体现在以下四个方面:

其一,在李清照、辛弃疾的接受研究方面,有一定的拓展和深化。李清照、辛弃疾的后世接受问题并非新的选题,相关的研究早就展开,并已出版一些专著,但"二安"在元代和民国时期的接受研究却相对薄弱,成果极少。此次刘扬忠先生和郑永晓先生的论文分别对这两个时期"二安"接受情况做了比较深入的研究,弥补了以往的不足。刘扬忠先生《稼轩词在近现代中国史上接受、影响和经典化情况的考察——以清末民初、抗日战争和新中国头三十年稼轩词的影响为中心》一文,详细考察了稼轩词的后世接受情况,并着重论述了清末至新中国前三十年稼轩词的传播和经典化过程。论文分为两部分:一是从宏观层面对稼轩词的后世接受情况作了总体回顾,将之分为七个大的历史时期:南宋中后期、和南宋基本平行的金代、元代前期、明代、清代、民国时期、建国后六十年,并在此基础上对每个时期的基本情况和特点作了简要阐释,清晰地勾画出稼轩词被后世接受的大致线索和发展状况。二是对晚近以来稼轩词的社会影响和经典化过程作了细致分析。刘先生从六个方面展开论述:首先阐述了稼轩词对邓广铭等专业学者的影响,并进而分析邓广铭先生反过来对稼轩以及稼轩词研究的推动作用。然后依次分析稼轩词对柳亚子以及其它南社成员、清末民初社会精英、国民党抗日军人、中共高层人士、中共其它著名人士和国内民主人士的影响。论文纵横交错,大气恢弘,清晰地勾画了晚近以来稼轩词的经典化过程及其社会和文学价值。郑永晓先生的论文《寂寞中绽放光彩——元代辛弃疾的影响与被接受略论》主要对元代辛弃疾的接受情况作了比较系统的梳理与阐释。论文分两部分,分别阐述元人对辛弃疾为人的评价和对稼轩词的评价。作者用大量史料证明:辛弃疾及其词在元代词坛的影响虽不如南宋、金元和明清，但依然有众多的接受者，他们感怀辛弃疾的豪情壮志和英雄无用武之地的忧伤，通过撰写辛弃疾的传记、创办辛弃疾书院、刊刻辛弃疾词集等方式来表达对辛弃疾的崇敬之情。整个元代，辛弃疾同样以其英雄气概和风格多样的词作深刻影响了广大知识分子和普通民众。郑先生认为：辛弃疾在后代的影响和被接受，自南宋以迄明清直至现当代，是一个持续不断的过程，每个时代都有相当数量的追随者，元代也不例外。

其二，采用历史文献和田野考察相结合的研究方法，对辛弃疾遗址、遗迹等生平资料的考证有所突破。中国古代史研究注重实证。早在 1925 年，王国维就极力提倡“地下之新材料”与古代文献相互印证，称之为二重证据法。目前二重证据法已被学界视为主流，得到广泛运用。就辛弃疾研究而言，过去几年已经有学者自觉采用这种研究方法，并获得了一定成效，但辛弃疾作为一个自然人，留下的遗物毕竟有限，因此如何围绕辛弃疾的生平事迹，对其遗迹以及词作中提到的地名作田野考察，并将考察的结果与历史文献相互印证，同样受到学者的重视。此次辛更儒先生提交的论文《辛弃疾上饶带湖与带湖新居小考》即是此方面的有益尝试。上饶带湖是辛弃疾南渡之后寓居时间最久的地方，前后长达十年以上。然而在明清两代，带湖和带湖新居的遗址迷失了方位，湮没在历史的尘埃中。对于两处遗址的具体位置，众说纷纭。辛先生的论文根据《永乐大典》中稼轩一首小词中不为大家所熟知的记载和注释，订正旧有的误解，并在此基础上，通过对现在上饶带湖地区的实地考察，重新考证了带湖遗址和带湖新居的正确位置。辛先生认为，带湖遗址和辛弃疾带湖新居遗址不能混而为一，带湖遗址即明清旧城的北壕，而带湖新居则应以龙牙亭路以东的古城岭为中心。作者呼吁：“尽管由于城市化的发展，现在上饶市城北的地形地貌与南宋时期相比已发生巨大变化，但是，既然尚有一段北城壕残留下来，希望在未来的城市规划和建设中，不要再次把这个极为重要的历史遗存人为毁灭。如有可能，可以把它建成一个稼轩带湖遗址公园，将《永乐大典》的上述记载刻碑立石，让上饶和全国各地的辛词爱好者有一个瞻仰和纪念的处所。”

其三，李清照词调研究有新进展。词调研究是当下词学研究的一个新动向，词之所以区别于诗，主要在于它的词体特点，比如词调、词乐、词韵等等，以前学界对这些词体特点虽有所认识和研究，但相比于词史、词论等，还远远不够。目前这种情况正在发生变化，已经有不少词学家将研究的目光投向了词调与词谱，编撰分调词学史的说法也开始被提及。落实到李清照、辛弃疾词的研究，情况也大体相似。前几年已经有学者开始关注辛弃疾的选调问题，并发表了相关的研究论文，但遗憾的是有关李清照选调的研究却一直没有很好地展开。此次朱惠国、王菲提交的论文《浅论易安词的选调》，显然改变了这种状况。论文以王学初先生编注的《李清照集校注》为工作文本，比较全面地考察了李清照词的用调情况，认为易安词用调有三个比较明显的特点：一是多用令曲而间有慢词。李清照现存 43 首完整的词作，总共选用 32 个词调，其中慢词词调仅 8 个，究其原因，应该与其所处的时代以及李清照自身所秉持的词学观有一定关系。二是用调广，不喜重复，但偏爱《浣溪沙》《蝶恋花》两调。总体看，李清照选用的词调都有音节谐婉的特点，适宜表达轻柔婉转、往复缠绵的情绪。三是多数调为唐宋以来的常用调，没有创调，但李清照往往另开一体，在原有词调的基础上创新。论文还对李清照使用频率最高的《浣溪沙》《蝶恋花》两调作了比较详细的分析，认为李清照选调除了受到词坛流行因素的影响外，也与其词情的表达关系密切。论文对李清照用调情况的研究只是开了个头，还有许多问题可以进一步探讨，但其研究方向值得关注。

其四，研究方法和研究角度的创新。在此次提交的论文中，有几篇在研究手法和研究角度方面都有一些新的尝试与突破，表现出李清照、辛弃疾研究正在深入和细化，形成了一些新的思路。如成功大学教授王伟勇的《夏承焘“论词绝句”论易安词详析》，对夏承焘先生论词绝句中论及李清照的六首绝句作了相当详尽的注释和解析，从中揭示夏承焘先生的词学观念以及对李清照的具体评价。王教授认为：夏承焘 6 首有关李清照的论词绝句是一组具有内在关联的组诗，分别论其胆识、爱国情操、文学造诣、词学观，并总结其为人、评价其文学地位，六首绝句以联章的形式呈现，环环相扣。通过这六首论词绝句，可以发现夏承焘先生论词十分重视人品，他对置身于动荡时代而能持志不移、献身家国的词家最为推崇。王教授进一步指出，吴无闻先生分“注释”、“题解”两目，笺注夏承焘《论词绝句》百首，虽能揭其要旨，但仍有未注待补注、已注待补强、已注而疏误等现象，希望读者关注此点，并加以细心探究。又如《李清照词中的口头语》一文，对李清照词中的俗语做了一定程度的梳理，特别选出其中个性化程度较高的若干词语，对之进行了辨析，希望为研讨

“易安体”的语言特色提供某种参考。研究角度也颇有新意。再如黄淮学院刘小兵先生《〈人间词话〉为何不提李清照臆测》也是一篇很有特点的论文。论文在前人研究的基础上,对《人间词话》不提李清照的原因作了六方面的推测。作者以提出问题为主,希望能以此引起学界注意,对王国维和《人间词话》作进一步深入的思考。又如香港岭南大学司徒秀英《李清照词的“花相”观想》一文也颇有新意,作者借用佛教“观想”的概念,辅以文学意象的分析法,细致地辨析了李清照从现实观出的花相和从心念观出的花相,希望由此探索出李清照艺术世界由“现象”和“虚象”,“外相”和“内相”所构成的审美系统。

会议收到的有关中国古代文学研究和当代大学生人文素质培育的学术论文也有不少新的思路与突破。如学会会长崔海正教授有关现代词学家的研究思路,立足当代,打通古今,无疑开拓了词学研究的一个全新领域,非常值得期待。又如沈文凡先生的《历代边塞征戍词创作述论》将视野投向征夫、将军等以前词中较少为人关注的群体,也有新人耳目的感觉。再如刘军政先生《黄庭坚词与宋代词风转变的契机》一文,联系黄庭坚前后期词的不同风格,对宋代的词风转换问题发表了自己的看法,也有一定的启发意义。

总之,李清照、辛弃疾研究如何突破,如何走出新路,是本次会议讨论的重点,也是本次会议论文最主要的特点。

除了学术层面的交流与讨论,会议还在宣传、普及李清照、辛弃疾文学成就,弘扬“二安”的爱国主义情操,提高大学生人文素养等方面做了研讨与探索。会议代表王伟勇先生在发言中还专门谈了中国古诗词的吟唱问题,建议用吟诵、吟唱的形式推广李清照、辛弃疾的优秀词作,并当场作了精彩的表演,受到了大家的欢迎。11 月 10 日上午,会议代表专程来到李清照辛弃疾文化教育示范基地——济南市新世界小学,考察该校以普及李清照、辛弃疾词作为重点,开展中国古代诗词教学,培养提升小学生人文素质的做法,并观看了该校学生的汇报演出。会议还决定,继去年将潍坊学院设为学会首个研究基地后,今年将在山东旅游职业学院设立学会第二个研究基地,在大学生中积极开展中国古诗词的教学与研究,普及李清照、辛弃疾的优秀词作和爱国主义精神,进一步提升大学生的人文素养。

纪念王十朋诞辰900周年全国学术研讨会综述

张志杰　谢加平　吴济川

今年是南宋大贤王十朋诞辰900周年。由光明日报社、中国社会科学院哲学所、北京大学古代文体研究中心、浙江省社会科学院、中共温州市委宣传部、中共乐清市委、乐清市人民政府主办，中共乐清市委宣传部、乐清市社会科学界联合会承办的纪念王十朋诞辰900周年全国学术研讨会于2012年10月21—22日在王十朋的家乡——浙江省乐清市雁荡山举行。来自中国社会科学院、浙江省社会科学院等研究机构和北京大学、北京师范大学、上海师范大学等高校的40多位专家学者出席了会议，或提交了论文。

开幕式上，浙江省温州市人大常委会副主任、乐清市委书记潘孝政致欢迎辞，光明日报社副总编李春林、浙江省社科院院长迟全华、中国宋史研究会副会长葛金芳分别致辞。本次会议由中国宋史研究会担任学术指导。闭幕式上，中国宋史研究会副会长张其凡做学术总结，浙江省乐清市人大常委会主任赵乐强讲话，国务院参事室参事、中国宋史研究会会长邓小南致闭幕词。邓小南认为，王十朋是南宋士大夫的优秀代表，本次学术研讨会对王十朋的研究，既“贴得近”，又“拉得开”，做好了历史与现实的有效贯通，实现了历史人物研究与地方文化研究的良性互动。

本次研讨会共收到论文38篇，论及王十朋文学成就、教育思想、学术思想、政治主张及实践等领域。虽然论文主题、切入角度、呈现方式、具体结论各不相同，但王十朋的道德文章、人格气节，引起了与会者的强烈共鸣和热烈讨论。会议安排大会集中发言两场，何忠礼、陶文鹏、李裕民、赵贵林、虞云国、葛金芳、杨国宜、贾玉英和张润秀等9位先生做了学术报告；中间还穿插分组讨论，在三个分会场分别就王十朋文学成就、道德理念、政治主张及实践、学术思想等主题进行交流讨论。现将会议相关情况简略综述如下，以期进一步推动王十朋研究。

一

本次研讨会不少论文对王十朋政治主张、行政实践和交游情况进行了陈述分析，从中呈现南宋的政治生态和士大夫的心态处境，指出王十朋在此背景下言行的价值、影响以及对后世的启发。

安徽师范大学教授杨国宜的《略论王十朋的民事思想》，在考查王十朋民事思想形成的历史渊源和社会背景后，又从"在中央朝廷的忧国爱君之事"和"在地方政府的忧民爱民之事"两个角度详述了王十朋民事思想的具体内涵，再进而概括王氏政治思想的特点和地位。河南大学教授贾玉英的《王十朋言事与弹劾实践初探》认为，言事与弹劾实践是王十朋仕宦生涯的重要组成部分，文章从王十朋《御试策》指陈当朝弊端切入，列举了王氏在高、孝两朝的言事与弹劾实践及其效果、意义，并从中演绎出一个判断：王十朋敢于"言人之所难言"的实践赢得了公义的赞许，折射出了南宋士大夫力主抗战的爱国情怀及刚直不阿、嫉恶如仇的批判精神。河南大学教授苗书梅的《王十朋的治家与从政》，以《家政集》为内容探讨王十朋的家世、家风、治家之道对其人格和从政的影响。文章认为，王十朋治家以孝，提倡家庭和睦，以儒为业，尊重知识；为官正直、清廉，勤政为民等对于当今社会仍有很大的现实意义。

浙江省社会科学院副研究员王宇的《王十朋帅夔小考》认为，王十朋知夔州的同时也担任夔州路安抚使。安抚使和知州的职权与管辖范围有很大不同，这一职务拓宽了王十朋的政治视野和阅历，也考验了他的行政能力。北京师范大学教授葛金芳的《从王十朋的治郡实践看其施政理念》，在 1160 年这个时代背景下对王十朋的治郡实践进行评价，指出当时以王十朋为代表的一批地方官的"善治"之所以能够在一定程度上得以推行，与当时的政治大环境有较大的关系；其治郡实践与价值追求，在当时和当代都具有重要的价值意义，"为其僚属做出了榜样"、"值得今人发扬光大"。

王十朋主政过的绍兴、饶州、夔州、湖州等地，此次皆有学者提交会议论文，为我们考察王十朋的治郡理念和实践提供了鲜活的资料。绍兴文理学院教授邹志方提交会议的论文《事业浩无穷：王十朋与绍兴民事堂》，列述了王十朋关心民事的若干诗文及其所流露的思想，分析了王十朋与后秦桧时代的宋高宗及绍兴历史上吏治风气的关系，肯定了王十朋留在绍兴的政绩和思想，“是绍兴人民宝贵的文化遗产”。江西省鄱阳湖文化研究会副会长汪填金的《王十朋和饶州楚东诗社》一文，介绍了王十朋在饶州任职期间与同时在江西任职的四位主战派官员结成“楚东诗社”交游、唱和的情况，从中可窥南宋士大夫的结社状况。重庆奉节县诗城博物馆赵贵林、赵桉的《王十朋在夔州》，介绍了王十朋在夔州的政绩：刻石于庭励官师、种树绿化、修义泉、筑社坛、修城池。王十朋在夔州留下了300多首诗歌，是历代夔州诗中，除杜甫外创作数量最多的一位诗人。夔州（现奉节县）为大家公认的“诗城”，其基础由杜甫奠定，而王十朋则为诗城文化的建构和维护作出了重要贡献。湖州师范学院学生朱如意、陈洁的《困境与应对：王十朋湖州施政研究》，以王十朋湖州施政为研究个案，深入考察了南宋州县长官施政时面临的困境、困境下的应对之策，以及由此表现出的士大夫文化心理结构，在构建王十朋“贤守”形象的同时，具体反映了南宋士大夫在施展抱负空间日益狭小的体制环境下，“心惭陶靖节，政愧范饶州”的矛盾处境和“儒道互补”文化心理渐见坚韧的演变趋势。

上海师范大学教授汤勤福及王蕾的《读〈与王龟龄〉兼论朱熹对王十朋的评价》，华东师范大学教授顾宏义的《王十朋与朱熹交游考》，都提到了王十朋与朱熹的交往以及后者对王氏的评价。两篇论文都注意到了朱熹《与王龟龄》的史料价值，并作了翔实的考证。关于朱熹对王十朋的评价，两篇论文得出的结论基本一致，即：朱对王的“学”（理学）评价不高，但对其品行（治政）和文章则赞誉有加。四川师范大学教授张邦炜以《王十朋的巴蜀情缘》为题，列举了王十朋对苏轼的景仰，与巴蜀士人张浚父子、阎安中、梁介、冯方诸人的交往情况，在介绍了宋代巴蜀士风的同时，也凸显了王十朋“不欺”的节行与对金主战的政治主张，认为王十朋“在宋代全国史、宋代巴蜀史上都有其必不可少的一席之地”。

二

无论是宋代，还是当代，对王十朋的人格气节、爱国爱民思想的评价始终如一，在以儒术经世致用方面，王十朋有着使时人深为服膺、并为后世儒者所赞叹的出色表现。今年纪念王十朋诞辰900周年，乐清市学界就从品德评价入手，将其定位为“南宋大贤”。

北京大学教授钱志熙提交会议的论文《论南宋名臣王十朋的学术思想与生平业绩》，全面地探讨了王十朋的生平、学术与政治上的作为；尤其侧重于两个问题：一是王十朋的《春秋》学与其生平政治思想、政治行为的关系；二是王十朋的主要学术渊源。该文指出王十朋在思想与文学上是直接继承提倡文以明道的唐宋古文家们，推崇以文明道，以韩、欧之正为尚，而兼究柳、苏之奇。张邦炜教授《王十朋的巴蜀情缘》也涉及这一内容，其认为，王十朋力主唐宋四大家（韩、柳、欧、苏）的论说为后来“唐宋八大家”之说奠定了基础，特别是王氏推崇大苏，对于南宋“尚苏氏文章”，以致苏轼在当时文名大增、南宋文风为之一变，都有一定的促成之功。

南昌大学教授俞兆鹏的《论王十朋的法权思想——王十朋〈御试策〉初探》，以王氏《御试策》为切入点，研究王十朋的经学致用思想。廷试策中提出的建议被皇帝采纳，是直接用经典建构当时的政治学，是真正的通经致用。在《御试策》中，王十朋向宋高宗提供了揽权以守祖宗之法的治国之道，主张法大于权和依法行政，这种法权思想对推动中国司法制度的进步具有积极意义。王十朋淹通经学，并非单纯的学问兴趣，而是有现实的经世致用的目的。后来永嘉学派的事功学说，也是沿着这个方向发展出来的。杨国宜教授的《略论王十朋的民事思想》论及这一点，在条分缕析浙东地区的学术渊源和宋元之际温州士人师承关系、王十朋民事思想与陈傅良思想的关系等因素后，把王十朋在思想史上的地位明确为“永嘉（浙东）事功学派的先驱”，颇发前人所未言。这一看法与乐清社科联吴济川先生的《王十朋的经世思想与永嘉事功之学》有暗合之趣。吴文主要论述来自儒家的经制之学的特点和永嘉事功学派的共同点，把王十朋的经世思想放到具体的州郡治理业绩上去考察，论证了其经世致用思想对永嘉事功学派的形成有先导的意义。这一观点具体理路还有待于深入研究。

浙江大学教授何忠礼先生的《王十朋与宋代科举》，从科举制度研究入手，指出像王十朋这样的贫寒子弟能够进入仕途，凭自己的才华实现自己的抱负，成为一代名臣，主要的原因是宋代科举制度彻底消灭了以往察举制残余，严格考试制度，严禁挟书、代笔等舞弊行为，成为中国历史上最为完美的取士制度。上海师范大学教授朱瑞熙的《王十朋的人性论初探》,从宋代社会结构变革的大背景入手,以王十朋的《性论》切入,研究王十朋对人性的认识。中国计量学院何兆泉的《论王十朋的风教思想和实践》,认为王十朋自身勤俭持正、忠孝两尽,在当时就为士庶树立了崇高儒者的风范。针对时势之弊,王十朋倡导俭德为本,还通过修庙崇祀显扬忠孝大节,再辅以诗文之教、兴学弘道等形式,在以德化民、移风易俗方面作出了卓越的贡献,为后世提供了难能可贵的历史财富。吴济川的《王十朋教育思想初探》,以王十朋梅溪书院教育实践为例,认为梅溪书院为宋代乐清培养了士族群体,对推动本土耕读文化具有深远意义,同时还探讨了王十朋的教育思想、学生观、人才观等方面的问题。

暨南大学教授张其凡的《南宋状元王十朋简论》,从"结束秦桧黑暗时代的报春鸟"、"众臣交口荐誉的一代俊才"、"立朝有直声、治郡有政绩的名臣"三方面高度评价了王十朋的人品学问和政治影响。温州医学院徐顺平提交会议的论文《王十朋的高尚品德与思想精神》,认为王十朋之所以为后人仰怀敬重,除了他的为人和业绩外,其渊博的学识、诗文自有风格也是重要的原因。温州社科联洪振宁的《王十朋:影响中国的温州文化导师》,认为王十朋以其包含民生精神诗文的平民性,自身好学力行、苦苦奋斗成为状元的启迪推动作用和被借用以引导世俗文化流行、在共建中反映民间大众需求的互动中,极大地影响了生成中的温州文化的区域品格,成为了温州平民文化的引导者和开山人。

三

王十朋被称为有宋南渡"第一流人物",以人品、经济、学问著闻天下,而文学成就或为其"名臣"盛誉所掩,读者不甚了解,研究家亦鲜见论及。本次研讨会有 6 篇论文以王十朋诗歌为研究对象,并作出了实事求是的评价。

乐清市统计局赵顺招的《雁荡冠天下——王十朋咏雁荡山诗》,对王十朋写雁荡山的 20 多篇诗作做情景还原,使人了解诗人创作时的背景,认为王十朋是雁荡开山以来,第一个以大量诗篇赞美雁荡山的诗人。中国计量学院赵素文提交会议的论文《壮志无由补危倾,刚肠悲忧诉忠孝——梅溪诗之悲忧情绪浅解》，探讨了王十朋悲忧情绪意象不同的内涵，认为不管是咏叹国事之忧，君主之辱，还是黎民之哀，功业之愤，梅溪诗中的悲忧情绪，都与他作为醇儒的社会担当意识息息相关。乐清市诗词学会副会长高知贤在《伤时眼泪满襟血》一文中，从“平生忧国丹心在”、“心忧赤子饿填词”两方面入手解读王十朋10首伤时诗，认为王十朋精神对当下社会有非常积极的借鉴意义。杭州外国语学校高级教师张润秀的《忧患时代士大夫的人格范式及其审美价值探析——南宋状元诗人王十朋咏梅诗词赏读》，认为作为有宋一代梅诗梅词创作的热衷者和领创者之一，王十朋的咏梅作品情韵关联，自成体系，研读王十朋的咏梅作品，可厘清其人格特性及其成长历程，有助于勘探宋代诗歌从南渡初期到中兴的演进过程，为全面认识和评价王十朋诗词在宋代诗歌发展流变中的地位和价值提供参考。

温州大学陈增杰教授提交会议的论文《南渡第一流　余事作诗人——论王十朋的诗》，论述王十朋的诗学渊源和作品内容风格，其古体诗、律体诗的创作成绩及所表现出来的不同风貌，认为其行役诗独具特色，不作悲凉凄苦之音，局境开朗，襟怀豁达，尤其值得我们注意。中国社会科学院教授陶文鹏的《论王十朋的山水诗与宦游诗》，认为王十朋的山水诗与宦游诗数量多、成就高。这些诗抒发了诗人忧国爱民、修德勤政、笃于乡情亲情友情的纯正高尚情操，跃动着一颗光明正大、仁义忠孝之心，是仁者、儒者、学者的真诚之诗。诗人在追求浑然天成中注意锤炼字句，擅长铺排与对仗的艺术功力，在古代山水诗与宦游诗的发展中卓有贡献，在宋诗低潮期中起到了振衰起敝的作用。

王十朋的著作辑佚、版本、流传情况也是这次研讨的主要内容。陕西师范大学教授李裕民的《王十朋著作研究》，对《梅溪集》的本子、何人何时所编、体例、卷数、内容等问题进行了探讨，同时也涉及《家政集》的真伪、价值诸问题，并对今人所辑王十朋诗文作了辨伪。中国社会科学院副研究员张剑提交会议的论文《〈全宋诗〉所收王十朋诗歌的两个问题》，对《全宋诗》中5首本为王十朋诗而误作他人诗，4首本为他人诗而误作王十朋诗进行考证，断其归属，还其旧观。山东大学研究馆员周洪才读《禹山仁村竹氏宗谱》发现王十朋的《东海竺氏家谱序》，其提交的论文《新发现的王十朋、朱熹轶文及其文献价值》，考证此序为王十朋53岁时所撰，文中所述竺氏姓源、后世迁徙、历代功名，可补史乘之未备。温州文史学者余力的《王十朋及其子孙仕迹生卒年考订》，考证出《宋会要辑稿》的一处错讹，并对《王梅溪先生年谱》《王十朋全集》的失误有所纠正。

上海师范大学教授虞云国的《走向庙堂：王十朋诗文记录之乡绅影像》，以王十朋诗文为研究材料，将王十朋作为典型的个案，剖析南宋士大夫的优秀代表在科举入仕前如何把握"庙堂之高"与"江湖之远"的内在张力。作为乡居士绅，以耕地为主要生产资料的适当占有与合理运营，家族成员在治生与科考之间的合理分工.以此为前提，诗书传家、科举入仕成为提升家族实力的可行性路径。乡居士绅对自我身份进行了恰当的社会定位。科举入仕前的王十朋，在学识文章与思想人格上始终处于一种涵泳磨炼的自我积蓄状态。王十朋长达三十年的乡绅生涯，为他在科场夺魁与后半生立朝治民的乐章高潮做了蓄势待发的准备。在此过程，也构建了他堪称完美的君子形象。

王十朋作为历史人物，其声名的广泛传播，特别在普通民众层面，部分来自于其作为戏曲主人公的影响。以王十朋为主角的南戏《荆钗记》，影响巨，流传广，历宋、元、明、清，至今盛演未衰，王十朋有负心、义男两类截然相反的舞台形象。浙江省艺术研究院研究员徐宏图的《论王十朋的舞台形象》，认为早期南戏《荆钗记》将其写成负心郎，是由于宋代科举制度及南戏的创作倾向使然，或许与史浩对王十朋的报复有关；明初将其写成义男楷模，是由于文人参与南戏创作，为王十朋翻案，还与改揭露为歌颂的创作倾向有关。学界对《荆钗记》的主题思想及其艺术特色的品评较多，而对其在历代的传承与演出情况，尤其是在地方剧种的传承与搬演的现状却少有提及。徐宏图的《南戏〈王十朋荆钗记〉传承考》对《荆钗记》传世的明人改本、明清选本、地方剧种（昆剧、川剧高腔、辰河高腔、岳西高腔、梨园戏）的演出脚本进行考证，认为《荆钗记》得以传承至今，地方剧种功不可没。

碰撞与沟通:宋代文史学科跨界交流的初步尝试

——2013年杭州“宋代文史青年学者论坛”会议综述

林　岩　刘成国　张　剑

弁　言

2013年夏,在杭州西湖之畔,由《文学遗产》编辑部和浙江工业大学人文学院联合主办了简明务实的“宋代文史青年学者论坛”。本次会议的宗旨,在于加强宋代文史研究领域的沟通与对话,通过彼此学科的碰撞与交流,寻找到可以互相学习、促进的学术增长点。为了有效而充分地展开交流,主办方根据研究领域交集的可能性,遴选了一批45岁以下的青年学者参加会议。此外,会议还特邀北京大学邓小南教授、中国人民大学包伟民教授、上海师范大学虞云国教授、杭州师范大学沈松勤教授、武汉大学王兆鹏教授等五位学有专长的资深专家莅临指导,并主持专场讨论会。《文学遗产》副主编竺青先生也全程参与了此次会议,并给出了很好的指导性意见。

此次会议共收到论文23篇,有22位青年学者出席,其中文学、历史两方面各有十人左右,以70年代学人为主。会议共举行两天,每天三场讨论会,设主持人、报告人、评议人,并预留出充分的讨论时间。在极为精彩的评议环节,评议人虽偶有赞誉之词,但更多是单刀直入,犀利发问,对于所评议的论文,或指出文献疏漏,或质疑其思路是否正确,或提醒对方关于相关研究成果的掌握是否充分,时见言辞交锋,你来我往,偶现刀光剑影,煞是激烈。几位资深专家的点评,也是要言不烦,切中肯綮。

会议伊始,分别由中国社会科学院文学研究所的张剑研究员、历史研究所的梁建国副研究员做了题为《宋代文学研究的新趋向》与《宋代历史研究的新趋向》的主题报告。既是向与会者报告彼此学科的学术进展,也是为会议的正式讨论预先铺垫。

为了向学界汇报此次宋代文史学科跨界交流的具体情形,兹根据会议提交讨论的论文,稍加归类,做一综述。

一、政治史:如何见微知著?

政治史永远是王朝史研究中一个令人着迷的领域,因为里面有太多摄人心魄的历史大事件,也有不少令人费解的谜团有待人们去探究。不仅传统的史家给予政治史叙述留下了足够多的篇幅,即使是近代的历史研究者,也在政治史上花费了不少心力,宋代政治史也是如此。但近年来,对于宋代政治史的研究,学者越来越意识到应该去探究政治机制运行的各个细微环节,例如围绕宋代文书、政令与信息的沟通问题,已经有了一系列的研究成果。同时,对一些历史事件,因史料解读的的深入细致,人们也有了更新颖的解释。而通过碑志等新材料的拓展,去探究地方政治的具体运作过程,依然是学者们持续努力的目标。本次会议,有三篇论文涉及宋代政治史的不同方面,虽然涉及的问题和切入角度各有不同,但却有一个共通的特点,那就是试图见微知著,小中见大,这无疑代表了宋代政治史研究的一个努力方向和一代青年宋史学者的学术趣味。

清华大学方诚峰副教授提交的论文《补释宋高宗"最爱元祐"》,从一段宋高宗赵构与史臣范冲的对话入手,试图揭示宋高宗所说"朕最爱元祐"背后所具有的深层意蕴。论文指出,宋高宗说出"朕最爱元祐"一语的历史语境是正值绍兴撰修《哲宗实录》之际,而撰修《哲宗实录》则出于哲宗之后孟氏的授意。孟氏是元祐年间高太后为哲宗皇帝挑选的皇后,虽然在绍圣年间被废,但她却是靖康二年四月高宗得以即位的一个关键角色。当时,金人撤离东京,金人册立的楚国皇帝张邦昌尊孟氏为宋太后,迎请入宫垂帘听政,随后张邦昌避位,由臣僚携带孟太后的劝进书,往济州大元帅府迎立康王赵构登基。

作者由此认为，赵构登基的合法性基础，主要是来自孟氏的迎立。但一度成为废后的孟氏要确立其自身的名分，却需要首先恢复元祐年间施政的高太后的名誉。因此，重修《哲宗实录》意在为高太后辩诬，由此确立孟太后的名分，进而加固宋高宗登基的合法性基础。最后，作者得出的结论是：高宗之“最爱元祐”，主要不是北宋晚期所谓“新旧之争”的继续，而是政权重建这一全新历史任务的产物。这篇文章的观点令人耳目一新，对于一些史料的解读也时有新见，引起了与会者的讨论兴趣。在评议环节中，也有学者指出，此文有些地方论述时带有推论成分而文献支撑不够有力，而且过于强调孟太后是宋高宗登基的合法性基础，似乎有些过当，未能注意到宋高宗登基背后其他政治力量的推动。

浙江省社科院研究员王宇提交的论文《光宗朝“引裾泣谏”事件考实——兼论〈宋史〉中慈懿李皇后的形象》，同样是对一个不太为人关注的历史事件的考辨和论证。在《宋史·光宗纪》中，记载了两次臣僚为劝谏皇帝而拉扯皇帝衣裾的过激举动，一次是绍熙四年九月陈傅良“引裾泣谏”，另一次是绍熙五年五月留正等群臣“引裾泣谏”，两件事都与劝说光宗过宫探视病危的孝宗一事有关。作者对这两次事件进行了细致的考证。他的研究发现，前者纯属子虚乌有，而只有后者真实发生。因为两次“引裾泣谏”的文献记载都提及李皇后的阻挠行为，因而引起作者探讨李皇后其人的兴趣。他得出的结论是，传世文献中关于李皇后的描述多有不实之词，但其性格强悍却是一个显而易见的事实。光宗皇帝作为一个心理失常的病人，有可能在皇后面前承受了相当大的压力。但早在南宋后期，就有人别有用心地将李皇后作为替罪羊，来掩盖光宗本人自身存在的问题。此文的一大长处，是文献考辨与推论分析并重，试图由表及里地窥探南宋宫廷内闱的隐秘，是一次相当可贵的尝试。但也有学者指出，学术上证“有”容易，证“无”实难。能够证明陈傅良“引裾泣谏”事件的史料亦不在少数，否定陈傅良“引裾泣谏”以及李皇后对此事的参与，还需慎之又慎。

如果说，上述两文试图揭开上层宫廷政治的神秘面纱，那么四川大学韦兵副教授提交的论文《从碑刻看南宋嘉定年间陇蜀军政与人物——以〈鼎勋堂记〉为中心》，则通过碑刻资料从一个侧面揭示了南宋后期陇蜀、川陕地区的复杂的军事形势，尤其是对于南宋军政体制中的基层将官做了生动的描绘。《鼎勋堂记》石碑现存于甘肃省礼县太塘乡太塘村，此地南宋时为西和州大潭县故址。南宋的大潭县地处陇蜀要冲、宋金边境，既是蜀口西线战略要地，也为宋金双方所力争。此碑由大潭县令立于嘉定十三年(1220)，是为镇守西和州的安藩、张威、程信三人所立生祠“鼎勋堂”而撰立的颂德之碑。论文依据碑记的内容，勾稽其他史料，细致描述了开禧、嘉定之际与四川政治军事形势密切相关的四个人与四件事。四人即碑记中提到的随军转运使安藩、正都统制张威、副都统制程信，以及碑记之外的关键人物四川宣抚使安丙；四件事则涉及吴曦之变、第五次宋金战争、红巾之乱、巩州之役。作者认为，十三世纪初，正值宋、金、西夏、蒙古力量激烈角逐之际，也是中国政治军事格局发生深刻变化的时代，透过对《鼎勋堂记》的研究，可以加深我们对于当时蜀口地区政治军事情势的认识和了解。此文的精彩之处，是对于三位基层将官各自扮演的历史角色进行了细致入微的描绘，这在以往的军事史研究中多被忽略。但作者也坦言，由于这块碑记字数不多，且是颂德之作，其史料价值有一定限制，许多深层次的问题仍然无法揭示。

正如韦兵在论文结语中所言：“在叙述历史时，我们不仅应注意那些伟大人物和重大事件，也应该把研究的目光放得更仔细，探究历史进程中无数丰富的个案和细节，力图呈现相对完整的历史图景。”本次会议三篇政治史的论文，几乎都着眼于历史细节的呈现与澄清，正表明了当前宋代政治史研究的一个趋向，就是力图在宏大叙事之外，描述小人物、小事件，而通过聚焦于这些小人物、小事件的研究，也许可以引领现代人更好地去贴近历史，品读历史。当然，所有历史细节的呈现，多少总有想象和推断的成分，这在多大程度上有助于历史研究抑或有害于历史研究，仍是一个需要仔细掂量的问题。

二、制度史通向文学史的延伸

制度史研究通常是历史学科专擅的领域，别的学科一般很少插足，因为如果缺少足够的学术训练和文献根基，往往很容易闹出笑话。尽管如此，在文学史研究领域，学者们越来越意识到，如果不能明了士人所生活的时代由各种制度构建出来的政治空间和社会空间，许多问题将无法得到有效的解答，甚而许多士人的行为方式都无法得到合理的解释。有鉴于此，近年来文学研究中探求制度与文学之间关系的研究论著日渐多了起来，并确实寻找到了一些以往被忽略的文学与历史之间的交集点，成为促进文史交叉研究的新议题，在宋代文学研究领域，也同样呈现出这一趋势。

在宋代文学研究中，探求科举与文学之间的关系，以往的成果甚少，但是最近若干年来，却不断出现一些高质量的论著，极大提升了学者对此议题的关注度，形成一个小小的学术热点。本次会议上，有两篇论文不约而同地涉及了宋代的科举制度，而且作者都是文学专业出身。华中师范大学林岩副教授提交的论文《南宋学校取士诸问题考论》，篇幅甚长，主要围绕南宋的太学取士问题，进行了多方面的考察和论证。论文首先梳理了南宋太学的重建过程，特别注意到深受程颐学说影响的国子司业高闶在此过程所扮演的关键角色，认为他制定了一系列南宋太学的章程，涉及太学补试办法和课试办法。接下来，论文对于南宋太学补试办法的演变进行了详细的考察。作者指出，自绍兴十三年(1143)至淳熙三年(1176)，太学招录学生施行“混补法”，对于学生资格没有太多限制；但因应考者众多，朝廷深感难以招架，遂在淳熙四年(1177)至端平三年(1236)施行“待补法”，规定只在地方州军解试落榜的举子中按比例录取一定人数为“待补生”，这些人才有资格参加太学补试。但从嘉熙元年(1237)至咸淳十年(1274)，则又出现了“混补”与“待补”同时并行的情形。紧接着，作者对于南宋太学内部的“舍选”程序和办法，作出了颇为细致的解释，特别介绍了“舍选”中两优释褐者的条件及其所享有的待遇，并举出一系列的实例作为佐证。论文进而对南宋太学取士与科举取士之间的关系进行了揭示，指出由于浙江、福建等地的解额较窄，而应试人数太多，导致科举竞争日趋激烈，相比之下，太学解额较高，因此吸引了众多士人想方设法参加太学补试。这不仅导致了舞弊行为的出现，更造成京城游士的大量出现。论文最后指出，尽管以州学升贡体系为核心的崇观三舍法没有在南宋推行，但是却受到南宋一些士大夫的高度评价，屡次作为替代方案被提出，试图重建太学与地方官学之间的联系。由此可见，南宋士大夫对于北宋的新法并不是完全予以否定。此文牵涉面广，涉及问题众多，尤其在文献梳理上颇见功夫，澄清了一些既有的错误说法。其在材料的辨析与具体问题考证上，得到与会历史学者的认可，认为能够符合史学规范。但在座的宋史专家也指出，由于此文涉及面广，反而导致问题意识不够清晰，缺少一个统摄全文的构架，文章稍显散乱。

另一篇有关科举的论文，是厦门大学钱建状副教授的《宋代科举考试的衡文标准》。这也是一篇长文，但讨论的问题则侧重从文学的角度考察宋代科场中判卷的衡量标准。诗赋在宋代的大部分时间里，都是科举考试中的重要内容，其考校标准也相对稳定。论文首先从现存的宋代礼部《贡举条制》出发，结合其他相关材料，揭示出宋代科场中的诗赋判卷，在很大程度上承袭了唐代的评判标准，唐人的诗学观点成为衡定科场诗歌优劣的依据，而唐人律赋写作中的声病学说，也在很大程度上被适用于宋代科场律赋的评判。接着，论文对弥漫于宋代科场的文风弊端做了颇具概括力的归纳，指出宋代科场时文不断出现违背常格的现象，具体表现为句式加长、篇幅增大、文风险怪、缺臣子之谊、有失正体等五个方面，并都给出充分的史料依据作为说明。当然，作者也不否认宋代的科场衡文仍有其兼容并蓄的一面，这主要体现在主考官、阅卷官在具体的衡文过程中，仍然持有相当的包容性，对于各种风格的时文写作大体都能包容。此文在材料的爬梳上颇下功夫，因此得以对一些模糊的问题进行细致入微的考察，并提出新的看法；同时，其研究揭示出宋代科场文风中一些不大为人注意的倾向，纠正了过往研究中的一些不正确认识，可以说这是一篇颇有深度的文章。但有学者在赞赏之余，指出其在立论方面或有偏颇，似可再加斟酌；在文风方面不够明畅，材料几乎淹没了论证。

此次会议上有一篇让众多与会者觉得耳目一新的论文，同样是兼跨文史两个学科，此即复旦大学讲师侯体健的《祠禄官制与南宋文学》一文。南宋祠禄官制度与士大夫的居乡问题，本是一个宋史学界颇为关注的研究课题，相关的研究成果也有不少，但注意到南宋祠禄官与地域社会文学形态之间联系的学者，在宋代文史学界中尚不多觏。此文最为新颖的地方，就是找到了两者之间的连接点。作者借鉴、利用宋史学界已有关于祠禄官的研究成果，注意到南宋时期有大量的祠禄官居于乡间，而这些祠禄官中颇多知名文人，甚至有名重一时的文坛领袖，他们的居乡生活与其文学创作之间有着紧密的联系，如田园诗、农事诗、村居诗的大量创作，即是一个显例。进而，作者考察了以方信孺为核心的福建莆田文人群体的形成过程，试图表明作为祠官核心的文学家凭借一定经济基础和身份认同感，在地域文人群体形成过程中发挥了至关重要的作用，并构建出一个士人交游的网络。最后，作者还大胆提出了一个“祠官文学”的概念，指出居乡士大夫奉祠状态下的文学创作，承载了南宋士人阶层的集体经验与文化记忆，折射出地域文人群体的复杂心态，在一定程度上影响了南宋文学面貌的塑造。此文以南宋祠官制度为切入点，将其与南宋士大夫的居乡现象、地域文化的构建、地方文人群体的交游以及祠官士大夫彼此之间的情感认同等诸多问题关联在一起，实际上为南宋文学构建了一个新的解释框架。尤其“祠官文学”的提法，大胆而新颖，具有后续研究的伸展性。与会学者对此文表现出浓厚的兴趣，并从多方面给予好评。另有宋史专家善意提醒要注意吸收宋史学界关于祠禄制度研究的最新成果，因为南宋祠禄制度相当复杂，如果不能立足于扎实的制度清理上，论述的严谨性将会大大降低。

由这三篇论文透露出一个讯息，即当前的宋代文学研究者已经不满足于仅仅借鉴宋史同行所提供的研究成果，有时也会从自身学科的新议题出发，对原本属于史学领域的研究课题进行探究，如科举制度、祠禄官制度这类历史气息较浓的研究课题，也开始成为文学研究者涉足的领域。当然，宋代文学研究者偶尔为之的历史研究无法与宋史同行的专精研究并驾齐驱，其在问题意识和研究取径上也会呈现诸多差异。但这样的学科越界行为，却为宋代文学研究打开了一扇拓展自身学科视野的窗户。在近年来的宋代文学研究中，出现了文学与科举、党争、家族、地域、传播进行关联研究的新课题，被戏称为宋代文学研究的“五朵金花”，并出现了一批视角新颖的研究成果，说明宋代文学研究正从宋史领域里汲取丰富的营养。

三、文献解读与思想史重构

近年来，因应着儒学研究在西方汉学界的活跃，新的研究思路不断被引入到宋代思想史领域中来，一个新的议题引起了学者的普遍兴趣，即宋代道学人物的形象如何在文献记述中被建构和扭曲。通过对这一议题的深入探讨，一些思想史的环节得以重新建构，思想史表述也需作出某种程度的修正，因而有着极其重要的意义。但是不管议题发生怎样的变化，文献本身的研读，仍然具有着不可替代的优先性。本次会议中，有数篇论文就或浅或深地触及了此类议题。这些论文或由文献爬梳来辨识思想人物的形象变迁，进而探讨其在思想史上的定位；或通过文本的细读、考辨，对于一些重大的学术思想问题做出新的解释。

“宋初三先生”之一的胡瑗，其学术思想在《宋元学案》中被概括为“明体达用”，随后被一般的思想史著作所接受，成为比较流行的观点。但在此次会议上，湖州师范学院周扬波副教授提交的论文《胡瑗“明体达用”辨》，却对这一流行的观点提出质疑。他在论文中指出，胡瑗本人从未有“明体达用”的提法，通过梳理文献，也发现此四字并不切合于他。因而探寻胡瑗学说如何被贴上“明体达用”的标签则显得饶有意味。作者发现，在《宋元学案》之前，学人通常以“明体适用”一词论胡瑗，其创自于胡瑗的学生刘彝，而“明体达用”一词的出现则要迟至南宋末期。但无论“明体适用”还是“明体达用”，在宋明理学中皆非主流的表达。进而，作者从“达用”与“明体”两个方面分别进行考证。他的研究表明，一般人常提及的胡瑗分斋教学之事，其实并不存在，有的只是分科教人，但这并非其教学主体，也不甚为时人所重。而就“体”的方面来说，胡瑗学术的核心概念其实是“大中之道”。这一概念不仅贯通了体和用，而且也包蕴着后来理学所重视的心性论和功夫论。但是其学生刘彝在向神宗皇帝陈述其师学说时，为了与盛行的王学对抗，特意强调了其“明体”的一面，而南宋理学家在将胡瑗塑造为理学先驱的同时，又只强调“达用”的一面。由此，在胡瑗形象理学化的进程中，一方面“明体”的内涵被窄化，另一方面“达用”又因理学在此方面的稀缺而被夸大。在作者看来，胡瑗的历史形象与其本人渐行渐远，折射出中国古代重治体轻治法这一传统的形塑力量之强大。但对于论文否定胡瑗分斋教学之事，与会学者也提出了质疑。

中国社会科学院文学研究所的张剑研究员近年来从事范浚的系列研究，本次会议提交的论文《范浚与秦桧、朱熹关系考论——兼论道学谱系的生成问题》，对范浚这样一个以往不太被重视的人物做了深入的研究，其中也涉及了范浚人物形象的变迁问题，但是对于其背后的生成机制却有了更多层面的揭示。作者首先通过对两篇核心文献的考辨，澄清了范浚与秦桧和朱熹的关系，指出范浚对于秦桧并无恶感，其因秦桧当国而辞贤良方正试之说出于后来的层累和增饰，而朱熹也并未拜谒过范浚，其对范浚《心箴》的引用也系断章取义。在此基础上，作者通过文献梳理发现，从元代开始，随着乡贤士大夫对范浚的不断揄扬，范浚在金华区域文化中的地位逐渐凸显，甚至有“婺学开宗”的称誉。尽管如此，范浚始终未能真正融入具有全国性影响的道学谱系中，究其原因，在于范浚自身的学说缺乏吸引力，其所构建的师承传授也不够彰显。范浚不能介入宋代主流道学的话语系统，也就意味着他在道学谱系中的“失位”。此文藉由范浚这一个案，所要探讨的却是道学谱系如何生成这样一个大问题，可以说是一篇因小见大的力作。但与会学者也提出，此文在概念的辨析方面尚有若干欠缺。

朱熹作为宋代道学的集大成者，几乎已经成为思想史上的一个坐标式人物。围绕其思想历程的演进，已经有了无数的研究成果，欲求再出新意，洵非易事。浙江师范大学王锟教授提交的论文《诗哲合一之典范——朱子〈斋居感兴诗〉》，却试图在思想文献的运用上有所突破，特别选取了朱熹《斋居感兴诗》作为重点解读的文本，试图通过对一组诗的笺释，来佐证寒泉证道时期，朱熹的思想已趋于成熟。作者对于这一组诗的艺术成就也给予了高度评价，认为是朱子理学的诗化表达，并指出其对于晚宋理学诗风兴起的引领作用。此文以诗歌诠释哲学，以哲学反观诗歌，做出了融通文哲的努力。但与会者对于其诗歌的笺释，提出了不少斟酌意见。作者在做回应时，也坦言以思想史研究者的身份来诠释诗歌，有力不从心之感。

除了这几篇个案式的研究之外，此次会议上也有两篇论文涉及学术思想史上大问题的宏观论述。山东大学的葛焕礼副教授，近年来一直从事唐宋新《春秋》学的研究，颇多创获。本次会议，他提交的论文《〈左传〉学与纪事本末体之源起》，对于中国史书著述体例之一的“纪事本末体”，就其产生的渊源，提出了自己的新见。首先，作者就《左传》叙事中的“隔断”现象进行了归纳，指出其产生或因体例“隔涉年月“，或因“分经附年”，或因简编错乱。接着作者对于《左传》学在六朝、隋唐五代、宋初的流行状况进行了文献上的梳理，指出六朝至唐代中叶，《左传》学最为流行。自唐代中叶起，新《春秋》学兴起而渐夺《左传》学的势力。五代、宋初，《左传》学则又恢复其主流地位，在北宋后期也保持着一定的势力。进而作者对于自晋至宋的《左传》纪事类编著进行了详细的考索，并列出了书目。通过对这一类著作的梳理，作者认为它们的大量出现，影响到新的史书体例——纪事本末体在南宋前期的出现。最后，作者对四库馆臣以袁枢《通鉴纪事本末》为纪事本末体创始之作的观点提出反驳。他根据自己的研究所得，提出纪事本末体最早的创始之作应是徐梦莘的《三朝北盟会编》。该论文大量引述文献，试图以实证的方式，证成自己的观点，体现了极为笃实的治学态度。但对于《三朝北盟会编》是否应该作为纪事本末体的创始之作，还是有学者持怀疑态度，认为四库馆臣自有其分类标准，不能以今人的标准去强求古人。

另一篇从大处着眼的论文则来自北京大学吴国武副教授的《概说宋代经

学的发展脉络、基本面貌和学术特色》。此文原是其《两宋经学学术编年》一书的前言，因为前期从事过繁重的文献编年工作，故能全面梳理宋代经学的发展脉络，因而对于宋代经学的基本面貌和学术特色也就有了切实的把握。论文首先将两宋三百余年的经学演变划分为四个阶段，即：经学典范的尝试阶段、经学新典范的初定阶段、经学新典范的重塑阶段、经学新典范的再定阶段，并分别以孙奭和胡瑗、王安石和程颐、吕祖谦和朱熹、真德秀和魏了翁作为相应阶段的代表人物。接着指出，从经学著述的数量和性质来看，新起的四书学（《大学》《论语》《中庸》《孟子》）虽然有后来居上的趋势，但"六经"（《易》《书》《诗》《周礼》《礼记》《春秋》）仍然是宋代经学主体，宋代思想的根基莫不起于此时的经学。最后作者认为，宋代经学大体具有鲜明的政治指向、广泛的怀疑精神、显著的议论风格、精深的体用观念和强烈的道统意识等五大学术特色。由于此文是一篇书序，立论宏观，与会学者针对其中的经学典范的界定、两宋经学的基本特色的概括，以及诸多表述细节等等，提出了若干质疑和批评。

此次会议上的思想史论文，虽然视角各有不同，观点也不无争议，但是都能在扎实的文献基础进行立论，或通过文献的细致辨析、考订来修正流行观点，或通过大量的文献梳理，提出宏观结论。这或许表明，无论思想史研究引进怎样的理论模式和解释框架，文献本身始终是我们进行学术工作的出发点。

四、多元视野下的社会群体

对于一个时代的研究越是深入，研究者就越是想揭示这个时代的多面性，对于社会不同阶层和不同群体的关注，即是研究不断深入的一个标志。经由对不同社会群体的揭示、描述，一个时代的社会层次变得更加丰富，一个时代的面貌也变得更加具体可感。本次会议，就从政治、社会、文化等诸多层面对不同的社会群体有所揭示，其中涉及家族组织、赵宋宗室、诗僧群体，此外还有从区域社会的视角来考察士人的观念类型。

家族研究本是近些年来宋代社会史研究中一个颇为兴盛的分支领域，涌现了众多的研究成果，在不断推进的过程中，研究视角有不断的更新，对于资料的使用也更为多元化。杭州市社科院的魏峰副研究员多年来一直从事宋元家族史的研究，近些年更注重于对考古资料的发掘、利用。此次会议上，魏峰提交的论文《先茔碑记与宋元家族组织》，代表了他最近的研究兴趣。论文指出，先茔碑记渊源于唐代的家庙碑，至宋、金、元时期日趋普遍，但现存的碑志实物主要集中于华北。作为立于家族墓园外的石刻，先茔碑记详细记录了家族世系、仕宦经历，是对一个家族历史的简要记述。先茔碑记的撰写方式，反映出修撰者期望以碑记记载、明确家族世系，褒扬前代德业，以凝聚家族共属意识，达到尊祖收族的目的。作者通过考察发现，就其功用和撰写契机而言，元代的先茔碑与宋代的此类碑志无显著差别，但在具体的撰述方式上，元代的先茔碑在述及家族世系时，往往会分书子孙所出，这在宋代并不常见。他认为朝代更迭所导致的家族兴替，以及蒙元统治下的姓氏混淆情形，促使元人在立先茔碑时注重明确世系所出、各代名讳。作者进而揭示了先茔碑记所具有的社会功能，通过在先茔碑记中详述家族世系，明确房支谱系，若再配以碑阴世系图谱，先茔碑记几可视为石刻谱牒，据此族人得以昭本支，别亲疏，居同里，死同葬，才不致数十年服尽亲尽，成为路人。因此可以说，先茔碑志的建立过程，就是一次家族组织的建立或重建过程。这一研究，利用考古资料拓展了我们对于宋元家族组织形态及其维系手段的理解，无疑是一项有益的尝试。但有学者指出，论文有过于重视新材料而忽视传世文献之嫌，应在更大的文献视野范围内考虑论题和总结规律。

作为天潢贵胄的赵宋宗室，也是近些年不断引发研究者关注的一个有趣议题，陆续发表的研究成果，不断修正着我们对于宋代这一特殊群体的认识。中国计量学院的何兆泉副教授，在很早以前就对赵宋宗室有过深入研究，此次提交的论文《天枝还是弃物：南宋宗室与政治关系考察》，即是其研究成果的一部分。论文通过爬梳各类相关的史料，对于南宋宗室的进士人数及其担任侍从官、安抚使的人数进行了统计，试图以此说明南宋宗室在政治上的影响。作者在结论部分指出，继北宋神宗朝以来的宗室疏属出官政策之后，承靖康之难的历史境遇，宗室疏属的任用在南宋以后获得了极大突破。不管从进士科举人数还是从中央、地方各级任官情况分析，宗室在政治上都已成为不可小觑的力量，从而否定了顾炎武所谓赵宋宗室“名曰天枝，实为弃物”的说法。此文进行了大量的数据统计，以表格的形式直观地呈现出来，极大地增强了论文的说服力。在论文评议时，有学者指出，此文提出的问题很有价值,但主要运用数据统计的方式,而缺少具体的史实分析,影响了文章的深度。另外,对于新近的研究成果也应予以足够重视。

禅宗发展至宋代,已由早期的“不立文字,教外别传”,逐渐演变为具有士大夫气息的“文字禅”,不少禅宗僧人舞文弄墨,留下大量文字作品,其中更涌现了不少精于吟咏的诗僧。这个诗僧群体及其在诗歌创作方面的成就,以往在文史两个学科中都没有给予太多的重视。但在此次会议中,复旦大学的朱刚教授却对于宋代禅宗诗僧的面貌及其在诗歌上的成就做了相当全面的揭示。他的论文《宋代禅僧诗研究序说》,基于其对宋代禅僧诗歌作品的全面辑考,试图初步揭示出宋代禅僧诗研究的重大意义。作者首先指出,日本的“五山文学”与宋代禅僧文学之间,不仅在人事上具有确凿无疑的继承关系,在创作态度、创作体裁、基本风格上也具有相当程度的一致性,故我们可以把“五山文学”看作宋代禅僧文学的海外分流。这一观点的提出,不仅赋予了宋代禅僧文学研究一个广阔的东亚视域,而且也使其增添了比较文学研究的色彩。接着,作者通过诗歌数量的统计,发现禅僧的诗歌创作几乎占到了现存宋诗总量的十分之一,因此禅僧已成为“士大夫”以外的宋诗第一作者群。在作者看来,“非士大夫作者”群体的崛起,本是南宋文坛一个引人注目的特征,禅僧诗的发达,正凸显了这一时代特征。然后,作者对宋代禅宗的发展演变及其与禅僧诗的对应关系进行了简要的梳理。作者指出,在经历了宋初云门宗短暂的兴盛之后,临济宗后来日渐风行,至于南宋时期,则几乎已全部是临济宗的天下。而南宋禅林内部,也经历了以大慧派为主流,到大慧、虎丘二派并盛的时期,至宋元之交,虎丘派甚至有后来居上之势。禅僧诗的发展情况基本与之相应,尤其是宋元之交的虎丘派禅僧诗,正值全盛时期,由于遭逢世变,一部分绵延入元,一部分则东流扶桑。作者还指出,因为禅僧建立了一个特殊的文献系统,所以其诗歌作品才获得良好的保存,后来日本禅僧编纂的文献,即完全继承了宋代禅籍的表述特征。在对宋代禅僧诗的种类进行了简要介绍之后,作者对禅僧诗风做了一些概括,指出由于受限于体裁,禅僧诗歌难免有“蔬笋气”,因而与“晚唐体”诗歌始终保持着联系。但优秀的诗僧总是会寻求突破,进行“言语上的冒险”,这对于黄庭坚“诗法”的形成,具有不可小觑的影响。而在诗歌中大量运用俗语,从而创造出白话诗,也是禅僧诗的一大特色。此文虽只是简单勾勒了宋代禅僧诗歌的基本面貌,但实际上扩展了宋代文学研究的园地。但论文的概说性质,也淡化了问题的深刻程度。

《夷坚志》作为一部宋代笔记体的文言小说，以其带有纪实色彩的叙述方式，已经成为宋代社会史、文化史研究的重要资料之一，广为使用。浙江大学吴铮强副教授提交的论文《〈夷坚志〉温州故事研究》，则从区域社会的角度，对书中的温州故事进行了专门研究。据作者统计，《夷坚志》现存温州故事33则，主要包括两类：一类是故事发生在温州，一类是温州籍士人在其他地方发生的故事。这些故事的内容无外乎神明灵应、因果报应、生死轮回、法师驱鬼、鬼怪作祟、占卜应验之类。依据故事中人物与神灵鬼怪之间的关系，作者将温州故事中呈现的观念类型划分为鬼怪论、命定论、命正论三种。接着对温州故事的观念类型与故事提供者、故事人物及故事地点等方面的关系，通过一个个具体的故事，进行了简要分析。经由这样的分析、归纳，作者发现，温州故事中的鬼怪论故事呈现出“陌生环境”故事的特点。那些为洪迈提供故事的官员、士人们偏好通过鬼怪作祟的情节将鬼怪论的观念应用于讲述陌生环境的故事，鬼怪作祟故事表达了对陌生环境的恐惧，这种恐惧是冲突对抗关系的一种反映。同时，他们又偏好通过神明灵应的情节将命正论的观念应用于讲述乡邦以内的故事，这种故事以一种世俗的方式表达了构建“道德共同体”的愿望。此外，他们还偏好通过梦占语言等情节将命定论的观念应用于讲述与自身命运相关的故事，表达了无法把握自身命运的焦虑，这种焦虑来源于人生前途被人控制的无力感。在作者看来，《夷坚志》温州故事的观念类型反映了宋代科举、官僚社会中另一种世俗化的或者说是潜意识的社会秩序观念。在这种观念里，乡邦成为世俗生活道德共同体的边界，超出这个边界即进入了一个陌生的世界，由此构建出一个三元的“乡邦—朝廷—异乡”空间社会秩序。从区域社会史的角度讲，这种以“乡邦成为世俗生活道德共同体的边界”的地域观念，意味着以地域为界限的“我们—他们”的观念。这种观念将各地域分割开来，地域间仅仅依靠中央政府的统治而“并联”在一起，是一种接近于现代政治术语中“地方主义”的概念。此文是用一种全新的视角来解读旧有的文献，也提出了新的问题和解释框架。但是也有专家指出，论文未能很好地突出选取温州故事的必要性和独特学术价值，对于已有丰富成果的叙事学和故事类型学等相关理论还可以考虑吸收和借鉴。

五、文学内与外的交错

人们常说文史互通，文史之间确实有着太多互相借用和共享的知识或论断,但是由于学科畛域的划分,学者们似乎越来越满足于在自己的小圈子里打转,自得其乐,而缺少对于相邻学科研究进展的持续关注,以往那些兼通文史的大学者似乎越来越少见。时间久了,彼此学科的问题意识、研究范式和研究手段已经发生重大变化,许多关键性问题已经有了颠覆性的解释,而我们却一无所知。所以,无论文学研究者,或者历史研究者,在步出自己的学科藩篱、涉足对方学科之后,常常会惊异地发现,某些问题在对方那里竟然已经有了迥然不同的认知,涌现了丰厚的研究成果,但是本学科却知之甚少,甚至继续沿用陈旧而浅薄的传统解释。反过来,如果我们能有效吸收彼此学科的最新研究成果,不仅可以对许多既成的看法进行修正,而且可以生发出许多新的研究议题出来。

本次会议虽然旨在突破学科畛域,实现宋代文史领域的跨界交流,但并非要泯灭学科特色,而是要借助于学科之间的相互打量,让彼此清醒地意识到自身研究所存在的局限,不要陷于一孔之见当中,从而努力去消除因学科壁垒所造成的闭塞和浅陋。本次会议上,一些宋代文学研究者的论文依然保持了浓厚的文学本色,但是也透露出将文学内部研究与外在因素相结合的学术取向,而且某些论文确实不乏新意。

诗歌研究是宋代文学研究中一个颇具吸引力的领域,近年来在研究思路、方法上都有不少新的探索,尤其对于影响宋诗风貌形成的一些外在因素有了较多的揭示,这在本次会议上也有所体现。上海财经大学李贵副教授提交的论文《黄庭坚〈书摩崖碑后〉探微》,对黄庭坚的一首诗歌名篇做了别开生面的阐释。徽宗崇宁二年(1103年),黄庭坚因《承天院塔记》遭到构陷,被贬谪广西宜州。次年三月,他途经湖南祁阳的浯溪,得以游览观赏由唐元结撰写、颜真卿书丹刻石的"中兴颂碑",并写下一首名为《书磨崖碑后》的诗歌。此诗不仅在宋代即受到广泛关注,在后世也是为人所热议的对象。那么缘何这首诗有如此之高的关注度呢?作者指出,要了解这首诗的写作契机,我们必须要知道宋代存在着一股读帖寻碑的文化风潮,黄庭坚之观览"中兴颂碑",即是受此风潮影响而有的举动。接着,作者对于《书摩崖碑后》的文字做了一番释证的工作,认为其中蕴含着黄庭坚本人的"史笔",即其对于唐史独特的理解,而这一点恰好受到后世史家的激赏。最后,论文也不忘对黄诗特有的用韵手法进行细致的剖析,指出其是唐以后古体诗反律化的典型。在作者看来,黄庭坚的这首诗高度概括了唐玄宗、肃宗朝的时代动乱、皇室恩怨与个体命运，将李唐史事、史家评论、理学教训与书学艺术、诗歌吟咏交织在一起，编织出一张巨大的互文网络，使自身成为一个超级文本，既重写了历史记忆，又进入了历史记忆，从而在多方面吸引了读者去关注与品味。此文运用西方“互文理论”，在文本细读的基础上，结合了时代风气、历史记忆与诗歌技巧等诸多层面展开论述，揭示了一首诗歌可以呈现出来的多个面相。但一首诗歌的涵摄范围到底有多大，支撑论点的互文性证据能否成立，也有学者表示怀疑。

王安石是宋代历史上的一个焦点人物，不仅是推动庞大改革计划的践行者，也是宋代文学史上的典范人物，在诗文方面皆有显赫地位，研究这样的人物必然要兼涉文史两个方面。本次会议，有两篇论文研究王安石的诗歌，而且都采用了通贯文史的研究途径。浙江工业大学刘成国教授的论文《糟粕所传非粹美：论王安石的翻案之作》，紧扣王安石诗歌中的翻案之作，将其置于社会史、政治史、思想史的多重语境中进行考察。作者认为，王安石之运用翻案法进行诗歌创作，首先是受到这一时代怀疑精神的熏染，从而形成了独特的史观，对于许多历史事件有自己独到的看法；其次，在其翻案之作中，表面是对历史事件和人物进行重新评价，但实际上都蕴涵着自己的政治立场、主张和抱负，甚而有个人的隐衷在里面。再次，作者又从思想层面抉发出王安石自有一套“为士之道”的理念，这作为他的思想预设，成为其翻案之作的逻辑起点。最后，作者从文学和史学两个角度，对王安石翻案之作的后世评价问题稍稍做了梳理，发现文学方面多予肯定，而史学方面则否定者居多，呈现出较大差异。此文虽讨论王安石的诗歌，但却出入文史，诗文互证，不乏个人创见。同时，评论专家也指出，史学中的求真意识起源于近代，作者以此来比较、评论王安石的史学立场，不无脱离具体学术语境之嫌；另外，应将王安石的翻案之作置于北宋翻案诗文中予以比较，以呈现其特色。另有青年学者指出，该文在王安石咏史诗的体制分析方面，欠缺深入的发掘。

宋代的皇帝大多是右文之君，其本身具文艺造诣者不在少数，但宋代君主如何影响到文学风尚，却殊少详细讨论。兰州大学曾维刚副教授提交的论文《宋孝宗与南宋中兴诗坛》，倒是一篇全面探讨宋孝宗对于南宋中兴诗坛如何发生影响的专论。论文通过爬梳文献史实，从孝宗之治与中兴诗坛主体精神的再造、孝宗重文措施与中兴诗坛的新老交替、孝宗的文学趣尚与中兴诗坛的唱和反响、孝宗的推动倡导与中兴诗坛的诗学新变等四个层面，揭示出孝宗与中兴诗坛关系的具体剖面。作者认为,“与士大夫共治天下”的宋代君主不仅引导天水一朝走向文治,他们与两宋文学的盛衰也始终具有密切关联。孝宗与南宋中兴诗坛的关系,就是一个具有典型意义的范例,其稽古右文、礼贤下士之盛,特别是正面影响诗坛之深,堪为两宋君主之翘楚。此文依照通行的文学史研究模式阐述一代君主与诗坛之关系,可谓面面俱到。但是在与会的宋史研究者看来,则似乎对史学界关于宋孝宗的最新研究成果掌握不够,尤其是近些年来学界对于宋孝宗的认识与过往相比有了较大的差异。如果不能有效运用这些研究成果,将在某种程度上削弱此文的学术价值。

家族研究是近年来宋史研究中一个成果丰硕的领域,同时随着研究的深入,对于家族如何界定、家族组织的形态、家族的社会功能、家族与地方社会秩序的构建等问题,出现了不少新的解释和观点,当然也引发了一些争议。注意将宋代文学中出现的一些现象与家族研究联系在一起,则是近年来宋代文学研究的一个新课题,不断有成果陆续问世。此次会议上,南京大学卞东波副教授的论文《宋代福建仙溪傅氏家族的苏轼研究》,即根据新材料的发现,揭示了一个家族对于苏轼研究的持久兴趣。论文首先对宋代福建仙溪地区傅氏家族的科第、仕宦情况进行了考察,发现傅氏家族在宋代是一个典型的融官员、文人与学者为一体的士大夫家族。进而通过对现存傅藻《东坡纪年录》、傅共《东坡和陶诗解》与傅干《注坡词》的文献考察与文学价值介绍,揭示出宋代福建仙溪傅氏家族存在一个持续进行苏轼研究的传统。作者认为,一个家族的多位成员,为东坡编纂年谱、注释东坡的诗词,在中国文化史上乃罕见之事,这一方面是宋代追崇东坡的风气,一方面也表明苏轼研究已经内化成这个家族的文化传承。此文的一个亮点,是对于新资料的发现。傅共所著《东坡和陶诗解》是目前可知最早的苏轼和陶诗注解之作,曾见于宋人著录,但自元代之后即已散佚。作者发现,韩国高丽大学图书馆所藏蔡正孙编《精刊补注东坡和陶诗话》中大量援引了傅共的《诗解》,从中可以一窥《诗解》的原貌与特色。此文揭示的文化现象甚是有趣,但对于如何认定傅藻、傅共、傅干为同一家族成员,他们与福建仙溪的科第家族傅伫、傅楫二房是否有着直接的宗族关系,与会的宋史学者提出了不少异议,认为在文献上缺少足够的支持,且对于宋代家族的概念缺少明确的界定。

“古文运动”无疑是宋代文学研究中一个引起太多关注的课题,围绕此课题已有众多的研究论著,可以说在很多方面都有了相当深厚的积累,因此若想有新的创获，实属不易。华东师范大学方笑一副研究员提交的论文《论宋人的"古文观"》，通过梳理"古文"一词在宋代的各种表述，试图探究一下宋人对于"古文"的理解。作者首先认为，"古文"在宋代已不仅仅是一个文章概念，更成了士人标榜自己迥异于世俗时流的一个文化符号。在对宋代古文与时文关系的梳理中，作者得出结论说，古文在北宋后期成为科举时文的对立面，然而到了南宋时期，科举时文与古文却有等量齐观的趋势，科举时文遭受鄙夷的色彩在淡化，甚而成为士人理应致力的学问之一种。最后，作者又对"古文"一词的文体学内涵进行审视，认为在宋人那里"古文"并不是某一类文体的专有名词，其包含的文体种类要宽广得多。此文意图提出一些新的看法，但在众多与会学者看来，似乎有些观点前人已曾提出，注意消化吸收前人的研究成果十分关键。而单凭对"古文"一词的电子检索，是否能完整呈现出古文内涵的演进，也颇有疑问。

上述几篇论文都以宋代文学研究为主，但是又都不局限于纯文学研究的文本分析套路，而着力揭示文学背后的政治、社会、思想等因素所起到的作用。这说明在年轻一代宋代文学研究者那里，存在着打通文史界限，进行融合研究的趋势。但是，面对宋史学科丰富的学术积累，如何根据自己的议题，进行学术成果的别择和吸收，却并非易事。不过总的看来，宋代文史领域并非那么泾渭分明、不可淆乱，如何做到文史交融，端在学人不断地跟进、摸索和积累，断非一蹴而就那么简单。

六、日常生活的书写及其意义

因为学科划界的缘故，长期以来，文学和历史两个都形成了一套自己的研究路数，甚至在文献的使用上也有了隐形的界限，文学研究者有时不大关注史料，而历史研究更少去触及文学作品。但是从宋代士大夫这个群体来看，他们却又大都同时兼具官僚、文人、学者之三重身份，其身后留下的作品，也往往既有论及国家大计的奏议、章表，也有吟咏个人情性的诗词歌赋。所以，如果想深入地了解一个宋代士大夫进入其生活的时代，必须结合多方面的材料来构建历史语境和生活场景。此次会议上，有两篇论文从士大夫的日常生活入手，生动而具体地呈现了宋代士大夫的日常生活方式及其背后潜藏的社会机制。碰巧的是，一位是历史研究者，却大量使用了文学资料；一位是文学研究者，却更多涉及了历史问题。

中国社会科学院梁建国先生，近年来一直从事宋代士大夫社会生活方面的研究，他的研究往往切入点小，却都具体可感，其得出的结论也常常深具新意，给人诸多启迪。此次提交的论文《北宋东京士大夫的私第宴饮》，延续其以往细腻而缜密的行文风格，对北宋京城士大夫密集出现的私第宴饮现象进行了细致的描绘。论文从北宋士大夫私第宴饮的基本条件、组织方式以及伴随宴饮活动的文化行为等三个层面展开论述，涉及北宋士大夫举行宴饮的闲暇时间、举办宴会的宅第和园林环境、宴饮的开销花费与饮食种类、举办宴饮的方式以及宴饮活动中歌舞娱宾、诗歌唱酬的文化行为等诸多方面，可以说相当的具体而全面。通过对士大夫生活场景的细致描绘，作者试图更进一步地揭示其背后潜藏的独特社会机制。原来这些频繁举行的宴饮活动，不仅标示出士大夫作为有着雄厚物质财富支撑的有闲阶级的存在，而且也是士大夫日常社交不可或缺的一环。士大夫举行宴饮的园林和宅第，作为私密的高级场所，具有相对的封闭性，能够参与私第宴饮，对于地方士人来说意味着对于京城社会的深度融入。而且士大夫的私第宴饮满足的不仅仅是口腹之欲，而是与歌舞、诗歌、书法等活动融为一体，是一个小型的演出和创作场合，这成为士大夫群体在文化品味上有别于普通百姓的重要内容。经由这样的分析，北宋东京士大夫的私第宴饮似乎成为了一个交织着物质生活、社交网络与文化艺术的结合体，具有重新被认识的可能性。更特别的是，此文大量使用北宋文人的诗、词、文作品，尤其是梅尧臣的诗歌被多次征引。在一个新的视角下文学作品被当成了史料去运用，在宋史研究中是不多见的。近年来，西方的新文化史研究日渐被引入国内，其对日常生活细致入微的研究与深层次意义的揭示，给了国内学人不少新鲜的刺激。此文从切入角度、史料运用、行文风格以及分析构架的提出诸方面来看，也颇有点新文化史研究的意味。但有学者指出，论文在如何阐释宋代士大夫身份的多样性，不同层次、不同范围的歌舞活动的差异性，私第宴饮的动机、目的等深层问题上还有可以探索的空间。另外，皇帝赐宴是否算是私宴也是一个问题。

士人退隐之后，筑造庭院园林以为隐居之所，本是中国历史上一个习见的现象，但是宋代士人对于隐居之园林庭院的题咏、记述，却显得似乎异常丰富。藉由这些诗文作品，窥探宋代士人的精神世界，近几年逐渐成为宋代文学研究者的兴趣之一。此次会议上，北京师范大学马东瑶副教授提交的论文《文人庭院的精神建构——以朱长文乐圃为考察中心》，即通过北宋苏州士人朱长文关于自己隐居之所“乐圃”的文学书写，探讨了文人庭园的精神内涵和书写者的文化心态，呈现了一座物质之园变成精神之园的过程。朱长文虽然进士登科，但出于种种原因，未能入仕为官，于是他在先人所购旧地上建成了自己的“乐圃”。作者在其现存的作品中，找到了许多关于“乐圃”的文学书写。她分析这些作品后指出，通过对积淀着清雅之意的竹、松、菊的反复吟咏和对拒斥俗世的陶渊明的一再自况，朱长文有意将“乐圃”塑造成城市中的山林。进而作者以同时代的司马光的“独乐园”作为参照，指出两人虽然同以“乐”字名园，但却有着截然不同的精神意趣。司马光退居洛阳，虽然远离了朝廷，但随时可能重新回到权力中心，他的所谓“独乐”其实也是其政治话语的一种表达；朱长文则还没来得及与政治发生关系便退居庭园，他的焦虑不在于政治上的失意，而在于如何为自己寻求和定位人生的价值。经由对朱长文交游活动的考察，作者发现其交游对象主要有两类：一个是同样具有隐逸思想的地方诗人群，一个是地方上的显贵和官员。所以，在作者看来，“非山非市”的乐圃，既非纯粹的山林，亦非纯粹的尘世，它的庭园特色正是“乐圃”先生游走于出世与入世之间，既求尘外高节、又抱淑世情怀的一种映射。但是朱长文去世之后不久，乐圃便毁于兵火。到了元末明初，张适在其废墟上重建起自己的“乐圃林居”。它不仅是张适的隐居之地，也是同时代士子的精神之乡，并在某种程度上延续着朱长文赋予乐圃的精神气质。作者通过对朱长文身后之事的叙述，试图说明物质庭园的坍塌在所难免，但是书写却保存了文人园林的精神意趣，并在后世被效仿与流传。在这个意义上，正是借助于书写，我们才得以跨越时空去辨认庭园当日的风物，感受园主的庭园生活，窥视庭园主人的内心世界。此文虽然运用了大量的文学文本，却无意于进行纯粹的文学研究，而是结合了历史语境的分析，揭示了一个隐居士人如何在出世与入世之间挣扎，园林作为一个精神符号，成为我们进入其精神世界的隐秘小径。由于作者因故未能与会，本篇文章未能在会上讨论。

以上两篇论文，或多或少都带有新近流行的新文化史研究的趣味，从那些不太为人关注的日常生活入手，却意图揭示其背后的深层次意涵。无论是私第宴饮，还是隐居庭园，这在以往的文学或历史研究中，大多不会受到特别的关注，但是这两篇论文却试图提醒我们，这些日常生活的行为、景观背后其实有着亟待发掘的丰富意蕴，值得学界去认真对待。从他们研究视角的转换、文史界限的跨越以及新颖的表述方式，我们不难感受到一些以往被忽视的、或完全没有注意的新课题，将不断进入我们的研究视野。

七、越界与本位：本次会议的若干反思

在两天时间里，共举行了六场讨论会，每场讨论会皆由一位资深专家主持。在论文评议环节，也不时可以听到专家的精彩点评，这让与会的青年学人感觉受益良多。在专场讨论会结束之后，应与会青年学人的恳切邀请，几位资深专家学者就参加此次会议的感受，围绕历史与文学的学科特点、文献资料的运用与发掘、论文的选题与撰写等方面，分别表达了自己的见解。

北京大学邓小南教授在发言一开始，首先提出了一个引人深思的问题：宋人怎么看历史编纂？她说，追求客观、真实乃是近代才出现的历史观念。在宋代，编纂历史的标准也许根本不在于客观、真实，我们不能拿现代的观念去套在宋人的身上。那么，宋代人编纂历史的功能是什么？这必须要回到其历史语境中进行考察。藉由这样一个例子，她试图提醒与会的青年学人，我们无论是研究宋代文学或是宋代历史，一定要注意宋人对于这个问题怎么看，要回到具体的历史语境，而不要轻率地将现代人的看法、观念强加在古人的身上。

随之，邓小南教授针对青年学人论文中存在的一些问题，结合自己的治学经验，提供了一些参考性意见。她说，撰写学术论文，议题一定要集中，要有一以贯之的核心主线，如此论文才不会散乱。对某一问题的解释，要有确切度和丰富度，这在某种程度上是与前人进行解读材料能力的竞赛。她还说，文章要经得起考验，一定要不断地进行自我追问，对于层次感、分寸感的把握尤其重要，好的文章是改出来的。最后，她还意味深长地指出，史学的魅力在于，它本质上是一门反思的学问。

杭州师范大学沈松勤教授在发言中指出，史学研究一般来说要比文学研究显得扎实和丰富。作为文学研究者，我们可以借鉴历史研究的成果、方法，但不能放弃自身学科的特色。他根据自己进行宋代党争与文学研究的心得体会，总结出了一个“从史学入，从文学出”的治学原则，希望与会的宋代文学

研究者能从中得到某些启发。他还对“一代有一代之学术”这句名言做了别具深意的发挥,将“一代”理解为“一个代际”,希望与会的年轻学者能够做出具有代际特色的学术,以此推动学术研究的不断创新。

中国人民大学包伟民教授在发言时说,本次会议为文史两方面的同行提供了一个互相学习的机会。作为历史研究者而言,从文学研究领域得到的最重要启示,或许就是学会怎样来关注文本、解读文本。宋代文学作品中,其实包含着许多重要的历史信息,如宋人文集中的“启”以往多不被注意,但其实具有史料价值。接着,他介绍了近年来宋史研究领域所取得的一些进步,集中表现在三个方面:1)在政治史研究领域,对于制度层面的关注,从制度的条文走向了制度实践,力求呈现“活的政治史”,这主要由邓小南教授在推动;2)在研究议题上,受到社会史、新文化史等方面的影响较为明显,在对社会层级的关注方面,眼光越来越往下,但是也遇到许多挑战,宋代很多方面没有充足的资料来满足研究的需求;3)在文献资料的处理方面,走向对文本的解构,更关心文本自身形成的过程背后所能传递的信息。希望在解构文本的过程中,重构史实。最后,他还指出,促进学科交流的目的,最重要的是能运用别的学科的眼光、方法来见到本学科所看不到的一些东西。例如,文学现象是否仅仅是被社会决定,它会不会反过来影响社会?宋代士大夫有许多文学活动,这会不会影响到他们的政治生活呢?但是,无论文学研究者、史学研究者是否始终能跟得上对方学科进展的步伐,如何搜寻到对方学科最新的研究成果,对于彼此都是一个巨大的挑战。

上海师范大学虞云国教授发言时说,自己读日本学者神田喜一郎晚年的日记,发现他已经感叹学术分科越来越细,要想全面了解学术发展几乎不太可能。因此,虞教授特别强调要注意相邻学科发展的动态,要相互补课,成果互相利用。他举例说,现在流行的心态史学,就必须大量发掘和利用文学资料;而研究文学也要关注制度史、政治史的成果。他还不失幽默地提出,在进行论文选题时,要考虑如何进行学科之间的相互渗透和入侵。另外,他也指出,在本次会议提交的一些文学论文中,虽然借鉴了部分史学研究成果,但是对于一些最新的研究成果却没能注意,希望在今后的研究中能尽力克服这方面的缺憾。

有别于前面几位学者的宏观思考,武汉大学王兆鹏教授的发言主要是向青年学者点拨论文写作的技巧。他首先指出,论文的题目一定要与内容相适应,要做到准确、新颖和简练。论文题目要有充足的信息量,便于检索;要能将论文的闪光之处涵括在论文标题之中,引起读者的兴趣;论文各小节的标题要具有概括性。他举例指出,本次会议的一些论文,要么题目过大,信息量不集中;要么选题很好,但是标题过于笼统、含糊。接着他提出,论文写作一定要有问题意识。不仅如此,在论文的一开始,就要单刀直入,提出自己的问题意识,否则读者很容易丧失继续阅读的兴趣。对此,《文学遗产》副主编竺青先生补充说,自己在审稿过程中也有两点体会:一是许多文章的题目是论题,而不是问题,失之宽泛;二是一篇文章写不清楚往往是没想清楚,没想清楚就写不清楚。最后,王兆鹏教授提醒青年学者,学术论文也要具有可读性。写论文时,不能平铺直叙,过于呆板,心中要有读者,要能调动读者的阅读兴趣。

参加此次会议的专家、学者们普遍认为,这是一次具有里程碑意义的学术会议,是宋代文史研究领域突破学科界限、面对面进行碰撞和交流的一次有益尝试。虽然对于彼此学科仍显隔膜,对于彼此学科的最新研究动态明显把握不够。另外,本次会议的论题也稍显散乱,无法形成热议的焦点,但这正说明了举办此次论坛的必要性和正确性。希望今后能把此种形式的论坛继续举办下去,并在会议形式和议题设置上做更精心的设计。但无论如何,此次"宋代文史青年学者论坛"开启了一个学术交流的新模式,其意义必将在今后日渐显现出来。

“宋代都市文化与文学风景”国际研讨会综述

周剑之

由北京大学中文系与树仁大学中文系联合主办的“宋代都市文化与文学风景”国际研讨会于2012年10月19日至20日在香港树仁大学举行。来自中国大陆、香港、台湾、澳门、美国、日本、韩国等地的三十余位专家学者出席了此次会议，共提交论文28篇。本次会议规模适中，论题也非常集中，在为期两天的会议上实现了有效的讨论与交流。

开幕式上，树仁大学胡鸿烈校监致欢迎词。北京大学张鸣教授、香港树仁大学张少康教授先后致辞。张鸣教授简明扼要地阐述了本次会议主题的整体设想，点明了会议的三个关键词：“宋代”、“都市”、“文学”，指出了宋代都市文化是“融合了帝都文化和市井文化、士人文化和平民文化的新型文化形态”，中国古代文学在宋代发生了许多重要转折，文学的题材和主题、作者和接受者、文化功能和传播方式、审美风格和精神风貌，甚至作为表达媒介的语言，都在发生深刻的变化，而这些变化都与“都市”新型文化的影响有紧密的关联。这一问题的重要性与复杂性，决定了进一步深入探索的必要性。

围绕这一主题，会议进行了一场主题演讲、七场论文宣读与讨论。会议对以下一些方面显露了较为集中的关注：

第一，宋代文学对都市风貌的书写与呈现，以及文学书写中体现出来的都市文化。这一问题包含着两个方面。一方面是都市作为文学书写的对象，在文学中的呈现。中国社会科学院刘扬忠教授的主题发言《宋代都市文化与宋词中的文学风景》，对宋词都市文化题材的开拓、继承与发展的脉络有清晰的描述，进一步论证了词是都市的文学，具有不同于乡村文化的都市情调。

中国人民大学诸葛忆兵的《唐宋都市风情词论略》，考察了唐宋词对都市风光、风物、风俗的描写，梳理了都市风情词的滥觞、兴盛、高峰及衰变。北京大学刘勇强的《话本小说中的"东京"》认为，"东京"是第一个在中国古代小说中完整呈现都市风貌的城市，"东京"的都市特性为话本小说的发展创造了有利条件，而宋元话本小说共同构成的东京形象，超越了此前小说对任何城市的描写，是文学随着城镇商品经济发展与时俱进的典型例证。杭州师范大学沈松勤的《宋词中的"西湖意象"及其文化蕴涵》，认为宋代杭州西湖的物质空间、政治空间、文化空间为宋词提供了多维视角的书写，而宋词的这些书写，为西湖呈现了多维空间意象，展示了西湖的文化蕴涵。深圳大学刘尊明、余泽薇的《唐宋〈望江南〉词的题材类型及创作模式》，则提及《望江南》词对江南风物、城市风情的吟咏。北京师范大学周剑之的《城市纪事：宋代兴亡主题组诗的叙事选择》，认为通过纪录城市盛衰来反映国家兴亡，是宋代兴亡纪事组诗的一大特点，反映着古代诗歌叙事传统在宋代的重要发展。

另一方面侧重于对都市物质空间或都市文化的考察。如南京师范大学钟振振的《宋代桥记与宋代城市文化》，关注桥记这一特殊文类，认为桥记在宋代的兴盛与城市发展密切相关，并且分析了桥记中所反映出来的宋代政治、经济、艺术等多方面的城市文化。武汉大学王兆鹏的《宋前黄鹤楼兴废考》对名扬天下的黄鹤楼兴废情况进行考述，为以后探讨黄鹤楼的文学书写和文学景观奠定基础。北京大学李简的《宋代城市的演艺场所与文人——从瓦市勾栏、酒楼茶肆谈起》，考察瓦市勾栏、酒楼茶肆等城市演艺场所，以及作为重要参与者的文人缙绅在这些演艺场所中所发挥的影响。日本福冈国际大学海村惟一的《宋代都市文化的空间延伸——以日本博多圣福寺为例》，借助实物与文献，考察博多现存的宋代寺庙圣福寺，讨论宋代寺庙建筑文化的空间延伸。

第二个关注的重心，是都市环境中的文人活动和文学创作。士人的结社、雅集、交游、唱和等文学活动，多发生于都市的空间中，都市特殊的环境会带来文学创作的改变。北京语言大学郭鹏的《洛都"小隐"——邵康节与古代闲适诗传统的汇流》，以隐居洛阳的邵雍及其闲适诗为中心，考察士大夫闲适之趣、陶渊明隐逸精神两大闲适诗传统在宋代的汇流。北京师范大学马东瑶的《文人庭园与文学写作——以朱长文乐圃为考察中心》，以苏州朱长文的乐圃为考察中心，阐述了"乐圃"作为"城市中的山林"，其游走于出世与入世之间的独特的“乐”之所在，探讨了文学书写中的文人庭园的精神内蕴和书写者的文化心态。香港树仁大学林翼勋的《宋代城市园林于文学创作之作用》，以文同《守居园池杂题三十首》及苏轼、苏辙、鲜于侁、吕陶等人的和诗为案例，讨论宋代园林对文学创作的推动作用。

对宫廷、馆阁等特殊的都市环境中文学活动的考察，也是这一部分的重要内容。四川大学祝尚书的《从宋代台阁体的繁衍看文学体派的形成机制》，讨论了宋初典型的台阁体西昆派如何经过一再“孵化”与变异，形成新的体派并融入到文学主流中，认为馆阁学士的“身份”自觉是其不断衍生的重要密码，具体生动地揭示出文学体派的形成机制。北京大学张鸣的《从胡铨〈经筵玉音问答〉看宋代宫廷唱词活动》，讨论了宫廷这一特定空间中的唱词活动，对演唱场合、唱词礼仪、唱词劝酒程式、演唱形式、歌词选择等诸问题进行考释，进而讨论词的文化功能和唱词活动的文化意义。

第三个重点关注的问题，是市民文化的兴起以及都市背景下士人文化与市民文化的交汇融合。宋代都市既是政治中心、文化中心，又是商业中心和娱乐中心，是士人与市民共同的生活空间。市民阶层与通俗文学的兴盛，是宋代文学的一项重要特点。士人趣味与市民趣味的交叉与碰撞，促进了新的文学面貌的形成。美国斯坦福大学艾朗诺(RonaldEgan)的主题演讲《富人与骗子:笔记中士族阶层以外的市民》，从宋代笔记出发，讨论宋代都市社会中那些富裕而不属于士族阶层的人们，分析笔记记载中所反映出的文人对他们的兴趣与态度，以及其中所隐含的士人社会观念的转变。中国社会科学院郑永晓的《都市文化视域中雅俗两种审美倾向的交汇与融合——以宋元话本中的词为例》，认为话本中的词具有以雅入俗、以雅化俗的作用，雅俗两种文化倾向在话本中的交汇，显示了都市文化的多元形态及相互融合。

学者们对宋代文学风景的其他诸多方面也展开了讨论与交流。成功大学张高评的《花、竹、鸟、虫题咏与不犯正位——黄庭坚题画诗“禅思与诗思”之研究》，对黄庭坚题画诗中所体现的禅学思想以及由此而产生的诗学特色进行了剖析。浸会大学张宏生的《姜夔〈暗香〉、〈疏影〉的历史评价与接受策略》，从清代词学思想演变的角度，分析了浙西词派与常州词派对姜夔两篇词作不同的接受策略。树仁大学何广棪的《宋匪躬四考》对宋匪躬的取名、著作、家世、官履等生平行实进行考证。宋匪躬是宋绶、宋敏求的后人，于宋神宗、哲宗时任职馆阁，并著有《馆阁录》，这一考证对于知人论世及《宋史》补传不无裨益。树仁大学何祥荣的《宋代辞赋的兵学思想考论》,对于宋代辞赋出现大量论兵之作的现象有初步的探讨。还有韩国东国大学校朴永焕的《李奎报论唐宋诗》,澳门大学邓国光的《司马光文章论探要》,树仁大学杜若鸿的《王安石罢废诗赋的政治本质及其影响探析》,日本国立奈良女子大学乔玉钰的《几生修得到梅花——由朱淑真和吴藻看才女"断肠"心绪的继承与演进》等。

总体上看,这次会议在以下方面有了所收获。第一,从不同文体、不同层面、不同角度探讨了宋代都市文化与文学风景的议题。从文体上看,涵盖了宋代诗、词、文、赋、笔记、话本、戏曲等各类文学形式;从涉及的内容和话题来看,角度多变,丰富多彩。

第二,对都市与文学的互动关系进行了较为全面的思考。既包括文学对都市的书写,也考察了都市对文学的影响,同时还探讨了文学书写如何反过来作用于都市文化。

第三,不同知识背景、不同研究领域的学者在这一主题下得到了充分沟通,尤其是擅长士人文学和精通通俗文学的学者,得以就各自关心的问题发表见解,实现了不同研究领域之间的交流和碰撞,极富启发意义。

第四,进一步明确了这一议题的重要性,并对其所具有的丰厚研究潜力和广阔研究前景达成了共识。

总之,这次会议围绕"宋代都市文化和文学风景"的主题,对已有成果进行了交流讨论,并对这一研究方向有所推进。不但在研究角度和研究思路方面有新的探索,而且对这一课题的研究价值也有了更为深入的开掘。

2012—2013 年宋词研究综述

苏利海　张若兰

2012—2013 年的词学研究可谓璀璨夺目，老中青研究者们均付出了心血、劳力，取得了丰富的成果。在这些成果当中，方法的多元化、视野的多样化、格局的大气化，这一切均丰富、推进了宋词研究的深度与广度。为了审视、反思最近几年的研究动向与成果，我们将这两年的研究进行一番整理、综述，以期促进词学研究的深入拓展。大体而言，词学界的研究成果可概括为五大类型。

一、宋词体裁、结构、题材研究

关于诗、词、曲体制上的区分与联系是这两年词学研究的热点。马婧《唐宋时期乐府诗曲子词分际的探讨》（《文学遗产》2012 年第 2 期）一文针对唐宋时期曲子词、乐府诗等概念交织而模糊的状态，进行细致梳理，认为乐府诗与曲子词之别，在于文体地位、辞乐配合方式、具体音声形制三个方面。具体而言，乐府诗是为朝廷礼乐文化的组成部分，地位远较曲子词为高；乐府诗选诗以入乐，曲子词则因声以度词；乐府诗之衬字、和声可有可无，曲子词则必须具备排调式衬字、和声。此外，二者在音乐风格与起调乐器上也有差异。李昌集《关于“词曲递变”研究的几个问题》(《吉林大学社会科学学报》2012 年第 6 期)一文深入阐述了宋金文人词和元文人散曲小令存在的“递变”渗透关系。文章重点探讨了宋金时期文人词发生的“曲化”现象,以及元代“北曲”延承律词、律诗而产生的文体变异现象。胡建次、夏晨《中国古典词学中词曲之异论的承衍》(《中南民族大学学报》2012 年第 2 期)一文对词学理论中词曲之异的相关理论进行了梳理,认为传统词学的关注主要体现在三个方面,一是偏于从艺术体制角度辨说,二是偏于从字语用笔角度辨说,三是偏于从声律表现角度辨说。胡建次、夏晨《中国古典词学中诗词体性之辨的承衍》(《南昌大学学报》2013 年第 2 期)一文认为中国古典词体本色论的承衍体现在两大维度,一是维护与持守传统词体本色,二是对传统词体本色观念的破解。这两大维度相反相成,构出传统词体本色之论的主体空间,成为推动词学演变发展的内在助推力之一。刘蔚《“以诗为词”与“以词为诗”——论宋代田园诗词的破体现象》(《社会科学》2012 年第 7 期)一文对宋代田园诗词中的诗词互相借镜相资为用的现象进行了细致分析。张福清《宋代集句诗“以词为诗”现象梳理及诗学意义》(《中国文学研究》2013 年第 2 期)一文通过分析北宋中后期以及南宋各个阶段诗人诗中存在有“以词为诗”的现象,探讨了宋代诗词互渗的现象以及词体地位渐渐提升的过程。

在词调研究上,谢桃坊《论宋词之词调与宫调的关系》(《东南大学学报》2013 年第 2 期)一文围绕着词体的音乐性,着重探讨了词调与宫调的密切性,认为宋人依一定的宫调而演唱相关词调。由于宋代乐工与歌妓对词谱的熟知,导致宋词作品中少有标谱字与宫调,以致演唱方式的散佚。但就其根本而言,宋词仍是一种音乐文学,具有稳定的音谱。龙建国《唐宋词乐律体系考论》(《词学》二十七辑)一文重点考察了燕乐与古代三律的关系、燕乐的乐律变化及其宫调体系。马里扬《宋词调水调歌头考》(《词学》三十辑)一文通过对宋人创作的《水调歌头》的文辞韵、律之考订，寻绎乐曲均拍对苏轼等词作风格的形成所产生的直接作用，并通过对曾布《水调歌头》“七遍”校考，认为其词已非苏轼等歌词的原始形态，而是在一定均拍作用下，吸收民间说唱形式的新产物，这也是宋人歌词更为大众化的流播形态。刘尊明《试论唐宋〈望江南〉词的艺术风格》（《学术研究》2012 年第 8 期）一文分析了《望江南》一调的风格特征，即感叹伤悲、风流蕴藉、清新俊爽、流丽疏快、诙谐滑稽五大特征。刘尊明、余泽薇《唐宋〈望江南〉词调的创制源流与声情特征》（《湖北大学学报》2013 年第 5 期）一文对史上关于《望江南》一调的创制时间的三种说法进行考察，并认为开元教坊采寻最为信实。文章同时分析了其后期改名与异名状况，分析了其所具有的清越、和婉的总体特征，以及兼具南吕宫“感叹伤悲”和大石调“风流蕴藉”的审美风情。谢穑《宋代词牌的女性化意蕴》（《湖南社会科学》2012 年第 5 期）一文则考察了宋词词牌名中部分与女性的密切关系，总结出它们具备或直接化用女性人名，或突出女性妆饰容貌，或反映女性游艺活动，或彰显女性地位身份等诸多特质。

关于词的体制、结构研究，赵雪沛、陶文鹏《论宋代多片词》（《江海学刊》2012 年第 1 期）一文梳理了多片词的发展过程，重点分析了其体制上的若干特点，包括善于将叙事、写景、抒情穿插运用；增加叙事成分，清晰地展示事件的过程；不仅逐渐变直线型叙事为曲折叙事，有的更打破了单线叙事，变为双线叙事，形成错综变幻的艺术结构。多片词由于注重事件细节的描写，抒情叙事更加婉曲细腻，营造出具有回环往复之美的意境。文章并以柳永、周邦彦和吴文英为例，详证以上论点。彭玉平《词学史上的“潜气内转”说》（《文学评论》2012 年第 2 期）一文梳理了词史上“潜气内转”的源头及特征，总结得出“潜气内转”主要体现在长调中，讲究笔法内转深潜，并在结构上体现出浑化的特征。它往往潜伏在丽密字面与四言句式之下，通过内转形成力量，表达厚重的情感。何晓敏《词体构成的文学因素》(《词学》三十辑)一文分析了词体构成的两个因素:音乐因素和文学因素。文学因素,主要是形式的转换,包括句法、句式以及字声、韵律等,其中的音乐因素为词体的构成提供合乐的曲调,文学因素则为词体确立提供与乐曲相合的形式。这两个因素分属外因与内因,共同促进词体的发生与发展。

在对宋词题材的研究上,骆新泉《试论宋代寄内词的七种感情模式》(《南阳师范学院学报》2012 年第 2 期)一文归纳了宋词中约 110 首寄内词的感情模式,即抒发离愁别恨、赞美妻子美貌贤淑、讴歌家庭幸福等七种。刘尊明《论唐五代文人边塞词》(《词学》二十九辑)一文详述了三十四首唐五代文人边塞词的创作类型,以及创作动因。陈丽丽《论两宋赠妓、咏妓词的异同》(《江西社会科学》2012 年第 10 期)一文分析了赠妓、咏妓词在宋词创作中的内涵及其相关特质,并着重比较了南北宋在此类词上的同异之处。孙虹《论宋代咏物词的修辞建构与梦窗范式》(《福建师范大学学报》2012 年第 5 期)一文通过对比柳永、周邦彦、史达祖、吴文英的咏物词作,归纳了其中赋笔、禁体、内抱、外抱等修辞手法的特征,并认为梦窗吸收诸家之长,使咏物词的修辞手法愈趋规范,物态我情达到平衡,意绪涵茹,深寓寄托,成为咏物词作中的典范。贺闱《宋代节日词研究:一个文献综述》(《重庆社会科学》2013 年第 2 期)一文着重考察了宋代节日词的文学风貌和审美特质,揭示了其中蕴涵的两宋社会生活和文化形态等深层次意义,并指出当下节日词研究存在的若干问题与不足。王伟伟《宋代社交生活的"新宠"——从宋代社交词的定量分析谈起》(《东岳论丛》2012 年第 4 期)一文通过对社交词的量化分析,梳理了宋词中的社交词的分类及功能。刘怀荣、石飞飞《20 世纪以来唐宋咏史怀古词研究的历史回顾》(《宁夏师范学院学报》2012 年第 1 期)一文对上世纪以来唐宋咏史怀古词研究的历程、方法、特色、成就均有整理探索。张振谦《论唐宋游仙词》(《大连理工大学学报》2012 年第 3 期)一文梳理了唐宋游仙词的演进过程及其文体特征，诸如词作主旨隐喻性，虚构和梦幻化的意象以及词中体现出的清雅之趣等。华建铭《宋代杂体词研究综述》（《常州大学学报》2013 年第 5 期）一文对宋词中的杂体词，包括联章体、隐括体、集句体、回文体等七大类的研究现状及存在的问题进行了细致整理。史华娜《追和词的产生及其发展脉络》（《阅江学刊》2012 年第 5 期）一文则重点分析了追和词的演进历程：从张先首开风气到南宋词坛的大量产生。

关于词体美学特质的研究，郭守运《宋词“无语”修辞的审美考察》（《文学评论》2012 年第 1 期）一文分析了宋词语境中的“无语”修辞性不仅拥有语言交际上的表达功能，更具有营造内蕴性、留白式审美空间的功能，宋词的“无语”修辞之美的艺术构建表明了宋词作为独立文体的艺术价值所在。潘立勇、吴树波《南宋词的美学境界》（《江苏社会科学》2013 年第 2 期）一文着重探讨了南宋词中的两重美学风范，一是爱国济世激情的慷慨豪放，一是偏安亲情的雅致婉约。张静《词“被女性作”之反思》（《河南大学学报》2013 年第 4 期）一文围绕着词体的女性化特质，反思了男性词作被“女性作”的现象以及男、女性词人作品中的“双性之美”。蔡燕《宋词创作观念矛盾与词文学美学体征的变化》（《曲靖师范学院学报》2012 年第 6 期）一文词的美学研究。符继成、赵晓岚《词体的唐宋之辨：一个被冷落的词学论题》（《文艺研究》2013 年第 10 期）一文着重分析了唐词与宋词在审美上的区别，即内容上唐词主情而宋词主意，技巧上唐词重自然而宋词见人工，语言风格上唐词含蓄而宋词发露。

二、宋词史、流派、地域文化研究

关于词体起源的研究，这两年围绕木斋《曲词发生史》一书中所涉及到的词的起源问题产生了一些讨论，对木斋的若干结论，学界大多持审慎态度，相关文章可参看谷青、刘锋焘《词体起源问题的新思考——谈木斋先生新著〈曲词发生史〉》、彭国忠《一部新见迭出的著作——读木斋〈曲词发生史〉》、傅璇琮《关于木斋的探索——从〈曲词发生史〉两序说起》（均载《中国韵文学刊》2012 年第 3 期）、吕肖奂《词学公案的颠覆性启发性探索——读木斋〈曲词发生史〉》（《江西师范大学学报》2012 年第 4 期）。此外，李博昊《论词体文学演进中对吴声西曲的容受》（《江苏社会科学》2012 年第 3 期）一文考索了吴声西曲与词体间的关联转换关系，认为词体文学在承续吴声西曲创制手法、结构形式、表现内容等层面完善发展成一种独立的文学样式，对词体的起源有了新的演进思路。

在对宋词史的研究上，沈松勤、楼培《词坛沉寂与“南词”北进——宋初百年词坛考察》（《北京大学学报》2013 年第 1 期）一文围绕宋初词坛的演进，谈及两个问题，一是初期沉寂的原因，二是后来兴起的原因。作者认为宋代政治文化导向上的重北轻南导致南方文人的消极退避，是词坛沉寂的重要背景。宋初公私燕集场合的需求与坊市宵禁制度的瓦解为宋词的兴盛提供了绝佳的生态环境，同时，南方士人的崛起，尤其是柳永、晏殊、张先、欧阳修四大词人的出现改变了词坛的沉寂局面，为宋词的兴盛起了推波助澜的作用。姚惠兰《宋南渡文人的道教因缘——兼论道教对文人词创作的影响》（《中华文化论丛》2013 年第 6 期）一文着重分析了道教对南渡词坛的影响，即出现了一批酬赠道士词。这些文人道教词在思想内容与审美境界上均有了不同于前人的若干特质。陈瑜《南宋遗民词“以词存史”的叙事功能考察》（《福建师范大学学报》2013 年第 1 期）一文分析了南宋遗民词“以词存史”的叙事性，表现有纪实手法、褒贬笔法、铺叙手法及联章体的运用。李辉《南宋“词史”意识的自觉》（《中国韵文学刊》2013 年第 1 期）一文分析了南宋词人自觉的词史意识的体现：以入世的态度写词，词作与重大事件相关联；突显词的比兴特质，对现实加以褒贬；“用经用史”的词学观，强调词的社会价值。木斋、祖秋阳《论唐宋词三次尊体运动》（《词学》三十辑）一文将宋词史上的尊体运动分为三个阶段：唐五代帝王伶工、北宋士大夫、南宋专业词人群体，并对各个时期的词学尊体有较详细的介绍。彭国忠《弱势外交下的宋代使金词》（《安徽师范大学学报》2012 年第 6 期）一文分析了宋代使金词的文体特征，通过作品分析，整理出使金词缺少宏大叙事，多个人书写，以羁旅孤寂之感、佳节为客之愁、岁月流逝之叹、北方荒寒之感为主等若干特点，并指出这与当时宋代弱势外交背景相关。

在宋代都市文化与宋词关系的研究上，刘扬忠《宋代都市文化与宋词中的文学风景》（《词学》二十九辑）一文细致梳理了宋代都市文学风景词的发展。文章认为花间词人为开先河者，至都市浪子柳永则是发展推进，周邦彦进行了继承与变化，促进了都市词的典雅化，南宋时的辛弃疾异军突起，姜夔则为其注入了清刚之气，以至最后的结穴者——吴文英的浓妆重彩。郑永晓《都市文化视阈中雅俗两种审美倾向的交汇与融合——以宋元话本中的词为例》（《长江学术》2013 年第 4 期）一文则对宋元话本中的 100 首词进行分类整理分析，认为词入话本，类似于以诗为词，有开拓境界、提升格调之功，正体现了宋元都市文化中雅俗两种文化倾向的交汇与融合，显示了以士大夫为主体的都市文化的多元形态，以及市民阶层对雅文化的崇拜与向往。

在宋词与地域文化的研究上，陈玉兰《辛弃疾词：齐鲁文化与江南文化叠合形成的艺术世界》（《文学遗产》2012 年第 5 期）一文对辛词中齐鲁文化与江南文化的关联进行了探索。文章认为齐鲁文化的崇儒学、崇政治伦理、崇守成与江南文化的尚老庄、尚虚无、尚开拓等结合，在辛词中鲜明体现在飘泊中的安定感和安定中的飘泊感、实用的审美化与审美的实用化、非个人的个人化表现与个人的非个人化表现、以儒家运思显道家境界与以道家运思显儒家境界。李静《北宋前期词人词作的地理分布》（《学术论坛》2012 年第 8 期)一文通过对北宋前期词人籍贯的地理分布的统计分析,得出当时词坛格局由五代西蜀和南唐两个中心转而变为以汴洛两都和苏杭为新的中心的特点,并分析了当时政治文化中心的位移与南北气候差异所起的重要影响。姚惠兰《宋南渡词人群的地域分布与南渡词学的地域特色》(《社会科学家》2012 年第 3 期)一文分类研究了南渡词人群体中的浙江词人群、江西词人群、福建词人群、岭南词人群等各自的成员创作及地域特色。

三、宋代词人词作研究

在对宋代词人欧阳修的研究中,马里扬《欧阳修词与政治心态的内在转向》(《北京大学学报》2012 年第 1 期)一文通过对欧阳修《采桑子》《玉楼春》等相关词作与欧阳修内在政治心态的关联考索,进一步体验其词作传达出的政治心态的转向历程,进而得出欧阳修士大夫词形成的内在缘由及其价值意义。张静《欧阳修艳词写作动机新解》(《词学》二十七辑)一文认为欧阳修多作艳词的原因除应歌娱乐的需要外,更多是其强烈的生命焦虑的释放。文章同时深入分析了欧阳修的家世童年及其对欧阳修创作的影响。周建军、伍玖清《论欧阳修词学观与词创作的背趋性》(《江西社会科学》2012 年第 11 期)一文分析了欧阳修的哲学观、政治身份对其词学的影响。此外,论及欧词地位、风格的文章,尚有胡可先、徐迈的《风格渊源地位:欧阳修词论》(《河南社会科学》2012 年第 2 期)。

在对柳永词的研究中,李修生《柳永的生平仕履和词作路径》(《中国典籍与文化》2013 年第 1 期)一文根据宋人别集、笔记、方志等文献材料,重新考索了柳永的生平仕履和词作路径。其观点主要认为柳永年轻时曾在明州鄞县都正监所属晓峰务担当过管勾类人员,推论其在中进士之前,长期在两浙路转运司任管勾、干办类职务。柳氏在两浙路担任官职期间，与地方官妓多有接触，引发他写新词、翻新调，开启了宋词新路。李亮伟的《论柳永对宋代山水词的贡献》(《宁波大学学报》2012 年第 2 期)与魏玮的《柳词与民间词的区别与影响》(《云南社会科学》2012 年第 4 期)则分别论述了柳词的地位与影响。

在对秦观词的研究中，曹辛华《论秦观词调选、用特点及其意义》(《北京大学学报》2012 年第 5 期)一文从选调视角来反观秦观词的若干特点。文章认为在选调上，秦观善用短调小令与长调慢曲兼采，但小令多于长调，在复古同时大胆倚新调。在词调的运用上，秦观具有用调得体、用调错位、一调多态、多技提升等特点，从此方面可以领悟秦观词心所在及其受欢迎的缘由。刘庆云《秦观词声律美浅探》(《词学》二十七辑)一文分别从“知音识理、严于守律”“四声择用、韵与情谐”“抑扬亢坠、高下相须”“去声揭举、震响歌音”四个方面探讨了秦观词之所以具有声律美的原因。王昊《秦观晚年和临终心态窥测——从元祐七年后与大苏的关系说起》(《词学》二十七辑)一文分析了秦观南迁后的复杂心态，即看破、希冀和纠结，重点则是分析了其心态中的核心词——振拔超脱，分析其从角色断裂中产生的个体生命感和精神欲求，并引以与苏轼对比，从而完整揭示了其晚年时的真实心态与生存状态。昌庆志《论秦观迁谪词中的超脱情怀》(《词学》二十八辑)一文则对秦词中超脱情怀的表现、原因进行了论述。

在众多对苏轼词的研究中，施议对《苏轼以诗为词辨》(《词学》三十辑)一文针对历来学界对苏轼以诗为词的讨论集中于题材、内容上的局限，试图从音律角度论证，提出苏轼所谓以诗为词，就观念来说是以作诗的态度和方法作词，以词载道言志；就操作而言就是改拗为顺，在词调的关键部位，改变句式，将非律式句改为律式句。马里扬《“眉山记忆”与苏轼词风的嬗变轨迹》(《文学遗产》2012 年第 1 期)一文着重探讨“眉山记忆”在苏轼词风的形成与演变中所具有的内在动力。文章通过苏轼与故人杨绘相交的若干小事件的考证，概括出苏轼的“眉山记忆”如何刺激苏轼歌词突破了艳情的束缚，而自成一格。在苏轼后期，这种“眉山记忆”又伴随其天涯沦落之感，将其词风由雄壮疏放转变成清冷孤寂。通过还原词人交往所构筑起的文学生态圈，探索苏轼词风的嬗变轨迹。王星、王兆鹏《苏轼诗词类作品石刻的数量统计与分析》（《长江学术》2012 年第 3 期）一文详细梳理了苏轼诗词类作品石刻的刻石时间、创作时间，并附上苏轼诗词类作品石刻统计表，如作者所说，是提供了一个了解苏轼诗词创作与传播的全新视角。郭锋《苏轼与南宋清空词风》（《南京师大学报》2012 年第 5 期），文章分析了苏轼词“清空”词法的若干特质，并论述了其对南宋清空词风的影响。此外，从比较角度谈论苏词的尚有以下论文可资参考：葛晓音《咏物词的写形与写意——比较章质夫和苏轼的两首杨花词》（《文史知识》2012 年第 5 期）、杨茜《苏辛农村词比较》（《中国文学研究》2012 年第 1 期）、房日晰《苏轼辛弃疾之农村词比较》（《商洛学院学报》2013 年第 1 期）。

对李清照词的研究上，美国学者艾朗诺《散失与累积：明清时期〈漱玉词〉篇数增多问题》（《中国韵文学刊》2012 年第 1 期）一文认真思考了一个问题，即《漱玉词》的篇数越到后期数量越多，而对这些后来晚出的作品，现代学者们缺乏应有的鉴别，而是毫无怀疑地统统纳入李清照名下。作者详细列举了不同版本中的李清照词的数量，发现其词作随着时间的流逝稳步增长。对这些后来多出的词作该如何鉴别，作者分别举了两首自清以来即受好评的名作，经过分析，作者认为水平低劣，实难吻合清照大家地位。最后作者提出，在分析时代不同，人们的阅读方式、经验不同的同时，是否该更新观念，重新评述李清照的词？籍成山《清照词在词史上的地位与意义附议》（《潍坊学院学报》2013 年第 3 期）一文结合宋代文化特质、词学演进之路，对李清照的经典地位进行了理性思考与评议，提出了一些独到的认知。

在对辛弃疾词的研究方面，房日晰《也说辛弃疾“以文为词”——从辛词题序中喜用“赋”字谈起》(《词学》三十辑)一文从辛弃疾词题序中的“赋”字入用，对辛词“以文为词”的特质进行了重新阐述。董希平、王立《论辛弃疾以何文为词》(《词学》三十辑)一文具体统计了辛弃疾词中常用的二十九篇诗文，认为苏轼作品是辛词的基础、根源，杜甫的思想与《世说》中的魏晋风度亦有重要影响，《庄子》的影响突显在宇宙观、生命观方面，陶潜则是其人生价值与生活方式的导引，此外还有韩愈诗文、《楚辞》等的影响。

对姜夔词的研究中，刘庆云《姜夔词“出韵”现象析疑——兼谈宋代词人用韵观念与用韵变化》(《词学》三十辑)一文分析了姜词中九首词出韵现象的原因，认为一与现实语音的变化有关，二则与诗严词宽的创作观念相关，第三则是与词的歌唱功能、当筵命笔的情形相关。姜白石词中小序向来是学者对其生平史实考证的依据，曹辛华《姜夔词序问题新辨》《文学遗产》2012 年第 2 期)一文则认为姜氏词序不少并非其当时所为，而是后来所补加的。为此，作者列举剖析了大量文献，对相关词序提出了“补加”，从而对姜氏生平背景进行了重新论证。徐拥军《论姜夔的隐逸性格与词风生成之关系》(《内蒙古大学学报》2013 年第 2 期)一文对姜夔的隐逸性格对其词的影响进行了探讨。

对陆游词的研究上，陈祖美《再读〈放翁词编年笺注〉四小札》(《词学》二十八辑)一文论述了夏承焘、吴熊和先生《放翁词编年笺注》再读后的若干心得，尤其是续成了关于《钗头凤》一词的若干重要资料，提供了关于陆游与其妾杨氏的若干文献材料。尹占华《陆游〈钗头凤〉词本事再辨》(《菏泽学院学报》2012 年 1 期)一文则对此有相反观点，再次强调古人笔记小说的可信性。许芳红《论姜夔融“江西诗法”入词》(《学海》2013 年 2 期)一文着重论述了姜夔词中“波澜开阖”之章法、精辟高妙的句法和奇警传神的字法与“江西诗法”的继承关系，深入探讨了姜氏词风的诗学渊源。谢燕《陆游军旅词风格成因初探》（《词学》二十九辑）一文分析了陆氏军旅词中的两大部分：纪实之作与后期回忆之作的差异与原因。

对吴文英词的研究中，孙虹、阳竞希《梦窗词“骚体造境”阐释法献疑——与吴蓓女史商榷》（《中国韵文学刊》2012 年第 1 期）一文质疑吴蓓女士阐释梦窗词时所用的“骚体造境”法，通过对梦窗词若干首的详释，作者认为该说法尚欠严密，相关注笺或有所失误或过度阐释。周茜《映梦窗，零乱碧——吴文英词艺术价值论》（《南京大学学报》2013 年第 2 期）一文对吴词“密丽深涩”的特质进行了相关论述。夏明宇《论梦窗词的隐秀艺术》（《中国韵文学刊》2012 年第 2 期）一文分析了吴文英词隐秀的特征，认为其中的“秀”表现在字面、设色与通感方面；“隐”则表现在代字、典故与章法结构的运用上。

此外，对宋代词人的研究当中，尚有以下文章值得关注：钱鸿瑛《千回百折，哀感无端——晏殊词风格探微》（《北京大学学报》2012 年第 1 期）一文分析了晏殊词伤感的词风以及其来源于对生命感悟和对自然人生的哲理深思。房日晰《贺铸“以诗为词”说》（《词学》三十辑）一文论述了贺铸词“以诗为词”的表现，继承唐诗开阔爽朗的风调，对于诗意的特别追求，深化意境，大力改换词牌，以题为调等，从而推进了词体的创新工程。曹旭、陆路《王国维视域中的周邦彦词》（《上海师范大学学报》2013 年第 5 期）一文围绕“为什么王国维会视周邦彦词如诗中杜甫”的问题展开，认为周词在文辞、格律、章法、风格上均追摹杜甫，同时变化柳永、张先词，开拓慢词，不仅格律精工，且深沉浑厚，其在词史上的集大成的地位堪比杜甫之于唐诗。胡迎建《论朱熹词》（《词学》二十九辑）一文分析了朱熹词的艺术内涵与风格特质。谭绍娜、曾大兴《朱敦儒在岭南的生活与创作》（《词学》二十八辑）一文考察了朱敦儒在岭南的三年生活期间的行踪及其词作内涵所反映的岭南地域风情，以及这段时间对其人生、词风产生的重要影响。此外,尚有许伯卿《论张先于格律一风雅词派有开创之功》(《南京师范大学学报》2012年第5期)、李亮伟《论张孝祥山水词》(《宁波大学学报》2013年第4期)等。

四、宋词传播接受研究

宋词经典的接受传播是这两年研究的热点之一。这种接受研究可分为宋词对同时期词的影响、对后世词的影响、对域外词的影响三类。

关于宋词经典在宋代及清代的传播接受,刘扬忠《东坡词传播与接受简史》(《社会科学战线》2012年第10期)一文梳理了苏词在后代的接受与传播史,大致可划分为南宋期的广泛接受;金元时期的苏学北行,大畅北国;明中后期的热捧以及清初到乾隆时的高峰期,文章对东坡词的接受已有了词史的建构。朱建光《朱彝尊与宋代词选本》(《宁夏大学学报》2012年第5期)一文通过朱彝尊以宋词选本为利器,张扬浙西词派的过程,突显了宋词选本在清代词学中的重要意义。顾宝林《诗源而多委:从〈词轨〉看晏欧词的接受与批评》(《词学》三十辑)一文则分析了晏欧词在《词轨》一书中的传播,从一个侧面可管窥清词对宋词的接受。汪许莹《从唱和词观陈亮对辛弃疾词作的影响》(《社会科学家》2012年第5期)一文从陈亮与辛弃疾的唱和词中,反观陈亮对辛氏词作的影响。作者认为陈亮"以文为词"的方式不仅影响了辛氏对词的观念,同时陈亮本人作为一个意象在辛词中所散发的恣肆意义,亦大大提升了辛氏的慷慨词情。杜丽萍《论南宋"和清真词"现象——以方千里、杨泽民、陈允平为核心》(《兰州学刊》2012年第1期)一文论述了南宋追和清真词的三个大家——方千里、杨泽民、陈允平,他们的和词的特征,即虽在格律上遵守原词,但内容和风格上则各有千秋。

三者的追和对周词经典地位的奠定起了关键作用。李世忠《元好问对苏轼词的接受》(《贵州文史丛刊》2013 年第 2 期)一文从词韵、语典、抒情方式等方面探讨元好问对苏轼词的借鉴、学习,并进一步探讨了金元时期南北文化交融的时代背景。

宋词对域外词的影响主要以日本与韩国为主,其中对韩国词的影响研究较多。韩国金贤珠《韩国近五十年来词文学的研究状况》(《词学》二十七辑)一文分析了五十年来韩国在词学方面研究的成就,相关著述介绍对大陆词学界研究当有启示之功。李剑亮《论韩国词对唐宋词的受容——以〈历代韩国词总集〉为文献依据》(《词学》二十七辑)一文则分析了韩国词对宋词的接受,体现出宋词域外传播的广泛影响力。周茜《韩国汉学家车柱环的词学研究》(《词学》二十七辑)一文对韩国著名诗学批评家车柱环的词学成就进行了详细介绍,可以一窥这位汉学家的深厚功力。秦惠民的《韩国古代诗话中词论资料》(《词学》三十辑)则辑录了韩国诗话中的若干词学资料,足发文献参考之功。

此外,陆越《野村篁园咏物之作的梅溪词影响》(《浙江学刊》2013 年第 2 期)一文则分析了日本江户时代著名词人野村篁园《秋篷笛谱》词作受史达祖《梅溪词》的影响,从其形神俱肖的艺术形象和借物言志、虚实得当的艺术手法上多方面探讨二者的共同之处,从而体现出中国词学在海外影响的广度和深度。

五、版本校勘、辑佚等文献研究

在宋词版本考证上,王兆鹏《宋代所传词集丛考》(《词学》二十七辑)一文对朱淑真等宋代三十六位词人的作品集在两宋时期的版本流传情况进行了认真翔实的梳理,亦如作者所言,其作用不仅是版本目录学,更是将其推向文学传播学的视野之内,以盘活词学研究的资源,扩大词学研究的视域。郑永晓《黄庭坚词集版本及其互见存疑词作考略》(《绍兴文理学院学报》2013 年第 6 期)一文对黄庭坚词集的两大版本系统:一卷本的《山谷词》与三卷本的《山谷琴趣外篇》,二者的各自缺陷及其作品收录之异同进行了对比梳理,同时对存疑的 53 首词中的部分词作进行了考辨。夏志颖《〈山中白云词〉"汪氏刊本"及"江昱疏证本"考辨》(《文献》2013 年第 3 期)一文亦对《山中白云词》进行了详细的版本考证。

在宋代词人生平及作品辑佚上,王可喜、王兆鹏《南宋词人赵以夫生平及词作编年考》(《词学》三十辑)一文,填补了宋词人赵以夫生平及作品编年的空白。辛更儒《稼轩词〈浣溪沙·寿内子〉再考》一文通过新的材料围绕辛词中《浣溪沙·寿内子》中所涉及到的辛弃疾与其妻室进行了重新考定,认为该词作于庆元二年以后,其内子则为林氏夫人。孙虹、孙龙飞《梦窗园林词辨证二题》(《中国韵文学刊》2013 年第 2 期)一文对吴文英《尉迟杯》《西河》二首园林词的前贤注解进行了校正,认为《尉迟杯》中的"小蓬莱"所在地为湖州府乌程县而非瑞安府的衢州;《西河》中园林为绍兴府而非庆元府,主人为赵与芮而非袁韶。孙虹《吴梦窗赠施枢词编年补证》(《江南大学学报》2012 年第 6 期)一文对吴文英赠施枢词的时间、地点均进行了新的考证。孙虹《吴梦窗与史宅之交游辨证》一文对吴文英与史宅之间的交游进行了重新考证,认为其二人交游时间、地点大可分为绍兴(淳祐四年至六年)、杭京(淳祐六年至九年)两个阶段。陈明洁《词人张炎"崇佛"史料辨诬》(《词学》三十辑)一文对吴则虞先生《山中白云词》中所附材料中提及张炎"崇佛"的问题,分别从文献点校上的失误及张炎家世渊源方面进行了辨诬。

在词调的考证上,谢桃坊《唐宋词调考实》(《文学遗产》2012 年第 1 期)一文重点探讨了词体究竟有多少词调的问题。作者认为《词谱》所收之调,其中不乏误收有声诗、大曲、佛曲及元曲。那么该如何为词调定一标准?作者认为应以"律词"为标准,并重新考核了《词谱》所收词调和唐宋词实用之词调，求得其中唐宋词调851调。这个数目比《词谱》所收词调多了112调。张春义、田玉琪、黄海《大晟府新创词调汇考》（《嘉兴学院学报》2013年第1期）一文对传统中对大晟府新调的特色、数目的误解进行了辨识，同时又重新考索出大晟府新创的61调。杨善武《姜白石词调歌曲的解译问题》（《音乐研究》2012年第6期）一文对白石词调歌曲的解译提出了本校、对校、他校与理校结合的方法，其中的“理校”原则是指，分别从调性音列、音调逻辑、词曲结合、结构句法入手。在校勘基础上进一步提出了调性音列的确定与节奏句法的处理。通过这些方面，作者全面梳理了对白石词调歌曲的解译难题。伍三土、王小盾《〈白石道人歌曲〉十七首词乐旁谱新校》（《音乐探索》2013年第2期）一文对《白石道人歌曲》中17首词附有的燕乐半字谱，以张奕枢刻本为底本进行了重新校订，对当下的一些校谱进行了补正。

对词人作品注释上的校正则有张福勋、李素珍的《对苏辛两首词的补注与质疑》（《南阳师范学院学报》2012年第5期），文章认为苏轼《水龙吟·次韵章质夫杨花词》中的杨花意象出自胡太后《杨白花歌》，对辛弃疾《菩萨蛮·书江西造口壁》中的郁孤台与鹧鸪等典亦有新说。杨庆云《贺铸词商补四则》（《求索》2012年第8期）一文对贺铸词集中《摊破浣溪沙》等四首词中出现的阙文脱字进行了商补。杨传庆《“春锄”还是“春锄”——张炎〈渡江云〉词“春锄”校释及其他》（《文史知识》2012年第3期）一文亦有对张词中“春锄”一语的勘正。

此外，对词学研究后辈而言，施议对的《词与词学以及词学与词学学》梳理了词、词学、词学学三个概念的差异及其联系，并以三个概念为核心分别罗列了词史、词学史的历史进程，其详述的关于词学研究的若干方法、门径，值得从事词学研究的年青一辈相研。王兆鹏的《新世纪以来词学研究的进展》（《词学》二十九辑）从大格局方面论述了新世纪以来唐宋词至清代词的研究状况、研究成果及发展前景，亦是值得关注与研读的文章。

结　语

总体而言，宋词研究仍呈现着繁花似锦的格局，已有的研究方法、视野不断被深化，而新的学术增长点亦有呈现。值得关注的是，前几年文化热渐渐退去，词学界转而更专注于对词体本身的研究，这当然不能说文化研究已成末路，只是提醒我们文化研究方法应该回归词体本身，否则为文化而文化只能脱离文学研究的本质，渐渐成为空疏不实之学。此外，这两年的研究中尚有不足，如一些论文堆积陈调，无视前人已有的研究成果，旧调旧弹；亦有研究者将自己旧有的研究成果再次包装，略加数笔，便成新作。此外，在多学科交叉研究中虽出现了一些新颖夺目的方法、路径，如将宋词与音乐、绘画、书法等文化活动对比研究，但研究者缺乏深厚的宋词素养，致使文章空泛无力，出现了框架大、少内涵等弊端。总体来看，前辈硕儒在严谨渊博的同时尚需开拓思路，而青年才俊则在思路新颖的同时尤需厚积薄发，沉稳待进。

2012—2013年宋诗研究综述

丁　鹏

2012年至2013年的宋诗研究在平稳中发展，取得了一系列优秀成果。与往年相比，这两年的研究涉及的问题更全面，切入问题的角度出现了新变化，体现出学者们求新求变的研究意识，如有的学者开始从叙事的角度来关照宋诗，这就改变了传统的往往从抒情角度研究诗词的固定模式。而随着作家作品研究的日益完善，对于作家的传播接受研究也逐渐成为一个热点。这两年的宋诗研究仍旧存在一些问题，如重复性研究不少，无助于学术的进步，这是应该改进的。本文从宋诗宏观研究、体派研究、作家作品研究、传播接受研究、诗论研究、文献整理这六个角度综述这两年的宋诗研究状况。

一、宋诗宏观研究

关于宋诗的宏观研究主要从宋诗与政治、理学、宗教、民俗的关系以及宋诗总体特征五个角度来论述。

1. **宋诗与政治。**文学的发展与政治息息相关，诗歌与政治的关系是古代文学研究领域绕不开的话题，这一时期涉及宋诗与政治关系的论文以下面三篇较有代表性：杜若鸿《北宋重要诗案与诗歌发展的转向》（《浙江大学学报》2012年第3期）、诸葛忆兵《论唐宋诗差异与科举之关联》（《文学评论》2012年第5期）、王培友《论两宋科举制度对诗歌发展之助力》（《中国文化研究》2013年秋之卷）。

杜若鸿认为北宋诗歌发展与政局有着密切关系，诗祸与新旧党争相连，从乌台诗案的政见之争，到车盖亭诗案的党同伐异，再到崇宁全面文禁的意气用事，北宋诗歌始终贯穿着鲜明的政治特色。杜文系统论述了乌台诗案、车盖亭诗案及崇宁文禁发生的原因及对诗歌的影响，新意无多，要在系统全面。诸葛忆兵以科举制度为切入点来考察唐宋诗之差异，唐代进士科形成“以诗取士”的制度，纳卷、行卷在其间发挥了重大作用。配合行卷过程，唐人科名有成之前，必须外出漫游，同时饱览沿途风光，创作出大量风景诗，既写出千姿百态的风光景物，又融入唐人求仕过程中喜怒哀乐之复杂情感。而宋代纳卷消亡，行卷衰歇，宋代士人由此转向闭门苦读，因此缺少生活和情感阅历，缺乏创作激情，宋人风景诗大多作于登第入仕之后，诗风转向从容平和。身份与境遇的改变，使得宋人风景诗的情感强烈程度远不如唐人，其诗歌的艺术感染力也就不如唐人，从这个角度来解读长久以来的唐宋诗之辨可谓新颖。王培友的文章同样涉及科举制度，考察科举制度对宋诗发展的影响，一方面从诗歌创作技巧来讲，北宋初到神宗之前很长时期的科举考试重视诗赋考试，使整个社会形成了广大的诗赋创作群体，科举考试对诗韵、诗律以及诗歌写作技巧的要求，迫使诗人认真研习，推动了诗歌的发展，而科举考试重视策论对宋诗重视议论的表现方式有很大促进作用。另一方面从诗歌内容来讲，科举以儒学经典为主要考试内容，而儒学特别强调修身齐家治国平天下的人生理想，从而影响到士人的精神心理层面，进而影响到诗歌的内容、主旨和诗人的审美取向。王文虽然肯定了科举制度对宋诗的影响，同时又指出不能夸大这种影响。王文与诸葛文分别从积极方面和消极方面考察了科举制对宋诗的影响，有助于全面认识科举制与宋诗关系问题。

2. **宋诗与理学。** 宋诗与理学之间的复杂关系一直是学者讨论的热门话题，理学家不仅在学术文化与社会政治中具有重要地位，亦形成一个特色鲜明的诗人群体，从邵雍《击壤集》开始，一直到理学集大成者朱熹，在诗歌创作中融入理学观念的这一派诗人被目为“击壤派”，理学诗风成为宋诗创作中的一种风气，在宋代乃至中国文学史上具有深远影响。这方面的优秀成果有曾维刚《论南宋中兴时期道学发展与道学诗人群体的形成》（《西北师大学报》2012 年第 4 期）、史伟《宋元之际的理学诗风及其反拨》（《江西社会科学》2013 年第 6 期）及王建生《两宋之际咏物诗中理学观念的渗透》（《文艺评论》2013 年第 4 期）等。

曾文系统考察了南宋中兴时期理学的发展历程，并在此基础上进一步讨论了理学诗人群体的形成及其内部的关系网络。作者认为南宋理学发展与理学诗人群体的形成为南宋中兴诗坛注入了新活力，成为推动宋诗发展演进的重要因素。史文则就宋元之际理学诗风的形成及其所引发的相应的反拨论说作了系统梳理。作者认为在理学诗风盛行的时代，实际已起反拨的声音，其中尤以叶适为代表的浙东学派诋诃最多，理论建树也最大，代表人物如刘克庄、戴表元、舒岳祥等。到元代，以吴澄清为代表，则朱熹理学内部也出现了折中拨正的言论。作者梳理了宋元之际学人对理学诗风的各种反拨论说，有助于认清当时的文学批评状况。王文认为两宋之际的咏物诗较明显地体现了理学观念的影响，然后分析了这种影响的发生方式，如格物理论的渗入，静观的体物方法，“意与物遇”——强调内心与物理的豁然贯通，君子人格的寄托等。

3. **宋诗与宗教。**这一时期关于宋诗与宗教的关系的论文较少，涉及佛教的有张海沙的《宋代文人与〈般若心经〉》（《暨南学报》2013 年第 7 期）一文。张文指出佛教经典《般若心经》在宋代传播广泛，宋代理学的心性说、本体论及宋代理想人格的建立，都从《般若心经》汲取了思想养料。《般若心经》的空幻观影响了文人的思维方式和创作方式，宋诗虚静的艺术境界和创作心态、空灵的表达方式都与色空观有密切联系。涉及道教的则有罗争鸣的《〈西昆酬唱集〉的道教底色》（《武汉大学学报》2012 年第 1 期）和《宋代道教文学概况及若干思考》（《哈尔滨工业大学学报》2012 年第 3 期）。在前文中，罗氏从道教和北宋初年崇道背景来研究西昆体，令人耳目一新。罗氏认为整部《西昆酬唱集》从缘起到诗人背景、诗歌内容，都有或隐或现的道教底色。集中热衷道教或参与真宗崇道酬唱的诗人达 10 人左右，从诗集内容上看，直接吟咏神仙主题的诗歌不在少数，道教意象也频见集中。在后文中，罗氏认为两宋道教处于转折、复兴阶段，又因其特殊的政治地位和坚实的信仰基础，道教文化取得了长足进展，相应的道教文学也取得了突出成就。文章考察了两宋道教文学作者的教派归属与空间分布问题，得出了南方内丹修炼者的道教文学创作数量较多且水平较高的结论。

4. **宋诗与民俗。**宋代是市民文化较为发达的时代，诗、词、话本等各种文体都受到市民文化的影响。以往的学者对于宋诗与市民文化、民俗之间的关系已经有了深入探讨，甚至出现了很多专著。这一时期对此问题讨论较少，主要以蒋东玲的一系列探讨宋诗与浙地民俗的关系的论文为代表，如《宋代两浙地区民俗诗创作的多维透视》（《江西社会科学》2012 年第 1 期）、《宋诗视阈中两浙地区城市商贸新风略论》(《江西财经大学学报》2012 年第 4 期)、《浙地民俗诗对宋诗的领域拓展及手法创新》(《湖州师范学院学报》2012 年第 4 期)、《从浙地民俗诗看宋代浙人之社会性格》(《湖北民族学院学报》2012 年第 4 期)、《从宋诗看吴越地区市民休闲文化及其商业化趋向》(《江西科技师范大学学报》2013 年第 4 期)、《从宋诗看宋代两浙地区的农业崇信习俗》(《农业考古》2012 年第 4 期)等。两浙地区处于宋王朝经济文化发展的前沿地带,民俗传统与时代潮流的文化激荡促进了浙地生产生活习俗的发展新变,宋代两浙地区民俗诗创作十分繁荣,专题民俗诗大量涌现,全面展示了两浙地区的农业生产习俗和风貌,拓展了宋诗题材的表现领域和表现深度,对于社会经济和民俗文化的关照与还原功能进一步增强,提升了以诗正史的史料价值,并有利于推进宋诗的雅俗合流进程和反驳宋调雕琢之风。蒋氏通过对此类诗歌的梳理分析,对诗歌中承载的民俗现象背后的成因作了心理剖析和文化透视。

5. **宋诗总体特征。**关于宋诗的发展趋势、美学风格等总体特征的研究,有两篇文章较为突出,一是张健的《宋代诗学的知识转向与抒情传统的重建》(《北京大学学报》2013 年第 2 期),一是潘立勇的《从汉唐气象到宋元境界——宋代美学风貌概述》(《杭州师范大学学报》2013 年第 6 期)。

张文指出中国诗歌传统的主流是抒情,其内部蕴涵抒情与知识的关系问题,存在重抒情与重知识两种取向,诗歌史上的唐宋之辩在诗学思想层面上即是抒情与知识的关系问题。唐、宋诗分别代表抒情和知识两个传统,从唐到宋经历了一个由抒情为本到知识为本的转变。在宋代,知识的位置和作用越来越被突出强调,甚至走到了抒情的对立面,有脱离抒情传统的趋势。正是为此,以江西诗派、理学家为代表的传统被从抒情传统中区分出来,被视为与抒情传统相对立的知识传统。在南宋,当抒情传统受到严重挤压之际,诗坛也开始出现回归与重建抒情传统的趋势。四灵及江湖诗人掀起晚唐诗运动,严羽高举盛唐诗旗帜,都力图重建唐诗传统,而从诗学思想上说,就是重建抒情传统。元明以降的诗歌史,基本上是宗唐或宗宋的历史,唐宋诗之争也贯穿元明以降的诗学史,而在诗学思想上,可以说是抒情与知识对立与融合的历史。潘文从宋代诗歌着眼,探讨了宋元境界与汉唐气象的不同,认为不同的原因在于宋代社会的转型、理论思维的成熟、主体性情的凸显、市民阶层的兴起、人本需求的张扬、士人心态的世俗化等,与汉唐美学相比,宋代美学一方面走向理性，走向成熟；另一方面走向生活、走向休闲。

二、宋诗体派研究

宋代诗歌体派比其他朝代多，对宋诗体派的研究是学界历来的热门，这一时期的宋诗体派研究仍然成果众多，而且几乎涉及到宋诗各种体派。因为成果众多，良莠不齐，这里仅择其要者论述。

1. **晚唐体。**周子翼《魏野诗风之归类与宋初“白体”“晚唐体”之内涵》（《齐鲁学刊》2013年第6期）一文从魏野诗风归属晚唐体还是白体这个有争议的问题出发，探讨了宋初白体和晚唐体的内涵。他认为宋初白体和晚唐体的根本界限在于创作理念的不同。白体主张“见事起意”，眼前景，口头语；晚唐体主张“象生意后”，苦心经营，锻炼颈联与颔联。其中，前者强调对景能赋的写实，后者注重缘情布景的营构。考察魏野诗作，则明显属于晚唐体。文章通过考辨宋初白体与晚唐体不同的创作理念，准确地回答了魏野诗风的归属问题。

2. **西昆体。**祝尚书《从宋代台阁体的繁衍看文学体派的形成机制》（《北京大学学报》2013年第2期）一文由西昆体作家的审美观念及其变迁切入，宏观地考察了一代台阁文学由母体不断繁衍、变异和更新的过程。宋初以杨亿、刘筠为代表的“西昆体”诗歌用富艳革除五代之芜陋不文，以晏殊为代表的后期西昆体诗人则用“气象”取代前期西昆体金玉锦绣的铺陈，而到了以黄庭坚为代表的江西诗派，其诗歌内涵固然与西昆体诗歌迥然有别，但江西派诗人之特喜“使事”、“无一字无来历”的作法却不难看出西昆体的影子。作为宋代台阁文学的母体的西昆体，随着时间、空间的推移而变化，不断克服母体的弊端，从而诞育新体派。祝氏通过考察北宋诗歌体派的发展演变，最终总结出一个文学体派形成的基本模式，即“研味前作”（往往根据身份认同）——“择其XX”（根据群体爱好）——“更迭唱和”（或编行如《西昆酬唱集》一类的体派专集），这个模式的特点是不断地进行学习、繁衍，同时又不断地变异、创新，从而实现文学的多样性和持续性发展，这既是宋代文学体派林立的形成机制，也是推动文学繁荣的强大动力。

晚唐体与西昆体同列宋初三体，传统上被视为截然对立的两种体式。但是傅蓉蓉《论晚唐体与西昆体的渊源与离合》(《扬州大学学报》2013 年第 3 期)一文通过考察宋初诗学发展历程,发现西昆体在相当程度上吸收了晚唐体诗学的创作经验和诗学理念,两者之间存在着一定的继承关系。

3. **江西诗派。** 张巍《论李商隐对江西诗派的影响》(《北京大学学报》2012 年第 6 期)一文考察了李商隐与江西诗派的关系,并进而引申出西昆体与江西诗派的隐秘联系。张文认为李商隐及其后学西昆体,与以黄庭坚为代表的江西诗派,诗歌风格相差很大,但就艺术渊源而言,他们都曾深入学习杜甫特别是杜甫的七律,在工于锤炼、着重学力、讲求用典等方面又有共通之处。作为杜甫的后继者,李商隐在诗法方面做出了探索努力,并对后来的江西诗派产生了重要影响。这种影响即宋人所谓的江西诗派的“昆体工夫”,而江西诗派宗主黄庭坚实际上正是先学李商隐再学杜甫的范例,他极善于将李商隐诗的绮丽与江西诗派的拗峭有机地结合起来,舍弃李商隐和西昆体的辞藻华丽,继承他们的骨法用笔。所以说,西昆体和江西诗派在显露差异的同时又有融合的尝试。

4. **江湖诗派。** 钱志熙的《论〈千家诗选〉与刘克庄及江湖诗派的关系》(《北京大学学报》2013 年第 2 期)是一篇研究刘克庄与江湖诗派的力作。旧题刘克庄编集的《分门纂类唐宋时贤千家诗选》,在编者与选本的价值方面,学术界存在不同看法。钱氏对《千家诗选》与刘克庄选唐宋绝句六种的关系进行了严密考证,从五个角度论证了两者之间的紧密联系,并得出《千家诗选》是在刘选六种的基础上选编的结论。刘克庄虽然不是真正的编者,他编选的唐宋绝句六种却为该选本的出现奠定了基础,真正的编者应该是稍后刘克庄的江湖诗派中某一成员,这就有力反驳了有些学者认为该书与刘克庄毫无联系仅仅是托名的看法。而针对有的学者认为《千家诗选》价值不大的观点,钱氏也提出了不同意见。他认为《千家诗选》自觉不自觉地反映了南宋后期江湖诗派的流行风气,可以视为南宋后期以江湖诗派为主流的诗坛对唐宋诗史的一次集体性的重现建构,对于认识南宋后期诗史的演变也有重要的参考价值。

杨理论、骆晓倩《略论江湖诗派中的宗室诗人》(《重庆师范大学学报》2012 年第 5 期)一文将目光投注到江湖诗派中一群身份特殊的诗人——宗室诗人。作者认为与其他江湖诗人相比,宗室诗人的诗歌创作折射出宗室身份带给他们的深层影响,一是他们的诗歌中对恢复北方有着比一般江湖诗人更为强烈的参与和行动意识，二是他们与一般的江湖游士奔走干谒不同，他们没有干谒诗，多能清高自守，悠游卒岁。宗室诗人出现在江湖诗派之中，一方面表明了江湖诗派在南宋中后期诗坛上影响深远，一方面也反映出当时的疏属宗室虽然仍具有一些特殊性，但在生活、交游等很多方面都与一般士大夫相差无几了。

5. **其他。**这一时期关于宋诗体派研究的优秀论文还涉及九僧、宛陵体、邵康节体、后村体等对象。王传龙《“九僧”生卒年限及群体形成考》(《文学遗产2012年第4期》)一文认为九僧群体形成于京师而非山林，形成于馆阁而非民间，形成于唱和推敲而非抒情苦吟，九僧不是淡泊的隐逸僧人，而是皇家圈养的僧官，他们在供职朝廷的闲暇相互援引唱和，并以诗作结交当时的名流重臣，从而逐渐形成了特定的创作风尚。九僧清邃淡泊的诗风，是他们有意模拟并刻意追求的一种诗词风貌，也是他们企图彰显自己僧人身份，以区别于士大夫阶层的一种内在表征。

宛陵体是指以梅尧臣的古体诗，尤其是五古为载体的一种诗体，其主要风格特征是平淡。涂序南《论宛陵体》(《南京师范大学文学院学报》2013年第1期)一文讨论了“宛陵体”名称的演变及其风格特征、其平淡风格的内涵及其地位和影响。作者认为宛陵体对宋诗具有革故鼎新的巨大贡献，它开创了宋调，是由唐音转变为宋调的关键，为日后宋诗的繁荣奠定了基础。

阮堂明的《邵康节体:理学趣味的诗性表现》(《殷都学刊》2012年第3期)、《理学趣味与风月情怀——论邵雍的“邵康节体”诗及其诗史地位》(《安徽大学学报》2013年第1期)讨论了北宋理学先驱邵雍的诗歌。他认为邵康节体诗融理学趣味与风月情怀为一体，表现出一种契合于自然的审美意识与诗意化的生活态度，两篇文章内容多有重复之处。

侯体健《论刘克庄晚年诗歌主流——从“效后村体”谈起》(《北京大学学报》2012年第4期)一文立论新颖。在晚宋诗坛，刘克庄一般被看做“江湖诗派”的领袖，其诗歌也常被认为体现了江湖诗人的特色，特别是他早年游历江湖、学习晚唐体时期创作的《南岳五稿》，更被看做“江湖体”的典型。但是，侯氏通过分析刘克庄晚年诗歌美学风格，发现他完全从“晚唐”走向了“江西”诗派，这样的见解很有新意。

三、作家作品研究

随着宋诗研究的不断深入，前人对宋诗大家的研究已经比较充分，研究的剩余空间不大，因此关于宋诗大家的研究这两年较为沉寂，虽然有一些研究文章，但多数属于重复性研究，没有新意。相反，以往不太为人关注的中小诗人以及一些并不以诗著名的学者其诗歌逐渐引起学者注意，研究成果屡见不鲜，这反映了宋诗研究已经达到一个较高的水准后，进入了一个查缺补漏的阶段。

1.**欧、梅、王、苏、杨研究。**这一时期对宋诗大家的研究中，有以下几篇文章值得注意，分别涉及欧阳修、梅尧臣、王安石、苏轼、杨万里五人。

王培友《论欧阳修诗歌艺术的复合式结构及其历史地位》(《中国文化研究》2012年春之卷)一文认为欧阳修古诗长调中，存在着明显的结构主线和情感主线有机交织的“复合式结构”。按照欧诗中复合式结构之两条主线的结合方式，可以把欧诗中的复合式结构分为两种情况，一种是以“岂(＋)……(＋)”或“(＋)……岂(＋)”句式和“……(＋)而……”句式为基本构型的复合式结构形式，另外一种是以情感的发展来统摄事物景象的复合式结构形式。欧阳修自觉突破文体界限，以散文的笔法写诗，对北宋的文体“尊体”与“破体”风尚产生了重要影响，对苏轼的诗歌写作也产生了影响。文章运用归纳法来研究诗歌结构，这是很有意义的尝试。

陈友冰《论梅尧臣涉农诗的文学个性及其史学价值》(《安徽农业大学学报》2012年第3期)一文对梅尧臣的涉农诗给予了极高的评价，认为它们全面反映了北宋的农村凋敝、民生疾苦和施政上的种种弊端，揭示了农民彻底贫困化的深层根源，也全面记录了北宋中叶农业生产、农村经济状况和民风民俗，在农业史、政治史、科技史上具有极高的史料价值。他往往采用大型组诗的方式来表现农家生产、生活的一个完整过程，或农村风物的全景，其观察问题的眼光独到并富有创新精神，使他在涉农诗上成为“宋诗之祖”。刘蔚《论梅尧臣田园诗的集成与开山意义》(《宁夏社会科学》2012年第6期)一文同样给予梅尧臣田园诗以极高的评价。文章认为，梅尧臣堪称宋代田园诗的开山祖师，在两宋诗人中，他的作品率先集前朝历代田园诗之大成，将陶王田园隐逸诗、中晚唐田家讽喻诗和《豳风·七月》的艺术传统网罗殆尽，并完成了从一味蹈袭到自立风气的重要转变，为范成大等田园诗人导夫先路。梅尧臣田园诗的形式、风格、题材、体式等均对宋代诗人产生示范作用，成为两宋田园诗重要的艺术渊薮。

邵明珍《王安石的仕隐心态及其诗文之理性》(《复旦学报》2013 年第 1 期)一文认为王安石既有以天下为己任的宏愿，又有通过谋求出仕以得禄养亲的现实考虑，还有着知难而退的隐逸情怀。这种矛盾重重的仕隐心态，使其诗文创作带有独特的理性。孙建峰《论王安石诗的自身互文现象》(《江苏社会科学》2013 年第 2 期)一文通过分析发现王安石诗歌文本内部存在互文现象，主要表现在两个方面：一是典故、词汇、韵字等的重复出现，二是一题多作中的重复现象。至于出现自身互文现象的原因，作者认为这与王安石不大看重诗歌作品的署名权或所有权有关。

王志清《苏轼韵高而才高的诗美理想——从“韵高而才短”说起》(《苏州大学学报》2012 年第 4 期)一文指出苏轼十分欣赏孟浩然诗歌萧疏淡泊的风格，但也遗憾其诗中文化含量的不足，所以他对孟浩然有“韵高而才短”的批评。作者认为从苏轼的这种态度中可以看出以苏轼为代表的宋人“以才为诗”的倾向性，对于“学高韵胜”诗美理想的自觉追求，进一步可以看出唐宋两代的诗美取向的差异性。虽然唐宋两代都推崇“韵”，但“韵”的内涵不尽相同，唐人的“韵”观，偏于不著一字而尽得风流的蕴藉与神迹，而宋人的“韵”观，则侧重于淡泊简远的自境与至味。

关于杨万里的研究，这一时期以熊海英为代表。其《杨万里诗歌创作进阶与“诚斋体”的成型》(《南昌大学学报》2012 年第 1 期)通过文本细读和数据统计发现，“诚斋体”的成型与诗人的创作进阶并不同步，求“变”伴随着杨万里的全部创作历程。《诗歌审美范畴的全新开拓——论“诚斋体”主于“趣”》(《江南大学学报》2012 年第 3 期)认为“诚斋体”之所以呈现出不同于典型唐音、宋调的鲜明艺术特征，根源在于杨万里诗歌在情、理之外全力开拓和表现新的审美范畴——“趣”，因此他特别重视触景得趣的“兴”诗法。《师法自然的自由创作——对“诚斋体”之“自然”特质的深层阐析》(《中南大学学报》2012 年第 3 期)总结了“诚斋体”自然特质的内涵，即摒弃写作成法、惯用语言及传统意象的故有内涵，用自己的语言和方式表达对自然的直接印象，描画和传递各种未经人道、难以言传的新鲜情景与趣味。他的打破成法的自由创作精神，引领了南宋中后期的诗歌新变潮流。

2. **中小诗人研究。**这类成果较为显著的有罗旻《程颢的精神世界与其诗歌意趣之观照》(《宁夏大学学报》2012 年第 6 期)、陶文鹏《论王十朋的山水诗与宦游诗》(《西南民族大学学报》2013 年第 3 期)、张剑《范浚诗歌的多元视角》(《西南民族大学学报》2013 年第 12 期)以及刘京臣关于宋代晁氏家族诗人的一系列论文。

罗旻认为理趣诗作为宋诗中十分重要的一类，容易道学气胜，诗味不足，而北宋道学宗师程颢的理趣诗则较少道学气与阐理说教，多为注重精神愉悦的抒情感性之作，借各种优美淡远的意象抒发胸中意趣风致，于宋代理学诗派中自成一家，罗文即详细分析了程颢诗歌的这种特色。陶文鹏对南宋政治家兼文学家王十朋的山水诗和宦游诗的思想、艺术特色及在文学史上的地位和价值作了深入探讨，给予了很高评价。陶文认为王十朋的山水诗与宦游诗上承梅、苏、欧、王等人，下开陆、范、杨、朱，在古代山水诗与宦游诗史上承前启后，卓有贡献。且王十朋处在北宋灭亡、宋室南渡的历史时期，诗坛相对沉寂，王氏却创作出二千数百首诗歌，与陈与义、刘子翚、李纲、韩元吉等人在宋诗发展史上共同发挥了振衰起弊、继往开来的作用。张剑研究了两宋之交一位独特儒者范浚的诗歌，他认为范浚在诗史上是不同于江西诗派和四灵、江湖诗派之外的特殊存在，范氏有意疏离当时的主流诗坛，以隐士的姿态避离主流社会，在学术上不介入宋代道学主流的话语系统，其诗歌传达出多种文学或文化意味，暗示了两宋之际诗坛面貌的复杂性。张文打破了古代文学研究中“题材、体裁、艺术手法、语言修辞”这套陈腐模式，采用多元化的视角来关照问题，是一次有价值的尝试。刘京臣对晁氏家族诗人的研究用功颇深，发表了一系列论文，有《晁说之诗歌“好议论”论略》(《济宁学院学报》2012 年第 1 期)、《晁迥诗歌探微》(《开封大学学报》2012 年第 1 期)、《论宋代晁氏家族诗歌“企慕东皋”的归隐情怀》(《徐州工程学院学报》2012 年第 3 期)、《论晁补之诗歌的用典》(《黄河科技大学学报》2012 年第 5 期)，刘文多方位、多角度探讨了宋代晁氏诗歌，完善了宋代家族文学研究。此外，学者的研究涉及的宋代诗人还有冯山、彭汝砺、王安国、米芾、曾肇、周紫芝、杨慈湖、陈淳、晁公遡、陶弼等人。

这一时期关于专题诗的研究成为一个小热点，从中我们可以看出在诗人个体得到充分研究的情况下，学者们试图通过重新整合从而发现新的学术资源的努力。这类代表作有何蕾《宋代“贫民诗”成因探析》(《北方论丛》2012年第1期),王友胜、吴春秋《宋代洗儿诗初论》(《中国文化研究》2012年春之卷),张明华《论农具诗在北宋的发展》(《安徽农业大学学报》2012年第3期),蒋英《两宋使北诗三论》(《湖北社会科学》2012年第9期),张静《翻案诗与宋代诗学关系的辨析》(《上海大学学报》2013年第6期)等。

四、传播接受研究

传播接受研究是近年来古代文学研究中的一个热点,在宋诗领域也不例外。随着学术积累的不断增多,针对作家作品本体研究的空间不断缩小,在这种形势下转而从其影响与被接受的角度来进行研究,不失为一个新的学术增长点。宋诗领域的传播与接受研究主要表现在三个方面:

1. **宋人对唐人的接受。**左汉林对宋代诗人对唐代诗人尤其是杜甫的接受有较深入的研究,发表了一系列相关论文,如《论南宋后期诗歌从宗唐到学杜的转变》(《楚雄师范学院学报》2012年第10期)、《三苏与杜诗》(《北京青年政治学院学报》2012年第3期)、《陆游学杜甫诗考辨》(《宁夏大学学报》2012年第4期)、《论杜诗对王安石诗歌创作的影响》(《内蒙古民族大学学报》2012年第4期)、《论梅尧臣诗歌的艺术特征及其与杜诗的关系》(《河北民族师范学院学报》2012年第4期)、《杨万里学杜及“诚斋体”的宗唐倾向》(《沈阳师范大学学报》2012年第5期)、《论北宋中期诗歌创作中的学杜风潮》(《山东大学学报》2013年第2期)、《论黄庭坚学杜及其得失》(《长春大学学报》2012年第11期)、《论范成大学杜及其宗唐倾向》(《上饶师范学院学报》2012年第4期)、《论北宋后期诗歌的宗唐倾向》(《内江师范学院学报》2012年第11期)。其中,《论北宋中期诗歌创作中的学杜风潮》一篇从宏观上立论,论说较为全面。文中认为北宋中期是杜诗产生深刻影响、得到广泛继承的时期,杜诗在不同方面对诗人的诗歌创作产生了影响。左氏通过对北宋中期诗人诗作详细考察之后,认为他们在诗歌创作上学杜,主要体现在以下四个方面:对杜甫“诗史”精神的继承,化用杜诗和使用杜诗典故,学习杜诗句法,学习杜诗的风格和意境。

此外,还有关于唐代其他诗人在宋代的被接受的论文,如赵婷婷《诗歌对话的可能性——试论宋代诗人郭祥正对李白的接受》(《文艺理论研究》2012年第4期)、吕海龙《论许浑七律对两宋诗人的影响》(《江南大学学报》2013年第5期)等。

2. **同代及后代对宋人的接受。** 这一时期胡正伟对于唐宋诗在金元两代的影响与被接受有较多的研究，其论文有《以唐、宋诗接受为核心的金元诗坛风貌及其价值发微》(《内蒙古社会科学》2013年第6期)、《唐、宋诗在宋元之际接受状况探析——以方回与〈瀛奎律髓〉为核心》(《学术探索》2013年第8期)、《金元时期唐、宋诗接受思潮探赜——以若干诗歌选本为核心》(《江西社会科学》2013年第12期)三篇，比较全面地探讨了金元诗坛对唐宋诗的接受状况。

陈文苑对梅尧臣在宋代的被接受论述较多，计有四篇文章:《陈师道对梅尧臣诗歌的接受》(《楚雄师范学院学报》2013年第2期)、《陈师道对梅尧臣诗歌的接受》(《西安石油大学学报》2013年第3期)、《朱熹对梅尧臣诗歌的接受》(《湖州师范学院学报》2013年第1期)、《苏轼对梅尧臣文艺观的继承与发展》(《宜宾学院学报》2013年第7期)。

关于苏轼的被接受的论文有唐玲《论"小东坡"唐庚与苏轼的诗学渊源》(《海南大学学报》2013年第3期)、曾秀芳《浅论郑珍早年诗歌创作与苏轼的渊源传承关系——以〈秧马歌〉和〈播州秧马歌〉为考察文本》(《贵州民族大学学报》2013年第4期)等。

3. **域外诗人对宋人的接受。** 除以上两类接受研究之外，学者的研究视野进一步扩大，对古代日本、韩国对宋诗的接受也有所涉及。这类成果有王正海《高丽汉诗对宋诗之接受研究》(《学术界》2012年第9期)、曹春茹《朝鲜诗人申纬对苏轼及其诗歌的接受》(《齐鲁学刊》2013年第6期)、林瑶《日本五山文学中的"苏轼"》(《乐山师范学院学报》2013年第9期)等。

王文认为高丽与宋朝并存三百多年，其汉诗的兴盛离不开对宋代诗学的广泛接受，高丽汉诗对宋诗的接受是在三个层面上展开的，即文本、创作、批评。王文详细梳理了这三种接受方式，从中可以看出宋代诗学对高丽汉诗的全方位影响。在对朝鲜半岛汉诗写作发生深刻影响的宋代诗人中，苏轼尤为突出，曹春茹的文章讨论了朝鲜著名文学家申纬对苏轼的接受，申纬对苏轼的接受体现在思想上、创作上，也体现在人生态度和生活情趣等多方面，他设苏斋、读苏诗、集苏诗，还收集东坡画像，生活上也模仿东坡情趣。在诗歌创作上,申纬十分欣赏苏轼儒佛交融的思想境界,努力学习其诗境与禅心的和谐统一。申纬对苏轼及其诗歌的接受是苏轼域外接受的一个成功范例,也是中国文学东渐、中朝文学交流的成功典范。林瑶的文章则分析了苏轼诗歌在日本的影响。镰仓时代大量宋诗传入日本,五山时期成为苏轼诗词流行的繁盛期,僧人们纷纷学习东坡诗作,他们的创作中与苏轼相关的痕迹随处可见。林文着重讨论了五山僧人对苏诗的受容情况,并分析了苏轼在五山文学时期受到欢迎的原因:一是苏诗之诗意与禅意相结合,含蓄深远,意味无穷,迎合了僧人们的创作热情;二是苏诗风格多样,能够应对五山僧人的各种不同需求。

此外,这一时期的传播接受研究还涉及宋诗传播方式的研究。如杜浩、王呈《古意传久远,动静两相宜——唐宋诗词传播模式研究》(《河北大学学报》2012 年第 5 期),左福生《宋代寺院题诗的传播效应》(《中华文化论坛》2013 年第 9 期)以及张锦辉《宋代雕版印刷传播对宋代诗歌的影响》(《云南社会科学》2013 年第 2 期)等,其中尤以杜文论述全面。

五、诗论研究

这一时期的诗学理论研究局面相对较热,对《沧浪诗话》关注尤多,可惜多数成果为重复性研究,真正引人注目的不多。但是也应看到学者们在诗学理论方面的开拓,有学者开始尝试从新的角度来研究宋诗,令人耳目一新,如周剑之对于宋诗叙事的研究。

1. **诗话研究。**吴晟《〈沧浪诗话〉与江西诗学》(《广州大学学报》2013 年第 11 期)一文就《沧浪诗话》与江西诗学相关的理论与批评作了对比,认为严羽之《沧浪诗话》虽为针对“江西诗病”而撰,但其不少诗学思想实则来自江西诗学,尤其是黄庭坚的诗学思想,诸如师法前人“立志须高”、“参”“悟”之法、“别趣”之说、“收拾贵在出场”等。通过作者的严密分析,严羽诗学理论发展之渊源与脉络更加清晰。

黄爱平、孙逊《论宋诗话中的“味”》(《文艺理论研究》2012 年第 5 期)一文分析了中国古代诗学的重要范畴“味”,将宋诗话中的“味”分为两大类:一是以“味”来总评时代或诗人诗风,二是以“味”品评具体诗歌,对“味”在这两种不同情境下的内涵作了细致深入的考索。此外,还探讨了“味”与含蓄、平淡、语言等因素的关系,从而推出“味”的美学特质:“味”是诗歌通过简洁、准确、传神的语言所表达的一种含蓄的沉潜的美,它与平淡、粗俗没有关系,与纯粹的辞藻之美并无太大关联,它体现在语言之外,是需要读者反复沉酣体味才能得到的一种美感。黄爱平《宋诗话中“格”的复杂意蕴及其诗学意义》(《华南理工大学学报》2013 年第 1 期)一文则讨论了中国古代诗学的重要范畴“格”,将“格”的内涵分为两层:一是“格”以单音词出现时,它体现在构思中对语言的使用、对结构的安排,但是“格”不是语言、结构本身,同时也不是诗歌要表达的主旨、思想、情感。当“格”作为一个诗学概念来品评诗歌时,它常指诗歌所能传达出的一种精神之美,即能摹物之神、达事件之本质、表现人的精神境界,但“格”又不是诗歌所传达的精神境界、对象神采、事件本质本身。所以,“格”与诗歌的构成要素语言、结构、命意等密不可分,但是它不等于这些实体要素,而是这些要素综合起来形成的气貌、神采。二是当“格”以复合词形式出现时,宋诗话主要使用了“风格/格调”、“气格/格力”、“体格/骨格”三组词,这些词与单音词“格”在意义上有联系,但是在具体使用时各有侧重。

2. **修辞研究。**周裕锴《以战喻诗:略论宋诗中的“诗战”之喻及其创作心理》(《文学遗产》2012 年第 3 期)一文讨论了宋诗中“以战喻诗”的修辞现象,指出这种现象出现于唐代,经宋人的阐释、仿效和演绎而蔚为大观。“诗战”之喻主要包括三个维度:诗人与诗人之间的战争,体现了宋人出奇争胜的竞技心态;诗人与语言之间的战争,诗人意欲通过对诗歌语言的征服来准确地、新奇地表达观念世界与现象世界,体现了宋人对语言表现力的征服欲望;诗人争夺诗界话语权的战争,意欲通过建立诗界同盟、确立诗坛领袖、建构诗坛秩序来推行自己的创作主张,体现了维护诗界传统、建立诗界阵营的结盟意识。作者进一步分析了“以战喻诗”在宋代流行的缘由,指出这一现象与宋王朝推行的科举制度和文官政策有很大关系。在宋王朝重文轻武的背景下,当沙场立功的愿望被科举出仕的现实利益所压抑之后,诗坛立奇勋便成为书生无法实现的英雄梦想的心理补偿,“诗战”之喻也由此而流行。

宋代是古代诗歌注释发展的第一个高峰,涌现了众多诗歌笺注本,除注释杜甫、李白、陶潜等前代诗人的作品外,还出现了“宋人注宋诗”的现象。何泽棠、吴晓蔓《宋人注宋诗的典故注释与批评》(《文艺评论》2012 年第 8 期)一文关注了这一现象,重点分析了宋人注宋诗在典故注释方面的成就,并总结出宋人注宋诗中各位注家归纳的宋人用典之法,饶有新意。何泽棠、吴晓蔓《宋人注宋诗的诗学批评》(《大连理工大学学报》2013年第1期)以及何泽棠《从宋人注宋诗的用典研究看宋诗的创作理论》(《暨南学报》2013年第3期)与此文内容近似。

3. **叙事研究。** 纵观中国古典诗词研究,诗词向来被看做是抒情言志的文学体裁,已有的研究成果往往偏重从抒情角度进入,而忽略了叙事性的观照视角。近年来从叙事的角度研究中国古典诗词逐渐成为热点,具体到宋诗研究领域,周剑之用功颇深,发表了三篇高水准论文,即《宋诗纪事的发达与宋代诗学的叙事性转向》(《文学遗产》2012年第5期)、《论宋代律诗叙事功能的增强》(《江西社会科学》2012年第5期)以及《诗与故事的联姻——宋诗中的"传奇"与"志异"》(《云南大学学报》2012年第6期)。

周剑之认为中国古典诗歌存在着独有的叙事传统和叙事脉络,宋代正是其中的一个关键时段,对叙事的注重是宋诗摆脱唐诗套路、另辟蹊径的策略之一。宋代之所以形成与唐诗不同的风貌,与叙事性的增强有密切关联。《宋诗纪事的发达与宋代诗学的叙事性转向》一文指出,"纪事"作为古典叙事诗学中的一个重要概念,主要是在宋代诗学中被建构起来的。"纪事"观念本属于史学领域,从宋代开始在诗歌领域日益发达,以诗纪事、以纪事论诗这样的提法在宋代日益普遍。但是,随着"纪事"观念在宋代诗歌中的凸显,"事"在诗歌领域所涵盖的范围逐渐发生了变化,它不但包括事件发生的行为、活动,而且包括了与事相关的景物、场景乃至情绪、感受等。基于这样一种包含事件、情境、景物、情志在内的泛事观,宋代诗歌中的纪事在表现形式上主要体现为一种片断式的呈现,即它们未必完整地叙述整个事件的过程,也不见得构成前后连贯的情节,而是有选择地记录事件中的某些重要现象、重要片断或重要场景,并借由这些现象、片断、场景及其组合来反映事件的整体,进而传达诗歌的主旨。与这种窥一斑而见全豹的片断式呈现方式相适应,宋诗纪事不能采取过分详尽的叙事模式,而需要诗人在纪事过程中积极选取最具表现力的现象、画面或场景片断,并在纪事中不动声色地融入价值判断,而对其他部分采取相对简略的处理,留给人揣摩和想象的余地,而诗歌的内涵与韵味也正在其中。《论宋代律诗叙事功能的增强》一文分析了宋代律诗叙事功能比前代得到了增强的原因,一方面这是由于宋代诗人倾向于采用富含叙事因素的"事象","事象"即富于叙事意味的事典,它带来的不是单纯的形象,而是唤醒读者对某一事的识别，进入与事相关的具体情境。另一方面，“事象”为律诗带来了关于事的联想，也就进一步要求与之相应的表达方式，因此宋代诗人又在律诗中追求历时性的表达，借助虚字、动态过程等手段来建立诗句、诗联之间的关联，融入历时性的叙述顺序。就是这两方面的结合，增强了律诗这一诗体的叙事功能。《诗与故事的联姻——宋诗中的“传奇”与“志异”》一文指出传奇志异诗在宋代得到了突出的发展。宋代诗人对故事有着非常浓厚的兴趣，并且注重对“奇”、“异”的凸显，有意识地营造曲折的情节，并发展了代言叙事的故事模式。传奇志异诗在宋代的繁荣，不但直接体现了宋诗叙事性的增强，而且反映了诗歌叙事传统在宋代的新发展。

六、文献整理

这两年宋诗文献整理工作成果较多，主要集中在《全宋诗》的辑佚、辨伪，诗人生卒年的考证，以及作品系年等方面，《古籍整理研究学刊》刊发此类成果尤为突出。

《全宋诗》的辑佚成果众多，其中尤以彭国忠《补〈全宋诗〉81首——新补〈全宋诗〉之二》（《华东师范大学学报》2012年第2期）有代表性。彭氏从《百菊新谱》《（雍正）四川通志》《机缘集》《续机缘集》等资料中辑得《全宋诗》未收之诗81首，足见作者的文献功底。此类成果还有阮堂明《〈梁溪集〉中的宋人佚诗》（《古籍整理研究学刊》2013年第1期）、张焕玲《〈全宋诗〉及〈全宋诗订补〉辩证补遗》（《古籍整理研究学刊》2013年第1期）、孙文明《〈碧梧玩芳集〉辑佚九则》（《牡丹江师范学院学报》2013年第6期）等。除了对《全宋诗》的补充之外，还有一些文章考证了《全宋诗》中的重出、误收、错收的作品。如朱腾云《〈全宋诗〉误收唐诗考辨》（《河南大学学报》2012年第2期）、周小山《〈补《全宋诗》沈遘诗六十四首〉质疑》（《古籍整理研究学刊》2012年第2期）、陈伟庆《〈全宋诗〉重出考辩十二首》（《中国韵文学刊》2013年第4期）、涂小丽《宋代〈海棠〉诗归属考》（《古籍整理研究学刊》2012年第5期）等，这些成果共同为《全宋诗》下一步的修订完善做出了贡献。

涉及宋代诗人生平考订的文章，有段莉萍《宋代诗人张扩考》（《乐山师范学院学报》2012年第3期），钱建状《宋诗人萧贯生卒年考》（《江海学刊》2012

年第 3 期),王传龙《"九僧"生卒年限及群体形成考》(《文学遗产 2012 年第 4 期》),洪亚楠《〈全宋诗·皇荂曲〉作者邓林考辨》(《广州大学学报》2012 年第 10 期),周小山《宋人丘浚生平、著述考——兼补〈全宋诗〉、〈全宋文〉》(《中国典籍与文化》2012 年第 3 期),吴怀东、徐昕《宋代文学家鲍慎由生平、著述考》(《中国文学研究》2013 年第 3 期)等。

此外,李振中《徐铉入宋诗歌编年考》(《古籍整理研究学刊》2013 年第 1 期)一文对徐铉入宋以后的诗歌予以编年。吕肖奂《元祐更化初〈同文馆唱和诗〉考论》(《四川大学学报》2013 年第 3 期)一文,考证了同文馆锁院唱和的时间、地点、人物、性质和意义,资料详实,考证严密,显示了作者深厚的文献功底。

2012—2013 年宋文、宋代小说研究综述

马东瑶　张亚静

一、宋文研究

2012—2013 年的宋文研究,相比以前有了较大进展。以下将从宏观研究、分体研究、作家作品研究、文论研究与文献考辨等四个方面分述之。

1. **宏观研究。**唐宋古文运动仍然是宏观研究中的热点。朱刚《唐宋"古文运动"与士大夫文学》(复旦大学出版社 2013 年版)一书,是作者多年来钻研"古文运动"的集中展示。他标举"士大夫文学",敏锐地抓住了唐宋"古文运动"与之前、之后文学"运动"的不同,强调科举制度产生的士大夫精英构成的唐宋社会与文学的特殊性。论著对传统"古文运动"之说有所反思,拓宽了"古文运动"的研究视野。书中所着重阐明的"古文运动"与新儒学、贤良进卷、苏辙与"古文运动"的关系等命题,均有独到见解。罗书华《论唐宋古文运

动非以骈文为对立面》(《上海师范大学学报》2013 年第 5 期)一文对唐宋古文运动中古文与骈文的关系提出了新的看法。论文认为,近现代以来,论者多以为唐宋"古文"是作为"骈文"对立面出现的。实际上唐宋古文运动反对的并不是骈俪形式本身,而是文道分离的浮靡文风。韩柳欧苏不仅在理论上对骈俪相当友善,柳宗元、欧阳修、苏轼、王安石甚至还是整个骈俪文学史上的关键人物。从概念上看,"古文"与"近体文"相对,它不完全是指散行文,还部分地包含了骈文。从影响与效应的角度看,古文与骈文在唐宋以后也一直是并行发展的,直到 20 世纪初,在现代白话文的强力打击下,才一起退出历史舞台。郭鹏《从关陕到汴洛:宋代古文运动发端的另一向度——以"关西夫子"种放为中心》(《中国文化研究》2013 年第 3 期)一文通过概括种放儒学及文学思想的内容特色,梳理其在关洛之间聚徒讲诵儒学的情况,考察其与宋真宗君臣的影响互动,探讨其教授经术时对生徒的古文授受,试图揭示关中地域文化传统对北宋前期文化革新的影响与贡献,以及由关陕到汴洛的文教发展、学术传播所呈现出来的北宋古文运动发源的地域多元性。楼培《北宋洛阳文人集团与南北文学的冲突和融合》(《中华文史论丛》2012 年第 4 期)一文从南北交融的角度考察宋初文学和古文运动。论文认为,北宋洛阳文人集团的形成,是宋初南文北移、南北融合的一个重要阶段。这一文人集团由南士主导、北人加盟,体现了南北文学的汇流与新变,为诗文革新运动的发展注入了新的元素与血液,开启了唐音向宋调的转变,创造了宋文平易自然、舒畅婉转的特色。欧阳修批判地继承南北双方的优秀传统,整合南北,化合文道,为古文运动的顺利开展指明了方向。洛阳文人集团南北冲突与交融的因子,深刻影响了宋初文学的演进历程。马茂军继续他对"唐宋文之争"问题的关注,其《唐宋文之争发微》(《社会科学研究》2012 年第 3 期)一文认为,唐宋文章向来被视为一体,故有所谓"唐宋八大家"之说,但唐宋时代文化迥然不同,唐宋文章也因而有别。唐文乃中古之文,宋文有近世之风;唐文是复古的,宋文是维新的,唐宋文之争的实质是唐宋文化的转型与差异。唐宋文章之别在韩欧之争、韩苏之争、韩朱之争中有非常鲜明的体现。

在文化视角的观照中,科举与文学的关系最为人瞩目。钱建状《糊名誊录制度下的宋代进士行卷》(《文学遗产》2012 年第 3 期)认为,糊名誊录制度的实行与完备,系宋代进士行卷之风消失的关键因素,但仁宗朝以后,仍有一定数量的举子在大比之年前后,编辑文卷投献给社会上、政治上、文坛上有地位的人，以期侥幸获解或及第。这种以科举为动机的行卷风尚，在宋代的长期存在，对递嬗文学观念、网罗文坛人才等有着一定的作用。许结《宋代科举与辞赋嬗变》（《复旦学报》2012 年第 4 期）指出，宋代科举之进士科继唐制考赋，经历了宋初殿试，元祐复赋与乾、淳隆文三度盛况，并通过归复王言、观觇才学、闱场争锋、经典重塑和科制延续，展示了一代辞赋创作的嬗变与兴衰。考察宋代文制与辞赋的关系，不仅要关注宋初，元祐与乾、淳考赋兴盛期的情形，更应思考北宋元祐前后熙宁、绍圣朝廷两度罢赋的举措。正是在此罢、复之间，士子处经义与辞赋的矛盾、冲突，以及对两度罢赋而废赋的反思中，在南宋时代确立起“元祐体”、“乾淳体”辞赋的经典意义。林岩《南宋科举、道学与古文之学——兼论南宋知识话语的分立与合流》（《中山大学学报》2013 年第 6 期）认为，时至南宋，科举、道学、古文已形成各自相对独立的知识话语体系，却又相互渗透、交织。在此格局中，大量古文选本的出现，明显受到了科场风气的左右和广泛流行的时文选本的影响。这突出体现在对于“论”体文的重视和采用圈点标抹、附加评语的编辑形式，古文作为专门之学开始成形。迄于晚宋，随着道学运动的渐次展开，道学话语开始在南宋知识体系中占据主流地位，古文话语有明显向道学话语靠拢并与之结合的趋势。管琴《南宋词科取士与制文之体关系论略》（《北京大学学报》2012 年第 2 期）认为，两宋的词科考试作为科举考试之一种，其制度的设立对两宋骈文的发展有着不可低估的作用。词科与制文的关系主要体现在：应试词科衍生出一批进卷、行卷行为，并出现大量类书，促进了四六文的兴盛，影响了馆阁的制书写作；对典故的谙习、制度的熟稔与制文体式的遵循是应试词科的基本要求，词科入等者在馆职写作中也承续了词科文体。另外，刘松来、周兴泰《禅宗与江西宋代散文的文化景观》（《武汉大学学报》2012 年第 4 期）探讨了宗教影响下的散文发展。认为就宋代江西散文的内容而言，禅宗的影响至少表现在三个方面：记载禅宗历史或阐释禅学思想；忘怀荣辱的达观胸襟与向往闲适的人生理想；人生如寄与世情梦幻的生命感叹。

在文学本位研究中，主要是通史写作、群体流派和主题研究等。郭预衡、郭英德总主编的《中国散文通史》（安徽教育出版社 2013 年版）共十二卷，其中“宋金元卷”由李真瑜、田南池、房春草撰写，分文体探讨了这一时期的各类散文创作。李建军《宋代浙东文派的散文史价值与文章学贡献》（《浙江学刊》2012 年第 3 期）探讨了南宋重要散文流派浙东文派的相关问题。论文指出，文派构建文章批评理论体系，推动了文章学走向成熟；开创评点式选本批评法，丰富了文章学批评体式；编出文章经典选本，影响了后世文选活动。文派从理论建树、批评体式、文选活动三个维度，为中国文章学的发展做出了重要贡献。详见李建军著《宋代浙东文派研究》（中华书局 2013 年版）。陈君慧《南宋孝宗时期散文作家群考论》（《甘肃社会科学》2012 年第 4 期）认为此期散文创作在内蕴特质、艺术成就上形成了新的面貌和特色，欧苏奠定的宋文优良传统得到呼应和弘扬，北宋散文的发展得到延续和响应，是宋文发展的第二个高潮期。董春林《他者叙事：书写范式与文化构造——基于宋代三峡散文的历史考察》（《三峡论坛》2013 年第 5 期）指出，流寓三峡的士大夫文人常以三峡景观为书写主题，在景观与自我仕途遭遇之间构造出隐喻的情感叙事模式，其自然观感、人文追思、仕宦理想三维的书写视角，既符合宋代散文书写的大致范式，又突显出三峡地域特征。

2. **分体研究**。这两年的分体研究主要包括制诏、赠序、字说、笔记、自赞，以及四六、辞赋等，成果颇为丰硕。陈元锋《熙、丰文化生态与“西汉文风”之流衍——以翰林学士制诰诏令的承变为考察中心》（《文学遗产》2013 年第 3 期）提出，熙宁、元丰制诏文写作最重要的变化是崇尚“西汉文风”，西汉风格进一步代替了宋初以来所推崇的“燕许轨范”与“元和、长庆风格”。神宗朝上层统治集团对“西汉”学术、文章高度崇尚；嘉祐以来科举渐重策论，熙宁中以策论与经义取代诗赋，制科考试则专试策论；文学复古精神在传承中演进。在上述特定文化生态下，两制词臣也转而从三代两汉之文中开拓资源，贾谊政论、董仲舒对策以及“西汉制诏”由此成为新的文章典范，为宋文风格带来深刻变化。

张海鸥《宋代的名字说与名字文化》（《中山大学学报》2013 年第 5 期）和刘成国《宋代字说考论》（《文学遗产》2013 年第 6 期）都探讨了宋代的字说，都指出这一文体起源于先秦冠礼制度。张文认为，名字说的语体以散文体为主，间或有少量韵文，内容专以议论名字的来由和意蕴为主，篇幅或长或短，形式活泼自由。一篇名字说，既是实用的解说词，又是辞美学富的美文，体现着宋代文人的精神风貌、文化修养、审美趣味。刘文认为，字说与字序无实质性区别，但与字辞无论体制还是功能，都泾渭分明。字说的兴起，受激于古文运动中士人们因希贤仰圣而以之命名取字的行为；也受激于宋代士人阶层中新兴的请字、改字（包括名）的社会风气。字说有着固定的创作模式：交待命名取字的缘起，或追溯命名取字的仪式风俗之演变，以及名与字之不同；引经据典，解释说明所取名、字之意义，或就此抒发议论，阐述道德规范、人生哲理；寓以警戒、勉励之意。字说的文体功能多元，既可传播社会主流意识形态、价值观念，对士人进行道德训诫与伦理规范，又可以为士人社会关系网络的编织牵针引线。

笔记一体也较受关注。马茂军《唐宋笔记文体辨析——为中国古代笔记散文正名》(《华南师范大学学报》2013 年第 1 期)提出，笔记小说与笔记散文有很大差别，散文与小说之最终分野是虚构。唐人笔记尚纪实。宋代笔记散文发达，其中野史散文、都市散文在人物塑造、语言创新、文体创新方面都可比肩古文。古代笔记散文应得到正名。郭凌云《北宋历史琐闻笔记观念简论》(《北京大学学报》2012 年第 5 期)和《北宋党争影响下的历史琐闻笔记创作》(《云南民族大学学报》2013 年第 5 期)探讨了北宋历史琐闻笔记。前者认为，历史琐闻笔记创作在北宋极为繁荣，且作者多为知名文人、学者和政治家。北宋笔记跟前代相比，在目录学著录、虚实观念、创作观念等方面都出现了不少变化，已经逐渐摆脱与小说故事类笔记相混的状态，注重真实性，具有独特的价值体系和内容特点，体现了北宋士大夫的审美趣味和艺术追求。后者认为，在党争影响下，北宋笔记形成了四种创作趋向：平实尚典，褒贬不扬；关注时政，忠义爱君；宣泄愤懑、追忆师友；挟私违公，曲为回护。从文学和史学发展来看，北宋党争为历史琐闻笔记的发展和成熟提供了重要契机。郑继猛的专著《宋代都市笔记研究》(世界图书出版西安有限公司 2013 年版)认为，宋代都市笔记在内容上全面反映了宋代都城的宫廷文化、市井生活等，多角度展现了宋代都市的太平景象、娱乐精神和创造精神；在艺术上开创性地使用都市生活题材，塑造了众多下层百姓形象，为后世的都市文学开创了新路；在表现手法上以纪实为主，兼用插叙、类叙、逼近审视、诗文互证等手法，形成了雅俗共赏的风格，丰富了宋代文学的表现畛域。

谢佩芬《自我观看的影像——宋代自赞文研究》(《新国学》第九辑)指出，通过观看画像，题写自赞，宋人或是理性思辨画像与自我的区别，探求人间虚幻真实问题；或是进一步由虚实之中追索个人志趣该如何伸张完成，也常通过书写自赞反思过往红尘俗事，直接告白个人心得，甚至进而提出自我戒剔警示言词，作为督促成长的借镜。在创作笔法上也破除陈法，变化多端。张海鸥《宋代赠送序文体研究》(《韩山师范学院学报》2013 年第 5 期)指出，宋代赠送序的文体形态承唐而来，略有变化。一般题作“序”、“叙”、“引”或“送某一首”；语体承唐代李华、韩愈、柳宗元而来，主要以散体写作；篇幅通常在四五百字左右；内容上往往是议论说理的说教之文，间有写人叙事较细腻的篇章。

宋四六在这两年获得深入研究，出现了一些角度新颖、论述精当的论文。周剑之《论宋代骈体王言的政治功能与文学选择》(《文学评论》2013 年第 3 期)认为，宋代骈体王言是一种“被需要”的文学，是被宋代政治文化所呼唤的文学表达形式。“制式化”的撰写模式，映射着宋王朝对于政治权力的设想和建构；“得体”的要求，体现了政治语境对王言文学表现的制约；“典重”是在政治语境制约中形成的文体风格。宋代骈体王言颇为有效地实现了文学形式与政治运作的有机结合。研究宋代骈体王言，可以深入理解“文”与“用”之间的复杂关系，审视文学审美形式如何被政治权力所需要以及政治企图如何借助文学审美形式来实现。张兴武《唐宋“四六”渐变转型的艺术轨迹》(《中华文史论丛》2012 年第 2 期)提出，从晚唐五代到宋初百年，四六创作成绩斐然。李商隐等开启了骈词俪句的新时代。唐末群雄割据的现实需求，为幕府文士提供了特殊机遇，促进了骈文的兴盛。沙陀三王朝时期，四六创作的重心转移到南方各地。江南文人将辞赋乃至古文创作的技巧广泛运用于骈词写作中。宋代以诗赋取士的科举制度，更造就了许多四六名家。虽说四六称盛的文学史意义还有待商榷，但唐宋文章艺术转型的基因蜕变根源于笺表奏疏的基本事实却不容否认。黄之栋《论两宋之际的四六文》(《浙江大学学报》2012 年第 3 期)认为，宋体四六自成立之后就形成两个风格不同的流派，分别以王安石和苏轼为代表。两宋之际的汪藻等，一方面取法本朝欧、王、苏，融汇两派之优长，创作出既典雅工致又明白畅达的四六文；另一方面远师唐代陆贽之风，融至诚于骈俪之中，变应用公文为经世之文。这使两宋之际的四六文成为宋体四六的又一座高峰。沈如泉《论宋代四六文的娱乐功能》(《西南交通大学学报》2013 年第 2 期)认为，娱乐功能是宋代四六文的重要文体功能之一，集中体现于致语、话本及文人俳谐四六中。致语作为歌舞剧曲娱乐演出的一部分，在舞筵歌席前表演念诵的主要目的即在于取悦宾主。在演史、小说话本中四六文则主要用于描绘场景，以促进表演的多样化。公案里的四六文判词、供状不可或缺，尤其是花判公案中，内容滑稽的判词是其发挥娱乐功能的关键。俳谐四六文主要流行于文人之间，以文为戏、自娱娱人是其主要文体功能。

辞赋研究仍以刘培用力最勤，其《南宋后期辞赋创作探微》(《厦门大学学报》2012 年第 2 期)指出，理学通过改造文人的知识结构、认识世界和思考人生的方式，深刻影响着南宋后期的辞赋创作。在缺乏崇高诉求的环境下，宗教情怀在文人的精神世界中得以显现，并在辞赋当中反映出来。政治混乱，乡居生活是文人心灵栖居的最后归属，描写乡居的辞赋越来越反映出它的本真之美，而非过去那种作为忘世的媒介存在于文学中。在末世气氛笼罩下，辞赋担当起抒发乱世之音、亡国之音的职责，映射着人们对国家与未来的愤激、无奈和彷徨。国势萎靡不振，理学的治国理想是厚人伦、淳风俗，辞赋创作因此表现出重征实、重人文的倾向。刘培另有《论理学对南宋后期辞赋文学精神的规范与重塑》(《江海学刊》2012 年第 2 期)、《理学对南宋后期辞赋审美风范的规范与重塑》(《山西大学学报》2012 年第 3 期)、《论南宋中期辞赋骋才使气的创作倾向》(《四川大学学报》2012 年第 4 期)等多篇论文，并出版了《两宋辞赋史》(山东人民出版社 2012 年版)，是国内学术界第一部全面系统研究宋代辞赋的专著。陈双蓉、归青《两宋辞赋特质及其精神重塑》(《求索》2013 年第 9 期)从辞赋的源流与艺术智慧入手，着重研究了两宋辞赋特质及其文学精神的重塑，认为审美与致用这两大因素交织在一起，共同左右了辞赋观念在两宋时期演进的大部分行程，而当其全部行程结束时，占据支配地位的则是美与表现力。

3. **作家作品研究。**欧阳修在这两年的作家作品研究中成为最大热点。东英寿、陈翀《新见九十六篇欧阳修散佚书简辑存稿》(《中华文史论丛》2012 年第 1 期)公开了作者在日本天理大学附属天理图书馆所藏南宋本欧阳修全集中所发现的九十六篇散佚书简文。其后，多位学者撰文探讨欧阳修的书简。熊礼汇《略论欧阳修书简的艺术特色——从日本学者新发现的 96 通书简说起》(《武汉大学学报 2012 年第 3 期)认为，书简是欧阳修实行散文艺术革新的文学体裁。欧公现存书简可分为论理言事和存劳谈心两类。前者兼有书、论的特点而以论为主，多数平顺柔和，亦有峻厉严正者，风格取向与所论事理性质和受书对象特点有关。存劳谈心简札(新发现者即属此类)则以袒露情怀、丁宁委曲为多。洪本健《东英寿教授新见欧阳修散佚书简解读》(《武汉大学学报》2012 年第 3 期)指出，东英寿新发现的欧阳修散佚书简，提供了不少欧与友朋等交往的宝贵资料。如致吕公著书简记有嘉祐二年贡举所取士子的情况及对苏洵文的评价；致苏洵书简展示了与北宋政治生活密切相关的创作争议；致范仲淹书简论孙甫为尹洙作行状事，披露了欧与范仲淹、韩琦等致力于庆历革新的友人关系亲密而又直言不讳的相处之道。欧明俊《从新发现的96通书简看欧阳修的日常生活》（《武汉大学学报》2012年第3期）指出，日本学者新发现的96通书简，具体记述了欧阳修的交游、朋友间互赠礼物、宴请聚会、诗歌唱和等。其中，最多的是疾病书写。书简表现了欧阳修中晚年的生理和心理状态，记录了政事以外的日常生活细节，于琐、细、碎、小中见出伟大背后的凡俗。李强《沟通与认同：欧阳修书简中的文人世界》（《史林》2013年第1期）提出，通过对欧阳修书简的解读，可以使我们更近距离地观察十一世纪中期的北宋文人生活图景。他们正是通过这种私人书写方式来沟通信息、交流思想，从而达到价值认同和情感认同，形成相对稳固的精英文人群体。

除了书简，欧阳修多种体裁的创作都继续受到关注。张新科、任竞泽《褒贬祖〈春秋〉，叙述祖〈史记〉——欧阳修〈新五代史〉传记风格探微》（《陕西师范大学学报》2012年第2期）指出，欧阳修的《新五代史》是“二十四史”中富有文学色彩的著作之一，其叙事、写人学习《史记》传统，颇得史迁之神韵；而其以“呜呼”发端的独特史论体例，是作者表达感情和评价人物的重要形式。王利锁《欧阳修祝祭文简论》（《汉语言文学研究》2012年第2期）认为，欧阳修的祝祭文表达了他对天（神）人之辨的思考，对神、吏职责的认知和看法，在民与吏、神的社会关系认知中，欧阳修始终把民生民情放在首位，既表现出深刻的现实精神，又具有鲜明的民本意识。孙宗英《欧阳修〈集古录跋尾〉文学内涵发微》（《海南大学学报》2013年第3期）从文体的复古与变新、文辞的尚真与求工、跋文所呈现的“六一风神”等方面，探讨了欧阳修《集古录跋尾》的文学内涵。许东海《蝉声·谏诤·立言——论欧阳修〈鸣蝉赋〉之诤臣身影及其困境隐喻》（《安徽大学学报》2013年第1期）和《秋声·谏诤·归田——欧阳修〈秋声赋〉、〈归田录〉中的诤臣与困境》（《文学与文化》2013年第2期），探讨了欧阳修《秋声赋》等作品中的诤臣困境、世变观照，以及对于突破困境的路径方法的探寻与思考。张思齐《从对偶范畴角度看骈文与欧阳修的散文创作》（《广东社会科学》2012年第2期）从骈散关系探讨欧阳修文。论文认为，韵散对偶范畴制约着骈散对偶范畴。骈文是散文的一个亚文类，在特定的环境下骈文能向散文回归。经过欧阳修等人的努力，这一回归在宋代较为彻底地实现了。欧阳修以长对仗句改造骈文，将其发展为宋四六。他的古文乃以其骈文功夫锤炼而成就。骈文起源于两汉辞赋，欧阳修是散文赋的文类开创者，在一定程度上体现了中国散文的辩证运动轨迹。

学界对欧阳修文的“六一风神”、“平易”风格等也有新的阐发。罗书华《论“六一风神”的八个维度》(《中国文学研究》辑刊2013年第1期)认为“六一风神”的内涵是：师古与师心的相融，骈语与散语的交织，委婉与劲直的一体，厚实与轻灵的相映，简省与丰腴的互衬，洗练与自然的谐调，情感与理性的中和，阴柔与阳刚的合一，是所有这些因素深度整合后所散发出来的特殊风韵。袁晓薇、李本红《“富贵山林”与“六一风神”——对欧阳修散文艺术风格的一种文化心理阐释》(《福建论坛》2012年第12期)指出，欧阳修对“富贵之乐”与“山林之乐”的论述在宋人中较有代表性，他对二者的态度影响到其文学创作风格。“富贵山林，两得其趣”的人生追求和“六一风神”的独特审美内涵之间有着内在一致。这种关联较为典型地反映出北宋社会文化背景之下士大夫阶层的独特价值取向和人格特征。陈冬根《欧阳修“平易”风格论辨析》(《河北学刊》2013年第5期)认为，人们习惯以“平易”二字评价欧阳修的创作，尤其是其散文。但这种评价不是当世之公论，而是后世读者特别是朱熹等人阐释的结果。欧阳修诗文创作“平易”之格的形成，既有他务实尚简思想的影响，也有他遵从自然的文艺观的作用。

程刚《欧阳修的〈易〉学研究与古文文风转变》(《文艺理论研究》2012年第6期)、刘越峰《北宋学术新变与欧阳修散文创作互动关系》(《沈阳师范大学学报》2013年第1期)等文，探讨了欧阳修学术与文学的关系。前者认为，欧阳修的经学学风有怀疑、平易、实用和简要等特点。欧阳修一身二任，既引导了经学学风的转变，又在宋代古文运动中引导了文风的转变，他对古文文体的推崇，对平易文风的提倡，对实用文风的强调以及对简而有法的文风的身体力行，使得古文创作走上了正轨。后者认为，北宋仁宗庆历前后是学风转变时期，同时也是散文风格丕变之时。二者之间在重人情、宗法经典以及从散文创作角度论述学术问题等方面，存在着密切的互动关系。这种互动无论是对中国学术发展，还是对欧阳修散文创作都有重要影响。刘越峰另有专著《庆历学术与欧阳修散文》(商务印书馆2013年版)，以“庆历学术”为大背景，考查它与欧阳修散文理论及创作之间的互动，阐释欧阳修散文理论、散文风格等形成的根本原因。

陈湘琳的专著《欧阳修的文学与情感世界》(复旦大学出版社2012年版)则关注面向内心的欧阳修,从交游体验、贬地重构、颍州情结、生命底色等角度切入,探讨了欧阳修文学所体现的生命情感、生命体验和文化性格,并概括出“六一风度”这一具有典型意义的士大夫精神风貌的指称,丰富和推进了欧阳修研究。

苏轼是作家作品研究中的另一热点。研究者对苏轼的石刻文、祝文、题画文、记体文、小品文及赋等各类文进行了广泛研究。如王星、王兆鹏《苏轼题名、题字及文类石刻作品数量统计与分析》(《湖北大学学报》2013年第3期)认为,苏轼题名题字类石刻反映出强烈的主体意识,以外任及被贬时为多,记录了苏轼的行踪与心迹。苏轼的文类石刻有碑志、记、赋、颂、铭、赞、题跋等多种类别。从苏轼石刻文的创作及书刻时间可看出:苏轼早期石刻重记,后期重碑,一生独铭五人,尤其重视《中山松醪赋》石刻。这些现象有待深入分析,以揭示苏轼独特的创作与传播心理。杨晓霭、宋昀其《苏轼祝文创作及其关涉的仪式意蕴》(《湖南科技大学学报》2013年第6期)结合苏轼各类祝文的写作背景,探讨祝文及其仪式应用中所映射的政治理念、宗教信仰、教育观念、文化习俗,从而揭示宋代礼乐文化建设的多个侧面,为宋代文学与文化研究提供借鉴。沈其旺《出新意于法度之中,寄妙理于豪放之外——苏轼的文风之于文人画的影响》(《文艺研究》2013年第7期)从文人画的角度探讨了苏轼的文、画相通之处。刘中黎《迁移与转化:从日记到小品文——试析苏轼日记〈记承天寺夜游〉的文体跨界写作》(《重庆师范大学学报》2012年第3期)以《记承天寺夜游》为个案,探讨了从日记向小品文迁移转化的路径和规律,分析了俗与雅、实用与审美等写作形态的界限。关四平《苏轼散文中的士林理想人格管窥——以司马光形象的塑造为中心》(《学术交流》2013年第1期)认为,在苏轼散文的丰厚文化内涵中,士林理想人格的建构是其重要组成部分。论文从为学、为人、为官层面,考察了苏轼散文所建构的司马光形象。

杨亿、苏辙、秦观、朱熹、辛弃疾、范成大、叶适等作家的散文创作也受到关注。施懿超《作为词臣的杨亿及其四六文创作》(《柳州师专学报》2012年第1期)和《杨亿及其昆体四六》(《中国海洋大学学报》2013年第2期)探讨了杨亿的词臣经历与四六创作的关系及其昆体四六的创作宗旨、做法和特点。杨忠伟《试说苏辙散文中的“水喻”》(《学术交流》2012年第10期)认为,

“以水作喻”是苏辙散文常用的一种艺术手法。苏辙结合对水之质性的认识，从多个方面挖掘和表现其审美特征，体现了对水从感性到理性的领悟与认知。刘勇刚《论秦观的策论》(《北京大学学报》2013 年第 6 期)认为，秦观《进策》三十篇，系统深入地阐述了他的治术、军事、财政等思想，直笔谠论，切中时弊，具有经世致用的实学精神。《进论》二十篇系历史人物论，立足当时政治语境，以古讽今，翻空出奇，能成一家之言。从文风上看，秦观的策论词采绚发，议论锋起，既师承东坡，又上溯陆贽、贾谊及先秦诸子，拟议而成变化，形成了自己的真面目。

方笑一《论朱熹经学与文章之学的关系》(《华东师范大学学报》2012 年第 2 期)认为，朱熹在奏疏的写作中常引《尚书》经文，除了利用《尚书》的劝谕功能影响帝王，还通过对经文的阐释，引导帝王接受自己的理学体系。与北宋儒者不同，朱熹十分注重阅读经书的主观感受与趣味，并在文章中传达、显现这种趣味。在记、序这两种文体的创作中，朱熹或阐发经义以提升立意，或反思学习经书的方式，或重绘经典传承的学术谱系，使其文章具备了深刻的学术内涵。骆冬松《辛弃疾政论文之历史传承及创新》(《江苏社会科学》2012 年第 5 期)就辛氏与南宋事功学派的史论及政论风格之关系，其政论所继承的先秦以来的比兴传统，以及北宋苏氏散文所形成的议论特征对辛文之影响等方面，考察了辛氏政论的独到之处。刘珺珺《范成大纪行三录文体论》(《文学遗产》2012 年第 6 期)认为，北宋后期方趋成熟的日记体行记在南宋空前繁荣，范成大纪行三录是其中代表。在与地志和其他行记的比较中可以发现石湖三录记与志一体混融、诗与记离中有合的特点。对三录的文本统计结果显示多样的内容元素各自所占份额相当稳定，因而其文体雅洁。较之南宋同体行记，范成大的作品着重地理、民俗方面的求实志异，简化对个人交游活动的叙述，弱化情感抒发，淡化由征引前人诗文而来的“人文性”。沈松勤《叶适“集本朝文之大成者”刍议》(《文学遗产》2012 年第 2 期)认为，叶适赢得“集本朝文之大成者”的隆誉，原因是他在北宋以来文道分裂乃至对立的情况下，提出了既能弥补文章之士因好文而及道带来的义理不足之失，又能药救道学之儒因好道而及文带来的质朴拙野之病的文道观；并在“经欲精，史欲博，文欲肆”的知识结构的基础上，将自己的文道观落实到具体的创作实践中，达到了“德艺兼备”的境界。叶适的文道观及其散文是永嘉学术的一种表现形态，在题材内容与审美功能上缺乏“集大成者”的宏大格局，但其融会文道的理论思想和创作实践，在宋代文学史上却有着举足轻重的地位。沈松勤、楼培《论叶适墓志文创作的新变与成就》（《浙江大学学报》2013 年第 4 期）认为，东汉以后墓志成为一种常见文体，也是一种“世俗应酬文字”。叶适却从其经验论德性之学出发推尊墓志，首次将它提升到“文章家大典册”的高度，改变了以往世俗化的墓志文体观。在具体创作中，叶适既注重墓主的个性，又贯彻其“为文不能关教事，虽工无益”的文学主张，体现了“有补世教”的价值取向，拓展了墓志的功能，在宋代文章学和散文发展史上具有不可小觑的地位与意义。

4. **文论研究与文献考辨。**文论研究包括文章学、作家文论、四六话和选本研究等。祝尚书《论中国文章学正式成立的时限：南宋孝宗朝》（《文学遗产》2012 年第 1 期）将“我国文章学成立于宋代”的学界观点具体化，认为文章学的正式成立当在南宋孝宗朝（1163—1189）的近三十年内。论文指出，除文章学各种形式的著作齐备外，架构文章学的学术资源的充分储备，适合文章学成立的社会文化特别是政治环境的出现，韩、柳、欧、苏古文典范的确立，以及推动文章学成立的学者队伍的形成等，都是不可或缺的更关键、更直接的因素，而这些只有到南宋孝宗时代才具备。祝尚书《论南宋的文章“活法”》（《北京大学学报》2012 年第 2 期）认为，在吕本中诗歌“活法”论的影响和推动下，南宋文章学界一直涌动着主张“活法”的潮流，也许“调门”不如诗界高，但在理论和实践两方面，其势头却一点也不逊色。南宋文章“活法”主要讲为文曲折和圆转，而尤其注意对古文“活法”的发掘，并将它运用到时文写作之中。与诗歌“活法”论一样，这深刻影响了南宋及以后散文的发展。刘春霞《从“诗味”到“文味”——宋代文章学之“味”范畴论析》（《华南师范大学学报 2012 年第 5 期）提出，宋代文章学成立后，文人将“味”范畴从诗学领域移植到文章学领域中：他们以“味”作为品评文章的审美标准，对文章之“味”的创造与生成予以探讨，并提出了“玩味”的鉴赏方法。宋代文人将诗学“味”论移植到文章学，包含了对文章审美特质的肯定，同时也认识到了“文味”与“诗味”有本质区别。

莫道才《从“话”的文本特性看宋四六话的博杂特点》（《广西师范大学学报 2013 年第 2 期）认为，四六话的产生和文本特性与“话”有密切关系。“话”在宋代具有故事的含义，“四六话”就是文人说与骈文有关话题的“话本”，因此在具有文学批评意味的同时，也具有一定故事意味。宋四六话的文本呈现出博杂的特点，这正是文人雅聚聊天论及骈文话题时题材博杂造成的。温志拔《宋四六话:骈散之争格局中的骈文理论》(《太原理工大学学报》2013年第1期)认为,只有将宋四六话置于唐代古文运动后骈散文不断论争的背景下,才能对其做出准确定位和评价。正是这些论争,促使了骈文理论的细化,并最终影响了后世的骈文理论表述。

张瑞君《苏轼笔记中的文学思想》(《河北大学学报》2013年第6期)指出,苏轼笔记中的文学思想丰富。提倡有为而作,反对无病呻吟;推崇创造,反对平庸;反对狂怪,追求平易;重视作家性格与作品的关系;注意作家的人品和修养;善于设身处地体味作家的独特生活经历。郑慧、张恩普《叶适道器合一思想与其发展的文学观》(《东北师大学报》2013年第1期)在分析叶适道器合一思想及其与"永嘉四灵"关系的基础上,探讨了叶适"尊古不陋今"的发展的文学观。杜春雷《论宋遗民刘壎的骈文思想及其批评》(《中国韵文学刊》2013年第3期)认为,《隐居通议》反映出刘壎"以散文为四六"的创作思想。刘壎对宋代及以前骈文发展的历程有清晰的把握和精彩的勾勒,对骈文在唐宋两代的兴盛不衰亦有独到见解。对"南宋前贤"和"近世同修"两类作家的评骘也多有理论价值。

张海鸥、罗婵媛《宋人自编集的文体分类编次意义——以欧、苏、周、陆别集为例》(《河北师范大学学报》2013年第2期)以欧阳修、苏轼、周必大、陆游四家集为例,确定其自编过程、传统承续和内在关联;然后与唐代韩、柳集比较,分析其中的文体分类编次情况,从而发现一些承传与变化。巩本栋《论〈宋文鉴〉》(《中国文化研究》2012年第1期)认为,吕祖谦编纂《宋文鉴》,虽"大抵欲约一代治体,归之于道,而不以区区虚文为主",但吕氏所谓"道",实内涵丰富,并不仅限于理学一端;其所谓"治体",不限于北宋朝廷的"家法"和新旧党争的是非恩怨,还寓含着编者对国家社稷的前途与命运的忧患意识;其所谓"文",也不只是论道议政之文,而是更主张文质兼备、事辞相称,以选录名家名作为主,而兼及其它,重视保存文献,反映了其对北宋文学发展面貌的认识。罗书华《从文道到意法:吕祖谦与散文学史的重要转折——兼说〈古文关键〉之"关键"的含义》(《中国文学研究》2013年第3期)指出,吕祖谦《古文关键》的"关键"并非单指文章结构方面的起承转合,它包含四层含义:从历史角度看,八大家的议论文是古文的"关键";从作文角度看,"意"和"立意"是古文的"关键";从篇章的角度看,文章的体法、篇法、句法,特别是在结构连接、起承转合方面的"变化"是文章的"关键";从审美角度看,"有力"是古文的

“关键”。这些不同角度与层次的揭示，不仅为古文发展树立了标杆，而且使得散文学史开始了由道向意，由文到法，由本体论向创作论，由空廓玄简向具体实在的重要转移，将散文学史带进了新的纪元。张秋娥《南宋吕祖谦〈古文关键〉的阅读理论及其意义》(《南京师范大学文学院学报》2013 年第 4 期)认为吕祖谦为指导初学者作文而编评的《古文关键》，蕴涵着丰富的文章阅读学理论，表现出鲜明的为写作服务的特点。彭国忠《宋代文格与〈黼藻文章百段锦〉》(《安徽大学学报》2013 年第 6 期)认为，宋人所用“文格”一词有四义，分别指文章体格、骨力，文章风格，诗歌之格，以及文章作法、方法。南宋末年《太学新编黼藻文章百段锦》以文格立目，截取名文的段落为例文，就例文阐说文格，具有独特的选文体例。宋代文格的出现与科举考试有莫大关系，但《百段锦》同时又接受了吕祖谦以“格”论评文章的精神，而发展成为文章学意义上的文格专书。

王水照《王应麟的“词科”情结与〈辞学指南〉的双重意义》(《社会科学战线》2012 年第 1 期)指出，王应麟一生怀有“词科”情结，影响到他的行为选择和著述取向。他的《辞学指南》是现存唯一一部研究宋代词科的专书，在中国科举学史上占有不可或缺的地位；它又在文体形态研究、骈文批评思想和文话著作体裁特点等方面，为中国古代文章学史增添了重要的篇章，这就是此书在学术史上的双重意义。施懿超《〈辞学指南〉所见之宋代骈文思想》(《柳州师专学报》2013 年第 5 期)阐述了《辞学指南》所体现的骈文思想的几个方面，包括详分文体、明乎体制、严守程式、精于技巧、创新点评等。于景祥《〈容斋随笔〉中的骈文批评》(《社会科学辑刊》2012 年第 6 期)提出，《容斋随笔》从多种层面、多种角度入手，对骈文进行批评和探讨：从骈文的创作方法入手，着重探讨骈文中的对偶和用典的方法与标准等问题；从思想内容入手，探讨骈文的形式与内容、文章与道德等方面的问题；从骈文的体制入手，对个别骈文类别进行辨析；从创作主体和文本入手，对骈文作家和作品进行评点和分析；深识文章之体要，阐述自己在骈散问题上的态度和见解。

李建军《谢伋〈四六谈麈〉考论》(《图书馆理论与实践》2012 年第 11 期)、黄威《〈四六谈麈〉的文学批评价值》(《求索》2012 年第 10 期)、刘晓亮《骈文话的新发展——谢伋〈四六谈麈〉》(《名作欣赏》2012 年第 29 期)等都探讨了谢伋的《四六谈麈》。李文认为，该书与王铚《四六话》一道，共同开创了“四六话”这种骈文批评新形式，在中国文学批评史上有重要价值。与《四六话》相较,《四六谈麈》涉及文体更为丰富,阐析论断更有识见,摘句撷英自具别裁,呈现出独到之处,但也存在摘多评少、推阐不细等逊色之处。黄文认为,该书收集了不少宋代四六文的资料,品评了部分优秀的四六作品,并对四六的起源、流变、创作艺术等问题提出了不俗的看法。刘文认为,在文道论、文体论、文术论、文运论四个方面,《四六谈麈》使骈文话有了新的发展。

文献考辨方面,主要是对欧阳修、陈襄、范浚、陆游等作家的相关作品的考辨。朱刚《关于〈欧苏手简〉所收欧阳修尺牍》(《武汉大学学报》2012 年第 3 期)认为,《欧苏手简》收录欧阳修、苏轼尺牍各二卷,将其所收苏轼尺牍与现存《东坡续集》比对,可推断此书为选本性质。在此基础上,假设此书所收欧阳修尺牍亦从欧集选出,则通过比对分析,可知选编者所据之欧集,乃早于周必大编定本,很可能就是所谓绵、吉本。果然如此,则从《手简》选录范围来看,绵、吉本对欧公尺牍的结集,已具相当规模,接近于周必大初编本。所以,《欧苏手简》可帮助我们更详细地了解欧集形成史的某些局部。李建军《欧公文章最早选本——〈欧阳文粹〉考论》(《图书馆理论与实践》2012 年第 9 期)提出,南宋陈亮编选的《欧阳文粹》是欧公文章最早选本,同时也是精善之本。该书所选文章,虽然只有 140 篇,但类型丰富,涵盖论、策问、书、札子、奏状、杂著、序、记、碑铭共 9 种主要文体,并且选入文章多为名作、力作,颇能代表欧公散文创作的辉煌成就。同时,《欧阳文粹》不仅因"持择精审"而有选本价值,也因早于周必大所刊《欧阳文忠公集》而有较重要的校勘价值。许庆江《欧阳修与尹洙合撰〈五代史〉本末考》(《兰台世界》2012 年第 18 期)从欧阳修与尹洙的文集中,钩沉相关的书信材料,表出欧阳修与尹洙合撰《五代史》的本末。

时永乐《陈襄〈古灵先生文集〉宋刻本考辨》(《中国典籍与文化》2013 年第 2 期)指出,陈襄《古灵先生文集》今存绍兴年间赣州本和宋末元初福州本两种刻本,但各家书目多将后者误作前者,且在版本鉴定,描述版本特征,引用原书资料,判定《四库》底本及陈襄与陈辉、陈晔之关系方面存在诸多欠妥之处。论文对此逐一加以考辨,认为赣州本为现存最早、最善之本,福州本与《四库》本未为善本。张剑《宋范浚〈香溪集〉版本源流考》(《文献》2013 年第 1 期)通过大量检阅存世的《香溪集》,并考察几种知名书目对《香溪集》的著录,认为其版本系统仅有宋绍兴本和清乾隆本两种,而明成化本是存世《香溪集》的最早版本。论文并指出了明成化本的舛误之处。徐珊珊《周必大〈玉堂杂记〉的文献价值》(《天中学刊》2012 年第 1 期)指出,周必大《玉堂杂记》详细记录了南宋学士院建置、典制名物、学士职掌诸情况,以及翰林学士的活动与心态,为后世揭示了宋室南渡之后学士院的发展和独特之处。笔记还保存了南宋孝宗时期政治、制度、人物、诗歌方面的丰富史料,具有珍贵的文献价值。王聪聪《周必大〈玉堂杂记〉单刻本版本探源》(《南京师范大学文学院学报》2013 年第 4 期)采用校勘学的基本方法,比对现存各种版本,透过异文信息,发现四库单刻本与《百川学海》本系出同源,厘清了《玉堂杂记》的两个版本系统,进而考证了单刻本系统的版本源流。阮怡《〈老学庵笔记〉校勘补记及成书时间小议》(《图书馆研究与工作》2013 年第 2 期)指出《笔记》校勘失误之处,并根据《笔记》内容,结合陆游诗文,判断此书成书于 1192 年冬至 1194 年。

二、宋代小说研究

以下将从话本小说和文言小说两个方面,对 2012—2013 年的宋代小说研究加以概述。

1. **话本小说研究。**这两年的话本小说研究中,"空间"是最受关注的视角之一。刘勇强《话本小说中的"东京"》(《长江学术》2013 年第 4 期)指出,"东京"(开封)是宋元话本小说产生的社会基础,也是第一个在中国古代小说中完整呈现都市风貌的城市。在宋元话本小说中,以东京为背景或有关的作品自成系列。东京在话本小说叙事中具有特殊的时空意义:作为背景的东京与一个个特定的时空相联系,这些时空背景有助于小说情节的安排展开与人物的描写。由于不同体式的小说关注的角度有所不同,即使同样以东京为背景的小说,文言小说与话本小说有着明显的区别。与史料及文言小说相比,话本小说对东京的描写也有所不足。宋元话本小说共同构成的东京形象,超越了此前小说对任何城市的描写,从一个侧面折射出宋元时期文学变迁的进程。随着北宋政权的南迁,东京的政治地位一落千丈,经济发展也逊色于东南其他城市,其都市形象才逐渐淡出了小说的艺术世界。梅东伟《"市井"东京与宋元小说话本》(《天中学刊》2012 年第 5 期)认为,现存的"东京话本"形象地展示了宋元时代东京的"市井"风貌。东京的市井名胜,为小说人物活动提供了必要的场所，而市井人物活动又反衬出名胜的市井色彩。东京话本描绘了当时东京的多种社会民俗：节日民俗为故事发生提供了特定的时空框架，也使叙事本身濡染了市井节日情调；婚嫁习俗则以场景形式再现了市井东京的嫁娶风貌；而宫廷贵人、未发迹的英雄和落第士子、市井细民、市井义士和无赖等，则展示了东京市井人物的层次类型。它们为我们了解北宋的东京习俗、东京社会民众心理和东京的市井文化保存了丰富的资料。张鸿声、吴鹏《国家性与地方性：开封城市叙述的两种文本传统》（《郑州大学学报》2012 年第 6 期）认为，从北宋到 20 世纪，文学中的开封城市叙述存在两个传统，即国家性的帝都叙述传统和地方性的市井叙述传统。两种传统和开封的城市地位相联系。一般情况下，城市兴盛时突显其地方性传统，而城市衰落时则重视其国家性想象，凸显帝都叙述传统。夏明宇《行走的景观：宋元话本小说的空间意象》（《暨南学报》2013 年第 3 期）指出，宋元话本小说记述普通市民的日常生活与绮丽梦想，敷演他们的悲欢离合与辗转辛苦，其中有关行走的叙事主题犹为市民所关注。宋元话本小说中的行走景观主要有桥、城门、旅店等，这些空间意象在故事中分别发挥了空间连通与叙事衔接、空间分隔与叙事离合、空间栖止与叙事转折等空间叙事功能。桥、城门、旅店等空间意象积淀着深厚的民族审美经验，使得古典小说的诗性叙事成为可能。夏明宇《葫芦与双环：宋元话本小说的空间结构》（《河南师范大学学报》2012 年第 2 期）提出，宋元话本小说的空间结构具有“葫芦格”的外部结构与“双环”式的圆形内部结构，“葫芦格”结构包含构成隐喻关系的“头回”与“正话”，“双环”圆形结构包含物理空间与心理空间及其“圆满”与“非圆满”两种形态，它们共同缔造了话本小说的结构模式与美学特征。

宋元话本小说与诗词、唐传奇、明清小说等其它文学形式的关系也受到研究者关注。郑永晓《都市文化视阈中雅俗两种审美倾向的交汇与融合——以宋元话本中的词为例》（《长江学术》2013 年第 4 期）以程毅中先生所辑《宋元小说家话本集》为依据，对现存比较可靠的宋元话本中的词进行分类排比，认为词之入“话（本）”，类似于诗歌创作中的“以诗为词”，有开拓境界、提升格调之功，在一定程度上而言是以雅入俗，以雅化俗。雅俗两种文化倾向在话本中的交汇与融合，正显示了包括士大夫在内的都市文化的多元形态，以及市民阶层对雅文化的崇拜与向往。梁冬丽的专著《话本小说与诗词关系研究》（中国社会科学出版社 2013 年版）立足于话本小说文体本身，研究“话本小说”与所引入“诗词”的“关系”，而非话本小说中的“诗词”，力图全面、多角度地分析话本小说与引入诗词的纵向发展脉络和内部关系，说明二者之间的独特性所在。作者认为，话本小说与所引入之诗词，在体制、编创方式、叙事方式变更发展的共同作用下，经历了“离－合－离”的轨迹。王功双《话须通俗方传远，语必关风始动人——以〈京本通俗小说〉为例谈短篇白话小说与诗词之关系》（《佳木斯教育学院学报》2012 年第 4 期）认为，短篇白话小说中运用诗歌，既是延续传统的表现，也体现出两方面的改变：一是宋词的加入，这是词的特性与词在宋代繁荣的结果；二是诗词的世俗化、明了化，这是为了百姓更加喜闻乐见。可以说，宋代白话小说与诗词既相结合又相妥协。如果说唐传奇中小说与诗歌是相映生辉，那么在宋代短篇小说中诗词与小说就是相映成趣。而这趣又多指世俗之趣，与当时的风情习气息息相关。韩洪波、崔常俊《融诗于史——宋元讲史平话引用诗词韵语考察》（《河池学院学报》2012 年第 6 期）认为，宋元讲史平话征诗入史，是诗骚传统在说话艺人那里引起的回声，是说话艺人意欲炫耀其博学多闻的表现，并借以提高通俗小说在文学殿堂的地位，又是用来评判是非、以示劝惩的手段。

程毅中《〈三国志演义〉与宋元话本》（《文学遗产》2012 年第 2 期）提出，《三国志演义》是以宋元时代“说三分”讲史话本为基础的，但它又曾吸收了其他讲史家和小说家话本的素材和其他文化资源。从书中某些故事和诗赞可以看出《演义》与书会才人和民间说话人的传承关系。刘永红、李玲玲《唐传奇与宋元话本的叙事时间比较》（《石家庄学院学报》2012 年第 4 期）和《唐传奇与宋元话本的叙事主体比较研究》（《廊坊师范学院学报》2012 年第 3 期）从时间、主体等叙事要素对宋元话本和唐传奇进行比较。前者认为，唐传奇继承史传追求真实的传统，在叙事时间方面，多采用缩写、省略等手法提高叙事效率；宋元话本的叙事时间以客观时间线索为基础，以顺叙为基本的叙事手段，按照底本时间（故事时间）循序渐进地讲述事件。后者指出，唐传奇继承史传追求真实的传统，把具有真实姓名的一系列角色安插到叙事活动中来，从而达到史实性和权威性的效果；宋元话本由叙述者和说书人共同承担叙事功能，并在叙述中借助大量的指点干预和评论干预，开始有意识地展现讲述的虚拟性。

研究者还对宋元小说的类型意识、文体渊源、话本结构、文化意蕴以及人物形象等进行探讨。王同舟《论宋元小说的类型意识》（《长江学术》2013 年第3期)着重探讨宋元时代如何区分小说的下属类型,并连带探讨这种区分中表现出来的对于小说文体自身的类型意识。论文认为,宋元时代大体根据是否具有叙事性,是否以语言为媒介两条标准来划定"说话"的范围。这种分类的方法,表明当时对小说叙事性特征有了认识上的提高。文章继而探讨了宋元"讲史"类型小说的规范问题,着重说明它与别一类型"小说"在虚构问题上并无严格差别。在宋元之际出现了以具体类型之一的"小说"概念来涵盖小说文体的趋势,这种趋势意味着对小说文体虚构性认识上的进展。关于演义这一概念及其文体的生成,目前学术界认为是渊源自儒家学者对经典的阐释。李金松《演义及其文体生成的佛经渊源》(《人文杂志》2013年第4期)认为,成为后世章回体小说代称的演义这一概念及其文体的生成,渊源自佛经,是由佛教法师向广大民众宣传佛经经义的俗讲发展而来:俗讲将佛经的文体传导给话本小说,话本小说又将自俗讲传导过来的佛经文体传递给讲史的平话,最后在讲史平话基础上形成演义体章回小说。常鹏飞《"明确头回"与"隐藏头回"——浅析宋元话本小说中的"头回"》(《周口师范学院学报》2012年第3期)认为,"头回"是话本小说的一个组成部分,较多地出现在宋元话本中,可以分为"隐藏头回"和"明确头回"。论文分析了"头回"出现的原因以及表现形式,借此简要分析宋元小说的叙事特点。刘玉红《〈花灯轿莲女成佛记〉的佛教意蕴》(《暨南学报》2013年第8期)认为,《花灯轿莲女成佛记》话本的内容是佛经中的"龙女成佛"和"莲花色女成佛"故事的移植,其主旨是宣传《妙法莲花经》的功德,话本的性质是宋代的"说经"。梅东伟《宋元话本中的媒人及说媒场景》(《洛阳师范学院学报》2012年第10期)指出,媒人是宋元话本小说中的重要角色,他们有着鲜明的群体特征,同时也是小说中的"结构性人物",对小说故事情节的发展起着重要作用。宋元话本中还有不同类型的说媒场景,说媒场景对于人物形象的塑造、话本小说市井氛围的营造和情节的发展有着不容忽视的功能。

研究者还对作家作品和文学艺术形式进行考辨。朱刚《宋话本〈钱塘湖隐济颠禅师语录〉考论》(《西南民族大学学报》2013年第12期)提出,明隆庆刻本《钱塘湖隐济颠禅师语录》实为话本小说。与有关道济禅师以及南宋禅林的可信史料相比对,我们可以修正该刻本的一些文本错讹,进而推断话本关于济公家世和生平基本履历的叙述符合史实。话本涉及的临安高僧群,多数实有其人,有关他们的叙述虽经过一定程度的改编,但这种改编准确地反映出南宋禅林的人事背景，并非后人所能措手。话本还涉及众多“太尉”，其实际身份应是南宋的贵戚、武官，且太尉如此之多，乃当时特有之现象，话本的有关情节自然也是宋人所编。故从内容而言，这基本上是一个宋话本。罗筱玉《〈新编五代史平话〉成书探源》（《文学遗产》2012 年第 6 期）认为，有关《新编五代史平话》的题材来源、编刊年代等一些基本问题，至今仍存在歧误，更缺乏对其文本层面的进一步深入研究。论文将《五代史平话》置于雅俗文学、文化的整体系统中来考辨这些基本问题，认为该平话主要取资于《资治通鉴纲目》而非《资治通鉴》，为元代下层文人新编刊印而非宋人旧编元人增益刊行；编刊时间不会早于宁宗嘉定十二年，可能在元至大三年至元至治间。在此基础上，论文进一步逆探其成因，推测其可能是在元代文人学术上渐宗程朱理学、史学上更重《纲目》研究、文学上提倡“宗唐得古”的雅正风尚等几个方面的综合影响下编纂而成。张正学《鼓子词与话本是“说唱”的吗？》（《求是学刊》2012 年第 4 期）提出，长期以来，学术界普遍认为鼓子词与话本都是有说有唱的说唱文学，主要依据就是《元微之崔莺莺商调·蝶恋花》与《刎颈鸳鸯会》两篇作品。然而这两篇作品是“合并而成”的，因此无论是从鼓子词与话本本身看，抑或是从众多的与之相关的文字记载看，鼓子词都是只唱不说的，而话本则都是只说不唱的。如果要笼统地说鼓子词与话本是说唱文学是可以的，但要说它们都是有说有唱的说唱文学，却是错误的。庆振轩《“说参请”考释——“说参请”源流研究系列之一》（《长江大学学报》2012 年第 2 期）认为，对于宋代说话中的“说参请”，由于资料的缺失，历来聚讼纷纭。“说参请”由佛门禅堂说法问答而来，是带有宗教性的特种说书，旨在借佛门参禅悟道，劝俗化愚，弘扬佛法，《青琐高议》相关篇目可以为据。

2. **文言小说研究。** 文言小说研究包括宋传奇和笔记小说研究。在宏观研究方面，研究者探讨了艺术体制、作家心态、人物形象以及文言小说与科举的关系等。刘正平《笔记辨体与笔记小说研究》（《杭州师范大学学报》2013 年第 6 期）指出，“笔记小说”是中国古代小说文体中备受争议的研究对象。该概念提出伊始，即因界定不科学、运用不规范而造成了一定的混乱。鉴于“新笔记小说”兴起，因而否定乃至取消“笔记小说”的做法，并不符合文学发展规律和小说研究的需要。梳理笔记小说研究史，科学界定其概念，区分其与笔记及其他小说文体的关系，明确其文体特征，限定其收录范围，确立笔记小说的文体独立地位，对于推进笔记和小说的研究，均十分必要。另，关于笔记小说概念的研究状况，可参袁文春《百年来笔记小说概念研究综述》（《学术界》2012 年第 12 期）。时娜《试论宋传奇的"文备众体"》（《理论界》2013 年第 3 期）认为，"文备众体"是指传奇小说中兼有史才、诗笔和议论，既有史传文学的叙事性和诗歌韵文的抒情性，又有一定的训诫意味。宋传奇延续了唐传奇的这一艺术体制，但又有所不同："史才"方面，宋传奇敛起绚烂的意想，重归平实与简洁，这体现在"征实"的创作观念和平淡的情节及语言两方面；"诗笔"方面，虽然宋传奇作品中夹用的诗歌并不少，但作者的根本意图并非抒情，而是通过故事来讲道理，因而作品整体的诗意色彩黯淡了许多；"议论"方面，宋传奇篇末议论的训诫意味更强，也更具现世意义。王庆珍《宋代传奇作家的文化心态》（《文艺争鸣》2013 年第 12 期）指出，宋代传奇作家常常把他们拯时济世的愿望、伤时悯世的情怀和满腹愤懑之情表现在小说里，而表现方式上又常常托言天宫仙境等极具浪漫色彩的空间，把现实中无法实现的梦想敷衍成一场人神奇遇，以获得暂时的慰藉。智宇晖《宋传奇中的复仇女性形象论》（《成都理工大学学报》2012 年第 5 期）认为，宋传奇中塑造的复仇女性形象，感情执着浓烈，复仇行为果决有力，此种精神一定程度上偏离了宋代理性精神的轨道。然而偏离是有限度的，女性的复仇，无论是为着爱情、家庭，还是压迫，都没有脱离时代文化意识的束缚，更没有形成与现存制度的对抗。宋传奇作家把她们的行为纳入封建伦理的框架之中进行评价，极力突出女性复仇的现实合理性。罗昌繁《北宋初期笔记小说中的五代十国君臣形象》（《许昌学院学报》2012 年第 4 期）提出，现存北宋初期笔记小说中有关五代十国君臣形象的记载较多，其中君王形象大致可分为雄勇谋略型、节俭勤政型、骄奢淫逸型、风流才子型；官吏形象大致可分为风流放旷型、质直多才型、韬光避世型、英勇善战型。君臣关系也大致可分为君明臣贤和睦型、君臣享乐和谐型、君疑臣忌紧张型。这些德行性格或同或异的君臣形象，是兵燹频生而又浮华精彩的五代十国时期的一道特殊风景。张会《科举背景下宋代文言小说的变迁》（《社会科学家》2012 年第 2 期）认为，宋代科举扩大了录取名额，实行殿试、锁院、糊名等制度，导致社会价值观念和审美观念的变化及文学风气的转变，直接促使宋代文言小说较之唐代发生根本性转变，体现出世俗化、道学化、生活化以及热衷创作轶事小说等特点。

在作家作品的研究方面，《夷坚志》仍然是最受关注的文言小说。孙逊、朱洁《〈夷坚志〉中的"乡民"描写及其文化阐释》（《复旦学报》2013 年第 3 期）

指出，在以往的中国古代小说研究中，我们的关注点主要集中在市民视角上，而基本忽视了对乡民故事的考察。洪迈《夷坚志》中乡民人物类型众多，故事题材丰富，可谓中国古代小说乡民描写之集大成者。具体分析这些有关乡民的作品，不仅可以看出在传统农业社会中人口基数最大的这部分人的生存状态，而且可以进一步探讨我国民间社会的教化观、信仰观和道德伦理观。袁文春《〈夷坚志〉的价值策略：传录的客观性强调》（《西南交通大学学报》2013年第3期）认为，中国古代小说以经史价值为度量标准，导致小说的艺术追求与价值追求不一致。而小说的虚构本性与经史所要求的真实性相背离，则造成了小说家的虚构困境，这种困境在洪迈的小说思想中得到了明显体现。洪迈历六十年才编成《夷坚志》，故对其价值问题特别关注。为了使《夷坚志》具有补史性质，洪迈有意识地强调素材传录的客观性，为《夷坚志》谋取存在的价值空间。王子成、秦川《小说与新闻之间：〈夷坚志〉故事的文体特征》（《九江学院学报》2012年第1期）认为，《夷坚志》故事的文体，是介于古代小说与现代新闻之间的。这具体表现为：无论叙事者怎样不断变换手段，或竭力赋予真实故事的文学性，或设法增强荒诞故事的真实感，都只能使得故事的叙事介于真实与荒诞之间，使得故事文体介于小说与新闻之间。王翠《从〈夷坚志〉看宋代僧人活动空间》（《许昌学院学报》2012年第4期）认为，南宋洪迈所作《夷坚志》记述了北宋末年至南宋初年的社会百态，其中关于僧人的记述尤为丰富，书中描述的僧人活动空间非常广泛，社交比较活跃，从事活动丰富多样，对此时人亦有不同议论。通过对该书相关记述的梳理，以更好地了解两宋时期的社会状态，尤其是该时期僧人群体的形象。

《太平广记》《青琐高议》等也继续受到关注。袁文春《宋太宗诏修〈太平广记〉主旨新探》（《中南大学学报》2012年第1期）认为，关于宋太宗诏修《太平广记》的意图，有消弥五代士怨与娱乐休闲两种主要观点。考察《广记》的内容和宋初的文化语境，则会发现宋太宗诏修《太平广记》实际还隐藏着更为重要的“神道设教”政治意图。盛莉《〈太平广记〉篇目考辨三则——以韩藏〈太平广记详节〉为校勘依据》（《中南大学学报》2013年第6期）指出，《太平广记详节》为朝鲜时期集贤殿文人成任编纂的一部《太平广记》的选本，所据《太平广记》底本为宋本，具有珍贵的文献价值，今存韩国。论文根据韩国学者整理的《太平广记详节》篇目卷次，考辨了现存《太平广记》篇目三则。杨敬民《论〈诗话总龟〉对〈青琐高议〉的采摭》（《古籍整理研究学刊》2013年第6

期)提出,阮阅《诗话总龟》广收古今诗话和笔记小说,对于小说的辑佚来说,具有重要参考价值。论文通过文本对勘,直接反映了《诗话总龟》对《青琐高议》的采录情况,据此可以了解《诗话总龟》是如何对《青琐高议》中小说及诗歌进行编辑处理的。《诗话总龟》《青琐高议》中诗歌存在大量的异文,通过相互参考可以择其善者,对于小说和诗歌的校勘、补阙文、正讹误等具有参考价值。从渊源、体制及创作目的等方面,也说明了诗话与小说的密切关系。

综观 2012—2013 年的宋文研究,从质与量、深度与广度上都取得了不输于宋代诗词研究的成果。从古文的各种体类,到骈文与辞赋,从文学到文论和文献,都受到研究者的关注。无论是文学本位研究,还是文化视角考察,都有很多新的进展。欧阳修 96 封书简的面世及相关研究,是一个文献新发现推动文学研究的典型例子。而从另一方面来说,当文献新发现不能常有时,如何在理论、视角、方法上推陈出新,以不断深化宋文研究,是研究者需要继续思考的问题。

相比宋文研究的方兴未艾,宋代小说的研究可谓每况愈下。尽管在话本研究中引入“空间”视角让人眼前一亮,对话本与其他文学形式的关系的考察可圈可点,在一些文本的考辨上也颇有创获。但总的说来,宋代小说研究从范围、对象到理论、方法,还是较为缺少新意。如何开拓思路,在广泛借鉴的基础上,准确把握宋代叙事文学自身的特点,真正打开一片新天地,对于宋代小说研究者来说,暂时的萧条,既是危机,也有可能是契机。

2012—2013 年金代文学研究综述

李　静　孙赫男

较之于前此数年的金代文学研究而言,2012—2013 年的金代文学研究在深度和广度上日趋精细的势头不减。兹从以下几个方面略作梳理。

一、宏观与综合研究

对金源文化源头的探讨，是金代文化与文学研究的基础所在。薛瑞兆《金代文化的渊源》（《辽宁工程技术大学学报》2013年第1期）一文梳理了金代文化的形成基础和产生源头。文章认为，金代文化是以中原传统文化为基础，融入女真、渤海、契丹等北方民族的文化，是由中原、燕云、东北及西北的各族人民共同创造的。金代文化丰富多彩，既是中华民族历史文化的重要组成部分，又带有多元民族文化的特征。金文化有别于辽朝，也不同于两宋。金文化具有突出的开放性与包容性，文华斑斓，灿然可观。金文化能够超越渤海与契丹，实现后来居上，一是以更加自觉的姿态吸收中原文化；二是充分利用渤海与契丹的成功经验发展自己；三是在灭辽克宋过程中，重视和网罗一切有用人才，“借才异代”，使自己站在一个较高的文化起点向前发展；四是通过各种途径向南宋学习。牛贵琥《金代文学与金代社会》（《辽宁工程技术大学学报》2012年第6期）则从金代社会的复杂性这一角度探讨了金代文学各个时期的不同特征，认为，特殊的社会必然造就其文学的特殊性。在分析金代社会的基础上来理解金代各个时期的文学现象，旨在寻找出正确的研究方法。金之侵宋使金初“借才异代”人士的作品内容单调、意旨晦涩；金代文士政治地位低下，使其作品所反映的社会面十分狭窄；金代以科举为衡量人才的标准，使文学创作形式主义泛滥；金代统一区域文化的形成，促成文学观念的转变。而牛贵琥、秦琰《论金代文学的叙事性与俗化倾向》（《山西大学学报》2012年第1期）一文，将关注的目光聚焦于金代文学的叙述性与俗化等特征上。文章认为，金代末年一些知名文士将写作重点放在叙述史实的作品上，诗歌之中也表现出明显的叙事化倾向。金代诗人自然平易的风格和曲的美学追求相一致，还采用俗语进入诗文。因此，研究金代文学就成为正确理解和评判元代文学的基础和关键所在。章辉《师从之争：金代文学创作论探析》（《太原师范学院学报》2012年第6期）则是从创作论的角度探讨了金代文学的特征。认为，金代文学创作论贯穿着“师古”与“师心”之争。师古派的赵秉文师唐求意、崇尚忠厚之气；元好问则上追风雅，力主儒家中和之正，成为明代复古派的前身。师心派的李纯甫、李经主张以心为师，不蹈前人，对于纠正创作中缺乏创新的弊端有重要意义，开启了明代性灵派的先河。

近年来文学的家族性群体研究方兴未艾，杨忠谦《金代文学家族的空间流动与文学交流》(《北方论丛》2012 年第 1 期)与李卫锋、张建伟《金代状元家族与文学》(《辽宁工程技术大学学报》2012 年第 6 期)二文，即是从家族的角度对金代文学给予的观照。前文认为，在女真政权封建化的进程中，影响金代政治、经济、文化走向的金代士族因为战争、移民、迁都，以及科举仕进、朝廷党争、士人贬官隐居等原因造成空间流动，形成了与金源文化向金代文化发展相伴随的社会文化现象。总体来说，家族流动一方面增强了家族文化的影响，带动了多元地域文化的互动交流；另一方面也从整体上提高了金代文化、文学的发展水平。后文梳理了在金代科举兴盛背景下，出现的刘㧑、孙九鼎、张行简、杨云翼、阎长言等七个状元家族。这些状元虽然科场夺魁，但总体上文学成就不高，反映出金代科举未能选拔出真正的文学之士，对金代文学的发展存在负面影响。然而，这些状元家族对于文化的传承与普及发挥了重要作用。

至于从文学地理学的范畴对金代文学的把握，则有沈超《金代文学地理形态与文人群体的文化认同》(浙江师范大学硕士学位论文，2013 年)和李亚楠《金元安阳地区文学研究》(山西大学硕士学位论文，2013 年)等。前文通过对有籍贯可考的 317 位金代文学家的籍贯统计得出，金代文学家籍贯分布的地理格局总体呈现出不平衡性和高聚集性的特征。金源境内十九路均有文学家分布，而最集中出现的地区是河东南路、河北西路和中都路。此外，金代文学家的家族优势亦十分明显，已经形成了如浑源刘氏、秀容元氏、丰州“三边”等著名的文学家族。就文学家的动态格局而言，金代文学主要呈现出“三主三副”的地理格局：三个京都文学中心，即前期的上京、中期的中都和后期的汴京，与三个文学的亚中心，即前期的伪齐、中期的南京(汴京)、后期的洛西。而与金代文学地理形态密切相关的，就是文人群体的文化心理。金代文人的主体是汉族文人知识分子，其文化认同的意识也对金代文学产生了重要的影响。后文则专注于对金元时期安阳地区文学的考察。金代安阳变为内陆地区，受其政策影响，当地文人多由科举而仕进，郦权、李澥、韩玉为其中的代表。金末元初的战争造就了郭昂这一能文能武之人才，元代中后期的许有壬在政事与文学两方面成就突出。金元时期来安阳游历隐居者甚多，金代中期王庭筠和末期的杜瑛、田芝、王磐、刘祁等众多文人在安阳的学术文化活动，使得该地成为当时的文化中心之一。元代后期汤阴许有壬家族的圭塘唱和为当时知名的文学活动。刘达科《论金代渤海文学》(《江苏大学学报》2013年第2期)也是一篇文学地理学的研究专文。文章指出，渤海民族文学在金代复兴的历史成因主要体现在政治、文化两个方面。金代渤海民族文学最引人瞩目的特征，就是它突出地反映了中国古代各民族之间在体质、文化方面融合的巨大历史功效和优势。王庭筠是金代最优秀的渤海作家，代表当时渤海文学的最高水平。李、张、高、王四大文学家族的出现，在渤海文学史上有十分重要的意义。渤海民族文学是中国古代多元一体、优势互补的文学格局中的有机组成部分。渤海民族文学之外，亦有探讨契丹人文学的论文，如夏宇旭《略论金代契丹人的文学与绘画成就》(《黑龙江民族丛刊》2013年第5期)等。

此外，李舜臣《辽金元佛教文学史研究刍论》(《武汉大学学报》2012年第2期)则关注了独特的文学品类——佛教文学在辽金元三代的发展。文章认为，目前关于辽金元佛教文学的研究还存在两个明显的缺憾：(1)研究者主要侧重于诗歌方面，佛教的塔铭、忏悔、颂赞、偈颂、拈古、颂古、评唱等文体几乎未能涉及。(2)研究者关注的主要是汉语佛教文学，很少顾及藏语、蒙语佛教文学。文章同时指出，佛教文学史与一般文学史相比，应是同中有异，异中有同。首先，任何文学史都应以清理文学文献、史实，描述文学发展的风貌，探索文学发展规律为旨归。佛教文学史的撰写当然也应承担这样的使命和任务。其次，佛教文学与世俗文学相比，除表现内容、情感特征等方面存在差异之外，其文体、语体等形式也具有自身的特色。

二、诗歌研究

金源一代各体文学中，诗歌成就较为突出，故而研究成果亦较为丰硕。查洪德《辽金元诗歌的研究成就与未来的任务》(《北京大学学报》2013年第5期)一文对十一卷本《中国诗歌通史》(辽金元卷)的成就进行了梳理，同时认为在辽金元诗歌研究中依然存在着一些认识上的偏见，因而研究依然任重而道远。张晶《生机与汇流：民族文化交融中的辽金元诗歌》(《辽宁工程技术大学学报》，2012年第2期)亦是将辽、金、元三代诗歌创作作为整体，看作中国诗歌史上不可分割的一个重要段落，也是为中国诗歌史带来活泼生机与特殊样态的独特存在。广义的辽金元诗歌，包括了诗、词、曲这几种不同的诗歌样式，它们并不是既成的东西，而是在生成和发展之中呈现出的状貌。以狭义的诗来看，辽金元诗歌是呈现了一个由生新走向成熟的过程，但它不同于以往的生新与成熟，它们裹挟进相当多的新质——文化的新质。文章还从民族文化的角度探讨辽金元诗歌研究的新意，指出辽、金、元三代诗歌的发展都是文化交融与互动的结果。具体可概括为：辽诗展现的是面目生新的样态；金诗在流变中发展；元诗在文化汇流中完善。作为诗的大家族中的重要成员的散曲和词，在金、元时期开拓了前所未有的局面，词曲作为一种新兴的诗歌样式，足以使元代在文学史上熠熠生辉。

王辉斌《金源时期的诗派述论》(《重庆教育学院学报》2012 年第 1 期)一文以诗派为着眼点，考察了金代的诗歌创作。认为，以北方游牧文化为主体文化的金代，其诗派的发展与嬗变各具特点。金初的“借才异代派”，主要由一些身处异国的“望乡诗人”所组成，浓厚的“南恋”情结，构成了其诗歌最为明显的特点。崛起于金中期的“国朝诗派”，为金代文学的真正代表者，其诗歌的风骨与气派，大都具有鲜明的北方文化特征。以元好问为代表的“金末丧乱诗派”，目睹了蒙古灭金的全过程，因之跳动于他们诗歌中的脉搏，几乎都与这一历史事实密切相关，而其“丧乱诗”，则可与杜甫“三吏”、“三别”等“诗史”之作媲美。从佛禅的角度对金代诗歌进行解读的专文，则有刘达科《金朝文人佛理禅机诗解读》(《辽东学院学报》2012 年第 1 期)与孙宏哲《文士禅心与金代寺院游观诗》(《黑龙江民族丛刊》2012 年第 5 期)等。前文认为，佛教尤其是禅宗的盛行，对金朝文人阶层的精神生活产生了十分深刻而显著的影响。当时在佛学禅法方面造诣颇深的儒者、士大夫们创作了很多表达佛理、蕴含禅机的诗作。它们典型地反映了 12 至 13 世纪初中国北方文人把握佛禅哲学的水平。董文甫《秋夜》、卢启臣《和赵元发、刘师鲁葛藤韵》和方山野人《灵岩即事》渗透着浓重的佛禅意识，是文人染佛涉禅诗作的代表性篇什。它们虽旨在宣扬宗教理念，但在艺术表现方面也不同程度地体现出一定的审美价值，反映了本时期广义佛教文学的发展水平。对它们进行深入分析，可从特定层面揭示金朝文学与佛禅联姻的内涵。后文则从寺院特定物境引起的佛禅之思，与僧交往、羡僧慕禅之作，浸染佛禅感悟的山水之美，深受佛禅影响的艺术表现特质等四个方面论述了金代文士的寺院游观诗，认为其价值在于凝聚了佛禅文化特质,多维度、多层次地展现了金代文士丰富的心灵世界,体现了金代文士儒释人生观的整合与交融。

至于金代诗歌的个案研究,则从元好问等一流的诗人推及到赵元、李俊民、刘祁等更为普泛的诗歌创作群体。辛昕《元好问在金元易代时期的诗歌创作及影响》(辽宁师范大学硕士学位论文,2012 年)聚焦于元好问金元易代时期这样一个时段的诗歌创作与影响。论文论述了元好问《论诗绝句三十首》反映的诗学思想倾向及在金元易代时期的诗歌创作,结合丧乱诗与表现遗民心态的诗歌,分析其心理、情感以及诗风嬗变的原因,并通过南北自然、社会、人文环境差异的比较,揭示了元好问在金末元初的独特地位及贡献。韩亚男《光阴连病枕 天地一愚轩——金末诗人赵元及其诗歌简论》(《晋城职业技术学院学报》2013 年第 6 期)一文认为:赵元是金末诗坛较为出名的重要诗人,为金末诗坛的发展奠定了坚实的基础。赵元壮年失明,生活在社会底层,又值蒙古入侵,避乱南渡,最后在贫困、寂寞中客死他乡。其诗作充分展示了金末这一不幸时代下人民所承受的各种灾难以及他自身在暮年晚景时的种种悲苦和无奈。诗歌的艺术特征因诗人人生境遇的转折而改变。前期主要师法杜甫,以现实主义为诗歌创作的主导风格;后期则追慕陶渊明,以淡泊自然为诗歌的主要格调。张哲《金代诗人李俊民题画诗刍论》(《集宁师范学院学报》2012 年第 3 期)则是以李俊民的题画诗为关注对象。认为,李氏题画诗情感内容丰富,借画抒怀,或展现羁旅之思,或凝聚感伤之情,或吟咏隐居之乐,或抒发深远之慨。在艺术追求上,他景中寄情、巧妙用典,语言风格多样化,具有鲜明特色。李俊民的题画诗无论是情感内容还是艺术倾向无不镌刻着金末的时代印记,代表了金末题画诗创作的主导倾向。杜成辉《刘祁诗歌述论》(《商丘师范学院学报》2012 年第 5 期)对金末的诗歌创作进行了梳理,认为刘祁主张诗歌创作以唐人为法,其传世诗歌具有典型的唐诗风格。他首先提出了"唐以前诗在诗,至宋则多在长短句,今之诗在俗间俚曲"的观点,在文学发展史上具有重要意义。

诗歌研究中,以接受学的方法对金代诗歌进行考量,亦是一重要途径。胡正伟《以唐、宋诗接受为核心的金元诗坛风貌及其价值发微》(《内蒙古社会科学》2013 年第 6 期)一文认为,金元诗歌在发展历程中表现出对唐、宋诗积极接受的倾向,先后出现了"苏学盛于北"、"举世宗唐"等诗学现象,形成了独特的诗歌风貌。对前代诗歌的接受是金元诗歌思潮的重要组成部分。刘福燕、延保全《金代南渡诗人对陶渊明接受摭析》(《西北农林科技大学学报》2013 年第 1 期)与刘福燕《金代南渡诗人对唐诗接受考察》(《甘肃社会科学》2012 年第 4 期)二文集中于金代南渡诗人对于前代的接受。前文认为,金室南渡以后,与当时特殊的社会历史背景相适应,南渡诗人在诗学视阈之下对陶渊明的高洁人格给予评价;对陶诗的现实精神进行审视;此外,南渡诗人对陶诗的美学品质亦大为推崇和效仿。这种异代共鸣在很大程度上既体现出接受史上的普遍性,又表现出特定文化建构和时代背景下接受心理的特殊性。后文则指出,金代南渡诗歌具有自身独特的审美倾向,即对唐人诗风的推崇与合理继承、对唐代现实主义创作精神给予发扬以及对唐诗艺术表现成果的借鉴与吸纳。这种异代共鸣不仅体现出接受史上的共性成果,而且也表现出文化建构和时代背景下接受心理的自身特点。段少华《元好问诗歌对陶渊明的接受》(《忻州师范学院学报》2013 年第 1 期)与张小侠《陶诗对党怀英诗歌的影响》(《长江大学学报》2012 年第 12 期)二文则关注元好问和党怀英等人对于陶渊明及其诗歌的接受。前文认为,元好问诗歌对陶渊明的接受,主要有三方面:在思想方面,向往淳朴的上古社会,秉持自然真淳的人生观,鄙弃官场,向往隐逸,同情下层人民;在美学方面,元好问接受了陶渊明"自然真淳"的美学原则、以韵味见长的风雅传统;在意象方面,或直接引用了陶渊明诗歌中的意象,或赋予其新意。元好问对陶渊明的接受,既有时代现实方面的原因,也有自己兴趣爱好方面的原因。后文则指出,作为金代中叶文坛著名的领袖级人物,诗人党怀英接受并继承了陶渊明的人格与诗歌风格。党怀英的诗歌在意境营造、心境表达、审美选择以及语言风格方面都有着陶渊明式的文学特征,具有高情远韵的创作趋向。

三、词与诸宫调研究

在金代文学研究中,词学研究的成果亦较为突出。就中对元好问词的研究所占比重甚大。这两年学者在对元好问词作艺术风格研究的基础上,更关注到了元好问词对前代的接受。刘扬忠先生《元好问对辛弃疾其人其词的接受和学习》(《忻州师范学院学报》2012 年第 3 期)一文,具体探讨了元好问对辛弃疾其人其词的接受。认为,元氏对稼轩其人的接受:元辛二人有共同的文化基质和相近的政治理想，他们都认同华夏文化，都反对民族分裂，赞同国家重新统一；元好问对辛弃疾其词的接受：首先是二人有共同的词学基础，皆学苏轼词风。二人皆崇尚北方豪雄之风，且有相似的人生遭遇和时代背景，所以辛弃疾更能得到元好问的认同。再者是元好问作词之所以崇尚苏、辛，还与他的词学主张密切相关，即主张在词体文学中张扬阳刚之气与英雄之志。元好问词作对辛弃疾的接受，从题材的内容、风格情调、遣词用语和意象的使用上，都有具体的反映。刘玉华《论宋金背景之下的元好问词与辛弃疾词》（山西大学硕士学位论文，2012 年）与李姣《论元好问容受稼轩词的特征》（吉林大学硕士学位论文，2012 年）亦以元好问与辛弃疾作为比较对象。而李世忠《元好问对苏轼词的接受》（《贵州文史丛刊》2013 年第 2 期）则探讨了元好问对苏词的多方面接受：他借鉴苏词语汇，化用苏词词韵、语典，在语言形式、抒情精神等方面借鉴、学习苏词，从而将自己所经历的宦海沉浮乃至国破家亡的痛苦形诸于词。元好问对苏词的接受，客观上反映了金元时期南北文化融合的大势。黄春梅《论元好问对宋词的继承与创新》（《长春师范学院学报》2012 年第 2 期）与于东新、张丽红《对宋词“有偏斜度的超越”：从遗山词看金词》（《北方民族大学学报》2013 年第 6 期）二文，则关注了元好问对宋词的继承与发展。前文认为，元好问在词的词风及自然山水空间、情词审美范畴上的开拓，扩大了词的审美空间和审美趣味。在宋词基础之上的继承和创新，使元好问成为集金词之大成的大家，在宋词对金词的熏染以及金词对宋词的吸纳过程中，起到了整合、创新甚至提升的作用。后文则谓，遗山词继承了宋词之言情传统，然又不为宋词所囿，其抒情豪迈苍凉，慷慨率直，情辞恳切，具有元氏自我面目。在体制上，元好问推尊“东坡体”而成金词之“正体”，改造“宫体”而为新体宫词。在风格上，元氏既有本于苏、辛的“遗山壮词”，又“不尽为苏氏余波”。究其成因，多民族文化融合不仅是金词发生的背景，更是其发展的动力，遗山词充分体现了金词对宋词“有偏斜度的超越”。对元好问词的艺术风格的考察，则有牛敏洁《论〈遗山乐府〉的艺术风格》（山西师范大学硕士学位论文，2012 年）与侯芳宇《遗山“丧乱诗词”比较论》（吉林大学硕士学位论文，2012 年）等。

在对金词影响因素的考察中，宋人的作用也经常被纳入研究者的视野。彭国忠《弱势外交下的宋代使金词》（《安徽师范大学学报》2012 年第 6 期）一文认为，弱势外交下的宋代使金词，缺少宏大叙事，而多个人书写，主要抒发使者羁旅孤寂之感、佳节为客之愁、岁月流逝之叹、北方的荒寒之感，表达他们对故国繁华与文明的追忆，对访梅赏花的回忆与渴望，以及家山乡关之思。与居者的和作、送行词相比，使金词整体缺失慷慨意气。延保全、王琳《两宋行人对金词创作的影响》（《山西师大学报》2013 年第 6 期）一文认为，宋、金通过互遣行人使者来维持两国和平交往的局面，使行人成为沟通南北的桥梁。宋金遣使中有大量文人使臣，使宋金行人在出使过程中必定会有一些文学活动和文学创作。北宋行人开启了金代词运，为有金一代词的创作夯实了基础，树立了标杆，为金初词坛的建设做出了极大贡献。南宋行人的“使金词”别具特色，以出使的见闻感受付诸词章，其词大多作于北方，有利于词作在北地流传，与本土金词相互交流，进而对金词的创作产生了一定的影响。金源行人在出使过程中也当有词作诞生，以纪行、写景与抒怀三大主题，聊寄情怀。由此可见，两宋行人对金词创作有着重要影响。胡梅仙《“苏学盛于北”与金词的发展历程》（《长安大学学报》2013 年第 1 期）一文则从大定、明昌词的时代、地域、多元民族文化背景论述了“苏学盛于北”与金词的发展历程，即苏学在金的传播、苏轼“随物赋形”的理论和创作实践对金词的巨大影响、金词坛对苏学超然旷逸神韵的承继和金初蔡松年与金中期赵秉文以及金元之际的元好问对苏学选择性的承继。分析认为：金文坛的发展既是苏学传播的过程，也是苏学在金的发展和不断被选择的过程；金文学与其说承继的是苏轼的诗词传统，不如说承继的是苏轼学说中所表现出的向四面破出的多重思想。周敏《金代苏轼诗词的传播方式研究》（沈阳师范大学硕士学位论文，2013 年）则从学术传播、诗词创作传播和师承传播三个方面考察了苏轼诗词在金代的传播。

金词研究中，道士词人群体成了这两年硕士学位论文研究的主要对象，邵琰泽《全真七子词在宋金俗词流变中的作用》（宁波大学硕士学位论文，2012 年）一文认为，作为全真道士的代表——全真七子，不仅总结了北宋中前期和晚期的俗词创作成果，还通过自己的创作实践促使金源俗词发生了质的飞跃。受北宗词派的影响，七子不但更深层次地引用民间俗语，还进一步扩大了俗词的功用，最终在俗词和曲之间搭起了一座桥梁。时培富《金代全真道士词用典探论》（吉林大学硕士学位论文，2013 年）对金代道士词的用典类型予以界定划分，具体分析其用典的文学特征和运用形态，探讨了道士词用典的内在特征、功用、缘由与隐喻功能。虞晨《王喆及其词作研究》（山西师范大学硕士学位论文,2013 年)一文对王喆所属的朝代问题进行了考证,从王喆吸收儒释思想、对女色的疏离态度和视钱财名利如粪土三个角度论述了王喆的思想特征,并从趣味性的形式、俚俗化的语言和丰富的哲理性三个方面对王喆词作的艺术特征进行了分析。陶秀真《王重阳诗词研究》(鲁东大学硕士学位论文,2012 年)一文讨论了王重阳以诗词为传道的主要方法,介绍了王重阳诗词叹世解惑、思想教义和修行修炼三个方面的主题内容,论述了王重阳诗词的艺术特点。

此外,王毅《悲喜交融的幽默之境:金元俳谐词初探》(《南京师范大学文学院学报》2012 年第 2 期)一文通过对金元俳谐词的梳理、概括、分析,认为与宋代俳谐词相比,金元俳谐词的数量减少,俗化程度也有所降低。金元俳谐词在题材上进一步拓宽,出现了自嘲衰暮与调侃先贤的新题材,这是文人内心情志的丰富表现,是其滑稽玩世心态的戏谑表达。在形式上,由于对稼轩的倾慕,出现了许多戏仿稼轩《沁园春》止酒词的对话体词作。大多数金元俳谐词体现出一种悲喜交融的幽默性。于东新《金代遗民词刍论——以民族文化融合为视角》(《齐鲁学刊》2013 年第 2 期)则考察了金代的遗民词,认为金代遗民词人面对金元易代的现实,心怀家国倾覆之痛,在创作中吟唱着黍离之悲与沧桑之感。而另一方面,遗民词还具亲近山水自然、追求隐逸自适的情感特质。在艺术风格上,遗民词则具有豪迈悲怆与疏逸高旷的风格,这既是对金词审美风格的总结,也体现了金词风格的多样化和丰富性。论其缘由,实是金代 120 年民族文化大融合的结果。正是在此种语境下,遗民词在书写故国之感的同时,又包含了描山摹水之理性达观的情感倾向,而词家不凡的汉文化修养,又使得遗民词兼具豪健与疏逸风格。同时,遗民词的俚俗风格与隐逸内容,也是民族文化融汇的结晶,而这正是元曲的主要文体特征。任雪《李俊民词中的隐逸情怀》(《太原大学学报》2013 年第 4 期)对李俊民现存 69 首词作进行了梳理,认为李词中多为酬赠词和写景词,主要受到陶渊明等隐逸文人的影响,词人在其作品中多表现闲适放旷、高洁平和的隐逸情怀。

近年来诸宫调研究亦渐趋变热,王昊《出土黑水城〈刘知远诸宫调〉作期和著作权综考》(《吉林大学社会科学学报》2012 年第 6 期)一文考定最晚 1100 年代故事已经产生,最后写定年代在金正隆元年至五年(1157—1160),其"著作权"空间归属辽代。冯金忠《虚实之间:〈刘知远诸宫调〉中刘知远形象嬗变的历史考察》(《黄河科技大学学报》2013 年第 5 期)一文认为,俄藏黑水城文献中保存有金刻本《刘知远诸宫调》，与《旧五代史》《新五代史》《通鉴》以及稍前的反映刘知远故事的《五代史平话》比较，便会发现刘知远的形象发生了一个很大的变化：从被贬抑、丑化变为颂扬乃至神化。这一变化具有深刻的社会历史背景，反映了当时在北方民族融合和宋金对峙的背景下民众心理和价值观的变化。杨有山、史盛楠《浅论诸宫调与唱赚的继承发展关系》（《语文学刊》2013 年第 8 期）一文则从音乐体制、题材内容大众化创作倾向、语言风格等几个方面，探讨了诸宫调与唱赚的关系。付燕《西夏文献之〈刘知远诸宫调〉研究》（四川师范大学硕士学位论文，2013 年）从创作时代和作者、宗教文化、人物形象等几个方面进行了探讨，认为《刘知远诸宫调》创作时间为北宋熙宁、元丰、元祐（1068－1094）年间，其创作者正是孔三传这类的山西本土民间说书艺人，受金人改编，后又传入西夏，历经宋、金、西夏三代，它既反映了这一时代的宗教信仰状态，也反映了民间信仰特点；《刘知远诸宫调》的众多人物形象如刘知远、李三娘等，都具有展现历史情境的鲜活样本的意义。

四、小说、散文

金代小说和散文研究主要集中于元好问的《续夷坚志》和刘祁的《归潜志》等。胡传志《〈续夷坚志〉：〈夷坚志〉的异域回响》（《江淮论坛》2013 年第 1 期）一文认为，前人以为《续夷坚志》多记中原陆沉之事，有存史感乱等寓意。实际上，它与《夷坚志》一样，以志怪娱乐为主。《续夷坚志》完成于元宪宗元年（1251），篇幅仅有 4 卷，回归到一般文人写作志怪小说的常态，从而避免了洪书的缺陷，保证了基本的质量，其中一些佳作可以媲美《聊斋志异》。王晓晖《元好问〈续夷坚志〉研究》（首都师范大学硕士学位论文，2012 年）探讨了元好问对洪迈小说观念的认同与发展，阐释了阴阳五行天人感应思想对《续夷坚志》创作的影响，认为《续夷坚志》体现了儒家的仁、孝观念和佛家的果报思想，体现了元好问的故国之思，文章同时分析了《续夷坚志》的叙事风格。肖蓓《〈续夷坚志〉丧乱题材研究》（《名作欣赏》2012 年第 29 期）选取“丧乱”和“民间信仰”两个角度加以分析。

李荣荣《〈归潜志〉研究》（山西师范大学硕士学位论文，2012 年）对《归潜志》不同版本的具体内容差异进行了比勘，归纳出在字词方面诸如字形、人名等五种错误类型。在文献来源考证中，从刘祁个人亲历和闻于他人两方面进行研究，得出了《归潜志》具有给正史提供史料、补充史料不足和订正史料讹误等方面的文献价值的结论，还把《金史》和《归潜志》做一对比，列举了《归潜志》在文献记载失误方面的例子。胡淑慧《〈归潜志〉所录完颜氏文人论略》（《内蒙古电大学刊》2012 年第 3 期）一文以《归潜志》为主，兼以《金史》作参考，梳理金代完颜氏女真文人，勾勒其生平经历，描述其文学、文化活动的基本过程，探讨其个人活动与社会文化发展之间的关系。

此外，魏崇武《论元好问“羁管山东”时期的散文创作》（《广州城市职业学院学报》2013 年第 4 期）一文对元好问散文作了更为精细的划时段研究，认为“羁管山东”时期，元好问的散文创作表现了他的“以文存史”之思、对文化遗产的守望之情、对真情美德的赞颂和呼唤以及对佛道的复杂心态，虽然总体质量上与前一阶段相比略显逊色，但在取材和表现手法上却颇有特别之处，其中以小品短文为佳。和谈《论关西夫子杨奂散文的文献价值》（《西北大学学报》2013 年第 2 期）一文则考察了杨奂散文的历史文献价值。认为，其墓表、碑祭文、传记的文献价值不言而喻，像《跋赵太常拟试赋稿后》《与姚公茂书》之类的序跋与书信，都有证史之实、补史之阙、校正古籍等作用；《汴故宫记》是今天汴京考古和遗址保护的重要研究资料；《东游记》有助于了解元初鲁地古迹的情况；《臂僮记》不仅可补中国科学技术史之阙，而且有助于考证杨奂作品的存佚情况。樊运景《金末杨宏道散文创作的史家意识》（《名作欣赏》2012 年第 5 期）一文通过赋、序中的讽谏意识，记体文中的存史补缺思想，祭文中的史家笔法三个方面，探讨了杨宏道散文创作的史家意识。

五、文学批评

2012—2013 年度的金代文学批评研究依然以元好问等人为焦点。就中，元好问的《论诗绝句》三十首，更是研究者关注的重点。胡传志《元好问与戴复古论诗绝句比较论》（《文学遗产》2012 年第 4 期）一文以戴复古的《论诗十绝》为比较对象对元好问的论诗绝句进行考察。认为，元诗写于前，戴诗作于后。两者相差十六年，都是与其他诗人切磋诗艺的产物，皆具实用性。内容上，元年轻气盛，重在批评他人，告诫自己；戴年近古稀，意在自述体会，教导他人。对论诗绝句的体制局限，戴诗无甚作为，元诗则成功发掘论诗绝句的体制潜能，从而超越杜甫《戏为六绝句》，成为后代广泛效仿的对象。刘淮南《〈元好问论诗三十首〉中评苏诗的问题》（《文艺理论研究》2012 年第 2 期）一文关注的是元好问《论诗三十首》对苏诗的批评。认为，元在肯定苏诗成就的同时又对之作了不当的指责。这种指责的不妥之处在于：将别人的问题归之于苏轼；将政治问题与文学问题混淆在一起；而且对"风雅"的应有内容和实际的发展变化缺乏全面理解。

《论诗绝句》而外，裴兴荣《从〈中州集〉作家小传看元好问的诗学思想》（《江苏大学学报》2012 年第 1 期）则是从《中州集》的作家小传中抽绎出编者的诗学思想。认为，元好问编纂《中州集》时为每一位作家撰写的小传中有大量的评论人选者的精妙文字，蕴含着丰富的文学理论内容，从特定的侧面反映了编者对诗歌创作和诗歌批评的认识。散布于这些作家小传的诗学思想主要体现在知人论世的批评方法、摘句褒贬的批评形式、简明准确的批评术语、广师博采的求学精神、刻苦求工的作诗态度和刚劲野逸的诗歌风格等方面。《中州集》作家小传与《论诗三十首》及其他单篇论诗诗文互为补充，较完整地呈现了元好问诗学观的全貌及其发展、成熟的轨迹。乔晓瑜《元好问南渡与其文学观念之形成研究》（山西大学硕士学位论文，2012 年）一文通过分析元好问南渡经历与其诗学观念的关系，得出元好问诗学观念的形成是时代、个人努力、诗友影响所造就的结论。刘福燕、延保全《元好问、严羽宋诗持论考察》（《兰州大学学报》2013 年第 1 期）则把元好问同南宋的严羽作了对比研究，认为二人对宋诗持论同中有异。其相同处表现在两人都对宋诗持批评态度，不同之处在于元好问论诗无门户之见，对宋诗的评价侧重于思想内容且较为客观中肯。严羽则门户之见森严，对宋诗批评过甚。赫兰国《元好问的杜诗学》（《杜甫研究学刊》2012 年第 1 期）认为元好问在杜诗学史中有着举足轻重的作用。他首先明确提出"杜诗学"的概念，并规定了杜诗学的内容；采用绝句形式论诗，把杜甫绝句论诗发扬光大，丰富了杜诗学的内容；其唐诗选本《唐诗鼓吹》侧面反映出了元好问尊崇杜诗，推广杜甫诗学的思想。

刘岩《王若虚美学思想研究》（内蒙古大学硕士学位论文，2013 年）一文阐述了王若虚的美学主张，对影响王若虚美学思想的因素进行了概括，并对王若虚的美学成就和不足进行了评价。王永《从〈文辨〉看王若虚的散文观念》(《新国学》第九卷)则探讨了王若虚《文辨》的主要观点。认为,《文辨》中的评点条目主要是从文章学的角度着眼的,内容涉及创作得失、文字校勘、文体流变等方面,主要是针对前人的创作、评点和错误发表自己的看法,其宗旨在于指导后学的创作。其主要观点包括,文体论:大体须有、定体则无,文法论:文无定法、文理畅达,语言论:繁简得中、安妥惬当。此外,王若虚的四卷《文辨》还保存了他关于选本、校勘、作品本事评价等很多精彩的论述和独到的发现。

章辉《言意之辨:贯穿金代的美学理论》(《山西大同大学学报》2012 年第 6 期)一文认为,言意之辨是贯穿整个金代的美学理论。周昂、赵秉文较早提出以意为主之论,反对求奇、求巧,拘于形式。王若虚对前人加以发挥,高扬“真”、“自然”和“自得”,倡导“求是”,打破了传统文论“文以载道”的局限。元好问以“诚”为核心概念,强调“知本”,崇尚“情性”,倡导“得唐人为指归”。金代的言意之辨,对元明清审美观念产生了重要影响。沈文雪《金代后期传统派与创新派诗学论争及思想渊源》(《文艺评论》2013 年第 8 期)一文将金代后期的诗学观念之争置于流派层面去探究,一方面,考察流派双方形成的地域性特征与其诗学观念的关联;另一方面,挖掘处于社会变动和社会思潮活跃期,学术思想对两派诗学观念产生的根本性影响。两派诗学不同的价值取向,对后世诗学影响意义深远。

六、文献整理与研究

2012—2013 年度的金代文献整理与研究亦多有可圈点之处。牛贵琥、杨镰所编《金代人物传记资料索引》(三晋出版社 2012 年版)一书共收录金代各类人物 9455 人,所引资料来源广泛,计有总集、别集、史书 14 部,地方志 553 种,以人名为纲,以姓氏笔画为序,附有“首字笔画索引”、“首字汉语拼音索引”,使读者展卷即可得其出处,实为金代文史研究之一重要工具书。狄宝心校注《元好问文编年校注》(中华书局 2012 年版)是作者继《元好问诗编年校注》之后的又一部文献整理力作。王新英辑校《全金石刻文辑校》(吉林文史出版社 2012 年版)收录金代石刻文 870 余篇,每篇石刻文前有简要说明,记述出土时间、地点、今存处、形制等,便于读者了解石刻基本信息。

提要整理方面和研究方面，于东新、胡春洁《金词词集文献叙录》（《集宁师范学院学报》2013年第3期）对73种金词词集的版本、源流、选词情况、优劣得失等作出较详实的梳理。于东新、高彦《金代词人传记及年谱文献提要》（《图书馆学研究》2013年第11期）将金元以来数量不多的有关金代词人传纪及年谱文献裒辑为一编，并撰成提要。孙宏哲《金人之元好问研究文献辑录》（《图书馆学研究》2013年第22期）则从品行修养、文学成就、地位与影响三方面辑录了金人之元好问研究文献。申照《〈中州集〉作家小传研究》（东北师范大学硕士学位论文，2013年）梳理和补充了作家小传的文献学价值、历史学价值和文学价值，分析总结了其中蕴含的元好问和其他有卓越贡献的金人的思想理念，并通过与《金史》《归潜志》进行比较，总结了《中州集》作家小传的独特之处：在公正、客观、全面地总结了金代文学文化成就的同时，体现了元好问眷恋故国和怀念亲友的情感，这使得小传严谨客观又饱含人文情怀。

版本研究方面，颜庆余《元好问诗集的版本与校勘》（《图书馆理论与实践》2012年第4期）一文梳理了元好问诗的版本，认为传世的有两大系统，一是二十卷本，以弘治十一年（1498）四月李瀚刊本为祖本；二是四十卷本，以弘治十一年（1498）闰十一月李瀚刊本为祖本。二本之间的异文互有短长，而二十卷本收诗多出入十余首。整理元好问诗，应以二十卷本为底本。今人所编校《元好问全集》，底本选择不当，漏校、妄删的缺失也不少。葛娜《元好问诗集版本研究》（山西大学硕士学位论文，2013年）梳理了元明清三代元好问诗集的版本流衍情况，并对现存元好问（诗）集版本基本特征作了比较。张静《〈中州集〉版本及流传考述》（《江苏大学学报》2013年第6期）对《中州集》自蒙元以迄民国的版本及流传情况，甚至在日本的刊行情况，进行了细致的梳理。

文献校补、辑录和编年方面，周阿根《〈全辽金文〉校勘商补》（《江海学刊》2012年第5期）一文对《全辽金文》进行了校点和补正；徐海英《〈元好问全集〉勘误》（《湖北社会科学》2013年第2期）就姚奠中主编的《元好问全集》异于清方戊昌本者的失误及标点之误摘出44条。薛瑞兆《〈元诗选〉癸集中的金诗》（《古籍整理研究学刊》2012年第3期）则从《元诗选》癸集中辑录出误收的金诗近20首。狄宝心《元好问文编年考》（《晋阳学刊》2013年第2期）一文对施国祁、李光廷、缪钺诸先生未编、误编的元好问之28篇文章进行了系统考察,确定了其明确作年。

七、作家个案研究

金代作家的个案研究中,元好问无疑是重点,上述诗词等研究方面即能体现出这一特征。元好问之外,2012—2013年的金代作家个案研究朝着更为普泛的群体推进。董慧《金代吴激诗词研究》(辽宁师范大学硕士学位论文,2013年)对吴激仕金前后的诗词进行了解读。聂立申《金代名士党怀英研究》(吉林大学出版社2012年版)以三十余万字的篇幅系统梳理了党怀英籍贯、家世、生平、仕宦经历、诗歌、书法、思想,甚至包括与辛弃疾等人的关系等,所涉层面全面,资料的收集也较为丰富。杨继刚、王齐洲《金代文学家王庭筠生卒年考辨》(《江汉论坛》2012年第3期)结合王庭筠的生平经历、诗歌创作和交游状况,考订王庭筠生卒年的确切时间为生于金海陵王贞元元年(1153),卒于金章宗泰和四年(1204)十月十日,享年五十二岁。李焱《王寂交游考论》(辽宁师范大学硕士学位论文,2012年)着重考察了与王寂交往过的一些文人、官吏、僧侣、歌妓及其相关作品,并通过对这些人物与作品的考究来研究各个人物及群体对王寂的文学思想和作品所产生的影响。许鹤《王寂交游考》(《阜阳师范学院学报》2012年第3期)也考察了王寂的交游情况。

金末文人研究中,杨翠翠《金代女真文学家完颜璹研究》(黑龙江大学硕士学位论文,2012年)对少数民族文人完颜璹的生平、交游、思想及其诗、词、文作品作了分析。樊运景《杨宏道研究》(黑龙江大学博士论文,2012年)一文认为,杨宏道的文学思想体现出积极继承与创新的意识,是“宗唐得古”思潮的具体体现。杨宏道的诗作反映了金末战乱的血腥,但更多的是对个人不幸遭遇的感叹,表现出忧思与哀怨的情感基调,低回曲折,多少带有悲怆内敛的风格特征。其诗歌用语平和,反映了对“风雅精神”的追求以及对唐诗内涵和形式的汲取与体认。具体看,杨宏道宗唐而不主一家,对盛、中、晚唐诗人都有所继承。同时,他也注重宋诗,从苏轼等人那里汲取营养。宗唐而不废宋,体现了积极的通达意识。他的散文转益多师,对韩愈、欧阳修、苏轼等均有继承,不分门户,不简单模仿,不循常规套路。岳明浩《杨弘道及〈小亨集〉研究》(山东师范大学硕士学位论文,2013年)考察了杨弘道的生平、交游,并分析探讨了杨弘道著作《小亨集》的内容和成就。王拓《杨奂文学创作研究》(黑龙江大学硕士学位论文,2012 年)一文将杨奂的生平分为青年、中年与晚年三个时期,并结合他同金末元初文坛名流如赵秉文、元好问、耶律楚材、赵复、郝经、姚燧等人交往的梳理,来揭示他人生选择、思想追求等方面的轨迹,为解析易代之际文人心态以及文学创作的发展提供了一个个案研究成果。文章还以《还山遗稿》现存作品为基础,从散文和诗歌这两种文学体裁入手,紧扣《四库全书总目》"光明俊伟、尚新求变"的评价,全面阐述了杨奂诗文作品的艺术风格与文学价值。伊博《麻革研究》(山西师范大学硕士学位论文,2012 年)对河汾诸老之重要成员麻革的生平、家室、交游、思想及诗作进行了较为全面的梳理。

梳理 2012—2013 年的金代文学研究,取得的成果令人欣喜,然亦存在着一些不足,如对一些重要作家如元好问等的重复性研究有不同程度的存在,而各体文学研究中,重韵文轻散文的情况也比较突出。此外,囿于文献缺乏的缘故,除却元好问、赵秉文等外,其他的一些作家研究推进的力度尚有所欠缺。

《全宋文》研究综述

郑栋辉

《全宋文》从1985年开始编纂,直到2006年才得以全部出版,这部字数近1.1亿、共360册的大型断代文献总集,确如其主编曾枣庄先生所言,是“宋文的渊薮”,堪称“宋代文史研究的资料宝库”[①]。该书的出版极大地方便了宋代的文史研究,在其出版近十年的今日,有必要对此书的研究状况加以回顾和总结,为更合理、全面、深入地研究《全宋文》提供参考。目前有关《全宋文》的研究,集中在辑佚与考校等文献学层面。同时,出现了少量文学、语言学、社会学和教育学等层面的研究成果,而这些成果多以学位论文的形式呈现。下文中,笔者仅就闻见所及,分别从文献学、文学、语言学和社会学等层面,简述《全宋文》研究的现状,并尝试对《全宋文》今后的研究,提出自己粗浅的展望。

一、文献学层面的研究

目前,有关《全宋文》的研究成果,绝大部分属于文献学范畴的内容,其中辑佚占了很大比例,其次是文章的校勘、辨伪和系年,作者生平的补订等。

1.佚文的补辑。

佚文主要辑自传世文献中的序跋、方志、宗谱族谱、选集和少量别集，出土文献中的石刻、碑志，亦是辑佚的重要来源。

佚文补辑，大体可分为二种，一为专事辑补宋文者，其又可细分为单篇辑佚和多篇辑佚两类。前者如涂木水《新发现的晏殊散文〈义方记〉》(《抚州师专学报》1996 年第 2 期)、李祥麟《北宋时旦墓志之文史价值》(《山东师大学报》1997 年第 2 期)和李如冰《吕大临佚文一则》(《文献》2011 年第 3 期)等。其中，晏殊《义方记》辑自《东南晏氏重修宗谱》，该文为晏殊教育子女的文章②；吴奎所作的时旦墓志文和吕大临的佚文，则均辑自墓志铭，前文补充了墓主时旦的生平事迹，后文可补吕大临生平仕履资料，而且确认了吕大临为张载胞弟张戬之婿。

总体说来，单篇辑佚的成果数量有限，相比之下，一次性辑出多篇作品的成果数量较多，如黄灵庚《吕祖谦佚文补遗》(《古籍整理研究学刊》2008 年第 1 期)，辑出了吕祖谦文章 6 则；潘猛补《四库提要〈芦浦笔记〉订误》(《图书馆杂志》2009 年第 9 期)一文，从宗谱中辑得《全宋文》佚文 3 篇；林阳华《黄庭坚的三篇佚文》(《九江学院学报》2010 年第 4 期)一文，从《四部丛刊三编》中辑出黄庭坚佚文 3 篇。

此外，尚永亮、罗昌繁《〈全宋文〉所收碑志文补遗五篇》(《长江学术》2012 年第 4 期)，罗昌繁《〈全宋文〉所收碑志文补遗七篇》(《古籍整理研究学刊》2012 年第 6 期)和陈斐《和刻本〈淮海挐音〉所收宋文辑考》(《南都学坛》2012 年第 6 期)等论文也辑出了不少佚文。其中，尚永亮先生和罗昌繁博士从《四库全书》《续修四库全书》和《永乐大典》等传世文献中，辑出墓志文 5 篇，无论是撰者陈瓘、陈恬和杨时，还是墓主丰稷、邹浩、毕仲游和曾肇等人，都是北宋后期著名的政治家，因此这篇辑佚之作价值甚大；其后，罗昌繁博士又从《石刻史料新编》中辑出陈宜之、刘唐允和吕惠卿等人所作碑志文7篇；陈斐所辑文章来自日本《成篑堂丛书》本，该文从宋末僧人释元肇的诗集《淮海挐音》中，辑录出《全宋文》漏收的赵汝回和周弼等人的序文及书信5篇。

郑利锋和李成晴二人，从方志等文献中辑出了不少佚文。在《〈全宋文〉补遗》(《中州学刊》2013年第9期)中，郑氏从《咸淳临安志》和《景定建康志》等方志中，辑出吕惠卿、陈瓘、刘岑、刘宰、刘无极和陈淳祖等6人的8篇文章；而李成晴在《〈全宋文〉未著录作者佚文六篇》(《唐山学院学报》2014年第4期)和《〈全宋文〉补遗15则》(《集美大学学报》2014年第4期)两文中，辑出遗文21则，其中增补了《全宋文》失收的10位作者的11篇文章。尤其是后文所补遗的10篇文章，作者或为余靖、蒋之奇、真德秀和魏了翁等宋代著名文人，或为徽宗、钦宗、高宗和理宗等帝王，这些佚文对完善相关作者文集，研究宋代政治和文化，具有一定的价值。

此外，尚有源自出土文献的辑佚之作，如张波《张载、张戬佚文二则及其文献价值》(《宋史研究论丛》第15辑)从西安出土的碑石，辑出张载兄弟所作的两篇墓志铭，并论述了二文在订补史书中宋寿昌、张载、张戬事迹，家世及张氏与宋氏姻亲关系等方面的价值。

特别值得一提的是，张淘、金程宇《〈全宋文〉补遗(上)：以〈蟠室老人文集〉为中心》(《古典文献研究》第11辑)一文。张淘、金程宇二先生根据《蟠室老人文集》残书，辑出南宋葛洪文集近五卷之多，其中绝大多数为散文。因篇幅过大而分上、下两篇发表，可惜笔者目前尚未能发现下篇。

另一种主要的辑佚方式是兼辑宋文，即研究成果中既有宋文补辑成分，亦涉其他方面之研究者。此种情况又可细分为三类：其一是兼辑诗文词者，如潘猛补《[永嘉菰田]〈明文戴氏宗谱〉中的宋人资料》(《浙江工贸职业技术学院学报》2011年第1期)和邹陈惠仪《曾巩诗文版本概况与辑佚》(《古籍整理研究学刊》2003年第2

期)等论文。潘文辑得朱熹门人叶味道遗文《菰田明文戴氏宗谱引》,邹陈氏为《全宋文》补遗曾巩遗文8篇,二文分别为《全宋诗》和《全宋词》补遗若干首。

其二是兼辑诗文者,此类成果较多,且多属作家专题研究的成果。如有些学者诗文辑佚的论文,乃其撰写学位论文的衍生成果,如岳珍《王灼诗文辑佚》所辑佚文,为其在"撰写博士论文期间"发现[③];毛建军《〈全宋诗〉、〈全宋文〉重出及失收的郭祥正诗文》(《新乡师范高等专科学校学报》2005年第3期),亦为其硕士论文《郭祥正交游考述》(郑州大学,2003年)的副产品;侯体健《两部宋刻本中的刘克庄佚诗佚文辑述》(《中国典籍与文化》2011年第1期),当得益于其博士论文《刘克庄的文学世界——晚宋文学生态的一种考察》(复旦大学,2010年;2013年由复旦大学出版社出版)的写作;伍联群《北宋文人宋白著述概况及其诗文辑补》(《古籍整理研究学刊》2011年第2期),应同其博论《北宋文人入蜀诗》的研究有关[④]。其中,岳珍辑得佚文10篇,佚诗2首;毛建军辑得佚文4则,佚诗9则;侯体健辑得佚文3篇,佚诗12首;伍联群辑得佚文5则,佚诗14则。

此外,孙明材《宋末元初文人钱选诗文补辑》(《兰州学刊》2011年第7期)一文,辑佚颇丰,共辑得《全宋文》和《全元文》均失收作者钱选的佚文15篇,佚诗20首;李懿《中华本〈永乐大典〉陈瓘诗文辑考》(《古籍整理研究学刊》2012年第5期),辑得佚文12篇,佚诗1首;房后信、张明华《王铚著述考》(《东岳论丛》2012年第6期)辑出《全宋诗》和《全宋文》失收诗文13篇,另考证出王铚佚诗和佚文各4则;孙文明《〈碧梧玩芳集〉辑佚九则》(《牡丹江师范学院学报》2013年第6期)一文,为《全宋诗》和《全宋文》辑得马廷鸾诗文若干;李成晴《〈三峡通志〉所见宋人佚诗文三则》(《三峡大学学报》2014年第4期),从方志中辑出元不伐和刘克庄诗歌各1则,辑出佚名碑记1篇。

一些论文不但辑佚诗文，而且增补了作者。如王娇、王可喜的《新发现湖北〈茅田王氏宗谱〉所存冯京等宋人佚诗文辑考》(《古籍整理研究学刊》2008年第2期)所辑补的作者王彦融为《全宋文》所阙，除王韶之孙彦融文章1篇外，该文另辑得王厚文1篇，冯京诗1首；同样，周小山《宋人丘濬生平、著述考：兼补〈全宋诗〉、〈全宋文〉》(《中国典籍与文化》2012年第3期)一文，也为《全宋文》辑补了1位作者。该文辑得丘濬尺牍6篇，佚诗14首及残句若干。

非常值得关注的是粟品孝《现存两部宋刻周敦颐文集的价值》(《四川大学学报》2010年第3期)一文，该文指出两部宋刻周敦颐文集较完整地保存了被认为失传的张栻《太极图解》，另含有大量希见的宋人诗文。该文增补《全宋诗》13位作者的19首佚诗，其中6位作者未被《全宋诗》收录；增补《全宋文》37位作者47篇佚文，其中11位作者未被《全宋文》收录，另有11篇文章可校勘《全宋文》的相关篇章。

其三为兼具宋文辑佚和其他方面之研究的，如王可喜《王韶〈平戎策〉中处理民族关系的原则及借鉴意义——兼补辑〈全宋文〉中的王韶文》(《青海民族研究》2005年第2期)一文，在辑补了王韶5篇佚文之外，探讨了《平戎策》的思想价值；张燕婴《稿本〈故中书舍人南丰先生曾公谥议〉述略》(《文学遗产》2008年第3期)辑补了刘汉弼所撰的奏书文稿，指出该文对曾巩生平及评价的重要价值，而文稿末的元明清人的11则题跋，亦可补诸家文集及《全元文》等文献之阙；又如张小平《〈全宋文〉订补三则》(《内蒙古农业大学学报》2009年第2期)一文，补遗了曾公亮和曾从龙两人佚文各1篇，并指出《全宋文》所收曾怀和曾惜实为一人；周兴涛、黄亮《巧用方志　妙解悬疑》(《西昌学院学报》2012年第3期)一文，增补了《全宋文》失收作者刘一焜文1篇，并以例说明方志在文史研究中的重要作用。

此外，诸如何振作《长沙叶启勋抄〈自堂存稿〉的价值》(《图书馆》2009年第5期)和夏令伟《史浩〈鄮峰真隐漫录〉考论》(《图书馆理论与实践》2011年第12期)等论文,均为兼事补遗《全宋文》的成果。另有一些兼辑宋文的论文,因关涉校勘等层面的研究占据较大篇幅,笔者将之放在下文有关部分加以论述。

特别值得一提的是,王智勇、王蓉贵主编《宋代诏令全集》(四川大学出版社2012年版)一书。此书虽非为辑补《全宋文》遗文而编,但却在《全宋文》的基础上,增补了3000多篇、约50余万字的诏文[5]。增补的这些篇章,事实上构成了对《全宋文》的辑佚,而且成就卓著,非常值得关注。

对《全宋文》的补遗工作,非常值得关注和赞赏的当推李伟国先生。李先生既是促成《全宋文》全部出版的出版家,亦是著名的宋代文史研究学者。他目前主持的《全宋文补编》项目,其篇幅据曾枣庄先生所言,接近《全宋文》的十分之一,达1000万字。其中,"仅新出土的墓志类文献就有2000篇以上"[6]。此外,李先生等人还博采了海量的金石资料、地方志资料,辑补出大量遗文,可谓集《全宋文》辑佚之大成,只盼其书能早日出版。

2.文章的校勘、辨伪和系年。

(1)校勘。有关《全宋文》的校勘成果,独立成文的较少,部分发表于该书编纂阶段。如龚延明《〈全宋文〉中有关官制编校问题的商榷》(《杭州大学学报》1993年第1期),郭康松《〈全宋文〉徐铉文点校问题》(《古籍整理研究学刊》1993年第3期),许振兴《〈全宋文〉杨亿佚文辑校商榷》(《古籍整理研究学刊》1994年第4期)与何毓玲《点校〈全宋文·香溪集〉拾零》(《南京师大学报》1995年第2期)。龚文从官制的角度,郭、许、何三文则从专人专集的角度,探讨《全宋文》编校中出现的问题。这些论文大多严谨扎实,颇值得后来者学习。在《全宋文》全书出版后,仍有专注于校勘方面的成果。如曹小云、张铉《〈全宋文·杨杰集〉校议》(《古籍整理研究学刊》2009年第4期)一文,指出《全宋文·杨杰集》中的不当误漏处达 40 条之多,亦为颇见功力之作。

另有少量专注于专文校勘的论文发表。如周小兵《苏轼书简中所论“晁君骚辞”之“晁君”考辨》(《古籍整理研究学刊》2001 年第 2 期)和曾维刚《〈全宋文〉张镃残文一篇补正》(《文献》2009 年第 1 期)。周文考出苏轼《与鲁直书》中的“晁君”,当为晁载之伯宇,而非晁补之;曾文指出张镃《捨宅誓愿疏文》,应选用国图拓本等更为完备者作为底本,同时论述了《全宋文》失录部分对于研究张镃生平的价值,并强调文献辑录工作中底本选择的重要性。

而与辑佚相伴的校勘研究,则为数不少。如陈福康《对〈全宋文〉辑编郑思肖文的补正》(《清华大学学报》2009 年第 5 期)辑出郑思肖佚文 6 则,并指出《全宋文》对于郑氏文在分拆、改题、校勘和标点等处存在的问题,所谓郑思肖佚文《赠郡王》不可靠,《全宋文》所辑朱夫人《自缢遗笔》当换补;姚红《吕公著著述考》(《杭州师范大学学报》2010 年第 6 期)一文,对吕公著的著作加以考辨,并辑得诗歌残句 1 则,佚文 12 篇,补正《全宋文》3 篇,考证文章写作时间 5 篇;申利《文彦博作品综考》(《古籍整理研究学刊》2012 年第 4 期)一文,辑补并编年文彦博佚诗 1 首,辑补佚文 4 则,并分别勘正《全宋诗》和《全宋文》所收文氏作品讹误 6 处和 7 处。前文已提到的潘猛补《[永嘉菰田]〈明文戴氏宗谱〉中的宋人资料》等文,亦是兼辑佚与校勘为一体的成果。此外,杨薇薇《〈宋代绍熙府学碑考〉释文校补》(《绵阳师范学院学报》2014 年第 10 期)等文,亦涉及对《全宋文》有关篇章的校勘。

(2)辨伪。此类成果不多见,专事辨伪的只有李俊标《曾巩〈游双源〉辨伪》(《文献》2011 年第 3 期)、国威《〈古清规序〉考》(《五台山研究》2013 年第 2 期)和石立善《〈朱子全书〉与〈朱熹集〉、〈全宋诗〉、〈全宋文〉所收朱子佚文十篇辨伪》(《宋史研究论丛》第 15 辑)等论文。李文考证出《游双源》一文非曾巩所作,其作者实为黄裳;经国威文考辨,《古清规序》乃由《禅门规式序》改造而成,而《禅门规式序》并非出自杨亿之手，当为早于杨亿的不知名文人所作；石文在论证了《夜叹》等8首诗歌非朱子所作之后，对《全宋文》等所收的《论纬》和《四端说》进行了辨伪，指出此二文分别为叶大庆和陈埴所作。

其他论文多为兼事辨伪之作。如高纪春《晚年王安石与吕惠卿——从〈全宋文〉的一篇误收文字谈起》（《抚州师专学报》2001年第2期），指出《全宋文》李定文中误收了王安石一封书信，而文章重点则在论证王安石晚年与吕惠卿释憾复欢；李建军《叶适文集版本源流考》（《图书馆理论与实践》2011年第4期）一文，虽涉及文章辨伪问题，但主要集中在叶适文集的版本源流考察和2篇佚文的考辨上；刘隽一《〈全宋文〉补正五则》（《中州学刊》2012年第6期），虽对王灼《贺监司正启》一文作了辨伪，但关于作者生平订补和作品辑佚的内容，则占据了很大的篇幅；前文已提到的陈福康《对〈全宋文〉辑编郑思肖文的补正》，也涉及到辨伪工作。

非常值得注意的是，李贵《〈漫叟诗话〉作者李公彦及〈全宋诗〉、〈全宋文〉相关诗文考论》（《东华汉学》2011年第14期）一文。该文为文献考辨方面的力作，指出两宋有六位李公彦，并对《全宋文》所收临川李公彦的3篇文章进行了考辨，其名下的《金像记》为李公颜所作，《庆芝堂记》作者存在争议，《陈代制戬行状》为建州李公彦撰。此类成果总体较少，这当与辨伪工作要求较深厚的文献功底和较强的论证能力相关。

（3）文章系年。此方面的成果，独立成篇的亦很有限。笔者目前仅发现以下数篇短文：萧庆伟《〈全宋文·蔡确文〉系年补正》（《漳州师院学报》1998年4期）、赵润金《赵抃两篇文之自注考》（《内蒙古农业大学学报》2005年第4期）等。萧文为学术短札，补正蔡确文系年7则；赵文篇幅亦不长，校正赵抃2篇文章的系年信息。张春义《〈全宋文〉所收大晟府文献斠正》（《嘉兴学院学报》2015年第1期）一文，所斠正的问题，皆为文章系年问题。

兼及诗歌系年的论文，则有赵维平《尤袤诗文系年补正》(《晋阳学刊》2010 年第 1 期)。该文是篇用功颇深之作，补正尤袤 10 篇文章和 9 首诗歌的系年信息。有些论文则兼及宋文系年之研究，如前文已及的姚红《吕公著著述考》等文章，均有宋文系年的内容。

3. 作者小传的订补。

《全宋文》新出之时，龚延明先生便从官制的角度，对《全宋文》"作者小传"等部分提出了一些中肯的批评。如《〈全宋文〉小传中有关官制问题的商榷》等文。然而总的来说，集中补订小传的成果并不多，如孙明材先生的三篇文章：《宋代文人生卒年补考(一)》、《宋代文人生卒年补考(二)》和《北宋散文家田昼生平辑补》(《海南大学学报》2011 年 4 期)。前两文是同时发表于《文学遗产》2008 年第 5 期的小札记，这三篇文章虽非专补《全宋文》作者小传之作，但部分信息在客观上补正了《全宋文》小传之不足，如第一篇文章考证出几位作者的生卒年，即熊克(1118—1190)、王象祖(1164—1239)；第二篇文章则考证出李易生于 1084 年，朱元昇卒于 1275 年；第三篇文章则专补北宋人田昼的生平。

而石一民《南宋学者石宗昭家世生平考——〈全宋文〉石宗昭小传订补》(《浙江海洋学院学报》2009 年第 4 期)与何忠盛《〈全宋诗〉、〈全宋文〉度正小传补正》(《中华文化论坛》2014 年第 10 期)二文，则为专门订补作者小传之作。石文纠正了石斗文与石宗昭为从兄弟的说法，指出两人实为族叔侄关系，同时梳理了石宗昭及第后的仕宦经历，并对其家世和生卒年加以考订；何文考出度正的卒年为 1235 年，并订正了其籍贯和知成都府华阳县的时间等信息。

另有许多成果，虽非专为《全宋文》作者小传而作，但也关涉到《全宋文》作者生平之研究。如在杨亿佚文校勘方面极见功力的许振兴《〈全宋文〉杨亿佚文辑校商榷》一文，更正了杨亿小传中的一些错漏之处；前文已提到的刘隽一、李贵和周小山等人的论文，对补订作者小传均有所贡献，刘文补正了冯康国和李时雨的小传；李文简要考索了两宋六位李公彦生平，可订补李公彦等人小传之疏误；周文则为对丘浚的生平著述作了考察，可作为撰写丘浚小传的重要参考；蔡荣生、何振作《张世南〈游宦纪闻〉散考》（《图书馆理论与实践》2010 年第 6 期）考证了张世南的生平、世系和交游等信息，可补《全宋文》张世南小传之阙，该文另辑出张氏佚文 3 则，惜乎没能将佚文全文列出，在考证世南世系及交游等时，又未能一一标明史料来源；王雪枝《宋代真定韩氏家族文献辑佚增补斠考》（《河北师范大学学报》2011 年第 4 期）在对真定韩氏家族文献进行补订校勘的同时，纠正了韩沆小传之误，指出其籍贯为"颍川"（今河南许昌），而非"颍州"（今安徽阜阳）；黄之栋《〈全宋文〉冯梦得小传及文订补》（《嘉应学院学报》2014 年第 1 期）在将冯梦得生年及活动进行一番颇为细致的考证后，又从刘埙《隐居通议》中辑出冯氏文章残篇 24 则。

在《全宋文》全部出版后，有关文章去取问题的探讨不时出现，存有争议的主要集中在以下两大类文章：一是颂、赞、偈、颂、铭与楚辞体等韵文；二是部分学者所作的学术文章。关于颂、赞等韵文是否属于诗歌，似乎未有统一的说法，表现在《全宋诗》编者那里便是，一方面强调对于两宋诗歌"细大不捐"、"在所必录"[⑦]，却又说，对于"赞、铭、箴等"，"我们只收录了其中明显属于诗的部分；又如偈颂，五七言绝句居多，但亦有四言、杂言而与韵文难分者，只得酌情放宽尺度收入"[⑧]，这就造成了《全宋诗》在收录颂、赞等韵文标准上的不统一；而《全宋文》编撰凡例第一条便声名"本书旨在搜集有宋一代之单篇散文、骈文和诗词以外之韵文。"[⑨]如此一来，两部总集在收录颂、赞及铭等韵文时难免会有所重合。因此，尤玉兵的硕士论文《白玉蟾文学研究》（厦门大学，2009 年）设置专节论述《全宋诗》和《全宋文》重收白玉蟾作品的问题。出于类似的原因，押韵的楚辞体的作品也偶被《全宋诗》和《全宋文》同时收录，如上文提到的《〈全宋诗〉、〈全宋文〉重出及失收的郭祥正诗文》所指出的被《全宋文》误收的《石室游赋》和《王逢原哀词》，原本在《青山集》楚辞卷中，属于诗歌作品。

关于部分学术文章，《全宋文》编者在去取方面游移不定，一方面因为宋人别集及后人重辑之文的驳杂繁滥，故而对经解、讲义、语录、注释、笔记、诗话、谱文等等，一般不收；一方面又酌情收录近于单篇之文者[10]。体例的不统一，势必造成对于某些著作集内的文章去取失当。故而，王佳《唐仲友及其诗文研究》（河北师范大学硕士论文，2011年）在"唐仲友散文的存佚"一节中，细致分析了因《全宋文》录文标准的不统一，造成的所收录唐仲友文章的种种疏误。这类问题在作家专题专书研究的成果中多有所见，本文不再一一述及。

二、文学与语言等层面的研究

鉴于有关《全宋文》文献学层面以外的研究成果较少，本文将其合并在一起加以论述。

1.文学层面。

目前有关《全宋文》的文学研究，可分为两类：一是从文体学角度，对《全宋文》所收某类文章的研究；二是从作者等层面，对《全宋文》进行宏观综合研究。现有的成果多属于第一类，而且往往是将《全宋文》作为文献来源，主要着力点在文体而非《全宋文》。如杨晓霭、肖玉霞《宋代祈谢雨文的文体类别及其所映现的仪式意涵》（《西北师大学报》2012年第4期）和徐海容《论宋代制书的文体形态和文学性》（《文艺评论》2012年第8期）二文。前文先对《全宋文》所收祈雨文进行普查并加以归类，将之分为人与人以及人与神交流沟通两大类；随后对宋代祈雨谢雨文在文体上的对应现象加以分析，指出祈雨谢雨仪式具有一贯性，祈雨和谢雨总是由同一作者亲撰等特点；文章最后分析了祈雨谢雨现象的仪式内涵。后文则分别从制文的流变及宋代制书的写作过程、文体形态和文学性等层面，次第加以分析论述，指出宋代制书追求政治教化和审美愉悦的统一，呈现出鲜明的文学性等特征。

文体学方面的成果，亦有以学位论文的形式出现的。如金传道的博士论文《北宋书信研究》（复旦大学，2008 年）一文。该文研究了《全宋文》所录北宋的私人书信问题。全文共九章，另有前言和附录分列文章首尾。前言概述研究现状，说明研究思路。第一章清理了历史上存在过的各体书信之源流，进而探讨宋代、特别是北宋书信在整个书信历史发展中的情况。第二章首先统计了《全宋文》中北宋书信的数量，然后确定现存北宋各体书信的研究价值，最后探讨《全宋文》在北宋书信辑佚方面的成果和不足。第三章对北宋书信在宋代的结集进行归类分析。第四章概述宋代及以前的书仪类著作。第五章研究北宋的书信规范。第六至第八章是以家书和普通书信为基本材料的个案研究。第九章是苏轼、黄庭坚尺牍创作的比较研究。附录为北宋书信辑佚。其中，与《全宋文》关涉最直接最紧密的是第二章和附录部分。第二章首节统计出《全宋文》共收北宋私人书信 10890 篇，其中的 7672 篇为苏轼、黄庭坚、强至和欧阳修等 20 位所作，占整个北宋书信总数的七成强。这些书信可分为用于长官和朋友的私书与用于家人亲属的家书两种，后者隐秘性更强，研究价值更大。该章最后一节论述了《全宋文》在北宋书信辑佚方面存在着对传世法帖、已有的书法整理成果和文集的整理成果吸收不充分等三大问题。本文所辑的 30 多页书信作品，则作为附录缀于文末。这篇博士论文，功底扎实、论述严谨，堪称宋代文体学研究方面的力作。

而从作者等角度对《全宋文》进行宏观研究的成果，目前仅有郑栋辉《宋文作者队伍的定量分析》（武汉大学硕士论文，2011 年）

一文。该文通过对宋文作者队伍的时代分布、地域分布、及第年龄、年寿结构和创作量等信息进行统计分析，从数量角度考察了宋文的发展状况和演变历程。该文分为四章，另有引言和余论。第一章考察宋文作者的时代分布和地域分布状况。第二章考察宋文作者的年寿结构和进士作者的问题。第三章考察了宋文作者创作量的分布形态。第四章分析专攻散文作者和诗文兼存作者数据。该文的数据分析对于从宏观层面了解宋文作者概况，宋文与宋诗、宋词作者队伍之关系，都具有重要参考意义，但在宋文发展、进士作者等方面的论述未能深入展开，对于宋文作者中的诸如僧道、帝王和女性等特殊群体也没能加以探讨。

2.语言学层面。

目前《全宋文》的语言学层面的成果，主要是针对某一区域文人用韵的研究。现有的三篇硕士学位论文均为南昌大学李军先生的弟子所著，即陈昌芳《〈全宋文〉江西文人用韻研究》(2009)、龚敏《〈全宋文〉四川文人用韻研究》(2010)和周美庄《〈全宋文〉江浙文人用韻研究》(2010)三文。传统的音韵研究往往集中在诗词等文体上，而上述三文则在其基础上，加强了对宋代的赋、铭、赞、箴、颂和祭文等韵文的用韵研究，对于深化宋代语音研究无疑起到十分积极且重要的作用，也初步显示了《全宋文》作为“宋代的文史百科资料库”的巨大价值。

3.社会学、教育学层面。

从社会学角度对《全宋文》进行研究的成果，主要集中在对宋人的婚姻家庭的研究上，成果皆出自郑丽萍。她的《宋代男女初婚年龄探析》(2010)一文实际上探讨的是宋代女性晚婚问题。该文利用《全宋文》所载宋人墓志有关初婚年龄的资料，发现宋代男女普遍趋向晚婚，并分析了其原因。其博士论文《宋代妇女婚姻生活研究：以〈全宋文〉所涉4802篇墓志为例》(华东师范大学，2010年)对宋代妇女婚姻生活进行了较为细致深入的探讨。该文依据

《全宋文》所收墓志，分析说明宋代妇女婚姻家庭等日常生活状况、变化及其社会文化背景与内在原因。第一章考察宋代男女的择偶价值观、婚姻社会圈、婚姻地域圈及初婚年龄。第二章使用墓志中包含的夫妻年龄差异、婚年、夫妻关系模式等数据来做分析，试图衡量宋代婚姻制度的稳定性及主要夫妻关系模式。第三章讨论宋代婚姻中妇女的人际生活圈。第四章从年寿与生育两方面来考察宋代妇女在婚姻生活中的实际情况。第五章阐述宋代婚姻关系的解除与当时社会的贞节观念。结语探讨了宋代墓志中妇女婚姻生活资料的丰富性以及本研究的可延伸之处。附录有两宋时期婚姻缔结的地域情况表、男女初婚年龄表及夫妻婚年表。

有关教育学方面的研究，目前仅有一篇硕士论文《由"学记"看北宋地方官学》（范春玥著，首都师范大学，2005 年）。该文选取《全宋文》前五十册中的范仲淹、欧阳修等人的"学记"59 篇，对这些文章的内容进行概括，并分析了北宋地方官学兴起的原因。惜乎其文篇幅短小，没能进行纵向横向的比较研究，研究的分量自然比较有限。然而，教育学的研究视角，对《全宋文》的研究倒是颇具启发性。

三、研究展望

由前文的论述可知，目前有关《全宋文》的研究主要集中在文献学等层面，总的来说，研究的系统性还有待深化；虽已有少量文学、语言学及社会学方面的研究，但研究涉及面欠广，学理深度也有待提高。在笔者看来，深化今后的《全宋文》研究，可从以下几方面着力：

1. 增强学者的文献意识。

笔者在阅读宋文研究成果时发现，有些学者的研究足以订补《全宋文》之不足。然而，这些学者或因缺乏文献意识，或因不熟悉

《全宋文》索引工具，而未能将其订补《全宋文》的价值标出，这是十分可惜的。2014 年 6 月，吴洪泽等先生主编的《全宋文篇目分类索引》得以出版。该索引与《全宋文》原有的作者索引和在各册目录基础上编制的篇目索引一起，为研究者们利用《全宋文》提供了极大的便利。增强宋代文史研究者们的文献意识，无疑将会大大促进《全宋文》研究的深入，这又将反过来推进宋代文史的研究。

2. 补订编年与系地信息。

文史研究乃至一切学术研究，主要当存在三种研究维度，即时间维度、空间维度和逻辑维度[11]，其中前两者作为基础性研究，具有很大价值。推进《全宋文》等总集的研究，有必要展开扎实的时空维度的研究，即对《全宋文》所收作品创作时间和地点等进行辨析考订。所幸的是，这项基础工作目前已有学者参与其中，武汉大学的王兆鹏和谭新红两位先生均主持了相关研究项目。王先生主持的国家社会科学基金重大项目《唐宋文学编年系地信息平台建设》，已开始了对《全宋文》的编年系地数据的考订工作；该课题的有关宋代作家信息库的子项目，将在很大程度上促进《全宋文》相关研究的深入。而谭新红教授主持的教育部规划基金项目《北宋文编年系地考》，则专事考订《全宋文》北宋部分的编年系地问题。希望有更多的学人参与到这项事业中，使得这项非常有价值的基础工作，能够得到更加扎实有效地推进。

3. 开展跨学科综合研究。

继续完善《全宋文》这部文献是必要且重要的，但这项工作不可能一蹴而就，也无法一劳永逸，而跨学科、多角度地对《全宋文》展开研究，当是今后《全宋文》研究最有可能的学术增长点。由上文可知，目前《全宋文》综合研究的成果少，涉及的学术领域有限，即是说《全宋文》的研究空白点极多，无论是从政治、经济、社会、法律，还是从文学、历史、哲学、宗教、教育、音乐、绘画等各方面而言，都蕴藏着巨大的宝藏，有待学者去勘探去开掘。基础性的文献整理的推进,将有助于把现代学术研究方式引入到《全宋文》的研究中来,在《全宋文》作者及篇目等相关数据业已完备的今日,可将社会学和统计学等学科的研究方法引入到文史研究中,这必将大大丰富《全宋文》的研究视野,推动学界对于宋代社会的研究。

①曾枣庄《〈全宋文〉是宋代百科资料的宝库》,《中国典籍与文化》,2006 年第 3 期,第 26、27 页。

②涂木水《新发现的晏殊散文〈义方记〉》,《抚州师专学报》,1996 年第 2 期,第 40 页。

③岳珍《王灼诗文辑佚》,《南京师范大学文学院学报》,2003 年第 9 期,第 179 页。此外,在撰写完博论《王灼〈碧鸡漫志〉研究》后,岳先生又整理了王灼部分著作,2000 年在巴蜀书社出版《碧鸡漫志校正》一书。

④有关宋白部分,参见该书第二章第三节"北宋前期其他入蜀文人的诗歌"。伍联群《北宋文人入蜀诗研究》,巴蜀书社 2010 年版。

⑤参见王智勇《〈宋代诏令全集〉前言》,《宋代文化研究》第十九辑,四川文艺出版社 2011 年版,第 270—280 页。

⑥关于《全宋文补编》,参考了曾枣庄《李伟国先生主编〈全宋文补编〉序》一文,该文见曾先生的新浪博客:http://blog.sina.com.cn/s/blog_61d9533c01017jft.html.2012.08.02。

⑦北京大学古文献研究所编《全宋诗·凡例》,北京大学出版社 1991 年版,第 1 册第 23 页。

⑧北京大学古文献研究所编《全宋诗·后记》,北京大学出版社 1998 年版,第 72 册第 2 页。

⑨曾枣庄、刘琳主编《全宋文·编撰凡例》,上海辞书出版社 2006 年版,第 1 册第 13 页。

⑩参见曾枣庄、刘琳主编《全宋文·前言》,上海辞书出版社 2006 年版,第 1 册第 8、9 页。

⑪严格来说,时间和空间两种维度,也包含在逻辑维度之中,但因二者极为特殊,故强调之而同逻辑维度并列。

新世纪以来宋代传奇志怪小说研究综述

陈朝鲜

长期以来，在中国古代小说的研究领域，明清小说的相关研究一直是个中翘楚，六朝志人志怪小说、唐代传奇亦颇受研究者们的青睐，而对宋代小说的研究，特别是其中的传奇志怪小说的研究相对滞后，不仅起步较晚，而且现有成果量也不大。这种状况在上个世纪80年代开始有所改观，宋代传奇志怪小说研究在资料的辑佚和考辨、历史地位的重新认识、具体作家作品研究及相关文化研究、艺术特点及成就、小说理论的深入阐释等方面，都取得了较大的进步。尤其是进入新世纪以后，在老一辈学人的引导和指教下，一批年轻学者开始在此领域辛勤耕耘，研究成果不断涌现，开启了宋代传奇志怪小说研究的新篇章。本文将重点对新世纪以来宋代传奇志怪小说研究的情况进行简要的论述。

目前已有一些研究者从不同角度对宋代小说研究进行了综述，如刘达科的《五十年来宋元小说研究文献叙录》(《新闻出版交流》2002年Z1期)梳理了建国后五十年间问世的宋元小说研究专著、史论、备本、选本和工具书等，其中既涵盖了传奇、志怪、笔记等文言小说，也包括平话、话本等通俗小说，为后来的宋元小说研究者提供了文献参考。而李时人的《20世纪宋元小说研究的回顾》(《零陵师范高等专科学校学报》2000年第1期)则以年代为纲，沿白话小说和文言小说两条线索进行梳理。文章指出，20世纪前期关于宋元白话小说的研究是开创性的，而宋元文言短篇小说的研究明显被忽略，唯一的成果是鲁迅《中国小说史略》中的相关章节；直到70年代末以来，宋代文言小说的研究才开展起来，出现了李剑国《青琐高议考疑》等对具体作家作品的研究、薛洪勣《略论宋人传奇》等宏观论述、薛洪勣《宋人传奇选》等小说选本，以及李剑国《宋代志怪传奇叙录》这样的综合性专著。另外，赵章超的《宋代志怪传奇小说研究百年综述》(《社会科学研究》2002 年第 5 期)和余丹的《20 世纪以来宋代文言小说研究综述》(《广西社会科学》2007 年第 2 期)二文,分别从有关文献资料的搜集整理、历史地位、分期、艺术特点及成就和宋人的小说理论等方面,对 20 世纪以来宋代传奇和志怪小说的研究状况进行了回顾。赵文还指出了宋代志怪传奇小说研究中的一些不足,如分期不够合理,宋代志怪传奇与宗教关系的研究、对其地域特色的研究等尚属空白等等。最近的相关综述则是 2012 年时娜的《20 世纪 80 年代以来宋代传奇小说研究综述》(《理论界》2012 年第 6 期)。文章单以宋代的传奇小说研究为论述对象,分别从传奇小说的文体研究、宋传奇在小说史上的地位、宋传奇作品的辑佚校勘与整理、人们对宋传奇独特风格的体认这四个方面对相关的研究成果进行了梳理;同时指出,自 20 世纪 80 年代以来,人们已改变了过去“尊唐抑宋”的态度,但在研究上还存在很多不足,比如宋传奇与理学的关系、宋传奇与话本小说的相互影响、元明传奇及通俗小说对宋传奇的接受等课题,还有待更多学人深入探讨。

当然,也有研究者对宋代文言小说的研究热点进行了综述,代表成果有王瑾的《〈夷坚志〉研究述评》(《学术交流》2010 年第 2 期)。文章认为,《夷坚志》的研究可分为三个阶段:1911 年以前只言片语式的评论;20 世纪 90 年代以前,集中在《夷坚志》作为白话小说、戏曲文学的故事本事考证;20 世纪 90 年代以后研究范围扩大,从文献、文化、民俗等角度展开,涉及版本、成书、辑佚、作者小说观、故事内容等各方面。整体而言,虽成绩良多,但也有明显的不足,尚有许多可开拓的研究空间。

以前的综述文章主题不同,角度有异,但都很好地呈现了相关的研究状况,为后来的研究者提供了极大的帮助。为了便于论述,本文也拟从宋代传奇志怪小说相关资料的文献工作、历史地位、艺术特点及成因、具体作家作品研究,以及文化研究等方面展开。

一、相关资料的文献工作

现代的宋代文言小说搜集整理工作肇始于上个世纪初,兴盛于上个世纪的最后二十年。

1928年鲁迅出版的辑录作品《唐宋传奇集》一书，可视为宋代文言小说在现代研究中的嚆矢。该书收录了单篇宋代文言小说14篇，并在卷末所附的《稗边小缀》中，考证了各篇作者、版本及故事源流。在此之后，辑佚者寥寥，直到20世纪80年代才开始有新的突破。

上个世纪八十年代一开始，程毅中先生就发表了《〈丽情集〉考》(《文史》第11辑)，拉开了宋代文言小说新研究的序幕。他从《文苑英华》《类说》《绀珠集》和《绿窗新话》等书中，共辑出北宋张君房《丽情集》佚文多达36则，并对其作者、本事、故事来源等进行了考证。此后，程先生又整理出《爱爱》《芙蓉城传》《王魁传》等3篇宋人传奇作品残篇，并考察了其故事来源及影响，后收入《宋元小说研究》一书；程先生另有《古体小说钞》(宋元卷)，收录了宋代文言小说中或成就较高，或流传甚少，或在小说戏曲史上曾有影响的370篇重要作品。在宋代传奇志怪小说资料搜集整理方面另一个用力最勤、成绩最著者，当属李剑国先生，其出版于1997年的《宋代志怪传奇叙录》，共列举了203种宋代文言小说作品以及只存名目的佚作95种。每种作品，必于其作者、著录、版本、篇目等项详加考辨，对其主要内容、艺术水准、源流影响亦加以评介。进入新世纪后，李剑国先生又出版了《宋代传奇集》，该书精心辑录校勘了近400篇宋代文言小说。李先生对宋代文言小说的搜集整理之功，为其后的研究者继续深入研究奠定了坚实的基础。

宋代志怪小说代表作《夷坚志》的辑佚考辨工作，其重要部分也基本是在上个世纪的最后二十年中完成的。

1981年，中华书局据涵芬楼编印的《新校辑补夷坚志》重新点校出版，其中有“三补”一卷，为80年代以来《夷坚志》佚文考校工作的开端。1986年，康保成的《夷坚志辑佚九则》(《文献》1986年第3期)从《曲海总目提要》《渊鉴类函》《坚瓠集》等清代文献中辑出《夷坚志》佚文九则。次年，程毅中发表《关于〈夷坚志〉佚文及〈东窗事犯〉》(《文献》1987年第2期)，就其中四条佚文进行探讨，并指出《渊鉴类函》不可靠。1990年，李裕民发表《〈夷坚志〉补遗三十则》(《文献》1990年第4期)，佚文从《苕溪渔隐丛话》《嘉定镇江志》《舆地纪胜》《文献通考》《永乐大典》等书中辑得。1992年，李剑国的《〈夷坚志〉佚文考》(《天津教育学院学报》1992年第2期)对涵芬楼张元济本，中华书局何卓本及康保成、李裕民等人的辑佚进行了指正。

上个世纪的这二十年，通过学人们的辛勤工作，应当说，在现有传世文献的基础上，宋代传奇志怪小说相关文献工作的主体工程已经完成，因而，进入新世纪后，除上文提及的李剑国先生于2001年出版的《宋代传奇集》外，尚无工程浩大的文献成果出现。不过，研究者们依然在此领域向着纵深方向迈进。

2001年，赵维国发表《〈永乐大典〉所存宋人刘斧小说集佚文辑考》(《文献》2001年第2期)一文，从《永乐大典》中辑得《青琐高议》佚文1则、《摭遗》佚文5则、《翰府名谈》佚文1则。2002年，胡绍文《〈夷坚志〉版本研究》(《大理学院学报》2002年第2期)一文介绍了他所见的《夷坚志》14种版本，并简单梳理了该书的版本系统。2003年，张祝平发表《〈夷坚志〉的版本研究》(《古籍整理研究学刊》2003年第2期)，介绍了《夷坚志》宋代刻印及之后散佚的情况，甲乙丙丁支各志、《夷坚三志》及《分类夷坚志》的版本流传，较胡文更为详细。2004年赵章超发表《〈夷坚志〉佚文小辑》(《文献》2004年第4期)，从《舆地纪胜》《蜀中广记》等书中辑得佚文21则。2007年，赵先生又发表了《〈夷坚志〉佚文拾补》(《古籍整理研究学刊》2007年第3期)，自言翻检诸书，复得佚文80余则。其后又于2009年发表《〈夷坚志〉佚文补正》(《古典文献研究》第十二辑)，进一步完善了该巨著的文献工作。2008年，章培恒先生发表了《〈大业拾遗记〉、〈梅妃传〉等五篇传奇的写作时代》(《深圳大学学报》2008年第1期)，考证出《大业拾遗记》《梅妃传》等五篇传奇的写作年代，认为它们均出自宋代，对李剑国《唐五代志怪传奇叙录》中以该五篇为唐传奇之说提出质疑，由此形成对鲁迅《中国小说史略》中观点的印证和诠释。同年，李小龙的《〈青琐高议〉版本源流考》(《文献》2008年第1期)对流传至今的近十种版本进行了渊源考察。2012年，罗宁在《两种文言小说书目补正续》(《中国俗文化研究》第六辑)一文中，对学术界广泛使用的两种小说书目《中国文言小说总目提要》及《中国古代小说总目》中所涉及到的23部宋人小说进行了正误和补充。

另外几篇相关领域研究的硕士论文也值得一提。王珍珍的《〈宋史·艺文志〉著录北宋部分小说集解》(华中师范大学硕士论文，2008年)及史元媛的《〈宋史·艺文志〉著录南宋小说集解》(华中师范大学硕士论文，2008年)二文，根据《宋史·艺文志》中所列，前者选取北宋40部小说，后者针对南宋39部小说，将散见于历代文献典籍中有关这些作品的作者、版本、评论等文字资料全部收集在一起，并用按语加以总结，使之成为比较完整的小说文献资料集解。潘燕在《〈道藏〉中的宋代小说研究》(安徽大学硕士论文,2012年)一文中,整理分析了《道藏》中的宋代小说作品。

关于文献方面的研究,基本上是依据材料的发掘,因而呈现出学者们不断尝试、不断修正的面貌。受制于研究材料及方法,在未有重大文献新出之前,此领域也难再出现具有影响的成果。

二、宋代传奇志怪小说的历史地位

宋代传奇志怪小说研究长期处于弱势地位,很大程度上是因历来宋代文言小说饱受贬抑。如明代胡应麟《少室山房笔丛》有"小说唐人以前纪述多虚而藻绘可观,宋人以后论次多实而采艳殊乏"[①]之说,开启了小说中"尊唐抑宋"的观点。这种观点影响深远,几成定论。鲁迅对宋代传奇志怪小说的整体评价也不高。在《中国小说史略》中,他认为:"宋一代文人之为志怪,既平实而乏文彩;其传奇,又多托往事而避近闻,拟古且远不逮,更无独创之可言矣。"[②]而在 1924 年 7 月于西北大学暑期学校讲《中国小说的历史的变迁》时,他甚至认为,传奇小说在唐亡时就绝了。此后很长时期内,在诸多的文学史、小说史以及小说研究著作中,宋代文言小说一直处于一种尴尬的边缘位置:不是被完全忽略,就是被严重低估。前者以郑振铎的《宋元明小说的演变》与《中国小说八讲》,以及 20 世纪 60 年代分别由中国社会科学院文学研究所和游国恩等主编的两部《中国文学史》为代表;后者以北京大学中文系《中国小说史稿》及侯忠义、刘世林所著《中国文言小说史稿》为代表。相关论述详见余丹的《20 世纪以来宋代文言小说研究综述》(《广西社会科学》2007年第 2 期)。

20 世纪 80 年代以来,人们对宋人传奇志怪小说的态度逐渐客观起来,虽仍有批评之辞,但越来越多的小说研究者已经基本摆脱了"尊唐抑宋"的思维定势,认识到了宋代传奇志怪小说的独特价值,纷纷以小说发展史的整体视角对宋代传奇志怪小说重新进行历史定位。

20 世纪 90 年代末,程毅中在《宋元小说研究》中指出:"宋元时代是小说史上一个继往开来的阶段。这是以话本为基础的白话小说开始发达的时代,也是以史传为渊源的文言小说走向衰微的时代。然而它不是新旧交替而是新旧交错融会的时代。"[③]薛洪勣1998年出版的《传奇小说史》也认为宋元时期文言小说在唐代基础上有了进一步发展，突出成果即通俗传奇的出现。

进入新世纪后，小说研究中固有的"尊唐抑宋"的观念逐渐远去。2001年李修生、赵义山主编的《中国分体文学史·小说卷》认为文言小说的转型自宋代开始，并阐述了文言小说与白话小说相互渗透、融合的趋势。对于"尊唐抑宋"的观点，他们表示了不同的看法，认为不能够拿衡量唐人的尺度去衡量宋人，这样于宋人不公，且容易把复杂的文学现象简单化。

学者们不仅没有墨守传统的"尊唐抑宋"观念，相反，他们开始着意发掘宋人小说相对于唐人小说的新价值。如陈文新老师2002年出版的《文言小说审美发展史》认为宋代传奇有衰落，也有新变。衰落是就辞章化传奇而言，即从唐人传奇一脉延伸出来的传奇；而新变是就话本体传奇而言，即话本与传奇的结合体。2003年，丁峰山在其论文《宋代小说在中国小说史上历史地位的重新估价》(《福建师范大学学报》2003年第6期)中则认为"宋人另辟蹊径，把小说带上了朴雅平淡、通俗自然的新路"，甚至认为无论是就笔记体还是就传奇体而言，明、清时期的文言小说受宋代的影响要大于唐代，而且宋代"对和小说发展、成熟密切相关的概念，作品的保存、编辑、整理，理论探索等外围因素的推动和促进作用亦值得关注"，进而得出"从小说(文学)发展的综合历史维度着眼，宋代对中国古典小说的贡献和影响不低于甚至高于唐代，其历史地位在唐代之上"的结论。当然，这样的观点略有矫枉过正之嫌。

2007年李剑国、陈洪主编的《中国小说通史·唐宋元卷》中的评价值得玩味，颇具同情倾向："宋人文言小说实在是不幸的，它生不逢时地夹在唐传奇和元明长篇两座巅峰中间，显得那么晦气倒楣，远不如它身边的话本小说风光，由于开创了通俗小说的新世纪而倍受小说史家的青睐。"[④]该书认为宋人文言小说有两大艺术缺陷，一为平实化，一为道学化；而正是与"平实化"相联的通俗化，或曰市井化，带来了文人文言小说与市民话本小说的合流趋势。在同年出版的《中国古代小说史叙论》中，刘勇强认为，宋代传奇相对于唐代传奇的发展体现在文体与内容两方面。在文体上，由于更多的诗歌运用，使得宋代传奇有雅化趋势，但在内容上，宋代传奇更多地偏重俗的方面。这也暴露出了文言小说自身难以解决的矛盾。

李军均更是强调宋代传奇新变后的社会价值。在其专著《传奇小说文体研究》中，他认为宋传奇的"理学化"为中国古代小说的发展提供了新的楔入点，即在“治身理家”的伦理宣扬中追求小说的文学本体发展，并引用了程毅中先生在《〈宋代传奇集〉序》中的赞誉：“自兹而后，小说一家，蔚为大国，可以兴观群怨，或且优于诗赋。”[5]

在众多研究者努力地探讨唐宋小说各自的特点及地位之时，也有研究者主张将二者结合起来研究，不仅应该看到变化发展的一面，也应该看到传承相因的一面。凌郁之、李最欣于2004年合作的论文《唐宋小说因革轩轾论》（《苏州科技学院学报》2004年第4期）中就力倡此议。

综而观之，近年来的学者们多从中国小说发展历史这一整体视觉出发，对宋代的传奇志怪小说重新进行了较为客观的定位，并指出它在整个中国小说的历史发展长河中的价值。由于是历史定位，因而需放置于整个发展历程之中来进行比较分析，故而该领域的相关研究成果也多为专著形式。

三、宋代传奇志怪小说的艺术特点及成因

上文所述的“尊唐抑宋”的小说观之所以盛行，一方面是与人们认为宋人小说多因袭少创新有关，另一方面也与唐宋两代小说的艺术特点紧密相连。唐代小说那种备受文人雅士喜爱的天马行空的想象与灿然可观的文辞，在宋人笔下难以再见了，取而代之的是胡应麟所谓的“论次多实而采艳殊乏”（见前引），或者鲁迅所谓的“平实而乏文彩”（见前引），或者明代桃源居士在《宋人百家小说》序中所说的“奇丽不足而朴雅有余”。[6]

总之，宋代小说不再具有唐代小说那种血气，那种绮丽，那般风情万种。不过，它增了几分理性，多了几分质朴，同时也添了几分世俗。正如程毅中在《宋元小说研究》中所指出的，自北宋《青琐高议》《云斋广录》始，宋代的古体小说就呈现出一些不同于唐代的特点，如从唐人重视“史才、诗笔、议论”三结合转向史才和诗笔分别发展；更重要的是，很多作品在人物形象、语言以及叙事体制等方面，都出现了通俗化的倾向。南宋的《夷坚志》《清尊录》《摭青杂说》进一步发展了这一倾向，至宋末的《醉翁谈录》更是相当接近于话本。2006年林辰在《古代小说概论》中也认为，宋代传奇小说逐渐告别了唐人的典雅，而向通俗的情趣靠拢。余丹的《宋代文言小说的雅俗分流》（《巢湖学院学报》2009年第5期），从创作和接受这两方面入手去分析。文章认为，创作

和接受群体的扩大，直接导致了宋代文言小说产生雅俗分流的局面，既有沿袭唐人高雅路线的篇什，更出现了大量带有市井气息的通俗之作，这也影响了明清文言小说的发展格局，使得文言小说走出了狭小的士人圈子，逐渐与白话小说相交融。这些论述都点出了宋人小说的新变及特质。

研究者们对宋代传奇志怪小说艺术特点的讨论主要集中在以下三个方面，即：题材的通俗化、语言的平实化以及议论的道学化。

在题材的通俗化研究方面，石昌渝先生早在20世纪90年代就在其专著《小说》中指出了传奇小说的俗化倾向，认为宋人的传奇是写给一般人民欣赏的，这种小说观念意识明显下移，是俗化的开端。1994年，陈文新老师在《论古代传奇小说的两种类型及其演变》（《青海社会科学》1994年第3期）一文中指出了在宋代传奇已与俗文学合流这一特点，并将这种通俗化了的传奇小说命名为“话本体传奇”。2008年，陈老师进一步通过《论宋代话本体传奇的世俗化追求》（《中国地质大学学报》2008年第2期）一文，归纳出话本体传奇的世俗化追求的表现：塑造出大量放诞不检的青年女性，天真稚拙的想象代替了唐传奇的书卷气，人物对话杂用口语，直接描写人物心理。

与陈文新老师的观点相呼应的还有程毅中先生1998年在《宋元小说研究》中所持的宋代传奇进一步向通俗小说靠近的观点，并认为这是宋代传奇的一个新发展。2005年顾青撰写的《中国古代文学通论·宋代卷》，也认为宋人传奇的通俗化倾向带来了传奇与话本的合流趋势。同时指出：“宋人小说为说话人提供了大量的创作素材，同时，说话的形式和内容也被文人效仿借鉴，产生出话本体的传奇。”⑦

2007年，李军均在《传奇小说文体研究》中进一步将这种俗化倾向分为“以俗为雅”和“化雅入俗”两方面。其中以俗为雅体现在三个方面：语体的通俗性、题材的世俗性与思想感情及愿望理想的大众性、接受者的广泛性。变雅转俗即对以往的小说作品进行删改，以迎合大众审美需求。同年，闫立飞在其论文《在史传与小说之间——传奇小说的文体与观念》（《天津社会科学》2007年第5期）中，也阐述了近似的观点。

宋人小说这种通俗化倾向，不仅是宋代小说新发展的一种表现，同时，在中国小说发展史上也具有重大的意义。正如李剑国先生所认为的那样：“士大夫文人屈尊纡贵地接近了‘下里巴人’……尽管尚嫌迟钝，不像说话人在向文人小说学习方面表现出极大的敏捷和热情，但这有意义的一步终于是迈出来了。有了这个靠拢，才会有元明盛行的以通俗性为一大特征的文人长篇文言小说。”[8]

至于出现这种俗化倾向的原因，研究者们大致认为一是与宋代城市经济发达、市民阶层形成并壮大有关；二是市民阶层的发展带来了某些文学观念和审美情趣的转变，士大夫文人开始关注并喜欢“俗”的东西，以俗为雅；三是受到话本小说的影响。这些观点在吴志达《中国文言小说史》、李军均《传奇小说文体研究》、毛淑敏的论文《宋传奇的市民化特征》(《河南师范大学学报》2004 年第 4 期)，以及李军均与曾垂超合作的论文《论宋代小说的雅俗之变及其文化精神》(福建师范大学学报》2011 年第 4 期)中均有相关的论述。

在语言的平实化研究方面，如前所述，很多前人已经指出了宋人小说的这一语言特点。近年来，不少学人也对此有着相关的研究与阐释，虽不再像前人那样带有贬抑的情感倾向，但总体评价不高。

李剑国先生虽认为宋人小说的语言是另一种美学风格，“用普普通通的平易语言去表现普普通通的朴实情感，不事藻饰，不求工丽，没有奇兀，没有腾挪，没有轰轰烈烈”[9]。但他同时指出，不能对此估价太高，因为在他看来，即便是具备这种特色的较好作品，也往往露出点枯窘之象。他认为大多数宋传奇作品并未在朴素、平淡中酝酿出醇厚的朴素美、平淡美。他甚至在 2007 年出版的《中国小说通史·唐宋元卷》中，还将这种平实化视为宋人文言小说的两大艺术缺陷之一。

这种平实化的语言用于传奇这种小说形式，固然有着先天不足，但用于志怪及轶事等文言小说中，那可能就会令人刮目相看。陈文新先生在《文言小说审美发展史》中就肯定了宋代轶事小说的简约冲淡。

至于这种平实的文风形成的原因，李军均认为是肇端于晚唐五代传奇小说文体的杂史杂传化中的稗史化倾向，体现着宋代小说的作者们的补史意识。而孟昭连却把小说的语体之变置于语言发展的历程中来考察。在 2011 年发表的《宋代文白消长与小说语体之变》(《中国社会科学》2011 年第 3 期)中，他认为古代白话自汉魏之际始现于书面语，经过长期发展，至宋代随着由雅趋俗的文化进程，广泛渗入多种文体。在此语言背景下，古代小说语体发生巨大的变革。他进一步指出宋代文言小说语体变“华艳”为“平实”，出现浅俗化倾向，正是这种巨变的一种表现。

在议论的道学化研究方面，早期的研究者们对这种道学化的议论多为消极的评论。鲁迅先生曾说宋传奇"篇末垂诫，亦如唐人，而增其严冷，则宋人积习如是也"[10]。李剑国先生在《宋代志怪传奇叙录》中也认为道学化是宋代传奇的一大弊病。他指出，宋人在创作动机和主题表现上对于封建伦理道德的过分执着，在大量爱情小说中价值天平由情向理倾斜，义娼贞妇之作比比皆是，人情人欲人性受到蔑视，同时评价说这样的说教作品读来味同嚼蜡。

进入新世纪后，研究者们从不同的角度入手，尝试着去深入分析宋人小说中这种道学化议论的文化价值及其成因。

2000 年，段庸生在《劝惩与宋人传奇》(《重庆师院学报》2000 年第 4 期)一文中认为，宋人传奇中的劝惩不是简单的说教议论，而是对唐传奇过度追求感官娱乐享受的反正。它于劝惩之中对历史教训的重视及对题材价值意义的追求，充分表明宋人对小说社会功能的格外重视，由此带来传奇从主体到服务对象及审美情趣等的一系列积极变化，这些变化规定着中国古代小说发展的主流方向。

唐人小说虽于篇末亦有劝惩，但多为涉笔成趣，或如汉代大赋的曲终奏雅，终非重心。而在宋人小说中，劝惩则成了主旨所在，小说本身只是载道的工具而已。鲁迅先生认为是宋代理学昌盛，禁锢了小说家的思维和笔法。后来的一些研究者也大致赞同此说。然而，张祝平《论宋代小说"由虚入实"之原因》(《河北师范大学学报》2003 年第 2 期)一文却给出了不同的分析：赵宋王朝是经历了中唐以后长期分裂混乱局势之后建立起来的积贫积弱、矛盾错综、风雨飘摇的王朝。宋初始，统治者和士大夫都在对前代历史经验教训进行着思考。宋人的这种思考融入了传统的根深蒂固的经史为本的思想，使得本已在唐代有所减弱的小说评价和创作中的历史意识在宋代反而得到了进一步强化和张扬。在创作时将小说与历史等同，或是避开时事谈古事，谈历史教训；或是写时事，强调小说家应同史家一样冷静客观，所记应与史书一样信实可靠，最后应达到与史书一样的可资考证鉴诫的目的。

2007 年，李军均在其《传奇小说文体研究》一书中也认为宋人小说中这种理学化色彩并非理学的生硬传声筒，而是对文学社会功用的一种实践，它开启了中国古代小说"寓教于说"的传统。在发表于同年的论文《论宋初传奇小说文体发展的文化生态》(《齐齐哈尔大学学报》2007 年第 2 期)中，他指出宋代传奇小说文体与唐传奇呈现出迥异的审美特征："多教训"、"论次多实"、"理学化"。并认为形成这种审美特征的原因在于宋初"敦重文学"、"崇道抑文”的文化生态。2008 年余丹的《论宋代文言小说的补史意识》(《甘肃社会科学》2008 年第 2 期)则更明确地指出宋人小说中那种严冷的训诫意味是宋人补史意识的体现。

总而言之,宋代文言小说的世俗化、平实化以及道学化,是中国文言小说发展中显著的变化特征。李军均的《唐宋传奇小说文体研究》(华东师范大学博士论文,2004 年)、郁之的《走向世俗——宋代文言小说的转型》(复旦大学博士论文,2005 年)及王庆珍的《宋代传奇研究》(哈尔滨师范大学博士论文,2013 年)等博士论文,深入地探讨了宋人文言小说的这些新变。另外几篇硕士论文,陈强的《宋传奇的理性特质》(延边大学,2008 年)、赵亚的《旧时王谢堂前燕,飞入寻常百姓家——论宋代传奇小说的内容和艺术特色》(曲阜师范大学,2008 年)、赵正国的《理学对宋代文言小说创作的影响》(西南大学,2011 年)、赵丽君的《宋传奇及其文化内涵研究》(重庆工商大学,2012 年)及吴浩菊的《南宋中期僧道故事新变研究——以文言志怪小说为例》(沈阳师范大学,2014 年)等,都从不同角度阐释了宋代传奇志怪小说的特质变化。

除了从以上角度去讨论宋代文言小说的转变外,也有研究者从叙事艺术的角度去加以研究,代表成果有王秀娟的《宋代文言小说叙事演变研究》(南开大学博士论文,2013 年)。该文主要通过文本细读、叙事学、传播学、语言学、历史学等方面的知识去探讨宋代文言小说的艺术特色及演变的缘由。文章共分五章,前三章谈论宋代文言小说的叙事艺术与发展,后两章则谈论宋代小说发展的因由。

四、具体作家作品研究

在宋人传奇志怪小说的具体作家作品研究方面,鲁迅开了现代研究之先。但他的《中国小说史略》中涉及的宋代文言小说作家只有乐史、秦醇、洪迈数人,作品也仅寥寥数种。

上个世纪八九十年代,随着相关文献资料的整理与完善,研究者们对宋代传奇志怪小说具体作家作品的研究逐渐深入,也涌现了一批高质量的学术成果,诸如程毅中对《丽情集》《青琐高议》《云斋广录》《江淮异人录》以及《摭青杂说》等作品的研究,可视为本阶段的代表成果。

进入新世纪后，对宋代传奇志怪小说具体作家作品的研究，不仅范围更广，而且程度更深。研究者们的研究工作不再集中在几部或者几篇较有影响的作品上；同时，在研究角度上，也呈现出多维度新颖化的趋势。

新阶段研究的热点当属对《夷坚志》的研究。

除了前文所述的对该书的文献学研究外，还涌现了一大批其他成果，代表作有张祝平的《〈夷坚志〉论稿》（中国文史出版社2002年版），不仅对《夷坚志》的成书、版本、流传及其影响进行了深入的研究，而且对其中所反映的宋代经济生活、社会矛盾和民族矛盾以及文人心态也进行了分析。

除专著以外，也出现了大量的学位论文成果，诸如张文飞的《洪迈〈夷坚志〉研究》（复旦大学博士论文，2008年）、王瑾的《〈夷坚志〉新论——以故事类型和传播为中心》（暨南大学博士论文，2010年）、叶静的《洪迈与〈夷坚志〉的民间性问题研究》（华东师范大学博士论文，2010年）等博士论文，以及诸如关冰的《〈夷坚志〉神鬼精怪世界的文化解读》（宁夏大学，2004年）、朱文广的《〈夷坚志〉报应故事所见南宋民众观念与基层社会》（陕西师范大学，2006年）、丁雅的《〈夷坚志〉的叙事学研究》（浙江师范大学，2007年）、杜博的《〈夷坚志〉婚恋小说分析》（四川师范大学，2009年）、柳清的《〈夷坚志〉的民间信仰研究》（上海师范大学，2010年）、孙薇薇的《〈夷坚志〉与宋代城市民俗研究》（黑龙江大学，2010年）、邵贤敏的《〈夷坚志〉梦幻故事的文化解读》（福建师范大学，2010年）、王桑的《洪迈〈夷坚志〉研究》（赣南师范学院，2011年）、沈利红的《〈夷坚志〉与宋代科举社会》（浙江大学，2012年）、李娜的《〈夷坚志〉人鬼恋故事研究》（华侨大学，2013年）、王雯的《〈夷坚志〉道教故事文化内涵研究——以儒道融合与世俗化为中心》（北京外国语大学，2014年）等一批硕士论文。

另外，还有诸如王瑾的《论〈夷坚志〉对古代小说题材的开拓》（《广州大学学报》2009年第1期）及《〈夷坚志〉与理学之关系新探》（《明清小说研究》2009年第2期）、李剑国与赵爱华合作的《〈夷坚志〉与宋代"盗贼"》（《南开学报》2010年第5期）、秦川的《试论洪迈〈夷坚志〉的文献价值》（《九江学院学报》2011年第2期）及《〈夷坚志〉故事的叙事特征及其影响》（《沈阳师范大学学报》2011年第2期）、袁文春的《〈夷坚志〉的价值策略：传录的客观性强调》（《西南交通大学学报》2013年第1期）、孙逊与朱洁合作的《〈夷坚志〉中的"乡民"描写及其文化阐释》（《复旦学报》2013年第3期）、王子成的《全视角观照下的〈夷坚志〉与宋代江右多元文化探析》(《九江学院学报》2014 年第 2 期)、程城的《从〈夷坚志〉看南宋徽州民间信仰》(《许昌学院学报》2014 年第 4 期)、董春林的《由梦入冥:〈夷坚志〉所见宋代的通灵文化》(《北京社会科学》2014 年第 6 期)、刘树友的《从〈夷坚志〉看宋代农民兼业工商业活动》(《渭南师范学院学报》2014 年 13 期)等一些期刊论文。

不难发现,进入新世纪后,尤其是最近几年来,《夷坚志》相关研究的成果呈爆炸式的增长,这一方面与该书自身广泛的题材与丰富的内蕴有关,另一方面也与研究角度的多元化有关。研究者们或多或少都能从这一部百科全书式的文言小说中发现有价值的东西。

除《夷坚志》外,《青琐高议》《绿窗新话》等作品也颇受关注。秦川的《论〈青琐高议〉和〈绿窗新话〉在小说史上的地位》(《江西社会科学》2002 年 12 期)指出此二书虽为文言小说总集,但它们所收的内容和形式都已发生了极大的变革,即内容的世俗化,语言风格的通俗化,标题的七言格式化。这种变革,沟通了中国古代文言小说和通俗小说之间的联系,成为古代文言小说和通俗小说之间的桥梁。它们不仅是宋代两个极为重要的文言小说总集,而且在中国古代小说发展史上也占据着重要的地位。冯勤的《〈青琐高议〉的艺术形式及其在小说文体变革中的价值》(《四川大学学报》2005 年第 6 期)则从雅俗之别这一特定角度切入,深入剖析了《青琐高议》独特的艺术形式,在重新考察宋代前后文言小说与话本小说彼此交错互融的关系及此后的发展态势后,发掘了其在小说文体发展史上的价值和意义。冯勤关于《青琐高议》的另一篇论文《〈青琐高议〉的民俗信仰倾向探析》(《宗教学研究》2004 年第 4 期)因涉及文化研究,待下文阐释。王庆华与杜慧敏合作的《〈青琐高议〉〈绿窗新话〉等标题形式并非"仿话本"——略论宋代文言小说七言标目形式的发生》(《兰州学刊》2010 年第 7 期)一文通过对宋元"说话"及话本标目形式和《青琐高议》《绿窗新话》文体性质的考辨,指出宋代文言小说七言标目形式的发生并非源于"说话"伎艺或话本的影响,而是部分文言小说集通俗化的产物,是文言小说自身发展演变的结果。

关于《青琐高议》《绿窗新话》的研究,除一些期刊论文外,也出现了诸如王亦妮的《〈青琐高议〉与宋代传奇小说》(西北师范大学,2004 年)、吴艳丽的《〈青琐高议〉之研究》(四川大学,2007 年)、戴立哲的《〈青琐高议〉与其影响研究》(西南大学,2010 年)以及李艳华的《〈绿窗新话〉研究》(暨南大学,2012

年)等硕士论文。

此外,研究者们对一些以前未受关注的作家作品也有所涉及,相关成果有萧相恺的《宋代小说家廉布及小说〈清尊录〉》(《淮阴师范学院学报》2002年第6期)、赵维国的《论〈丽情集〉与宋代丽情小说创作》(《河南大学学报》2003年第1期),以及凌郁之的《〈丽情集〉考论》(《苏州科技学院学报》2008年第3期)。萧文不仅对小说家的生活状况进行了考察,同时也对其小说代表作《清尊录》进行了评价。赵文从《丽情集》的编纂、传播角度论述了丽情题材小说的生成、发展,并且探讨了北宋中后期丽情小说的创作状况。凌文对颇具文心与诗情的《丽情集》作了详细的考论分析。

当然,凌郁之先生在《走向世俗——宋代文言小说的转型》的下编,比较集中地讨论了《丽情集》《青琐高议》《云斋广录》《绿窗新话》以及《醉翁谈录》这几部较有影响的宋代文言小说,用功颇深。

总的说来,对宋代传奇志怪小说具体作家作品的研究,虽出了一些可喜的发展趋势,也新出了一群年轻的学人,且有一批质量不错的成果。但综而观之,目前的研究还是主要集中在一些热点作家作品上,对其他宋代小说作品的研究都还停留在简单的介绍阶段,具体深入的研究还没有展开。可以说,宋代传奇志怪小说具体作家作品的研究还存在大片的空白。

五、文化研究

宋代小说出现上述的新变,是与宋代特定的社会发展及思想文化背景密切相关的。市场经济的发展、宗教信仰的流行以及宋代理学的兴起等,都对宋代小说的创作产生了相应的影响。同时,在宋人小说中,这些文化特征也得到了很好的反映。

在市场经济与小说的关系研究上,余丹的《宋代文言小说中的商人形象》(《浙江万里学院学报》2006年第4期)一文认为,宋代文言小说中商人形象频繁出现,这是文言小说发展到宋代产生的新气象,是宋代文言小说通俗化倾向的表征之一。余丹在她的另一篇论文《宋代文言小说反映的市人心态》(《浙江万里学院学报》2011年第6期)中进一步指出,宋代城市生活繁荣,商品经济发达,市人阶层和市民文艺兴起,文言小说在这一特定的时代背景中产生了通俗化的倾向，其中不仅出现了大量的市井题材，而且在意识、情趣方面也走向世俗，市人阶层对金钱的热切渴求，对艳情的浓厚兴趣，以及猎奇的审美心理，都得到了充分的反映。刘树友的《从〈夷坚志〉看宋代农民兼业工商业活动》（《渭南师范学院学报》2014 年 13 期）一文同样值得关注。文章认为，《夷坚志》记载了当时农民兼业多种手工业生产及多种形式的商业活动。农民兼业工商业活动，是宋代发达的商品经济在广大农村及农民身上的具体投射。宋代商品经济的发达，利己主义的泛滥，拜金主义的盛行，导致从商农民利令智昏，违背行业规则，不择手段地牟取不义之财。当然，于此用力最甚者当属罗陈霞，其博士论文《宋代小说与宋代民间商贸活动》（南开大学，2009 年），深入地就宋代民间商贸活动与宋代小说的关系进行了探讨。

在宗教信仰与小说的关系研究方面，赵章超的《宋志怪小说天命观论略》（《广西社会科学》2002 年第 2 期）系统地分析了宋代志怪小说中天命观的种种表现，追溯了这一观念的上古文化渊源，并考索了其在宋代复辟的思想根源。同年，刘黎明的《〈夷坚志〉与南宋江南密宗信仰》（《四川师范大学学报》2002 年第 3 期）通过对《夷坚志》的研究，指出作为大乘佛教的一个派别的密宗并非如众多学者认为的那样在唐代就消亡了，而是依然盛行于南宋，尤其是在江南地区。赵章超先生《宋代文言小说研究》（四川大学博士论文，2003 年）部分章节对宋代民间风水、卜术、禁忌等民间信仰在文言小说中的反映进行了考察。余丹在《论宋代文言小说中的果报题材》（《安徽教育学院学报》2004 年第 4 期）一文中指出，宋代文言小说中果报题材作品数量众多，类型丰富，其中大多数作品是借中国传统因果报应观念或佛教轮回果报学说的形式，来表现儒家道德伦理的实质内容，以达到劝惩教化的目的。宋代文言小说作者这种强烈的劝惩意识，与时代对文学教化功能的重视有直接的关系。冯勤的《〈青琐高议〉的民俗信仰倾向探析》（《宗教学研究》2004 年第 4 期）一文认为，《青琐高议》中十分明显地体现了宋代民间三教合一的民俗信仰倾向，并指出其形成与当时特殊的时代、市民文化的繁荣及社会思潮的特点等因素之间有着深刻的内在联系。赵章超的《宋志怪小说地域特色论略》（《许昌学院学报》2007 年第 6 期）一文指出，正是宋人浓郁的巫术鬼神及术数信仰，导致他们认为无论个体还是时代的盛衰治乱，都被鬼神所决定，都可用术数以预知，故而常常用它们来指导自我人生乃至社会事务，而这直接为志怪小说的繁荣提供了丰富的题材。2008 年凌郁之的《宋代志怪小说与民间宗教信仰的互动》(《中国俗文化研究》第五辑)一文认为,在宋代,志怪小说与民间宗教信仰息息相关,许多小说都因为承载着民间宗教信仰而被视作辅教之书,实是小说体的善书或善书性质的小说;而佛教或道教灵验记往往采取小说体,与小说一起在民间流传,并可能深刻地影响到唐宋文言小说的趣味走向。其他相关论文,诸如张玉莲的《宋代文言小说中相墓故事的文化阐释》(《河南师范大学学报》2010 年第 5 期)、程城的《从〈夷坚志〉看南宋徽州民间信仰》(《许昌学院学报》2014 年第 4 期),以及董春林的《由梦入冥:〈夷坚志〉所见宋代的通灵文化》(《北京社会科学》2014 年第 6 期)等,均在民间信仰与宋人小说的关系上作了深入的剖析。相关研究值得一提的还有几篇硕士论文:朱文广的《〈夷坚志〉报应故事所见南宋民众观念与基层社会》(陕西师范大学,2006 年)、吕佳的《宋代文言道教小说蠡探》(华东师范大学,2009 年)、柳清的《〈夷坚志〉的民间信仰研究》(上海师范大学,2010 年)等,都在此领域的研究下过功夫。

在宋代理学与小说的关系研究上,学人几乎一致批评理学对宋代文言小说产生了负面影响。此类观点集中出现于上个世纪末期,以李剑国《宋代志怪传奇叙录》、薛洪勣《传奇小说史》、萧相恺《宋元小说史》及苗壮《笔记小说史》中的相关观点为代表。李剑国先生认为,宋人的价值观和思维方式被规范在理学樊篱中了。影响所及,便是在小说创作中追求惩劝目的的刻板偏重,主题的伦理化,作品的道学气。薛洪勣先生认为理学主张的“文以载道”抹杀了文学的艺术性,自然对传奇小说的发展也带来了不利影响。萧相恺先生继承并修正了鲁迅的观点,指出理学作为一种守旧的士大夫学说,对文人创作的雅小说影响很大,小说中劝诫、教训意味的增添就与这种影响有关。苗壮先生则从文风的角度出发,认为在理学家主张的为文之风影响下,宋代文风以平淡质实为主而少弘丽,宋代文言小说的那种平实而乏文采的文风也是必然。2006 年钱莹瑾在其《理学文化影响下的宋代文言小说的美学风格刍议》(《中国水运》2006 年第 2 期)一文中的论述,与上述观点遥相呼应。文章认为,受到宋代理学文化的“文”“道”关系等重要命题的影响,宋代文言小说形成了具有“朴雅”而“采艳殊乏”的叙事语言,不多“幻设”的叙事观念和冷静理性的叙事态度等特点的美学风格。不过,也有研究者认为宋代理学对宋代小说的影响并非如众多研究者所言的那般巨大,王瑾在《〈夷坚志〉与理学之关系新探》(《明清小说研究》2009 年第 2 期)中就持此种观点。文章从《夷坚志》所表达的伦理观念、洪迈的创作追求及对理学家的态度去作分析，指出《夷坚志》与理学实际存在许多相悖之处，进而断定理学在当时的影响有限，从而否定了多数研究者认为《夷坚志》的理学色彩突出这一观点。除此之外，如赵正国的《理学对宋代文言小说创作的影响》（西南大学硕士论文，2011年）等，也较为细致地探讨了宋代理学与小说的关系。

宋代传奇志怪小说的文化研究除以上角度外，也有研究者从地域、民俗、科举，甚至文士活动等角度进行了考察。相关成果有周榆华的《〈夷坚志〉反映的江西民俗》（《江西社会科学》2003 年第 6 期）、祝尚书的《科名前定：宋代科举制度下的社会心态——兼论对宋人志怪小说创作的影响》（《文史哲》2004 年第 2 期）、孙薇薇的《〈夷坚志〉与宋代城市民俗研究》（黑龙江大学硕士论文，2010 年）、沈利红的《〈夷坚志〉与宋代科举社会》（浙江大学硕士论文，2012 年）、张会的《科举背景下宋代文言小说的变迁》（《社会科学家》2012 年第 2 期）、陈才训的《文人雅集与文言小说的创作及发展规律》（《求是学刊》2012 年第 6 期），以及王子成的《全视角观照下的〈夷坚志〉与宋代江右多元文化探析》（《九江学院学报》2014 年第 2 期）等。

宋代传奇志怪小说研究的热点主要集中在上述领域。此外，学人们的研究也涉及到了宋代文言小说的题材及人物形象、创作主体的创作观念以及宋代的小说理念等方面。抛开各类小说史或文学史专著不论，单就学术论文而言，此方面的研究自新世纪以来就出现了如下的一些成果：段庸生的《劝惩与宋人传奇》（《重庆师院学报》2000 年第 4 期）、张祝平的《论洪迈的小说观》（《淮阴师范学院学报》2001 年第 5 期）、赵维国的《论宋人小说的创作观念》（《中州学刊》2001 年第 6 期）、苑汝杰的《洪迈小说观念刍议》（《华北电力大学学报》2002 年第 4 期）、张祝平的《以雅入俗——宋代小说的普及与繁荣》（《云梦学刊》2003 年第 4 期）、许军的《论宋元小说的道德劝惩观念》（《广西社会科学》2003 年 11 期）、周榆华与罗宗阳合作的《〈夷坚志〉的编撰及洪迈对志怪小说的看法——从〈夷坚志〉的多篇序言谈起》（《南昌大学学报》2004 年第 1 期）、许军的《论宋代文言小说中女性形象演变的文学史意义》（《云南社会科学》2004 年第 1 期）、项裕荣与高华生合作的《试论宋代文言武侠小说的因袭与局限》（《九江学院学报》2006 年第 2 期）、凌郁之的《从宋代官私书目看小说观念的变迁》（《复旦学报》2007 年第 3 期）、余丹的《论宋代文言小说的补史意识》（《甘肃社会科学》2008 年第 2 期）、郑群辉的《宋代禅林佚事小说的叙事特色及文化成因》(《社会科学》2008 年第 9 期)、何新岭的《宋代传奇小说女性形象的演变》(《陕西理工学院学报》2009 年第 3 期)及《宋代传奇小说“名妓”形象的演变》(《广东技术师范学院学报》2009 年第 8 期)、秦川的《〈夷坚志〉故事的叙事特征及其影响》(《沈阳师范大学学报》2011 年第 2 期)、袁文春的《〈夷坚志〉的价值策略:传录的客观性强调》(《西南交通大学学报》2013 年第 1 期)、孙逊与朱洁合作的《〈夷坚志〉中的“乡民”描写及其文化阐释》(《复旦学报》2013 年第 3 期)及王庆珍的《宋代传奇作家的文化心态》(《文艺争鸣》2013 年 12 期)、时娜的《论宋代传奇小说叙事的实录色彩》(《重庆文理学院学报》2014 年第 3 期)及邱昌员的《从〈夷坚志〉看宋代侠义小说的特色和成就》(《赣南师范学院学报》2014 年第 5 期)等。这些研究成果,或就小说的题材进行探讨,或就所刻画的人物形象进行分析,或就一代小说的主流观念进行研究,或就具体作家的创作意识进行阐释,或就小说观念的转变进行把握。研究的主题也主要集中在教化意识、补史意识以及虚构意识等几个方面。

值得一提的是,新世纪以来,对宋代传奇志怪小说的研究也出现了一些全新的角度,比如从传播接受的角度进行研究。目前,相关成果未见专著,主要以论文形式出现。代表性的成果有康韵梅的《唐代小说在〈绿窗新话〉中的再现》(《中国唐代文学学会第十一届年会暨国际学术讨论会论文集》2002 年。该文后收录于《唐代文学研究》第十辑)、李源的《流叶千古总牵情——宋代传奇〈流红记〉及其在元明时代的传播》(《殷都学刊》2003 年第 1 期)、周以亮的《〈夷坚志〉在古代日本的传播与接受》(《明清小说研究》2006 年第 2 期)、闵宽东的《〈夷坚志〉的韩国传入和影响之研究》(《九江学院学报》2011 年第 3 期),以及王瑾的《试论〈夷坚志〉对〈续金瓶梅〉的影响》(《明清小说研究》2011 年第 3 期)。另有范可新的硕士论文《唐传奇宋代传播研究》(曲阜师范大学,2011 年)等。康文以《绿窗新话》为对象,考察了宋代文言小说对唐代小说题材承继的现象。李文认为红叶定情的故事自唐代肇始起,便以其神奇浪漫的情思,吸引了众多文学家涉笔于此。北宋张实在前人基础上创作的传奇《流红记》,为流水红叶故事设定了一个雏形框架。由元及明,故事原型在戏曲、小说家笔下不断增饰,愈入愈曲。文章梳理了《流红记》在宋元明时期的传播情况,并展示各个时代大异其趣的时代意识与审美特征。周文通过对日本古代文献的梳理,初步勾画出古代日本传播和接受《夷坚志》的轮廓,认为日本较早接受《夷坚志》的例子出现于十五世纪中期,但是进入日本古代最后一个时期的江户时代以后,《夷坚志》传播和接受的状况出现了一个前所未有的局面,不仅在图书目录中有诸多的记载,而且日人对《夷坚志》有了总体上的把握。除此之外,此时还出现了大量引用《夷坚志》的本文进行考证、翻译《夷坚志》以及改写《夷坚志》的现象。闵文则重点探讨了《夷坚志》在韩国的传入状况以及广泛深入的影响。王文指出,《续金瓶梅》中各种题材混杂,无论是世情、神魔题材,还是历史演义题材,都在情节、故事人物等方面广泛借鉴了《夷坚志》的有关篇章。范文认为,宋代保存了我们现在所见的大部分唐传奇作品,其中不少优秀作品更是以不同的方式传播嬗变。其中一种方式是小说选本传播,如宋太平年间编纂成书的《太平广记》是保存唐传奇作品最重要的材料。此外,宋代还出现了如《青琐高议》《绿窗新话》等 60 多种小说选本,也传播、保存了诸多唐传奇。这些研究角度为宋代传奇志怪小说研究开启了一扇扇全新的门窗,可以让人领略另一番风景。

综上所述,宋代传奇志怪小说研究,经过上世纪八九十年代研究者们的努力,不仅改变了传统的"尊唐抑宋"观念,而且渐入佳境。进入新世纪后,在文献的整理与研究、小说的价值及文学史地位、小说的艺术特征及成因、具体作家及作品、小说与文化的关系等研究领域,都取得了长足的进展,不仅研究成果量大质高,而且涌现了一批年轻的学人,为今后的研究注入了新鲜的活力。更可喜的是,研究者们也不断地从新异的角度去尝试,为研究带来新的风貌。不过,宋代传奇志怪小说研究领域也还存在诸多的不足,比如小说与文化的研究、小说内部不同体裁的相互影响关系、后代对宋人小说的接受与传播等,都有待于继续拓展和深入。

①胡应麟,《少室山房笔丛》丙部《九流绪论》(下),上海书店 2001 年版,第 283 页。

②鲁迅,《中国小说史略》,上海古籍出版社 2006 年版,第 66 页。

③程毅中,《宋元小说研究》,江苏古籍出版社 1999 年版,第 1 页。

④李剑国、陈洪,《中国小说通史》(唐宋元卷),高等教育出版社 2007 年版,第 703 页。

⑤李剑国,《宋代传奇集》,中华书局 2001 年版,第 1 页。

⑥侯忠义编,《中国文言小说参考资料》,北京大学出版社 1985 年版,第 24 页。

⑦顾青,《中国古代文学通论·宋代卷》,辽宁人民出版社 2005 年版,第 137 页。

⑧李剑国、陈洪,《中国小说通史》(唐宋元卷),高等教育出版社 2007 年版,第 710 页。

⑨李剑国、陈洪,《中国小说通史》(唐宋元卷),高等教育出版社 2007 年版,第 708、709 页。

⑩鲁迅,《中国小说史略》,上海古籍出版社 2006 年版,第 62 页。

二十世纪以来日本学者的陆游诗歌研究

邱美琼　胡海金

陆游作为南宋时期的“中兴四大诗人”之一,不仅在我国古代诗坛上影响深远,而且在日本诗坛也占有一席之地。早在日本江户时期(1603—1867),文人们即表现出对陆游的崇敬之情。特别是当时的文坛领袖市河宽斋,他不仅极尽心力对陆诗进行注解诠释,撰写出《陆诗意注》《陆诗考实》,并且在创作中专意效仿陆诗风格,为陆诗在日本的传播作出了贡献。进入二十世纪以来,日本学者关于陆游诗歌的研究,更是成果丰硕,在宋代诗人诗作研究中可谓蔚为大观。这主要体现在陆诗材料的整理、选译,陆游的生平、思想研究,陆诗本体研究及陆游诗论研究四个方面。

一、陆诗材料的整理与选译

陆游一生创作诗歌极为丰富,他在77岁时曾自称“六十年间万首诗”(《小饮梅花下作》)。据今人统计,陆游现存诗歌作品达9239首。然而,如此丰富的诗歌,一直以来都很少有人为之做注评、赏释,对陆游诗歌材料进行整理、选译的也并不多。相对于本土来看,日本学者在这方面的研究,并不逊色。其主要包涵以下几类：

一是解释、鉴赏类的单行本著作，如：河上肇《陆放翁鉴赏》（三一书房，1949）、铃木虎雄《陆放翁诗解》（弘文堂，1950—1954）、石川忠久《陆游100选》（日本放送出版协会，2004）。其中尤具特色的是河上肇《陆放翁鉴赏》。河上肇是日本最早译介马克思《资本论》的学者，在日本侵华战争时期，他被迫隐居，并徜徉于古典汉诗的世界，以此为乐。他在学写汉诗的时候，特别倾心于陆游的诗歌作品，撰写出了日本汉文学史上的第一部陆游诗歌鉴赏——《陆放翁鉴赏》。河上肇从日本“汉诗人”以及马克思主义学者的角度，对陆游诗歌作出了新颖独特的解读，体现了我国古代诗歌的现代价值与国际意义。后此书又由一海知义校注，于岩波书店2004年9月出版，足见其影响之著。2004年12月，又出版了石川忠久编选的《陆游100选》，以文本与媒体结合的形式，推动着陆游诗在日本的传播，扩大了陆游诗的影响。

二是丛书型的注译之作。“二战”以后，日本的中国古典文学研究呈兴盛之势，这一时期的研究仍保持着以“实证”为基础的学术传统，特别重视文本资料的发掘整理和文本的训解注译，刊行了多种有关中国古典诗歌的大规模的启蒙性选译本丛书。陆游诗的收录情况如下：

一海知义（注）《陆游》（《中国诗人选集二集》8，岩波书店，1962）、前野直彬《陆游》（《汉诗大系》19，集英社，1964）、石川忠久（译）《陆游诗集》（《中国的诗集》9，角川书店，1973）、小川环树（选注）《陆游》（《中国诗文选》20，筑摩书房，1974）、一海知义和入谷仙介（注）《陆游高启》（《新修中国诗人选集》7，岩波书店，1984）、村上哲见和浅见洋二（选注）《苏轼·陆游》（《中国古典鉴赏》21，角川书店，1989）等等。这些以丛书形式出现的注译之作，以集合的形式，进一步推动了陆游诗歌的研究。特别需要提出的是“岩波文库”本，这是日本图书中一种相当便宜的丛书，它的单本购价从收入比来看，大约相当于中国的1元人民币；这也是一种袖珍型图书，携带十分方便，所以人们一般称之为“口袋书”。这种丛书的出版，使读者范围从中国文学的研究者与爱好者扩展至一般书籍的阅读者，大大地普及了中国古典文学及至陆游诗歌的接受者。还有长泽规矩也（编）《陆放翁诗集》（《和刻本汉诗集成·宋诗篇》5，汲古书院，1976），这套丛书将刊刻于日本的版本（即“和刻本”）影印出版，这些“和刻本”都是江户时代（1603－1867）的善本，从中既可以窥见江户时代接受陆诗的情形，也是颇为珍贵的诗学资料。

三是关于陆诗材料的考论性论文。如：佐藤保《〈渭南文集·剑南诗稿〉版本考》（《中国文学研究》，1961、12）、杉村英治《有关市河宽斋的〈陆诗考实〉》（《东洋文化》，1973、10）、村上哲见《陆游〈剑南诗稿〉的构成及其形成过程》（《小尾博士古稀纪念中国学论集》，1983、10）和《再论陆游〈剑南诗稿〉——附〈谓南文集〉杂记》（《神田喜一郎博士追悼中国学论集》，1986、12）、野原康宏《陆游研究书志(1)、(2)》（《未名》，1992、1994）、一海知义《〈陆诗考实〉探访琐记》（《未名》，1992）、中岛和歌子《陆诗四首注释札记》（《读游会百回纪念文集》，2000、11）、西冈淳《陆游蜀中乐府考》（《南山大学日本文化学科论集》，2008、3）等等。

其中，杉村英治、村上哲见之文堪称力作。杉村英治《有关市河宽斋的〈陆诗考实〉》，介绍了东京大学所藏市河宽斋的手写本《陆诗考实》，证实了此书的存在。之后，一海知义《〈陆诗考实〉探访琐记》，进一步予以证实。村上哲见《陆游〈剑南诗稿〉的结构与形成过程》与《再论陆游〈剑南诗稿〉——附〈渭南文集〉杂记》，则是关于陆游别集的考证。前文详细考述了现行的《剑南诗稿》85卷本，认为卷19以前为严州本，卷59以前为子虡的续稿，卷68以前为子遹的续稿，以下为遗稿，将各版本关系进行了梳理；后文则通过对北京图书馆所藏《剑南诗稿》宋本的调查，进一步予以补充解说。与此同时，村上哲见还编写了《陆游〈剑南诗稿〉诗题索引》（奈良女子大学中国文学会发行手抄本，1984)，大大方便了陆诗爱好者的学习与研究。

四是对我国相关研究的介绍，主要学者为小川环树，他发表了《欧小牧的〈爱国诗人陆游〉》(《中国文学报》，1957、10)、《朱东润的〈陆游传〉》(《中国文学报》，1960、10)、《朱东润的〈陆游研究〉、于北山的〈陆游年谱〉》(《中国文学报》，1962、8)等文，将我国陆游研究的最新成果及时介绍给日本学者，促进了两国学者研究的交流与互动。

二、陆游的家世、生平与思想研究

最早试图就陆游家世、生平、交游及创作情况进行综合研究的是江户时期的市河宽斋，他编著了《陆放翁年谱》。进入二十世纪，较早向日本介绍陆游的是今田哲夫，他撰写了《陆游》(弘文堂，1948)。当时，正值著名学者青木正儿 60 大寿，铃木虎雄等诸大师即为之撰文 60 篇，综论中华人物，结集成书为《青木正儿博士还历记念·中华六十名家言行录》，为日本的中国文学研究史上一大盛事，今田哲夫的《陆游》即为其中一篇。另外，岩波书店推出的一海知义编《中国诗人选集 2 集》(1962)和角川书店推出的石川忠久编《中国的诗集》(1973)均附有《陆游年谱》。之后，又有越野三郎的《陆放翁——诗传》(1996、12)及一海知义《市河宽斋的〈陆放翁年谱〉》(《日本中国学会创立五十年纪念论文集》，汲古书院，1998、10)。越野三郎的《陆放翁——诗传》从研究陆游诗的角度出发，将陆游的一生分为青春期的陆游、国境地带、山西之春、闲适的日子、晚年等 5 个时期进行介绍分析。一海知义《市河宽斋的〈陆放翁年谱〉》一文，对市河宽斋的《陆放翁年谱》——日本人制作的最早的陆游年谱，进行了补充记载，并论述其学术价值。

关于陆游的思想，有古岛琴子《陆放翁的爱国之心》(《历史评论》,1951、11)、入谷仙介《夔州时期的陆游》(《中国诗人论——冈村繁教授退官纪念论集》,汲古书院,1986、10)、西冈淳《诗人与理想——陆游与独隐》(《爱媛大学法文学部论集》,1994)等文,对陆游的爱国思想、隐居思想均有论及。

关于陆游的文学交游,有三野丰浩《成都时期陆游与范成大的交游》(《日本中国学会报》,1996、10)和《淳熙五年的陆游、范成大、杨万里》(《爱知大学文学论丛》,1999、2)、笕文生《陆游与晁氏》(《橄榄》,2007、3)等文论及。三野丰浩两文,分别以淳熙二至四年、淳熙五年为时间段落,从传记研究的角度详细论说了陆游与范成大、杨万里之间的交流情况,并以陆游为中心,综合地推进南宋三大家的研究。笕文生《陆游与晁氏》一文,则着力于厘清陆游与晁氏一族的各方面关系,同时考察其对于文学创作的影响。

三、对陆诗内容与艺术特征的多角度探析

关于陆游诗歌内容与艺术的研究,基本上贯穿于近百年日本陆游研究之始终,并且随着时代的演进而不断深入。

在总论方面,吉川幸次郎《中国诗史》(筑摩书房,1967)中《关于陆游》一篇可谓筚路蓝缕、开启山林之作,另有村上哲见《圆熟诗人陆游》(集英社,1983)也特别详尽周备。其中,吉川幸次郎的《关于陆游》以充满热爱的激情来探讨陆诗,极具特色。首先,对于陆游的多产,吉川幸次郎说:"诗作的数量越到晚年密度越高。……其密度几乎像日记一样。"[①] 确实如此,陆游可称得上是中国诗史上最多产的作家,是什么驱使着陆游如此不间断地进行如此丰富的创作呢?吉川幸次郎对此进行了探究,其结论是,陆游是个"行动型人物"。吉川幸次郎认为,陆游的"行动型"体现在创作上,同时也体现在政治上。他说:"陆游的作诗态度、政治态度之所以都是行动型的,是因为他是一个充满激情的人物。而且,越是经受挫

折，他的激情就越是高涨。"[2]吉川接着提出，陆游在政治上理想不能实现，在生活上又迫于母命，不得不与唐婉离异。但是"挫折使他的激情更为昂扬，由此产生了感伤诗。"也就是说，政治与生活上的受挫，成为了陆游诗歌创作的内在驱动力。因此，"他的诗与过去的宋诗、尤其是北宋的诗相比，给人的印象全然不同。它已不否认悲哀，并坦率地流露了感伤。或者可以认为，感伤正是他那多如大海的诗歌的一般基调。"[3]吉川幸次郎认为挫折也凸显了陆游诗歌的独特性，这种敢于言表悲伤的特色远接杜诗精神，是中国古典诗歌抒情传统的延续，是"对过于冷静的北宋诗风进行反拨"。但是陆游并不一味地激动不已，这是因为他毕竟已是宋人，已经从苏轼那里继承了宏观的哲学与抵抗的哲学，因此他认识到喜与悲是人生中的循环，主体唯有通过抵抗才能走完人生旅程，所以陆诗"既富于感伤，又不沉缅于感伤"[4]。吉川幸次郎从宋人达观哲学的层面解析陆诗中的理想色彩，展示出其独特而开阔的研究视域。

其他一些学者亦从多个角度对陆游诗歌内容与艺术进行了研究。

关于陆游诗歌反映的社会现实与思想内容的相关论文有：风见章《陆放翁的田园诗》(《农民文学》，1951、12)、田中佩刀《陆游诗中所表现的社会现实》(《斯文》，1955、3)、小川环树《诗人的自觉——陆游的情况》(《中国诗人选集二集·梅尧臣(附录)》，1962、10)、森博行《陆游诗所表现出的"太平"景象——陆游晚年的一个侧面》(《大谷女子大学纪要》，1999、3)等。还有一组是关于陆游与其他诗人关联的论文，如：今田哲夫《杜甫与陆游》(《大华文艺》，1947、10)、一海知义《放翁与杜甫》(《中国文学报》，1962、10)、前野直彬《陆游心目中的杜甫》(《中国文学报》，1962、10)、田森襄《诗人与词——白居易和陆游》(《琦玉大学教养学部纪要》，1966、3)等，其实质也在探究陆游诗歌中蕴涵的思想内容。总的来说，关于陆游诗歌的这一方面研究，主要集中在二十世纪前半期，而后半期的陆游研究则更为丰富多彩。

有对陆游诗歌的分类研究,如:入谷仙介《陆游与萤》(《野草》,1981、4)和《关于陆游梦诗的相关考察》(《小尾博士古稀纪念中国学论集》,汲古书院,1983)、一海知义《村医者、寺子屋、村芝居——陆放翁田园诗札记(1)》(《近代》,1981、12)和《陆放翁读陶诗小考》(《小尾博士古稀纪念中国学论集》,汲古书院,1983)、盐见邦彦《陆游"纪年"诗考》(《名古屋大学中国语学文学论集》,1997、12)、三野丰浩《雨之诗人陆放翁》(《爱知大学文学论丛》,1998、2)、西冈淳《陆游咏怀诗初探》(《学术界》,2002、1)、涉泽尚《"菰"之本草学:陆游诗所咏菰草考序说》(《福岛大学研究年报》创刊号,2005、12)、中村孝子《关于陆游的茶诗》(《橄榄》,2005、12)、三野丰浩《关于陆游的梅花绝句》(《言语与文化》,2008、1)等。日本学者发挥他们擅长文本细读的优长,析分出陆游诗歌的多种类别,如梦诗、田园诗、咏怀诗、茶诗、纪年诗、读陶诗、梅花绝句等,还注重其与动物学、本草学的关系,如入谷仙介的《陆游与萤》、涉泽尚的《"菰"之本草学:陆游诗所咏菰草考序说》等,与我国常常划分的爱国主义诗歌等大异其趣。涉泽尚的论文,分别从陆游诗中所涉及到的菰米、菰草及植物学上的菰来考察,指出其植物原形、功用及在陆诗中运用的意义,必要的还附图予以说明⑤,其探讨是十分细致有趣的。可能是拘于对诗歌体式的相对陌生,对陆游诗歌的分体研究论文笔者尚未见到。

有从语词的视点来考察陆游诗歌的,如:森上幸义《陆游诗的一面:从诗中所见"乌"、"鸦"的视点》(《国语国文研究与教育》,1982、1)、《对陆游诗中"痴顽"的考察》(《东洋文化》,1995)、《陆游诗中的"散才"、"散人"——退却的美学》(《国语国文研究与教育》,1995),小田美和子《陆游诗中的"愁破"》(《中国中世文学研究》,1992、10),后藤秋正《关于陆游的"柳暗花明"——兼论先行用例》(《札幌国语研究》,2006)等。这些论述善于以小见大,从陆游诗歌的用语频率及一些特定语词，来探究其心态与审美观，这也是与日本学者擅长文本细读有关的。

有对陆游交游与诗歌创作关系进行研究的，主要学者有西冈淳和三野丰浩。西冈淳发表了论文《陆游咏写的人——对命运的共同感受》(《兴膳教授退官纪念中国文学论集》，汲古书院，2000)、《杨诚斋的放翁观——酬唱诗及其周边》(《南山大学日本文化学科论集》，2001、3)，考察了陆游、杨万里及其他同时代人在文学上的密切交流，以及他们的有别于北宋的诗歌观。三野丰浩发表《陆游与杨万里的诗歌唱酬》(《爱知大学文学论丛》，2000、2)，关注陆、杨往来的诗歌，并按时间顺序进行细致解读，剖析其互融互渗的艺术特征。

也有从诗歌入手，研究陆游心态的，如：西冈淳《〈剑南诗稿〉中的诗人形象——“狂放”诗人陆放翁》(《中国文学报》，1989、10)、石本道明《陆游〈醉中吟〉初探——任职蜀中时的诗与心情》(《国学院杂志》，1990、4)、横山伊势雄(张寅彭译)《关于陆游诗的“愤激”与“闲适”(上)、(下)》(《古典文学知识》，1998、3，1998、5)等。其中，西冈淳《〈剑南诗稿〉中的诗人形象——“狂放”诗人陆放翁》一文，抓住陆游被后世评为“忧国诗人”和“闲适诗人”这两种称呼之间的落差，认为陆游诗歌中频繁地出现“狂”这一语词，这是解读徘徊于“忧国诗人”和“闲适诗人”这两极间的陆游心境的关键，作者进一步详细论说了陆游“狂”的种种表现。横山伊势雄《关于陆游诗的“愤激”与“闲适”(上)、(下)》两文，首先明言自己是在钱钟书、一海知义、小川环树、朱东润等前论的触动下写成的；接着又说，一般认为陆游既是一位“忧国志士”，又是一位“孤高隐士”，所以陆诗具有“悲愤激昂”和“闲适细腻”的两方面特色，但这两者表面看来是相互对立的。横山伊势雄却抓住这两方面特色，深入探析两者之间的内在关联。横山伊势雄提出，陆游诗中的“愤激”，来源于他对社会政治不公正的愤慨，是陆游基于忧国忧民之心，对黑暗现实所抒发的公愤，并非为个人怀才不遇而产生的私怨，这种公愤凝聚成他的“愤激之诗”；与此相对，陆游的诗中的“闲适”，则是日常生活的投影，是诗人以一颗平静的心，深情吟咏的日常生活的欢乐与幸福。这种偏于愤激或偏于闲适的诗歌，在文人笔下是很多的。但陆游不同，不管是早年还是晚年，还是处在相同的生活境遇之中，他的“愤激”的诗与“闲适”的诗都是相伴相随的，这种独特现象，来源于陆游常常大振幅摇荡的心理。陆游本来就是位“志士”型的诗人，所以写出“愤激”之诗；而几度的挫折又使他的能量沉潜在内部，从而结晶出“闲适”之诗⑥。横山伊势雄先生的分析，深入刻抉，语语中的，分析极为到位，剖析出了陆游心理与诗歌创作的密切联系。

还有对陆游诗歌接受的研究，这主要体现在一海知义与三野丰浩两位学者的研究中，两人都发表了一系列的论文来强化这一研究。一海知义主要研究日本学者河上肇对陆游的接受，所发论文有：《河上肇咏放翁诗》（《近代》，1977、5）、《矛盾与实事：河上肇与陆放翁》，（《文学》，1978、7）、《河上肇的陆游研究》（《思想》，1979、10）、《河上肇的诗歌与陆放翁》（《近代》，1988、6）、《河上肇与诗人陆游》（《京都民报》，1999、5、23）等。三野丰浩则关注中国本土陆游诗集、宋诗选本中对陆游诗歌收录、接受的状况，主要论著有：《姚鼐〈今体诗钞〉中收录陆游七言律诗的情况》（《爱知大学文学论丛》，2005、7）、《〈剑南诗稿〉中收录陆游绝句的情况》（《言语与文化》，2005、7）、《〈宋诗选注〉中收录陆游诗作的情况》（《橄榄》，2005、12）、《〈宋诗别裁集〉中收录陆游七言绝句的情况》（《言语与文化》，2006、7）等。

综观日本学者对陆游诗歌内容与艺术的研究，呈现出由外在的社会历史状况的考索走向诗歌内部艺术规律的探寻，由诗人客观行迹的考论走向诗人主观创作心态的揭示的基本趋向，其研究愈见细致深入与异彩纷呈。

四、陆游诗论研究

陆游不但是生平万首诗的高产诗人，也是著名的诗论家，他的“工夫在诗外”“文贵自得”等诗论见于其诗稿、文集、序论中，极富哲理性。

日本学者对陆游诗论研究的不是很多，但也有了可贵的起步。主要论著有：西冈淳《陆游的诗论》(《南山国文论集》，1999、9)、浅见洋二《论“拾得”诗歌现象以及“诗本”、“诗材”、“诗料”问题——以杨万里、陆游为中心》(《橄榄》，2002、12)，后文又收入沈松勤主编的《第四届宋代文学国际研讨会论文集》(浙江大学出版社，2006、1)。西冈淳《陆游的诗论》主要揭示陆游在诗歌创作中对“发愤著书”的重视及其强烈的内在表达的要求。浅见洋二《论“拾得”诗歌现象以及“诗本”、“诗材”、“诗料”问题——以杨万里、陆游为中心》一文列举陆游关于“拾得”“诗本”“诗材”“诗料”等论诗诗句，如：“眼边处处皆新句……今日偶然亲拾得”(《山行》)、“眼边好句等闲过，梦里故人时一来”(《入省》)、“故人久作天涯别，新句空从枕上来”(《戊辰立春日》)、“年光半付残编去，诗句时从倦枕来”(《九月初作》)、“野渡明丹枫，破驿吹黄榆。聊收作诗料，未用厌征途”(《莆阳昭武延平送兵渐集戏书》)、“山横翠黛供诗本，麦卷黄云足酒材”(《曾仲躬见过……》)、“天与诗人送诗本，一双黄蝶弄秋光”(《龟堂东窗戏弄笔墨偶得绝句》)等。他对陆游这些论诗诗句探寻其渊源，分析其创作时的状况、诗句的含义，考察诗人主体对外部世界与诗人意志间关系的认识及从中体现出来的诗学观⑦。其搜检、分析之细致、考察角度之新颖，确令读者于慨叹之余而颇获启益。

此外，陆游研究在日本还有另一种存在形式，那就是带有一定普及性与团队性的作品研读活动——读游会。1993 年 4 月 17

日，日本的一些陆诗爱好者在神户成立了陆游诗歌研读会（简称“读游会”），由一海知义主办，参加的成员有大学教师、博士生、硕士生、僧人、公司经理、一般职员、家庭主妇，也有中国留学生。他们除了来自大阪、神户而外，还有北海道、金泽、广岛、冈山、东京、名古屋、京都、福井等地。“读游会”一般每月一次，截止到2006年11月，已成功举办了150次。“读游会”所选用的课本为河上肇注释的《陆放翁鉴赏》一书。2000年11月，“读游会”还编辑发行了《读游会百回纪念文集》。这种定期举行的活动，密切了广大陆诗研究者及爱好者的联系，促进了研读者的交流，也大大地推动了陆诗的研究。

综上可见，日本学者的陆游诗歌研究，以细密的材料考证与文本分析见长，又充分关注诗歌与一定时期政治、经济、文化与文人心态等的关联。他们对陆游诗歌与南宋政治、南宋诗歌发展、南宋诗歌的特点等都有深入的研讨，在基础性资料建设、鉴赏评析性推介、理论性阐释探讨等不同层面上，均有显著业绩可述，在日本不算兴盛的宋诗研究中，可以说是一道颇有亮色的学术风景线。

①②③④吉川幸次郎著，章培恒等译《中国诗史》，安徽文艺出版社1988年版，第295页、第295页、第298页、第300页。

⑤涉泽尚《“菰”之本草学：陆游诗所咏菰草考序说》，《福岛大学研究年报》2005年第1期，第104至120页。

⑥横山伊势雄著，张寅彭译《关于陆游诗的“愤激”与“闲适”（上）》，《古典文学知识》1998年第3期。

⑦浅见洋二《论“拾得”诗歌现象以及“诗本”、“诗材”、“诗料”问题——以杨万里、陆游为中心》，《橄榄》2002年第12期。

论中国文章学正式成立的时限:南宋孝宗朝

祝尚书

文章学的成熟,除各种形式的文章学著作齐备外,建构文章学的足够的学术资源,适合文章学成立的外部环境,特别是韩、柳、欧、苏古文典范的确立,以及推动文章学成立的学者队伍的形成等,都是文章学正式成立所不可或缺的关键因素,而这些只有到南宋孝宗时代才具备。

一、诗赋格法是文章学创立的学术基础。当深入考察《止斋论诀》《古文关键》以及此后一系列文章学著作之后,不难发现其中有唐宋诗赋格法和江西诗派句法的影子。完全可以这样说:诗赋格法、江西诗派句法以及一切诗学、赋学的研究成果,为建构文章学体系提供了足够的学术资源,并与文章学共同组成了完整的、广义的文章学体系;而这些学术资源,只有到孝宗时代才有了充分的积累。二、孝宗"更化"与古文典范的确立是文章学创立的必具条件。北宋末蔡京集团和南宋绍兴时代秦桧集团的长期专政,是中国古代政治史上最黑暗的时期之一,他们的政治高压摧残着文化学术的发展。绍兴二十五年(1155)秦桧死,高宗"更化",急刹秦桧时代文坛的谄谀之风,倡导和鼓励"鲠亮"的人文精神。虽"中兴"缺乏底气,"恢复"也只是理想甚至是空想,政权仍然维持着苟安局面,但政治相对开明,"中兴"口号使学者及举子们的政治和学术热情空前高涨,思想界出现了少有的活跃局面。相对宽松的政治文化政策,营造出了相对自由的学术氛围,这为文章学的成立提供了良好的外部环境。三、理学事功派是文章学正式成立的主将。陈傅良、吕祖谦是文章学最重要的两位奠基人。陈亮也曾对文章学建设有着不小的贡献。陈亮、陈傅良,一个强调“事业”,一个主张“治功”,二人乃“事功派”的中坚。吕祖谦虽主张各学派“会通”,但他与事功派关系密切,思想也倾向于事功。这不能不使我们将注意力投向理学阵营中这个有些“异类”的派别,看看他们何以对文章学感兴趣。

我们认为南宋孝宗以前文章学研究虽已有了不菲的成绩,但只有到孝宗时代,上述诸条件方臻成熟,可谓历史机缘交会,才最终铺就了文章学诞生的床褥,催生了中国古代文学研究领域的一门新学问——文章学。

(原载《文学遗产》2012 年第 1 期)

拐点在宋:从地志的文学化到文学的地志化

叶　晔

宋代出现的地名百咏,固然存在文体学意义上的研究价值,但在更大的文学史视野下,将之置于文学和地志相互动的跨学科层面予以考察,则它与都邑赋、竹枝组词等多种文学体类异中有同,在功能意义上可归为同一种文学创作类型——“地志文学”。即以竹枝词、纪事诗、风土杂咏、地名百咏、都邑赋等文类为载体,带有较强的地域采风、补史功能的文学作品。抽象地说,即以公共地理空间为写作对象,有着较自觉的志书书写目的的文学作品。

借对以宋代地名百咏为发端的近世地志文学的考察,我们可以梳理出在古代文学的向外互动发展中,存在一个从地志文学化折返到文学地志化的过程,而宋代恰是这一折返过程的时间拐点所在。这一文学史特性的转向,一方面,与文学理论自觉和史学理论自觉的不同发生时段有关。魏晋文学理论一步入自觉化阶段,地记的文学化趋向随即出现;宋代地志编纂理论刚刚成型,文学的地志化苗头便紧跟其后。这两次时间点上的契合,既是观念引导创作的文学规律的必然反映,也是某一学科理论在成熟伊始阶段对其它学科产生的一种亢奋性冲击。另外，唐代儒学复兴运动和唐宋类书的繁荣对这一拐点的影响，也至关重要。

另一方面，这也是整个中国社会的地方观念在宋代逐步形成和强化在文学上的一种反映。作为“方志”的两个基本要素，“志”的建构，在两宋时期体现为志书结构的成熟和理论的深化；“方”的发展，在当时则体现为广大文人“地方”观念的形成和强化。在这样的理论和观念情势下，以诗歌为代表的宋代韵文，开始出现一种地志化的发展特征。

宋代文学中的都邑赋、地名诗、竹枝词三种地方书写类型，在某种程度上，分别代表了体物大赋、文人诗、拟民歌三种文学体式。都邑赋侧重宏观的国家政治、经济、文化面貌的展现，试图营造一种稳定、祥和的社会氛围，突出了体物大赋的浏亮功能，体现的是一种统治阶层的高位统筹视角；地名诗强调时间层面上的历史体悟，借山水园亭胜迹，注入历史人事，兴发作家情怀，这是脱离当下社会的相对静态空间中的时间追往，体现的是一种文人墨客的历史视角；竹枝词则注重挖掘微观世界中的生活细节和情感内容，咏男女爱情，咏田园兴乐，通过声诗的可歌性，将作品与渔歌、樵唱联系在一起，体现的是一种平民大众的底层视角。这三重不同角度的文学呈现，体现出较鲜明的社会层次感，代表了三个不同的社会阶层的书写态度，每个角度的观照，都可以发现一些其它角度未能顾及的问题。当这三个角度依次呈现以后，可在很大程度上展现出宋代地方社会及文学的大致全貌。

（原载《文学遗产》2013 年第 4 期）

糊名誊录制度下的宋代进士行卷

钱建状

中、外学者普遍认为，宋代进士行卷之风的消失，与糊名誊录法实施密切相关，其时间下限当在宋代初期。但实际上，糊名誊录制度推行以后，誉望与宋代科举取士并非毫无关系。自北宋中期以来，仍有一定数量的举子在大比之年前后，编辑文卷投献给社会上、政治上、文坛上有地位的人，以期侥幸获解或及第，行卷风尚并没有自然消失。细按宋人文集不难发现，宋代士人创作投献文字，具有共时性、科举性、礼仪性等特点，简单地将它们等同于一般文士希望得到提拔或教益而进行的文学活动，是不科学的。

宋代科场程文因时而变、因人而变。这一特点，在糊名誊录制度下，对宋代进士行卷风尚产生了直接的影响。进士行卷之目的，由延誉向请益渐变，而请益的对象多为对科举考试有重要发言权的官员。具体地说，宋代举子行卷，意图有二：一是以行卷为手段，伺机请托。此类行卷，犹存唐人遗风，多数情况发生在州郡发解试中。一是通过行卷，得到受卷者的指点，以期提高程文水平。

以科举为动机的行卷风尚在宋代的长期存在，对递嬗文学观念、传承文学传统、网罗文坛人才等方面，仍有着一定的作用。

首先，行卷是举子与当世闻人以文学为中心而展开的交往方式。在交往过程之中，行、受卷双方皆有可能成为受益者。举子通过行卷，得到教益或受到延誉，而当世闻人特别是文坛中的显人，也有可能利用行卷这种风尚，通过回答行卷的方式传播自己的文学观念，扩大自己的文学影响。欧阳修在古文运动中，曾利用行卷风尚，大力宣传自己的文学主张，即是显例。

其次，宋代的进士行卷，其主要目的已由求知己延誉向请益、投靠渐变，以文学活动为中介，举子与文坛显人之间，更容易凝定为师生关系。这一变化,对于宋代文统的承传意义深远。一方面,宋代文坛各届盟主,利用举子之行卷,常常有选择性地网罗文坛新秀。行卷之风,有利于文坛上一些有才华的颖秀之士得到当世闻人的教益、延誉,从侪辈中脱颖而出。而这些行卷的举子,当他们成为当世显人之后,又反过来教益、延誉新生代青年士人。行卷的举子,如同历代文坛权威的后备人才库,其中的每一份子,皆可能成为文统传承链条上重要的一环。另一方面,举子投靠师门,常带有强烈的选择性。也就是说,那些在文坛上声名越显赫、在文统谱系中位置越崇高的显人,则越容易成为后辈文人请益投靠的对象。就文统的建立而言,宋代举子在行卷目的上的本质性转化,使得推崇典范、崇拜威权的文人心态,与文学有机地结合在一起,"文"之所至,师之所在,从而有利于"文统"从势、道等各种威权实体的附属地位中解放出来,并获得独立性。

(原载《文学遗产》2012 年第 3 期)

宋代词人词调运用的定量分析

刘尊明　杨东林

据笔者考订与统计,宋代词人共计 1504 人,所用词调总数共计 1490 调,其中词调正名为 844 调。那么每个词人用调数量多少、词调体式如何、有无创调、有何特色等等,这些数据和情况既需要我们去检索与统计,更值得我们去考察与分析。本文即尝试以宋代词人为对象,来统计和分析他们的用调情况,并藉此观照宋代词人对宋词发展繁荣所做出的贡献与成就。

1. 宋代词人用调的层级分布与总体风貌。第一层级,即"表 1"所列 199 位用调在 10 个以上的词人,姑且称之为宋词用调的重要词人,代表了宋词用调的主要成就,其中排名在前 10 位的,为宋词用调"十大家",其他 189 位词人为宋词用调"众名家";第二层级,为本文未列表的用调在 10 调以下的词人，共计 1299 人（不含无名氏），姑且称之为宋词用调的一般词人，多偶尔染指，亦不乏创调之作；第三层级，即“表 1”所附列的“无名氏”，他们共用词调凡 285 个，是宋词作者中的一个独特群体或特殊作者，不仅兼备众体，而且还颇多大曲调的创作和新词调的创制。

2. 宋代词人用调“十大家”的地位评估。宋词用调“十大家”的排名依次是：吴文英（143）、柳永（127）、陈允平（119）、周邦彦（109）、辛弃疾（100）、张炎（99）、贺铸（91）、张先（89）、仇远（85）、曹勋（84）。他们所首用或创始的词调共计 260 调，占宋代采用或创制的新词调总数（769）的 33.8%。“十大家”用调数量的名列前茅，与他们词作成果之丰硕大致是呈正比的。从时代分布上看，“十大家”中南宋词人略多于北宋词人。若从用调成就和词史贡献来看，北宋 4 位“大家”的表现则更为突出。柳永以 127 调的总数而名列宋词用调“十大家”的第二位，就用调成就和影响而言，柳永实际上堪称是宋词用调之“领袖”。其他如张先、贺铸、周邦彦也各有创获。

3. 宋代词人用调“众名家”的成就分析。“十大家”之外，用调在 10 调以上的宋代重要词人还有 189 人，是宋词用调的“众名家”。他们所首用或创始的新调共计 289 调，是宋代词调运用中除“十大家”之外最核心的队伍，最中坚的力量。就其时代分布看，南宋词人总数为 111 人（未计南渡词人），是北宋用调“名家”总数（32 人）的 3.46 倍。“众名家”最集中地出现在南宋中兴时代，共有 58 人，其中成就最为卓著的词人当推姜夔，其次是史达祖。北宋两个时代的用调“名家”虽只有 32 人（承平时代 3 人、变革时代 29 人），但从词调创制的总体成就和词史影响来看，却有超越其他时代的突出表现。欧阳修、晏殊、杜安世 3 人，在用调上对柳永和张先给予了回应与支持，苏轼、秦观、黄庭坚、晏几道、晁补之、晁端礼、李之仪、王安石等“大家”和“名家”，在词调的运用上也一定程度地体现了变革时代的革新成就和创造精神。

（原载《中国文化研究》2012 年春之卷）

宋代诗人酬唱圈研究

吕肖奂

宋代诗人酬唱圈可以从个人、集群、全体三个角度考察。个人酬唱圈是以个人为中心、他人为客体的酬唱圈。在个人酬唱圈中，主导者将酬唱的对象按着亲疏远近尊卑长幼关系分为几个圈层，遵循着人际关系中的“差序格局”，选择不同的话语腔调进行酬唱。个人酬唱圈作为文人特有的人际关系圈，受制于个人的创作才能以及交往对象的文学素质，酬唱圈内文人的身份与社会地位决定了酬唱活动的性质，更决定了酬唱诗歌成就的高低。如真宗时期，以杨亿为主导的“西昆体”诗人酬唱圈，就属于高级官僚组建的、具有共同诗学旨趣的文人酬唱圈。个人酬唱圈的稳固程度，取决于主导诗人的交际风格，以偏重酬唱型的苏轼与侧重独吟型的陆游为例，前者所构建的酬唱圈，其规模是后者难以望其项背的。

集群酬唱圈的形成主要通过聚会与诗社两种渠道来完成，二者是集群酬唱圈成员交流酬唱的重要方式。诗人们在其中实现身份、情感、文学的认同需求，进行各方面的交流，有些形成流派，更多的只是交际联络。集群酬唱大致可分为三类：一是偏于社会身份角色交往的集群酬唱，如君臣酬唱、同僚宴会酬唱等。二是偏于个人情感型的交往，一般来说是父兄子弟、家族成员、亲友或师友间的集会酬唱，大都出于诗人的情感认同需要，目的在于对人伦关系的维持，此类酬唱具有长期稳定的时间性特征。三是偏于文学关系型的集会交往，在这一层交往中，诗人意识到自身的文学身份，出于诗人才艺认同的需求，多是诗人主动求知音赏识的酬唱，一般称作“文字饮”。集群酬唱圈促成诗人的群体意识自觉，促成诗人创作的一些趋同性。经常性的集会以及活动时间较长的诗社，其成员往往会形成一些共性甚或一个诗派。

全体酬唱圈，意谓多重维度、多重层次酬唱圈的集合，它是个人、集群酬唱圈之间的圈际重叠以及纵横交叉之后的产物，从而形成了一个时空多维延展的酬唱网络。宋代酬唱圈中的诗歌活动，发生于具有较高文化与文学修养的士人阶层之中，他们虽并非“士人社会”全部，却代表了士人社会的主流审美意识，是士人社会乃至整个社会习俗风雅化的倡导者与引领者。诗歌酬唱是宋代士人传播社会习俗的一种快捷方式，并逐渐成为士人文化习俗的重要组成部分，甚至成为士人社会文化身份认同的一个标志性符号，进而引领着整个社会的文化风气。

（原载《国学学刊》2012 年第 3 期）

论石刻对宋代文学传播的作用与影响

王　星　王兆鹏

宋代以前，石刻在文学作品传播方面的作用并不特别明显，宋代石刻则与文学传播关系密切，并对宋代文学的创作与传播产生了重要作用与影响。

首先，石刻作品具有内容的选择性与容受性，强化了宋代文学重理明道的基调。学界通常将宋词视作宋代文学的代表样式，但是宋诗与宋文的刻石数量远远超过宋词。且石刻诗歌、特别是石刻宋文，都表现出强烈的重理精神与明道意识。如范仲淹《岳阳楼记》、欧阳修《醉翁亭记》、周敦颐《爱莲说》、张载《西铭》等等，几乎都含有明道阐理、劝世化俗的内容。这是因为石刻本身的庄重性、严肃性，使石刻作品在内容上对儒家大道具有较强的选择性、容受性。而这种内容的选择，反过来又强化了文以载道的传统，也深刻影响到宋代文学的主要风貌。

其次，石刻词翰双美，提升了文学作品的审美价值。石刻是一种较特别的书面传播方式，它不仅作用于读者的潜听觉，更作用于读者的视觉，而优秀的石刻作品，又能最大限度地传达出作家书法的神韵，给读者带来视觉的美感享受。石刻书法之气韵往往与其文辞相呼应，二者互相生发，共同传达出作品的精神意蕴，加强了作品的美学价值，亦有助于读者对作品的领会与感悟。词翰双美大大提升了文学作品的审美价值，增强了作品的艺术表现力与感染力，同时也加强了作品的传播力。

第三，反复刻石，强化了名篇的典范性与影响力。石刻对文学典范形成有重大作用，而典范又对文风具有导向性。因为石刻具有过滤与选择功能，作品的多次刻石过程也是作品典范化的过程，而典范又进一步引导文风的走向。石刻作品在反复刻石的过程中，还会被书丹者或刻石者进行加工修改，更增加了名篇的艺术魅力。可以说宋代名篇多刻石，宋代石刻多名篇。如欧阳修的《醉翁亭记》，在宋代至少刻了四次，并引发了文体大讨论和时人的仿效之风，轰动一时。

最后，石刻因其坚固性、持久性及拓本的广传性，构成了多层面的长效的互动对话空间，对作品的创作有一定的促进作用。石刻刻之于摩崖或立于学宫寺庙，本身就构成了一个特别的有形交流对话空间，这一点极像今日网络上的 BBS 论坛。而众多参入者的交流，必然形成一种无形的竞争，成为促进创作的动力。而且由于石刻的坚固性与持久性，使石刻所形成的这种交流环境具有一种长效性。如浯溪石刻以元结的《大唐中兴颂》为主要话题，形成了诗与颂两个系统的文学作品大比拼，历时数代。可见石刻所形成的这一交流对话环境，是一种开放系统，具有很强的召唤性。

（原载《甘肃社会科学》2012 年第 2 期，人大复印资料《中国古代、近代文学研究》2012 年第 8 期全文转载）

宋代选本的演进与分期

邓　建

宋代选本的演进历程可以大致划分为因循与探觅期（宋开国至哲宗朝）、成熟与务实期（徽宗朝至孝宗朝）、分化与争胜期（光宗朝至宋亡）三个时期。

宋开国至哲宗朝的百余年间，广大文士“文藻相乐于升平之世”，酬唱类选本因之盛行，以《二李唱和集》和《西昆酬唱集》最为典型。酬唱类选本就其表层样态而言，乃是因循前代，但在宋初特定的历史条件下，酬唱类选本的大量出现，反映出宋初优裕的文人政策、浓厚的文学氛围与一个新兴王朝特有的既堂皇典正、又蒸蒸日上的开国气象，具有其特定的历史文化内涵。由于宋代文学自身特质尚未凝定，加之选本编纂历史惯性的影响，此期其他选本在选编内容方面亦多因循前代，但因循之中有新变，此期也出现了部分独具特色的选本，在选本内容、形态、功能等方面进行了卓有成效的探觅。

徽宗朝至孝宗朝，选本编纂活动进入成熟与务实期。谓之成熟，首先是因为此期选本在选编内容方面的指向性趋于稳定，多数选本以本朝作家作品为全部或主要遴选对象，以选本的形式，着重对本朝文学现象展开批评，并传播本朝作家作品；其次是因为此期出现了一批在当时及后世产生了重大影响的“重量级”选本，如《皇朝文鉴》《古文关键》等。谓之务实，是因为此期科举的导引效应开始增强，选本编纂中的务实致用之风蓬勃兴起，出现了一批专门服务科举、且产生重大影响的场屋类选本。

光宗朝以降，选本编纂呈现出分化与争胜的新态势。此期选本编纂由纯文学性选本占据主流转而为纯文学性选本、场屋类选本、理学选本等各类选本全面开花、争相涌现：纯文学性选本如《圣宋名贤五百家播芳大全文粹》《中兴群公吟稿》《诗家鼎脔》等，场屋类选本如《文章轨范》《崇古文诀》《古文集成》《论学绳尺》等，理学选本如《文章正宗》《诗准·诗翼》《濂洛风雅》等。此期,宗唐、宗宋两类选本的比场争胜、共竞风流格外引人注目,前者如《万首唐人绝句》《分门纂类唐歌诗》《二妙集》《众妙集》《三体唐诗》《注解章泉涧泉二先生选唐诗》《唐僧弘秀集》,后者则以《瀛奎律髓》最为典型。总而论之,此期选本在选编动因、文本形态、理论主张等各个方面皆各尽其变、各造其极,显示出选本旺盛的生命力、丰富的文本样态、强大的实用功能与理论功能。

宋代选本的编纂具有一定的时段性,因为政治环境、文化思潮、文学风会等多种因素的影响,上述三个阶段的选本编纂呈现出不同的特点。但需要指出的是,选本编纂的时段性是相对的,各个时段的选本编纂活动,在时段性之外,又有其延续性和连贯性。正是因为选本编纂活动既具时段性,又有延续性和连贯性,才使得宋代的选本编纂既有层峦叠嶂、千峰竞秀的壮丽,又有万山驰骛、绵延不绝的气势。

(原载《广西社会科学》2012 年第 3 期)

论经典形成中标准的变化及其身份认定:以宋词为例

董希平

由于形成背景不同,后世所提及的“经典”,其内涵、功能、界定标准都有所差别。定义并指称一种“经典”,我们需要参照具体历史阶段和具体语境以了解其背景,并考虑其依据标准以及成为经典的起止时间。模糊界定很容易触发争论,学术史上即屡屡出现“经典”概念定义的混乱现象。鉴于“经典”在不同的时段和语境中有其不同的标准和内涵,考察“经典”形成中因标准变化而引起的经典内涵、功能等的相应改变,以及引用“经典”者的引用侧重,意义十分重大。以宋词为例,宋词的经典化经过了三个发展时段,即有着三个时间段的渐变标准和内涵：一、词调的经典化。词最初随流行音乐和歌舞而产生，并逐渐发展壮大为娱耳娱目的重要艺术。唐宋之际，文学作品中的“歌词”对与之相配的曲调有很大的依赖性，词人、乐人、听众皆从音乐的角度来审视词的创作。因为词的经典化来源于词调的广播，判断其是否流行又取决于音声的高下，故而唱词时代形成了重视音乐性的“词调经典化”现象。二、词体的经典化。宋元之际，随着词的不断发展盛行，读词与填词成为一种风尚，倚谱填词的创作行径使得词成为文人案头的吟诵文本。肌理与技法日趋得到文人的重视，且词的格调与特质不断被明确，总结前人创作格律以及指导填词的专书应运而生，人们创作、接受、评判词皆以词章的艺术性为基准，故而形成“词体经典化”的现象。三、研词的经典化。近代以来，随着词谱、文本的完善化，词的选本作为学术研究对象得到文人的推崇。随着研究的深入，词在文学史上的经典地位得到进一步确认，词人的词集也因被视为词史的经典而得到推广与普及。各个时间段因情趣、风尚的不同使得选词各有侧重，“好词”不断被评出，一些篇目因成为创作上的经典而为人所熟知。故而形成“研词经典化”的现象。

经过这三个时间段的发展，宋词最终由伶工之声的音乐经典转化为“文学经典”，我们对宋词的了解也更加完善。可见定义并了解“经典”任重而道远，只有全面掌握“经典”的静态背景以及动态发展状况，才有助于我们辩证地使用“经典”这一概念，从而更准确地把握宋词研讨中的若干问题。

（原载《社会科学战线》2012 年第 9 期）

论文学传播中的“共生”及其对文学经典生成的影响
——以宋词为中心

郁玉英

文学作品在流播过程中，“某人/某作/某类文学样式”往往能借助他人的同类文学创作样式或他类艺术样式的传播而产生强大的影响，这就是文学传播过程中的“共生”。藉助于此，传播客体能够突破时空限制，与各种传播方式结合，与时代最新的传播媒介联姻。

同类文学创作样式中的“共生”的具体表现是创作型读者出于某种情感、兴趣或娱乐目的，以原先存在的某作为范本，创造新的作品，并保留原作的主要特征。与他类艺术样式的“共生”，具体表现为创作型读者或编撰人员将原先存在的作品全部或部分地引入到自己的新创/编的作品中。在“共生”效应中，原作所藉以“共生”作品的艺术成就越高、影响力越大、数量越多，则原作产生的影响越强。

在宋词千年流播的过程中，除了口头传播以及传统的别集、选本、点评、题壁、石刻等传播方式延续了宋词的生命力以外，“共生”也是宋词流传的重要手段，对宋词经典名家名篇的生成有着不可忽视的意义。首先，宋代词人的交际娱乐和自我创作中常采用的唱和，是宋词“共生”的重要样式之一。其次，其它艺术样式，如元代散曲、杂剧，明清小说、传奇，二十世纪以来小说、歌曲、影视等与宋词“共生”现象也很常见。这对宋词经典的生成产生了重大影响。

“共生”式的传播，虽然不一定能传播文学经典的深度，但却一定有助于延伸文学经典传播的广度。当前，传统的传播手段仍然具有强大的影响效果。但是，我们面对的现实世界与人类走过的五千年文明世界相比，变化非常大。随着时代的变迁、科技的发展，文学经典如何与电影电视、电脑动漫等新兴文艺样式“共生”，是值得进一步关注的问题。

（原载《江西社会科学》2012年第3期）

宋初词坛沉寂原因新探

孙克强

本文拟从一个新的角度——宋初城市格局特别是北宋都城开封的城市格局的变化及其对词坛的影响——来探讨宋初词坛沉寂原因。词体在宋初的沉寂以及在建国七十年之后的繁盛，与宋代城市的格局功能的特点有直接的关系，北宋城市（首都东京最为典型）格局功能的新变，为歌妓的生存状态、演出条件带来了极好的发展空间，进而为词体的发展创造了极为有利的条件，成为词体创作、传播繁盛的重要原因。

从中国古代城市演变史来看，宋代以前不论大都市或州县城镇，基本上皆实行坊市制度，即严格地将“坊”和“市”分离开来的制度。“坊”是居住区，“市”是商业贸易区。唐代确立的坊市制度对后世产生了深远的影响，北宋初期沿袭旧制，仍试图严格实行坊市制度，都城开封也以坊市规划布局。但随着经济的发展，商品的丰富，交易的需要，原来设计封闭式的坊市结构逐渐被突破，城市内部布局发生了变化，商业店铺不再局限在“市”中，而是在大街小巷乃至桥头河岸广为布点，出现了街市、桥市，坊市不再以墙作为界限。坊、市的围墙拆除之后，带来了城市生活的一系列变化，工商业者和居民都可以自由选择他们的地点，商人可以在城内随处设置店肆，商业经营场所由唐代集中的“市”扩散至全城，居民购物消费更为方便，由此促进了商业的发展和繁荣。北宋开封的都市格局制度从规整的坊市设置到坊市制度的废止，恰恰经过了北宋初年的七十年左右的历程。

随着宋代东京坊市制的逐步废弛，坊墙纷纷破拆，坊门成了虚设，宵禁无法执行，逐利的商人将经营时间扩展到夜晚，夜市应运而生，从时间上给服务业提供了充分的条件。东京的夜市在我国城市经济发展史上具有重要意义，它为商品交换开创了新路子，增加了时间，扩大了交易量，促进了城市经济的发展。同时也丰富了人们的生活、娱乐，改变了城市夜间的面貌，是东京城市发展的重要表现之一。娱乐业的活动主要在夜间，北宋东京夜市的出现给娱乐业提供了蓬勃发展的空间。事实上，无论是卖艺的或是卖身的妓女，其营业接客的时间多是在夜晚，这是消费者多利用夜晚休闲时间进行娱乐的缘故。

在唐代，里坊制度还有划分行业、职业居住区的功能，娱乐业的歌妓自然也要集中居住，妓女集中居住便于管理和治安，但集中居住则在空间上对妓女的经营有很大的限制，无法扩大布点，实际上限制了这种娱乐业的规模和发展。宋代初年的后期，由于没有坊墙的限制，妓女的居住地和营业场所的选择十分自由，无论营业场所的分布还是规模均得到了充分的发展，妓女的人数大为膨胀，竟达数万之巨。歌妓的数量与词曲创作有直接关系。歌妓数量的激增说明词曲表演的繁荣，词曲消费者、演唱者的增加就需要更多的词曲作品，尤其需要“新声”来满足市场，自然促进了词曲创作的繁荣。大量能够创作“新声”的词人应运而生，这些词人中有乐工歌妓，更有为词曲这种新的娱乐形式所吸引的文人。

晚唐五代至北宋，以燕乐为基础的词曲逐渐发展成熟起来。新兴的燕乐词曲是世俗性的、娱乐性的，甚至是具有色情色彩的，是以迎合受众为主要特点的。可以说新型词曲就是一种特殊商品。就传播过程而言，这种特殊商品受到消费者、生产者、营销者等各个环节的影响。北宋时期词曲消费群体庞大。北宋的东京是当时世界人口最多的城市，汴京最盛时人口已达 150 万左右，此外还要加上数量相当可观的外来临时旅客。众多的城市居民构成庞大的消费群体，刺激着消费品的增加，词曲也与其他消费品一样得以迅速发展。词曲的营销队伍庞大。歌妓的数量标志着营销的规模和这种娱乐行业的繁荣度；歌妓的生存环境又决定着歌妓的数量。歌妓一方面直接面对消费者，一方面又要从词作者那里获取（购买）新的、适应市场需要的作品填入曲中。可以说歌妓的繁盛必然带来词曲创作的繁盛。词曲演唱市场促进词人词作的繁荣。词曲的消费市场和演唱者歌妓的群体都需要“新词”创作来满足，于是那些善于填写“新词”的各个阶层词作者应运而生，乘势而起。

宋初七八十年，城市繁荣扩张，人口激增，城市格局功能产生了新变。宋初的词坛由于旧的城市格局而沉寂，又由于新的城市面貌而走向繁盛。

（原载《文学遗产》2013 年第 5 期）

词坛沉寂与“南词”北进
——宋初百年词坛考察

沈松勤　楼　培

赵宋立国后的最初七八十年间，词坛沉寂萧条，与唐末五代时期的繁盛形成鲜明对比。因晚唐以降，北方战乱频仍，南方相对安定，加之君主提倡，营造了较为优越的崇文尚艺的人文环境，特别是在歌舞侑酒与填词听歌的风气之下，西蜀与南唐成为五代词的两个中心，并为宋初南方文艺人才的煦育奠定了良好基础。从《全宋词》所收宋初词来看，词的创作主体主要为南人，词作数量也是南人占绝大多数。宋初北方君臣对词体采取贬斥与压制态度。在当时的政治文化运作中，无论朝堂任职抑或科举取士，重北轻南的倾向极为明显，南士在文学上多体现于诰命辞章而非自由创作，词之一体少有濡染而不免隐晦不彰。又词为小道、艳科，受到不少士大夫的鄙薄，宋廷推崇道德理性的儒家诗教传统，词作为一种世俗化文艺样式自然难以茁壮成长。在以上各种因素合力共振下，宋初词坛的沉寂萧条不难理解。但从另一面看，西蜀、南唐教坊旧人皆充实到宋初宫廷中，汴京权贵富豪听歌观舞、佐酒遣兴之风不减当年，特别是商业经济蓬勃发展，市坊制与宵禁制度逐渐瓦解，为都市娱乐生活大开方便之门。都市娱乐生活日益繁华，燕乐盛行，歌伎歌词佐酒与文人应歌填词往复互动日益频繁。加上首善之地的节序宴赏、茶酒风俗、歌伎活跃、新声频出，为词体兴盛提供了一个不可多得的生态环境与历史舞台。与此同时，随着北宋大一统政权建设逐步深入，南方士人前后相续，提高政治地位，推动南文北移，促进南北融合，以文才吏干赢得北方君臣的认可与肯定，作为南方人的文学，词的文化生态日渐成熟。柳永、张先、晏殊、欧阳修四位南士是宋初词坛上的四大家。其中，柳永“变旧声，作新声”，运用教坊乐工的新腔与声律谐美的美腔尤其是市井新声为词调的主体，大力创作慢词长调，使唐五代以迄宋初二百多年来以小令为词坛主要体式的局面得以改观，开启了宋词中的慢词长调时代。张先亦多自度词调，早期以小令为主，后期转向慢词，表现出从唐五代小令过渡到北宋慢词的转变期特色，被视为词中“古今一大转移”。晏殊与欧阳修先后为文坛盟主，也从南到北濡染词笔，为汴京词坛中心的形成推波助澜。此四大家从根本上改变了宋初词坛乏善可陈的寂寥局面，使南词北进取得重大进展。他们的创作众体纷呈，风格多样，艺术超逸，并受到不同政治、文化阶层的欢迎、爱好与欣赏，乃至远播海外。四大词人开创了宋词的一代新风，迎来宋词的第一个高峰，并承上启下，对苏轼、周邦彦等后来者影响深远，写下了词史上的重要一页。

（原载《北京大学学报》2013 年第 1 期）

北宋浙东路词坛的地域性取向

高利华

宋代两浙路词坛盛况空前，但北宋时期的浙东词坛却是很沉寂的，在相当长时期内既缺乏有影响力的本土词人，又缺乏如浙西词赖以生存的都市文化氛围。纵观两浙路词坛，一是南、北宋时期两浙路词坛有比较大的反差。北宋词坛相对沉寂，即便有著名本土词人，但其主要的创作平台不在本土而在京洛，南渡后才形成了本土词人和客居词人交相辉映、盛况空前的局面。二是从中晚唐开始，两浙路文坛的重心实际上已经从以越州(绍兴)为中心的浙东六朝“山水州”，转移到以新兴都市钱唐(杭州)为中心的浙西繁华“都市圈”，临安府(杭州)、平江府(苏州)、湖州等都是曲子词的流行地。尽管浙东占籍词人绝对数与浙西总体相埒，但词人对都市社会的普遍迷恋，使得浙东“山水州”远远淡出文人的视野。北宋浙东词坛之相对沉寂，不但与北宋文坛曲子词整个流行的趋势不在同步，而且与一江之隔的浙西词坛也大异其趣。北宋浙东词坛是在客游词人创作的催生下逐渐形成的。一批有影响力的词人的浙东之行带动促进了浙东词坛的形成，并开始呈现出鲜明的地域特色，柳永、秦观羁旅行役词的出现，带动了本土词人的创作，浙东“山水州”开始步入词人视野，最终成就了南渡以后浙东路词坛的鼎盛。北宋浙东词坛生成进程缓慢，固然与南北文化格局的大趋势相关，但其远远滞后于同时期毗邻的江南东、西路和浙西地区，很大程度上是因为其所依托的地域的特殊性。两浙的东、西路地理上的差异是客观存在的。浙东和浙西虽只一江之隔，却呈现出不同的文化风貌。浙东多丘陵山地，素以山水自然风光、历史文化见称，是一个充满诗性文化和寺院宗教气息的“山水州”；浙西多湖泽田畴，呈现的是“三吴都会”新兴城市富庶繁华的景象，“风帘翠”“烟柳画桥”构筑起来的都市场景特别适宜于词的生存与繁衍，更具得天独厚的曼妙词境。浙东文人每每奉经学为立身之根本，以诗文为立言之根本，在某种程度上对“词之为体”抱着游戏或夷然不屑的态度，在理智上对新兴的“倚声”是保持距离和排斥的。这种排斥不是通常意义上的雅俗之辨、诗词界石，而是关涉到经世致用、修身养性和本土情怀等观念层面，和浙东士人的文化个性，浙东的文化传统中潇洒适性、崇尚自然、充满诗性的集体无意识在起显性隐性的作用不无关系。浙东的地理环境、诗性文化、士人观念取向与词体的冲突关系，是造成北宋浙东词坛生成发展相对滞后之必然，而这一地域性文化因素对浙东路词坛生成的深刻影响，往往为词史所忽略。

(原载《社会科学战线》2013 年第 9 期)

宋词中的长安书写

张文利　张　乐

长安在古典诗词中被反复描绘，不同时代的文人雅士在不同的文学体式中，对长安的书写不尽相同，各有其鲜明的个性特征、时代风云及文体色彩，且都积淀着丰富的意涵。从唐至宋长安书写大为减弱，内涵和功能都发生了很大变化。通过探讨宋词中的长安意象，并与唐宋诗中的长安意象进行比较，可以领略宋词中长安书写的独特况味。

宋词中的长安书写，大致包含着三种意味。第一，作为地理名词出现的长安。一些在长安生活过的著名词人，在词中不乏对长安的记录。这里的长安虽由不同时代的不同文人描写，但都是作为地理名词出现。然而长安作为地理名词，在宋词中不仅只是表明场所。宋代长安已非国都，但由于长安曾为汉唐故都的历史地位，及其承载的政治文化记忆，词人常寄寓历史的更替盛衰之感于其中。尤其在南宋偏安一隅、长安沦陷异族时，词中的长安意象旨趣更为复杂：追忆往昔光辉岁月，凭吊时下破败飒衰以及引发山河易色之感慨。因此，除了作为地理名词的实写，长安更是一种唤醒记忆和丰富想象的“语码”。第二，被借代使用的长安。北宋时期的词人以长安代指汴京，南宋时期的词人或以之代指汴京，或以之代指临安。第三，词人对长安典故的运用。如“长安远似天”中“长安”象征朝廷，用来形容仕宦之途的艰难和遥不可及。与此相关的“长安道”，亦并非实指地理道路，而是带有仕途的意味。

从宋代词人对长安意象撷取的情况，亦可窥见宋词中长安书写的意味。如提及“骊山”，词人多引入李隆基和杨玉环的爱情典故，突出兴亡感慨；涉及“灞桥、灞陵、灞柳、灞桥雪”时，多与送别有关，使人联想到灞桥风雪、驴背吟诗的典故；用“曲江、曲江馆、曲江花”，则多影射朝代兴衰、文人之荣辱兴悲；用“未央宫阙、阿房废址、汉荒丘、古原、渭水”，均有寄托兴亡感慨之意。

用人文地理学中的"空间"和"地方"这对范畴，观照唐诗宋词中长安书写的不同影像，不难发现，唐诗中的长安，主要是地方书写，"地方"呈现着价值、认同和归属。这体现在唐诗里，即对长安地理形胜、繁华富丽的描摹和欣赏，内容涉及长安风貌、四时景物、宫阙殿阁、山川名胜、郊野风光等。此外，长安是唐代文人最重要的活动场所，是实现人生价值的政治舞台，也体现出长安作为唐代文士精神家园的文化意义。而宋词中的长安是空间书写，"空间"意味着距离、冷静和理性。与唐诗相比，宋词中的长安书写数量甚少且内容单薄。长安主要作为地理代名词出现，代指汴京或临安，关于作者人生价值、理想抱负的内容很少，长安之于文人的政治文化意义和精神家园意义几乎消失殆尽。宋诗里的长安书写亦不多见，且主要是作为汴京和临安的代称，对长安自身的书写甚少。这凸显了长安具有浓厚政治色彩的符号意义，也显示了宋诗对于长安的疏离。由"地方书写"到"空间书写"，宋词中的长安书写范围变窄，文化意蕴转浅，这一方面受制于宋词的文化价值和文学地位，另一方面是因为宋诗与宋词的"分工"使然。

宋词中的长安书写，与唐宋两代政治的变幻、宋代文人诗词有别的文学观念和创作传统不无关系。两宋词人长安书写所寄寓的复杂意绪与况味，值得继续关注和探究。

（原载《西北大学学报》2012年第2期）

北宋初期笔记小说中的五代十国君臣形象

罗昌繁

现存北宋初期笔记小说中有关五代十国的印象，主要体现在对此段乱世的君臣形象、民风民俗，以及其他琐闻逸事的相关记载。全文归纳了五代十国君臣形象的共性：君王形象可以大致分为雄勇谋略型、节俭勤政型、骄奢淫逸型、风流才子型。官吏形象可以大致分为风流放旷型、质直多才型、韬光避世型、英勇善战型。君臣关系也可以大致分为君明臣贤和睦型、君臣享乐和谐型、君疑臣忌紧张型。这些德行性格或同或异的君臣形象，是兵燹频生而又浮华精彩的五代十国时期的一道特殊风景。总的来说，如果以五代十国时期的众多割据政权为论说对象，现存北宋初期笔记小说的相关记载则较为单一。若从国别来看，现存笔记小说专记南唐的最多，故而南唐君臣形象出现频率最高。由于现存北宋初期笔记小说的编者或作者大多是江南人，所以对北汉等国的记载则相对较少，而对后汉等国记载较少的原因，则应与其国祚存亡时间较短有关。从相关笔记对君臣的记载来看，笔记录人载事较为随意，常截取人物的某一性格特点加以简单记叙。若能综合诸条笔记的相关记载，则可以将相关人物看得更加立体、多元。

（原载《许昌学院学报》2012 年第 4 期）

欧阳修《庐山高》《醉翁亭记》在朝鲜汉文学中的追摹与变形

卞东波

早在高丽时期，东国士人就阅读到了欧阳修的作品，其集《欧阳文忠公集》在朝鲜也有流传与刊刻。欧阳修的《庐山高》与《醉翁亭记》可能是在朝鲜流传最广的作品。由于其出色的艺术性，《庐山高》在宋代就产生了很大的影响。到了宋代之后，《庐山高》激起的反响远没有宋代那么强烈。不过，《庐山高》却在朝鲜汉文学中持续地发酵，产生了一些追摹之作。我们发现，这些和作并非单纯的模仿，而是在原诗的基础上，结合本国的语境再加以发挥。这些追摹之作有黄俊良的《龙山高，效永叔次〈庐山高〉，寿聋岩李相公生辰韵》、李时恒《用〈庐山高〉韵作香山高》、成汝信的《游头流山诗并序》。《庐山高》在朝鲜汉文学中的流行，足使其成为“东亚的世界文学”。我们看到，朝鲜文人对其的继作并非机械地模仿，而是加入不少本国的元素，在文体上也努力突破原作，这既是东国文人的创新所在，也是中国古典文学在东国传播的一个普遍现象。

无论在中国，还是在东国，《醉翁亭记》都是欧阳修最著名的作品。早在宋代，《醉翁亭记》就在中国引起了热议，黄庭坚还将其檃括为《瑞鹤仙》一词，一直到现在，人们还在阅读与传诵这篇名作。除了直接通过欧阳修的文集来阅读《醉翁亭记》外，朝鲜士人也可能通过文学选本，如《古文真宝》《唐宋八大家文钞》来阅读此记；另外，苏轼手书的《醉翁亭记》摹本也流传到东国，两代文豪的诗歌与书法艺术的结合，更增加了此记在东国的影响。在朝鲜汉文学作品中，提到欧阳修总会将其与“醉翁”的形象结合起来，与中国一样，“醉翁”成为欧阳修特有的文化徽章。我们从朝鲜士人的文集中发现，朝鲜士人凡是写到亭、太守、酒时，总会与欧阳修联系起来，从这一点可以看出，欧阳修在朝鲜士人心目中的形象并不是一代文坛盟主的刻板形象，而是一位颇有魏晋名士风度的风流太守形象。朝鲜士人甚至说欧阳修是“以酒为政”。这种印象正是他们通过阅读《醉翁亭记》而得出的。

朝鲜士人如何阅读《醉翁亭记》，记载并不多，但可以看出，《醉翁亭记》是当时非常流行的读物，从《朝鲜王朝实录》可见，朝鲜文士还为朝鲜国王英祖(1694—1776)讲读过《醉翁亭记》，但英祖似乎并不能欣赏其文字之妙。英祖对欧阳修作品的态度与民间及文士对其的喜爱恰成两种不同的景观。

朝鲜汉文学中对《醉翁亭记》的追摹并非直接的模仿，而是经过了变形与创新，从而等同于新的文学创作。譬如，至少有两位朝鲜士人把《醉翁亭记》改编为《醉翁亭赋》，如沈义、金麟厚皆作有《醉翁亭赋》。他们所写的《醉翁亭赋》都突破了原作的格局与文体，同时将原记描写的焦点从“亭”转到“翁”上，特别是“醉翁”内心世界的描写上，与其说是“醉翁亭赋”不如称之为“醉翁赋”，更为贴切。

朝鲜士人也将《醉翁亭记》作为“记”体文学的模板。我们可以看到这种影响并非是单纯的效仿，仍是在原作的基础上有所创新，如尹斗寿《醒翁亭记》、权以镇《胜滁亭记》、奇正镇《醉石亭记》。东国文人在接受《醉翁亭记》的过程中，努力打破原作的文体形式与写作格局，或破体为之，或翻案为之，努力造成一种新颖的效果，从而取得了艺术上的进步与创新。这种方式其实与近代俄国形式主义批评中的“陌生化”(defamiliarization)理论有相似之处。

本文以欧阳修《庐山高》与《醉翁亭记》两篇可以称为“东亚的世界文学”名作为例，说明中国古典文学在朝鲜传播过程中的追摹与变异的情况。“东亚的世界文学”的设想有很大的理论与实践意义，即可以在一个更大的范围内丰富我们对东亚文学的认知；同时也提醒中国古典文学的研究者，在研究中国经典作家作品的时候，既要关注其历时性接受，也要关注其空间上的流传。中国古代文学史上很多伟大的作家并非完全属于中国的读者，他们也是世界的作家，他们的作品不用翻译就传播到了东亚汉字文字圈的邻国，并产生了很多意想不到的影响，东亚的文人们在接受中国经典作家作品时，在承袭的同时也有不少变异。这正是比较文学的新课题，也是前景很广阔的课题。

（原载《古典文献研究》第十五辑，凤凰出版社 2012 年）

东坡词传播与接受简史

刘扬忠

苏轼晚年和他去世后一段时间，他的文学作品的社会传播与接受因官方的残酷打击与钳制而十分困难。绍兴初年，宋高宗实行“更化”措施，重新推行“元祐政术”，带来了元祐学术的复苏与张扬，苏轼、黄庭坚等人的诗、文、词作品也重新风靡，受到了文人士大夫与民间读者的广泛喜爱和重视。赵构、赵眘父子在文化建设上十分内行，正是他们促成了东坡文化与文学在南宋的广泛传播与接受。

从南渡之初开始，苏轼其人及其作品就受到文人士大夫们有意的模仿与学习。无论是高层政治家与文化人，如有“南宋四名臣”之称的李纲、赵鼎、李光、胡铨等，还是民间、山野的文士如黄中辅等，都以苏轼为模仿和学习的对象。

苏轼，是对金朝士大夫影响最大的宋朝士大夫。从艺术渊源上来追溯，金代河朔词人群可以说是北宋苏轼一派词在金朝统治的中心区域发展出来的一个支派，这个群体的主导艺术风格就是苏轼风格，其词皆可归入“诗人之词”一类。这一点恰与同时期的山西词人群大体一致。元好问对苏、辛其人其词的推尊，不但受到金代文人的普遍响应，而且金亡之后又得到了元代初年大批北方文人的广泛而热烈的响应，使苏轼词风从金代初年至元代前期畅行北国词坛达三百来年之久。

苏轼及其作品在元代的传播与接受，从表面上看出现了较为冷落的状况，不过，表面上的冷清并不说明元代词坛在学苏问题上无所作为。实际上，暗流在不断滋长，有人在宣传表彰元遗山，并在表彰元遗山时像当初元遗山一样宣传和鼓吹苏辛，使得“苏学”在新时期延续了下来。作词走苏、辛一路的著名词人有李治、许衡、白朴等一大批。

明朝初年，苏轼对文人士大夫精神层面的影响显然可见。但东坡及其文学的传播与接受冷了相当长一段时间。在明代中晚期，苏轼及其文学传播与接受这件事情又慢慢热络起来。词坛掀起了一股气势很大的尊苏崇苏、追和苏轼之词（尤其是《念奴娇·赤壁怀古》词）的热潮。苏轼诗文的被接受至万历年间始转盛，而词坛对苏轼的推崇至迟在嘉靖中已相当突出。

有清一代对苏轼及其文学、文化的传播与接受持续发展，到了乾隆年间出现了高潮。到了晚清，苏轼及其文学作品关心国家前途与命运的一面受到了文人士大夫的重视。从清代中期以后，词人学苏逐渐泛化，然遇到要抒写士大夫家国之志、要对国家大事发表宏论时，人们还是天然地走苏、辛一路。晚清至民国初年的词中，这样的篇章很多，名篇也不少。

（原载《社会科学战线》2012 年第 10 期）

重回历史现场
——辛弃疾生擒张安国始末考释

王兆鹏

英雄辛弃疾一生最辉煌的壮举，是 23 岁时生擒叛徒张安国。事情的梗概似乎昭昭在目，但若深究事件的过程与细节，其实并不十分了然，而历史记载，又多有相互抵牾之处。

事件的起因与背景。绍兴三十一年(1161)，完颜亮决策南侵，激起中原民愤。耿京也在济南(今属山东)率众起义。耿京部不久就壮大到 25 万人，先后夺取数城。时年 22 岁的辛弃疾率二千人的队伍，加入耿京部下。随着局势变化，义军生存日益艰难。耿京接受辛弃疾献策，委派诸军提都领贾瑞和辛弃疾等 11 人到南宋与朝廷接洽。贾瑞、辛弃疾一行于绍兴三十二年(1162)正月十八日到达行在建康(今江苏南京)，受到宋高宗接见，并接受了朝廷的任命，完成使命后，即回山东复命。南宋朝廷派二位使臣随行，但他们到了海州(今江苏连云港市)，惧不敢行，留下等候耿京等人率军南归。《三朝北盟会编》《建炎以来系年要录》及《宋史》叙此事时都是先贾瑞而后辛弃疾，很显然，此行的辛弃疾只是随从的角色。

张安国事变与张安国其人。张安国原是另一支义军的首领，后归耿京部下。陆游《上二府论事札子》谓张安国是生于中原的汉人。他本是义军将领，又受过南宋“旗榜招安”，最终又为一己之“利”而杀害耿京。此“利”，主要是贪求“重赏”，章颖《宋中兴四将传》就说“张安国贪虏重赏杀京”；其次也是为了离开义军而另谋出路。张安国在绍兴三十一年十一二月间“贼杀”耿京，故至绍兴三十二年正月底辛弃疾北返至海州时已获悉耿京被害。

辛弃疾必欲生擒张安国的动机。辛弃疾惊闻张安国事变后，迅速作出反应。他约统制王世隆及忠义人马全福等径趋金营捉拿张安国。关键时刻，挺身而出，可以看出英雄辛弃疾强烈的担当意识和使命感。他的表层动机至少有两层：复仇心和功名心。不过，仅此还不足以促使辛弃疾必然采取行动。这件事，实攸关辛弃疾南归后的发展前途及抗金“恢复”大业。

协同辛弃疾作战的人马。细读《三朝北盟会编》和《宋史》等记载可知，当时辛弃疾整合了来自三个方面的人马：一是贾瑞带领的从山东出使南宋的辛弃疾等11人。二是贾瑞、辛弃疾北返到海州时，京东招讨使李宝派遣其部将王世隆率领的护送同行的十数位骑兵。三是“忠义人马全福”等人。马全福，未见《宋史》外的其它史书提及，很可能是耿京的部下。三支人马，合成洪迈所说的“五十骑”。

辛弃疾生擒张安国的战术与经过。凭借五十骑兵要在五万之众的金兵军营中赤手生擒张安国，这几乎是不可能完成的任务！辛弃疾一定会经过侦察，对金兵营帐内的虚实和张安国的活动规律了如指掌，然后谋划制订出缜密的智取方案（决不会“搏力”强攻），出其不意，攻其不备，遂一举而成。

事件的影响。生擒张安国为辛弃疾赢得了广泛的社会声誉。韩元吉、洪迈、陆游、朱熹、谢枋得皆盛赞辛弃疾，与此有直接和间接的关联。他也因此获得孝宗皇帝的赏识，为仕途的顺利晋升提供了信任资本。生擒张安国事件，对辛弃疾本人有着更为深刻的影响。首先是心理影响。辛弃疾天生自信自负，完成生擒张安国的壮举后，更是高度自信、超级自负。其次是行事作风的影响。辛弃疾行事果敢刚毅，杀僧义端和擒张安国之事成功后，更强化了辛弃疾这种军人作风和心理素质。自信自负加之行事果敢刚毅，固然处事是雷厉风行，易见成效，但容易出偏差。性格过于果敢刚毅，作风强硬，有时就会专横，上司难以驾御，同僚不易合作。所以朝廷对他是既重用又提防，后来干脆就弃而不用。

经历影响心理，性格决定命运。辛弃疾早年一段辉煌经历，为他一生提供了自信自负的心理资本。自负的性格，导致了作风的强硬。过分强硬的作风，又影响了他的仕途和命运。辛弃疾是英雄，更是悲剧英雄。他的悲剧，既是命运悲剧，也是性格悲剧。

（原载《文学评论》2013年第3期）

陆游科考被秦桧“显黜”考识

庆振轩

陆游一生多次参加科举考试，十六岁、十九岁两次赴临安应试下第，均属正常败举。绍兴二十三年应举再次失利。《宋史·陆游传》记为：“荫补登仕郎，锁厅荐送第一。秦桧孙埙适居其次，桧怒，至罪主司。明年试礼部，主司复置游前列，桧显黜之，由是为所嫉”。这段记载的依据是陆游《剑南诗稿》卷四十诗题与叶绍翁《四朝闻见录》，当今流行的文学史及评传类著述递相祖述，几为定论。但从《宋史·选举志》到《秦桧传》，从《三朝北盟会编》到《建炎以来朝野杂记》，再检《会稽续志》《中兴大事记》到《任受言启》，涉及秦桧科场舞弊，均不言陆游被黜之事。那么究竟陆游绍兴二十三年应举是否被秦桧“显黜”，有详加辨明之必要。

对此应在两个层面上加以廓清：首先，陆游参加浙漕锁厅试是否作为解元；其次，礼部试是否仍居前列而被秦桧“显黜”。

陆游应锁厅试，据其诗题，乃是“阜卿得予文卷，擢置第一”。《宋史·陆游传》因之。但同样注意到了陆游诗题的叶绍翁则明谓：“公绍兴间已为浙漕锁厅第一，有司竟首秦埙，置公于末。”参阅相关史料，多言秦埙举进士省殿试皆为第一。据之推论，当年陆游赴锁厅试，在究竟是何人为首选的问题上，考官意见并不一致，陈阜卿欲擢置陆游为第一，但在秦桧权势赫赫，又事先授意考官秦埙意在第一的情况下，“有司竟首秦埙”，置陆游于最后一名。从陆游当年赴锁厅试被荐举参加进士考试后所写《谢解启》中可以看到，他应该知晓秦桧怙权的内幕。所以，叶绍翁记载可信，而《宋史·陆游传》及陆游诗题之记述仅可备考。

至于《宋史·陆游传》所谓“明年试礼部，主司复置游前列，桧显黜之”云云，则更不可信。韩西山《秦桧研究》曾列举绍兴十二年到绍兴二十四年五次科举的正副知贡举名单以说明这“五次贡举，每一次都是在他的严密控制下进行的。”而李心传《建炎以来系年要录》记载，绍兴二十四年的科举考试，秦桧的安排更加周密。欧小牧《陆游年谱》认为不可能“复置陆游前列”，其推论令人信服。陆游诗题所谓“显黜”者，只不过言其科场失意。《放翁自赞》中“名动高皇”是指秦桧去世后高宗召对，“语触秦桧”指议论与秦桧主和投降之论不同，并非后之学者引申为其与秦桧议论不合，秦“嫉其喜论恢复”。因为遍检史料，无陆游与秦桧议论冲突之记载。再者，陆游其时官卑名微，秦桧断无必要“显黜”陆游，以贻口实。陆游现存诗文集除诗稿卷四十“诗题”外再未涉及科考事，文集曾多次言及秦桧但只字不提此事，亦可佐证。

（原载《西北大学学报》2012 年第 1 期）

《白石道人诗说》伪托说考辨与南宋诗坛风气演变

王　睿

姜夔称自己的《白石道人诗说》得自一个神仙般的“异人”。此说太过荒诞，以致后人皆以为伪托。通过对其生平的考索，可证姜夔在衡山遇隐确有其事。传说中包含的真实性因素可以揭示出姜夔诗学思想转变的轨迹。衡山遇隐之年淳熙丙午(1186)是《白石道人诗说》的成书时间和姜夔诗学理论的形成期，也是南宋诗坛风气由江西转向江湖的关键期。

姜夔的《白石道人诗说自序》云：“淳熙丙午立夏，余游南岳，至密云峰……若士坐大石上……遂探囊出书一卷，云是《诗说》：‘老夫顷者常留意兹事，故有此书，今无作矣，径以付君。’”前人多以为这则传说过于荒诞不经，实为杜撰。通过姜夔的诗词与韩淲的《书姜白石昔游诗后》可知，姜夔淳熙丙午

(1186)确曾到过南岳云密峰,见到了隐士。笔者认为这则传说包含了两个重要的信息:其一,姜夔于淳熙十三年丙午(1186)在衡山见到隐士;其二,《诗说》为隐士所作,传于姜夔。对这两个信息的真实性的考察对于了解《诗说》的成书和姜夔诗学思想的形成与转变有着重要的意义。无论伪托说是否成立,我们都不能否认这则传说中所存在的真实性因素。因而前人认为"异人"指黄庭坚或纯为虚构之说皆不能成立。再由这则传说中的真实性因素可以做出进一步的判断,即淳熙十三年丙午(1186)为《诗说》一书的形成期,也是姜夔诗学理论转变的关键期。

如果把姜夔《白石道人诗说》一书的形成与南宋中期诗坛风气的转变联系起来,可以看出淳熙末年有一种强烈的要求脱出江西诗学藩篱的风气。以往认为姜夔《诗说》受到杨万里的直接影响,是继承杨万里诗学而来,这个观点值得商榷。据夏承焘先生《姜白石系年》,淳熙十四年丁未(1187),姜夔以萧德藻为介,首次袖诗谒见杨万里。而据前论所知,淳熙十三年丙午(1186)姜夔的《诗说》就已经形成。所以,与其说姜夔的《诗说》是从杨万里诗学变化而来,不如说是受到了此前诗坛上那种脱出江西诗学藩篱的普遍风气的影响。一方面,姜夔的诗学思想受到淳熙年间整个诗坛风气的影响;另一方面,从《诗说》的理论渊源看,其中的观点不完全是从江西诗派那里继承而来的,很大一部分来自于姜夔自己的领悟。姜夔的《白石道人诗说》并非伪托,而是包含显著的真实因素。此书形成于淳熙十三年,对照中兴诗人的论述,可以看出南宋诗风转变主要发生在淳熙年间。杨万里为首举晚唐大旗的代表,而姜夔则是将晚唐诗风深入推扬的先锋,是南宋诗风由江西向晚唐转变的关键性人物。

(原载《贵州文史丛刊》2012第2期)

南宋陈模《怀古录》考论

卞东波

陈模所著的《怀古录》三卷是晚宋的一部不太受关注的诗文评著作，基本上上卷、中卷论诗兼及乐府与词，下卷论古文，论诗的内容篇幅最多，见解亦颇为独到。陈模，字子宏，号月庭。大约活动于1209－1256年之间。陈模基本上是生活在江西的下层文人，他所交往的人物，基本上都是江西的下层文人，比较有名的是曾原一。《怀古录》所称引的人物，如曾原一、黄庭坚、杨万里、陆九渊、曾丰、谢谔、周必大诸人，无不是江西人，可能陈模生活圈子仅限于乡邦，《怀古录》某种程度反映出晚宋时期江西学人的诗学见解。

《怀古录》的论诗特色可以概括为对“馀韵”与“气象”的追求。陈模创作《怀古录》的直接动机，是面向当下“诗文不古”的现实状况。晚宋的诗坛，江西诗派末流“资书以为诗”的诗风还在影响着不少诗人。陈模在《怀古录》中反复强调诗歌要耐得住咀嚼，要在言辞之外追求一唱三叹的含蓄美感，也是针对当时江西诗派末流的雕琢诗风而言的。陈模的核心诗学观念就是认为诗歌要有“言外馀味”、“言已尽而意无穷”。陈模对“馀韵”、“咀嚼之味”的追求，可能受到姜夔《白石道人诗说》的影响。除了提倡诗歌的言外之意，陈模也喜欢以“气象”论诗。《怀古录》所说的“气象”，大致有两重涵义：其一是指诗文作品绝妙地展现出现实世界的样貌、姿态；其二是指诗文自身的整体风格所表现的独特韵味。陈模所言的“体认气象”，即是要求创作者把握诗歌的神韵之后再谋篇布局、斟酌字句，也即强调对诗歌艺术风貌的整体感知。

《怀古录》对经典诗人“重新论定”，能使我们对晚宋时期下层文人的审美趣味管窥蠡测。在《怀古录》的视野之内，陶渊明、杜甫、李商隐以及陈师道等人特别为陈模所关注。陈师道却是陈模最为推崇的本朝诗人。他反对将陈师道归入“江西诗派”。在陈模看来，陈师道的诗歌不仅超过了江西诗派的范畴，而且直接继承了杜诗的风格。

《怀古录》还保存了很多宋人的诗论，被引录的宋人大多没有诗话传世，即使有文集传世的，所引诗论亦不见于本集。《怀古录》引用曾原一的论诗之语最多，凡7则，讨论的对象有谢灵运、许浑、苏轼，还有对于乐府诗体以及诗歌创作的转关与递进的论述。《怀古录》还有一些论词的资料，亦颇有价值。陈模对诗与词的文体区别有明显的认识："作诗作词虽曰殊体，然作词亦须要不粘皮著骨方高。"（卷中）卷中又引潘牥之语云："东坡[为]词诗，稼轩[为]词论。"潘牥之语不但道出了宋人眼中的苏辛词之差异，而且在文学史上第一次指出了稼轩"以文为词"的特征。

《怀古录》对古文的评论也值得重视。对于古文创作的文法，陈模进行了比较全面而独到的探讨。首先，陈模强调，创作古文首先须要涵养自身的修为。在陈模看来，作古文的第一步乃是涵养自身，唯有具备了超脱的精神境界，才能出言"清雅"。与此同时，陈模也特别强调为文的方法和技巧，《怀古录》从不同侧面归纳了古文的创作方法，在谋篇布局、运文下字等角度进行了总结。总的来说，陈模提倡的文风是"不法度而自法度"（引曾丰语）的，突破规律同时又自成法度，一方面在谋篇布局上强调技巧性，另一方面则要求"奇中有正，正中有奇"，这也就是要求创作者既遵循法则同时又讲求创新。

晚宋至元初，中国诗学出现了一种新的动向，即世俗化的潮流。我们通过《怀古录》这部由一位江西无名文人于晚宋时创作的诗话，略微可以窥测到当时下层文人的诗学观念，以及他对当时诗学风会的反应。陈模终身未仕，身份近于江湖诗人，所以《怀古录》对于我们研究以江湖诗人为代表的下层文人的诗学观念亦有重要的价值。

（原载《中国典籍与文化》2012年第4期）

黑水城出土《刘知远诸宫调》作期和著作权综考

王 昊

体制上为套曲的诸宫调属于张炎《词源》“排眼”总括的词体固有体制之一，作为叙事性套曲体制的“民间词体”，在辽宋西夏金元时代（即“近世文学”之前、中期）流行一时。俄国科兹洛夫探险队于一九〇七年至一九〇八年间发掘西夏黑水故城（亦集乃）时出土了一部残本《刘知远诸宫调》（蝴蝶装刻本，存 42 页，估计全书缺佚 80 余页），1932 年日本学者青木正儿和中国郑振铎相继发表《刘知远诸宫调考》和《宋金元诸宫调考》，他们对《刘知远诸宫调》作期的推定意见成为此后研究的基础。以往研究思路或循模糊的“刊刻年代”直接推测长时段的产生年代（如向达、郑振铎等），或从文本内部寻求“内证”探其“作期”（如龙建国、武润婷）。今存黑水城出土的《刘知远诸宫调》是辽代刊刻金代配补复流入西夏的作品，其作期和著作权问题涉及创作产生年代和写定年代的时间及空间朝代归属两方面因素，故须以复合思路综考。

所谓“复合思路”即突破线性和二元对立思维：首在明确“作期”含义（创作产生年代和写定年代），其次明确“作期”“待定性”和“确定性”的统一与“地域要素”（产生空间和流入空间）即“著作权”归属的密切对应关系，实际涉及空间（著作权朝代归属）、时间（创作产生年代和写定年代）两方面。

所谓“逆向思路”即对于“著作权”和“作期”先分判后整合的逆向考证思路。从对龙、武两文的逻辑推衍和金代独有名物“本破”的“内证”，可证今存《刘知远诸宫调》最后写定于金代。今存黑水城出土的《刘知远诸宫调》是辽代刊刻金代配补，由辽代流入金境复流入西夏的作品；从避讳用字特征看，最晚 1100 年故事已经产生。可考定最后实际写定年代在 1156 年至 1160 年。

就目前所见北宋后期雅俗文学材料用韵的考察结论是,《刘知远诸宫调》"北宋后期作年"不能成立,辽刻《刘知远诸宫调》非北宋流入者。

被旧史家和文学史所忽略、遮蔽的以诸宫调为载体的俗文学在 11 世纪至 12 世纪里的北方宋、辽、金、西夏"大中华"的范围内多向、频繁交流传播的文学生态,正是文人文学和民间文学、雅文学和俗文学"双峰并峙,二水分流互渗"的"近世文学"模态的建构和展开;而这不仅依赖于唐宋城市建制的转型和市民阶层的壮大、文化需求的扩张,而且依赖于辽、金、西夏游牧、渔猎和半牧半农民族"歌舞乐三位一体"的异质文化对于口头讲唱文学的助力。刘知远由草民到皇帝的传奇,不但契合着彼时广泛地域中的市民"变泰发迹"心理,而且在文学史的意义上,作为叙事性民间词体和讲唱文学的诸宫调,正可视为叙事诗传统晚生和不发达的中国古代汉语言文学中的"英雄史诗"。这就是《刘知远诸宫调》在辽、金、西夏三地传播个案的文学史意义。

(原载《吉林大学社会科学学报》2012 年第 6 期,人大复印资料《中国古代近代文学研究》2013 年第 3 期全文转载)

刘尊明、王兆鹏著《唐宋词的定量分析》

苏怡充

《唐宋词的定量分析》一书作为国家社科基金后期资助项目成果，由北京大学出版社于2012年出版面世，是刘尊明、王兆鹏两位先生积十八年光阴合作铸就的一部词学研究新著。

据笔者统计，新著共计50.5万字，正文部分（不计目录、前言及后记）凡429页，其中201页出现数据表，即平均每2.13页就有许多数值罗列在读者眼前。全书分18章，可视作论述18道大问题，配以95张数据表，平均每一道大问题采用5.28张数据表佐证。如此庞大的表格体系，如此繁复的数据值，在文学研究著作当中前所未见，鲜明地彰显出该著以数据说明问题、以定量分析为主导的研究理念和研究方法。

中国古代的文学批评往往带有品评鉴赏、直观感悟的特征，当代的文学研究也主要运用定性分析的方法，它们的优长之处在于契合文学的审美特性，也具有思想的敏锐性和深刻性，然而由于缺少数据统计和定量分析，也难免带有主观色彩和模糊特性。运用数据统计、定量分析的方法则可以尽量弥补定性分析的不足，这大概正是定量分析的方法从自然科学领域引入人文社科领域的原因所在。刘尊明、王兆鹏两位先生合作推出的这部新著，则堪称是定量分析在词学研究乃至整个古代文学研究领域的一次突破与创新。著者以严谨的态度、科学的方法，进行缜密的统计、细致的分析，力图以客观的统计数据和准确的量化分析，来描述唐宋词坛的宏观风貌，展示唐宋词人的历史地位，排列唐宋词的经典名篇，呈现唐宋词的创作成就和传播历程，不仅在研究方法上给人耳目一新之感,而且在研究内容上也多有开拓和创获。

全书共分 18 章,堪称 18 道专题,每道专题都有数据统计,一一进行定量分析,内容涵盖了词史、词人、词作、创作、传播和词学史等重要层面。

关于词史的部分,该著主要从词坛综述、词人定位、词作排名三个角度着眼。词坛综述如第一章,采用数据统计和数值比较的手法,考察词人人数、用调数量、人均创作量,论述唐五代词蓬勃向上的发展势头,印证历来的共识,但也有对所谓学界“公论”的驳正。又如第三章,从词人数量、创作量、用调数量三方面分析宋代词坛,将之与唐五代词坛及金元词坛相比较,以数据凸显宋代词坛的繁荣气象。以前大多数的论著皆以定性分析的方法来描述一代文学的风貌与成就,该著则改以定量分析来作词坛综述,尝试从宏观的视野对唐宋词坛进行定量分析,不仅统计和整理出有关唐宋词坛和词史的各种基本数据,而且呈现在定量分析视野下的唐宋词坛,也有着与过去的定性分析不一样的新景观,其意义自不容否定。

新著着眼于词人定位,是以排座次的方式对词人进行排名,其中制定排名标准足见功底。著者认为评价词人地位,其接受层面的元素远重于创作层面,况且创作层面上可量化的元素并不多,要之无非存词数量、别集数量、用调数量、本事数量而已,至于其创作成就的高低,还应取决于历代对其接受程度。有见及此,著者将创作和接受两方面的比重划为二八开。在接受层面的元素当中,历代评点与历代选本两项数据的比重略高于当代研究与当代选本两项,可见著者更侧重于古代创作型批评者的意见和选择,以及历史的沉淀。另外,词有次韵、追和这一特殊的创作形式,次韵他人的词作本就是一种主动模仿、学习的过程,其前提则是对其人其词的认可。次韵作品往往被忽视,但著者在考虑接受层面的元素时,并没有遗落历代次韵篇数这一重要数据,可见统计之周密性与科学化。第二章关于唐五代词人地位的定量分析便是如此排名,结果显示:唐五代的“四大词人”分别是李煜、温庭筠、冯延巳、韦庄,且四人分差不大,正好印证了历代对四人在唐五代词史上的地位的公论;“四大词人”之外的“名家词人”的排名,也具有相当的客观性和可信度。第四章关于宋代词人历史地位的定量分析,作为单篇论文发表的时间最早,对“宋代词人三百家”的总结和“十大词人”的排名,以及六个方面的统计数据,也在词学研究界产生了广泛而持久的反响。

如同词人排座次,新著于第六章以相似的标准为宋词评选出经典名篇三百首，不仅明确和强化了历代有关宋词名篇的认识，而且通过定量分析挖掘了经典形成的原因和意义。其中，对宋词百首名篇的题材分析，给人颇多启示。数据显示，写两性之间的爱恨情仇、缠绵离别者竟达40首之多，思考人生、抒遣闲情者亦有十余首，词为"艳科""诗余"的特质和地位由此可窥一斑。统计各类题材的时代分布，40首两性题材当中，有27首出自北宋，占三分之二；思考人生的10篇作品，也有8篇是北宋名作；另有21首涉及家国题材，其中南宋词就占有17首。数据反映，动乱年代促使南宋词人不得不直面家国情怀，而生活安稳优渥、儒释道合流的北宋时期仍是情歌闲词的温床。通过比较，发现北宋变革期(1068—1125)的名作最为繁盛，南宋中兴期(1163—1207)紧随其后。这些现象都值得进一步探讨。

在词调研究这一部分，第八章对宋代经典长调《念奴娇》的考察堪称典范。著者统计得出，逾九成作者为南宋词人，且其词作的题材和风格并非承首作即沈唐的艳词一脉，反而多沿苏轼《赤壁怀古》一路演进，足证《念奴娇》在北宋并未流行，而至南宋因继承苏轼词风而兴盛。探究苏词成功的缘由，是本章最体现定性分析特征的一节。著者援引文献记载及前人观点，推断《念奴娇》在音乐上当是一支高亢清亮的曲调，与《赤壁怀古》声词相和，交相辉映，可见苏词比沈词更具艺术感染力，况且其题材、风格、结构更能引起南宋豪放派的共鸣。从定量分析到定性分析，论证手法紧密联系、互为依补；从创作情况到声情考究，从词调演进到名作分析，论述内容层层推进，环环相扣，堪称定量分析与定性分析相结合的成功范例。

关于词人的论述，是通过对其作品传播的考察，来评定其人的词史地位。以周邦彦为例，新著一方面定量分析其词作的历代被次韵情况，以及历代选本的选录篇数，另一方面征引大量史料笔记，论证其词传唱之久、词集刻印之多，同样体现了该著融定量分析与定性分析为一体的努力与创获。关于次韵情况的探究还包括苏轼词、李清照词、辛弃疾词，另外词作传播定量分析也囊括了温庭筠词与李清照词，各有开拓和创获。

新著的最后部分，是从学术史的视角对当代词学研究成果所做的定量分析，既有历程扫描和热点透视，也有历史反思与前景展望，旨在为推动21世纪的词学发展提供参考与借鉴，其学术意义也是值得肯定的。

该著在为词学界引入定量分析的同时，也在不断尝试将这一文学研究新方法与传统的文献考据及定性分析等方法相结合，如用定量分析结合定性分析进行词调考察,用定量分析结合文献考据探讨词人作品的传播等等。可惜该著篇幅有限,而且论述的重心偏向定量分析,在有限的时间和精力之内,只能挑选一些问题,结合传统研究方法作深入探讨,余者则多是作为数据结果的描述和结论呈现的。其实这是由该著自身研究方法的定位所决定的。该著就如同一块两用的窥镜,不但能供人窥探词史,认识词体、词人、词作,还能供人窥探词学,了解词学界的现状以及可发展的方向。换言之,该著的内容可分为已解决的问题和待解决的问题:前者是著者利用定量分析的结果印证或驳正已有的公论,以及结合传统方法对一些词学专题所做的考察论述;后者则是通过数据统计和定量分析所呈现的词史现象或词学问题,著者只是发现和提出问题,为学界的进一步研究提供数据和启示。后者的数据统计和定量分析,正如同运用传统研究方法所做的文献整理、资料编纂等基础工作一样,其学术价值和意义也是不容否定的。如该著所做词坛综述、词人定位、经典排名乃至创作和传播等多方面的数据和结果,既获得大量论著的引用,也为不少硕士、博士论文的选题提供了参考和借鉴。

无可否认,大量的数据罗列,既是对传统研究方法的突破,也是对读者阅读习惯的挑战。在文学研究著作中冒出如此之多的数据表格,难免会给读者带来一种突兀和不适应感,令人目不暇给,在阅读上造成一定的视觉疲劳和理解阻隔。尽管如此,我们仍然要大力肯定该著在词学研究中引入定量分析的创新意义和学术贡献。正如前文所述,无论是多次出现数据表格,还是著者的数据化及数据说明问题的理念,在文学研究著作中都堪称首创和特例,明显可见著者对定量分析的方法是有意识的、自觉性的、正式的、严谨的运用,反映了著者勇于探索和追求创新的学术精神。而且该著在词学研究中对定量分析的成功运用,足以证明数据统计、定量分析的研究方法适用于文学研究,能为文学研究带来新的理念、新的视野、新的风貌。著者的贡献更在于将这种文学研究新方法结合各种传统方法,在词学范围内各个适当的层面,进行了成功的试验,实现了巨大的收获,开拓了过往单靠传统研究方法难以达至的新境界,既深化和拓展了词学研究的内容和视野,也为文学研究提供了方法论的启示和借鉴。

我们也看到,著者注重数量关系和统计分析的学术理念和研究方法已在学界产生了很大影响,越来越多的定性分析的论著也开始注重以数据说明问题,佐证时不再是单举数例,而是扩大范围,甚至进行全面统计和定量分析,大大增强了结论的科学性和说服力。我们相信在未来,必将有越来越多的文献材料得以发现,随着科技手段的进步,也将有更多元素与材料可以纳入统计范围内,统计过程也将愈加便利,统计结果也会愈加完善。虽然不必如社会学等学科领域的资料需要逐期更新,但文学研究数据库的建立,数据表的修补和完善,仍需要我们付出艰辛的劳动。为此,著者甚至在前言里大胆设想并呼吁,在词学界实现定量分析的突破之后,学术界也能为建立一门"文学计量学"而努力。

定量分析首现于词学界自有其必然性,因为词学是相对薄弱的突破口。唐诗宋词是我国古代文学最负盛名的两大文学样式,最受瞩目且研究队伍最为庞大,总集完善,文献资料齐全,自身篇幅十分短小,这些都是建立数据库、进行定量分析的有利条件。仅从作品数量而言,约两千余首的唐五代词、两万余首的宋词,则又比五万余首的唐诗更易于统计分析。尽管如此,刘尊明、王兆鹏两位先生依然在这项工作上,前前后后投入了十几年时间,可见如果将定量分析推广到文学研究的其他领域,必将面临更艰难的挑战。虽然从尝试到完善,最后到文学数据库成型乃至新学科的建立,还有很长的路要走,也尽管定量分析的方法,一如任何研究方法一样,不可能没有缺陷,但我们却依然无法割舍对文学定量分析方法的运用以及对其发展前景的期待。

刘宁著《唐宋诗学与诗教》

张广绍

陈寅恪在冯友兰《中国哲学史》的《审查报告一》中提出了一个"了解之同情"的观点,即:"凡著中国古代哲学史者,其对于古人之学说,应具了解之同情,方可下笔。……所谓真了解者,必神游冥想,与立说之古人,处于同一境界,而对于其持论所以不得不如是之苦心孤诣,表一种之同情,始能批评其学说之是非得失,而无隔阂肤廓之论"。今天"了解之同情"的说法早已突破了中国古代哲学史研究的范畴，成为时下研究者面对中国传统文化的一种基本理念，但是知易行难。读刘宁先生《唐宋诗学与诗教》（中国社会科学出版社2012年版）的最直接感受就是书中几乎无处不践行着这种“了解之同情”。但相对于简单地说“了解之同情”给人一种无法落到实处的感觉，从关键问题入手，似乎更能体现出本书的精神。具体来说，就是进入诗歌史（文学史）与思想史互动的过程中，体会“作者之心”，同“时代脉搏”共跳动，抓住关键问题，挖掘文学的独特价值与意义。

根据《引言》，全书的基本内容分为三个部分，一是“联系郭店楚简等新出土文献为思想史研究带来的新进展，进一步分析‘诗教’观与儒家思孟学派等先秦思想流派的复杂渊源关系，并结合唐宋思想史的变化，分析唐宋诗教观念的理论渊源及其在诗史中的展开”；二是“立足诗体的源流演变，观察唐宋诗史的独特轨迹，反思其思想文化内涵”；三是“从诗学的古今转型与中外交融等角度，反思唐宋诗学的核心问题”。

本书的写作缘起，从《后记》可知，著者是在完成《唐宋之际诗歌演变研究》（北京师范大学出版社2002年版）之后，延伸到直面“中国诗学传统的大问题”、“反思更基本的诗学和文化问题”。作为中国诗学最核心观念的“诗教”，是一个既清晰又含混的问题，说清晰即每个学习古典文学的人都知道这是个核心概念，说含混即不是每个研究者都明确这个概念的内涵、外延。换句话说，大都将这个问题置而不问。本书选择“诗教”作为研究的核心问题，是略有跨界的勇气之选。所谓“略有跨界”，是说目前关于“诗教”的研究，要么侧重文献，要么限定于先秦，要么系于某家（比如朱熹）。“诗教”义理的研究是经学（诗经学）的基本问题之一。（目前所见与“诗教”相关的著作有：康晓城《先秦儒家诗教思想研究》，文史哲出版社1988年版；俞志慧《君子儒与诗教——先秦儒家文学思想考论》，生活·读书·新知三联书店2005年版；陈桐生《礼化诗学——诗教理论的生成轨迹》，学苑出版社2009年版；王倩《朱熹诗教思想研究》，北京大学出版社2009年版）在庞大的注疏体系及现代学术研究中，作为新儒家，徐复观的《释诗的温柔敦厚》（徐复观《中国文学精神》，上海书店出版社2006年版），相对简洁易懂。本书则是对唐宋“诗教”发展史上的关键性人物和重要问题进行讨论，涉及杜甫、李白、白居易、欧阳修、朱熹、李退溪等人有关“诗教”的思考，以及情志论、文质论、风雅观、性理思想与诗教之关系等问题。其中，对“毛诗诗教观的‘情志说’及‘以史说诗’的美刺说”的研究，不仅具体到了“毛诗诗教观”，而且是“毛诗”的两个核心内容，最终揭示的是“毛诗与思孟学派之间的胎息渊源之迹”，为唐宋诗教思想的思考奠定了基础。围绕欧阳修、白居易等人的诗学思考，思孟传统与唐宋诗教思考的复杂关系，也得到进一步反思。本书对杜甫诗教思想的分析，在汉唐思想演变的背景下，分析了杜甫忠君体验与诗教的复杂联系，对杜甫何以在宋代以下，取代屈原成为诗教的典范，做出了有说服力的解释。对于诗教思想中重要的文质论，本书对中古文论中“文质论”的思想渊源和理论旨趣，进行了细致的梳理，围绕李白《古风》其一的解读，对“文质论”内涵的复杂演变，及其与初盛唐政教环境的关联，做了深入的观察，并从“文质论”在中唐的转型，观察唐宋诗教思想的演变。

本书的另一条主线是“唐宋诗学”。关于“唐宋诗学”的研究几乎多到无法完全地统计。将“唐宋诗学”与“诗教”结合起来讨论，则并不多见。因为这需要有思想史、诗歌史、学术史的基础训练，并使三方面有机结合，或者说在研究具体问题时能够左右逢源、得心应手。

例如，本书讨论杜甫忠君体验与诗教，对“愚忠”之说进行辨析，通过对杜甫作品的细致分析，指出杜甫的“恋阙”之情，有清醒的是非原则，寄托了天下清明、民生安定的理想，是理性思考与眷恋、敬爱等情感体验的结合。作者进而在汉唐忠君观演变的背景下，指出杜甫一方面继承了两汉忠君观注重“纲纪名节”的特点，另一方面则使“忠”的尊尊之义，有了更为深厚的情感内涵，形成“尊尊”与“亲亲”的融合，体现了忠君观从重“天道”向重“人事”的转变，这与初盛唐“君臣同体”之政治理想有密切联系。杜甫把作为内在体验的忠君之情，书写得深沉广大，拥有了超越性的品格，这正是追求儒家伦常内在性与超越性相统一的宋代士人将杜甫奉为忠君典范的关键原因。杜诗改变了“屈骚艺术中的愤激怨刺之情”，而后者是杜甫之前“中国文学中表现忠君之情的重要艺术典范”。从两汉崇尚屈骚，到宋代以下尊杜，忠君典范与诗教典范转移的内在联系，得到深入的呈现。在尊重原始文献的基础上，综合地思考诗学史上的重要问题，这是本书的特色之一。

对诗文的解读是古典文学研究者的一项基本训练，一般的解读只是就诗文本身及典故、技巧、意蕴进行讨论。例如对王维《洛阳儿女行》的解读，引入礼制，令人有耳目一新之感。文章首先是对“洛阳女儿”身份的辨析，当然这是一个常规的动作（解读诗作，首要的就是对诗题的解读）。不寻常的是，一般解读大概到作为典故的“碧玉”为止，而这里却进一步突出“碧玉”与“小家女”的关联性这一义项，即“碧玉”暗示着“洛阳儿女”出身于小家，让整首诗的解读有了一个更为深厚的基础。在认为传统的解释“有失表面化”之后，根据《仪礼·士昏礼》将诗中看似雕绘的辞藻条分缕析，让读者在满眼奢华之后看见唐代洛阳世俗生活的一个片段。对“画阁朱楼尽相望，红桃绿柳垂檐向”一联的分析颇为惊艳，体会细腻入微之处，足见论者对诗的敏感以及感悟之透彻、理解之深入。尽管说“诗无达诂”，可是这样有创见的解读无疑为我们对古诗文的理解提供了一个新的视角，而这正是基于对作品的反复阅读。作者善于发现问题，很能体现这一特色的是对李白是否为浪漫诗人的反思。一般认为基于苏联马列文论的阐发，中国古典文学的主线变成了现实主义与浪漫主义的斗争，文学家和文学作品或被划为现实主义，或被划为浪漫主义，非此即彼，而这竟然成了近半个世纪的文学史教科书的主流。本书则将浪漫主义置于学术史的进程中来反思学界对外来批评资源的处置。时下对这一术语的处理，要么按照一种“自明”的默认使用，要么完全地拒斥，而本书以理性的态度来看待这种外来的批评资源，这种严肃的学术态度，也是值得赞赏的。书中提出 20 世纪对李白浪漫主义解读的两种取向，其一是“基于浪漫主义的一般性理解，这种理解源自欧洲的浪漫主义文学传统”；其一是“苏联马列文论所阐发的”。进而将 20 世纪浪漫主义作为重要的批评术语进入中国古典文学研究的过程与缘由作了细致的分析，并与美国学者李白研究对“浪漫主义”的疏离作以对比。外来批评术语是否适合中国文学的实际是学界的一大迷思。本书接着分析了浪漫主义对李白研究的影响，表彰其启发性，不隐讳其局限性，展现出一种开阔的格局。本书对“浪漫主义”这一批评术语的清理，具有观念与方法的双重意义，一则我们知道可以在什么样的限度下使用“浪漫主义”，一则用到外来批评术语的时候，我们有一种可供参考的运用思路。

尊重原始文献和从读书中发现问题似乎是老生常谈，但这并不是轻易可以做到的，这也是这里要特别提出的原因。当然，本书的特色不止于此。其他如视野开阔，在文献方面，利用了出土文献如郭店楚简、上博简等，关注的问题涉及域外汉学如李退溪、李齐贤、王维诗歌翻译，以及“近世性”等问题。作者常常借助文学以外学科资源，增进研究深度。例如本书从宋代史学形态和史学观念的变化，对杜诗何以被宋人视为“诗史”之典范，提出了新颖而有说服力的解释。本书认为,杜甫的五古偏重赠答与行旅题材,突出交流性内涵,使读者能够在诗人个体人生经历中,读出时代和社会的内容;而宋代历史笔记和日记的兴盛,体现出个体人生与公共大历史的密切联系。这样的史学风气,是杜诗被视为"诗史"的重要背景。这就通过沟通唐宋和文史结合,对诗学上的重要问题做出了进一步的思考,而其研究结论的价值也突破了文学界限。

本书语言平易。作为文体的"论",以及作为现代学术体系中的"论文",刘宁先生有《汉语思想的文体形式》(华东师范大学出版社 2012 年版)专门论述,不必多言。这里要说的正是有了"作论之体"的研究,本书在思想的言说上有自己独特的韵味。单说"平易"。据说时下"博士体"横行,几可比拟于宋初古文运动兴起时的"太学体"。换句话说,就是时下的很多论文(哪怕是文学研究论文)除资料的排比外,就只有干巴巴几句,很难读。而本书则提供了近乎美文的一种阅读体验,材料融入论述之中,语言平易,无故作高深之语。

本书汇集了作于不同时间的论文,部分材料与观点稍有重复。

张海沙著《佛教五经与唐宋诗学》

张振谦

张海沙教授所著《佛教五经与唐宋诗学》(中华书局 2012 年版,以下简称《诗学》,下引只注明页码)以《心经》《金刚经》《法华经》《维摩诘经》《坛经》五部佛教经典为个案,择取唐宋为时间界限,采用平行研究和影响研究相结合的方法,深入而全面地探讨了佛经与文人、诗歌、诗论的关系。在四十万字的煌煌巨著中,创见迭出,可谓佛经文学研究及佛教与中国文学关系研究领域近年来不可多得的力作。

《诗学》在结构上分为前言和正文两大板块。前言总论唐宋文人与佛教经典之关系,具体介绍了作为"经教"的佛教,其经典与教义传播的关系;佛经的含义；佛经在中国古代目录学著作和史书中的著录情况；佛教经典对中土士人生活方式、思维方式、行为方式等方面产生的重要影响；文人译经、读经、抄经、刊经、注经对佛经传播和留存所起的重要作用；唐宋文人阅读并接受佛经的范围、原因和意义等六个方面的内容。正文包括五章，每章以一部佛经为题。先介绍佛经的主要版本、中心意旨、文本特征及与文人、诗歌相关的鲜明特色，佛经在中国古代，尤其是唐宋时期的疏解流布情况；接着梳理佛经在唐宋文人中的传播状况；最后重点分析文人接受佛经的立场、汲取佛经养料及在诗歌创作中的具体表现，即佛经之思想观念、修辞方式、人物形象、思维方法、表达方式、美学倾向对诗人、诗歌、诗论的对应影响。通过本书内容，我们可以全面而清晰地认识汉译佛教五经与唐宋诗学之间的密切关系。在佛经的影响下，唐宋文人的生活方式、思维特征、行为方式等出现了较为明显的变化，唐宋诗歌不仅出现了新的思想内容，而且诗歌形式体制也发生了某些变化。弄清唐宋诗人、诗歌所受佛经影响，可以更加透彻地认识唐宋诗歌创作、诗歌理论的变化轨迹，也可更清楚地感知外来的佛教文化对汉地本土诗学产生的正反两方面的影响。

通读全书，我认为该著有以下特点：

其一，深厚的学术积淀和严谨的学风。由于佛经包含众多的概念术语、深奥的教义教理、缜密的逻辑思辨以及不可言说的表达方式和思维特征，加之佛经文学需要聚合佛教与文学两个学科的相关知识，因此，研究佛经文学不可能在短期内对其有全面的掌握和深刻的理解。只有长时间浸润其中，方能创作出有价值的成果。张海沙教授多年来致力于佛教与唐宋诗学关系的研究，已出版《初盛唐佛教禅学与诗歌研究》（中国社会科学出版社 2001 年版）和《曹溪禅学与诗学》（中国社会科学出版社 2009 年版）两部专著。佛经与唐宋诗学的关系也是作者数年来一直关注并从事的研究领域，已有数篇颇有影响的学术论文发表，如《岑参的写景诗与佛经的影响》（《文学遗产》1998 年第 1 期）、《宗教革命与诗学观念的革新——〈坛经〉的诗美学意义》（《文学评论》2005 年第 5 期）、《唐宋文人对〈金刚经〉的接受》（《人文杂志》2007 年第 4 期）、《唐宋文人与〈维摩诘经〉》（《文学评论》2011 年第 1 期）、《宋代文人与〈般若心经〉》（《暨南学报》2013 年第 7 期）等，《诗学》一书就是作者在此基础上，潜心其中，厚积薄发，经过长期研究积累之后推出的又一部力作。中国传统治学中的严谨学风在该著中也得到充分的贯彻和呈现。在论述过程中，凡学界未有定论的,作者均有说明,从不妄论定夺;凡属前贤抉发的,作者皆有明注,绝不掠美。全书秉承“以材料说话”的优良学术路数,主张“有一分证据,说一分话”,重视原始材料的发掘和整理。书中使用的材料多是从佛教典籍、《四库全书》《全唐诗》《全宋诗》及唐宋文人别集中搜索筛检出来的一手材料。通过对佛教经典的仔细研读,从浩瀚的佛经文本中仔细耙梳,深入思考,作出论断。由于是在充分掌握一手资料的基础上,对研究对象有一个通盘把握,然后再提炼论题和观点,最后行诸于文,汇而成书。因此,材料的安排在行文过程中能够有条不紊、秩序井然。

其二,实证研究和理论分析相结合。众所周知,文人对佛教的接受往往是从阅读佛经开始的,那么,哪些佛经在唐宋文人中具有广泛影响呢？为了证实这一点,著者在精确统计佛经在不同目录著述情况的基础上,结合唐宋诗文作品和相关史料,最后“选取了唐宋文人间普遍流传的《般若心经》《金刚经》《妙法莲花经》《维摩诘经》《坛经》作为主体”(第 52 页),将研究范围确定为五部佛经。又如,关于佛禅与诗歌、诗论的关系,学界现有成果多从以禅入诗和以禅喻诗来显见唐宋时期诗歌创作及其理论上的新发展。《诗学》则另辟蹊径,既注重诗歌意象、构思、意境、章法等元素的佛经溯源,通过具体而典型的例证,实事求是地寻找佛经和诗歌之间的关联;又重视从佛经中寻觅传法方式、思想观念、义理含蕴、修行特点对诗学理论、文学思想和诗美学倾向的影响。在具体的诗学思想、诗歌言说方式与佛教的关系研究方面,学界往往从大处着眼,泛泛而论,进行模糊化、笼统化的总体评说。《诗学》则以具体佛经为基点,清晰而准确地坐实相关诗学的佛教文化渊源。如《心经》的色空观与空灵的诗歌境界及虚静的创作心态,《维摩诘经》中的维摩无语与宋诗表达方式等等。

该著不但资料翔实丰赡,而且注重挖掘史料中蕴含的理论因子,善于从丰富博杂的佛典、文学资料中提炼出恰如其分的理论观点,显示出深厚的功力和敏锐的学术眼光。《诗学》研究的初衷,是想通过佛教五经中佛教思想的阐释和文学性的分析,建构一种佛经文学的研究思路,探索佛教思想与诗学审美特征结合的问题,即在佛教思想的作用下,文人特殊的宗教情感体验给审美艺术风格和诗学观念带来的影响。正如该著前言所云:“本文作者希冀,在佛教与美学观念及文学创作之关系研究中,减少模糊影响之说,而将研究建立在较为坚实的基础之上。”(第 52 页)可以说,《诗学》每个章节都是围绕这个研究思路和研究目的展开论述的。如第五章“宗教革命的经典《坛经》”，作者在介绍《坛经》四种代表性版本的基础上，依据唐代诗歌、碑铭，将唐代文人对慧能及《坛经》的接受分为初唐、盛唐和中晚唐三个时期，并论证宋代文人接受南宗禅表现出的融通化、实用化、学理化三个特征。在这些实证研究以及对繁杂资料的整理分析后，具体论证了《坛经》标举自性、推崇顿悟与重心性、重独创的诗美学倾向，直指人心、废除文字与但见性情、不睹文字的诗学思想，不拘修禅方式、随顺通流与自然、任诞的诗学审美追求之间的密切关系。作者认为：“《坛经》的形成与流传是佛教中国化的一个重要标志，它向我们标示了佛教内部的一场革命，这场革命也深刻地影响到思想界、文学理论界。”并认为“《坛经》的流传与中唐的诗学观的变革、中唐诗风的新变有着内在的关系。”（第 378—379 页）这些见解和推论采取文献学与文艺学相结合的研究方法，史料与理论相参证，别开生面，令人信服，颇具创见性和理论洞察力。

其三，宏观纵论和微观研究相结合。关于佛经的文学性及其对中国文学的影响，前辈学者筚路蓝缕、开荒耕耘之后，学术界一直有所关注，但多偏重总体描述和宏观概说，对于具体的佛典、针对特定时代的文学创作作深入细致的微观剖析方面略显不够，有待弥补和加强。《诗学》正是在此学术研究背景下，从唐代译出的两千多部佛教典籍中选取唐宋中土士人广泛喜爱的五部经典为对象，并将唐宋诗人、诗歌、诗论与佛教五经进行参照比对、深入钻研，采取了宏观概论与微观剖析相结合的研究方法。

从结构布局来说，前言是总论，高屋建瓴地概述了唐宋文人与佛经的关系。正文五章是分论，分别论述五部佛经与唐宋诗学之间的相互影响。同时，就正文而言，章节论述既注重将唐宋文人视为一个整体作群体考量，又兼顾重要的个案分析，如张说与《般若心经》、苏轼与《金刚经》、岑参与《法华经》、王维与《维摩诘经》等，总论与个案并重，二者互相支撑和补充，共同构成了完整而严密的论述体系。例如，《诗学》第四章“文人的案头常备书《维摩诘经》”中指出：“唐代文人及后世的文人普遍推崇《维摩诘经》，是因为推崇维摩诘这样一位优游于形而上和形而下的人物。这是中华传统中所不曾有过的消解了人格上的矛盾的人物。……佛教经典中的维摩诘长者树立了一个出世而又处世的成功典型。”（第 270 页）《维摩诘经》通过塑造在家菩萨形象，推动了处世佛教的产生和发展，加速了佛教世俗化，其提倡的修行方式打破了出家与在家的界限，可以“不舍道法而现凡夫事”。这非常适合既对佛理感兴趣但又不想出家的唐宋文人士大夫。因此，《维摩诘经》的出现，使他们在维摩诘这位佛教居士身上看到了自己的影子或找到了效仿的绝佳榜样，也看到了他们所追求的理想境界，从而得到了唐宋文人普遍性的共鸣。在总论唐宋文人与《维摩诘经》关系的同时，《诗学》又辟专节详细论述王维与《维摩诘经》的关系，并引用王维诗句“名字本皆是，此心还不知”后认为：“王维有意地强调自己的名字，就是强调维摩诘对于他自己的意义。……选择维摩诘是选择一种在家而出家的居士生活方式；选择维摩诘是选择一种辩证的思维方式；选择维摩诘是选择一种有意味的语言表达方式。”（第 293 页）作者在群体总论和个案分述中各有侧重，互相补充，力图兼顾宏观评论和微观分析，以便《维摩诘经》与唐宋诗学的关系得以较为全面地呈现出来。

《诗学》非常注重微观考量、个案研究。比如，佛教譬喻文学及其对中国文学的影响，研究者众。然而，审视这些成果，不是鸟瞰式概述，就是简单比对列出，细致入微地进行分析者甚少。作者从佛经中选取譬喻最著的《法华经》，分析“法华七喻”构成的丰赡内涵，并举例说明唐宋诗歌中这些譬喻的含义及其折射出的文人心态。将“法华譬喻”与唐宋诗歌进行对读与比较，发掘佛经譬喻文学到中国文学之间的借用、改变与衍化，进而更深层寻觅唐宋文人的生活心态、思想意识、写作方式、思维特征、创作轨迹和审美经验。又如唐宋诗人经常撷取《法华经》“三车喻”中白牛车入诗。《诗学》指出：“描写牛及牛车的诗歌其双关义在于，既有现实中牛和牛车作为农业交通工具的意义，在此意义上，表现作者回归田野的心境；又有佛教经典中牛车作为通向解脱的彼岸的途径的意义，由此表现作者皈依宗教的愿望。”并认为“这可能是佛经传播而带来的史料未及的效果。”（第 242 页）诸如此类具体分析文人接受佛经譬喻后赋予新含义的例子还有很多，如化城喻之化城由暂时止息之所到解脱目的地、穷子喻中由重回归结果到着力描写父子关系等等。对这些具体佛经手法与诗歌用典进行微观观照、深入分析后得出的结论均为切中肯綮、持之有故的公允之论。

其四，辩证和比较的学术意识。《诗学》写作过程中，往往在比较中考察佛经和诗学之间的关系，注意二者间的双向阐发，并能一分为二地看问题，富有较为浓重的辩证学术意识。自东汉至唐宋，均有佛教典籍译入中土。佛经汉译的过程中，文人不仅仅作为被动接受者，而且主动参与译经、传经。所译佛经多经文士润文，如昙无忏译经时曾有谢灵运参与，玄奘译经有许敬宗、薛元超等人润文，义净译经有李峤、卢藏用、张说等人加入等等。这一现象说明，佛经与文人、文学的关系不是单向影响的，而是双向辐射的。《诗学》中既看到了佛经对文人、诗歌、诗学的影响，同时也认为："文人的参与译经，主要承担为佛教的中文译本润色之任务，这可提高佛教经典的中文版的可读性、影响力、传世性，而且，也促进了佛教中国化进程。"（第118页）又如，作者在论述唐宋文人接受佛经、唐宋诗歌从佛经汲取养分等正面影响的同时，也没有忽视唐宋文人对佛经的批评和排斥、佛经给唐宋诗歌带来的负面影响。认为《维摩诘经》的"不二法门"对王维艺术表现带来的是积极和消极并存的影响、宋代文人对《法华经》的批评、理学家对《维摩诘经》的批评等等，无不如此。

辩证法认为，事物总是相比较而存在的，有比较才有鉴别。通过比较，可以发现事物的相同点和不同点，更容易找到事物的变化规律。在《诗学》的论述过程中，比较无处不在。如在书中常拿儒经、道经作参照系来陈述佛经的含义、特点和优长。又如在论述《法华经》对文人的思想启迪时，指出文人接受和崇信《法华经》与一般社会成员有极大的不同。在探讨《心经》《维摩诘经》《坛经》对文人的影响时，均将唐、宋两个朝代分而置之，从不同侧面论述二者的关系，这其中也透露出比较意识。论述唐宋人对佛教（佛经）的批评时，认为宋人比唐人更深一层，宋人不仅有唐人在社会生活层面的抨击，也有思想和哲学上深层次的批评。

综上，《诗学》与其他佛经文学研究著作相比，可谓独辟蹊径，鞭辟入里，新见迭出，这反映出作者在佛经文学研究方面的深入思考和有益尝试。书中对佛经中文学因素的分析与归纳，对唐宋诗学中佛经影响的搜寻与溯源，有助于识别和确认佛教文化对唐宋文学的具体影响。张海沙教授积数年之力推出的这部厚重之作，为佛教文学研究开拓出新的研究空间，对继续拓展和深化佛经文学、佛教与中国古代文学关系的研究，无疑具有重要而深远的意义。

朱刚著《唐宋古文运动与士大夫文学》

刘成国　叶子青

一

是书作为王水照主编“复旦宋代文学研究书系”的一种，由复旦大学出版社2013年出版。全书分五章，后附结语。除第一章外，其它各章节均已发表于《中国社会科学》《文学遗产》《中华文史论丛》等刊物；有些篇章发表时便以其新创性引起学界的广泛关注和争鸣。它们大体上都围绕“士大夫与古文运动”这一主题而展开，从整体上呈现出作者在古文运动方面的艰难探索，堪称近些年来古文运动研究中最具创新性的成果之一。

新的研究理念肇始于对旧范式的不满与批评。以往的古文运动研究，主要是在胡适确立的研究范式下进行的。为了给文学革命提供历史依据，胡适首先从白话文的角度提出了古文运动的术语，并预先确立了其历史进步性。为了证实这一点，三十年代的文学史著作复活了清代中期以前的骈古文优劣论，想当然地肯定古文比骈文自然、实用；等到王运熙指出韩愈古文并不自然、实用的事实，遂又放眼至北宋，取欧阳修为此运动的正果，以自圆其说。这个范式为古文运动建立起了一个整体框架，使许多具体的研究工作在此框架下进行，功不可没。但问题是，它本身深受20世纪进步史观的影响，与古文家自身的写作追求相去甚远。古文家“远复旧典的意识十分浓厚，与进步史观所赋予他们的价值恰恰相反……其目的并不是要创造一种比骈体更接近白话、更自然、实用的文体”。而且，“这个思路在很大程度上认同了某些古文家对骈文的贬低，以骈文在某个历史时期呈现出的风格流弊，为其体制上固有的缺陷。”(第19—20页)这并不符合骈体、古文发展的史实。同时，这一研究思路“太依赖于欧阳修的存在”，而若干历史事实，“已经足以让我们怀疑：欧阳修的文风是不是北宋古文的主流文风？在他身后，北宋‘古文运动’或者‘散文史’是不是真的照他指引的方向顺利发展？”（第20页）

鉴于胡适的范式隐含着抑低韩、柳的危险，与二人在古文史上的地位并不相符。20世纪80年代以后，随着回归文学本位思潮的兴起，一些研究者搬出“文学性”来张目，“以‘文学性’为眼目，重新解释上述历史框架”。“力图证明韩柳对于古文之‘文学性’的重视，使他们获得了远远超越初、盛唐古文先驱的成就，而奠定了一种文学性古文的创作范式”。这样，“‘古文运动’的成功就是‘文学史’自身规律的成功”（第21页）。对于这一目前文学史上的正统解释，作者谨慎地表示异议：“这大概只是一种‘文学史’的信仰。”“‘运动’的兴起、受阻、成功乃至终结，原因多在文学之外”（第22页）。

“文以载道”是以上研究范式中最关键的概念。从“文以明道”、“文道并重”到“文以载道”，再到“文从道出”，构成了古文运动从中唐至南宋三个不同发展阶段的理论核心。对此，朱刚也进行了语源、语义上的正本清源。他认为，“‘文以载道’一语中的‘道’，并不是某种强加于文学的意识形态，而是一个作家自己独立的见解心得，它不但不是文学的枷锁，而且正是自觉追求的精神境界”（第32页）。只是后人将此道片面地理解为意识形态的教条，而忽略了学道和著文之间，尚有一创作者养气的环节。由此，他对二十世纪初延续下来的对新儒学的憎恶情绪在文学中的表现，表示不以为然。

以上对古文运动研究框架、范式的谱系梳理，管见所及，是迄今为止最深刻、最犀利的反思与批判。继而，作者提出了一种新的研究理念。首先，重新界定古文运动的含义：“以古文文体，表达‘新儒学’思想，以指导君主独裁国家。”“这个‘运动’的旗帜，乃是‘复古’：行古制、兴古道、写古文”（第25页）。至于运动兴起的原因，作者归之于唐宋之际社会领导阶层和创作主体的属性变迁：“中国社会的领导阶层即士大夫阶层……从血统决定的门阀士大夫转向考试决定的科举士大夫……唐宋‘古文运动’就是这种士大夫文学因其作者阶层的性质发生了巨大的历史性变革而随之出现的表达形式（古文）、表达内容（‘新儒学’）与表达目的（指导君主独裁国家）上的改变。”（第26—27页）这一创作主体的阶层属性变迁，构成了全书一个基本的解释框架，用以抗衡以往古文运动研究中的“文学性”解释。

其次，重新划分古文运动的发展历程。以往的古文运动研究，大都以柳开一穆修一石介一欧阳修为线索来描述北宋古文运动的各个阶段，而大致以欧阳修作为整个运动的成功者。朱刚则认为，若把古文运动同时看作一个思想运动，则事实还有另一方面。他提出，唐宋古文运动存在一个终结的阶段，即王安石新学被定为国是，王氏经义被确立为统一的科举文体。在这样一个前所未有的环境下，古文创作展现出特殊的面貌。

在新的研究理念指导下，朱刚引入了新的研究视角和研究方法。它不是只从文学自身的发展规律去加以说明，而是结合士大夫阶层社会属性的转变，重新审视古文运动的兴起和开展。“对‘古文运动’的研究势必是文学史和思想史相结合的研究，结合的方法之一，是把关注的目光从学科转到人，即对这个历史过程中牵涉到的人物作综合的考察”(第103页)。由此，作者对以往纯文学范式下的若干已成定论的重大问题进行重新观照，别出新解。如第二章第二节“北宋性命之学与太学体”。一般认为，太学体是北宋古文运动中流行科场的一种险怪奇涩的文风，庆历年间执掌太学的石介应负主要责任。嘉祐二年(1057)，欧阳修通过知贡举黜落刘几，严重打击了太学体，确立了古文平易自然、流畅婉转的道路。对于这一北宋古文史上重大的转捩，朱刚提出了几乎截然相反的意见：“不能把‘太学体’简单斥为古文创作上的一股歪风，它本身包含着比欧公学术更为前行的因素。也就是说，它主要不是石介的影响在历史上的残留，而是欧公的后辈企图超越前人的尝试。”(第81页)这一全新结论，将北宋中叶古文的发展与方兴未艾的性命之学，融汇一起，引起了学界广泛的关注。

以太学体的研究为基础，朱刚进一步考察了古文运动中险怪文风这一谱系，此即第二章第三节“险怪文风：古文运动的一翼”。在以往文学史叙述中，“险怪奇涩”作为古文表达上的一种弊病，是被严厉批判、否定的。朱刚表示难以苟同：“北宋的‘险怪’文风，远远‘超越表达风格上的弊病’这样的定位”(第83页)，而是承载着重大思想史意义。他勾划出景祐变体一庆历太学新体一嘉祐太学体一北宋后期经义文的怪文谱系，然后指出，“怪”是古文“与生俱来的底色”，根本上是因为古文作者的创作态度与周围环境不相协调。坚持这种怪，“需要思想学识层面的有力支持，而不仅是表达风格上的偏好而已”(第88页)。险怪文风长期存在的社会基础，在于科举士大夫阶层的兴起与科举考试内容之间的矛盾。一批无法通过科举考试的“高人”、“隐士”，“抱持一种相当入世的思想主张而以‘隐逸’身份生存于社会，这本身就很不协调，稍不克制就会与世冲突，而被视为‘险怪’”(第98页)。继而，朱刚结合庆历之际学统四起的思想史实，以及北宋后期性命之学的兴起，分析了险怪文风在整个北宋中后期的漫延，重新审视了怪文承载激进思想的历史意义，并通过宋代主流思想家对欧阳修晚年文衰的批评，考察古文与新儒学先合后分的关系：中唐以来，一直水乳交融的新儒学和古文，当前者发展到性命之学的阶段时，以欧阳修为代表的一部分古文家表示了拒斥，从而造成两者分途。后来性命之学中又发展出王安石的新学和程朱一系的道学，而继承欧阳修古文的苏轼及其后学便与之对立。此即思想史上的“周程、欧苏之裂”。

与此同时，借助新的研究理念，以往范式下的一些“反面的”，或素被忽视、轻视的历史人物，被纳入到“科举士大夫文学”的视野中，予以考察、认定其历史价值和意义。如第三章第一、二节对杨亿、晏殊的论述等。对于苏辙的研究，尤其是本书一大亮点。按照以往的古文运动论述，苏辙的地位显得相当尴尬。研究者往往只是慑于“八大家”的威名，在论述了苏洵、苏轼之后，不得已才附加上一个“小小的尾巴”，以显示研究的全面与包容。朱刚则以一章的篇幅，重新界定苏辙在古文运动及宋代思想文化史上的价值与意义。这种界定，既反映了他对古文运动各阶段重新划分的新理念，即：在王氏经义被确立为统一科举文体的这一特殊阶段，苏辙是古文运动这个终结阶段的代表；同时，又是建立在对苏辙晚年诸如官阶、迁居汝南、独得优待、“全不敢见一客”、交游禅僧等重要事迹的详细考证，以及散文风格的细致剖析基础上。由此，朱刚对苏辙的历史价值和意义的结论便振聋发聩、掷地有声：苏辙“是北宋最后一个集思想家、政治家、文学家、学者于一身的文化巨匠，可以说是北宋学术文化的终结者，当然也是北宋‘古文运动’的终结者”(第367页)。

特别值得关注的是，当作者把北宋文学视为科举士大夫的表达载体时，他发掘出一些以往极少有人关注的文学现象和文体，如论策、学记、非集会的同题写作等等，均新意盎然，极富启迪。

当然，创建一种新的研究范式绝非易事，而一种新理念、新视角的引入，其对文学现象诠释的有效性，某种程度上也须取决于历史细节的验证。此书某些新见，如对太学体的新解，似可斟酌。书中讨论太学体时所用的最关键材料，程颐《颜子所好何学论》以及他入太学的时间，仍然有待细考。朱刚指出，“《颜子所好何学论》是一篇出现在嘉祐二年(1057)前后的太学应试文章，受到太学先生的高度肯定，令太学生们十分佩服，将这样的文章归属于‘太学体’，应该不算太勉强了”（第 72 页）。但《河南程氏文集》卷八《颜子所好何学论》题下明明注曰：“先生始冠，游太学，胡安定以是试诸生，得此论，大警异之，即请相见，遂以为学职。”（《河南程氏文集》卷八）据此，则《颜子所好何学论》应当撰于皇祐四年（1052），时程颐年方二十岁，故曰“始冠”。是年三月，欧阳修丁母忧返回颍州，直到至和元年（1054）五月方服除入京。假如《颜子所好何学论》确如题下所注撰于程颐始冠的皇祐四年，那么，把此文定为嘉祐太学体的代表作，并以之论证太学体并非是古文文风之弊，而是嘉祐年间新兴性命之学的表达载体，欧阳修对它的排斥反映了对性命之学的保守滞后，便需重新审视。

其次，此书有些章节似有陷入社会属性决定论的嫌疑。作者似乎把古文运动视为唐宋间新兴科举士大夫的一种意识形态表述，随着这一社会阶层的不断壮大而发展。这种视角，对于将古文运动从“纯文学性”的研究范式中解脱出来，无疑具有重要意义。可与此同时，它那大而化之、统摄一切的诠释理路，也令人不无困惑。为何同样出身科举，韩愈与白居易、刘禹锡对待古文、骈文的态度并不相同？晚唐科举出身的士大夫阶层较之中唐更加壮大，为何科举出身的李商隐反而极力抨击古文古道，给予古文运动最严厉的攻击？为何杨亿早年有志于古文古道，成年后却将学习的典范从韩、柳等古文家转向李商隐，从而与刘筠等成为真宗朝古文复兴的最大障碍？这些似乎都很难归之于科举士大夫的社会属性。

以上吹毛求疵的指摘，与全书处处可见的创新相比，充其量只是白璧微瑕。笔者相信，随着时间的流逝，此书必将作为跨学科研究的典范，更为深入地推进唐宋古文运动的研究。

宋秋敏著《唐宋词与流行文化》

薛玉坤　方慧勤

宋秋敏博士是近年词学界颇为活跃的青年学者，研究成果丰富，且具有鲜明的个人特色。其新著《唐宋词与流行文化》（上海人民出版社 2013 年）是继《唐宋词与流行歌曲》之后的又一部力作。作者一如既往，秉持“立足传统，关注当下”的研究立场，挖掘作为当时流行文化的唐宋词所隐含的诸多“遗传基因”和可以传世的文化价值、社会意义。既为传统的唐宋词研究开拓新境，又为如何丰富当代文化提供了具体可行的新思路。全书以下几个方面给笔者留下了深刻的印象。

一、缜密清晰、灵动跳跃的研究思路

《唐宋词与流行文化》以流行文化的视角统摄唐宋词的研究，不仅强调对唐宋词与流行文化关联的探索，更关注各种文化形态因时空背景差异而造成的独特性。综观全书，逻辑严密，脉络清晰，闪现着作者既缜密细致又不失灵动的论述思路。

绪论部分作者细致辨析了流行文化的概念以及唐宋词所具有的流行文化属性，为全书立论奠定了坚实的理论基础。第一章以流行文化角度观照唐宋俳谐词的“草根性”及唐宋词人的享乐主义倾向，并给予二者以适当的价值评估。第二章重点阐述唐宋词的流行元素和策略。关于此点，杨海明先生早在《唐宋词美学》中就以“声光效应”来概括词之为体的音乐性和视觉性。其中，“光”所指为歌妓，是词体生成和流行过程中不可或缺的元素。而本书作者更大胆以“女性诱惑”这一当代流行文化中常见现象来概括词体所具有的

“声光效应”,特别是文中有关女性的身体诱惑、情感诱惑及女色经济的论述,令人耳目一新。第三、四两章则主要着眼于唐宋词在当代流行文化建构中的实用价值和现实意义,透视其中蕴藏的生活艺术、生态意识、养生思想以及名句效应方面的价值。而且,继《流行歌曲视角下的唐宋词》之后,宋秋敏对唐宋词当代应用的观照已从流行歌曲投射到更为广泛的领域。不仅注意到当代广告文案的诗意化走向与唐宋词之间千丝万缕的联系,还发掘了唐宋词在网络文学和影视文学中的实用价值。应该说,这种在学理上的探讨,为如何在当代“复活”唐宋词提供了理论上的支撑,显现出作者近年学术思考的深入和学术视野的开拓。全书的最后综论唐宋词与当代流行文化的传世价值,为本课题的讨论作理论上的提升,其结论令人信服。

全书肯定了唐宋词在丰富当代流行文化内涵、提高当代流行文化品位方面的价值,但同时作者也毫不回避当代流行文化与古典诗词融合过程中的矛盾和弊病。如广告文案诗意化需要注意的问题,网络文学频繁使用古诗词对当下文学的影响,古典文化与未来中国影视艺术的发展方向等等,持论都颇为公允。作者在卷末提到:“有心的当代词作者不妨把自己的艺术之根扎得再深入些,去汲取养分,品味唐宋词中挹之不尽的美学内蕴,‘背靠遗产,面向现在’,这样,必然使当代的流行歌词的花朵开得更加艳丽,并且充满了理性和睿智的光彩。”所论虽然是针对当代流行歌曲歌词的创作而言,但“背靠遗产,面向现在”实是《唐宋词与流行文化》一书的研究态度,也是作者对唐宋词研究者与当代流行文化从业者提出的殷切期盼。

二、勾连古今、熔铸中外的研究方法

方法的创新,是本书的又一大特色。唐宋词研究是古代文学研究的显学,研究成果汗牛充栋。虽然新时期以来,各种新视角、新方法的研究不断涌现,但《唐宋词与流行文化》的出现依然让人眼前一亮,其特别之处就在于指向当代的研究取向。而服务于此研究目标,其勾连古今、熔铸中外的研究方法就显得非常自然,毫无生搬硬套之感。

全书始终贯穿着古今勾连的学术思路,无论是从当代流行文化视角看唐宋俳谐词的“草根精神”、唐宋词人的享乐意识、唐宋词的流行元素和流行策略，还是对唐宋词的“另类”解读，均清晰展现出作者的用心。杨海明先生在本书序言中即称《唐宋词与当代流行文化》的主要特色和创新价值即在于它“古为今用、有补于世”的研究立场和与古今结合的研究方法。如书中所述，“一松一竹真朋友”为“古”，其中流露的“重生爱物的生态意识”则为“今”；“《相见欢》《苏幕遮》《玉楼春》这些别有韵致的词牌名为“古”，当下借鉴翻新的轻柔吟唱则为“今”。古今勾连，可谓相得益彰。“如何更好地利用经典，使其与当代文化融合，让其与普通读者的生活更加接近，这正是值得当代学者和文人关注的问题。”——这是宋秋敏于“唐宋词‘名句效应’在当代的实用价值和现实意义”一节中提出的关于经典传承的问题。古典文化与当今社会拉开距离，如何缩短经典和当代的距离，是作者的文化叩问，也是引起读者兴味和思索的要点。

本书关注的是唐宋词与当代流行文化，对当代西方流行文化和大众文化的相关理论亦表现出相当的熟稔。作者将有关流行文化的商品化、娱乐性、趣味性、日常生活的审美化等理论成功“嫁接”到对唐宋词的相关探究中，给人以启迪，甚至让人对唐宋词史中的习见现象有了全新的审视。如第一章以“草根精神”切入对唐宋俳谐词的探讨，认为俳谐词的出现，“凸显出人们对幸福生活本身的强烈欲求，肯定了人的世俗愿望，展示了大众文化多元化、商品化、消费化、娱乐化的趋势。这不但在一定程度上提升了普通人的个体价值，催生了人性的觉醒，也为后代俗文学的发展拓宽了道路。”对唐宋俳谐词的批评精神和现实价值作了全新的认定。

三、博观约取的文献征引与灵活处理的理论应用

本课题全方位多角度研究唐宋词与当代流行文化，需要广泛搜罗相关史料，准确解读唐宋词文本，深入透彻理解当代流行文化理论。《唐宋词与流行文化》在这些方面应该说是可圈可点，无论是古代典籍，还是今人新著，抑或西方理论，在作者笔下均能圆融无间，熔于一炉。

比如书中论唐宋词的昌盛气象，紧紧抓住其流行文化属性，从“新声迭出”入手，既引吴熊和先生《唐宋词通论》中的相关论述，又引王兆鹏先生《唐宋词史论》中的有关统计，更佐证以唐宋词文本中的相关描述，结论令人信

服。又如论唐宋词受众主导地位的确立，从美国历史学家费正清有关宋代城市经济特点的论述引发，通过发掘《东京梦华录》《梦粱录》《武林旧事》等传统典籍中的相关记载，充分证明唱词表演是当时人们日常精神消费生活中的“重头戏”，而且广大民众从一开始就占据着词曲消费的主导地位。在此基础上，再以具体作品为据，说明受众的审美趣味是如何引导着词体的发展方向的。文献征引广博合理，不枝不蔓。

作者对西方有关理论的应用颇为灵活，并不生吞活剥。绪论中有关流行文化属性的阐释便可见一斑。“流行文化”概念指称，众说纷纭，作者将其主要观点一一采撷，予以罗列。其中涵盖西方学术界声音四种，中国学术界声音两种，作者最后则结合我国现代化进程中的种种现实，融各家所长，极具现代意识地给予“当代中国流行文化”定义：“是以市场经济为导向并受市场经济规律调节和支配，以普通大众为受众主体，以娱乐为主要功能，以流行、通俗、时尚为主要特征，并通过各种现代化的传媒手段广泛传播的文化形态。”再如书中论述唐宋词“戏剧冲突”及其现实意义一章，对西方理论的创造性应用亦颇出彩。“戏剧冲突”一词源于拉丁文 conflitus，本是西方的概念，作者引美国戏剧理论家布罗盖特尔“剧本要激起并保持观众的兴趣，造成悬念的氛围，就在要依赖‘冲突’”和法国文艺理论家狄德罗“要使情境和人物的性格发生冲突，让人物的利益互相冲突”等西方戏剧理论，来剖析唐宋词中融合叙事和抒情的双重表现手法，有情节、有故事、有冲突的一类词，角度新颖。而在阐述此类词中“戏剧冲突”的构设手段“突转”时，既引用亚里士多德《诗学》对其进行概念分析，又征引南宋陈模《怀古录》中对唐无名氏《醉公子》一词展开的动作分析，中西结合，有理有据。体现出作者开阔的学术视野，与合理嫁接的学术灵性。

总之，《唐宋词与流行文化》一书，是运用新视角，吸收新养分结出的灿烂果实。它阐述了流行文化与唐宋词的显隐关系，提出了流行文化与古典诗词融合过程中凸显的问题以及解决方案，又巧妙地融古典于当代大众生活，将唐宋词研究引向“面向现实”和“于世有补”的新境地，是唐宋词在当代社会的一声有力回响。

胡传志著《宋金文学的交融与演进》

郑虹霓

在风云变幻的十到十三世纪，辽、宋、金、元各方关系错综复杂，文学上互相影响，在融通中不断演进，但此中具体情形，学界的研究一直不够充分。胡传志先生的《宋金文学的交融与演进》恰是这样一部展现三百年宋金文学交融宏大画卷的巨著，带领我们回到金戈铁马的宋金，近距离探寻那个时期不同文化之间的碰撞与交融。该书入选 2012 年《国家哲学社会科学成果文库》，2013 年由北京大学出版社出版，足以体现该书的学术水准。但能够令人拿到书就迫不及待地打开，一读就放不下却让此书与同类书相比有了它的独特性。此书不仅为我们打开了一片金元文学研究的新天地，而且在思考问题的角度与研讨方法上也予人颇多启迪。试择要述之。

一、问题意识：探幽寻胜

这部书共有十六章，结构上不刻意追求系统性，而各章次第展开，彼此之间却有着自然的血肉联系。之所以如此，是因为此书有着明确的问题意识，而各章讨论的话题都是统一于宋金文学的交融这一大视野之下。

对于学界关注度较高的作家，作者同样给予关注，却能变换角度，因难生巧。如金元文学的重镇元好问，历来研究文章甚多，但作者另辟蹊径，第十五、十六章分别将元好问与陆游、戴复古诗歌作比较，更好地揭示了元好问创作的特点，也服从于全书的“融合”主题。至于第十章《橘逾淮则枳：诚斋体在北方的滑落》、第八章《陆游诗歌与失真的北方》和第九章《杨万里接送金使途中的激情创作》，各章标题本身就构成了悬念，为何汉民族文化视域中倍受尊崇的诚斋体到了北方民族那里却失去了魅力？被梁启超盛赞的“亘古男儿一放翁”，他笔下的北方竟然是“失真”的？时下流行的“激情创作”一词怎么还能与宋代大诗人杨万里连在一起？又如第五章《完颜亮诗词：借道南宋融入历史的轨迹》，大约是在此前发表的《完颜亮诗词命运的启示：对因人废文的典型个案的观察》基础上修订而成，视角有所改动，但都一样具有问题意识，给人以启发。借道南宋、因人废文都是很好的角度，对于作品、作家的接受与传播研究有一定的启发性，在这样的角度之下行文之深度自不必提。比较之下，我所读到的其他关于完颜亮诗词的文章都显得有点拘谨。

当然，这部书的开拓性远不止于此，问题意识更体现在敢于探寻前人未曾注意的领域，对于宋金研究的薄弱环节，探微知著。如金代文学对于南宋文学的意义，一直没有引起人们的注意，而本书第六章《稼轩词的南下、北归及其意义》对蔡松年与辛弃疾师生关系的梳理一洗传统偏见，将金词与南宋词关系的讨论引向了更深的层次。又如辽、金文学之间的关系一般论著都避而不谈，盖因辽代文献传世较少使人有畏难之心，但作者“细加探索，仍然能发现一些蛛丝马迹”。之所以有发现，也是因为他能带着问题去探究，并能打破学科壁垒，广泛查阅文献，不仅从正史与别集中寻找材料，还将探索的触角伸入《归潜志》《松隐录》等文人笔记中。

二、史家见识：成一家言

文学史既是文学的历史，也是心灵的历史，而金元时期的诸多作品则连接成战乱的画卷，同时也是文字勾勒的民族心电图。对于这纵横交错的线路，以前很多学者囿于华夷之辨，只看到了宋代文学，而忽视了金代文学，即使将金代文学纳入了视野，也难以心平气和地去审视。而作者秉笔直书，正合乎孔子所谓“唯仁者能好人，能恶人”。既不因传统的推崇而一味拔高著名诗人的作品，也不因民族感情而遮蔽对金代作品以及伪齐作品文学性的评判。

前者如对陆游作品的分析，结合金源文献，还原历史语境，重评陆游诗歌的艺术成就，令人耳目一新。作者既肯定陆游的奇想是其诗作奏出时代强音的关键，同时又指出在陆游诗中的北方是“失真”的。对于造成陆游诗中“失真”的原因，作者的分析也毫不留情：“对一些传闻，无从分辨，那是条件所限，而不加分辨，甚至不愿分辨，以讹传讹，则是陆游的主观倾向。”也许有人会为陆游辩解，以为他是学了李白的夸张、豪放。然而，作者在后文中将陆游与李白的时代环境、国家实力进行了对比，指出陆游的“夸张相对勉强”。此外，又将陆游的律诗与杜甫之作进行对比，令人信服地得出“就艺术感染力而言，陆诗远逊杜诗”的结论。这些不仅对我们创作诗词有启发，同时也有一种启迪人生的意味。不能正视现实的诗人难以成为大家，以至“数仞李杜墙，长恨难领会”，那么不能正视现实的民族、国家呢？

后者则可从对刘豫、完颜亮作品的分析中见之。作者本着客观公正的史家精神，不以人废言，将复杂的人性层层剥离，从中分拣出值得肯定的地方。对于刘豫这样一个由官僚文人到伪齐傀儡皇帝的人，第三章《由宋向金过渡的伪齐文人与创作》指出，刘豫的《肆赦文》对宋朝的态度还算温和，而“其中对民生不幸的描写不无真情实感，值得肯定”。第五章对伐国弑母宋金人皆不齿的完颜亮以“一代很有文才的帝王”称之，也是消除了偏见的处理方式，而对完颜亮词作历史沉浮的梳理，更为各民族文化之交融提供了有力的例证。

三、缜密思维：剥茧抽丝

杜甫《敬赠郑谏议十韵》诗有“毫发无遗憾”之句，若改一个字成“毫发无遗漏”恰可用来评价作者此书逻辑思维非常缜密的特点。对于纷纭复杂的宋金关系、辽金关系、宋辽关系，作者独能化整为零，分而治之；抓住关键点纲举目张，如庖丁解牛从容解析。如第七章《宋金外交活动与文学创作》，移步换景，从宋方看其出使金国的使臣之作，再调转视角从金方看其出使宋国的使臣之作。对于遗民的感情不是笼统地去看，比起范成大当年更客观，指出“遗民对宋的感情还存在群体差异”，农民与市民有不同。还原历史现场，分析诗作中表露的心态，既具“了解之同情”，又指出使金宋人有时过于敏感，失之偏颇。而第四章对于“国朝文派”内涵的分析，从民族心理、政治因素等多方面加以考察，判定国朝文派的文体是指文章而非诗歌，并揭示出“国朝文派”的政治属性。议论纵横，开合自如。

再如第十章对于诚斋体在北方传播情况的分析。独霸南宋诗坛的诚斋体，到了金源地界遭际竟是那样诡异：学习者不明言师承，道其技巧者却又不学其诗风。对此种看似矛盾的现象，作者结合史实、文人心态、个性加以探究，既勾画出诚斋体在金源的遭际，又通过这一个案揭示出宋金文学在交融之外的复杂关系。试以对于赵秉文之学习诚斋体的分析来看，文章先从文本对读入手，可见赵秉文的诗作与诚斋体颇多神似，确实难以用巧合来解释。再从赵秉文个人仕途经历与个性来论赵秉文学习诚斋体的基础，得出其"学习诚斋体当在情理之中"的结论。然而，对于这样在情理中的学习，何以当事人赵秉文要秘而不宣呢？下面一段分析鞭辟入里，令人叫绝。我不禁要录之于下，以为同好者共赏之：

一是杨万里毕竟是对立政权同时代的诗人，名声没有陶渊明、李白、杜甫、苏轼那么显著，地位也没有韦应物、李贺那么稳定，公开效仿，可能有损金源诗歌独立性的追求，甚至招来不必要的麻烦；二是有意不把金针度人。刘祁说赵秉文晚年"诗多法唐人李、杜诸公，然未尝语于人"，连效法李杜这样公认的名家都秘而不宣，那么将师法传入不久的诚斋体当作出奇制胜的秘密武器，自是可能。

四、文学本位：披文入情

中国传统学术向来主张文史哲不分家，近年来古代文学研究界也强调要打破学科壁垒，运用多学科方法、理念来进行研究。这种思路固然带来了学术视野的扩大，同时也不免出现偏离文学本位的倾向。此外，有的文学研究论文虽学术价值很高却质木无文，也影响其传播。但作者的这部著作却既能游刃有余地使用文献学、文艺学、社会学、心理学等多学科知识，而又坚守文学本位；行文既有考镜源流、辨明是非时的理性分析，亦有披文入情、如临其境的动情感喟，使得此书在保证学术品质的同时又极具可读性与感染力。

如第二章以知人论世的方法深刻细致地再现了仕金宋人的心理历程。无论是宇文虚中、高士谈，还是蔡松年在易代之际都心怀矛盾，那种俯仰随人的心灵痛苦只能借陶潜、苏轼的诗词以为疗救。陶渊明式的生活成为乱世士人安顿精神的乐土。蔡松年追和苏轼词，也不是学其雄豪，看中的乃是"人生如梦”的思考。作者的这些分析都显示了敏锐的文学感悟力和深厚广博的古典文学素养。

而第七章的情感色彩相对比较突出。不仅从出使金国的宋人诗作的解读中析出不同遗民阶层的心理，还深入作者内心世界，感受他们内心的煎熬。对于使金宋人创作情况的分析也是情溢于外，“党怀英于繁华富庶的热闹之处，为何偏偏钟情偏僻幽情的菊花”，不识钱塘江潮之美的完颜思敬居然还能升职？理性的见解却以感喟出之，更容易唤起读者的思考。

“不到园林，怎知春色如许？”《宋金文学的交融与演进》一书打破学科壁垒，破除民族偏见，将宋金文学研究一体化，不以长淮限南北，让我们看到了一个更真实的宋金文学地图，对宋金文学生态有了更深入的了解。

王兆鹏著《宋代文学传播探原》

张再林

若从上世纪90年代中期开始攻读古代文学专业硕士学位之时算起，笔者从事古代文学研究工作已经有将近20年的时间了。在这20年的时间里，笔者虽然获得了博士学位、做过博士后，出过书，发表了50多篇论文，也评上了教授，但有两个问题一直困扰着笔者：一是在古代文学这块早已是经过前人反复耙梳、“精耕细作”的研究领域，如何才能寻找到富有创新意义和价值的研究课题？二是如何在不断推出新的研究成果的同时，逐渐形成自己的研究个性和学术风格，从而促进古代文学研究形成我们的本土特色和“中国气派”？相信恐怕不止笔者一人有这样的困惑，尤其是70、80后的一代学者，他们当中怀有类似困惑的恐怕会更多。而对于这两个问题，笔者最近在拜读了王兆鹏先生所著《宋代文学传播探原》（武汉大学出版社2013年版。以下简称《探原》）之后，受教良多，深受启发。笔者以为，王兆鹏先生近年来所积极倡导并大力践行的文学传播与接受研究，可谓开辟了（古代）文学研究的一个

“新兴产业”，而其鲜明的个性特色和学术风格则为我们树立了一个新的标识和范例，已经闪示出古代文学研究的“中国气派”的曙光了。

一、传播与接受：古代文学研究的“新兴产业”

笔者是上世纪 90 年代中期开始真正接触古代文学研究的，那时候学术界非常流行引入和运用西方的文艺理论、方法、思潮来研究包括古代文学在内的中国文学现象和规律。诸如系统论、信息论、控制论、符号学、结构主义、文化阐释学等等，都是当时非常时髦和热门的话题。而在这方面，王兆鹏先生其实也曾取得过相当不错的成绩。他说自己“曾经热衷于西方的各种新思维、新方法，希望为传统的古代文学研究寻找新的突破口。”（序，第 14 页）词学界的同仁大概都知道，王兆鹏先生在上世纪 80 年代后期曾引入美国当代科学哲学家库恩在《科学革命的结构》中所创立的“范式理论”来阐释唐宋词的发展演变史，认为“唐宋词史上形成了三种不同的抒情范式。而唐宋词的演变史主要是这三大范式的相互更迭：一是由温庭筠创建的‘花间范式’，二是由苏轼创立的‘东坡范式’，三是由周邦彦建立的‘清真范式’。”（《唐宋词史论》，第 135 页）此外，王兆鹏还尝试过运用西方计量统计学的方法来研究唐宋诗词，于上世纪 90 年代中期与刘尊明先生合作发表了用计量分析法研究词学的第一篇论文《历史的选择——宋代词人历史地位的定量分析》（《文学遗产》1995 年第 4 期），随后一发不可收拾，接连推出了一系列让人感到耳目一新的研究成果。而近年来王兆鹏与其诸门生合作连续出版的《宋词排行榜》、《唐诗排行榜》（中华书局 2011 年版）等更是引起各方关注和热议。

“范式批评”与“定量分析”的引入和尝试，不仅突破了词学研究的旧有格局，打破了词学研究的沉闷局面，而且对新世纪的古代文学研究乃至其他人文社科研究也具有一定的方法论启示意义，受到学界的普遍关注，可以说引起了不小的震动。不过，毋庸讳言，学界对这两种引自西洋的研究方法的看法也还并不完全一致，存在着一些争议。对此，王兆鹏自己也有清醒的认识。他在对“范式批评”进行反思和总结时说：“唐宋词范式的研究，既让我迷恋，又让我困惑。唐宋词中的抒情范式是普遍的存在，但应该怎样清晰科学地揭示这些范式的特征及其演变过程，我至今还没有寻找到一个满意的解决方法和答案。我在不断地自我否定，自我修正。‘范式论’一章（笔者按：指王兆鹏所著《唐宋词史论》第三章‘范式论’），就是几经否定和修正之后留下的‘半成品’。今后如果在理论上有所突破，这些‘半成品’也许会被修理或组装成一种新产品，否则会逐渐变成废品。”（《唐宋词史论》后记）“‘范式批评’是我的一次尝试，它能够解决一些重要问题，但不能解决所有的问题，更不能取代其他研究方法。”（《宋代文学传播探原》序）而对于数据统计和定量分析法如何更好地应用于词学（乃至整个文学）研究，王兆鹏也认为：“定量的分析，不能代替定性的分析。定量分析的结果，可以印证、支持定性的结果，也可以修正、变更定性分析得出的结论，问题的关键是数据是否科学可靠。运用定量分析的方法，困难不在于数据的统计，而在于数据的发掘与收集。”（同前）

如果说“范式批评”与“定量分析”还只是王兆鹏先生寻找古代文学（词学）研究突破口与学术增长点的有益尝试和探索，那么他所积极倡导和大力践行的文学传播与接受，则完全称得上是古代文学研究的“新兴产业”，具有非常广阔的学术想象和发展空间。

王兆鹏对文学传播与接受问题的关注和思考，始于上世纪90年代。1993年，王兆鹏发表了他的第一篇文学传播论文《宋代文学史的书面传播方式初探》（《文学评论》1993年第3期）。1998年，他又发表了论文《传播与接受：文学史研究的另两个维度》，进一步对文学传播与接受的问题作了理论上的宏观思考，明确提出：“文学史研究，应该由作家—作品的二维研究逐步转向作家—作品—传播—接受的四维研究。”（《江海学刊》1998年第3期）在2000年调到武汉大学后，王兆鹏与尚永亮教授等人一起筹建了国内第一家“中国文学传播与接受研究中心”。以此为标志，古代文学研究领域的一项“新兴产业”开始正式形成，引起了学界的热烈反响和回应。据悉，截止2013年底，该中心已获得国家社科基金重大项目1项，一般项目6项，教育部211项目27项，举办国际学术研讨会3次，高端学术论坛1次。此后，随着相关材料的不断发掘和思考的不断深入，不仅王兆鹏本人有计划地推出了一系列有关宋代文学传播与接受的研究成果，整个古代文学研究领域也兴起了一股声势颇为壮观的传播与接受的研究热潮。

仅从收录在《宋代文学传播探原》一书的成果即可看出，王兆鹏对（宋代）文学传播与接受问题的思考和探讨其实已经非常全面和深入。全书分为上、下两编，上编讨论“宋代文学的传播方式与效应”，其中既有对整个古代文学传播研究的宏观、普遍思考,也有对宋代文学传播特殊现象的探讨。

王兆鹏首先明确界定了文学传播的研究对象和研究范围。他在全书的绪论“文学传播研究的层面”中提出,中国古代文学传播的研究,需要探讨传播主体、传播环境、传播方式、传播内容、传播对象以及传播效果等六个层面的问题。接下来,王兆鹏在书中专题探讨了有关宋代文学传播的七个方面的内容。依笔者的浅见,其中宋代诗文的单篇传播、宋代诗文的书册传播、宋代诗词的题壁传播以及宋代文学传播效应的非文学因素等四个方面的内容,虽然讨论的是宋代文学的传播问题,但实际上不啻于为整个古代文学传播的研究提供了实践上的成功范例和方法上的有益启示。而宋词的歌妓演唱传播、宋代文学的“润笔”与文学商品化、宋代名流印可的传播效应以及诗歌的图画传播和歌唱传播等四个方面的内容,则是属于宋代文坛比较特殊的现象。揭示这些现象,无疑有助于我们更好地了解宋代文坛的原生态面貌。

书中下编专论“宋人词集在宋代的传播”。词集(包括诗文集而言)的编排、刊刻、版本、辑佚以及流传等情况,本是词学研究的基础性工作。以往这方面的研究,一般都是静态地描述其现象,甚至出现文献考订与文学研究疏离、脱节的情况。而王兆鹏从传播与接受的角度出发,发现和赋予了这些传统材料全新的价值和功能。他明确指出:“考察宋人词别集在宋代的传刻情况,目的不仅仅是从文献学的角度,考订宋人词别集的版刻源流、存佚情形,递藏过程,更想从文学传播的角度,了解宋词在当时的传播状况,赋予传统的版本目录学以新的价值和功能,把版本目录学纳入文学传播与文学接受的视野之内,使词集的版本目录资料变为词学传播的资料,以扩大词学史研究的领域。”(第195页)这样一来,原本静态的词集文献等传统资料被重新“激活”,变成了研究词学传播的动态过程的活态资源,从而获得了新的学术生命力。

而对于在词学传播研究中如何运用词集版本目录资料,王兆鹏也提出了一些看法。他认为:“版本传刻的多少可以看出词人影响力的大小。从词集版本入手,可以从一个侧面了解词人在历史上的影响力和知名度。”(第195页)运用这一方法,王兆鹏在考察两宋的词集版本时,发现了很多有关传播学的问题。兹举一例以为说明。王兆鹏从考察李清照和朱淑真词集的版本目录中,发现李清照的诗文词集,在南宋至少有六种版本,而在宋代公私藏目中,没有朱淑真诗词集版本目录的记载,这“表明李清照在南宋的知名度高,广受读者欢迎。"(第 123 页)而到了元代,朱淑真的《断肠集》已开始流行。明代刊行的朱淑真集版本更多,而且明人载籍中也常常提到《断肠集》和朱淑真的故事,这表明朱淑真的知名度和影响力日益扩大,并最终得以与李清照齐名并称。从中不难看出,王兆鹏在研究李清照和朱淑真的传播过程和效应时,真正用活了相关的版刻等文献材料。这样的例子在书中随处可见,触手可及,读者自可细心领会。

在王兆鹏等一批学者的共同倡导和努力下,传播与接受已成为(古代)文学研究领域的一项名副其实的"新兴产业"。即以笔者阅读所及,仅在词学领域,近年来就先后出现了五部高质量的专著:朱丽霞《清代辛稼轩接受史》、李冬红《〈花间集〉接受史论稿》、钱锡生《唐宋词传播方式研究》、陈水云《唐宋词在明末清初的传播与接受》、谭新红《宋词传播方式研究》。至于相关的研究论文,更是难以胜数。笔者也发表过《宋词对白居易的受容及其文化解读》(《中国韵文学刊》2001 年第 1 期)、《辛弃疾对白居易的接受》(《词学》第 24 辑)等六篇探讨唐宋文学传播与接受问题的论文。据笔者不完全统计,70、80 后的一代古代文学研究者,大都发表过这方面的论文。不仅如此,传播与接受方面的论题,更是成了一个时期以来博士、硕士学位论文选题的一大热点领域。而伴随着研究的热潮,学界也已开始注意对传播与接受研究史的总结和反思,如邱美琼的《新时期以来古典文学传播研究述略》(《嘉应学院学报》2007 年第 1 期)、曾礼军的《古代文学传播研究述评》(《宁夏师范学院学报》2013 年第 4 期),皆对古代文学传播研究取得的成绩以及存在的问题作了比较全面和客观的评述。

总体来看,古代文学传播与接受研究虽然还存在着诸如研究范围较为狭窄、研究内容较为零散、研究层次较为单一等方面的问题,甚至被学界讥为"接受体"的论文(指简单罗列后人评价、缺乏理论阐发的论文)仍时有所见。不过,我们相信,随着研究的深入和拓展,这些问题将会不断地得到克服。无论是从已经取得的成果,还是从其所显示出的广阔学术空间和丰富学术蕴藏来看,传播与接受研究毫无疑问已经成为名副其实的(古代)文学研究的"朝阳产业"和"新兴产业"。王兆鹏在上世纪末所预言的:"相信 21 世纪在这些方面的研究(笔者按:指古代文学传播方面的研究)会有突破和进展","古代文学接受史的研究,前景是十分广阔的,相信在不久的将来,古代文学接受史的研究,会取得可观的成就"(《江海学刊》1998 年第 3 期),已经和正在变成现实。而王兆鹏先生在这一领域(尤其是在宋代文学和词学方面)所作的“导夫先路”之功可谓大焉。

二、古代文学研究的“中国气派”

正如作家会努力追求形成自己的创作风格一样,学者也会努力形成自己的学术风格。“学术风格是学者在用特定的语言揭示研究对象本质的同时,表现自己精神个性的形式和方法,是相对稳定的整体性风貌特征。”(崔海正《论唐宋词专家杨海明》,《第四届宋代文学国际研讨会论文集》,浙江大学出版社2006年版,第564页)创作风格的形成是一位作家的文学创作已经达到成熟境地的标志。同样,学术风格的形成,是一位学者的学术研究已经达到成熟境地的标志。据笔者的体会,王兆鹏的学术研究有其独特的治学理念与路数,并已在长期的研究实践中形成了自己独特的学术风格,其论著基本上已经达到了不看署名,只看研究选题、文献运用以及语言特色即可判断出自其手的地步。笔者以为,王兆鹏先生的学术风格总体上呈现出融通深广的特点,其基本内涵是在传承和完善乾嘉方法的基础上,汲取现代科学的新方法和新精神,最大限度地实现对文学史的还原与建构。而这种风格又鲜明地打上了当代中国学术研究的烙印,具有鲜明的时代气息和“中国气派”。

所谓“融通”,是指王兆鹏先生对传统乾嘉方法与现代科学精神的融汇、旁通。乾嘉方法,简而言之即是指中国传统的文献考据方法。清代词学虽呈中兴之势,但乾嘉考据之学并未普遍施于词学研究。后幸赖王国维、胡适、龙榆生、夏承焘、唐圭璋诸先生大力倡行,词学考据方沛然而兴,从而极大地推动了词学学科的建立和发展。王兆鹏出自一代词学宗师唐圭璋先生门下,一向视文献考据为“唐门硬功”。他在目录版本、辑佚校勘、辨伪考据方面早已取得为学界所公认的成就。他的《两宋词人年谱》、《词学史料学》以及与同门师友合著的《全唐五代词》、《两宋词人丛考》等著作,皆以资料详尽、考订详明著称。而《探原》一书也很好地体现了王兆鹏在文献考据方面的精湛功底和一贯特点。书中第九、十、十一章分别收录了北宋41家、南渡80家以及南宋39家共160家词人词集在两宋时期的传刻情况,为研究者提供了大量详实可信的文献资料。其中,蕴涵着丰厚的传播学信息,几乎每一位词人词集的传刻情况都可以作为一个传播个案进行研究。而书中上编的理论探讨与阐发也无不建立在严谨扎实的文献梳理的基础之上。王兆鹏的论著对于资料来源的要求极为严谨,向来是“凡引必注”,详细标明所引文字的出处、版本、页码等信息。而且有时还要同时引录或列出好几种相关的记载,以便互相参证和考辨。如书中第三章《宋代诗词的题壁传播》对寇准、丁谓题壁的跟帖的论述,就同时列出了王得臣《麈史》、阮阅《诗话总龟》、黄彻《巩溪诗话》等三种典籍的相关记载。同章对苏州僧惠诠题壁诗获苏轼赏爱并跟帖的论述,同时列出了《诗话总龟》、《冷斋夜话》、《苕溪渔隐丛话》三种典籍的相关记载。这样的例子在书中非常多见,无需赘举。阅读王兆鹏先生的论著,不仅可以获得对一些文学现象、文学规律的新的认识和了解,而且还可以获得大量的文献信息,并能够通过复核史料原文获得更多的学术信息和新的启示。笔者以为,这一点正是王兆鹏形成其融通深广学术风格的一个非常重要的因素。

而在汲取现代科学的新方法和新精神方面,王兆鹏也体现得非常突出。前文述及,他提出的范式批评、定量分析都移植和借鉴了西方现代科学的新方法和新精神。而《探原》一书所集中讨论的文学传播论题,也受到了国内外传播学理论的一些启发。王兆鹏在绪论《文学传播研究的层面》中指出,中国古代文学传播的研究,需要探讨传播主体、传播环境、传播方式、传播内容、传播对象以及传播效果等六个层面的问题。这种构想应是受到了美国政治学家拉斯韦尔的《传播在社会中的结构与功能》一文中所提出的“五 W 模式”(即“Who 谁→Says What 说了什么→In Which Channel 通过什么渠道→To Whom 对谁→With What Efect? 产生了什么效果”)的启发,但在具体阐发中又结合了中国古代文学研究的实际,别具东方文化的学术神韵和“中国气派”。

所谓“深广”,是指王兆鹏先生思考和研究内容的深刻、广博。在王兆鹏看来,在文学史的研究中,对传统乾嘉方法与现代科学精神的融汇旁通还只是研究的手段,而实现对文学史(词史)的还原与建构才是研究的目的。而要达此目的,其思考和研究的内容必然深刻广博。他这样解释“还原”与“建构”:“所谓‘还原’,其实就是事实判断,用传统的考据方法对词史上有关史料和问题进行还原性的考察,以弄清历史真相,还原历史本来面目。”“所谓‘建构’,是企图运用新的理论观念、方法策略提出和发现词史的一些新问题,建构一种新的研究范式或研究框架,开拓词学研究的新领域。”(《唐宋词史的还原与建构·后记》,湖北人民出版社 2005 年版,第 341 页)不难看出,“还原”与“建构”其实是紧密结合、相辅相成的。《探原》一书即很好地体现了“还原”与“建构”二者之间的这种密切联系。全书运用现代传播学的理念和方法,发现和提出了一系列有关宋代文学传播的新问题。如果说下编主要是对宋人词集在宋代的传播情况的一种还原,那么上编则是对宋代文学传播研究理论框架的构建,二者相互结合、相得益彰,开辟了宋代文学研究的新领域,对于推动宋(古)代文学研究走向现代化无疑具有重要而又深远的影响和意义。而全书所体现的融汇乾嘉方法与现代科学精神、努力实现对(宋代)文学史的还原与建构的路数与融通深广的学术风格,既深深植根于我们民族传统文化的深厚土壤,又呈现出开放进取、面向未来的学术姿态,富有鲜明的时代气息,已经闪烁着“中国气派”的光辉了。

王兆鹏先生笃学好思,视野开阔,思维敏锐,每有前瞻高远之见。他和一批志同道合的师友在上世纪末倡导和力行的传播与接受研究,已经成为推动新世纪古代文学研究实现可持续发展的重要“战略支点”和“新兴产业”,显示出蓬勃的生机和广阔的学术发展空间,有力地促进了古代文学的学科建设。近来,王兆鹏又在思考如何有效利用电子化、数字化的新技术实现古代文学研究的转型和进步的问题。为此,他领衔组织申报了国家社会科学基金重大项目《中国古代文学编年系地信息平台建设》(后因考虑到项目工作量与时间、经费等问题,将研究范围暂时缩小至唐宋文学部分),并获得立项。笔者有幸参与了项目的前期研究工作。在项目论证会上,王兆鹏谈到,根据他初步的构想,这一项目的成功研发,将至少从四个层面改变现有文学史的观念和模式:一是变有限容量为无限容量,二是变选择性呈现为全景性呈现,三是变断续性呈现为连续性呈现。四是变未知为可知。这四大改变,将大大拓展文学史的观照视野,推动文学史研究观念方法的转型和进步。笔者相信,这与他对传播与接受研究以及古代文学研究要形成自己的本土特色和“中国气派”的呼吁和倡导一样,也必将得到热烈和广泛的响应,进一步促进古典文学研究的发展进步。

祝尚书著《宋元文章学》

刘越峰

祝尚书先生的新作《宋元文章学》,于 2013 年 9 月由中华书局出版。这是一部宋元文章学研究的力作,归纳起来有以下几个亮点。

一、锐意“拓荒”,结构有法

中国是一个文章大国,有着深厚的文章学研究基础。古代文章学理论,既集中在《文心雕龙》等巨著之中,也散见于单篇文章、诗话、文话、笔记及宋以后的文章评点本中,文章批评家可谓代不乏人,且多有精彩的论断。但随着时代的变迁,尤其是近代以来,文章学研究几乎成为一块“弃地”,少有人问津。从上个世纪八十年代开始,文章学研究才有复苏迹象,但在研究的系统性、理论建构上还远不如人意。已届“古稀”的祝先生知难而进,锐意拓荒,慧眼觑定“宋元文章学”为研究对象,表现出了超凡的学术勇气。诚如王兆鹏先生所言:“想要做大学问,还要有大气魄,要有宏观的规划。尚书兄做学问就有大气魄。”(《叩音毕弹集》第 10 页,巴蜀书社 2013 年版)祝先生以聚零为整,铢积寸累之功梳理宋元文章学家留下的海量资料,关注主要文体的文章结构、作法等问题,发现、论述宋元文章学的普遍规律,并建构起了相对科学的宋元文章学研究体系。

《宋元文章学》共设十六章,主体可分为四个部分:第一部分包括前三章,略考宋元文章学主要文献、文章学成立的历史契机和宋元文章学的基础;第二部分包括第五章到第九章,论述了宋元文章学普遍规律及法则,涉及到了认题、立意、行文、修辞、造语、下字、用事和引证等一系列问题;第三部分包括

第十章到第十四章，重点从文体学角度研究宋元辞赋、四六、策论、记序的结构和作法；最后一章从宏观上论述了宋元文章学的成就、局限以及出路等问题。此外，又因为作家修养、文章风格两个紧密相关的部分是文章学的重要内容，祝先生又设第四章和第十五章，对此作了专门论述。如前所言，近三十年的宋元文章学研究虽有进步，但理论体系的建构问题绝少有人涉足，更无成例可寻。先生牢牢抓住宋元文章学中的作家修养、立意、结构、行文、修辞、造语、用事、风格以及活法等九个最为关键的问题，涵盖内容十分广泛，而且常常采用此详彼略的"互见法"安排层次，让所论析的纷纭复杂的问题更加条理化、系统化，同时又在纵、横两个维度上论及宋元文章学基本规律和具体法则，将以往研究的诸多片段建构成了层次清晰、涵盖广泛的"七宝楼台"，在今天宋元文章学的研究领域，若称之为体大虑周、匠心独运，实不为过。

二、气脉贯通，论析深入

吕祖谦有言："盖有形者纲目，无形者血脉。"如果说前面所论颇具匠心的结构安排是有形"纲目"的话，那么在具体论述时贯通前后的无形的"血脉"，更让整部著作"活"了起来。具体而论，表现在以下几个方面。

首先，著作中有几条暗线贯穿始终，主要包括时文以古文为法、時文程式化、死法与活法、行文与文体等，以下各章节的论述紧密围绕着这几条线索辩证地展开，如引绳贯珠，深刻揭示了相关问题的实质。其次，在繁复的材料中找到并抓住重点，集中论述。如论述论体文的程式化过程是：由苏轼兄弟打下基础，经秦观、黄庭坚、吕本中等人，再由陈傅良将它固定下来，并列举具体文章阐释论体文的论头、论项、论心、论腹、论腰和论尾等问题，论述线索明晰，重点突出。又如在论述"学者对认题、立意的认识过程"时，祝先生指出：南宋以前的学者多失之于抽象与粗放，由苏轼的以"钱"为喻到陈傅良的飞跃，再到魏天应、陈绎曾在理论层面上的完善与总结，整个论述点面结合，层次分明。第三，应用"互见法"安排结构，并在行文中适时映带，相得益彰。如第五章第三节在论述《论学绳尺》时就指出："后面（第十三章第三节）讨论《蛟峰批点止斋论祖》所述论体文立意法时，其间方逢辰有与此书格法相同或相似的论述，可互参。"而在第十三章第三节的论述中，恰与前面魏天应所论观点相互阐发。因之，整部著作如同一个活泼泼的生命体，血脉相连，表现出了先生缜密的思辨力，既能不断加深对已有论点的论证，又让读者读来意强神爽，易在头脑中形成清晰完整的印象。

三、新见迭出，有发覆之功

学术创新的有与无，多与少直接关乎一部学术著作的成与败。祝先生力主学术研究要解决问题，注重创新，《宋元文章学》也不例外，同样能做到新见迭出。以下略述一二。

王水照先生提出文章学之成立在宋代，而祝先生在赞同此说的基础上，具体指出应该成立于南宋孝宗时期，并在理论上提出了所以成立的四个条件，不但使研究的结果更加精准、科学，而且颇具理论高度。

欧阳修教人熟读文章，苏轼主张熟读《檀弓》，朱熹亦讲熟读《汉书》及韩、柳文，这类材料本为学者熟知，祝先生却能用此烂熟的材料作为证据来论证孝宗时期文章学完成了从"以理(文理)为文"到"以法为文"转换的观点，证据确实，妥帖有力，令读者豁开新境界，大有点铁成金之功效。

我们知道，南宋以前关于狭义文章造语、下字方面的研究极少，直到南宋以后才出现这方面的系统研究成果，但很可惜当今学者大都对此投以冷眼，很少有人对它们进行清理。祝先生在书中特设"宋元文章学论造语与下字"一章，对造语的定义、诗文造语的内涵加以深入论析，并对陈骙、朱熹、陈傅良、方颐孙、陈绎曾等文章学大家论造语、下字的相关内容加以详细的比对阐述，填补了今人对狭义文章学中造语、下字研究的空白。

在今天的研究者、读者眼中，宋代文赋是"破体为文"的产物，颇受追捧，奇怪的是这样的作品很少引起那个时代作者的普遍认同。祝先生在"宋元文章学论辞赋"一章中，结合祝尧《古赋辨体》中的观点分析论述了宋代文赋虽然为"文章绝唱"，却不能使辞赋"返老还童"，反而加速了辞赋的衰落。像这类观点虽不能算是独创，但能在已有材料的基础上阐述推理，更见先生对材料的精切阐发。

以上所列仅为祝先生《宋元文章学》中几个学术创新的代表例证，类似精彩之处还不在少数，或深化已有观点，或化腐朽为神奇，或专论学术研究中空白之处，或为学者解疑，林林总总，不一而足，对宋元文章学的研究颇具发覆之功。

祝先生的论著有扎实的文献功底，这已为当今学界所共知，此不赘言。还值得一提的是，像《宋元文章学》这种理论性著作，祝先生也能如其他论著一样文笔生动，颇具时代感。如文中用“克隆”、“近亲”、“螺丝钉”、“时装”、“接生婆”、“味精”等词汇，既能为论述问题增加助力，又贴近现实、生动亲切，让人读来亹亹忘倦，堪称当代学术著作中的典范。

陈建森著《宋元戏曲本体论》

王永恩

华南师范大学的陈建森教授长期以来从事唐宋文学史、文学发生与古代叙事文学形态的研究，其戏曲研究成就尤为突出。他的《元杂剧演述形态研究》（南方出版社 2002 年版）是国内第一部对元杂剧的演述形态进行系统研究的学术专著，以崭新的视角通过对“代言性演述干预”的深入研究，揭示了元杂剧如何将文学性与演出性有机地融合的真相，这是对元杂剧演出研究中的一个重要成果。陈建森教授于 2003 年出版的学术专著《戏曲与娱乐》（上海人民出版社），对戏曲的本质和娱乐功能进行了探索，对剧作者、演员、行当、角色、观众之间错综复杂的关系，有深入的剖析与独具慧眼的见解，对戏剧的文学性与演剧性、虚拟与戏拟、体验与表现、代言与旁言等也有不少真知灼见，比较全面系统地阐述戏曲的剧场审美交流系统、“召唤结构”和“戏乐机制”。

从《元杂剧演述形态研究》和《戏曲与娱乐》两部学术专著已经可以看出，陈教授对于戏曲的演述方式是有着浓厚的兴趣的，这两部学术专著在业内获得了很高的评价。但他并不因此而止步，而是继续在这个领域深耕，对这个问题的研究也在不断地深化。此后，陈建森教授又先后发表了多篇学术论文对此问题进行论述,如《戏曲"代言体"论》(《文学评论》2002 年第 4 期)、《王国维的"戏剧史难题"与宋元戏曲的历史生成》(《文艺研究》2008 年第 1 期)、《论宋元戏曲的演述者》(《文艺研究》2013 年第 3 期)、《戏曲形态新论》(《华南师范大学学报》2004 年第 4 期)、《论宋元戏曲的演述时空》(学术研究》2012 年第 5 期)等,都可以看到陈教授的研究在不断地推进。

《宋元戏曲本体论》(人民出版社 2012 年版)一书,正是陈建森教授长期思索的结晶。这部专著通过对戏曲史料的仔细爬梳,有不少新的发现,由此作者得出了自己的结论。这种结论和传统的业已被广泛认同的观点有着较大的差异,陈教授以令人信服的阐述有力地论证了自己的观点,这无疑是戏曲本体学上的一个重大突破。

何为戏曲本体?对这个问题的关注、讨论的历史可以追溯到明代。晚明时由于戏曲繁荣,戏曲理论也空前发达。一般认为,晚明在对戏曲本体的研究上是有突破性进展的,这主要体现在认清了戏曲的实质是"代言体",即指表演者以第一人称身份去扮演或模拟节目中的人物。关于这个问题,臧懋循、孟称舜和清代的金圣叹等人都多有阐述,是在对戏曲本体认识上迈出的一大步。王国维在《宋元戏曲史》中论述元杂剧时对此有了进一步的说明:"元杂剧之视前代戏曲之进步,约而言之,则有二焉……其二则由叙事体而变为代言体也……虽宋金时或当已有代言体之戏曲,而就现存者言之,则断自元剧始,不可谓非戏曲上之一大进步也。此二者之进步,一属形式,一属材质,二者兼备,而后我中国之真戏曲出焉。"王国维指出,元杂剧可以被视为真正的戏曲成熟的形式,较之前的戏曲有了质的进步。这其中很重要的一点,就在于其由叙事体演变成了代言体。王国维的这一结论对于戏曲研究的影响甚大,此后的研究者大多认同此观点。

然而,陈建森教授通过对宋元戏曲文献的深入研究,却得出了和与王国维不尽相同的结论。他认为,如果单纯用"代言体"去解读宋元戏曲时,就会发现有很多地方是难以解释得通的。从宋元戏曲的剧本中我们经常都可以看到作品中的人物并不依照自己的身份说话,而是跳出自己的身份,以自我揭露、自我批判的话语来评述自己,这显然就不是站在客观角度的"代言体"形式了。这样的情况在宋元戏曲中可以说比比皆是,只是大家习惯性地忽略了,常常只看到了"代言体"而对"非代言体"视而不见。

陈建森教授的贡献正在于此。他指出,宋元戏曲是由演员以"代言"和许多“非代言”形式会通诸种“材质”以演述一故事的,它并不完全是“由叙事体而变为代言体”的“代言体”戏曲。长期以来,学术界对于戏曲中的“非代言体”是如何具体在演出中呈现的这一问题的研究一直是空白,对于宋元戏曲为何会以“代言体”和“非代言体”的方式来演述故事的研究也同样是空白。陈建森教授通过《宋元戏曲本体论》一书,正是为了解决上述问题而作的。

《宋元戏曲本体论》一书的突出特色在于,作者的研究立足于剧场以及剧场主体间的互动交流,而不是仅仅凭借剧本和文献上的文字,这就使得作者的论述具有很强的说服力。在陈建森教授看来,离开了剧场主体之间的审美交流互动,戏曲中所有的“形式”“材质”便会丧失生命力。他努力把宋元戏曲还原于其赖以生存的社会文化环境,还原于鲜活的感性的剧场,其目的正如他在书中所言:“在剧场主体间交流互动中解读各种‘文本’的语义、功能及其言说方式,具体探析‘谁正在演’、‘以什么身份演’、‘以什么形式演’、‘在何种语境中演’、‘何以如此演’,理解和领悟剧场主体间‘视界交融’和‘文本会通’的关系”。过去的戏曲史论研究者常常是从文学、文献的角度考虑得多,而从剧场的角度考虑较少。戏曲本是在舞台上呈现的艺术,不能搬上舞台的剧作是没有戏剧生命力的,从剧场的角度来研究戏曲本是戏曲研究的正道,但在研究的过程中,研究者常常受到资料匮乏和对舞台不熟悉等种种条件的制约,这种情况在古代戏曲的研究中尤为突出。因此,在研究中出现的偏离剧场的现象也就不足为怪了。

在《宋元戏曲本体论》一书中,陈建森教授从演述者、剧场交流语境系统、演述干预、插科打诨、演述时空等五个方面入手,细致地论证了宋元戏曲在剧场演出绝非仅仅只有代言体叙事,而且还有数量十分可观的非代言体叙事。书中对每一个部分都进行了全面的论证,具有极强的说服力。在“演述者”这一章中,作者着重论述了演述者的三重“演出身份”和四种“演述职能”。三重“演出身份”指的是宋元戏曲中的表演者可以自由地从角色中出入,时而是角色本身,时而又化身为角色之外的人物,于是便具有了“演员”、“行当”和“剧中人”的三重演述身份。这也就是说,表演者在剧场演出时可以以这三种不同的手段来变换演述的方式。而四种“演述职能”则是指宋元戏曲的演述者既然有了上述三重演述身份,那么这就意味着演述者便要承担不同的演述职能。陈建森教授把其演述职能划分为四种:演人物、述故事、“戏乐”、干预。演述身份决定了演述的职能,二者的关系是相互依赖的。陈建森教授对演述身份和演述功能的观点是新颖的。此前,学术界尚未有过类似的研究。这种研究不是为了求新而匆忙得出的结论,而是建立在深入的思索上,文中留下了作者思考的深深的痕迹。“剧场交流语境系统”一章显然是作者着力较多的章节。舞台艺术一个重要的特征就是具有交流互动的机制。陈建森教授将宋元剧场中的交流情况分为“演员”与观众之间的交流语境、“行当”与观众之间的交流语境、“行当”与“行当”之间的交流语境、“剧中人”与“行当”之间的交流语境、“剧中人”与观众之间的交流语境和“剧中人”与“剧中人”之间的交流语境六种。其中,“演员”与观众之间的交流为人所熟知,是诸种交流中最容易理解的,但是其他的几种剧场交流语境却是易为忽略的。陈建森教授对此问题的思考使他没有仅仅停留在剧场交流的表面层次上,而是通过对文献资料的反复研究并将之还原到宋元戏曲演出的环境中,发现了在剧场演出中其实交流的形式是十分丰富的,而非只有一种交流方式,这种发现无疑是将戏曲本体的研究大大往前推动了一步。在“演述干预”一章中,陈建森教授发现,宋元的书会才人写完戏曲剧本后并未完结与作品的关系,而是以“隐身”的方式潜入戏曲剧场,参与到剧场的交流互动中来。作者将剧作家对演剧的控制和对剧场观众审美取向的引导称之为“演述干预”。这一章借鉴了叙事学的理论来进行论述,但作者并不是机械地用叙事学理论来削足适履般地解释宋元戏曲的叙述方式。作者不仅对西方的叙事学理论有着深刻的理解,而且对宋元戏曲的演述特征也十分熟悉。作者对宋元戏曲中存在的演述干预,按照实际情况将之归纳为预述干预、指点干预、评论干预和总结干预四类。之前还没有过这样的分类,很有新意,也符合宋元戏曲演述的特点。总之,在《宋元戏曲本体论》一书中,陈建森教授通过对戏曲舞台艺术演述方式多角度的探究,得出了自己的结论,即宋元戏曲艺术绝非仅有“代言体”一种,而是还有大量的“非代言体”存在。这个结论是新鲜的,是作者独立思考、不人云亦云的结果,对于业已形成并且深入人心的“戏曲的本体就是代言体”的观点是一种冲击,甚至是颠覆。

陈建森教授的这些结论并不是“灵机一动”的结果,而是建立在坚实的基础上的。纵观全书,时常会有这样一种强烈的感觉,作者所有的结论都是以翔实的资料为前提的,如果作者没有掌握这么多的文献,那么他是不可能凭空想出这个结论的。陈教授对资料的占有量是很大的。宋元戏曲是中国戏曲的早期,留下来的资料很不完备,有相当部分的资料还存在着被后人修改的情况，可以说宋元戏曲是戏曲研究中荆棘丛生的一条道路，常被人视为畏途。要研究宋元戏曲就意味着先得花掉大量的时间去阅读、辨析文献，否则得出的结果很可能与真相相去甚远。陈教授研究宋元戏曲多年，有着良好的知识积累，他能够自如地驾驭这些材料，显示出了深厚的文献功底。陈教授也很重视现当代的研究，他对他人的研究不是简单的臧否，而是客观地进行分析。如在“演述者”这一章中，作者先是对前修时贤的演员演剧观进行了回顾和总结，列举了著名学者王国维、任半塘、胡忌、马也、洛地、邹元江等人对于这个问题的不同见解，并对这些观点一一进行辨析、归类。这样的情况在“插科打诨”和“演述时空”等章节中也出现了，这说明陈建森教授对该领域的研究情况是了然于心的，从中也可以看出陈建森教授是如何在前人的基础上把研究工作往前推动的。

一言以蔽之，《宋元戏曲本体论》一书得出了前人未言之新结论，这是宋元戏曲乃至戏曲本体研究的重大创获。

王毅著《中国古代俳谐词史论》

姚惠兰

先秦以来，中国古代俳优文学的创作便不绝如缕，日趋繁荣。但在儒家“文以载道”的思想主导下，古代文学理论批评对俳优文学往往持漠视或轻视态度。在词之领域，俳谐词尤其受到激烈的抨击与反对，认为非正统、主流，难登大雅之堂。在传播与接受的过程中，俳谐词也受到过冷遇。宋代曾慥编选《乐府雅词》时，就直言“涉谐谑则去之”。但古代俳谐词的创作盛况，却昭明对它的研究不仅是有意义的，也是很有必要的。“就学术价值言，对各种‘非主流文学’的研究，有助于将文学史研究引向对文学‘全社会图景’的多方位考察，从而更全面、生动地展现和说明文学的多样化生存状态，深化对文学史的把握和解释。”（李昌集《文学史中的主流、非主流与“文学史”建构——兼

论“书写文学史”与“事实文学史”的对应》,《文学遗产》2005 年第 2 期)

近些年来,关于俳优文学、俳优词的研究有零碎成果,但对俳优词的发展史作出清晰的梳理,对俳优的理论进行深入研究与辨析的却付之阙如。王毅所著《中国古代俳谐词史论》(上海古籍出版社 2013 年版)是“第一部系统研究俳谐词史、幽默词史的著作”(王兆鹏《中国古代俳谐词史论·序》)。该著作在前人已有的研究成果基础上,在理论辨析、词史梳理、研究方法等方面都颇有创获。现阐述如下:

一、以诗词为中心对“俳谐”进行了考论与界定

二十世纪八十年代以来,俳谐词开始逐渐进入学者研究的视野,并取得较大进展。但对于“什么是俳谐”的问题,学者们有不同的理解。这导致了他们对俳谐词研究范围、俳谐词价值的认识存在很大的差异。为了解决这个问题,王著首先对“俳谐”进行了溯源考察,并对俳谐与浅俗、杂体、戏作之间的关系进行了深入辨析,从而得出了比较周详、妥当的结论:狭义的俳谐概念,“即词典上所界定的,也是最本源的意思,游戏取笑”;广义的俳谐概念则指在古代文学与批评语境中,包括游戏取笑、鄙俗、文字游戏、某些戏作等。作者廓清了以往对俳谐认识的误解,澄清俳谐与浅俗的关系,认为俳谐词有俗有雅,俳谐的本质是滑稽、诙谐、幽默、戏谑,与雅俗无关。在戏作文学中,不仅有滑稽可笑之作,亦有严肃庄重之作,如果后者有自嘲、调侃、讽刺、反讽之意,也应算作俳谐体。(第 31 页)

在考镜源流、辨析概念的基础上,作者进而对该书的论述范围进行了非常清晰的界定:“本书在确定俳谐词的研究范围时,尊重中国古代文学批评中对俳谐的丰富认识,但是也结合西方的喜剧理论。因此,虽然俳谐词的研究从广义的层面看可以包括滑稽风趣之词、俳俗之词、文字游戏之词以及戏作之词四个方面,但是对俳俗与文字游戏两方面的俳谐词,本书并未涵盖。”这样的界定既避免了研究对象芜杂不清的问题,又不至于有以偏概全之弊。

二、胸怀俳谐词发展之大势,对俳谐词史进行了清晰梳理

从目前既见的研究成果看,对于俳谐词的研究主要集中在宋朝时段。有

宋一代，俳谐词的发展处于繁荣期，出现了许多名家名作，自然易入研究者法眼。但从研究的史学角度看，这样的断代研究是远远不够的。金、元、明、清都有俳谐一体，这给俳谐词研究留下很多空白。王著首具填补之功，该书前四章以历史朝代为序，分别论述了俳谐词在每个阶段的发展：第一章唐五代俳谐词：小荷才露尖尖角；第二章宋代俳谐词：万紫千红总是春；第三章金元俳谐词：曾经沧海难为水；第四章明代俳谐词：横看成岭侧成峰。令人称道的是，作者对每个时段俳谐词发展状况的把握与概括非常准确，借用古人诗句的标题，生动、形象，充满诗意。王著指出，作为俳谐词的发端，唐五代俳谐词虽然数量少，但类型多，其中佳作不少，可谓初露俳谐词之萌芽。到了宋代，俳谐词进入"万紫千红总是春"的繁盛阶段。该书以宋词史六个代群为时间顺序，并结合俳词自身的发展特征，阐析了俳谐词在宋词史中的发展演变。与宋朝相比，金元俳词的发展朝幽默的境界深化。到了明代，俳谐词则出现曲化与深沉的趋向。对俳词史的清晰勾勒，反映出作者对中国古代俳谐词的发展了然于心，这不仅得益于其爬梳史料之功，亦在于作者具有开阔的研究视野，善于综合运用多种研究方法。

三、研究方法：中西融通，并为我用

作者师从治词名家王兆鹏先生，学术视野开阔，在研究方法上具有很强的自觉意识，中西融通，并为我用。在对每个朝代的俳谐词进行考察时，王著运用了中国古代传统的知人论世法，以期接近历史原貌，真实生动地再现当时文人创作风貌。每章专列一节，对社会俳谐风习、文人的俳谐活动及俳谐观进行全面审视。作者注意到，俳谐风气在各朝代既有共性，又有其鲜明的特性，故其钩稽重点在于后者。如将唐五代的俳谐风气概括为"嘲戏的盛行与观念的自觉"，特别指出：帝王喜爱优戏，不仅为俳谐词创作提供最佳土壤，而且上行下效，带动了文人的创作；宋代的谐谑之风则弥漫于社会生活的各个方面，其独特性表现为宋人在政治领域、贬谪生涯中，用嘲笑、诙谐作为武器，实行反抗与超脱，并形成了一些善作谐谑的文人群体。至于金元，处于异族易代统治之下，文人们在严酷的时代环境下，从谐谑、讥讽走向滑稽玩世。明代则士风放佚，文人名士大都好谑，并刻意提出了"雅谑"的概念。由于对传统进行嘲讽与蔑视，其行径又充满狂诞之气。应该说，作者对于每个朝代俳谐风习的本质特点，把握得非常准确。

在对古代俳谐理论进行钩沉时，王著对中西方的喜剧理论进行了有意识的比较。如认为明代冯梦龙《广笑府》序言中提出的反礼法、反道学、反主流之颠覆性笑话理论和西方美学家巴赫金的狂欢化理论具有相似性。（第 205 页）作者在对具体的词人词作进行文本细读的同时，还另辟蹊径从西方喜剧理论的角度进行观照。如按照西方喜剧理论的形态划分，对辛弃疾俳谐词中的滑稽、幽默、机智、讽刺等表现方式进行了深入阐析。（第 112 页）据统计，王著所引用的中外有关讽刺、幽默的理论书籍有十几种之多，故能旁征博引，纵横捭阖。

在对俳谐词所用词调的研究中，作者还运用了统计分析的方法。该书指出，俳谐词中，小令和中调占多数，长调为少数。并以宋代为例，统计了长调词所用词调和数量，得出结论：在长调俳谐词中用得最多的词调是《沁园春》，其次是《水调歌头》《念奴娇》《满江红》《贺新郎》等豪放词调。（第 297 页）在定量分析的基础上，作者指出，由于词调与声情之间有着密切的联系，俳谐词有着特定的风格，在选调上具有自己的特点和规律。

当然，作为一部具有开拓性的词学类型史研究著作，王著虽有筚路蓝缕之功，但难免有不足之处。如该书虽名为《中国古代俳谐词史论》，但研究范围却仅限于唐五代至明末清初。作者自述个中原因，“由于《全清词》至今未编纂完，且清词中兴，词人重雅正，俳谐词数量应该不会很多”，故将研究的时段下限定为明末清初。清词总集的阙如确实给俳谐词史的完整性研究带来很大的困难。不过作者认为清词人重雅正，俳谐词数量应该不会很多的观点还值得商榷。清词数量超过以往任何时代，光顺康卷就收录词 5 万余首。有学者曾推断：“一代清词总量将超出二十万首以上”（严迪昌《清词史》，人民文学出版社 2011 年版，第 1 页），以此推论，清代俳谐词的数量应该不会很多吗？况且，从词史研究的完整性角度而言，即使清代俳谐词数量不是很多，也应纳入俳谐词史研究的体系。“‘文学史研究’与‘文学研究’的不同，在其不仅要解读历史留存的‘文学’，更要探究‘文学’生存和运行的‘历史’”。（李昌集《文学史中的主流、非主流与“文学史”建构——兼论“书写文学史”与“事实文学史”的对应》）

此外，作者对各朝代俳谐词的盛衰状况都有定性的分析，但对于各朝代的俳谐词数量没有做具体的交代,没有做定量分析,似有微憾。

不过,瑕不掩瑜。正如王兆鹏先生所言,这本著作,“将是今后俳谐词、幽默词研究的基石,初步为俳谐词、幽默词划定了边界,摸清了家底,探索了路向,对中国古代幽默诗词、幽默文学的研究也具有操作上的示范意义和理论上的启发意义。”(《中国古代俳谐词史论》·序)

孙克强等著《历代词人词话》

刘少坤

众所周知,进行学术研究,文献是基础。面对浩瀚的书海,如何遴选自己所需要的文献,是摆在读者、研究者面前一个棘手的问题。张之洞《輶轩语》论之曰“泛滥无归,终身无得,虽多无用。得门而入,事半功倍”(语学·论读书宜有门径》条),即指出精选文献之重要性与关键性——若想事半功倍,自然需要精心结撰的文献。孙克强教授协同其弟子,以其独具慧眼的辑校思想与方法,熔铸词话、词史、词学批评理论等书籍之优点,编成《历代词人词话》(南开大学出版社 2012 年版)一书,于词学研究之跨越式发展功劳莫大焉。

综而言之,此书之突出价值有三:

其一,从编辑形式来看,《历代词人词话》开创了词话编辑的新体例、新方法。

孙教授以其独特的认知重构了一套思维独特、体例新颖的词话著作:《历代词人词话》按词人排列,把历代词学家之评论按时间汇集于一起,形成了一个历史脉络清晰且层次井然的四维立体结构。

首先,编者打破了以往编辑词话的方法——以词话作者作品为序的编辑方法。辑者先是按照时代顺序排列每位词人,然后罗列每位词人的历代评述,从而让每个词人的评论自成一个系统。传统词话虽“知音之士,乃详考声律,细究文辞。”“命意遣词,俱有法度。”(吴梅《词话丛编·序》)然过于漫漶。

作者一时感悟，下笔乃或未深入思考，即成定论。读者若只参究一家之言，终有失公正，难于客观而深刻地认识词人旧事、词学观念以及词体原貌。基于此，自上世纪三十年代，唐圭璋先生即全面整理词学文献，而成《词话丛编》，后又有朱崇才《词话丛编续编》、葛渭君《词话丛编补编》、屈兴国《词话丛编二编》、张璋等人《历代词话》《历代词话续编》等文献面世。这些文献以词学家之词话著作编排为序，其好处是便于查检每位词学家的全部词学文献，从而深入分析总结词话之词学思想。然其以丛书之体制编排，读者若想对一家词人接受史的角度去阅读，需要付出大量的时间与精力，实非常困难。

相对于传统词话的编辑，这种先纵向排列再横向罗列的方法，使读者对作家作品不止步于单家见解，从而更为全面深入的理解词人词作，有助于使读者对一位词人在历史长河中的被接受的过程有一个清楚明了的脉络感受，同时又能让读者清晰勾勒词学发展史。

资料汇编性质的书籍今人已纂辑数十种，如《李白资料汇编》《白居易资料汇编》《韩愈资料汇编》《秦观资料汇编》《陆游资料汇编》等等，这些书籍为研究者进行一家之研究提供了方便，功劳甚伟。现孙克强教授累积十余年之力，而编制《历代词人词话》一书，以如此规模全面梳理词学文献，按词人接受过程为序编排，无疑能帮助研究者省去大量的检索时间。

其次，辑者又根据时代把《历代词人词话》划分为三部：《唐宋人词话》《金元明人词话》《清人词话》。辑者在编辑过程中，既充分考虑了时代的因素，也考虑了时代因素下文献的数量问题。唐宋人词衔接紧密，不可分割，后人多藉此评论历代词之得失，文献意义最为关键，故分为上下两册；金、元、明三代词不占主导地位，词人词作数量不甚多，且后人评论亦较少，词论数量有限，故合而为一，分上下两册；而清词号称中兴，词作者、词话著作远超前几代，辑者不失时机的断为三册。

最后，三部书综合构成一个词接受史大系统。词源于中唐，盛于两宋，衰微于元明，又振兴于清代。辑者按照朝代顺序，把历代词人词话编辑成六巨册，勾勒了历代词人词作的发展接受状况。作者还于每位词人之下附有小传，简明扼要介绍词人的生平以及在词史中的地位，力求读者对词人有一个整体的认知，从而建构了一套体例新颖的词话新著作。

其二，从编辑内容来看，《历代词人词话》兼具“工具性、学术性、趣味性”三大特征。

整理文献，首先强调穷尽式搜集。新世纪以来，在广大同仁的热情参与下，词学研究得到了长足发展，取得了斐然的成绩。然而，就在成绩日渐突出的同时，词学研究却日渐进入一个滞涨期——研究人员日渐增多而新文献开拓有限，传统文献亦存在校勘不准确、资料漫漶等缺点，致使多数研究成果千篇一律，缺乏特色性，深刻度亦显不够，长此以往，词学研究之路必然越来越窄。若想实现词学研究的新突破，使词学研究上升到新层面，发掘整理文献、建构文献新框架是必经之路，而《历代词人词话》正是在词学文献的处理思想方法、重新设计文献编排思路等方面实现了一次大的突破，也使《历代词人词话》兼具了“工具性、学术性、趣味性”三大特征：

第一，之所以言《历代词人词话》之工具书性，主要指其所收资料之全、之多，远远超越了前辈与当代学者。从时间来看，《历代词人词话》上迄中唐，下至民国，时间跨度之大，是前所未有的。而从空间来看，《历代词人词话》不仅覆盖了《词话丛编》《词话丛编续编》等书籍有关词人词作的论述，而且，编者又从经史子集等文献中广辑有关词人之论述，所涉文献之多，绝非一般学者可以想象。

而正是如此多的文献的汇集，“材料丰富、数量浩瀚”，使得《历代词人词话》具备了“工具书”的特征。读者可以通过此书查找历代对词人的评论，并由此而深刻理解词人词作。因此，《历代词人词话》可以称之为一部完整意义的词学理论批评工具书。

第二，在强调文献全面的同时，能够非常得体的处理文献，并拥有较强的文献甄别校勘能力，是整理文献的另一个基本而重要的要求。由于我国古代文献浩如烟海，而文献作伪、抄袭、错讹等情况非常复杂，这是文献整理过程中面对的一个非常棘手的问题，对辑者的文献搜集、考证功夫是一场巨大的考验。而我们言《历代词人词话》具有非常强的学术性，正在于《历代词人词话》不仅系统的汇集了大量的批评资料，同时辑者更是针对词学文献的真伪、错讹等情况进行了甄别考证。孙教授等人努力做到“考证详实，录其原始”，处理了大批的伪文献，从而大大的提升了文献的真实度、可信度、客观度，为词学研究奠定了坚实的文献基础。

第三，我们言《历代词人词话》之“趣味性”，得益于“词话”本身之批评特征。由于古人并不追求批评的专业性、系统性，而诗话、词话的评点方式更多的体现出点滴式、顿悟性的特征，其写作目的在于总结吟咏心得，交流诗学创作经验。在阅读词话过程中，我们每每发见作者之真性灵，体味词话呈现出的古人诗化的生活，传递着一种丰神摇曳的文化信息。《历代词人词话》没有居高临下，把自己设计成一个全知全能的评书人，而只是把历代的词话汇集在一起，在前人的顿解妙悟中，我们体味文字所带来的快乐，感受美的历程，在美的享受中领略了到了古人之透彻玲珑，直是一种生命的享受。

总之，此次汇编的《历代词人词话》既比较穷尽的搜集了大量的词学资料，同时也突出了词学文献的理论价值，最大的统合了文献与理论的双重价值，无疑使词学文献的整理思想与方法达到了一个新高度。这无论对于词学爱好者阅读，还是研究者进行学术研究，都提供了非常便利的帮助。

其三，从编辑效果来看，《历代词人词话》的编辑在打破研究者"一言堂式"的词史或词学史的批评缺陷的同时，重新建构了词学研究的新方法、新体系。

每个人都生活在一个具体的历史语境之中。由于禀赋、性格、学力、阅历不同，在评论他人作品时往往戴着有色眼镜，这造成每位词学家对前代词人的认识亦不尽相同，甚或有完全相反之观点。同时，这种全知全能的批评方式，带着个人好恶去评论，难免有徇私之嫌。我们若只领略单人之评判，对词人之理解必然陷入偏颇。即使我们当代人所写之词史词论著作，虽多参辑诸家，采用现代之科学研究方法，努力追求客观，而"六经注我"与"我注六经"的批评套路无疑皆强化了"自我的认知"，容易做出"主观"的断定，最终难免陷入"一切历史都是当代史"(克罗齐)的彀中。

《历代词人词话》最大价值即在于作者本身作为第三人称身份，只是按时间顺序把不同时期、不同流派、不同学力人物的批评资料汇集在一起，自己只是做一个旁观者，而不加注自己具体或贬或褒的评论，从而为读者乃至研究者提供原始材料，以使其判断不失之于偏颇。例如对南唐后主李煜的认识，众所周知，李煜词自明后日渐得到词学家肯定，地位日渐提高，而因王国维"词至李后主，眼界始大，感慨遂深，遂变伶工之词为士大夫之词"(《人家词话》)而身价大增。然我们翻阅《历代词人词话》就会发现，李煜词在北宋时不仅没有得到肯定，甚至还遭到贬斥。如苏轼论曰："后主既为樊若水所卖，举国与人，故当恸哭于九庙之外，谢其民而后行。顾乃挥泪宫娥，听教坊离曲？"(《苏轼文集》)宋人陈善亦评之曰："予观李氏(李煜)据江南全胜时，宫中诗云，'帘日已高三丈透，金炉次第添香兽。红锦地衣随步皱，佳人舞点金钗溜。

酒恶时将花蕊嗅,别殿时闻箫鼓奏。'议者谓与'时挑野菜和根煮,旋斩生柴带叶烧'者异矣。然此尽是寻常说富贵语,非万乘天子体。"(《扪虱新话》)从史料来看,宋人对李煜命运间有同情,而对其词颇有微词。研究者通过阅读这些材料,就会对李煜词进行深入理解,从而得到一个比较客观中正的结果。

孙教授等人所架构起来网状词学结构的独特思维方法,打破了单个批评者批评的狭隘与缺陷,熔铸了词话、词史、词学史的优势。环环连扣,全面展现了历代词人在历史长流中的接受状况,并进而确定其在词史中的地位。这些批评见解各异,而又各有所领会,因此,它具有一般词史或词学史所没有的融通与警辟。我们通过梳理历代对某人褒贬不一的评论,能使我们得到一个弃其两端而得其中,不偏不倚的客观结论,从而克服单家只评的片面,有利于树立一种更为客观的研究态度,从而得出更为严谨公正的研究成果。这样,辑者就把词学史的经度与维度所交织的立体框架呈现给读者,最终建构起一部样式新颖、体例完整、内容详实、评判客观的唐宋元明清词的接受通史。

《历代词人词话》不仅是词学文献的集大成之著,更是一种词学思想一种词学理念的精思傅会。编者们的辛勤努力,最后成就了皇皇巨著,大大方便了世人。我们在领略浩淼资料的同时,更能深入体味了编者的别裁匠心,真可谓功德无量。相信此书定能藏之名山,以示后人。

李贵著《中唐至北宋的典范选择与诗歌因革》

李　懿

作为人类心灵意识再现物的诗歌,总是与一个国家的时代文明和社会文化息息相关。刘勰《文心雕龙·时序》即云:"文变染乎世情,兴废系乎时序。"

在唐型文化和宋型文化演进更迭的大背景下，唐诗之变与宋诗之兴成为文学发展的必然趋势之一，唐代尤其是中唐以后的诗歌创作旨趣与诗学理念，皆对北宋诗人产生了深刻的影响。钱钟书在《谈艺录·诗分唐宋》里说："曰唐曰宋，特举大概而言，为称谓之便。非曰唐诗必出唐人，宋诗必出宋人也。故唐之少陵、昌黎、香山、东野，实唐人之开宋调者；宋之柯山、白石、九僧、四灵，则宋人之有唐音者。"宋人在诗歌意蕴主旨、诗学思想、审美形式等沿袭借鉴唐诗的同时也融入革新的因子，从而使中唐至北宋诗歌呈现出内在的继承性与一定的差异性。

作为"复旦宋代文学研究书系"的一种，李贵所著《中唐至北宋的典范选择与诗歌因革》(复旦大学出版社 2012 年版)立足于唐宋变革的理论预设，从"典范选择"的视角集中探讨北宋诗歌演变的历史细节和文学文化意义。王水照先生在序言中评价此书："在广泛吸取海内外研究成果的基础上，有力地推进了该领域的研究。该书不仅在诗歌研究领域呼应了'唐宋变革论'，而且通过分析陶渊明、杜甫、韩愈、白居易、李商隐等对宋诗进程的影响，深化了典范选择与诗歌因革的关系研究，更细致而深刻地描述出唐宋诗之嬗变轨迹，突出了中唐到北宋文学的内在连续性和一致性。"这是王先生对此书主旨的总结与肯定。李著融时段研究与专题研究于一体，清晰地勾勒出中唐一北宋诗学转型的脉络，阅读此书，可以深刻获悉在历史交替时期北宋诗人具体而微的创作趋向和他们所提倡的诗歌理论，也可以深切了解与认识宋诗如何接受学习唐诗且又自我创新的过程。

李著共分六章：绪论，分别从史学、文学史及古典主义诗学三个层面概述古今中外对"唐宋变革"的内涵界定及相关看法；白居易、贾岛与唐末五代宋初的白描诗风；李商隐与北宋诗；韩愈与"宋调运动"；杜甫与中唐一北宋诗的大变局；陶渊明与宋调的自赎。全书最显著的特点是篇章结构上以专题式研究为中心，以文本细读为主，动态地考察诗学典范的转移进而观照诗歌史的变迁，极大地开拓和推进了宋诗研究的广度和深度，且问题意识强烈，其谋篇布局和标题设置皆匠心独运、独树一帜，破弃了面面俱到、堆砌材料的传统写作模式，对于学界已经反复论及的话题则不再重复。

全书新见迭出，不蹈故常，提出的问题多是学界瞩目不多的领域。作者阐发已见视野独到，切入问题的角度灵活多样、不拘一格。例如第一章第四节，避开以往对徐铉诗歌"乐天体"风格及用韵情况的讨论，而择取研究者论述较少的诗歌史角度重新评估徐铉对宋诗的先导作用，围绕“忠义志节”、“以道自守”、“以诗自持”三方面展开剖析，重点体现诗歌中所包含的身仕两朝的复杂心境和坚守直道的独立人格，凸显其讽谏教化、自持自适的诗论主张。该文基于知人论世的视角，透过诗歌文本，特别是精细分析徐铉晚年对诗歌艺术的锤炼，揭示徐铉入宋以后诗歌内容与形式开宋诗之先的先驱意义，发人之未发，加强了宋代诗人的个案研究。又如第四章第一节探讨“庆历尊杜与宋调成熟”，并未单调地一一例举北宋学杜的诗人，对其作品予以鉴赏，而是调换视角，“以杜甫诗集从写本到印本的转向及其后果为中心，进一步观察庆历尊杜对宋调成熟的深远影响”。作家的地位取决于读者的接受程度，故文章首先考证庆历前后杜集诸写本的传播情况，详尽举出北宋人阅读的二十一种不同版本的杜集，点出杜集“版本众多，篇数不定；遍布各地，流传广远；俱为写本，文字多歧”的特点，展示读杜、尊杜的社会热潮，接着就写本异文和宋人学杜予以解析，提到宋人处理异文的态度，并举出杜诗中“闲、閒”二字和《哀江头》末二句的异文为例细作解读，说明不同异文所引发的读者阐释多元化的现象，最后得出从多本并存的“写本时代”进入定本权威的“印本时代”。随着异文消失，杜甫的人格及风格逐渐定型、神化的结论。从作品载体和作品传播接受的层面观照宋人学杜风潮，不拘俗套，体现了研究视点的新颖。

书中不仅多述“人之寡言”之论题，亦频频论及研究中的盲点与难点。第四章第二节别开生面择取杜甫“苦热诗”加以探究，主要着眼于杜集中“描写酷热、干旱以及为求雨而焚起的大火的诗篇”，述论这类诗作的“现实性”、“审美形态和诗人意志”及“历史地位”，阐明诗歌所独有的审美情趣，文中举出苦热诗中怪异惊心的意象描摹，阐发诗人“对现实政治的不满，对现实风暴的激烈呼唤”及其“回归传统理想的情绪”等心路历程，结尾总结苦热诗浑融“火热景观、个人体验、国家现状、民众境况和人文理想”，并认为此类诗富有“为中国诗歌开拓出新的天地”的诗学特色。第三节则描述继杜甫之后中唐—五代—北宋苦热诗的再创造，对诗人们不同程度的继承情况予以梳理。“苦热诗”至今未引起学者们应有的重视，对传统伤春、悲秋诗歌之外这一类型诗歌文学特征和文化意义的挖掘实属首创，其研究理路令人耳目一新，发人深思。

李著还对诗学转型中的语言观念、文体革新和美学特质等进行高度的提炼和概括，提出独特别致的观点。如第三章第二节探讨中唐至北宋的语言观，立足于北宋诗歌及禅宗语言的功能与转向，分别考察了“韩愈与刘禹锡：

语言能‘妥帖’‘明百意’”、“北宋的语言乐观主义”、“中唐一北宋禅宗的‘语言学转向’”、“言尽意论与诗歌语言大变局”四个层面，论述环环相扣、层层递进，总结出北宋诗学“言尽意论”、崇理尚意的语言艺术及表达功用。又如第三章第三节，考察美学术语“出位之思”的中西来源，并用来分析“以文为诗”的文体学背景和文学意义，细致地阐释破体为诗的革新价值，加深了宋诗文体研究。又如第五章第三节论北宋后期的诗歌美学，紧密围绕诗人尊陶学陶之自赎性反思，从不同类型的代表性诗作中归纳出“奇趣”这一共同诗歌特质。以上部分对转型中的诗歌艺术审美皆有洞见。

李著阐述观点广征博引，文史哲结合，以融通、开放的视野探究文化取向与诗学新变之密切关联，故行文内蕴深厚，论证严密到位。第三章第一节关于“天圣尊韩与宋调初兴”的剖析，重在阐释“天圣尊韩的文化背景和天圣尊韩与宋调初步兴起之关系”，率先阐明其间科举考试制度的改革、文风的整饬和科举及第后御赐经典的重要变化，旨在表明尊韩思潮而引起的学风、文风的转变；大部分研究者都注意到尊韩者倡导古道、古文的一面，对于尊韩者在宋诗方面的成就则论之相对较少，而韩愈对宋诗之兴实有不可磨灭之功。清代叶燮《原诗》内篇卷上曾称赏韩愈诗歌的崇高地位，其曰：“韩愈为唐诗之一大变；其力大，其思雄，崛起特为鼻祖。宋之苏、梅、欧、苏、王、黄，皆愈为之发其端，可谓极盛。”李著在回顾北宋中叶儒学复古运动中尊韩者崇道、崇文的风气后，例举欧阳修、李觏、曾巩、王安石、王令等人的诗歌创作，旨在突出尊韩者师法韩愈诗作而带来诗歌领域“宋调”初兴的时代特征，将宋代儒学复兴背景下古道一古文一古诗的循序变动合而论之，就文化思潮与文学因革、不同文体的不同进程诸关系作了深入的审视和归结。

作者勤于思考，在表述中常常渗透着哲思与深致。第一章第六节讨论唐五代宋初苦吟的文学意义及对后世读者的影响，作者运用文艺心理学的理论，挖掘出晚唐体诗人“怀着诗歌寻找家园”、“通过苦吟思考存在”的深层创作心理，表现了苦吟诗人“以诗为其性命”的文化意蕴。文中适宜地引用海德格尔、荣格、谢林等诸位西哲名言，文字表述饱含对诗人命运、存在及其内心世界的形上探索，富于哲学思辨色彩。又如第二章第二节分析西昆派的诗歌理论与实践，重点选取钱惟演、刘筠、杨亿、晏殊、宋庠和宋祁等六位诗人进行探论，并兼顾其他作家，不是简单地褒扬或否定西昆派的诗学理论，而是从诗歌文本出发，在指出西昆体作诗弊端的同时，一分为二地评论其倡导的诗歌功能,“一是要有用,即讽谏教化、明道见性、吟咏情性;二是要甜美,即‘雕章丽句,脍炙人口’”,并进一步概括为贺拉斯所谓的“甜美而有用”,这种客观辩证的理性审视值得称道。

李著表明观点时还广泛借用跨学科的基本理论,值得研究者参考。第五章第一节论北宋后期的陶渊明崇拜,文中略过学术界常常提起的尊陶学陶的话题,巧妙地借鉴人类学和社会学的原理,从一向被忽略的祭祀角度入题,首先考察各种佚存方志等史料记载,追溯唐代到北宋陶渊明祠的建置情况,继而论述北宋后期陶渊明祭祀的国家化及其社会功能。文章恰当地借用文化地理学家索亚的“第三空间”理论,点明靖节祠“是客观真实的实体,也是人们主观想象的产物,因而是一种感性的形式”,且“兼备绝对空间与相对空间、物质空间与精神空间的特点,但又超越其中,成为一种‘第三空间’(Thirds Pace)”。通过考索靖节祠的修葺建构及“赋诗作画、立碑撰文、拜谒聚会、仪式祭奠”等相应的陶渊明崇拜现象,勾画陶渊明祭祀如何从民间祠祀信仰转变为国家化、制度化、社会化的祭拜,并得出两点结论:“一方面,国家通过地方政府主导祭祀,贯彻了官方对陶渊明文化魅力的解读,加强了对基层社会的控制,促进了全社会对陶渊明的尊崇;另一方面,各地士人和地方民众的信仰得到了官方的承认,在持续的拜谒、阅读过程中加深了对陶渊明其人其诗的理解和崇拜。”此部分角度新颖,史、论结合,材料翔实。最可贵的是借用跨学科的原理来研究国家权力、社会精英和普通民众之间陶渊明祭祀的互动机制,并推及尊陶崇陶诗学之发展,表现出敏锐的学术洞察力和创新精神。

综上而论,此书精细地描述北宋诗人“典范选择”的变化与演进,点明北宋诗歌对中晚唐诗风的继承与创新,以“因革”二维标出北宋与中唐诗歌的紧密联系。叶燮《原诗》内篇卷下曾指出后代诗歌必承接前朝诗风且广大之,并用“地之生木”之形象譬喻予以说明。文曰:“夫惟前者启之,而后者承之而益之;前者创之,而后者因之而广大之。使前者未有是言,则后者亦能如前者之初有是言;前者已有是言,则后者乃能因前者之言而另为他言。总之,后人无前人,何以有其端绪;前人无后人,何以竟其引伸乎!譬诸地之生木然……唐诗,则枝叶垂荫;宋诗则能开花,而木之能事方毕。自宋以后之诗,不过花开而谢,花谢而复开。其节次虽层层积累,变换而出;而必不能不从根柢而生者也。”李著以其幽微生动的笔触,尽可能真实还原了北宋诗歌因承变革“枝叶垂荫”的中唐诗并逐渐“开花”的进程,无疑有利于宋诗嬗变史研究的继续深化。

全书写作历时十一年。作者好学深思，在其博士论文的基础上进行了较大程度的修订增补，体现出治学的严谨与审慎。李著注重文献材料，也强调理论思辨，融考据、义理、辞章于一体，不仅放弃常见平铺直叙的通论式写作套路，还充分运用跨学科的原理和方法，在视野、观点上皆力求自出己意。在学风浮躁的当下，作者的治学态度和研究方法值得深思。

史伟著《宋元之际士人阶层分化与诗学思想研究》

成　玮

在传统中国文史研究界，有一种"唐宋转型"说，认为自宋代以后，更准确地说，是自中唐以后，中国社会、文化发生了一次质变。与其相对，另有一种"（南）宋元明转型"说，将这次质变的时间后移，认为发生在两宋之际，而非唐宋之际。前一说由日本学者内藤湖南（1866－1934）提出，广为流行，迄今未衰。内藤氏从不同侧面归纳这一转型的内涵，包括贵族政治转向君主专制、民众人身自由与财产权的初步确立、选官程序中科举制的定型、政治分派主导原因由身份差异变作政见差异、货币经济进一步取代实物经济、学术文艺由重师承改为重创造，等等，借此建构起一套较完整的分析工具与框架（[日]内藤湖南著，黄约瑟译《概括的唐宋时代观》，刘俊文主编《日本学者研究中国史论著选译》第一卷，中华书局 1992 年版，第 10－18 页）。后一说出现稍晚，但也颇历年月。比如吉川幸次郎（1904－1980）论中国诗史，就曾指明，南宋以降诗人多出于平民阶层，较之以往乃标志着一个重要的历史新动向。（[日]吉川幸次郎著，李庆等译《宋元明诗概说》，中州古籍出版社 1987 年版，第 138 页）然而相比之下，此说传衍至今①，犹未建构起一套系统可行的分析框架，这使得其说服力与影响力均远逊于"唐宋转型"说。在这方面，史伟先生新著《宋元之际士人阶层分化与诗学思想研究》（人民文学出版社 2013 年版；以下引述此书内容，仅随文标示页码，不另出注。）可谓迈出了一大步。此书借助社会学中的分层理论，打通宋、元间朝代限隔，全面研讨宋末元初士阶层走向与诗学流变，为"（南）宋元明转型"说提供了切实的分析角度与工具，不仅具体结论值得关注，而且给我们带来不少方法论的启示。

一、江西与江湖诗风对峙互动的社会学解读

阶层区分是一种常规社会现象，几乎每位重要的社会学家都会论及[②]。众说纷纭，势必有所取舍。著者所倚仗的理论家，主要是马克斯·韦伯（Max Weber）、帕森斯（Talcott Parsons），兼及布尔迪厄（Pierre Bourdieu）。韦伯提出社会分层的三要素：经济水平、社会声望与政治权力。帕森斯于三者中，特别突显社会声望一端，视之为社会分层的核心维度，并进一步确定了社会声望的主要来源——职业位置。布尔迪厄的"文化资本"（cultural capital）和"场域"（field）概念，则为讨论知识人这一特定群体的分层创造了可能性（第 3－4 页）。这个理论选择无疑是恰当的：士人阶层分化不等于整个社会分层，揆诸现代社会，惟有知识阶层分化与之最相近似，布尔迪厄的理论，在此大有用武之地。就社会整体分层而言，经济水平往往是其主因，宋元时代也不例外[③]，士人阶层则不尽然。著者取径于"职业一声望"维度并加以改造，拿是否经由或企望经由科举考试跻身仕途，作为主要分化标准，显然更切合士阶层的实情。

全书所说"宋元之际"，上起宋宁宗嘉定元年（1208），公认的晚宋史之开端，下讫元仁宗延祐二年（1315）重开科考（第 13 页）。除前言外共分十章，大体上，第一至四章聚焦于宋末士人与诗风，第五至八章聚焦于元初士人与诗风，两者又互有交叉；末两章则通论宋元之际若干诗学观念，进一步加固之前所论。

具体说来，第一章概观晚宋士人分化状况；第二章从士阶层人数空前扩大、南宋土地兼并加剧导致士人多失其守、地方幕府势力扩张等方面，探究士人分化的成因；第三章描述晚宋上层科举士人间流行的江西诗风；第四章则

专论方回诗学，为宋元之际江西诗风作一收束。在这部分，可注意到三点：首先，著者划分士人阶层的标准，不是通过科考与否，而是参加科考与否。他指出："至少南宋中后期已经有相当一部分士人不事科举甚至不习举子业，其教养与科举士人已经有很大的差别。"（第 6 页）是否通过系客观境遇，是否参加则系主观选择。只有主观选择有别，才会造成对自我教养的不同期待与规划，这和本书所欲讨论的诗学问题，更为息息相关。其次，著者在科举士人与非科举士人之间，注意力更多投向后者，在后者中又更多投向江湖游士群体。他指出，以往研究"主要注重于士人经由科举考试的'向上'的流动，但是对于士人阶层大量积累后的内部分化和'向下'流动是忽视的"（第 9 页），故有意多绍述一些非科举士人的情形。第二章层层递进，由士阶层数量扩大，导出多数士人必然晋身无门；由土地兼并盛行，导出晋身无门之士又难以定居乡里；由幕府势力伸张，导出这批士人最大的出路，乃是奔走干谒，最终将焦距锁定到江湖游士身上。非科举士人的构成当然远不止于此（参看第 62 页"南宋末期士人阶层分化图"），著者侧重于游士群体，一方面乃由于其在南宋新兴且壮大为下层士人的主要成分，特别引人瞩目（第 20 页）；另一方面，也是由于这个群体系非科举士人中作诗的主力，还是为本书论题服务的。最后，著者考察晚宋诗坛，则多留意于士人上层的江西诗风。这乍看似与其在社会方面偏重下层士人的取向相矛盾，其实正是前四章与后文交叉互补的结构安排使然。南宋江湖诗人研究，有张宏生等学者的论著珠玉在前（张宏生《江湖诗派研究》，中华书局 1995 年版），为之勾勒全貌，可补充者已经不多；况且后文论说元初诗坛江湖诗风时，遇必要处往往上溯至南宋，此处自不必重复劳作。方回之前的晚宋江西诗风，迄今少有详述[4]，故著者论之不惜笔墨。至于方回诗学，虽不乏谈论者，但著者集中研索其技巧层面的"诗法"说，与之前论著角度互异[5]，也仍有其新意在。

入元后，士人处境又随之一变。第五章概观元初士人阶层新趋向。著者指出："元初最突出的特点是科举士人与江湖士人在身份上的统合"（第 237 页）。所谓统合，实为科举士人向下流动，趋同于江湖士人的过程。原因也很简单：这是元初科举废止，仕进之途进一步向士人关闭所造成的。而元初干谒途径之多元化，则与游士群的扩容互为因果，使这一阶层变动凝定下来。科举士人下行，大大拓展了江湖游士阶层的诗风涵盖面，使之由基本局限于贾岛、姚合一派的"晚唐体"（或曰"江湖诗风"），改为众鏊并进，虽然"晚唐体"

依然不失其主流地位。第六、七章胪列元初各类诗风之流衍，包括江湖诗风、理学诗风、李贺诗风等，为这时期诗坛勾勒出一幅相对完备的图景。而众壑并进之归宿处，则是第八章专门讨论的，元代诗坛"宗唐得古"风气之兴起。

至此，全书的观点框架已然大致明朗：南宋中后期士人以是否从事科举为界，分为科举士人与非科举士人两大阶层。前者内部流行江西诗风，后者内部流行江湖诗风。元兴后，科举士人向下流动，与非科举士人汇合，下层士子间的江湖诗风加入新因子，开始呈现一种多元杂出的态势，逐渐越过晚唐，上探盛唐以至汉魏，实现了诗风的变革。

读者或许会生出一个疑问：这样把阶层之分合与诗风之分合紧相联结起来，是否有社会属性决定论之嫌？著者于此有一节甚为通达的方法论表述，钞录如次：

> 身份特征不是诗学观念的基础，更不是其起点或者前提，就个体而言，尤其如此，……但是一定的文学包括诗学观念、价值取向，与其所处社会阶层身份特征、价值取向确有着深入、细密的联系，是可以肯定的，从整体的角度而言，尤其如此。（第 268 页）

士人所处阶层与其诗风，不存在直线因果关系，而是一种复杂的交互关联；并且著者明确意识到，书中所言乃就整体状态立论，不排除个案的例外。如此一来，便摆脱了决定论的窠臼，也有助于我们更恰切地把握著者观点的真实意义。

二、下向视角与长程图景

理论工具清晰可行、处理手法圆融通达、结构设置详略得当，这些都是本书的显著长处，观乎上文自不难体会。此处想另外拈出两点，稍作阐发。

第一，本书特别关注士阶层的下移走势，这一取向具有多方面的学术价值。尽管社会分层以及阶层间流动，在西方社会学中系属显学，但其中的向下流动问题，却始终是研究不足的软肋。英国社会学家安东尼·吉登斯（Anthony Giddens）慨叹："长期以来，人们很少研究英国的下向流动现象。"无独有偶，美国社会学家戴维·波普诺（David Popenoe）针对本国学界，也说："令人惊讶的是，向下流动很少受到社会学家的关注。"[6] 置身这一背景下，本书注目于下向流动，益发显得难能可贵。著者并非简单套用西方社会学理论，而是经过自主思考，有所变化的，甚至对于西方社会学，可能也会起到一定的补偏救弊作用。

本文开头所引吉川幸次郎之见，将文士民间化视作“南宋元明转型”的核心指标之一。由此观之，著者的下向视角，确系最切合研究对象特征的一种进路。尤应强调者，放眼当今学界、特别是元代文史学界，关于下层士人、特别是江湖游士群体的研究，又恰是最为欠缺的。

在中国士人研究里，元代向来是最薄弱的一环。比如余英时的名著《士与中国文化》(上海人民出版社 2003 年版)，自先秦纵论至晚清，于元代却付之阙如。文学研究者言及元代，重点多在杂剧、杂剧作者——下层士子中的书会才人，以及作为杂剧描写重要对象的下层士子——吏胥，理所当然获得较多论析。近些年对元人诗文研究呈上升态势，上层士子因而也日益得到较充分的讨论。惟独作为下层士人主要构成的游士群体，却少有人重视[7]。晚近一些著述使这种现状稍有改变，如申万里《理想、尊严与生存挣扎：元代江南士人与社会综合研究》专辟两章，探析游历元上都、大都的江南儒士群，对后一群体的干谒活动更有详述[8]，但显然还远不是对游士群体的全景描绘。在这个意义上，本书对于元代下层江湖游士生活与诗歌的总体检视，可以说填补了一项空白。

第二，本书具有长程视野，所给出的图景以宋末元初为中心，而又不限于此。著者明言，自己“希望就每个问题都有一个史的梳理，以见其渊源流变，所以在具体的论述中，有时可能会越出‘宋元之际’这一时段”(第 17—18 页)。这类“越界”行为，在与后世现象相勾连时，尤能见出其历史解释力。

如著者提及元初因科举废除，致使中下层士子更多专意于游谒，“愈来愈表现出对中央政权的疏离和漠然”(第 202 页)，即指出自这时起，游谒日渐构成一种较普遍的生活方式乃至文化模式，纵使后来恢复科考，此种模式依旧行之不衰。流风所被，直到近现代的周树人、周作人兄弟那里，游幕仍不失为一个人生选项(第 203—204 页)。这就把元初废止科举的长期潜在影响，明白揭示了出来。又如著者观察元代诗歌辨体理论，指出其兼包“古、律之辨，正、变之分”(第 337 页)，即体制辨析与诗史分期两方面。前者“直接促成了明代诗歌辨体理论的成熟和完善”(第 293 页)，后者则为明人对唐诗的细致分期(以“四唐说”为代表)导夫先路(第 319 页)；两者在元人杨士弘所编《唐音》中已然汇流，皆系明诗复古运动之远源（第 340 页）。这不啻给明朝诗坛主流动向，提供了一个前代的发生学背景。众所周知，对于“四唐说”的形成，严羽、方回、杨士弘等人均有贡献，并不纯是明人高棅之功[9]。然而以往学者通常是从点到点，将这几位诗论家单个贯穿起来；本书则将其放在南宋至元代“诗史正变”说演变的大环境中观之，视域便由点推拓至面，跳出了原有的格局。

自以上两例来看，著者究明元朝士风，其意义超出一代之外，还丰富了我们对后世文士阶层的认识。不仅如此，有时候，由于元代士人状态的澄清，更使昔日某些论断有了修正的必要。如余英时大量阅读明人别集，从中抽绎出一个结论：“‘弃儒就贾’在十六、十七世纪表现得最为活跃，商人的人数也许在这个时期曾大量地上升。”[10]但他因对元代文献占有不足，无意中推迟了这一现象的出现时间。本书立足于史料，指出“这样一种现象在元代已经比较普遍”，和明代形成“一个自然的衔接”（第 177 页），从而把儒士折节经商的高峰期给提前了。这个例子更有力地彰显出，本书侧重考察下层士子、补学界之缺环，所具有的特殊学术价值。

三、理论与史实的再思考

当然，作为某种意义上的榛莽初辟之作，本书似也存在一些继续精进的空间。今就管见所及，试提出若干思考与著者交流。

在理论上，著者兼采韦伯、帕森斯、布尔迪厄三家之说。但落实到论述实践中，全书以科考作指标为士人分层，进而探求士人各阶层在诗歌方面的对应物，其基本支架，事实上只有科举一端。这是对“职业—声望”维度的转化。换言之，主要承接了韦伯、帕森斯一系学说。相形之下，布尔迪厄的社会学，并未发挥太大实际功用。然而前两家有关理论，涵盖整个社会，不是专为文化领域而发的，适切度有限，至多提供了个别分析工具。布尔迪厄则对学术、文艺领域作过专题研究[11]，所锻造的概念、内涵异常丰富，铺展开来，可以提供一整套贴切而精细的分析框架，不仅个别工具而已。著者失之交臂，这是相当可惜的。

举“文化资本”概念为例，布尔迪厄用它来指称，人们借以塑造、标示、认同自己社会地位的文化物品，不论有形抑或无形。他把“文化资本”又细分为三类形态：一是身体化形态，指附着于人身的无形之物，如知识、教养、气度等；二是客体化形态，指依托物质媒介的文化产品，如文学、绘画、纪念碑等；三是制度化形态，指经由体制认证的文化身份标志，如文凭、职称等[12]。这使得“文化资本”之下，衍生出一个概念子系统，不妨借来对宋元之际士子进行全面分析。下层江湖游士未获官府认证，自不具备制度化的文化资本，上层科举士人则有之。客体化与身体化的文化资本，则为双方所共有。诗歌也属一种文化资本，其客体化形态体现为刊印发售的诗集等物质载体，身体化形态体现为作品体裁、风格、诗里的诗人自画像等无形成分。由此切入，可对这时期诗歌展开社会学的解读。著者从“职业—声望”维度出发，所作分析仅触及士人群体处境，不直接触及诗歌之类士人的文化产物。由士人状况进而通向诗歌创作、批评时，则大抵只有经验性的现象勾连，深度阐释较少，其社会学视角未能贯彻始终。引入布尔迪厄这一概念系统后，可把社会学方法直接运用于分析诗歌现象，视角会更一以贯之，益处是多方面的。比如在体裁、风格等原有话题之外，再阑入诗集、诗人自我形象等话题，形成一个文化资本的多维结构，所获图像将更为立体；而站在文化资本角度审视这些元素，着眼点在其支撑文化身份的功效，所获结论也将不同于以往。

在史实上，著者对应于士阶层的上、下分流，为宋末诗坛构造出一个江西与江湖并峙的二元局面。及至元初，则又添入理学诗风、李贺诗风，加上探究诗学观念时旁及的五古效《选》体之风（第十章），所涉远较宋末纷繁。他讨论这些新添入诗风之际，每每上追至南宋。换句话说，它们也非肇始于易代之后，而是南宋已存在的。这自然不便放在宋末部分叙述，因为理学诗风乃“宋元之际一种普遍的风气”（第 228 页）。李贺诗风也造成了“普遍和深入的影响”（第 248 页），《选》体诗风更渗入江西、江湖、理学各派，潜滋暗长（第 294—311 页），要之皆为上层士人和下层士人共享的诗学资源，与士阶层分化的论题无从啮合。可又不便搁置不谈，否则全书结穴处，元代汇聚众流而超越之所造就的“宗唐得古”风气之兴起，就成了无源之水，遂只得推后至元初部分补叙。这一方面避免了破坏宋末士人与诗风的同构布局；另一方面，元初上层士子大批向下流动，与下层士子趋合，也冲淡了诗风跨层播散所制造的对接困难。著者安章宅篇，展示出高明的控驭能力。

不过，实质问题仍未得以解决。通观全书，我们依然要问：理学诗风、李贺诗风、《选》学诗风与士人分化主题的接合点究在何处？本书定位是在特定问题意识观照下的专题研究，还是宋元之际诗坛的全景式还原？若为前者，则越出问题域的枝节过多；若为后者，则著者所述虽相对完备，却也难免遗漏。比如这时段前后，陶(渊明)、韦(应物)、柳(宗元)一路诗风也颇流行。随举数证：晚宋傅当可"始终皆欲追晋宋之风"，步武陶诗；"赵章泉(蕃)五言有陶、阮意，赵蹈中(汝谠)能为韦体"；入元"海内之学韦者，……涿郡卢处道(挚)、临川吴仲谷(定翁)"⑬。向上则南宋前期，列名江西诗派的夏倪，已是"拟陶、韦五言，亹亹逼真"；向下则元代后期，犹有刘芳伯专学陶、韦的"平而不凡，澹而不薄"，鲍仲华"属意韦应物、陶渊明"⑭。元初赵文《诗人堂记》谓："近世士无四六时文之可为，而为诗者益众，高者言三百篇，次者言《骚》言《选》言杜，出入韦、柳诸家，下者晚唐、江西"⑮，把韦、柳和江西、晚唐、《选》诗等并提，足见其沾溉之广。本书置之不论，倘以全景式标准衡之，似又不无缺憾。

我们对于宋元之交士人与诗歌，远不若著者精熟，以上所思未敢自是，姑妄言之，意在求教。著者此项研究尚在后续推进中，时段将会扩展至宋末暨整个元代，论域将会扩展至诗文词曲各类体裁，假以时日，必有更加综合、深刻的成果面世。一念及此，令人诚不禁"跂予望之"了。

①这方面成果较集中的展示，参看第 aul Jakov Smith, Richard von Glahn eds, The Song-Yuan-Ming Transition in Chinese History, Harvard University Asia Center Press, 2003.

②李强：《社会分层十讲》，社会科学文献出版社 2008 年版，第 6 页。

③参看蒙思明：《元代社会阶级制度》，上海人民出版社 2006 年版，第 19—26、92—103 页。

④莫砺锋：《江西诗派研究》(齐鲁书社，1986 年)、伍晓蔓：《江西宗派研究》(巴蜀书社 2005 年版)、韦海英：《江西诗派诸家考论》(北京大学出版社 2005 年版)研究下限均在南宋前期；龚鹏程：《江西诗社宗派研究》(文史哲出版社 1983 年版)虽上勾下连，涉及时段极广，对南宋后期江西诗风也未详论。这一处理方法非始于今，如元代袁桷《书汤西楼诗后》说："至乾(道)、淳(熙)间，诸老以道德性命为宗，其发为声诗，不过若释氏辈条达明朗，而眉山、江西之宗亦绝"(李修生主编：《全元文》卷七二一，第 23 册，江苏古籍出版社 2001 年版，第 321 页)，即认为逮至南宋孝宗朝，江西诗风已然衰歇。

⑤如詹杭伦：《方回的唐宋律诗学》是全面研究方回诗学的著作，也只涉及其"诗

格”、“诗眼”等说，对“诗法”说并无特别关注。（中华书局 2002 年版，第 160－171、196－203 页）

⑥[英]安东尼·吉登斯：《社会学》（第五版），李康译，北京大学出版社 2009 年版，第 272 页；[美]戴维·波普诺：《社会学》（第十一版），李强等译，中国人民大学出版社 2007 年版，第 282 页。

⑦如幺书仪：《元代文人心态》所述文人范围，除了上层士子，下层便只包括吏胥与书会才人两部分。文化艺术出版社 1993 年版，第 171－184 页。

⑧申万里：《理想、尊严与生存挣扎：元代江南士人与社会综合研究》第二、三章，中华书局 2012 年版。

⑨关于严羽、杨士弘、高棅之说，参看朱自清：《诗言志辨·正变》，《朱自清说诗》，上海古籍出版社 1998 年版，第 163－166 页；关于方回之说，参看詹杭伦：《方回的唐宋律诗学》，前揭书，第 43－48 页。

⑩余英时：《士商互动与儒学转向——明清社会史与思想史之一面相》，余英时：《士与中国文化》，前揭书，第 530 页。

⑪Pierre Bourdieu，*Homo academicus*（《学术人》），Les Editions de Minuit，1984；*Les règles de l'art*（《艺术的法则》），Seuil，1992. 后一书有中译本。[法]布尔迪厄：《艺术的法则：文学场的生成和结构》，刘晖译，中央编译出版社 2001 年版。

⑫[法]布尔迪厄：《文化资本与社会资本》、《文化资本与社会炼金术：布尔迪厄访谈录》，包亚明译，上海人民出版社 1997 年版，第 192－201 页。术语中译名参考李强：《社会分层十讲》有所改动，前揭书，第 281－282 页。

⑬包恢《答傅当可论诗》（曾枣庄等主编：《全宋文》卷七三二八，上海辞书出版社、安徽教育出版社 2006 年版，第 319 册，第 286 页）；刘克庄《瓜圃集序》（曾枣庄等主编：《全宋文》卷七五六五，前揭书，第 329 册，第 81 页）；揭傒斯《萧孚有诗序》（李修生主编：《全元文》卷九二〇，第 28 册，凤凰出版社 2004 年版，第 358 页）。

⑭刘克庄《江西诗派小序·夏均父》（丁福保辑：《历代诗话续编》，中华书局 1983 年版，第 480 页）；陈旅《静观斋吟稿序》（李修生主编：《全元文》卷一一六九，第 37 册，凤凰出版社 2004 年版，第 259 页）；王沂《鲍仲华诗序》（李修生主编：《全元文》卷一八二五，第 60 册，凤凰出版社 2004 年版，第 92 页）。

⑮李修生主编：《全元文》卷三三四，第 10 册，江苏古籍出版社 1999 年版，第 108 页。

周剑之著《宋诗叙事性研究》

罗　昊

长久以来，在中国古典诗歌的研究中，对抒情言志传统的关注都占据主流地位，对于叙事传统则注目不多。另一方面，西方叙事学理论的盛行，以及中西文化的偏差，都影响着学界对于"叙事"这一术语的定位与理解，对中国古典文学自身叙事传统的辨析与梳理尚嫌不足。直至目前，古代诗歌的叙事理论方面尚未有重要的研究专著出现。而在涉及文学史具体时段的诗歌叙事研究之中，宋代也一直是一个没有受到应有重视的时段。周剑之博士的这部新作《宋诗叙事性研究》(中国社会科学出版社 2013 年版)，在学术脉络方面受到董乃斌教授《论中国文学史抒情和叙事两大传统》《古典诗词研究的叙事视角》等论文的启发，自中国古代诗歌源远流长的叙事脉络出发，于涉猎历朝历代大量诗歌与诗论的文本基础上，着力于从中国诗歌发展的实际来把握"叙事"的含义。全书以较少受关注的宋诗为切入点，着力考察叙事对于古代诗歌的作用，建构对古典诗歌叙事传统的再认识，既弥补了现有对诗歌叙事以及宋诗叙事特质等研究视角的欠缺，又有助于深入地认识中国古代诗歌史的叙事传统，进而揭示其美学特征。

著作参照了中国传统史学体例的视角，从宋代的社会文化背景、唐宋之际诗歌叙事传统的内在积淀，以及宋代诗人群体对叙事的主动追求等方面共同着眼，透视地观照宋诗叙事性得到普遍强化的文学史渊源。作者立足唐宋之际诗学转型的文学史背景，选择以宋诗的叙事性作为切入点，具备相当的文学史视野和格局。宋代是诗歌叙事传统发展历史上非常重要的时段。宋诗叙事性的增强，是诗人群体有意识地理性选择的结果。宋代诗人不独主动追求诗歌的叙事趣味，还主动从理论的高度来认识和探究诗歌叙事，因而得以在文体融通的背景下进一步发展叙事技巧。这一对叙事传统的格外重视，是以思理筋骨为胜的宋诗在以情为主的唐诗之后的另辟蹊径，宋诗的叙事特质也因而成为对中国古代诗歌抒情主流的一次有传承的突破。宋代诗人对事的重视，更形成了宋诗的独特风貌，即诗题、诗序、自注等作为诗歌创作自我延展的表现形式，在叙事方面可以说是宋诗叙事性的进一步发展，这也是一处此前研究中并未过多触及的独特视角。著作发原宋诗叙事的发展脉络，从理路、题材、技法等方面广为探究其对传统的继承与新变，最终上升到“叙事”的理论高度，不独展示了宋诗异于前代的时代特色和审美风貌，抑可以为唐宋诗歌之别的成因提供一个新的视角。

这部著作最主要的创新之处在于，作者从中国古典诗歌和古代诗论的实际出发，进行理论思辨的凝练，在传统诗话中“用事”、“用典”等概念的基础上，提出了“事象”、“事境”等具有相当理论价值、又独具中国古代诗论气质的术语，理路分明，不落西方叙事学理论的窠臼。作者从学界公认的宋诗的理趣、思致入手，格外关注宋代诗人群体在认知方面的特征，以及这一特征对于叙事传统强化的影响。宋代诗人具备以理性思维把握事物的特质，在这一理性体认过程中，诗人对某一事件的发展顺序、因果关系的体认，在诗篇中形成清晰的叙事线索和内在逻辑，令诗歌对事件的呈现脉络贯通。在认知特质的基础上，作者敏锐地关注到宋人对“事象”的运用，即，每一“事象”都“含有相对独立的叙事因素……又在诗歌中实现并置，通过前后落差，对比反衬，建立起事与事之间的关联，构筑出诗歌的意义空间”，以逻辑与形象兼顾的方式，拓展诗歌表现的深度与广度。而后，作者更就叙事与抒情言志两大传统在宋诗之中的统合，提出宋代诗人处理叙事与抒情言志的关系时追求“事贵详”而“情贵隐”。诗歌可以通过叙事来展现诗人主观情志的融入，叙事既是抒情的基础，又具有自身的独立价值，可以成为诗歌最主要的表现方式，因此对“事境”的营造便成为宋人追求诗歌叙事的整体特点。“事境”即事件的情境。在此，作者从宋代诗人群体崇理重意、重视知性思考的特点出发，探索他们营造事境以传达深细复杂的内在体验的必须性。而对这种体验的传达，既要求动态地再现事件发生发展的过程与层次，又要求诗人精练地提取事件的要素，在有限的空间内形成复杂而立体的情境。此外，书中对“叙事”和“纪事”两个概念详加阐释，有效地区分了完整叙述事件过程的叙事诗和择其片段以呈现事态的纪事形式，使“纪事”作为一种表现方式，归属于叙事之下，也具有理论命题的深刻意义。

著作的又一大贡献，便是广为搜罗宋代叙事诗歌文本，对其进行了以题材为视角的全面梳理，并择其中最具代表性者剖析其艺术特质，所论凝练精到而又有窥豹之功。在宋诗题材广为拓展与类型全面繁荣的基础上，诗歌所叙之事的范围也趋于广泛化乃至日常化。因此，开掘各类诗歌不同的叙事表现，呈现其叙事特色的异同，不独是对诗歌叙事特质的深入研究，也可以从另一角度揭示出古代诗歌史在宋代呈现出的新面貌。一方面，诗歌叙事的传统题材在宋代得到延续和发展，而又具备了鲜明的时代特色。宋代史学发达，文人对历史有着独立思考与见解；宋代士大夫的天下情怀，令他们对社会政治、民生疾苦格外关注，因此咏史怀古、社会政治等题材的诗歌，在宋代的文化环境和历史背景下得到强化，形成借助叙事来表达思考、记录现实、寄托政治理想与社会关怀的蔚然风气。另一方面，随着新兴题材的发扬，诗歌叙事特质也随之广为延展。山水诗向记游纪行诗的转化，令叙事因素得到充分彰显；传奇小说的兴盛与市民文化的兴起，令传奇、志怪等本就故事性鲜明的题材进入宋诗视野之中。此外，诗歌题材的日常化，也令宋代诗人从日常琐记、咏物题画、寄赠送别等细致入微的事件中，开掘出形形色色的叙事趣味。在对传统题材的发展与开拓中，宋代诗歌的叙事特质或者越发成熟鲜明，或者形成新的引人入胜的蜕变；而新兴题材的萌生，则为叙事开辟了更为广阔的空间。无论巨细，都令宋代诗歌的叙事视角具备了相当的深度和广度。

另一个贡献，则是进一步以诗体为区分，研究不同诗体中产生的叙事新变。作者通过提炼乐府、歌行、古诗、律诗、绝句等不同诗体中的叙事特色与技法，与前代诗歌对比，结合诗论来梳理它们在叙事方面各自的发展趋势与新变。比如宋代乐府的叙事技法苦心经营，兼采众长，吸收与融合前代乐府的多种表现手法；歌行体的叙事则否定浅白直露、情意太过的风格，推崇化情入事、详尽而严密的风格，减少铺叙，在所述诸事之间形成意脉的勾连，贯通全篇；古体诗则受到“以文为诗”的叙事启发，形成多层次的、跳跃的、变换流动的叙述方式，令情景与事理融而为一。此外，如律诗通过对“事象”的运用与对历时性格局的追求来体现叙事性，组诗由各个分散视点出发，形成网状透视而又过程、线索分明的“组合叙事法”等，都体现了作者对宋诗叙事手法的运用及其表达效果的敏锐把握，也具有一定的文学理论价值。

本书对于推重传统诗学中的叙事传统，建构现代意义的宋诗叙事研究，实有先驱之功。作者对庞大的材料进行全面、细致、深入的多层面的把握，视野宽阔，理路明晰。书中大量诗歌文本分析都相当精彩，文笔亦兼具学术思辨与艺术感悟，如能脱出章节局限，更加突出宋诗诸大家的影响和贡献，当令著作更具格局。

张福清著《宋代集句诗校注》

巨传友

唐诗是中国诗歌史上的一座高峰，宋承唐后，宋代诗人既感觉到有丰富的文学给养可以汲取，又感觉到超越之难。如同清人蒋士铨《辨诗》所云："唐宋皆伟人，各成一代诗。宋人生唐后，开辟真难为。"宋人在承传前代文化的基础上求新求变，开拓演进，形成了独具风神的宋诗。其中集句诗的开发与创作就是宋人对诗歌艺术进行总结与创新的一个不可或缺的部分。集句诗的写作并非只要简单地将前人诗句拼凑拢来即可，而是需要诗人既能提炼出个人独到的创作主旨和意境，又能将契合于此一主旨与意境的前人之诗句化为己有，浑然而成为一首崭新的诗歌艺术作品。这需要作者既要有博学之识，又要有创新高才。集句诗这种戴着脚镣跳舞的诗歌，是一种精致的艺术。学界已经注意到集句诗的研究，但对集句诗并没有全面的整理和校注。张福清教授的《宋代集句诗校注》(上海古籍出版社 2013 年版)恰好可补此之缺，为我们重现了宋代集句诗的发展形态。

一、搜罗完备，展示宋代集句诗的全貌

《宋代集句诗校注》主要搜罗北宋至南宋三百余年间留存的集句诗，共计一千五百余首。重要作家有石延年、王安石、孔平仲、刘安世、黄庭坚、刘跂、葛次仲、林震、韩驹、李纲、杨万里、项安世、陈造、王质、楼钥、杨冠卿、胡伟、闻

人祥正、戴栩、李龏、释绍嵩、宋伯仁、史铸、陈毕万、陈景万、文天祥、张庆之等。张福清教授遍览文献，钩沉补遗，尽量使之完备。如：王安石是宋代著名诗人，其集句诗保存下来的相当多。据复旦大学宗廷虎、李金苓著《中国集句史》统计有 83 首，但他们是将集句诗和集句词（歌曲）混在一起的，若除去 15 首集句词，实际上集句诗只有 68 首。这个数量与张明华、李晓黎的《集句诗嬗变研究》据《全宋诗》的统计一样。而张福清从南宋王明清著《挥麈录·挥麈馀话》卷之二第 38 条记载："明清尝于王莹夫瓘处见王荆公手书集句诗一纸云：'海棠乱发皆临水，君知此处花何似。凉月白纷纷，香风隔岸闻。啭枝黄鸟近，隔岸声相应。随意坐莓苔，飘零酒一杯。'今不知在何所。"再补入 1 首。这一首是《全宋诗》《王安石文集》皆不载者。这样，王安石集句诗的总数就达到了 69 首。

再如，孔平仲是宋代江西著名文人，与兄文仲、武仲并称"三孔"。有文集《清江三孔集》。张明华、李晓黎的《集句诗嬗变研究》① 和王辉斌的《宋代的诗派及其成因》② 都认为孔平仲只有《寄孙元忠》一组 38 首集句诗。实则遗漏了《孙元忠寄示种竹诗戏以二十篇答》，这 20 篇皆为集杜五言诗句而成。《宋代集句诗校注》则据《清江三孔集》卷二十六、二十七收录了孔平仲集句诗 58 首。

二、繁复细致的校注，显示出较强的文献功底

《宋代集句诗校注》中一千五百余首诗歌要全部查找其出处，这本身就是一件非常困难的事情。虽然现在电脑普及，我们可以通过数据库查阅诗歌的出处，但电子图书终究是有限的。而更重要的是，作者还要对每句中难懂的词语和典故做出解释。由于语境的不同，原句和被集用过后之句的很多词语和故实意义会发生变化，这些也是注释者要注意的问题。

如文天祥《集杜诗》二百首之《刘沐第一百二十》之"沐"的注释："熊飞等校点《文天祥全集》作'洙'，四库本《集杜诗》作'沐'。熊飞本校注云：'底本"洙"误"沐"，今据别集本改。'按：底本'沐'非误。'刘洙'乃文天祥被元军强留营中北使途中，从扬州逃脱时所用的假名，在《指南录》卷四《过黄岩》诗序中有说明。"《过黄岩》诗序中云："予至淮，即变姓名。及天台境，哲斋张，为予

觅绿漪诗。予既赋，题云：'清江刘洙书此'过黄岩，寄二十字。"诗末二句云："谁料文山氏，姓刘名是洙。"文天祥用的假名为"刘洙"，而此集句诗必是"刘沐"无疑。此诗在为刘沐全家立传，而非为文天祥自己即刘洙立传。其云："宣教郎、督府机宜、带行太府寺簿刘沐，字渊伯，予邻曲朋友。从勤王，补官。予陷，渊伯领诸军还。及予归国，渊伯收部曲赴府，会于汀，专将一军，为督帐亲卫。沉实有谋，圆机应物。凡江西忠义，皆渊伯所号召。昼夜酬应，精力不倦。会病剧乍起，空坑之败，不得脱，遇害于隆兴。长子同日刑，次子贡元死空坑乱兵。予收其第三幼子，亦没于广。哀哉！"③

再如宋末文天祥《集杜诗》二百首中的几首诗的注释：《入狱第一百一》："行行见羁束《写怀》[1]，斯人独憔悴《梦李白》[2]。欲觉闻晨钟《游奉先寺》[3]，青灯死分翳《宿凿石浦》[4]。"注释："[2]《梦李白二首》其二句。斯人：杜诗中指李白，此指文天祥自己。"《入狱第一百二》："劳生共乾坤《写怀》[1]，何时有终极《别赞上人》[2]。灯影照无睡《大云寺》[3]，今夕复何夕《赠卫八处士》。"注释："[1]《写怀二首》其一句。劳生：语出《庄子·大宗师》："夫大块载我以形，劳我以生。"杜诗指劳苦众生，人群。此处还暗指文天祥自己辛苦的一生。"《入狱第一百三》："眼前列杻械《草堂》[1]，熊挂玄蛇吼《上水遣怀》[2]。夜看丰城气《咏怀》[3]，朝光入瓮牖《晦日》[4]。"注释："[1]《草堂》句。杻械：刑具，即脚镣手铐。[4]《晦日寻崔戢、李封》句。瓮牖：以破瓮之口做的窗户。杜诗代指贫穷人家。此指牢房。"

三、大量断句的辑佚，提升了集句诗的文献价值

陈尚君先生《〈全唐诗补编〉编纂工作的回顾》一文云：

> 多年来为辑寻唐人逸篇，几近全力以赴，竭尽心力。凡能发现一些线索，即穷追不已，以期有所采获。如发现宋人集句，偶存唐入逸句，即对宋元以至明初人集句，作了广泛的调查，既用了胡伟《宫词》，李龏《梅花衲》《剪绡集》、绍嵩《江浙纪行集句诗》、郭豫亨《梅花字字香》等集句集，还利用了散见各书中的王安石、闻人祥正、林震、葛次仲、俞壹等人集句诗④。

关于集句的辑佚价值，《全唐诗》辑佚、《全宋诗》《全宋诗订补》中都予以

肯定并辑出许多,但是仍有一些遗漏。如张明华《南宋诗人胡伟集句〈宫词〉的辑佚价值》一文就辑出唐诗佚句 9 句,宋诗佚句 78 句[5]。张福清就从韩驹集句诗《上傅守生辰诗》中辑得鲁交、陈元老等多人佚句。辑鲁交(号三江)6 佚句:"公之才业天下奇、公禀英灵真间出、下车先使奸豪静、歌咏琅琅振金石、风生万里华胥国、岁之旱兮待公雨、寿星元在碧霄间。"均不见于《全宋诗》和《全宋诗订补》。辑陈元老 6 佚句:"谢安肯为苍生起、太学名华入紫辰、小郡何烦凤翼张、玉麟春踏武阳花、长与圣明恢寿域、鳌殿沉沉玉锁关。"亦不见于《全宋诗》和《全宋诗订补》。虽然《全宋诗》册 22 卷 1283 页 14513 录陈元老诗 3 首,但无断句;陈新、张如安等《全宋诗订补》314 页从《永乐大典》卷 2808 辑补陈元老《早梅》一诗,亦无断句。其中"长与"句,又见于陈新等《全宋诗订补》页 16 陈充《赠寇相公》一诗,此诗从《古今事文类聚·新集》卷七辑补,其云:"十年闲缆济川舟,今日开怀叙九畴。道合自符伊鼎用,人贤非在傅岩求。寰区更喜民无病,稼穑先知岁有秋。长兴圣朝恢寿域,餐霞难访赤松游。""长兴圣朝"集句作"长与圣明",疑笔画相近致误。此句韩驹误为陈元老。《全宋诗》卷 47 陈充小传云:"字若虚,自号中庸子,益州成都(今属四川)人。太宗雍熙间进士。以寇准荐,授殿中丞,出知明州"等等,可证陈充与寇准交好,《赠寇相公》属陈充无疑。除去陈充 1 句,《全宋诗》应补辑陈元老 5 佚句。诸如此类的辑佚还很多,如从李龏《梅花衲》中辑得铦朴翁(葛天民)佚句:"暖熨寒英只斗先、惆怅西湖仙去后、人间那得花如许、草为床坐瓦为杯、阅尽冰霜念已干、花底自知和靖死、月映横枝石硐寒、自笑茅檐一树多、年年魂傍陇头归、暗香终不似孤山、数枝斜亚硐横流、瘦倚疏篁不解肥、每爱花光画作图、耐尽冰霜破俗尘、一段春愁雨带来、一从笛里送孤妍、关心又一年"。《全宋诗》《全宋诗订补》很多诗人只留存一句都辑补,《宋代集句诗校注》又补辑了铦朴翁(葛天民)如此之多的佚句。从绍嵩《江浙纪行集句诗》中辑得巽中、李子西、虞祖南、陆游、赵师秀等 42 人佚句五十余句。从绍嵩集句诗中还辑得《全唐诗》所漏之佚句:杜甫"穿林邻虎穴"、方干"汀烟入夜舟"、杜审言"雨馀情更逸"、李频"到处好诗题"、吴融"关情山簇簇"、杜荀鹤"天宽云出谷"、皎然"露裛幽花冷自香"、江为"城头初角送残晖"、韦庄"闻说殽函犹险在"、崔涯"暗递花香入客衣"、王昌龄"傍岩隈石韵萧萧、岸木萧疏野望宽"等,其文献价值弥足珍贵。

《宋代集句诗校注》历时五年而终付梓,其搜集文献资料之全面,使它已成为现今学人研究宋代集句诗最为完整的基础图书。

①张明华、李晓黎《集句诗嬗变研究》,中国社会科学出版社 2011 年版,第 32—40 页。

②王辉斌《宋代的诗派及其成因》,《南阳师范学院学报(社会科学版)》2011 年第 8 期。

③文天祥著,熊飞等校点《文天祥全集》,江西人民出版社 1987 年版,第 527 页、656 页。

④陈尚君:《唐代文学丛考》,中国社会科学出版社 1997 年版,第 488—489 页。

⑤张明华《南宋诗人胡伟集句〈宫词〉的辑佚价值》,《古籍整理研究学刊》2010 年第 6 期,第 29—32 页。

刘培著《两宋辞赋史》

张　丽

突破人文学科壁垒,建设性地回归传统的文史哲学融通的学术,这种研究路径在目前学术界颇具感召力。日前由山东人民出版社出版的刘培的专著《两宋辞赋史》(上下册,山东人民出版社 2012 年版),在这方面的探索颇具启发意义。

对于文体研究来说,回归历史,还原文体发展的原生态,首先面对的是对文体的定位。该书全面揭示了宋代辞赋在当时文化生活中所处的地位。通过著者的描述,我们可以了解到辞赋在宋代文坛较为客观的地位,能够感受到当时辞赋多彩多姿的艺术世界和它在反映社会学术方面的独特意义。本书著者想说明:宋赋开拓了一片新的艺术天地,进一步丰富发展了辞赋这种文体反映生活、表现心灵、展示汉语语言之美的功能,在宋代文坛和文化生活中扮演着独特的角色,在辞赋发展史上有着独特的地位;宋代辞赋追求诗歌的那种音乐节奏和要眇宜修，融合散文的流畅跌宕和生气远出，迎合了宋代文学融通众体情理兼备众美兼具的发展要求，因此，在宋代文人心目中，辞赋的地位是相当重要的，甚至是尊崇的。

此书是国内学术界和国际汉学界第一部全面系统研究宋赋的专著，其价值不仅在于开拓学术领域方面，更在于融通文史哲学的治学方法的探索。该书以文本解读为核心，多层次多角度地揭示辞赋在社会文化方面的价值，揭示其“原生态”。该书著者在扎实的文史哲文献把握的基础上，细致梳理辞赋与社会生活各个层面的联系，通过对辞赋文本的深入解读来，展示其在特定的文化环境中的意义。该书突破传统的文学史和文体史的惯例，以辞赋为基点，深入到当时广阔的社会生活，在文化史的背景下全面考察辞赋的发展。其对诸如理学与辞赋、党争与辞赋、专制政体与颂美文学的关系等问题的讨论，极具开创性和启发性。从方法论的角度看，这部专著的探索意义不容忽视。

从文本的整理而言，这部专著是目前对宋代辞赋最为深入全面的整理研究。几乎目前能见到的古籍、碑志、石刻甚至目前仍以崖刻状态存在的作品，著者都注意到了，讨论到了。尤其值得一提的是，宋代文学倾向于破体为文，许多不以“赋”名篇的作品其实就是赋，是对赋体杂文的发扬光大。针对这些作品，著者广泛收集阅读古籍，做了非常深入细致的钩稽工作。

这部书的一个特色，是对具体作家作品的分析阐释都尽力探求其艺术渊源，并辨析其风格的差异。如对南宋初期几篇《梅花赋》的分析，著者探讨了花卉咏物赋的渊源、与神女类辞赋的联系、在宋代与园林辞赋的融合等，并且根据这些作品所透露的文坛风尚，著者指出：“梅花品格的这种演变，我们可以清晰地感受到当时文人既崇尚旖旎情怀而又深受‘崇正’文艺思潮影响的创作实际。”此类赏鉴方式，在该书中十分常见。这种触类旁通的方法，颇有前人评点之学的风致。著者对宋氏兄弟、刘氏兄弟、苏氏兄弟赋体风格的辨识更是令人印象深刻，能抓住他们之间的共性与个性，准确定位他们的赋作风格。如刘先生认为宋氏兄弟赋作均体现出雍容典雅的风貌，然而因性情气质的差异，使宋庠赋作思致深沉，而宋祁所作则情思激越。

该书对文学思潮、文坛风尚、文体发展等文学现象以及相关的社会心理、政治文化氛围分析追源探流，究际通变。该书对沉潜内省的时代精神与辞赋的审美趋向、儒学复兴与辞赋创作的价值取向、理学思潮对辞赋创作的影响，和戎国是与歌功颂德辞赋的大量出现,国运转关与辞赋风格的转变,科举取士方式与辞赋风貌等问题,都进行了文史哲学结合分析方法。该书认为理学对辞赋的影响主要体现为对辞赋文学精神以及审美风格的再规范与重塑。原本表现乡居、生活场景的辞赋被规范为演绎理学的生活理想,耕读传家、学优则仕等观念在辞赋中大量展现。审美风尚上,则趋于理学道德观:尚醇和淡雅,展示恬静温馨的社会图画;同时又排斥娱乐精神,趋向严正庄肃的情感基调。辞赋行文上则趋于古文,气势内敛,表现出整饬规矩的辞章特色。至此,著者创成了理学在宋朝的发展历程及其对辞赋发展嬗变影响的完整严密的理论。理学思潮之外,有宋一朝的政治党争、文化政策、时代风尚等各种因素对宋代辞赋创作的施力,著者都极力辨明。尤其值得一提的是,著者对南宋初期华夷之辨与爱国辞赋的分析、对文化版图变迁的论述,在一定程度上弥补了学界对两宋之交研究的不足。刘先生的这种究际探源的研究方法,在洞悉各体复杂现象对辞赋创作的影响上是十分有益的,复杂的、隐晦的作用力都以此变得明朗、清晰起来。他的这种探索努力,想必可以图出宋代赋坛史的真貌。

走文史哲学兼容的治学之路,必须把扎实的功底和开阔的眼界结合起来,不然很容易陷入故纸堆中不能自拔,见木不见林,眼界狭窄,思维壅塞混乱;或者蜻蜓点水,浅尝辄止,甚至游谈无根,肆意发挥。本书著者既文献功底扎实而又富于缜密的学术思辨,分析问题有理有据,高屋建瓴,发人深省,令人信服。很好的避免了这些倾向。全书征引繁博,辨析清楚,材料得体,钩稽深入。尤其是在注释部分,著者对一些重要的篇什、历史事件、文化现象等,详加辨析梳理,这就巧妙的回避了因考辨而带来的正文文气滞涩。通过正文与注释的恰当配合,著者对许多历史文化事件、学术思潮、文学现象就进行了深入考证,如对梅花意向的论述,就非常令人难忘。同时,著者对目前的前沿理论也相当了解并能够准确把握。如这部专著的总体架构,其实是从社会文化学着眼的,而对作品的分析始终依托着文学接受理论和文学心理学。

总之,这部得到国家出版基金资助并列入"十二五"国家重点图书规划项目的专著,以其开阔的学术视野、深入的文献整理功夫和勇于探索、融会贯通的魄力,以及行文中所彰显的深切的人文关怀,必将给予人文研究者以深刻的启示。可以说,它既是一部文体发展史,也是一部独特的文化演变史、士人心态演变史。

王小兰著《宋代隐逸文人群体研究》

刘正平

有关宋代隐士生活、隐逸风尚以及隐逸文学的讨论，一直以来是宋代文学研究的薄弱环节。王小兰的近作《宋代隐逸文人群体研究》(中国社会科学出版社 2013 年版)以全面探讨宋代隐逸群体的人格转型为基础，对其隐逸文学的发展变化进行了详细考察，系统论述。该书的出版，无疑对丰富和完善宋代文学的研究结构有着重要和积极的意义。

该书以还原宋代隐逸的真实生态为宗旨，全方位描述了两宋三百余年间隐逸人格递变发展的历史轨迹。作者突破了以往研究者心目中隐逸文化相对稳定、隐逸人格固定不变的传统理念，对宋代隐逸环境、隐逸方式以及隐逸人格的阶段性演变进行了真实而细致的考察。该书开篇即将研究视角深入到唐代，尤其是晚唐时代，综合分析了唐代隐逸的多种类型，并由此探究到唐宋隐逸文化渐变转型的种种历史机缘。作者将唐代隐逸的境界综括为“真隐”、“计隐”、“吏隐”三种类型，逐次勾画出初唐、盛唐以及中唐以后隐逸文化的时代特征。这种动态式的描述，既符合历史真实，同时又使研究内容鲜活生动，富有人性人情的感染力。从作者的叙述可以看出，唐宋隐逸文化的演进实际经历了一个曲折而漫长的过程。晚唐五代是隐逸人格发生剧变的关键时期。所谓“天地闭，闲人隐”，隐逸人格从彷徨无奈，走向决然纯粹；而这一变化，无疑又为宋初乃至整个宋代隐逸人格、隐逸观念的深层变易奠定了基础。有关两宋隐逸人格在不同历史背景下演绎变化的复杂情形，该书亦巧为架构，使其呈现出一种次第渐进、生动具体的过程。作者认为，宋初三朝，以陈抟、魏野、林逋等为代表的遁世人群，还基本保持着五代以来栖隐岩穴、不与俗接的传统做派。然而，随着隐逸环境的不断改善，从仁宗朝开始，像邵雍、高怿、徐复、孔旼、周启明等新一代的隐逸人群，其遁隐心态和避世方式均已发生根本性的变化。他们与世俗社会的距离正在逐步缩小。到了北宋中期,尤其是神宗熙宁以后,随着朋党斗争的不断加剧,弃世归隐的人数日益增加,而全新的隐逸生态环境不仅改变了超越凡俗的传统理念,更造就了多种不同以往的隐逸人格内涵。南宋隐逸人格的历史变迁,与其政治环境的变化关系更为密切。由于秦桧、贾似道等奸佞权臣专政擅权,当日士人挂冠归隐或隐遁不仕者与日俱增。而随着南宋王朝的进一步衰落,寂寞乡野、奔波江湖的隐逸人群更是难计其数。宋、元政权更迭之际,不愿"变节"求仕的士大夫群体更是以集体遁世的方式,造就了中国历史上无可比拟的隐逸奇观。正因为作者能够将隐逸人格的阶段性演变置于具体的历史环境下加以考察,故所有论述均能系统揭示讨论对象因时而异的人格追求和思想情操。

准确把握宋代隐逸文化的基本特征,多角度地展示两宋隐君对丰富隐逸文化新内涵做出的贡献,这是本书的核心要义之所在。作者认为,在经历了晚唐五代激烈的社会动荡以后,宋代隐君的生存状态已渐趋平民化,隐逸人群的构成也更为复杂,其生存方式和职业选择也是多种多样。他们或隐于林泉,或隐于江湖,或隐于诗酒,或隐于教授,或隐于农耕,或隐于奇术,或隐于释老,而绝大多数隐逸者也不再游离于世俗生活之外,在形式上追求纯粹而简单的超凡脱俗。在精神层面,更多了一些守道的恒心和疏放自由的闲适与快乐。书中逐层细致地描绘了两宋隐逸文化内涵不断丰富的漫长过程,对各时期隐君为隐逸文化发展作出的贡献也有着准确判断。例如,宋初隐君,隐德高尚纯粹,终宋之世也没有人能与之相提并论;他们的经历和创作成为中国隐逸文化发展的一个高峰,其出世境界也成为后世隐君向往学习的典范。不过,在作者看来,以陈抟、林逋为代表的四大名隐,乃"是宋代隐君的精神楷模,而不是现时中的榜样"。北宋时期,能够真正代表新型隐逸人格特点的第一高人,当为《易》学大师邵雍。邵雍有别于宋初隐君的根本特征,在于他"不为绝俗之行"。其疏放自在的处世风格,在宋代以前的隐逸人物画廊中难觅其俦。

此外,作者以仕宦人群为参照,全面深入地分析了宋代隐逸人格不同以往的独特历史文化价值。作者认为,自古以来,"隐逸"价值的最终实现都以"仕宦"为参照。从隐与仕的距离来看,有些隐者远离官场,遁入清超之境;有的则与宦途很近,唱和酬侣中不乏达官显要。前者虽然超逸不群,但人格内涵毕竟单薄;后者即便清贫,也往往凭借着自己的智慧和才能成为引人注目的"高人"。作者认为最富宋代隐逸人格魅力的隐逸者，是那些熟知"当世之务"而又绝意仕进的饱学之士。他们表面上超然物外，实际上深通"皇王之道"；他们托身世外，自在逍遥，过着清雅安逸的退隐生活，但他们或执着学术探索，或关注私家教育，或沉浸文学创作，在自己感兴趣的事情上都能找到实现人生梦想的新途径。要之，两宋隐君并没有因遁迹出世而隔断自身与当世主流文化的联系，反倒是因为摆脱了许多世俗的物累，他们更容易将毕生精力，投身到形形色色的文化活动之中。

从分析宋代隐逸作家的人格心态、情感特征入手，深入研究其创作特点，仔细寻绎隐逸文学发展流变的历史轨迹，这是《宋代隐逸文人群体研究》的另一个重要特色。例如，此前的文学史家大多将宋初隐逸作家的诗歌创作归于"晚唐体"。其如刘克庄《后村集》卷二四《江西诗派小序·山谷》条所云："国初诗人如潘阆、魏野，规规晚唐格调，寸步不敢走作。"方回《桐江续集》卷三二《送罗寿可诗序》亦云，宋初"晚唐体"除"九僧"以外，还有"林和靖、魏仲先父子、潘逍遥、赵清献之父，凡数十家，深涵茂育，气极势盛"。但王著通过全面细致、深入具体的分析之后明确指出，这样的概括与判断在很大程度上忽略了宋初隐逸诗人的个性特点和诗学贡献。宋初隐君独特的人生感悟和创作心态，以及由此而造就的诗艺品格，都有着更加深层的思致，需要研究者进行深入细致的分析和甄别。作为"太平隐士"，其创作心态无疑多了一些自在与闲适，优雅和宁静，其作品也透露着许多逍遥放旷与静正愉悦的格调。其情形恰如《范仲淹全集》卷八《唐异诗序》所言："无虚美，无苟怨。隐居求志，多优游之咏；天下有道，无愤惋之作。"在确定宋初隐君创作风格的基础上，作者进一步探讨了他们对宋诗发展的贡献，认为潘阆等人在诗艺探索中付出的努力，不仅为当日诗坛增添了许多清超雅逸的气息，其影响所及，甚至关系到两宋诗学精神的重构与再造。此外，作者还十分关注不同隐逸环境中作家的人格追求和创作心态，认为那些看似相似的创作风格，往往有着截然不同的艺术内涵。例如同样是步武晚唐，宋初隐君和"江湖诗派"中的隐逸诗人，即存在着明显的差异。宋初隐君侧重于字句锻炼，追求清幽的诗境；而"江湖诗派"诸隐君，不仅在创作意图上明确标举晚唐，其与末世衰风相表里的情感和心态较之晚唐也有过之而无不及。其如《四库全书总目》卷一六五《苇航漫游稿》提要所云："江湖一派，多五季衰飒之气。"客观说来，"江湖诗派"学晚唐，而"衰气"更胜晚唐，其不同于宋初隐君的诗作特征当如是观。

对宋代隐逸文学发展脉络的梳理分析，是该书用力最勤的部分。书中相关的讨论，往往透过一些具有典型意味的诗歌意象，分析隐逸作者创作心理的微妙变化。例如关于“梅”的艺术意蕴，作者认为林逋的咏梅诗不仅在梅花审美史上具有划时代的意义，而且在文学创作和人物品鉴理论中也有其特殊意义。自林逋将咏梅一事推进到难以替代的高致以后，此后的咏梅作品便成为不同时期隐逸文化内涵的真实写照。书中每每留意捕捉不同时期隐士笔下的梅花形象，前后比照，生动勾画出两宋隐逸心态发展的内在脉络。像这样着眼于隐逸人格心态与诗作风格相表里的分析和挖掘，无疑使该书对研究对象的把握更加客观新颖，真实可信。

两宋时期学术研究的空前发展，这不仅为“士”阶层遁迹世外提供了一条方便实用的便捷途径，同时也使隐逸者的学术探索与文学创作之间，产生了深层的关联和互动。王著对这个复杂而颇有难度的学术问题，也给予了充分的关注。作者在仔细论述宋代隐君学术贡献的基础上，又以“邵雍及其‘邵康节体’诗”，以及宋室南渡后“理学隐君的山水之思”等章节，对深于学问的隐逸者所进行的文学创作进行专门论述。例如，作者认为邵雍将其博雅深邃的《周易》“术数之学”，与议论说理诗的创作结合起来，以遵循物理、顺乎自然的哲学理念观照诗歌创作，真正实现了学术与艺术的深层对接。邵雍通晓物理兴衰之由，重视自我心性修养，与时代趣尚通达，主张无累于心，以此明智方式成就了自己的人生。他自号“安乐先生”，视“乐天为事业”，为学主张“学不至于乐，不可谓之学”，把“学之于乐”视为最高境界。其诗集名为《击壤集》，乃取尧时壤父自食其力，无拘无束，快乐自在之意。“邵康节体”诗平实坦易，脱略于诗法之外的艺术特点，实际导源于《诗经》及《周易》卦、爻辞，而非源出白居易。正是因为邵雍学术造诣、处世哲学和诗学理念的高度融合，才使其诗不务艰深，不避浅易，借题发挥，因象悟理，彰显出极具个性的审美品质。关于南宋理学隐君的诗文创作，作者重点分析了他们的人格共性。这些隐君大都以传道授业为已任，他们往往将道德学术的体认直接地表露于诗文作品之中。陆九韶以训诫之辞为韵语，强调诗文作品“明义理切世用”的基本功用，即其显例。许多隐君雅好山水，他们的山水诗往往隐约表达着独特的“理趣”。其如钱钟书《谈艺录》中所说：“以山水通于理道，自亦孔门心法。”虽然这些理学隐君的创作多显朴直，缺少文学作品应有的波澜回复之趣，但其有关“性理之学”与“风骚情味”的艺术区别，有关“道学之诗”与“诗人之诗”的价值判断以及审美理念，都已通过作者的深情观照，一一呈现出来。

寻绎宋代隐逸文学发展流变的历史轨迹，离不开对相关文献的分类梳理和系统考察。该书作者除了细致梳理正史中有关宋代隐逸的记载以外，还广泛搜讨野史杂记、诗话词话、总集、别集、地方史志等，以弥补研究资料的不足。如像南宋隐逸诗人程先，字传之，自号“东山隐者”，著有《东隐集》。方回尝撰《东隐程先生先墓表》。其《东隐集》虽不传，但明程敏政《新安文献志》辑录其《跋地理书》及《论方士》文，诗十一首。程先存诗未见《全宋诗》收录，作者进行了补辑。对假托舛误的史料，作者也进行了细致的甄别。如《陕西通志》卷四六关于真宗时“五高士”的记载，言：“王子华，同州人，博学能文，尤工诗。景德中与华山隐者齐人翟士端、兖人郑隐、南燕人郑遨、临江罗隐之等号‘五高士’，为一时名流所推重。”作者经过详细考察，认为这一记载其实有误。《旧五代史》卷七八《晋高祖本纪》天福四年(939)十一月载：“丙申，谏议大夫致仕逍遥先生郑云叟卒。”据此，则郑遨“景德中”高隐华山的记载显然不可信从。又如《宋诗纪事》卷四五在胡宪名下录有《答朱元晦》一诗，作者考察此诗实出自胡宏之手，厉鹗未作详查，以致讹误。胡宏《五峰集》卷一有《朱元晦寄诗刘贡父有风藉溪先生之意词甚妙而意未员因作三绝》，其二即为此诗。此外，朱子《晦庵集》卷八一有《跋胡五峰诗》曰：“右衡山胡子诗也。”朱熹详述了自己于绍兴庚辰卧病山间，以诗抒怀，胡宏观其诗，赞其人，特为是诗以箴警之。此诗完成五年后，方由学者张钦夫转交朱熹。朱熹因以“叙其本末”，以示其“无忘胡子之意”。在相关史料的判断和使用上，作者采取了非常审慎的态度。如元杜本辑《谷音》诗集，明毛晋跋称其为宋逸民诗，只言其大略，但其后研究者大多以遗民诗集称之。作者认为，该诗集中许多人物虽尚节气，但并非隐逸，其生存年代亦不在宋亡以后。正因为如此，作者在论述过程中采取更加审慎的态度。如其考察《谷音》所收隐士如詹本、罗浮狂客，实为宋度宗咸淳间隐士，并将他们与遗民隐逸严格区分开来。这种严谨的学术态度，的确难能可贵。

王小兰女士致力于唐宋隐逸的研究已近十年，2009年就已经有《晚唐五代江浙隐逸诗人研究》一书出版，此外还有《宋初隐逸作家的人格变易与诗风追求》《唐宋之际清丽诗风的传承与递变》等学术文章不断面世。其有关宋代隐逸文学研究的学术观点，曾被《新华文摘》以及人大复印资料《中国古代、近代文学研究》摘录和转载。而《宋代隐逸文人群体研究》一书的出版，更凝结着作者在这一领域深入探索的新的学术智慧。

黎清著《宋代江西文学家族研究》

王琦珍

中国古代文学的发展，与传统的家族文化、谱系文化有着非常密切的关系。但对这方面的研究，长期以来一直没有引起学界太大的重视。近20余年来，一批年青的学者，以一种全新的眼光，在这一领域进行了十分可贵的探索，取得了许多引人注目的成果。新近出版的黎清《宋代江西文学家族研究》(中山大学出版社2013年版)就是其中的一项。

我所以这样说，主要在于以下几个方面。

首先是它无可替代的文献价值。

宋代江西文学历来被人称之为整个宋代文学的“半壁江山”，这说法自然有些溢美。但宋代江西作家对整个宋代文学所作出的杰出贡献远高于他处，这也是一个不争的事实。宋代诗文革新运动的领袖欧阳修在《送杨辟秀才》中曾不无自豪地说过：“区区彼江西，其产多材贤。”南宋的李道传在为杨万里作的谥告中也说：“切观国朝文章之士，特盛于江西。如欧阳文忠公、王文公、集贤殿学士刘公兄弟、中书舍人曾公兄弟、李公泰伯、刘公恕、黄公庭坚，其大者，古文经术足以名世；其余则博学多识，见于议论、溢于辞章者，亦皆各自名家。求之他方，未有若是其众者。”而更为值得注意的，是在他们的后面，又总是屹立着一个有着极其深厚家学渊源的传统的文学世家，或者一个颇具规模的文人群体。这使他们的崛起，往往呈现出一种令人惊骇的态势。

宋代江西文学发展中所呈现的这种极为突出的家族性特点，我们在上一个世纪九十年代编写《江西文学史》时也已经注意到了，但限于当时的条件，尚未有专门性著作，对这一现象进行全面的梳理与研究。所以，在《江西文学史》中，虽对临川王氏、晏氏、谢氏，南丰曾氏，分宁黄氏、徐氏，洪州洪氏，新余刘氏等家族均有所论列或涉及，但从总体上看，总觉得对这些家族与文学的关系，发掘得还是很不够，阐释得还是还不深的。从某种意义上讲，黎清的这部《宋代江西文学家族研究》，恰恰弥补了宋代江西文学研究中的这一不足。

要说明的是，《宋代江西文学家族研究》所采用的是唐代江南西道的地理概念，所以将宋代曾划归江南东路的饶、信、江三州及当时属于徽州的婺源也依旧涵盖于其中，其涵盖范围和今天的江西行政区域大体相近。全书分上、下两大编。上编用12章的篇幅，逐一地考察了江西9州3军及婺源所有传统文学家族的情况，涉及的传统文学家族151家，作家567人。作者从大量的史传、方志、笔记、总集、别集中，搜集了非常丰富的材料，详细地介绍了这些文学家族的爵里、家世、所产生的作家人数、文集的名称及作品遗存情况，介绍了他们在当时文坛上的影响、成就和风格特点。在下编中，又以列表的形式，对这151个家族的仕宦构成、代际构成、各个家族作家人数、各人文集及诗词文各类作品遗存数量、各家族所编刻的家集等情况，都做了细致的统计和量化分析。其工作量之大，荟集资料之难，都是难以想象的。但作者一丝不苟，分门别类，逐一地做着这种极为繁琐的、细致的搜集、整理和量化分析的工作。这种分析，和上编关于各个文学家族、各个作家的基本情况介绍有机地结合在一起，从而较为全面、具体地展示了宋代江西文学家族的整体面貌，以详细的史料，突出了宋代江西文学的家族性、群体性特点，充分地展示了他们在中国文学史上所作出的极其卓越的贡献。尽管这些统计和介绍还可能有某些遗漏，但宋代江西文学家族的相关文献，应该说是在最大限度上涵盖到了。毫无疑问，这是迄今为止对宋代江西文学家族文献的首次全面荟集和整理。这无论是对研究宋代江西文学的学者来说，还是研究整个中国宋代文学的学者来说，都是极有帮助的一部学术著作。我想，在今后一个相当长的时期内，它的文献价值将会是无可替代的。后继者可以作一些补充和拓展，但要想超越，至少在短期内，恐怕是不大容易的。作者严谨的学风，对当今显得颇为浮燥的学界来说，也有某种程度上的借鉴意义。

其次，是作者对宋代江西文学家族群集这一现象，进行了较为全面和深入的理论分析和探讨，作出了令人信服的解释和论述。

一个地区如此众多的文学家族和文化名人的集中涌现，毫无疑义地和这一地区的文化底蕴有着非常密切的关系。江西自古就被称为吴头楚尾，粤户闽庭，极其特殊的地理环境使它在长期的历史发展中，成了中原文化南下进程中一块最为理想的沉积区。秦汉之后，直至南宋，中原文化在江西的大规模沉积，大体上说，主要有三次：一是晋室衣冠渡江，二是安史之乱至唐末五代因中原和东南战乱引发的士大夫家族的大规模南迁，三是靖康之变，宋室南渡。对宋代文学的发展来说，影响最大的是后两次。在当时的条件下，这种迁徙又大多借助水运。江西的三大水系也就决定了这些士大夫家族进入江西之后的地理分布，因而也显示出一种和家族性相关的群体性特点。其次就是极为深厚的家学渊源。这中间，除普通百姓带来的中原文化之外，更为主要的，还是士大夫家族对上层文化的传播。这些士大夫家族，来自中原或东南文化发达地区，虽然在严酷的政治斗争中显晦无时，或者在江山易代中迁徙流离，但几乎无一例外地都有着极其深厚的家学渊源，他们对教育的重要性，一直就有着相当明确的认识。由于他们家族的地位和影响，以及士大夫家族较为宽裕的经济条件，他们便更具备了社会和家庭联合教育的优势。宋代以来，江西兴学之风尤盛，官学私学，遍布各地，长盛不衰。严格的、科学的教育，无疑地会为高质量人材的培养，创造优越的条件。会为他们以后的成功奠定基础，铺平道路。而其中的受教育者，又绝大部分是传统的士大夫家族的子弟。加上这些士大夫家族之间，又往往有着错综复杂的姻亲关系或社会关系，来往密切的家族之间，互相影响，互相提携，这都为他们跨入仕途，甚至进入社会政治和文化的最高层，在各个领域崭露头角，提供了条件和机遇。对先辈的崇敬与仿效，会促使他们不停地去奋斗与探索，他们中间一些出类拔萃者也就比较容易地成为政界或文坛上的名人。江右文化名人极为鲜明的家族性、群体性特征，便充分地说明了这一点。

《宋代江西文学家族研究》充分注意到了这些深层的原因，所以在对相关文献资料进行全面荟集的基础上，在下编中辟出5章对这一现象进行了专题性的研究。这些研究涉及到江西文学世家的地理分布及其特征，这些家族的进士构成、仕宦情况、代际构成及性别构成，家族所遗留的文学作品数量，家族间的联姻对人材培养和文学创作的影响，宋代文学家族所以如此兴盛的原因等诸多方面。又在“余论”中对其他一些稍微次要的问题，如重大政治变故对家族文学的影响、家族中具体的文学创作教育对文学人材的培养等进行了补充性的论述。从涵盖范围来说，这无疑是一种全方位的研究与观照。这种研究与观照又是以对各个专题极为具体、细致的分析为基础的。比如关于宋代江西文学家族所以如此兴盛的原因，除在第十六章论及姻亲关系的影响之外，作者在第十七章中，便从士大夫家族的南迁、宋代江西经济的繁荣、教育的发达、士子的好学、恩荫制度及家集的编刻等多个角度作了细致的探讨。尽管这些问题以往的讨论中不少人都注意到了，但作者还是有自己的新见解。比如恩荫制度及家集的编刻对文学的影响，就是过去的论述所未曾涉及到的。而在对其他曾讨论过的原因进行论述时，作者也补充了许多新材料，论述中也表现出了自己独立的思考。这都是值得称道的。这种理论的观照反映在一些很具体的细部分析上也一样。比如第十四章第一节，在以表格的形式具列了江西文学家族的代际构成之后，作者规纳出了六个方面的特点，其中最为值得注意的是：一、延续 8 代的家族有 3 家，分别是南丰曾氏、分宁黄氏和婺源朱氏，而紧随其后的是临川王氏，延续了 6 代。二、延续 2 代至 3 代的家族占绝大多数，呈现出一种“文不过三代”现象。三、3 代以上的家族和 3 代以下的家族相比，所产生的文学家占宋代江西文学家总数的三分之一，形成一种很明显的“金字塔”式的结构。四、一般来说，文学世家的代际构成和他们在文学上的影响与地位是成正比的，但这又不是绝对的。像欧阳修家族虽未出 3 代，但欧阳修的成就，就比延续多代的文学世家更具影响力。这种全方位的观照和具体的论述紧密结合，就使全书的研究显示出了很强的理论色彩，使它没有停留在一般的文献整理的层次上。当然，这种理论的分析如果能够更深入一些、更展开一些，书稿的学术价值也就会更高一些。

最后，我想谈谈这部著作的研究方法问题。或许有人会认为，《宋代江西文学家族研究》所采用的是传统的研究方法，甚至还有很重的考据的色彩。但我倒觉得，这是一种误解。在文学研究领域，对于如何借鉴西方的文学研究方法，自上个世纪八十年代以来，一直是一个颇有争议的问题。其实，借鉴任何一种研究方法，都不应该只停留在新名词概念的滥用和方式的机械照搬上。《宋代江西文学家族研究》的选题本身就反映出作者对新方法的科学选择与借鉴。这里既涉及到文学地理学的研究范畴，又涉及到文学社会学的范畴，而不是仅仅局限于文学本身，更不是如同过去那样往往停留于对某一个作家乃至某几篇作品的孤立的研究。作者完全是把宋代江西文学家族作为一个整体、一种很突出的文学现象来进行观照的。这就为我们对宋代文学的研究提供了一个全新的视觉，一个较之传统的研究更为开阔的视野。而由于宋代江西文学在整个宋代文学史上的特殊地位，《宋代江西文学家族研究》的学术价值也就不止限于江西地域文学这样一个小范围内，它从另一个角度很明确地揭示了宋代文学所以繁荣的更为深层的原因。从某种程度上讲,我觉得这部著作,在当前方兴未艾的文学家族研究中,是一个比较成功的范例,对传统文学世家研究的理论提升和范畴拓展,提供了一些极有借鉴意义的经验。

张春晓著《两宋民族战争本事小说戏曲故事演变》

汪习波

阅读的快乐,有时来源于稍相联瞩之书的寻亲访友。手头有两本书,一本是美国学术委员会赞助出版的"中国研究系列丛书"的第24本,《言说之道:纷纭众说早期中国的阅读文本》(Ways with Words: Writing about Reading Texts from Early China);另一本则是"跨文化视野下中国古代小说研究丛书"中的1本,《两宋民族战争本事小说戏曲故事演变》(暨南大学出版社2013年版)。前者集中透视的文本,是从《诗经·生民》《孟子·公孙丑下》《庄子·齐物论》《心经》、杜甫《自京赴奉先咏怀五百字》、元稹《莺莺传》,到五代荆浩《笔法记》等七篇文献,每篇提供一二翻译文本,以及若干篇阐释文章;后者关注两宋以来杨家将、狄青、岳飞故事的演变,出入于相关历史文献和各种小说、戏曲之间。二书虽然在时间上前后相接,然就内容看,前者来自于12位学者跨学科的散点透视,实属精心描绘的多元丛簇,后者围绕"民族认同意识"这条线索,极力发掘历史本事与英雄传奇间的演变轨迹,可谓工笔深埋的一元透视。而多元透视中的一定之规,恰可作为一元之书的考察视角,就此促成一段颇有意味的阅读之旅。

那一定之规,即呈现在《言说之道》的序言里。此《序》起始申明,本书服务于当今美国教育中人文生活的3个目的,即此成其3种期待:1,对来自不同文化传统的特定文本加以阅读和讨论,期于达成人文教育的一份核心体验;2,期望此类阅读能够挑战那种认为中国为铁板一块的整体的假设,而这样的假设不仅同为学术界和流行文化所强化,而且在西方与中国皆深信不疑;3,对于那些构成某一文化传统的特定文本的回归,理所当然,不仅能够阐明那种文化传统的历史性的运作过程,而且能使我们对于这种阐明本身的理解愈加清晰。“举例来说,归根结底,我们的注意力是否转向了某一特别文本?特定文本研究的正当性,是基于其对文本所建构的整个文化传统的理解的奉献?还是说,对于文化传统的整体研究,其重要性仅仅因为它为某些特定文本提供了上下文?”这两种情况正好构成了一个“解释学的循环”:颇嫌虚幻的整体在特定个体的研究中步步退却之际,更扎实而清晰的整体也同时到来。

张春晓笔下对于历史本事和文学故事的处理,作为本土学者的人文勘察,常常能在平整密实的史料梳理中,见出颇为节制的精神徜徉。本书的选题所关涉的三个故事系统,全部属于两宋民族战争中最具光彩的英雄传奇,对于一位兼擅文学创作并且也写过新派武侠的学者来说,竟能尽乎全然地戒却激情剖判,一归理性的平静解读,这之中所体现的学术追求令人印象深刻。虽然,即使是枯躁的杨家将“人名系统的意识倾向”分析,仍然体现出创作者所特有的命名趣味和敏锐洞察。而当提及狄青“在历史上既有功于国家,亦是政治斗争的不幸牺牲品”,只因“民族矛盾向忠奸斗争的内转”,要实现“通俗文学主线的简单化”,终在《杨家府演义》中“被奸臣化”。此处作者使用了“令人遗憾”这样的题外断语,稍稍流露一己的感慨。

对于英雄传奇中的奸臣形象与女性形象,张春晓给予了立体而深入的剖析。对于奸臣,先是详述王钦若、潘美和狄青的“被奸臣”,“他们的出现转嫁了民族危机的关注度,其作用是在整个文学接受中把外部矛盾彻底转向内部。”随后在“秦桧与王氏的被炼成”一节中,直陈“历史始终没有彻底否定其身分,只是在民怨口诛的小说中终于坐实其奸细一说。”这样的判断连带着史料排比和观念分析,不仅见其胆识,更显其从容和理性。而对于英雄传奇中的女性群像,张春晓刻意勾勒出女将故事的三种模式:救援、比武出征、阵前招亲。在女性性格变异和婚姻性质变异中,张春晓见到了“女性群像的社会性和娱乐性”,“渐渐遮蔽了男性群像在两宋民族战争本事故事中代表的政治寄寓性和沉重负担”。这样的判断强调了明清戏曲小说的娱情功能,也有见于明清叙事作品"逐渐消解历史上的民族对立意识",已经触及到晚期帝国叙述中强烈的意识形态建构。

张春晓书中的第一关键词大约非"民族认同意识"莫属。自杨联升先生首揭宋代民族意识以来,两宋作为近代中国民族意识的观念源始,渐为学界公认。于此,张春晓在书中常有一些清晰而果敢的判断。比如在杨家将故事里,"民族压迫的释放模式,从沉重到轻快,从真实到虚构,从扼腕现实到达成美好愿望,这是文学的历史记忆中从战争到游戏的演变规则。"张春晓的"民族认同意识"最值得欣赏之处,即是她从未极力将其从视角强化成框架甚至逻辑系统,由此带来论述语言的弹性和分寸感。她在讲述"民族认同意识对家庭人物关系的转变"时,认为京剧《雁门关》直接将民族矛盾转为家庭矛盾,"战争的残酷和冷峻因此失色,所谓的民族大义自然也被消解。"讲述"英雄之死"情节中的民族认同意识时,她又倾向于认为"对史实的改造和艺术加工,基于各个时代对宋与辽、金、西夏等非汉民族关系不同的民族认同。"

作为哈佛访学期间写就的一部书稿,张春晓的英雄叙事分析带着相当鲜明的客观描述,书中的文本细读也常能透出理性的平和,而家国情怀明如白昼。空间不妨深邃,工笔大可写意,置身域外回看历史,往往更能"宅兹中国"。不是吗?

卞东波著《宋代诗话与诗学文献研究》

杨　曦

宋代文学研究近年来呈现出欣欣向荣的景象,研究成果在深度与广度两个维度均取得令人瞩目的进展。但较之唐代文学的文献整理与理论研究的成熟,宋代文学研究还存在诸多有待拓展的空间,这有待于最基本的文献研究取得突破。

继《南宋诗选与宋代诗学考论》(中华书局 2009 年版)之后,南京大学卞东波先生又出版了《宋代诗话与诗学文献研究》(中华书局 2013 年版),这是有关宋代文学文献研究的又一部力作。本书延续了著者从文献形态的角度透视宋代诗学的方法,依旧注重的是个案研究的思路。

诗话是宋代新兴的文学批评方法,由于其轻松活泼而不失理论深度的写作笔调,在短时间内"发展成宣告文学标准和风范的主要方式",并且引得"大量的批评家热衷于投身其中",最终在明清时代"逐渐成为中国古代文学批评的主要形式"(艾朗诺《美的焦虑》,上海古籍出版社 2013 年版,第 45－46 页)。在郭绍虞先生《宋诗话考》《宋诗话辑佚》出版后,学界对宋诗话的研究也渐入佳境,既有为数众多的文献整理与校注之作,如张健《沧浪诗话校笺》、逯铭昕《石林诗话校注》等书;也有不少宋诗话专论,如殷海卫《苕溪渔隐丛话研究》。但留待解决的疑难仍然众多,而首当其冲的就是文献问题。《宋代诗话与诗学文献研究》虽然没有对宋诗话做总体研究,但通过个案研究的方式,选取了数部重要诗话进行多角度的考察,在很大程度上推进了宋诗话的研究,也为今后的研究提供了范例。

本书第一辑为"宋代诗话考论",涉及李淑《诗苑类格》、释惠洪《冷斋夜话》、胡仔《苕溪渔隐丛话》、陈模《怀古录》、蔡正孙《精刊补注东坡和陶诗话》以及《永乐大典》中所载宋诗话等多部诗话,既有文献学角度的考证,也有从诗学思想流变角度的观察。前者如《李淑〈诗苑类格〉辑考》一文,从《事林广记》《类说》《古今事文类聚》等多重宋元类书中进行考订辑佚,使此亡佚之书复有可读之本。再如《〈冷斋夜话〉日本刊本考论》一文收集到此书现存的所有日本刊本,发掘出学界知之甚少的江户古活字本,并将之与五山版、江户时代其他刊本汇聚一处进行综合考证,最后认定古活字本的质量最优,这就为将来重新校理《冷斋夜话》提供了可靠的文献依据。后者如《〈苕溪渔隐丛话〉杜诗论的历史文化背景及其内涵》一文,把《丛话》置于南北宋诗学发展的脉络中,对宋人的崇杜论及杜甫经典化的过程作了新的观照。文章首先从个人角度剖析胡仔的宗杜诗学的动因,然后指出宋人在接受杜诗过程中所阐发出的集大成、新变、诗史的意义,最后回到胡仔所生活的时代,指出其"师少陵而友江西"的理论内核,以及最终奉杜甫为最高境界的原因。又如,《南宋陈模〈怀古录〉考论》一文考察了历来关注甚少的《怀古录》,特别讨论了其在南宋诗学语境中所表现出的与当时流行的江西诗学与晚唐诗学之间的张力关系,进而认为此书反映了南宋下层文士的诗学思想,体现出中国诗学走向世俗化的倾向。

与宋诗话研究相关的，还有第三辑“稀见本宋诗话笺证”，包括明钞本宋诗话《北山诗话》与韩国所藏蔡正孙《精刊补注东坡和陶诗话》两书的校笺。

前者今藏台北“国家图书馆”，1973 年台北广文书局曾加影印，后张伯伟先生据以点校收入《稀见本宋人诗话四种》（江苏古籍出版社 2002 年版）一书。此次著者更对全书加以笺证，查核文献出处，列举异文，纠正讹误，并指出此书在唐宋诗歌辑佚校勘方面的价值，较之点校本可谓青出于蓝。

至于后者，更是孤本秘笈，今有残卷藏于韩国高丽大学图书馆，其中保存了傅共《东坡和陶诗解》、蔡梦弼《东坡和陶诗集注》，杨恪、黄公绍所编的陶渊明年谱以及李焘所著《陶潜新传》等多种有关陶渊明与东坡和陶诗的珍贵资料，对于我们考察宋代陶诗、和陶诗的流传与影响均有重要价值。此书金程宇先生曾有考论（《高丽大学所藏〈精刊补注东坡和陶诗话〉及其价值》，《文学遗产》2008 年第 5 期）。而本书第一辑《韩国所藏孤本诗话〈精刊补注东坡和陶诗话〉考论》一文则进一步对编者蔡正孙的遗民意识及其陶渊明情结详加论述，指出本书所依据的资料来源，还订正了其因使用类书所造成的文字与引书讹误，对先前的研究有所推进。而论文的结论正是建立在对《和陶诗话》详细笺证的基础之上，笺证与考论可谓相辅相成。

《和陶诗话》这部稀见域外汉籍的公布，对于六朝与宋代文学研究均有着重要意义。其中所保存的多部《陶渊明年谱》尤为引人注目。年谱始于宋吕大防的《杜诗年谱》《韩文年谱》，与宋代稽古右文的文化政策、治学中的重史倾向以及文集的大量整理与雕版刊印有着密切关系。在宋人所编的陶渊明年谱原知三种，即王质《栗里谱》、吴仁杰《陶靖节先生年谱》、张縯《吴谱辨证》，再加上新发现的《和陶诗话》中的杨恪《陶渊明年谱》、黄公绍《陶渊明年谱》，则共有五种，在先唐诗人中属最多，体现出强烈的文化意义，昭示着陶诗在宋代经典地位的确立。新见陶渊明年谱中所载的宋人对陶诗文献的考证，对陶渊明的认识，既可作为陶诗研究的第一手文献，也为观察陶诗在宋代的接受提供了新视角。笔者认为，《和陶诗话》的整理刊布，必将推动陶诗及其与宋代文学互动关系两方面的研究。

本书第二辑为“宋代诗学文献考论”，分别从佛藏、宋诗宋注、类书、域外汉籍、总集等多个领域发掘宋代文学文献。以上不同类型的文献数量极大，价值也有高低，著者同样采用个案研究的方式，选取了其中特别重要的五部文献来呈现其理想中的宋代文学文献学的建构，具体包括南宋宗晓的《四明尊者教行录》、李壁的《王荆文公诗注》、明抄本类书《诗渊》、日本室町时代所编汉籍《新选分类集诸家诗卷》《续新编分类诸家诗集》等书。本辑论列的宋代文学文献数量大，涉及广，用力勤，令人赞叹。

本辑中所收的《庾信〈愁赋〉与宋代文学》一文，在古代文学研究方法上也有一定启发意义。庾信《愁赋》亡佚已久，乃至前人谓姜夔“庾郎先自吟愁赋”一句为杜撰，此后钱钟书、庞石帚、王培军诸位先生均有考订，而下文则梳理更细，从九种宋元类书及诗注中将残编断简一一辑录，更将《愁赋》纳入赋学演进的谱系中考察，指出正是此赋开创了以“愁”为表现对象的路径，给予此赋一个恰当的文学史定位。在辑佚之外，其意义更在于为传统研究提供一条新路径，即从生存与传播的角度通观文学作品的古今之变。古代文学并不是僵死的存在，其创作、传播、阅读、吸纳是一个长线的动态过程，它以多种方式生存于后代的文学创作之中。论文所详考的庾信《愁赋》在北宋和南宋在传播中产生的不同形态，为六朝文学在宋代文学中生存与传播提供了一个的绝好例证。

综观全书，最值得称道的是围绕《全宋诗》所展开的文献考订与研究。莫砺锋先生在《宋诗研究的成就与展望》一文中指出：“从全局看，当务之急不是对宋诗作全面的、整体性的理论探讨，而应先把力量集中于文献研究。”(《宁钝斋杂著》，凤凰出版社 2012 年版，第 119 页。)著者也将极大的精力投入到这项工作当中。《全宋诗》煌煌七十二巨册，虽有不足，而创始为难，功不可没。至于其间的疵病，大者如诗人、诗作、诗句的遗漏，需要辑佚，诗作的重出互见，需要甄别；小者如诗人小传的撰写，缺者须补，误者当正，诗句异文乃至误字，亦须选择修订。《全唐诗》问世数百年，此四类问题尚未清理净尽，而天水一朝文献数量尤倍于前，即便有电子检索的便利，但辨别考证仍须学者亲力亲为，可以想见《全宋诗》的订补工作也将持续相当长的时间，恐非几代学者心血汇聚不能毕功。著者对此项工作用力尤勤。这一点集中体现在第二辑前四篇文章上，四文充分发掘了佛藏、宋诗宋注、类书、域外汉籍四个不同的领域中所存的重要宋诗文献。以佛藏文献而言，研究者往往与此为隔教，少有关注，加以其书卷帙浩繁，翻检不易。似此沧海遗珠，所在多有。著者便从《四明尊者教行录》中，辑出宋初九僧中简长、行肇、保暹、惠崇四人诗 4 首与其他诗僧二十馀人 26 首，并为其考订生平、撰写小传，其人大多为《全宋诗》失收，意义颇大。其中尤其引人注目的是著者从日本汉籍《新选分类诸家诗卷》《续新编分类诸家诗集》中钩稽出了江西诗派、江湖诗派诗人数十首佚诗。江西诗派在宋代影响巨大，而吕本中所编的《江西诗社宗派图》中25位诗人有一半诗人无文集传世，因此诗作散佚严重，今人辑佚也鲜有发现。而著者从《新编》一书中辑出林敏功、林敏修、潘大临等11人诗29首，可谓是晚近以来有关江西诗派文献的最大宗发现。著者认为在看到丰硕的辑佚成果时，我们更应当看到其从不同类型文献进行辑佚的思路与分类梳理、查证考订的方法，堪称宋诗文献的辑佚工作中的范例，足资借鉴。

其次，本书借助域外汉籍研究宋代文学，也是一大亮点。张伯伟先生指出，域外汉籍的研究方法与意义在陈寅恪先生所总结的王国维先生学术成就与治学方法中就有涉及，即"取异族之故书与吾国之旧籍互相补正"，而"'互相补正'所表现出来的旨趣是平等的，它超越了传统史家天下一统或'中心—四裔'的观念"，因此域外汉籍"是汉文化之林的独特品种，是作为中国文化的对话者、比较者和批判者的'异域之眼'。"（《域外汉籍研究入门》，复旦大学出版社2012年版，第20页。）本书正是从这一意义上对中国传世文献与域外汉籍进行综合观照。日本所藏南宋遗民张逢辰的《菊花百咏》是一部宋代的佚著。著者综合中国的《诗渊》本与日本龙谷大学藏本、蓬左文库藏本、内阁文库藏本、元禄年间刻本等五种刻本与抄本校录整理，形成了一个可靠的读本。由《菊花百咏》的个案，著者指出："中国文学作品在域外传播过程中的复杂性，必须将中国传世文献与域外汉籍综合起来才能接近原始面貌"（第211页），可说是张先生论述具体而微的阐释。又如《〈冷斋夜话〉日本刊本考论》一文，几乎全面调查了《冷斋夜话》国内与日本的所有版本，考述清末民初五山版《冷斋夜话》的回传故事，原原本本；然后又将之与国图所藏元刻本进行比对，从版式、文字两方面推测五山版应源于元本，但又非覆刻元本，较之前人成说更为合理可信；继而又考察了古活字本、正保本与《萤雪轩丛书》本，为读者呈现出一个不同于中国明刊本的另一版本系统，并肯定其完整度与文本准确性在整体上均优于明刊本。这两例均可见著者对于传世典籍与域外汉籍的熟稔，因而能左右逢源，相得益彰。由此，我们也能对张先生的论述有更透彻的理解，即："汉文化圈中的汉文献整体，就不仅是学术研究中必需的材料，不仅是古典学研究的对象，不仅是一个学术增长点或学术新领域，在更重要的意义上说，这是一种新的思考模式和新的研究方法。"（张伯伟《中国古代文学研究的新展拓》,《文艺理论研究》2013 年第 4 期)可以预见的是,运用汉文献内部多类文献相互参证的思维和方法,必将成为今后古代文学研究中一种新的趋势。

文学文献学不同于文学研究,后者所注重的是研究者的感发灵悟,而文学文献学则更注意史料的发掘与考证的精准。但是,它又不同于历史文献学,这是因为其分析的对象是展现人类心灵活动的诗文,故而文学文献学既要讲求客观事实的准确,也要留意阐发文学文本的独特内涵。随着学术的演进,文学文献学并不会走向迟暮,仍会大有可为。《宋代诗话与诗学文献研究》对宋代诗话与诗学文献的研究,可说是对宋代文学文献学的新展拓。本书集中体现了著者脚踏实地、不尚空言的实证精神,以著者治学之精进不已,相信他日新著定能更上层楼。

欧明俊著《宋代文学四大家研究》

郑丽霞

继《陆游研究》(三联书店 2007 年版)、《词学思辨录》(人民出版社 2011 年版)、《古代散文史论》(三联书店 2013 年版)等专著出版之后,欧明俊教授的又一力作《宋代文学四大家研究》(人民出版社 2013 年版)问世了,这是宋代文学研究的又一新成果。欧先生精心研治宋代文学四大家(欧阳修、苏轼、陆游、辛弃疾),本书是其部分研究成果的结集。当代学界,宋代文学四大家的研究已相当成熟,如何在继承中创新,实非易事。作者反思"躲避大家"之弊,知难而进,带着自觉的"问题意识",详讨细究,大胆质疑,发现新问题,得出新结论。全书视野开阔,立论坚实,新见迭出,文采斐然,充满思辨色彩。拜读大著,笔者受益匪浅,兹综其要者,谈谈以下四点突出特色。

一、学术视野宏阔

欧先生博学多识，有宏阔的学术视野。书中涉及宋代文学四大家的诸多方面，如家世、家风、家学、师承、日常生活、交游、政事、文学活动、思想、人品、文学观、文本、经典、传播与接受、学术成就、学术史梳理等，涵盖面极广。

近百年来，学界多接受从西方引进的“纯文学”观念，将文学大家的整体形象“肢解”为“纯文学”家，将其学术和思想排除在研究视野之外，结果只看到半个文学大家。如欧阳修是政治家、学者、文人三位一体，经、史、子、集，古文、骈文、赋、诗、词、笔记，均有独特成就，其形象非单纯的“文学家”所能涵盖的。欧先生强调在“学术大视野”中分析和评价古代文学大家，而不是就事论事。强调“全方位”研究，既重作为“文学家”的文学本身研究，又重作为“学者”的学术思想研究和文化研究。如《学者陆游的学术思想渊源及师承》和《陆游与易学》，深入探讨作为“学者”的陆游与经学、史学、佛学、道学的渊源，进而分析陆游的学术思想体系。《“欧苏”散文合论评议》则是学术史的梳理，从“合论”视角评价大家，与一般的作者比较或文本比较论不同。欧先生还注重以小见大、以点带面。如以陆游《卜算子·咏梅》为个案，在重新解读文本的基础上，联系整个词史及词学批评史，考察此词历代传播和接受的真实状况，描述作为陆游“代表作”和宋词“经典”的形成过程，进而通过这一“个案”揭示文学发展史上一些带有规律性的现象。

欧先生注重大家文学渊源与影响研究，如经典作品的“跨体”传播和“跨国”传播，而不是局限于文体本身和内部论证评价。欧阳修的《秋声赋》《醉翁亭记》，苏轼的《前赤壁赋》，欧先生看到的不只是文体内的传播与接受，更看到了文本的超越性价值，阐述它们是如何“跨体”传播，被后人隐括成诗、词、散曲等，又是如何“跨国”传播，受到韩国、日本、英国、苏联等国文人学者的摹仿与追捧，揭示了被“遮蔽”的文学史真相。

欧先生一直思考学术研究的“科际沟通”和整合问题，努力打通各种疆界，突破“专业”局限，避免自限、自蔽。强调“关联性”、“整体性”研究，注重各方面“会通”研究：文学与学术会通，文学与艺术会通，文学创作与理论会通，各文体、各题材、各主题、各风格、各时代会通，经、史、子、集会通，义理、考据、辞章、经济会通，文献、审美、理论会通，古今会通，中外会通。

二、研究视角独到

长期以来，古代文学研究多是“宏大叙事”，对文学大家吃穿住行、喜怒哀乐等日常生活细节的研究缺乏应有的重视。欧先生强调认识文学大家真性情的一面，详细考察生理、心理变化对创作的影响，展现出有血有肉的真实文人形象。如《从新发现的96通书简看欧阳修的日常生活》，通过日本东英寿教授新发现的欧阳修96通书简看其政事以外的日常生活。欧先生强调书简多属“私语”，是话家常，这些书简表现了中晚年欧阳修的生理状态和心理状态，老、衰、病、苦，生活足迹、身体状况、心路历程。书简再现了欧阳修与友人吕公著、蔡襄、苏洵、曾巩、梅尧臣等交游的“原生态”细节，从中可见其人情网络，这是一种“还原”研究。欧先生指出，欧阳修忍受常人难以忍受的病痛，身体长时间超负荷运转，透支健康，透支生命，生命中不能承受之重，欧阳修活得太累。他一再渴望过轻松自在的生活，可制度不允许，舆论给压力；事业与生活是一对矛盾，他也难以彻底放下；君主欣赏欧阳修的忠诚、能力和文才，不让他隐退。欧阳修属于“体制内”的公众人物，病了也得不到充分休息，实际上已被剥夺了自由养病休息的权利。按照制度规定，欧阳修可到70岁致仕，但他62岁亳州任上，就连上五表请求致仕，主动放弃权力和利益，不少朋友为之惋惜，世俗的眼光有谁重视个体生命本身呢？如此细腻分析，深入到欧阳修的内心世界，确实发前人所未发。

欧先生首次对陆游“家风”进行系统论述，分析陆游思想和感情的“文化基因”，强调文化世家的“文化遗传”和熏染对陆游成为文学大家的重要作用。并以陆游“家风”为个案，窥见江南文化世家独特的“家风”。指出世家大族有强烈的历史感，以延续祖上的业绩或重振家风为已任，有家族自豪感、荣誉感、责任感。他们重视文化教育，以诗礼传家，使家风延续不断，对中国文化传承做出突出贡献。欧先生强调，在很大程度上，中国文化的传承、延续、保护与坚守，靠的正是世家大族。世家大族的文化传承，不仅是经、史学业的习授与研究，更是伦理道德的继承。因此，这种文化传承，不仅为保存传统学术，还为中华民族传统道德及民族精神的延续做出独特的贡献。他呼吁学界充分重视这一视角的研究。

欧先生强调辛弃疾词作特色与其年龄及健康状况关系甚大，生理变化导致词气的强弱盛衰。其词之“气”，随着年龄的变化而变化。年轻时，血气方刚，胆壮气豪；壮年时，志向受挫，豪气消磨，仍豪壮，但多了怨气、怒气、牢骚不平之气，多了慷慨悲壮之气；老年时，气衰，生命力减弱，挫折更多，壮志豪情消磨亦多，词人不时流露出暮气和衰飒之气，但词人是老去英雄、失意英雄，不是一般文弱书生，英气、豪气始终未泯，衰飒之气中仍不失刚健之气；晚年重被起用，又激发起英雄之气，气衰而复振。从生理变化角度论稼轩及其词之“气”，可更深入地理解词人及其词。

三、学术反思深刻

欧先生长期注重文学史研究的“反思”。指出现代学者接受西方“纯文学”观念认识古代文学，许多观点构成我们今天认识古代文学的“前理解”，而这些“前理解”并非都是正确的观点，有些具有片面性，成为影响文学史研究创新的重要因素，需要纯学理“反思”。他反思了欧阳修散文研究中的问题，强调“重视欧阳修散文的‘自我评价’，对历史‘当事人’的‘夫子自道’，应充分‘体认’，给予起码的尊重。应重视欧阳修散文的‘当世评价’，当世评价是‘原生态’评价，有历史‘现场’感。应反思欧阳修散文研究中的‘遮蔽’问题，对散文大家欧阳修的评价，一定要超越‘纯文学’本身。只重欧阳修的古文，遮蔽了他的时文和‘四六’骈文成就。文学史研究的任务之一，就是揭示被‘遮蔽’的文学史真相，还其本来面目，给予合理的价值定位。要合理去蔽，突破习惯思维，转变观念，改变视角，必然带来学术创新。欧阳修散文，历代不断解读，价值层层叠加，即价值‘追认’，内涵被挖掘得越来越多，应区分其价值的‘原生态’和‘衍生态’。欧阳修散文的历代‘负面评价’，同样值得我们重视”（第60—61页）。

欧先生对辛弃疾及其词的研究做了检讨与反思。如辛弃疾的人格评价，作者主张将“日常道德”与“政治道德”分开，以“政治道德”和“历史进步性”分析、评价辛弃疾的人格；强调辛弃疾的两个“身份”，即“主战派”和“归正人”，认为“身份”规定了辛弃疾的词作特质；指出辛弃疾的“艳情”词与柳永的“艳情词”具有相似之处，并非每首都有“寄托”，主张将“艳情”词分类看待：“逢场作戏、娱宾遣兴的为一类，真正的爱情表达为一类，寄托政治上不得意与政治理想的又是一类”(第 287 页)。反思当代学者对“以文为词”的“过度阐释”，重“异”轻“同”，忽视了文体间的共通性、共同性；明确“稼轩体”是对辛词特色的概括，是一种学术“命名”，不仅指辛词风格，还包括题材、语言、体制等。主张不能以偏概全，将其扩大化为辛弃疾全部的词作特征概括。对于“词中杜甫”这个词学批评史上的重要命题，作者提倡辩证看待，认为以词人比拟杜甫，只是部分可比，或在词史上的地位可比，但不是“等值”。

欧先生反思当代学术研究分工过细，大家研究，往往细分成不同的领域，一个对象被“肢解”成许多小部分。研究者往往困在各自的狭窄领域里面，只关注与自己研究内容密切相关的东西，往往只看到研究对象的一小部分，而没有顾及全体，正如盲人摸象，只知大象鼻子、耳朵、大腿，就是不知道“全象”，只知道部分，不知道整体，大家研究中的“遮蔽”现象普遍存在。通过反思，修正“肢解”“误读”，还原被“肢解”的文学大家“全体”形象，还原文学史“原生态”。

特别值得称道的是，欧先生的反思，并非轻易将原观念、观点推翻，而是在充分尊重古人智慧，充分“体认”历代学者的观点，肯定其合理性一面的前提下，再理性、客观反思惯性思维，通行观念、观点的局限性，并以有力的论证，给出合乎“历史语境”和“当代语境”的合理解释以及解决问题的答案。这样的反思很深刻，极具理论价值。

四、概念辨析精辟

欧先生擅长创新思维、逻辑思辨，特别重视对通行学术概念进行清理和辨析。他敢疑并善疑，尤重在不疑处有疑，往往能发现同质概念中的细微差别，辨析准确到位。如分析“豪放”概念，认为“豪放属阳刚美、壮美、崇高美范畴，雄壮、雄浑、悲壮、刚劲、清旷、飘逸、粗犷、慷慨激昂、沉郁顿挫等，都包括在豪放范围内，这是广义的豪放，与广义婉约对举，阳刚美与阴柔美，壮美与优美，可概括两种美的风格类型；狭义的豪放仅指豪迈、放达，不受束缚，与悲壮、清旷、飘逸等对举，是阳刚风格类型中的一种，也是词的众多风格中的一种。狭义的豪放只是豪和放,也代替不了豪迈、豪宕、豪雅等”(第 268 页)。

欧先生善于提炼出重要概念,进行学术“命名”。如全息、科际沟通、他者评价、自我评价、当世评价、后世评价、当世价值、后世价值、原生价值、衍生价值、时效价值、恒久价值、正面评价、负面评价、层累、追认、跨体、跨国、阴文化、生理状态、公共写作、私人写作、形象变异、文化基因、文化遗传、正影响、负影响、反影响、交互影响、日常道德、政治道德、唯文本、交集、等值,等等,不胜枚举。如“阴文化”概念,他认为“《秋声赋》由自然之秋写生理之秋,更是人生之秋、心理之秋。赋中写到秋、西、金、商、白、夜、刑、杀、忧、悲、衰、老、病、退、消极,皆属‘阴’,是典型的‘阴文化’散文”(第 58 页)。又如“公共写作”与“私人写作”一对概念,“公共写作”指国事、君事、公事、政事等,“私人书写”,顾名思义,即表现私事。指出欧阳修由“公共写作”回到“私人写作”,“特别关注作为生命个体的存在,注重生命体验,生命关怀。表现生活的细节,琐、细、碎、小,伟大背后的庸常凡俗生活”(第 33 页)。作者将现代词汇融入古代文学学科术语中,既新颖又精辟,体现出高超的理论思辨和概括能力。

《宋代文学四大家研究》具有极强的理论前沿性,见解有高度,理论有深度,论证有力度,丰富了文学大家的研究,为古代文学研究提供了新的视角。欧先生不仅研究四大家,与他们进行思想上的对话;还感受四大家,与他们进行情感上的对话。附录《我与宋代文学四大家的“缘分”》里,他以富有诗意的笔触,深情而详细地回顾了与四大家的“结缘”及研究历程,情酣墨饱,娓娓动听。附录学术笔记《问学小言》、人生感悟《微言录》,多为悟道之言,既见学识,又见性情,读者千万不可错过。其实“小言”不“小”,“微言”不“微”,欧先生过谦了。

艾朗诺著《美的焦虑——北宋士大夫的审美思想与追求》

王　毅

关于宋代美学思想的专著国内已有数种，如吴功正的《宋代美学史》、霍然的《宋代美学思潮》等等，但是本书的正标题“美的焦虑”，则让人颇感独特。我们不禁要问：什么是美的焦虑？为什么会产生美的焦虑？这种焦虑对北宋士大夫的审美思想有何影响？带着这些疑问进入此书，在艾朗诺对文本的细致入微的分析中，我们确实感受到了北宋士大夫在追求美的过程中矛盾、隐蔽而复杂的内心世界。

此书的英文名为“The Problem of Beauty”。“Problem”若直译为汉语“问题”，似乎不能很好地传达著者的意图。经过艾朗诺与译者的反复交流，最终此词被翻译为“焦虑”。这一翻译更为明确地描述了北宋士大夫的审美心态。在本书的引论中，作者已经点明，“11 世纪左右，中国士大夫对美的追求空前的热烈，开拓了大片的新天地，但也因而造成新的焦虑”（第 1 页）。这里提到的“大片的新天地”在此书的六个章节中得到分别的讨论，包括士大夫对碑石铭文的收集、诗话的写作、对花卉的培植鉴赏、对书画玩好的收藏以及宋词写作的蔚为大观。这些是艾朗诺所捕捉到的宋代士大夫在审美领域开拓的新天地，虽然这些领域看似属于互不关联的内容，但是作者所关注的是士大夫在这些审美活动中所遇到的共同问题，即“本书把焦点集中于北宋士大夫在追求美的过程中所面临的难题，指出传统儒家对这些活动有许多成见。他们必须开辟新的视野，敢于挣脱教条的束缚，勉力给出一个说法以自辩。”（第 3 页）

这里，艾朗诺总结了北宋士大夫审美焦虑的来由，即他们新开辟的美的领地与传统儒家思想之间的冲突与不协调。这种不协调在本书中得到了多方面的讨论:比如欧阳修花了几十年的时间收集碑石铭文更多的是为了满足自己对古代书法的喜爱以及收集带给自己的愉悦感,但这并不符合其儒家思想家的身份。而欧阳修的后辈苏轼王诜米芾等人在对古物的收藏与鉴赏中又遇到了新的问题:是否将藏品视为一种被占有的"物",令他们感到困扰。再比如作为一个受人尊敬的历史学家,欧阳修创作《归田录》这样的琐碎笔记会不会被人批评为浪费时间?"牡丹是诱人的女子,而非高尚坚忍的君子。如果欧阳修只是表明他被这美丽的花朵所诱惑,这是一件很冒险的事情。"(第101页)以及在对待词这种常写浪漫爱情的女性化文体时,士大夫怎样挣脱儒家的诗教观念而为词挣得一席之地并最终使得词这种文体取得与诗相同的地位等等。

如果说艾朗诺发现了北宋士大夫在审美活动中开辟的这些新领域,显示了其宏观的学术视野和独特的学术敏感,那么能够揭示出在与传统儒家观念相违背时士大夫审美心态中的矛盾与焦虑,则是建立在作者对材料与文本的精微细致的解读之上,显示了其杰出的文本解读能力与敏锐的洞见。以艺术品的收藏与鉴赏领域为例,欧阳修可谓此领域的始作俑者。欧阳修在20多年的时间里,跨越大江南北,收集了1000多件金石碑文的拓片,最终汇编成集,名为《集古录》,成为古代金石学的开山之作。而对于《集古录》的研究,或者说对于欧阳修收集金石拓片的这一行为,传统的解读偏重于其历史价值、考证价值。如著名学者陈尚君教授所言:"在《集古录》中欧阳修提出金石对于了解古代政治隆替、文章变化和历代书法的意义,特别强调以金石考订史籍的价值。"(陈尚君《欧阳修的从政经历和学术建树》,台湾大学中国文学系主编《纪念欧阳修一千年诞辰国际学术研讨会论文集》)但通过艾朗诺的解读,我们看到了收藏金石拓片之于欧阳修更重要的意义:即审美的愉悦。这里就涉及到艾朗诺的主要研究方法,同时这也是本书最大的特点:文本细读(close reading)。本书所用的材料集中于文人别集中的序、跋、记等文体。为了论证欧阳修收集铭文的动机与心态,艾朗诺详细解读了"被认为是欧阳修对自己工作的权威性说明"(第7页)的《集古录目序》。不到一千字的一篇序文,艾朗诺的解释足足有七页之多。从欧阳修藏品的多样化与皇家编纂的《淳化阁法帖》的去取精严相比较入手,艾朗诺一一讨论了序文里每一个段落所能读出的"愉悦感"。尽管欧阳修在序文里也提到了拓片的史学价值,但

“令人诧异的是,欧阳修并不怎么强调这一功用。他提到它,几乎是作为事后补记,紧接着很快便转向愉悦的主题。”(第12页)艾朗诺常常从文本的字里行间读出作者隐含其中的意图,又从文本的起承转合推究作者先抑后扬的真正动机,甚至还从具体的字词短语推敲作者使用此语的复杂心理矛盾。如欧阳修在碑文的跋尾中写道:“然后知余之《集录》不为无益也”。艾朗诺在此细心地捕捉到了“不为无益”几个字的重要性。他认为“‘不为无益’这种话在跋尾中反复出现,因而值得关注”。“他在作这些声明的时候,听上去像是在自我辩护又缺乏自信”,“这些自我辩护的言论反映了欧阳修本人对自己工作的某种焦虑。”(第18页)确实,当一个人相信自己的行为时,通常会用肯定的叙述方式,如使用“大有裨益”之类的词语,但若心里有所顾虑有所怀疑而又要自我辩护时,便会用“不为无益”这样带有辩解意味的词语。艾朗诺正是抓住了文本中此种常常被人忽视的字词短语,善于运用文本细读之法,解读出了文本背后潜藏的作者心态与写作动机,并揭示出被国内学者忽略的文本中的深层意涵。

艾朗诺教授在一次讲座中谈到运用文本细读法的缘由:即需要翻译。汉学家阅读一则古代文本,首先遇到的问题是要把古文翻译成英语,这就要求他们必须弄懂每一个字的意思,必须为常缺少主语的古代诗文找到主语或完善句子结构等等。这一看似被动的做法,却为汉学家们的文本读解带来新的样貌,使他们的研究颇具特色。

美国学者田安在给此书的书评中写道:“综观全书,艾朗诺避免理论的介入,而理论可以在更宽广的领域构架这些问题,例如布尔迪厄的趣味理论。”(田安书评发表于《哈佛亚洲研究学刊》2007年12月)的确,西方汉学家的著作通常以新的研究方法与理论视角著称,他们时常会用西方的文学理论或文化理论分析问题。但我认为,艾朗诺通过文本细读,无需理论的介入,已经很充分地揭示出北宋文人在审美过程中的矛盾心态与焦虑自辩。如果说艾朗诺使用的这种以意逆志的研究方法是古代文学研究的传统方法,那么,此书对北宋士大夫的审美活动切入的视角则与众不同,作者从日常生活角度对古人的审美活动进行观照令人耳目一新。

已有的研究宋代美学的著作,对美的关注集中于诗词书画等文学艺术领域,而艾朗诺考察美的视角则进入到了士大夫的日常生活中,包括士大夫对艺术品的鉴赏、收藏与花卉种植等。在此书的六个章节中,有三个章节探讨了士大夫在日常生活中的审美活动与审美心理。19世纪末，日本京都学派的创始人内藤湖南提出了“唐宋变革说”，对宋代政治、经济、文化等各个领域的近代化转向进行了分析。受此影响，吉川幸次郎在其《宋诗概论》中首先论述了宋诗的“日常化”倾向。此后关于宋诗题材的日常生活性，宋诗写作中的以俗为雅等特质也作为宋诗区别于唐诗的特征之一，成为宋诗研究者的共识。但文学研究者们却很少把这种日常化的视角延伸至美学领域，而美学研究者们又仅把视线集中于艺术创作里的美学思想。因此，艾朗诺透过北宋士大夫在日常生活中的审美活动来揭示他们的审美心理，以及审美观念的焦虑与变化，可以说独具慧眼，颇具新意。在艾朗诺对欧阳修、苏轼、王诜等士大夫的艺术品收藏活动进行生动活泼的描述中，我们仿佛更进一步地走入了他们的生活世界和心灵世界。艾朗诺虽着重分析了他们的矛盾心态，但其笔触又涉及到此种心态形成背后的方方面面，古物收藏、文学创作、道德约束、政治仕途与经济考量等各种因素复杂地、综合性地在每一个人身上产生影响、发挥作用。也许这就是艾朗诺此书的深层意义：士大夫的审美空间与思想观念原是建立在错综复杂的、凡俗的日常生活之上。对士大夫日常生活的关注与还原，让我们对建立在生活世界基础上的古人的文学世界、审美世界以及思想世界有了更鲜活更具象的把握。廖可斌教授在《回归生活史和心灵史的古代文学研究》一文中便提出：“生活、心灵是研究对象的本体，文学只是研究这些现象的主要资料基础和路径。”指出了中国古代文学研究的日常性问题。

本书除了对美切入的视角较为独特外，作者看待文献材料的方式也有其独到之处，即把笔记小说作为一种文学作品来解读。在传统的四部分类里，笔记小说一般被放入史部杂史类或子部小说类。也就是说，在传统的观念中，笔记小说一般被当作史料文献，以补正史之阙。但在《美的焦虑》一书中，作者在分析笔记小说中的材料时，则把它当作文学作品来解读。比如，在比较李肇的《唐国史补》与欧阳修的《归田录》两部笔记时，艾朗诺写道：“事实上，就主题和风格而言，欧阳修的作品与李肇有本质区别……李肇避免把自己的好恶带入叙述当中，作者第一人称口吻从不出现。……和李肇不同的是，欧阳修在他的笔记里运用了很强的个人语气。”（第51页）接着，作者列出了《归田录》中欧阳修用第一人称所写的段落条目。这样的分析，让我们充分感觉到《归田录》一书的个人化、非正式性以及欧阳修创作动机的新意与价值。这里，显示了艾朗诺作为汉学家看待文体与我们的不同。在西方学术传统中，有历史与小说两种文体的交叉研究理论。历史叙事、甚至正史被当作小说文体进行研究。王靖宇教授的《中国早期叙事文研究》一书就是把《左传》《史记》当作小说文本进行分析的范例。而本书中艾朗诺则把通常归为史料的笔记小说当成文章（文学作品）来看待，进行文章学上的分析解释。艾朗诺教授曾在一次演讲后也表达过要把笔记小说作为文章进行研究的想法。目前，他正在研究洪迈的《夷坚志》，应该也会把这种想法贯穿其中。

除了本书所揭示的美的焦虑的主题外，在《结论》一章中，贯穿了作者对中国文化史、文人思想史的宏观思考，比如古代知识分子从士大夫到文人再到才子的转变；中国文化中注重审美鉴赏与提倡道德自律两种思潮之间的攻讦等等，都可以引发我们的进一步讨论。此书也让我想到一个相关的问题：为什么宋人在诗歌创作上不介意日常生活化、不避讳以俗语入诗，甚至提倡以俗为雅。但在本书所揭示的北宋士大夫的审美活动中，比如欣赏牡丹这样俗艳的花卉或写作《归田录》这种细闻琐事的书，会让士大夫感到矛盾而焦虑呢？同样是趋俗，诗歌创作上的趋俗被认可，而对日常审美活动中的趋俗，士大夫的态度便会感到矛盾呢？

另外，此书揭示出北宋士大夫在开辟新的审美领域过程中产生了焦虑与自辩，确有发明之功、开创之见，但在某些章节还可以对士大夫的焦虑心态进行源流的追溯。比如在艺术品的鉴赏与收藏领域，本书的论述主要从欧阳修开始，但是至少在中唐时期，文人便有收藏石头的癖好，比如白居易就曾在《太湖石记》一文中流露出焦虑，为牛僧儒的嗜石与收藏进行了辩护。尽管这种焦虑与北宋士大夫的审美焦虑有所不同，但是作者若能追溯至此，既可以揭示出二者有何不同，也可以更精确地描绘出北宋士大夫的审美焦虑在历史坐标中的独特性及其位置。当然，即使不进行此种溯源，本书对北宋士大夫审美焦虑的揭示也让人耳目一新，其细致的分析与宏观的思考也是引人入胜、发人深思的。

（艾朗诺著《美的焦虑——北宋士大夫的审美思想与追求》，
上海古籍出版社 2013 年版）

祝尚书著《北宋古文运动发展史》

段莉萍

祝尚书先生《北宋古文运动发展史》一书于1995年11月由巴蜀书社出版,2012年2月由北京大学出版社出版增订版。本书是祝先生在参与编纂《全宋文》的基础之上写成的一部北宋古文运动专门史,是近二十年来唐宋古文运动研究的重要创获。

胡应麟说:"诗主风神,文先理道。"(《诗薮·外篇》)这是中国古代对于诗文特征的一般认识。唐宋两代,古文运动从属于文化复兴运动,这种文化复兴又以儒学复兴为主,所以从唐代古文运动的先驱那里开始,古文与儒家之道便被关联在一起。韩愈提出"道统"和"文统"之后,这种关联更加紧密。郑振铎在《插图本中国文学史》中,将宋代古文运动称作是"古文运动的第二幕"。宋代古文运动接续唐代,所以从韩愈以来就极为重视文道关系,今人也认为"研究古文运动的首要任务就是对道及文与道的关系作出解释"(宁俊红《20世纪中国古代文学研究史·散文卷》)。作为一本北宋古文运动的专门史,即是对这一段古文发展史中古文家们对于文道关系认识的阐述,而本书做出了目前学界可谓最为清晰的梳理和最为深入的研究。

本书分为引论及正文七章。第一、二章论述宋初古文,分别以柳开和王禹偁为主,兼及宋初其他作家。书中认为柳开提倡"文道合一",但他又重道轻文,只是继承了韩愈的"道统论",轻视词章写作。柳开从早期的学韩到批评韩愈,由"学文"转而"开道",最后背离了革新文体的初衷,堕入了自我神圣的深渊。他的古文观开启了"道统派"古文家的文论,成了道学家文论的先驱,其写作也流入辞涩言苦、模拟甚至剽窃。而与柳开不同的王禹偁的视角主要在文学而不在"道统",提倡"远师六经,近师吏部",认为文章具有"传道明心"的功能,在思想上淡薄"道统"观念,尊经重道而不以接绪"道统"自居,并且支派百氏，不囿于一家。对文章创作，他主张词简理正、学辅气助，认为文章应“易道易晓”，并且明确为古文和骈文分工，提出“著书立言”用古文，“应事作俗”用骈文。王禹偁的这些观点，与柳开狭隘的“文道合一”而实际上重道轻文形成鲜明对比。经过柳开、王禹偁等人的努力之后，宋初学风、文风发生了明显的变化。但由于柳、王等人过世，古文创作后继乏人，以“西昆派”骈文占领并统治文坛为标志，宋初首波古文运动归于失败。

第三章以穆修和石介为中心论述了北宋前期古文运动的发展历程。在古文运动处于低潮、“西昆派”骈俪文风炽盛之时，穆修“力以古文为主”，成为欧、苏的先导。穆修摒弃“道统论”，以儒家之“道”作为做人、为文的准则。恢复了韩愈“不平则鸣”的文学精神，初步改变了柳开一派“辞涩言苦”的文风，让古文回归到文学本位。与柳开的“以古道发明”相比，认为二者有质的区别。而以石介为首的泰山派古文家，虽然扫荡了文坛上的“西昆”余风，但石介完全学着柳开的腔调，神化“道统”，摒弃文艺，又将柳开等人的怪癖传统张大为怪诞，最终在文学史上形成“太学体”，使古文运动面临新的更严重的危机。

第四章以论述欧阳修的古文理论和创作成就为主。欧阳修与西昆体、太学体的斗争，使北宋古文运动走向胜利。欧阳修的“道”论有一个显着的特点，即是他将“道”分为“圣人之道”与“诞者之道”，而他反对的“诞者之道”，就是石介所极力鼓吹的“道统”。作者认为欧阳修古文理论的精髓，是他在廓清“道统论”迷雾的同时，对“圣人之道”做出了崭新的诠释：“道”在百事之中，百事之理即“道”。“道”是思想，“文”是辞章，两者应有机结合，达到“事信言文”的效果。欧阳修从“道统论”的束缚中解放出来之后，对古文体制、风格和古文家的修养等问题做了十分有益的探索。

第五章论述北宋古文运动的最终完成。以苏轼为主，包括苏辙、前后“四君子”、“六学士”。苏轼摒弃“道统论”，认为孔子并未“立论”以开“是非之端”。他淡化孔子之后的“儒家之道”，认为“道可致而不可求”。“不可求”是因为根本就不存在所谓圣贤一脉相传的“道”，“可致”是因为人们可以通过实践认识和掌握自然规律，这才是真实、活鲜的“道”。“道”从日常生活中来，“夫子之道”也只是“归于至当”而已。苏轼还原“道”的本来面目，批评并淡化后世的“儒家之道”，在当时是更大胆的观念“越轨”。作者指出：“这种文学观，将古文运动最终单一化为文体改革，在古文运动发展史上具有划时代意义。”苏轼另外还提出为文之“道”在于“辞达”，主张“文理自然”，进一步将平易文风理论化、常态化。

作者对北宋古文运动发展史中代表作家的文道论进行梳理之后，意犹未尽，又写了六、七两章。分别考察了北宋古文运动与佛教及道学的关系。这是古文运动研究的新角度。从韩愈以来，维护道统便排诋释老，同时古文家处理文道关系，不免也与释老思想产生种种瓜葛。宋代古文家中有为“卫道”而排佛者，如柳开、石介；有为国计民生而排佛者，如王禹偁、欧阳修、曾巩、司马光等。但佛教已成为传统文化的一部分，儒、佛融合成为不可遏制的趋势。经过释省常、智圆、契嵩等僧人对儒、释、道三教融合的努力，到北宋中后期，禅宗独盛，“文学禅”遍天下，僧人也更加世俗化，文人士大夫普遍信佛，其中不少人成为禅门“居士”，如王安石、苏轼、苏辙、黄庭坚等，这些都是古文家、诗文僧相互同化的结果。

在儒学内部，道学家与古文家在文道关系上的分歧，是研究古文运动的一个难题。早在柳开身上，就可以看到后来道学家所谓“作文害道”的影子，而古文家于道德性命之学又或有濡染，加之道学本是儒学发展到宋代的一种形态（即所谓“新儒学”），所以道学与古文关系的重要性不言而喻。本书梳理了这些关系，显示出作者对此问题的深入思考，不仅见解独到，也拓宽了古文运动的研究视域。

陈伯海先生在《文学史与文学史观》一书中说：“作为一种文学史观，它至少要回答两方面的问题，即：一、文学的历史运动是按照怎样的方式进行的？二、文学变革的历史动因又是什么？”祝先生抓住了文道关系这一北宋古文运动中最重要的线索，清晰而系统地回答了这两个问题。祝先生倾几十年之力，反复审视这一问题，并取得重大创获，这可谓是对古文运动研究的一大贡献。

祝先生在本书初版后记中说：“在注意系统性和完整性的前提下，笔者有意将重点放在欧、苏以前，尤其在宋初着墨较多，对学术界研究的较为深入的作家或问题（比如欧、苏等大家）则略写，不平均用力。”此语正是先生独到的学术眼光与学术魄力之体现。本书深化了对柳开、王禹偁、穆修、石介等人及宋初、北宋前期古文运动发展史的研究，避免了此前对这一段文学史的考察大多将注意力集中在北宋中后期几位大家身上的局限性，“拉直”了整个北宋古文运动的发展历程，让来龙去脉一目了然，相关问题也迎刃而解。这是前此文学史中所缺少的。名为补充，实为开拓，这是本书的重要价值。至于书中史论结合、作品解析准确、论点鲜明稳健等优点，本是所有优秀文学史著作的特征，此不赘叙，读者开卷自知。

成玮著《制度、思想与文学的互动——北宋前期诗坛研究》

史　伟

宋初诗歌发展，经过上世纪 80 年代白敦仁、陈植锷、尹恭弘等学者的往复讨论（参见陈植锷《诗论王禹偁与宋初诗风》，载《中国社会科学》1982 年第 2 期；《宋初诗风续论》，载《中国社会科学》1983 年第 1 期；及尹恭弘《论宋初的主要诗风》，载《中国社会科学》1983 年第 1 期；白敦仁《宋初诗坛及"三体"》，载《文学遗产》1983 年第 2 期。）虽则仍有若干细节上的争论，但总体确定了白体、晚唐体、西昆体所谓"三体"递嬗演进的框架，并进而影响到宋代文学史、文学思想史写作。但近些年，有研究者开始摆脱"三体"的拘囿，以多元的视角，对宋初诗史作较长时段的、全面系统的考察。成玮博士的专著《制度、思想与文学的互动——北宋前期诗坛研究》（复旦大学出版社 2013 年版，以下出自该书者，均只注明页码），就是这方面的力作。

该书研究北宋前期太祖、太宗、真宗、仁宗四朝诗坛，分为上、下两编，前三朝为一编，仁宗朝为一编。全书不囿于"三体"的局限，以诗史的历时演进为主线，广泛涉及制度、文人心态及文学思想、观念等多方面因素，力求对宋初诗坛作整体性把握和梳理。

制度是影响文学的基础性因素，本书题名为《制度、思想与文学的互动——北宋前期诗坛研究》，顾名思义，制度就成为文学讨论的起点。这里的制度，包括主要两个层面的内容，一是朝廷在不同时期对于士人（特别是士大夫)的政策和态度,二是朝廷君主对文学的政策和态度。就前者言,从太宗后期尤其是真宗朝开始,文臣地位显著上升,但与之相伴随的,是朝廷对文臣日趋严厉的控制。这固然可以使得文士阶层容易产生对朝廷的积极认同,但也不能不使其对禄位产生某种疏离。作者用王夫之《宋论》中所谓“且前且却”来概括宋初士人的处境和心态。王夫之此论有着明显的明代初期严酷士人政策的痕迹,但用以概括宋初士人心态仍是比较准确的。此种处境和心态,反映于文学,一方面是独立意识的高涨,虽然其所强调的更多是文章内容上的新旧兼收,而不是风格上的自立门户;另一方面是讽喻精神的强化。落实到文学上,就是讽喻精神从古体向近体的渗透。文体本身是否具有一定的“思想性”或者“意识形态性”,是一个值得深入探讨的问题,美国学者鲍弼德在《斯文:唐宋思想的转型》一书的“导言”部分,就“文学作为思想”进行了专门阐述(刘宁译,江苏人民出版社 2001 年版,第 23—28 页),近年来这种观点也逐步为学界所关注。但客观地说,文体之“思想性”研究,落实于诗较落实于文为难。文在实际的政治、社会生活中的功用、地位,及“载道”的观念,都使文更容易与思想的、意识形态的东西相联系;相较而言,诗不与之发生直接的、显明的联系,然而其间的关联,仍是存在而不容忽视的。典型的,如陈子昂感于“风雅不作”,即思“汉魏风骨”(《与东方左史虬修竹篇序》),有志于兴复“大雅”的李白也走上了同样的道路(《古风·大雅久不作》)。朱熹既欲以儒学正统规范诗学,也敏感地注意到这一传统(参见《答巩仲至》第四书“诗三等”说,《晦庵朱先生文集》卷六十四,四部丛刊初编本;及《跋病翁先生诗》,同上卷八十四),朱熹体道有得的《斋居感兴二十首》学诗,正是继承了这一传统而来的五古佳构。借用西方阐释学的一句话,真可谓“有意味的形式”了。事实上,该书在后来的章节中,在这个问题上已作了极大的深入和延伸。

就后者言,从真宗朝开始,真宗君臣改变了太宗朝文风莫定于一的“驳杂”的文学趣味,逐渐清除缛丽的诗风趋于雅正;相较而言,真宗反“丽”远较反“缛”为强烈。至仁宗朝,科举考试中策论的重要性渐渐超过诗赋,此种倾向以制度化的方式肯定下来。在此过程中,西昆体乃逐步向白体转变,书中以晏殊为例特别强调了这个问题。同时,这里又涉及到另外一个重要问题,就是科举对于宋初文学的影响。就此而论,与文学(主要是诗歌)关联最密的,是诗歌在科举诗赋取士中的地位。该书很明确地把握到这一点,其言:“以往学界对宋代进士试科目的梳理,多集中在诗赋与策论、经义的彼此关系上;虽有学者注意到,北宋前期,诗赋一直占据主导地位期间,在诗赋内部,诗歌与律赋两者比例,也还有一个孰轻孰重的问题,但并未考定将赋置于诗前究在何时。其实这一态势至迟在太宗、真宗之交已然出现,而完全制度化、固定化,则要等到真宗大中祥符五年(1012)前后。"(第 110 页)这就是欧阳修《六一诗话》所说的:"自科场用赋取人,进士不复留意于诗",而其与前面提到的策在科举考试中地位的提升,动向是一致的。这可以解释声势颇盛的西昆体为何在极短的时间内即告消歇,也可以见出拘于"三体"论宋初诗之不周延和不确切。关于诗在科举中的低落,见于宋代文献是很突出的。宋末李昴英诗云:"举子头场关荐鹗,时文手段要屠龙。"(《文溪集》卷十四,影印文渊阁四库全书本)。刘克庄《跋李耘子诗卷》比较唐、宋诗赋取士云:"唐世以赋诗设科,然去取予夺,一决于诗,故唐人诗工而赋拙,湘灵鼓瑟、精卫填海之类,虽小小皆含意义,有王回、曾巩之不能道。本朝亦以诗赋设科,然去取予夺一决于赋,故本朝赋工而诗拙,今之律赋,往往造微入神,温飞卿、李义山之徒,未必能仿佛也。"(《后村先生大全集》卷九十七,四部丛刊初编本)这种情况,贯穿了有宋一代。至于全面考量科举考试对文学包括诗歌的影响,是一个非常复杂的问题。在解答这个问题之前,需要对科举考试中科目、规范、标准、所涉及知识领域及所覆盖的区域、人群等作非常细化的了解,却不是简单的"促进"或者"促退"所能够涵盖的。

思想是本书阐释诗史的另一个重要维度。书中的"思想"很大程度上是指诗学观念。该书将宋初诗学观念析为三个层面,即"诗与自然"、"诗与社会"、"诗与诗人"。前者解决的是诗与自然、与情性之间的关系问题。其中情与自然的关系,书中认为:"在作用的层面上,情倚仗自然万物;在本体的层面上,情却略高于自然万物。宋初诗论虽确立了自然景物的位置,但在情与自然万物的地位主次方面,仍恪守'情'居'物'上之义。"而宋初诗论普遍认为,诗中所抒发之情,不是个人性的,而应是"上合天道"、动参造化的情。(第 54 页)于是,宋初诗论"承晚唐五代诗格的绪余,把诗之一体标举到上参造化,牢笼万物的高度;同时又一变后者以物象与政教意图相附会的习惯,使景物的描摹获得了更大的独立性"(第 57—58 页)。这样的观念落实于诗歌写作,正如书中所指出的,就题材而言,"这一时期的诗作者,好像老是兴致勃勃地准备着发现前人未曾写过的物种或景点。"(第 58 页)就手法而言,写景时又倾向于把对象的大体与细节一起表现出来。而由于情是上合天道的,因此物色描写中又比较不重视主观情感的渗透。概言之,宋初人“对于诗里物象描摹的想象,较之此前更偏向于独立化、客观化”。白居易那种“切实、详尽、连篇累牍而又较为客观化的诗风”在宋初诗坛影响最大,是有其诗学观念上的基础的。

与之相联系,宋初诗论在“诗与社会”的论述中,所体现的则是教化意识的强化,体现于诗歌创作,则“理想气质提升,情性抒发却转见拘束”(第64页)。至于“诗与诗人”的方面,宋初诗论在作“诗如其人”的解释时,论者所凭依的,基本都在作品的内容而非风格上,偏重讲求内容的结果,“一是要把别人没有写过的东西写到,二是要把别人已写过的东西写得更加透彻全面。前者造成了题材范围的拓展,甚至开始逸出传统诗美范围之外,走向琐屑庸常;后者造成了务求详尽、铺陈不避繁细的叙写取向,而如此力破余地,言外之致相应地就少了。这两种结果汇合起来,便使得诗风趋于质实而冗沓一路”(第70页)。宋初诗坛白体为主流,甚或不刻意学白诗而自然接近于白诗,尤其多取白居易冗而切的一路。综合以上三个层面的阐述,可以揭示部分的原因;再进一步,唐宋诗演变过程中,宋诗很大程度上走上无物不能入诗而不避繁切的道路,也可以由此揭示部分的原因。

文学观念史的研究,从朱自清以《诗言志辨》及《论雅俗共赏》《逼真与如画》等系列文章进行系统研究开始,很多学者涉猎于此。但总体来讲,受到的重视仍然不够。既然是观念,就有其恒常不变之处,然而这也意味着,观念层面的东西一旦发生一些比较显著的变化,就一定是重要的甚至实质性的变化,而对诗歌创作、诗学批评产生深刻影响。从这个角度讲,观念史的研究在文学史和文学批评史中,实处于基础性的地位。本书第二章《宋初诗学之观念》的论述印证了这一点。全书中此部分的论述看来最易蹈虚,但若细心体会,却可看到其总体切于情实的方面,是颇具洞见的议论。

文学层面的研究,该书打破传统的三体的框架,于太祖、太宗、真宗三朝,则从地域、诗体及若干个案研究的角度,对宋初三朝诗坛发展风貌进行全面清理。

晚唐五代至北宋,是我国最后一次由大分裂走向相对统一局面的历史时期,因此也是特别适宜于进行区域研究的一个时期。在宋初文人地域分布的叙述中,书中把宋初诗坛分为中朝、江南、西蜀、吴越、闽地、荆湘、其他(包括原南汉与北汉地区)七地,为我们呈现了各区域诗歌创作多样纷呈,同时互相影响交融的图景。同时,书中把握到了宋初三朝,士人整体文化水平直线上升,诗坛的繁荣势头却升而又降的取向,并像前面提到过的,结合科举考试的转变予以揭示;但同时也指出,"细辨起来,当时人对诗的轻视,主要表现为对其承载内容及社会功能,由重视逐渐变为不以为意,对其艺术难度却无低估之心。这在一定程度上反倒有利于诗歌摆脱社会伦理诉求而专注于诗艺探索,故所起作用也不尽是负面的。"(第284页)亦为持平之论。

关于宋初各体诗之发展,是本书在论证上的颇具操作难度的一部分。本章(第四章)以诗体的计量统计为基础,涵盖时人创作的主要诗体古体(五古、七古)、律诗(排律、五律、七律)、绝句(五绝、七绝),兼顾作家、地域等要素而作历时的考察,得出如下结论:第一,宋初诗就艺术进展程度而言,古体胜于近体,七言胜于五言。这意味着,不同于晚唐轻清细微的诗风,宋初诗已经开始朝着"放手抒写"的一方面发展了。第二,就"放手抒写"而言,宋初诗基本上走"切实详尽"的一路,而与白(居易)切近。第三,纵向来看,此种切实详尽的诗风的突显,大致在真宗一朝,而此前诗坛基本仍是多元并举的局面(第162—164页)。计量统计,不论其指标设定多么全面,依然存在抹平细节和一些重要特征的风险,这种抹平甚至会影响统计所得来的对于大的趋势的判断。但考虑到本书除统计外仍运用了多种视角加以补充,及论述中非常审慎的态度,我们仍然认为,其结论是可以采信的。

接下来(第五章)对于王禹偁、杨亿、寇准的个案研究,可以看做是这样的补充。因为打破了三体的框架,书中对"其作对于后来宋调的形成,作用微乎其微,然仅就诗艺水准而论,在宋初却颇见光彩"(第10页)的寇准投入很大的关注。在仁宗朝诗坛的论述中,作者则特别拈出诗风不类于欧(阳修)、梅(尧臣)的宋祁。而在对杨亿的论述中,书中指出:"杨亿诗层次清晰而患直致,面面俱到而少裁剪,加之多数作品造语秾丽而时见芜累,用典频繁而多有重复,一言以蔽之,就是滞重呆板。"(第174—175页)因而书中对之做出了这样的评价:"(杨亿)对李商隐诗固多承袭。但他的创作思维,其实与义山相去甚远,而与当时诗坛追求切近的总趋势相合。"(第184页)书中称杨亿为"浮于表面的诗艺革新",为深透之见。至于王禹偁,则以其于七古的新尝试,开后世无数法门,于"宋调"的形成影响最大。由此可以见出太宗朝诗坛的多元态势,不是所谓"三体"所能范围,而这也是本章选择上述三人为个案的用意所在。在该书"小引"中,作者强调:"我们希望一方面追索'宋调'的发生历程，另一方面，发掘逐步被史诗叙事挤压至边缘的其它面向，并进而考察两者间的互动。重提其他面向，目的不只是为了向当时诗坛的原貌更逼近一步，也是为了更真切地把握‘宋调’发生的具体环境与机制，对它增进了解。”这个目标，本书是达成了的。

下编专论仁宗朝诗坛。有了上述前三朝论述的积累，对于仁宗朝诗坛的风貌的描述确有水到渠成的感觉。就像本书所言：“我们认为，前三朝，尽管‘宋调’的萌生初见端倪，但这端倪，尚处在一个不甚自觉的状态；仁宗诗坛的贡献，主要即在于将原有的端倪较自觉地加以引申，使之蔚成潮流。”（本书“引论”）这也是本书将太祖、太宗、真宗朝与仁宗朝诗坛分立上下编的原因所在。

本书对于仁宗朝诗坛的研究，有几点可值得注意：第一，本书是以欧阳修和欧阳修视野中的诗坛为中心进行叙述的，其中梅尧臣、苏舜卿占据了最核心的位置，而又以前者为最重要；但除此之外，江休复、谢伯初等也不同程度地纳入到欧阳修的诗学构图，而显示出仁宗朝诗坛丰富多彩的一面。第二，就像此前论述中之不以三体牢笼太祖、太宗、真宗诗坛，本书对于诗史的叙述也不限于欧阳修设定的图景。因此，在欧阳修的视野之内，本书特别指出梅尧臣在诗学观念和诗歌创作，尤其是五古的创作上与欧阳修的歧离；欧阳修的视野之外，则以宋祁为例，探讨这个诗艺颇有可观，诗酒唱和有名当时的人物为何未纳入欧阳修的视野，而在文学史写作中被挤压至边缘而模糊不清。而其中对于古今诗人诗风同异离合的分析，显示了作者良好的文本分析的能力，如书中对宋祁诗的描述：“其诗风偏于整炼，异乎欧阳修等人的放手抒写。再放到整个宋调成形的过程中去观察，他的新意主要在打破既有技法间隔，却并未提供多少新的技法，对于宋诗发展，作用确实不能与欧、梅相提并论。”但书中同时强调：“然而，诗史的复杂之处在于，他潜心写作五古一体，其实与梅尧臣的诗体选择不无共同点；又因善用典故，而成为后来宋人‘以学问为诗’的前驱之一。”（第 276 页）有斟酌、有权变，均为体会有得的微至之言。第三，作者延续了科举考试中诗歌地位边缘化，对于诗学观念、创作的影响的问题，并对传统的所谓“诗文革新运动”的提法提出质疑。第四，书中并未把欧、梅为中心的仁宗诗坛，简单看做是对于前三朝诗风的反拨，而是将其视为整体上“首尾完具的诗史段落”（第 283 页）。也像本书“引论”所言：“现有的研究，多把仁宗朝诗坛描绘为对前三朝的反拨，与其间的承递关系较少注意，这正是本书希图去纠正的。我们把北宋前期四朝当做一个整体来讨论，旨在突出诗史的连续性。”本书尽力呈现了宋初诗坛的丰富性，但其间的延续性仍然构成了诗史叙述的主体。英国诗人艾略特在《传统与个人才能》中说道：“历史的意识又含有一种领悟，不但要理解过去的过去性，而且还要理解过去的现存性。”（托·斯·艾略特著、卞之琳译《传统与个人才能》，收入中国社科院文学研究所编《现代英美资产阶级文艺理论文选》，知识产权出版社2010年版，第39页）宋初自太祖至仁宗四朝的诗史演进，也可以作这样的理解。因此，传统被看做沿袭晚唐五代余习的宋初三朝的诗歌创作和诗学观念，对于真正意义上“宋调”的形成，乃具有发生学的意义。

综而言之，在纵的方面，本书将传统的包含太祖、太宗、真宗的所谓“宋初”，延伸至仁宗朝，而看到了其间相沿承继的一面；在横的方面，容纳了三体之外诗人和诗美旨趣，揭示了更全面和更丰富的诗坛风貌。本书对文体给予特别重视，这包括诗体与诗体之间的比较，也包括诗体与赋、文等的比较，使得全书可以在一个比较细化的层面展开论述，提出了很多可资启发的有意义的问题，而此种方式，也是符合宋元以下明辨体制、体制为先的创作实际和文学批评实际的。宋人论诗常言“不犯正位”，不忽视、不遮蔽相对异质的材料，或可以对原有的逻辑和史的关系做出修正或调整，而得到新的、更准确的阐释方式。就这些方面来讲，本书在文学史料和研究方法的运用上，都得到自觉和充分的体现。可以说，一方面重视文学中历史叙述的合理性，另一方面不断反思这种叙述所可能带来的偏差或遮蔽，一直贯穿于全书的写作，这使得这部实证充分的专著，带有了较强的思辨色彩。

当然，本书在具体材料的运用和一些论断上，仍不无可容商榷之处。我们都承认，历史是追溯得来的历史，接近历史真相的一个最好的办法，就是回到当时的历史语境。例如潘阆、魏野，早于方回，刘克庄《江西诗派小序》山谷条下云：“国初诗人，如潘阆、魏野，规规晚唐格调，寸步不敢走作。”这应该是宋元之际诗论对于二人的比较普遍的看法。宋初诗坛是否存在“晚唐体”，确有可疑（参见黄奕珍《宋代诗学中晚唐观》附论《宋初有“晚唐体”之说的再商榷》，台北文津出版社1998年版），但宋代时人对于一些诗人的评价，却也不能因为今人研究成果的驳论而被掩蔽。再引申一步，林逋是宋初诗坛名气很大、终宋一代也颇为人关注而本书涉及不多的一个诗人。我们现在通观他的诗集，则林逋不但是一位“负气带性之人”，而且对宋初朝廷一些有悖儒学正统的做法，其痛心疾首，简直不合于隐士的身份。然而观诸宋人笔记、诗话的记载，却基本上可以说仍然是一位梅妻鹤子的神仙中人，其于宋人的影响，恐怕也主要是在后者而不是前者。前面说过，重视文学的历史叙事，是该书的重要特点，也是其研究的基础，但在一些细节上，仍需要特别谨慎。关于具体材料的运用，如该书第二章《宋初诗学观念》论及"诗与自然"的观念，作者注意到宋初诗论不同于晚唐五代之将物象单纯视为政教象征符号，因而其于"诗中的自然与社会两方面，常是杂而不分的"（第 56 页）。但同时需要注意到，晚唐五代诗格相当一部分与科举有着密切的关系，因此也多以破题，颔联，诗腹，诗尾论诗（参见罗根泽《中国文学批评史》二，古典文学出版社 1957 年版，第 200 页），科举考试中的自然意象，某种程式化甚至规定性的倾向，是可以理解的，然而这并不能反映或概括晚唐五代诗人实际的创作情况。

但需要指出的是，这些问题并不影响该书的立论。王水照先生在《复旦宋代文学研究书系》"序"中总括该书后评价说："这对于深化北宋诗歌研究，特别是对探源北宋诗文革新运动，具有重要的学术价值。"并不是过誉之词，而该书细密论说所寻绎而得的线索和理路，是值得有关研究者特别重视的。

王德保等著《北宋前期四重臣与江西文化的兴盛》

李凤立

陈寅恪先生说："华夏民族之文化，历数千年之演变，造极于两宋之世。"有宋一世，文化发达，学术昌明。在宋朝，随着文化重心南移，江西文化异军突起，在各个方面都有辉煌的成就。以地域特征来看，在全国亦处于领先地位。但学界少有文章以江西地区为视角，来研究北宋文化。由中国社会科学出版社 2012 年出版，王德保先生所著《北宋前期四重臣与江西文化的兴盛》

试图从文化名人效应的角度，探索这些人物产生的原因并且对地域文化的影响。

本书立足地域，瞄准前沿。江西文化的兴盛，一来凸显出北宋文化的繁荣，二来代表了南方文化的崛起。自汉至唐，中国的文化都是以中原马首是瞻，在地域文化格局中，身处南蛮之地的江西被边缘化。到宋朝，以江西为代表的南方文化蓬勃发展，逐渐占领了半壁江山。经学上，江西成为理学重镇；史学上，江西籍学者取得了极为辉煌的成就；文学上，江西文坛极盛一时。探索这一文化现象出现的原因，对于研究宋代区域文化的发展特征，探讨江西文化的发展历程，具有非常积极的意义。

北宋前期是江西文化的准备时期，四重臣处于承前启后的重要时段，作者以其独到的学术眼光，选择四人作为突破点：

南唐中主李璟、后主李煜有广博的学识、卓越的才华但没有治国才干，这是我们对二者的定见。作者却从另一角度挖掘到了更深层次的意义。统治者不谙兵事，偏安一隅，避免了不必要的战争，因此，相对而言，长江以北地区到黄河流域遭受的祸害烈于江南地区。另外，才子皇帝重视文士，重开科举，江南地区的重学风气由此炽盛，促进了小朝廷的文化繁荣。在这样的背景下，宋齐邱成为江西历史上首位以士人的身份跻身宰相高位者，这也表示江西文化开始起步。北宋统治者延续了崇文尊士的政策，促成了全社会重学尊儒的风气。

另一方面，北宋初期，新建立的统一王朝仍处于南北政治文化的碰撞融合时期。身处北方中原大地的帝王大臣以正统自居，对南方抱有地域偏见，南人的入仕更加艰难。北宋一朝，南方士人逐渐走上政坛，四重臣作为南人入仕的先驱者，他们的入仕历程反映了北宋初期，南北政治文化的对峙及磨合。

从全书所录四重臣的事迹可看出，四者虽位高权重，但仕途却非一帆风顺。在南北政治文化磨合的北宋初期，得势的北人大多对新进的南人心存蔑视和芥蒂。陈彭年于太平兴国年间参加宋代科举考试，因其诗赋中有嘲讽之语，知贡举的宋白素不喜南人，以轻佻之名将其黜落。真宗欲拜王钦若为相，王旦议曰："臣见祖宗朝未尝有南人当国者……"（脱脱《宋史》卷二八二）仁宗本欲召夏竦入朝为相，因谏官、御史诋之不已，不得已贴麻改命。至于北宋颇有声名的晏殊，也曾被寇准公开排斥过："帝嘉赏（晏殊），赐同进士出身，宰相寇准曰：'殊外江人。'"

另外，在对四重臣的研究过程中，作者对历史上的一些公案有了独到的发覆，指出了以往"史书著述，只惟事实所尚，少有推导其中之因，尤少关涉人物内心情态，更缺乏直透历史帷幕而寻根究底之精神"（第四章）这一个重要的失当之处。出于对此的拨乱反正，作者通过理性的立论，详实的材料，以及对当事人心理细致入微的分析，有力的回击了以往"大奸大邪"的谬说。也正是由于作者对这些公案理解的通透，故而在无尽的材料之间可以做到抽丝剥茧，进退有节。

历史上对王若钦的评价基本上是一刀切的认为是"奸邪"之人，但是笔者认为这些论断只看到了事实，而没有看到作为南方初起之士的无奈何辛酸。

王钦若一生最受非议的是他怂恿真宗迷信符瑞，作者并不为此讳言，"真宗皇帝对他无限信任，除了他善于逢迎皇帝的旨意，最重要的可能还是君臣对神仙术和他符瑞的强烈嗜好"。但作者指出：

其一，真宗朝迷信热的始作俑者还是皇帝本人，在"大中祥符"这出历史闹剧，皇帝说亲眼见到神人"星冠绛袍"，亲耳听到神人天降神书，如此神迹显灵，作为臣子自然只有歌功颂德的份了。

其二，作者对比了以皇帝名义所写的《册府元龟序》与《资治通鉴序》。神宗序围绕政治清明、治乱兴盛来论述朝代兴盛，真宗序通篇围绕天人感应和五德终始之说，从而说明君权神授、天命所归。《元龟序》极力宣传五德终始学说，无疑有其特殊的时代背景。

其三，王钦若对真宗封禅的推波助澜，作者从封禅的动机来看，"初，王钦若既以城下之盟毁寇准，上自是常怏怏……钦若曰：'陛下苟不用兵，则当为大功业，庶可以镇服四方，夸示戎夷也。'上曰：'何谓大功业？'钦若曰：'封禅是矣……'"（李焘《续资治通鉴长编》卷六七）真宗的真正目的是在订立澶渊之盟后，急于重振威望，用封禅来重申君权神授。

其四，在君臣对话中，作者从一个小细节发现了一个大问题，"钦若曰：'陛下谓河图洛书果有此乎？圣人以神道设教耳。'"之后真宗问杜镐河图洛书的真伪问题，杜镐亦答曰："圣人以神道设教耳。"可见，统治阶层将神道视为设教的工具，这一切都是从维护皇权的目的着眼。

另外，作者指出，"在宋人笔记中，北方士人对他（王钦若）的谴责多一些，而南方士人的记载似乎更加客观中立。如欧阳修的《归田录》也对王钦若的

事迹有所涉及,但是没有进行负面的记叙或尖锐的批评,与《涑水记闻》的立场决然不同。"(第三章)

在"惟事实所尚"的偏见下,夏竦亦是难逃"大奸大邪"的"盛名",但是作者从事情的原因出发,独到的指出了在北宋初期,南人在面对北人的排挤和皇帝的猜忌下进退维谷,不得不处处小心,揣摩上意,"处事低调,个性压抑"。那些一口断定"奸邪"的人,又有几个能看到南人在北人朝廷为官的辛酸泪!

对于夏竦的再次评价,作者除了对心理层面做细致分析外,更是从历史的材料中找到了详实的证据,至于作者所引书目,以及独到之处,还请诸位读者自己品鉴,笔者于此不再喧宾夺主。总之,这种凭借历史材料和历史语境的双重标准对一个人进行评价的方法,当为一个更加理性的方法,值得以后的研究者借鉴。

从北宋前期四重臣与江西文化的关系,也可看出中国独特的士文化。

江西文化崛起,与江西士人的异军突起是直接对应的。在第一章中,作者通过分析史料中的数据,看到江西科举的盛况与江西文化的兴盛基本上同步进行,"江西文化在北宋时的极盛时期是在欧阳修以后的仁宗后期至神宗时期……江西文学也在此时进入全盛阶段,诗文词领域的大家不断涌出,如欧阳修、李觏、王安石、刘攽、曾巩、黄庭坚、晏几道等,他们对诗文词等文体贡献巨大。"与之相应的是江西的科举盛况:"而人才最盛时期是宋仁宗后期至北宋灭亡的这段时间,大约 70 年,考取进士 1161 名。差不多可以欧阳修主持嘉祐二年(1057 年)的进士考试为界,前期的进士基本上呈缓慢上升的态势,而后期的这段时期,呈现出井喷似的增长局面。这在全国亦为希见的情况。"(第一章)

宋代科举制度改革,使得中原地区门阀世族的优势不复存在。宋朝之前,江西不论政治还是文化都处于后发展地区,宋代江西文化的兴起及科举之盛,与这种考试公平有必然的联系。学而优则仕,入仕者必学优。作者王德保在其另一著作《司马光与〈资治通鉴〉》中所明确指出的:"宋代内阁大臣多为饱学之士,士大夫阶层十分崇尚有学问者……宋代大学问家,多为达官贵人,欧阳修、司马光、王安石、苏轼其实就是当时学问最渊博、学术成就最高的顶尖人物。他们的才学与官职有必然联系。"北宋尊文重儒的政策,教育与科举的繁荣,促成了北宋一朝文化的鼎盛局面。

本书研究的四重臣,皆因自己的才能为皇帝赏识,从而高居要职。陈彭年以翰林学士拜刑部侍郎，并入阁任参知政事，成为执政重臣。在内阁任职期间，劳累过度，可谓勤勉政事。真宗亲临祭悼，可谓君臣相得。王钦若在真宗、仁宗朝皆官至使相，有宋一代南方人任宰相，自钦若始。仁宗亲作飞白“文行忠信”四字，及“承险”勉励夏竦，且言“为时谤伤者甚重，而朕独知卿也。”晏殊从神童到阁老，历仕两朝，尽获恩宠。前贤如许，为江西人在北宋政坛铺开了一条坦路。真宗朝王钦若的拜相是一个重要的象征。真宗朝后，赣籍人士在政坛上开始活跃。作为先驱者，他们举荐乡贤，培养了一批有为的政治家。“四重臣在朝廷的地位，以及他们从政的示范作用，无疑对桑梓之地的江西士人产生了巨大的影响。”(第一章)

四重臣相似之处不仅在于高居要职，还在于皆为饱学之士，作者对此也有着充分的掌握，从第二章到第五章记载内容可以看到：陈彭年在朝亦以学识渊博著称，又以文采著称，在音韵学和史学上皆有成就，其著作《重修玉篇》为现存最好的版本，《大宋重修广韵》直到现在仍然是学者着重研究的对象。又陈彭年是宋代第一位江西籍的史学家，《江南别录》是记载南唐历史的重要史书，有较强的史料价值。王钦若在真宗一朝主持编修了《册府元龟》这一部政事全书。夏竦，少有才华，所为诗文，皆为可观，文成四六，自为名家。晏殊，不仅是朝廷重臣，还是文坛方家。四重臣因其重要的政治地位及杰出的文学才能，是北宋江西文化繁盛的重要因素。

以全书结构来看，本书似乎亦有百密一疏之处。如有关江西文化的叙述，只有第八章《北宋江西文学的兴盛》。但在北宋时期，江西学术全面繁荣，在经学、史学、文学诸方面都有骄人的成绩。如作者在第七章中所列举的：“黄庭坚家族以儒节义学传家，亦以文化传家，黄庭坚擅诗亦善书法，与苏轼、米芾、蔡襄并称宋代四大书法家。刘敞既通经学，又熟悉史学，在金文、目录学方面造诣也很深，其弟刘攽史学修养非常高……乐史是著名地理学家和天文学家……”作者以其学识可以展开描述这些内容，却只是在各章中略有提及。

综观全书，作者在论述过程中，旁征博引，从正史及各家笔记文集中寻找证据，数据与论证相表里，史料与理论相参证。并对四重臣进行了全面透彻的评述，包括其生平事迹及学术成就。其中，对王钦若与夏竦奸邪的辨析，更是颠覆了前人的看法。对事件的评判，不局限于事件本身，而是将其还原至历史语境中，以对其有更深入的见解。

张若兰著《多元共生的系统与文化——北宋怀古咏史词研究》

吕肖奂　余　鹏

2002年至2005年，张若兰在四川大学攻读中国古代文学专业唐宋方向的硕士学位，完成了题为《北宋怀古咏史词研究》的硕士学位论文。论文答辩时既得到同行专家的不少肯定，也得到了他们极其中肯的指正。时隔八年之后，她在学位论文的基础上进行大力修正和补充，出版了这部《多元共生的系统与文化——北宋怀古咏史词研究》（云南大学出版社2013年版）。相较于其硕士论文而言，书稿无疑有较大的提升：其研究的思路与方法尚能令人耳目一新，其所立论尚不落窠臼，仍能站在宋词研究的前沿领域，提供不少创见与新论。

得“一代之文学”之誉、极词体文学之美的宋词，确乎是词史发展中难于逾越的巅峰和典范。毫无疑问，宋词以其高卓的创作成就吸引了众多读者，也使得研究者爱不释手。北宋词的研究，更是热门。正如张若兰在《多元共生的系统与文化——北宋怀古咏史词研究》的“绪论”中所说，乃是“千岩竞秀、万壑争流之势”。不过，张若兰却执着地认为“相关研究远非泽涸鱼尽”，且相信“变换视角，仍有可为”。这本新著正是其变换视角的所得与所获。宋词研究，代有其人，代有其作。这本新著若不至湮没于宋词研究的浩瀚海洋中了无声息、毫无贡献，那恐怕与其视角的大胆转换与创新有关。综观其作，其“变换”及“变换”之所得主要有三：

一、不囿成见，重新界定研究对象，扩展对北宋怀古咏史词研究的视域。

新著的“绪论”部分以大量的篇幅对北宋怀古咏史词的范围进行界说。其界说涉及“时间界说”、“题材范围界说”、“表演形式”界说三大部分，长达

15000字。以如此多的笔墨进行界说，正因张若兰将部分此前并未纳入怀古咏史词范围的作品归并入怀古咏史词的范畴。首先值得一提的是，为正源立本。张若兰广泛搜集目录学和史籍、说部资料，将北宋怀古咏史词的题材归为“史部典籍所涉题材”和“其他部类典籍所涉及的历史题材”两大类型，并在详实资料的基础上，论证神仙志怪故事以及《莺莺传》《离魂记》《冯燕传》等唐人传奇作品亦被目为“古”或“史”的合理性。这就有理有据地延伸了北宋怀古咏史词的题材范围，使得更多的作品合理有据地进入研究视野。其次，张若兰对北宋怀古咏史词的表演形式进行了界说，指出北宋怀古咏史词其实并非只有“徒歌”的表演形式，而是可以与其余文艺形式（如舞、说等）并行的，因此，她将大曲、鼓子词、转踏等文艺形式中的歌词也划入词的范畴，并将其中关乎“古”或“史”的作品纳入其著作的研究范畴。如此，北宋怀古咏史词的范围扩大了，不少之前被边缘化甚至被忽略的词作进入其研究领地，拓展了怀古咏史词的研究视野。

北宋怀古咏史词范围的重新界定确实是大胆的，大有打破常规的勇气。值得赞赏的是，其界定的破与立论证严谨，材料充分，颇具说服力。这就为这本新著的下一个“变换”奠定了坚实的基础。

二、条分缕析，将北宋怀古咏史词划归三大系统，使其多线并进的状貌清晰呈现。

张若兰在新著中将北宋怀古咏史词划归三大系统，即传统文人雅词系统、禅宗颂古系统及配合其他文艺形式表演的系统。如此条分缕析，让北宋怀古咏史词相对真实的面貌得以呈现。

确实，之前的怀古咏史词研究多数将眼光聚焦于文人雅词，如王安石《桂枝香·金陵怀古》、苏轼《念奴娇·赤壁怀古》一类作品。然而，“受禅宗颂古之体极大影响，从而独具特色的禅宗颂古之词”以及“部分表演交织着其他文艺形式（如舞蹈、说唱等），从而具有一代的民间文艺色彩、尚未充分雅化的词”占据了北宋怀古咏史词中相当大的份额。因此，张若兰认为，“北宋词本具一定的雅俗共容性，包含部分民间质素和宗教因子，因此，对之的考查不能仅着眼于典型的文人词”。若将禅宗颂古系统之作和配合其他文艺形式表演的系统之作均摒弃在研究视域之外，则会造成“对北宋怀古咏史词认识的严重偏狭，也使得北宋怀古咏史词所具有的多元文化价值和交融性被单一的存在观感所湮没。”

有鉴于此，张若兰在新著中以三章的篇幅分别对北宋怀古咏史词三大系统的作品进行考释和分析，梳理各系统词作的基本存在情况，勾勒其状貌，总结其特点，分析其价值，挖掘其文化内蕴与系统渊源。张若兰认为，文人雅词系统的北宋怀古咏史词“是对传统的士大夫精英文学风貌的传承和继续发展”以“士大夫的雅化”为其总体阐释特色，其题材的渐次拓展和风格的渐次含蓄均是北宋词雅化与诗化实践的“重要载体及其成就的重要体现”。而禅宗颂古系统特色极为鲜明，从词调的选择、联章体式的采用、语言的特点、范式的趋同都显示出“禅宗颂古”的典型特点，因此此系统作品的创作者虽然多数是较为著名的文人，但“不宜划归传统文人雅词”，而是“产生和特点都是禅宗颂古诗推衍和扩展的结果”，自成一脉，具有“语言与形式通俗活泼，而内在的意蕴却是深沉而雅化”的特点。第三章着力探究配合其他文艺形式表演的北宋怀古咏史词，指出此系统中的怀古咏史词“受到其他文艺形式的拘牵更多，纯文学的性质更少，且具有部分的民间特质”，因此，虽然此系统的部分词作者亦为传统文人雅词系统的词作者，其分属两个系统的词作风格却迥乎不同。配合其他文艺形式表演的系统在题材上以女性及情感题材为绝对主流，风格上也有别于传统文人雅词，而具有“雅俗兼容的特点”。值得注意的是，张若兰比较分析之后指出，这一系统亦在向雅的方向前行，但“只是文人化典雅情趣的蹒跚习步者”，而“传统文人雅词系统的怀古咏史词已接受了文人审美情趣和观念较长时期的洗礼，已渐次从民间文艺的俗的母体中剥离，具有较为鲜明的文人性，在文人化、典雅化的旅程中已是接近终点的旅客”。通过这样的比较，系统之别判然呈现。总之，在三章的梳理之后，北宋怀古咏史词的三大系统极有说服力而清晰地呈现于前。相信，这较之单纯地着眼于传统文人雅词而进行分析，无疑要更为全面、更为系统，也更加接近历史的真实。

三、深入挖掘，揭示北宋怀古咏史词系统共生背后的文化渊源，阐明其所映现的北宋词多元共生的文化背景与发展态势。

在将北宋怀古咏史词划归三个系统并进行细致而深入的梳理剖析之后，应该说，北宋怀古咏史词的状貌已然基本得以揭示与还原。不过，张若兰尚不满足于基本状态的描述和勾勒，而是将研究的触觉再向纵深伸展，以第四章总结和归纳北宋怀古咏史词的总体状貌，概括其总体成就，并着力揭示北宋怀古咏史词所体现的多元文化价值。对这一多元文化价值的着力挖掘，乃是这本新著的重要所得。

张若兰认为,三大系统在北宋怀古咏史词中共生并存,所体现的并非仅仅是怀古咏史词一题的状貌,而是见微知著地映现了早期词体娱乐、言志、宣传的三大原生功能。同时,三大原生功能其实各自置身于不同的文化系统中,并“在各自的文化传统与文化环境中吸收相应的养分,受到相应发展规律和审美规范的影响。娱乐功能面俗,言志功能慕雅,宣传功能从教”。

进而言之,张若兰认为,“绵延至北宋,不同文化传统的影响力和牵引性依然显著地存在于词体的进化历程中,并影响着词体的发展和面貌。”北宋怀古咏史词的三大系统正是文化传统牵引在北宋词中的鲜明呈现,三大系统分属于士大夫雅文化、民间俗文化和宗教文化三个不同的文化系统与渊源。在北宋,士大夫雅文化这一文化系统成为“相对主流且为人瞩目的发展方向”,但是“终北宋之世,词仍然兼有娱乐、言志和宣传的三重功能性,且三大功能各自受到特定文化传统的牵引”,并从而共铸了北宋词多元并生的风貌与文化功能和价值此消彼长、相互影响的格局。见微而知著,窥斑而见豹,北宋怀古咏史词成为北宋词多元文化格局与风貌的典型映现,具化了在求同之外存异的气度与包容,体认了多元存在的真实性、合理性和必然性。如此分析,则将研究的所得从怀古咏史一题拓展到对北宋词整体文化环境与系统的认知,所论匪浅,所得亦多。

一本新著,能有以上三点所得应该是对词学研究有一定的价值和贡献的。其贡献在于发掘并还原了北宋怀古咏史词的真实状貌,更在于变换视角,于无疑处生疑的研究精神与创新意识。这也正是这本由硕士论文加工而成的专著能够出版的原因罢。

许芳红著《南宋前期诗词之文体互渗研究》

李征宇

宋词与宋诗是宋代文学史中两座并峙的高峰，前者被视为一代之文学，后者被视为足以与唐诗并驾齐驱的诗国之雄，二者均对后世文学产生了深远影响。同一个时代中，高度发展的两种文体之间必然产生各种联系，二者之间相互影响、相互渗透在所难免，这一点早为文学史实践所证实，宋诗与宋词也不例外。前辈学者从苏轼“以诗为词”出发，对宋诗影响宋词的现象进行了深入研究，将该问题的缘起、发展及后续影响均进行了充分阐释，但他们却有意无意地忽略了问题的另一个方面，那就是词对诗歌的反作用。宋词是否影响过宋诗，在哪些方面进行过影响，有哪些现象可以证明，具体到单个文人身上又是怎样的表现，他们对这些问题或涉及不多，或根本未有提及，这不得不说是宋代文学研究中的缺憾。

针对这一学术界的盲点，许芳红先生以此为题，用两年时间进行潜心研究，撰写博士论文，答辩完毕之后，又经过三年修改，形成如今近二十万字的书稿，呈现于大家面前。这是学术界第一本全面揭示词对诗歌影响的专著，对探讨词对诗的反向渗透具有突破意义。该著全面梳理了词对诗歌互渗的历史，从现象、题材、艺术、风格、身份、文化六个方面全面揭示词对诗歌的影响，还对陆游、姜夔、辛弃疾的“以诗为词”研究进行深入研讨，不仅对诗词互渗现象进行了宏观勾勒与具体展示，而且对具体的互渗技法进行了科学归纳，本书对全面考察南宋诗对词的影响也有一定的价值与意义。该书角度新颖而全面，论证详实而具体，既体现出作者深厚的学术素养，又具有良好的启发意义。该书精彩纷呈，难以粗读入髓，一目涵盖，下文仅抒发一些读后断想，以供其他读者循迹而进，入山探宝。

一

该书具有一种可贵的反向思维，从而使这部著作成为足以引人深思的教科书。纵观诗词研究史可知，学者多从诗对词之影响入手，以句法、结构、意旨等方面证明诗歌对词的巨大影响，以此说明“诗词同源”等观点。这样的研究难免造成如下两种印象：一、容易将诗与词的特色混于一谈。词之为体，多用歌唱，故词实为歌词。早在北宋时，李清照就在《词论》中提出“词别是一家”的解说，指出词必须与诗异。她认为词在协音律以及思想内容、艺术风格、表现形式等方面，都应保持自己的特色。诗多用以言志，其功能目的为政治教化；词为协乐演唱之用，故多言情，其主要功能目的为声色娱乐。诗体与词体，判然有别。如果一味认为词中多有诗歌的创作方法与意味，势必混淆诗与词之间的区别。二、加深词为诗之附庸的印象。词为小道，附庸于诗，诗词同源，诗高词低，这是宋代文人固有的观念，影响绵延至清，故欧阳修等人羞于将所填之词示人。学者们极力说明词中亦有诗之格式，饱含诗之意蕴，这愈发使人感觉诗高于词一等，词乃步诗之后尘而来。这样的研究在有意无意中否定了文学史的实际，使许多原本清晰的问题变得扑朔迷离。

这本《南宋前期诗词之文体互渗研究》一反陈说，独辟蹊径，从文学史的实际出发，认为词，特别是南宋的词对诗歌有特别明显的影响。虽然她谦虚地表示这个问题已有学者提出过，但落到实处的工作主要还是由她来进行。这样的反向思维对整个宋代文学的研究都具有相当重要的启发意义。宋词与宋诗在整个宋代文学史上交相辉映，共同发展，二者之间必然产生相互促进、相互渗透的情况。诗歌在中国文学史上是无可争辩的强势文体，占据王者的宝座，大多数其他文体均受其泽溉，在词尚未成熟之时，自然会有对诗的模仿，甚至亦步亦趋，造成词中多有诗语，或以诗的范式创作词；同时，一旦词高度成熟之后，诗词之间的互动将会增多，其中词反哺于诗的现象开始出现。整个宋代，词开始隐隐有与诗争雄之势，甚至出现了专门的填词文人，词中的诸多技法，尤其是协律、抒情等方面的格式，开始对诗歌产生影响。尤其是在南宋文人诗词兼作的情况下，这种文体上混合、交互影响的现象更是层出不穷。北宋陈师道、南宋孙奕等人均有“苏子瞻词如诗，秦少游词如诗”之类的论断。对于前者即所谓“以诗为词”的研究已是极其充分,对于后者也就是“词如诗”研究,即词对诗的影响倒是少见。正如该书作者所言,这恐怕还是与学者的文体观念有关,诗为正体,词为小道。学问应在前人不疑处或少疑处而有疑,该书作者正是这样做的,她的勇气与敏锐力值得钦佩。

研究宋代文学的论著汗牛充栋,新作迭出,可是从词对诗歌影响角度来进行研究的却寥寥无几,更不用说是全面深入地研究。许芳红先生的这部著作一方面很好的填补了学术界的空白,以全面而详实的研究,使南宋词对诗的影响得到很好的揭示,使读者能够借此窥探诗词互动的另一面,丰富了我们对于宋代文学的认识。另一方面,更重要的是这部著作的思维也能极好地启发其他研究者,不仅是宋代文学的研究者,还有其他朝代文学的研究者,甚至是外国文学的研究者。因为文体之间的相互渗透是文学史普遍存在的事实,古今中外,概莫能外。如果我们能够跳出传统思维的桎梏,全面看待文学史的现实,我们能够从原本看似深入具体研究成果中得到新的灵感,从而推进文学史的研究。

二

在反向思维的基础上,许著体现出作者广阔的学术视野。前辈学者指出,一流的学术研究讲究才学识的配合,卓越的才华,充沛的学养,高超的见识,三者缺一不可,这应该是我们进行文学研究所应当追求的境界。该书作者从反向思维出发,提出词对诗影响这一问题,本身即体现其高超的见识,同时她又具备充沛的学养,善于分析问题,该著即是很好的例证。

首先,该著以近二十万字的规模,从现象、题材、艺术、风格、身份、文化六个方面全面揭示南宋前期诗词互渗现象,重点研究词对诗歌的反向影响,举凡能入手的词对诗歌影响的方面她均有涉及,既有传统研究,从题材、艺术、风格等方面进行探讨,又有别出新见者,如从文人身份着手,体现出作者敏锐的洞察力与深厚的功底。特别是作者立足于文本细读,从同一作者诗词的题材构成、描写对象、立意、风格等方面进行多层次对比,探讨了诗词如何互渗。以科学的统计数字作为立论基础,既从宏观上勾勒出宋代诗词互渗的创作现象,又从微观上展示了诗词互渗的具体状态。

其次,南宋文人众多,如果对整个南宋诗词进行全面梳理,考察诗词之间的相互渗透,难免博而不精。作者在广泛考察的基础上,选取陆游、姜夔、辛弃疾三人为重点研究对象,同样体现出作者广阔的学术视野。这三位文人均为诗词兼擅,留存大量诗词作品,二者之间必然有各种联系;同时,他们又堪称南宋文坛最重要的文人,其作品足以代表整个南宋文坛的成就,以他们为靶的进行研究,以典型概括一般,能够以小见大,管中窥豹,充分把握南宋前期诗词互渗的复杂现象。

再次,作者深入现象本身,鞭辟入里,如同庖丁解牛一样,对诗词互渗现象进行深入研究,许多地方都给人以启迪。比如第一章第三节《词学视野下的姜夔诗歌》与第四节《诗学视野下的姜夔词》,从诗词两个方面探讨姜夔的诗歌与词的艺术成就,分别以传统的诗学研究方法与词学研究方法对姜夔的词与诗进行研究,这样的尝试本身就极富启发性,体现出作者不拘泥陈词的态度。该研究取得了很大的成功,比如《诗学视野下的姜夔词》一节,从"波澜开阖"之章法、"平妥精粹"的句法、奇警传神的字法、"点铁成金"、"夺胎换骨"之典故运用、"自然高妙"之神韵五个方面对姜夔的词进行研究。章法、句法、字法、典故、神韵等,均是传统的诗学研究范畴,但作者不拘一格,将其用于词的研究,使我们从另一个角度窥探出姜夔词的特色,同时也对姜夔的诗词创作有了新的体认。比如"波澜开阖"之章法一目,作者深入诗词本身,以分析理论、诗词对举、相互比较等方法,步步解析,旁征博引,论证姜夔词以"江西诗法"为词的观点,思维绵密,视野开阔。

三

学术研究最忌陈陈相因,了无新见。许著拥有独特的视角,缜密的分析,令人信服的结论,故其可称得上是词学研究史上有所开拓的新作。

自从宋代文人学者提出"苏子瞻词如诗"之后,"以诗为词"便成为研究苏轼词的一个重要入口。对此问题,历代学者均有一己之见,赞之者认为此为填词之创新,使词突破自身,丰富了词的内容,使词跳出旖旎柔媚之态而有雄健之气,所以俞文豹《吹剑录》中有云:"学士词,须关西大汉,执铁板,唱'大江东去'。公为之绝倒"。后世多有附议。毁之者则认为此为词中异端,非"本色当行”，破坏了词协律演唱的传统，混同了词与诗的特色。如李清照《词论》有云：“至晏元献、欧阳永叔、苏子瞻，学际天人，作为小歌词，直如酌蠡水于大海。然皆句读不葺之诗尔，又往往不协音律。”还有学者从中调停，认为苏轼的做法有得有失，既拓宽了词的表现范围与力度，同时也消解了文体的独立性。

许著从另一个角度出发，跳出以往论述“以诗为词”的窠臼，研究词对诗歌的渗透，这在一定程度上颠覆了以往的研究方式。该书的第一章第一节“诗词互渗现象鸟瞰”，从隐括诗意入词、翻词意入诗、诗句与词句相类、诗词创作的相互触发四个方面对宋代诗词互渗现象进行全面把握，使诗词互渗这一现象得以比较完整地展现出来，直观地呈现了诗与词在创作中互相影响的具体情况。四点概括立足于文学史的实际，虽云“鸟瞰”，实则其开拓意义非凡。比如第三目诗句与词句相类中，作者从文本出发，归纳出陆游、范成大、辛弃疾的作品中诗句与词句相类的情况，也就是相同或相似之句同时出现在诗词之中的情况。三位文人的作品卷帙繁多，尤其是陆游和辛弃疾，要从他们的诗词作品中找出相同或相似的语句，实属不易。但作者不辞辛苦，细心梳扒，总结出近六十条事例，以无可争辩的事实证明此类现象的存在。此外，作者还辨析出三位文人在诗句与词句相类上的细微差别，比如陆游的诗词在句法思想上都没有太大的差别，甚至连齐言体与长短句的形式都没有明显的区分，诗句与词句已完全趋于一致，表现出“诗人作词，往往不能脱尽诗腔”的创作现象（唐弢《读词闲话》）。范成大则有的诗句似词，有的词句似诗。这种相同或相似之句出现在诗词两种文体之中，模糊了诗与词之间的界限。而辛弃疾的诗句与词句相类的情况要更加明显一些，是辛词诗化的重要表征之一。

总而言之，许著推进对“以诗为词”这个传统命题的研究，既使我们更加清楚地体认到宋代诗词互渗的事实，同时也深化了对若干文人的创作的认识，尤其是对陆游、姜夔、辛弃疾作品的认识。

对苏轼“以诗为词”的非议从北宋时便已开始，苏门弟子陈师道即公开指摘，认为苏轼的创作非词中本色当行，李清照也有类似言论。但事实上，“以诗为词”的创作实践早在词成熟之初便已出现。晚唐五代时，词体逐步成熟，其特征得以确立，“以诗为词”的创作随之发生。南唐冯延巳、李煜，宋初晏殊、欧阳修等人的词作中，皆可寻觅“以诗为词”的痕迹。此后，随着词自身发展以及苏轼的强大影响力，“以诗为词”的创作之风开始兴起。至南宋时，这种创作方式在许多词人的作品中都有体现，其中陆、姜、辛便是其中重要的代表。

与苏轼相似，学者对辛弃疾的"以诗为词"的创作方式比较关注。相对而言，对陆游、姜夔的关注则要少一些，尤其是姜夔，众人皆视其为婉约派词人，对其以诗之法创作词的手法存在有意无意的忽视。许著以上述三人为例，重点分析他们创作中诗词互渗的情况，从题材、艺术、风格等多角度进行研究，不仅推进了陆、姜、辛三人创作中"以诗为词"现象的研究，同时还将三人的诗词研究推向一个新的高度。比如对姜夔词的研究，作者在第一章第四节中将姜夔词的创作分为五个部分进行研究，与诗歌创作进行对比，使姜夔词的艺术特色得以更充分地展示，其研究方法令人耳目一新，其研究结果丰富了我们对姜夔词的体认。

宋词兴起之时，便有沈义父、张炎等人的阐释与总结，此后七八百年间，代有文人青眼加之。尤其是近百年来，新方法新理论的进入，使宋词研究迈上一个新的台阶，直至当下，各类研究论著仍然层出不穷。同时，当许多学者汲汲于新方法新理论之时，仍然有一批学者立足于传统研究方法，以细读、比较、分析、归纳等的方法进行研究，许芳红先生即其中一员。该著从头至尾并没有采用所谓西方的理论与方法，而是以实证的方法为主，该著中的诗词比较，如第一章第三、四节对姜夔诗词的对比；或数量统计，如第三章第二节对陆游、辛弃疾、姜夔诗词创作中使用典故的统计，都是建立在扎扎实实的统计的基础上，最后得出了令人信服的结论。这样的文本细读、耐心比较的方式值得我们深思，因为这样的研究方法对全面考察南宋诗歌对词的影响有重要的价值和意义。在此基础上，可以利用相似或相同的方式，对整个宋代诗词互渗现象进行研究。据我所知，许芳红先生已开始着手这方面的研究，所以对其此后几年的研究成果依然值得期待。

以上三点，实难概括许著的价值与意义，仅为本人阅读之后的些许感受。倘若读者可以从许著的苦心经营与细致研究方面体味其用心，此三点或许能提供一点借鉴。

许芳红先生专门进行学术研究的时间并不长。在不长的时间内，她还需要处理繁重教学事务与繁琐的家庭事务，然而近几年中，她却以极大的耐心与毅力，完成了博士学位的课程学习，并在南京大学文学院莫砺锋教授的指导下顺利获得文学博士学位，同时先后还在《文学遗产》《河北学刊》《江西社会科学》《甘肃社会科学》《青海社会科学》《山西大学学报》等期刊发表十余篇极具分量的论文。这样严谨的治学态度与勤奋的求学精神，足以令吾辈年轻学子钦佩与学习。

宋代诗词互渗现象研究是一个极具意义的研究课题，面对这么一个有意义而又复杂的课题，许芳红先生交出了一份相当优秀的答案。当然，学术之路永无止境，这样一个问题仍然还有值得拓展的空间，比如南宋其他文人的创作，以及北宋重要文人的创作，都需要进一步研究。我们期待许芳红先生在这一领域做出新的贡献，同时也乐于见到其他年轻学子加入到这一课题中来。学术乃天下之公器，学术之疑乃越辩越明。我们期待这一问题可以得到富有意义与更加深入的探讨。

陈斐著《南宋唐诗选本与诗学考论》

卞东波

选本不但有文献保存之功，亦是具有中国特色的文学批评方法。正如《四库全书总目》卷一百八十六总集类序所言："一则网罗放佚，使零章残什，并有所归；一则删汰繁芜，使莠稗咸除，菁华毕出。是固文章之衡鉴，著作之渊薮矣。""文章之衡鉴"展现出选本极大的筛选功能，包括入选作家人数、时代、地域，入选文体之范围，入选作品数量之多寡，无不体现出深厚的文学批评意识。余宝琳教授认为："至于中国，众所周知对于选集所扮演的角色的思考于文学史、理论与价值的理解至为重要，因为自它们从公元前6世纪的发端之日始，诗集就提供了对于理解中国诗歌传统的一些关键问题来说极为重要的材料。这些选集广泛涉及了文学与文化研究的各个范畴，包括文学的界定及基本质、文学与历史的关系、文学分期与变化的概念、文类的概念及其与个体作者间的关系、评价的标准和它对诗人的命运的影响以及阐释的模式。"（《诗歌的定位——早期中国文学的选集与经典》，《北美中国古典文学研究名家十年文选》，江苏人民出版社，1996 年，第 256 页）职是之故，选本研究越来越受到中国古典文学研究界的重视，晚近以来出版了众多研究专著。陈斐博士新近出版的《南宋唐诗选本与诗学考论》（下简称《考论》，大象出版社 2013 年版）一书，以南宋时代所编的五部唐诗选本为切入点，考论了南宋中后期诗学的演进，特别是南宋"宗唐"诗学的发展。《考论》在南宋诗学以及唐诗经典化的研究上，都取得不俗的成绩。

《考论》一书主体部分共分为五章。第一章《〈唐诗绝句〉与"江西"诗学之嬗变》考论了南宋中期赵蕃、韩淲（"二泉"）所编的唐诗选本《唐诗绝句》在南宋江西诗派诗学向"宗唐"诗学演进过程中的角色。南宋中期以降，当时诗坛有惩于江西诗派末流在创作上的窘境，开始寻找新的诗学路径，"二泉"所编的《唐诗绝句》具有诗学教科书的性质，开始有意识地向诗坛引入被江西诗派封存的晚唐诗。但作者指出，这不意味着"二泉"放弃他们心中对江西诗学的追摹，而是"将晚唐绝句作为上窥老杜之堂奥的桥梁"（第 334 页）。

第二章《〈众妙集〉、〈二妙集〉与"四灵"之首倡唐诗》将南宋中后期"永嘉四灵"兴起的学习晚唐的诗风从赵师秀所编的两部唐诗选本《众妙集》与《二妙集》视角来加以观照，成功地揭示了"四灵"所揭橥的晚唐诗风与这两部唐诗选本之间的诗学联系。作者在此章中还考察了这两部选本对于宋人从"（孟）郊（贾）岛"并称到"姚（合）贾（岛）"并称的诗学脉络，并在此基础上讨论了《众妙集》《二妙集》与姚合所编《极玄集》在选诗上的异同，以及从中体现出的唐宋诗学趣味的转移。

第三章《〈唐诗三体家法〉与晚宋"宗唐"诗学》，用力甚深，详细考证了南宋江湖诗人周弼所编的唐诗选本《唐诗三体家法》的版本，《唐诗三体家法》的唐诗观、诗学观及其与晚宋"宗唐"诗学之关系，并认为此书体现了"南宋以晚唐为师到元明以盛唐为师的过渡"（第 254 页）的诗史意义。

第四章《〈唐僧弘秀集〉与晚宋"宗唐"诗学》则对晚宋所编的唯一唐代诗僧选本的研究。作者从编者李龏与佛门的交往探究了《唐僧弘秀集》的成书，又对此书选诗上"侧重大历、晚唐"，风格上倾向"清雅、雄奇"在晚宋"宗唐"谱系中的意义做了详尽的考论。

综上可见，《考论》虽然仅仅研究了五部南宋时代所编的唐诗选本，但皆能将这五部选本纳入到南宋诗学发展的脉络中加以观察，同时又从这五种诗选出发，仔细分析其透露出的诗学意义如何丰富了南宋诗学演进的内涵。

《考论》不事宏大的话语叙述，而关注于个案研究，并在此基础上透视诗选与诗学发展的宏观课题。作者持论之透彻也超越了同类的研究，包括笔者的研究。下面笔者略述《考论》一书在南宋诗学研究上的成绩。

其一，《考论》研究的五种唐诗选本长期不受重视，研究鲜少，此书第一次比较系统地对这五种诗选进行了深入研究，包括诗选编者的生平、诗选的版本、诗选与南宋诗学关系，本书皆有不少发前人未发之处。如宋代诗学研究史上没有一篇论文涉及到南宋人所编的唐代诗僧选集《唐僧弘秀集》，而《考论》则第一次对该书进行了探究。宋元之际诗学家方回《瀛奎律髓》经常提到赵师秀所编的《二妙集》，但此书长期隐没不彰，以至于学者皆以为其已亡佚。但近来有学者在中国国家图书馆发现了此书的明抄本，学界有限的论文也是对其文献的考订。《考论》则进一步分析了其编选的底本，从而指出“《二妙集》贾岛诗由书棚本《贾浪仙长江集》选出”；“《二妙集》姚合诗似乎是从蜀本《姚少监诗集》多次遴选出来的”，“但从文字对勘结果看，多与浙本《姚少监诗集》同，仿佛是用浙本进行了校勘”（第 80、82 页）。在文献考订的基础上，作者又认为“《众妙集》与《二妙集》或为其（赵师秀）编辑的诗学教材”（第 70 页），实际是自己以及江湖诗人学习写诗提供一个新的范本，无形中也确立了“姚贾”作为诗学新典范的地位。本书最精彩的当属对周弼所编《唐诗三体家法》的研究。周弼此书原本在中国已经失传，元代释圆至及裴庾的注本在中国也流传不广或已失传，但释圆至与裴庾的注本在日本极其流行，是日本中世及近世时期僧人及学人学习汉诗的重要范本。本书通过元代的文献，指出“唐诗三体家法”才是此书的规范的名称，从而廓清了此书另称为《三体诗》《唐三体诗说》《唐贤绝句三体诗法》的混乱用法，并指出了此书从元代到清代的存世版本的情况。《唐诗三体家法》虽然影响广泛，但具有通俗性的诗学教科书的性质，故自元初方回以来，对其的评价一直不高，剀切的研究也几乎没有。《考论》从《唐诗三体家法》编选的背景，到《唐诗三体家法》入选诗人的时代范围，每种诗体入选诗歌数量的多寡皆条分缕析；接着作者又层层深入，探讨《唐诗三体家法》的诗学观，讨论到周弼及其《唐诗三体家法》反映出的诗歌本体论、情景论、结构论、辨体论、声律论，以及《唐诗三体家法》与晚宋“宗唐”诗学及其与江湖诗人的关系。从上我们看出，作者从事的是一种立体式的研究。上文引用到的余宝琳教授提到的各种文学关系，《考论》皆有详细的论列，故其研究也得到日本学者的关注（参见堀川贵司《日本中世における“三

体诗"の受容——五山を中心として》,载早稻田大学江湖派研究班《江湖派研究》第3辑,2013年)。

其二,《考论》深入开掘了南宋唐诗选本所蕴含的诗学意义,丰富了南宋诗学研究与唐诗学史研究。上文笔者已经提到,《考论》的亮点之一就是善于从南宋诗学发展的脉络中透视选本,但如果单纯地从粗线条的宏观叙述中观察这些唐诗选集,对这五种诗选的研究可能只会得出相同的结论,那么这种研究则会陷于机械,《考论》则力避了这一点。如论"二泉"所编《唐诗绝句》在选诗偏重晚唐与"二泉"诗学观上对"江西"诗学的坚守之间的张力时,作者指出:"《唐诗绝句》偏重晚唐的时段倾向,即是'二泉'汲取晚唐的诗学观在唐诗编选实践中的一种表达。不过,'二泉'始终不忘'江西'衣钵,他们对晚唐的学习充其量只是扩大视野以补弊。"(第50—51页)又如在研究《唐诗三体家法》时,作者通过统计发现,周弼选诗偏重"元和"以后,但这又与周弼诗学观上推崇"开元、大历"诗似乎矛盾。但作者经过仔细分析后认为:"在文字表述中,周弼以'元和'为界看待唐诗,认为此前是诗歌的高峰,此后则体制渐散。这是总览唐诗全局得出的大判断。但在编选《唐诗三体家法》时,他面对的是一首首的具体作品,当从体格性分着眼决定去取。"又认为:"尽管他主观上推崇'开元、大历'诗,但在客观上却转化为对'雍容宽厚'、'雄健'、'浑厚'、'典重'和'华丽'、'婉曲'等风格的推崇。而这,正是《唐诗三体家法》的取舍标准。"(第223、224页)从前,我们对南宋诗学的叙述,总是粗线条地以"宗唐"与"江西"诗学的消涨升降为观察点,但就"宗唐"诗学而言,其发展与演进也是复杂而多变的,所以必须通过具体的个案加以分析。《考论》则通过五种唐诗选本,很好地展示了南宋诗学发展内在理路的多样性。

其三,《考论》详细勾勒了唐诗与唐代诗人经典化的历程。唐诗是如何成为文学经典的,其实与宋代特别是南宋唐诗选本的作用有很大的关系。北宋的诗人基本都兼具学者与诗人的双重身份,所以在创作中他们有实力穿穴经史,点铁成金,夺胎换骨;但南宋中晚期的诗人主体则是出身中下层的江湖知识分子,这时不事典故,触兴而发的唐诗,特别是晚唐诗受到了前所未有的重视。南宋出现的大量唐诗选本正是因应了这股诗学思潮,而这些选本又被"用于教育",成为写作的范本,进而反过来促进了唐诗的经典化。余宝琳教授又言:"所有这些关于中国诗歌的历史与理论的论题都可以包容于经典的形成这一总标题下,而在传统的中国,选集恰恰是这一过程的主要媒介与表达方式。”(《诗歌的定位——早期中国文学的选集与经典》)《考论》也关注到这一点。如在研究《众妙集》与《二妙集》时，作者指出：“‘四灵’之首倡唐诗，扭转了南宋乃至整个中国古代诗歌史的走向，揭开了南宋、元、明‘宗唐’诗学的序幕，在诗歌史上具有重要意义。”(第140页)《考论》还研究了具体的唐代诗人在宋代的经典化过程。晚宋人谈到当时诗坛状况时，动辄以“姚贾”并称。如刘克庄曾言时人“举世纷纷学姚贾”(刘克庄《再和二首》其一)。晚唐诗人姚合、贾岛成为文学经典，即与赵师秀所编的《二妙集》有很大的关系。《考论》指出：“‘四灵’之一的赵师秀实际上用编辑选本的形式完成了姚贾诗派的确认，这在唐诗研究史上是前无古人的。”又云：“‘四灵’之后，‘姚贾’并称逐渐取代‘郊岛’并称流行开来。”(第102—103页)这也印证了余宝琳教授所言的选本可以影响到诗人命运。选本相较于诗人的别集在文学传播上有一定的优势，故对于每一时代经典诗人的形成具有至关重要的影响。

另外，《考论》不但研究选本，而且对“操选政者”也能加以研究。明人谭元春尝言：“选书者非后人选古人书，而后人自著书之道也。”(谭元春《古文澜编序》，《谭元春集》卷二十二)故每部选本都与编选者有很大的关系，亦是编者本人文学思想的体现。我们看到《考论》在研究时，每一章都有对编者生平及思想的详细考证；而且在研究选本时，都能结合编者的其他著作加以参证，如论《唐僧弘秀集》时，作者还参照了李龏所编的另两部集句诗集《梅花衲》和《剪绡集》。作者对域外发现的新资料也能及时地利用，如论周弼生平时，就利用了保存在日本的南宋诗僧释元肇的《淮海挐音》；论李龏也利用了中国失传而保存在日本的释梦真诗集《鸣籁集》。

最后，《考论》还对前人的研究做了修正，对旧说进行了辩证。如张宏生教授认为“姚贾并称，并作为一个诗歌流派的标志，大约始于元辛文房《唐才子传》”。《考论》据赵师秀所编《二妙集》指出，此说法“并不准确”(第86页)。又如蒋寅先生《起承转合：机械结构论的消长——兼论八股文法与诗学的关系》认为“从现存文献看，作为诗学问题的起承转合之说，最早见于元人诗法，具体说是杨载《诗法家数》与傅若金《诗法正论》。”但《考论》通过分析认为，《唐诗三体家法》已经具有“起承转合”论的轮廓(第239页)。笔者认为，这些辩证皆可以成立，从中也可见作者的学术勇气和对学术的推进。

完成本书后，陈斐博士所着手的《“宋人选唐诗”校证集评集注》也接近完成，笔者也怀着迫切的心情期待读到陈斐博士的下一部著作。

杨理论著《中兴四大家诗学研究》

庞明启

中兴四大家是指活跃于南宋孝宗时代的尤袤、杨万里、范成大、陆游四位著名诗人，除了尤袤以外，其他三位皆可以毫无愧色地在宋代诗坛上与苏轼、黄庭坚、刘克庄并为巨擘。历来对中兴四大家的研究就是宋代文学研究的一大热点，发表的论文和出版的专著不胜枚举，无论在研究的深度和广度上都取得了令人瞩目的成就，要想再有所突破似乎已经很难了。而杨理论先生的这部《中兴四大家诗学研究》(中华书局 2012 年版)将四大家的诗学思想作为一个相互关联的整体来切入四大家研究，显示出别样的学术眼光。四大家创造力惊人，现存的作品非常丰富，研究他们不仅要研读卷帙浩繁的各体文学作品，更要面对浩如烟海、纷繁复杂的相关记载和研究成果，不仅需要广博的知识、精准的眼光，更需要左右逢源、上下兼顾、推陈出新。该书在宏观的视野之下富有微观的洞见、综合的方法之上多有独到的创新，不失为宋代文学研究的新成果。

该书绪论部分总结了四大家说法的提出以及成员演变，把焦点落在了尤袤和萧德藻身上，辨析了萧德藻最终出局的原因在其诗歌风格奇险雕琢、社会地位不高、文化影响不足。其余分八章，第一章为“中兴四大家的生平与相互交游”，以文坛盟主杨万里为中心考证四人交游的亲疏，得出了四大家虽不成流派，却是一个松散的诗人群体的结论，为将四人看成一个研究整体奠定了基础。第二章为“南宋前期的政治文化生态与中兴四大家的思想”，探究四大家在和与战、道学与反道学党争中的立场，以及儒释道思想对他们的影响，明晰了四大家诗学的文化根源。第三章为“中兴四大家出入江西的历程”，考察了他们与江西诗派的关系，虽然都受到“江西习气”或多或少的熏染，但也都对江西末流有所不满。第四章为“突破江西的诗学选择”，从四大家对唐前

《诗经》、《楚辞》、陶渊明，唐代李杜、元白、韩孟等，北宋苏轼、梅尧臣、王安石等的广泛借鉴与师法来看待他们拓宽江西末流仅仅师法杜甫、黄庭坚、陈师道的褊狭门径。第五章为“治心养气：四大家论文气涵养”，辨析四家在品行修养、文学批评上的养气观念与实践。第六章为“江山之助：四大家论诗材取向与诗思触发”，阐明“中兴四大家注重自然景物的摹写和社会生活的再现，是典型的外向型诗学”（第 210 页）。第七章为“反对雕琢：四大家对苦吟的态度”，探讨了他们在怀抱自然浑成诗学理想的同时，又无法摆脱苦吟的创作心态。第八章为“中兴四大家诗学与南宋中后期诗歌走向”，横向考察了周必大、朱熹等四大家周围诗学取向类似的中兴诗人，纵向考察了四大家对之后蔚为宗派的姜夔、四灵、戴复古、刘克庄等江湖诗人的影响。结语部分简析了四大家未能成为流派的原因，简括了四大家诗学最精华的三个方面，一为转益多师、注重唐音，二为走向自然、转向现实，三为追求天成、不弃法度。全书各部分逻辑严密、体例严谨，以师法江西与突破江西的中心线索统贯全书，浑然一体、层次井然。

具体而言，该书有以下特点：

一、在综合的基础上推陈出新。作者的综合体现在两方面，一是对研究对象即四大家诗学的综合，二是对前人研究成果的综合。第一章的交游部分考述是将四家联系起来的基础。作者以文坛盟主杨万里作为四人交游的中心，再通过统计杨万里与诸人的诗文往还确定相互亲疏关系，非常符合研究的实际。而联接四大家诗学的最紧密的纽带，则是四人同处于江西诗派盛行、江西末流弊端重重的时代，同是最终突破江西并卓然名家的诗人。作者在三、四两章以占全书三分之一的比重论述了他们与江西诗派的诗学关联，构成了全书的核心部分。最后四章尽管不再围绕江西诗派展开，但还是一直作为参照系不断在行文中闪现，有力地回应与补充了三、四两章的内容。每一章又分节对每个人进行分析，再比较异同，把综合建立在环环相扣的结构之上。由于研究四大家的成果非常丰硕，作者在论证中经常引用前人已有的成果，或是参考、借鉴，或是补充、修正，具有鲜明的学术继承和对话的意识。如第六章第二节“陆游：‘正在山程水驿中’”，在阐述陆游“诗家三昧”诗学命题时，引用了朱东润、游国恩、顾易生、莫砺锋、姚大勇诸位先生的观点，认为“陆游的‘诗家三昧’，指的是广阔的现实生活，丰富的人生体验。陆游所言‘三昧’，仅仅是借用佛教术语来表达他心目中文学创作的根本所在而已，非是莫先生所言的风格追求，而是姚大勇所论的诗材上的向生活寻诗，但却没有包括姚氏所说的诗艺诗境上的追求，……总的来说我们基本赞同朱东润等先生的看法”（第197页）。而在其他方面，作者却非常信服莫先生的观点，多有引证。正是在综合和对话的平台上，作者时有创见。如在分别挖掘了四家对苦吟欲罢不能的矛盾心态时，归纳了四个原因：一为浑成与苦吟的对立互补，二为江西师法的影响，三为接引后学的需要，四为作诗太多，这些见解是非常精辟的。

二、宏阔视野中的精细论证，使宏观和微观有机结合、相得益彰。作者开篇即将四大家置于党争激烈、儒释道融合、江西末流横流的政治文化大背景下，又在最后一章将四大家置于横向、纵向的比较中观察他们的诗学史地位，同时在探讨四大家突破江西门径时涵盖了他们上至《诗经》《楚辞》，下至晚唐、北宋的取法范围，眼光是相当开阔的。而作者在行文过程中却能细致入微地论述每个人的具体情况以及相互之间的和而不同之处。如在四大家的晚唐观上杨万里与陆游针锋相对，前者倡导“异味”说，后者则主张浅薄论，四大家对苦吟的态度上一方面反对雕琢、一方面不免苦吟，这些矛盾的发现和辨析都非常精准且富有典型性。作者还绘制出同一诗人在不同阶段的动态发展曲线，如每家出入江西的心路历程。正是依靠许许多多有代表性的诗学论题的深入剖析，作者支撑起了全书颇为宏大的架构。诗学观念往往与人生观、价值观等哲学观念纠缠在一块，未必有十分明显直接的因果关系，而往往是暗通或者说间接相关，这中间有一种十分复杂的心理动因。比如在第五章论四大家的治心养气时，作者通过分析指出，陆游对养气最重视，由道德品行上的养气扩展到诗文上面，形成了“悲愤”诗观和“悲健”风格，是为宋诗学养气观念的高潮。而尤、杨受理学影响将养气局限于论文，未能延伸到诗学领域。至于范成大，则仅限于人格修养，没有形成自己的特色。就像葛兆光先生所说“一种文化现象对于文学的影响，并不在于他直接地使文学发生了什么变化，而在于它使社会生活形成了什么样的风貌，而这种社会风貌又在人们的四周构筑了一种什么样的氛围，这种文化氛围又如何影响了人们的心理、观念，使他们的审美趣味、情感特征、价值标准发生变化，从而导致了文学的变化。也许这听起来很玄，但恰恰是这种影响才是最深刻、最普遍的”（葛兆光《勾勒出一个时代的风貌——读傅璇琮著〈唐代科举与文学〉》，《读书》1987年第12期）。养气作为中国传统的人格理论，影响是很深远的，到了宋代这样尊孟的时代，文人士大夫鲜有不受其影响者，尽管尤、杨、范没有提出明确的养气的诗学观念，但养气不可能不渗透到他们的诗歌创作。书中论述此类深刻而普遍的影响之处尚有不少，这也体现了作者宏观与微观相结合的理念。

三、注重对人物心态的把握。文学归根到底是人学，文学研究往往离不开心理研究，作者在研究对象的心态把握上是非常到位的。比如谈到四大家与儒释道的关系时，特别提到陆游因为家学渊源的关系，特别推崇道教，主要是道教的求仙思想，陆游记载自己的高祖曾经尸解仙去、父亲曾遇异人，他自己为了返老还童衣道袍、炼丹药，坚信神仙可学。又提到范成大自幼体弱多病、父母早丧，为了安慰脆弱的心灵，很早就接触佛教，晚年也一度耽溺佛教思想，因此他的诗歌中大量涉及佛教题材。在谈到四大家出入江西的历程时，提到杨万里对黄、陈诗法终身服膺，陆游亲炙江西后劲曾几、对吕本中及其“活法”说十分推崇，他们要反对的并不是江西诗派而是走进死胡同的江西诗派末流。作者拈出这些鲜活的事例是为了还原出生活和文学创作的本真，没有刻意拔高研究对象，而是知人论世。

四、使用典型案例以点促面，为研究打开了一个个窗口。作者在论述具体问题时，会挖掘出某些极有价值的案例，不仅使得阐发议论更有依据，而且提供了很好的观察视角和研究窗口。在论杨万里对李白的学习时，列举了《诚斋集》中大量咏月题材的诗歌，并引用罗大经《鹤林玉露》中夫子自道“自谓仿佛李太白”的话来，其典型性不言而喻。在论范成大青睐孟郊险怪诗风时，举了他仿效孟郊、赓和其《峡哀》诗的例子，并通过对两诗中“峡”字数量的统计，强化说明他对孟郊的刻意模仿。在论陆游贬斥晚唐时，认为他往往将晚唐视为总体的概念加以批判，而很少针对某一具体作家，反而对一些中小作家如赵嘏、许浑钟爱有加，这一有趣现象的发现也是极有意味的。

五、语言生动、优美，可读性强。作为概括性、理论性极强的诗学研究，作者不仅思路缜密、例证丰富，把纷繁复杂的诗学现象梳理得井井有条，而且用生动优美的语言把深刻抽象的道理讲得深入浅出，让人易于接受。比如描述四大家生平的文字就非常生动，用简洁流畅的笔触将人物形象刻画得形神毕肖，显示了作者高超的叙事能力。在论述自然山水对范成大诗思触发的作用时，作者写道：“草色山光，春水春云，一轮圆月，一场秋雨，是造化的精心创制的杰作，也是上天赐予诗人的糗粮。面对自然，诗人应该以敏捷的眼光去观察她,以细密的心灵去感受她,以清丽的诗篇去报答她。范成大登临送目,徜徉山水之时,也希冀与造化自然建立一种嫡亲的母子关系……,自然景物虽不如杨万里笔下那样天真活泼,但也一样具有了灵动的人性,撩动诗思,触拨诗情,促迫诗人收拾江山入怀袖,挥毫题诗谢风光。"(第 205 页)这样诗情画意的文字在书中还有很多处,读者在细细品读过程当中很自然地就会走进作者的诗学世界中。面对着四大家那些闪耀着湖光山色的灵动诗歌,作者也不禁在花催蝶唤中表达对自然浑成诗学的热爱。

该书的优点很多,择其要者列述如上。当然,该书也不可避免地出现了一些缺点,比如四大家中的尤袤,所存作品非常少,对他的论述往往会有巧妇难为无米之炊之感。如在论取法苏轼时,作者说:"至于尤袤,虽资料阙如,但时代风气所在,不难想见其对苏轼及其诗文的态度。"(第 144 页)论苦吟时,作者说:"至于尤袤诗歌创作过程中有无苦吟现象,虽限于资料匮乏而无从知晓,但可以推知,或多或少应该是存在的。因此,即景会心和雕琢苦吟的现象也对立统一在他的创作过程当中。"(第 226 页)既然资料阙如,也许就不需要再去评价,因为经过历史长河的择汰,四大家中的尤袤无疑已经成为一个凑数的陪衬品。瑕不掩瑜,杨理论先生的这部《中兴四大家诗学研究》是一部优秀的宋代诗学研究著作,颇值一读。

李朝军著《家族文学史的建构——宋代晁氏家族文学研究》

左洪涛

宋代晁氏家族是近年家族文化研究的一个热点,有不少学者在这一领域进行了卓有成效的探索,李朝军博士就是其中用力甚勤的一位。最近汇聚他十年之功的《家族文学史的建构——宋代晁氏家族文学研究》一书由人民出版社正式出版(2013年12月版,以下简称“李著”),洋洋40万字,全面反映了他对晁氏家族所作的多方面探讨,体现了他对以晁氏为代表的古代家族文学独具特色的思考。全书正文部分分上、下两编。上编,即文学史篇,包括第一至第九章,比较完整地探讨和叙述了宋代晁氏家族二百余年的文学发展演变史。下编,即考据篇,包括第十至第十六章,主要梳理考辨了晁氏家世和晁氏文人生平、著述等方面的基本情况和若干疑难问题,是上编的基础和前提。正文前后的绪论和结语部分,总论古代文学世家现象和晁氏家族文学及相关研究现状,阐述“家族文学史”构想,亦如正文,纲目井然。全书格局宏大,层次丰富,内容充实,学术含蕴丰富,具有多方面的学术和理论价值。兹略陈拜读李著的点滴感会,以与学界同侪切磋共赏。

一、在中国文学史上,文人辈出、延续数代的文学世家并非个别现象,历代普遍存在,因此家族文学是中国古代文学繁荣局面的重要组成部分,这已为近年来广泛深入的相关研究所证实。李著立足于这一具有中国特色的重要文学现象,顺应当前家族文学研究方兴未艾的发展趋势,明确提出了建构“家族文学史”的学术理念,深入论述了相关理论构想,并以实践成果创立了一部完整的“家族文学史”。迄今为止,尽管文学史的范式和类型已多种多样,但还缺少“家族文学史”这一品种,因此李著的出版为文学史增添了一个新的种类,应该充分估价其在文学史学上的贡献。李著具有的理论创新意义不言而喻。同时,它为家族文学研究、文学史编著、宋代文学研究等方面提供的新型研究模式、结构体例又颇具实践潜力和借鉴意义,具有不可忽视的方法创新意义。可以说,中国文学除了诗史、赋史、词史等为人熟知的文学史研究范式以外,又多了“家族文学史”的研究形态,为古代文学研究开拓了新思路。

二、全书以晁氏这个得到充分发育的家族文学现象为基点,既以其横跨两宋的文学史构成考察宋代文学演进的窗口,更以其作为家族文学与家族文学史建构的样本,显示了对古代家族文学及其研究现状的全局性观照。因此,尽管李著的大部分内容是晁氏家族文学研究,但由于全书将其放到古代家族文学的普遍现象和当前家族文学研究的热潮中予以考察,这就使得其典型意义和辐射作用得到发挥和增强,使得个案研究的价值明显超越了其本身,这在绪论、结语里表现得尤为突出。绪论首先概述历代家族文学的发展大貌,搜罗、建立了一份包含二百家文学家族的名录,揭示相关研究的学术发展趋势，进而提出和阐发建构家族文学史的必要性和重要性；结语不满足于一部晁氏家族文学史的创建，将其实践经验应用于展望其他层次类型的家族文学史，提出建构“家族文学通史”这一宏大的学术构想，倡导从单个文学家族到历代文学家族的贯通研究，设想将家族文学作为民族文学特色置于中外文学文化比较的视野下，其视点不可谓不高。更有些让人出乎意料的是，在对当前学界相关领域的全面观照中，作者发现和提出了“两类家族文学”现象和概念，对其异同做了初步的辨析，并以此为契机提出沟通“两类家族文学”研究、打通古今文学研究的主张，这一切无不显示作者敏锐的学术眼光和大胆的探索精神。这些目标虽然甚高，但全书立足于扎实的实证研究，个别和一般相结合，循序渐进，不失为有理有据的学术假说。

三、对于宋代晁氏这个久负盛名的文学世家进行了迄今为止最为全面、更为深入的的研究。李著论列的晁氏作家及其作品有 34 位，这是目前在晁氏文学研究中涵盖对象最宽的。以文献辑录为例，全书以宋元文献记录为依据，统计得晁氏至少有 34 人留有著述，存佚著作总数在 110 部以上，具体篇目无虑数千。远超清人陆心源的记载：“自文元至于公武，群从子孙数十人，著述之见于各家书目者百数十种，今尚存十五种。一门著述之富，未有如是之盛者也。”

除杰出作家晁补之外，李著对晁氏小作家的论述考证也比较扎实，对晁迥、晁端礼、晁端彦、晁公遡和众多晁氏小作家的生平及其作品研究大多具有拓荒的性质。如第十三章首次对晁端礼事迹作品进行编年，第六章分析“大晟词人”晁端礼的主要词作，指出其追步柳永俗词的倾向，并对所谓徽宗朝词的“俗化”的流行说法提出质疑。李著对晁端礼其人其词的研究用力较深，弥补了以往研究的不足。对于晁补之、晁冲之、晁说之等研究渐多的作家，李著的研究也有许多重要拓展和补充。如第五章对晁补之诗歌的研究，重点分析了为历代文学史所忽视的晁补之的乐府、歌行和七古，从主题选择、情感内容、艺术表现手法及风格等方面深入揭示了晁补之这类文学作品的文学价值，分析和评价均有独到之处。

四、贯穿全书的文学史研创特点及其秉持的“整合提升”原则，保证了李著充分借鉴、吸收已有相关研究成果，从而使李著对于晁氏的研究在一定程度上具有集成的性质。例如，关于南宋晁氏衰落成因的考索，前有美国学者包弼德先生提出“南宋地方精英说”，认为晁氏没有在南宋复兴和失去影响力，是因为他们在南宋没有适应两宋之际从官僚到地方精英转型的历史趋势（《斯文：唐宋思想的转型》，江苏人民出版社 2001 年版，第 59—75 页），后有张剑先生据南宋晁氏实例指出此“假说”难以得到支持。（《宋代家族与文学——以澶州晁氏为中心》，北京出版社 2005 年版，第 265—273 页）李著则进一步钩沉、比较南渡前后晁氏的种种变化事迹，以充实的证据说明战乱和南迁导致的人口减少、经济实力和文化教育水平明显衰退，才是导致晁氏文人锐减并走向彻底衰落的直接原因（见第 321—323 页，第 462—465 页），体现了李著讲求的整合创新的研究思路，反映学术研究协力同心、步步推进的学术发展规律。可见，虽然在李著问世以前关于宋代晁氏的研究专著已经出版了多部，但李著对已有研究成果多有含摄，更有创新，不但没有局限于补正已有的研究成果，而且具有自己独立的学术理念、研究体系，其文学史的全局眼光和综合特点，尤其促进了其全面研究，这些都赋予李著与已有相关著述独立对话的潜质。

五、对于晁氏家世、文学的整体把握和综合研究具有独到之处。试举数例。首先，补齐了南宋晁氏家世、作家及其文学衰落轨迹的钩沉和梳理，对资料缺失的南宋晁氏有细致的爬梳，后出转精。其次，对晁氏人物、占籍、作品、行第、作品编年等方面的混乱舛谬之处进行考证辨析有上百处之多，仅作品辨析就有 15 篇，其中绝大多数考证令人信服，为进一步研究晁氏家族文学乃至宋代文学提供了可靠的资料。复次，全书较准确地概括出晁氏家族文学由庙堂文学向纯文学转移的大致趋势，对晁氏家族文学阶段性特点有明确的揭示，对晁氏文学的分期作了清晰划分，对晁氏文学盛衰成因做了精彩的论述。再次，第七章对北宋晚期晁氏家族文学的分期研究开拓了家族文学的研究阵地，其研究内容和研究方式对同类研究富有启发意义。

六、对于部分作家生平作品的考证和研究颇见功力。这从李著对晁冲之的研究可见一斑。关于晁冲之有无功名仕宦历来存在争议，有学者根据其子晁公遡赋作中的模糊记载推断他有出仕的经历，但还缺少坚证。李著在澄清带有相关信息的诗作《和新乡二十一兄华严水亭五首》（其三）的作者混淆以后，确认其为晁冲之作品（见第 369 页），并在其中找到了其仕宦的内证（见第 453 页），这样这个疑难问题遂可以定案。又如关于晁冲之重要事迹隐居的时间，对于人们习惯了的宋人喻汝砺《晁具茨先生诗集序》的说法，提出不同于众人“事在绍圣初”的理解，而力证其在政和末年：内证、外证并举，旁引博征，有理有见，不妨聊备一说。在晁冲之生平事迹掌握比较充分的情况下，进一步稽考其“除大晟丞”的真伪，依据史料和作者文集内证，辨析冲之并非“大晟词人”。这就为客观研究评价其词奠定了良好的基础。（见第453－458页，第305—307页）总之，这种前后照应、环环紧扣、层层深入的研究，也体现在晁氏其他作家晁补之、晁说之、晁端礼等人的研究中。

总之，李著在宏观与微观、理论与实证、思想与艺术的结合研究上都进行了可贵的探索，以上所陈显然还不能尽述李著的特色和成就，但已足以显示李著在宋代文学、家族文学、文学史学和古代望族等诸多研究领域取得了不菲的创获。当然，李著也还存在一些问题和不足。例如，其《结语》部分有一节内容题为“各自树立的创作和女作家的缺失”，是对晁氏家族文学创作特点的部分概括。对于晁氏家族主要文人在创作上能各擅其长、自具特色的判断，因李著在书中有很好的分析，笔者亦深以为然。李著同时认为“在晁氏两百年的文学史上不但没有出现女性作家群，而且没有出现一位以文擅名的女性，甚至没有留下一句晁氏女性创作的文词。这无疑是晁氏文学史的一大遗憾。”把女作家的缺失作为晁氏家族文学创作的一个特点，笔者认为或无必要。也许作者在提出这个观点的时候，隐含着这样一个前提，即：一个文学家族应该有女作家成员或女作家群在内。事实上，这至多只算假设，而这个假设是不能成立的。宋代女性作家本来就不多，像李清照那样高水准女作家，即使在整个中国古代文学史上也屈指可数。女作家的缺失是当时社会的普遍现象，而非仅在晁家如此。假如晁家存在女作家或女作家群，反倒是一个值得探讨的问题，故此论未免有点蛇足，是为李著美中不足之处。本文权作引玉，期待方家和同仁的关注和指正，我想这也为本书作者所乐见。

邹艳著《月泉吟社研究》

胡建次

对古代文学创作群体与社团的考察，是我国古典文学研究中的重要领域。在这一学术百花园中，邹艳博士新近为我们奉献出她的专著《月泉吟社研究》(人民出版社 2013 年版)。该书为作者在博士学位论文的基础上充实修改而成，对我国元代初期南方文学中的重要诗社——月泉吟社作出了全面丰富与细致深入的考察探讨，乃一部独具特色的古代诗社研究之作。

一、从问题切入，独辟蹊径

在邹艳撰写《月泉吟社研究》之前，学界对月泉吟社已给予了不少关注。单就专著讲，方勇教授《南宋遗民诗人群体研究》和欧阳光教授《宋元诗社研究丛稿》是两部力作，二位先生分别从遗民和诗社角度对月泉吟社进行深入研究。《南宋遗民诗人群体研究》从遗民诗人群体的角度，主要分析吟社征诗的缘由、活动形式，考述了月泉吟社社员及《月泉吟社》的版本，对吟社竞赛诗作的情感主旨也作了一定的阐释。《宋元诗社研究丛稿》则主要对月泉吟社结社与活动的形式以及成员等进行考证。

作者在吸取前贤研究成果的基础上广罗资料，细心耙梳，独辟蹊径，提出了五个全新的问题：一、吴渭为什么借范成大的诗歌题目《春日田园杂兴》征诗，在《诗评》中却强调要“与义熙人相尔汝也”？这种外“范”内“陶”的作法，其理由是什么？二、王士祯对月泉吟社进行了重新排名，王士祯自己称“戏为之”，四库馆臣也认为只是时代不同所致，王士祯重新排名的真正理由是什么？三、月泉吟社征诗发生在至元二十三年，离南宋灭亡正好十年。十年，对亡国之人来讲还不算久。在大乱初定，人们还沉浸在亡国之痛时，吴渭以《春日田园杂兴》这种牧歌式的诗题征诗，在短短的三个月中，竟收到两千多卷诗，其影响之大在类似的活动中实属空前。月泉吟社的"魅力"来自何方？征诗诗题、时代氛围、规模影响一致吗？四、与以往诗社、吟社相比，月泉吟社以规模之大、形式之严整著称，在诗社发展史上究竟该如何为其定位？对明清诗社的发展又有何影响？《月泉吟社研究》正是以上述问题为切入点，从全新的角度审视，揭示研究对象更多的价值，同时也展现了问题意识在研究中的意义和作用。尤其难能可贵的是第五个问题，作者发现第十二名邓草径的别注"三山刘汝钧君鼎，号蒙山，寓杭"，与第十七名田起东的别注"昆山刘蒙山"，都有"蒙山"，从而产生疑问，这两个"蒙山"，是巧合？还是同一个人呢？《南宋遗民诗人群体研究》和《宋元诗社研究丛稿》皆考证过刘汝钧，但都忽视了此细节。邹艳通过条分缕析，严谨论证，得出第十二名即是第十七名的结论，很好地弥补和丰富了月泉吟社研究以及宋代遗民诗人研究等领域的成果。可见，《月泉吟社研究》在史料的挖掘和利用方面多有突破。

二、角度多样，阐释系统全面

《月泉吟社》与《心史》《谷音》《河汾诸老》一起构成元初遗民文学的高潮，是易代文学的代表。尽管学界已经取得较为丰硕的研究成果，但从规模和数量上看，与月泉吟社应有的地位仍不相符。鉴于个案式的定位和研究规模远不能揭示月泉吟社应有的历史地位和作用，《月泉吟社研究》尝试着用民俗、历史、美学等方法，将史实与艺术剖析相结合，文献考证与文本阐释相结合，论证月泉吟社产生和活动的外因与内核，诗集的审美特征与精神价值，诗社的诗学主张以及诗集的传承渊源等。作者从多角度全方位深刻地揭示研究对象的新价值。全书主要围绕研究对象的外在属性、本体属性以及历史定位来研究。具体如下：

第一，从地域与家族的角度，考察月泉吟社的形成和变迁。该书从时代背景、地理条件、地域文化、家族变迁分析月泉吟社的形成原因，深入考察月泉吟社形成的历史渊源和条件。第一章从浦江的地理条件出发，分析吟社形成的旧社基础、时代背景和思想基础。第二章结合浦江几大家族的历史变迁，分析吟社的形成和发展，使研究全面而深入。

第二，从群体研究的角度，用传统考证的方法勾勒月泉吟社的成员构成和交游创作。第三章不仅考证成员，而且梳理了成员的交游及创作情况，探讨吟社与其他诗社以及其他遗民群体之间的关系，将研究对象置于元初整个社会背景中探讨。南宋遗民群体研究是学界共同关注的问题，研究成果众多。作者将月泉吟社置于遗民群体中进行考察，可以较客观地反映研究对象的历史地位。

第三，从诗学的角度，阐释月泉吟社在诗学发展过程中的地位。该书第四章和第五章分析吟社参赛诗作的意象特征、情思内涵，以及征诗比赛的诗题。第六章分析吟社的《诗评》和遴选准则。作者不仅分析了诗集的文本艺术特色，还从王士祯评诗和对参赛诗作重新排名入手，透彻分析吟社的征诗标准、诗学主张，进而揭示吟社对宋元诗学转型所做的重要贡献。

第四，从接受的角度，分析吟社的组织和形式，纵向考察月泉吟社在社团发展过程中的地位。该书第七章着重探讨月泉吟社的影响。从吟社征诗采用寓名，实行奖励，采用赏札和回札等特点出发，分析月泉吟社在诗社发展过程的承前启后作用。作者还从历代文献的序跋入手，吸收方志和家谱等地方文献资料，梳理《月泉吟社》在元明清三代的流传情况，从版本源流的角度分析月泉吟社在后世的影响，立论多有创新。

三、纵向把握，凸显史学价值

月泉吟社是元代初期浙江遗民创办的诗社，该诗社最著名的活动是以《春日田园杂兴》为题，举行了一次大型的征诗比赛。《月泉吟社研究》分别从诗社发展史、诗学发展史和遗民文学三个角度，纵向把握，重点揭示研究对象的史学价值。

作者在前贤的研究基础上，尝试着把研究对象放在社团发展历史中考察，力图发掘研究对象在诗社发展史上的价值。该书认为与此前的诗社范围狭隘、规模局促相比，月泉吟社打破了地域界限，将诗社从小圈子活动、影响有限的桎梏中解放出来，使诗社的组织更正规，是中国古代诗社发展史上的一个重要“转关”。

其次,作者还通过对吟社征诗比赛的题意、诗评、评诗等文字的分析,发掘吟社在诗学发展史中的独特价值。宋代诗歌的发展与元代诗歌发展有很大的不同,历来学界多以少数遗民诗人为元初诗歌的代表,对遗民群体的诗学观点探索较少。《月泉吟社研究》则重点分析了吟社征诗比赛以闲逸的《春日田园杂兴》为题,却旗帜鲜明地要求在春日田园上做出杂兴,追求言外之意,要求诗外有诗的社会文化原因;分析了竞赛诗作描写田园风物和农家生活,憧憬隐逸,慨叹农家赋税,抒写黍离麦秀之悲,慷慨沉郁,表现坚贞的民族气节等情感特色。该书认为月泉吟社有力地改变了宋末文坛"精魂沦亡,气局荒靡"的局面,对元代初期文学产生了不小的影响。作者还详尽阐释组织者对每首诗的点评以及征诗比赛的《评诗》,发掘月泉吟社强调黍离之悲,要求传遗民之心声;强调情感抒写温柔敦厚,追求中和之美;强调"兴"的创作手法等诗学观念。作者认为在宋元诗歌转型之际,吟社提出的力扫"时文气习"的主张和开展征诗比赛的创作实践,均反映了南宋遗民以群体的力量在诗学革新方面的深思熟虑。

另外,作者还把月泉吟社置于遗民文学发展史中考察,认为月泉吟社因对气节的坚守而成为明代遗民效仿的榜样,与宋遗民精神一起昭示于天下,彰显了吟社对后世遗民和遗民文学所具有的非同寻常影响力,对遗民文学发展史也做出了重要贡献。

总之,《月泉吟社研究》深入地揭示了月泉吟社在诗社发展史,诗歌发展史以及遗民文学发展史上的影响,弥补了现有成果之缺失,完成了一项具有填补空白意义的系统研究。

纵观《月泉吟社研究》一书,对所研究对象的考察角度丰富而多样,注重从问题切入,独辟蹊径,阐释全面而深入,确是一部用功专勤、不可多得的古代诗社研究之作,其在我国古代诗歌研究史上必体现出独特的价值与意义。

陈湘琳著《欧阳修的文学与情感世界》

马东瑶

作为有宋“一代文宗”,欧阳修是宋代文学研究界极受关注的人物,成果很多,堪称宋代文学研究的热点之一,而对于学术研究者来说,越是热点,想找到有价值的角度和方法就越难。陈湘琳女士的新著《欧阳修的文学与情感世界》(复旦大学出版社 2012 年版)可谓明知山有虎,偏向虎山行,在欧阳修这个旧题目上做出了颇有创获的新成就。

从这部著作的题目来看,“欧阳修的文学”不新鲜,但凡研究欧阳修的,重点关注的无疑都是其文学,本书的特色在于题目后半段所示:情感世界。文学自然是要表达情感的,这看似也不新鲜,但本书着重探讨的其实是“生命情感”,是欧阳修文学世界中的生命情感、生命体验。

这种探讨体现出两大特点。第一是关注了欧阳修文学形象的另一面。以往的欧阳修研究中,关注的主要是面向社会的欧阳修,或者说是“公”领域中的欧阳修。而本书关注的是面向内心的欧阳修,或者说是“私”领域中的欧阳修。这是以往的欧阳修研究中较为欠缺、而又很有学术价值的部分。从这样的角度切入,我们对欧阳修的很多已有定见的文本往往能有新的理解。其二在于,将欧阳修这个宋代文学重量级的人物本身研究透了,已经很有学术价值,而本书的可贵在于,作者并不限于关注欧阳修这个个体,而是将其放在宋代文学的发展脉络当中,考察欧阳修其人其文对于宋代文人及文学起到了怎样的奠基或转向作用。这就使一个个案研究具有了宏阔的观照视野和文学史价值。

本著分为上下编,上编包括交游体验、洛阳记忆、贬地重构、颍州情结等四章,下编包括生命底色、六一风度、何以不朽等三章。可以看出,上编是关注欧阳修的情感体验与空间书写,下编则是从欧阳修的生命体验切入,探讨

他的文化性格、精神风度的形成。这些探讨中,大致可归纳为以下几点特色:

一是旧说翻新与新见迭出。欧阳修的交游、在洛阳的活动、在滁州和颍州的文学写作等,这些都是欧阳修研究中学界甚为关注的一些问题,作者也并未回避,但是从新的角度切入,写出了新的意思。例如"交游体验"一章,重点落在"体验"二字,是通过考察欧阳修与座师、门生、同僚的交游,进行情境解读,关注情感体验。不仅关注的角度有新意,而且用来论证的材料也很有新意,即书启和表奏。相对欧阳修的诗词文,这些书启和表奏较少进入人们的文学视野。但正如作者在绪论中所说:"文学的文学性,或者是与生俱来,或者是历练而成,又或者是因外力强加而成。如此,在阅读处理欧阳修的书启奏状时,这些'材料'是否文学,所根据的或者就不仅仅是宋代人的看法,而还包括后世读者的接受与阐释。"由于宋代文人身份的多重性,一方面我们需要从多重文化视角来解读其文学创作,另一方面,他们的"文学",本就不宜从狭窄的纯文学角度去界定,而应有大文化的视角。就本著而言,作者在运用书启表奏研究交游体验时,问题不在于这些是不是"文学",而主要在于:资料的缺失。在作者的论述中,往来书信的数量在一定程度上可作为亲疏关系的证明,但是类似写给吕公著的书信由于新发现的佚简而由五封增至三十六封这样的例子,说明了论证上可能存在的危险。又如,作者认为欧阳修对胥偃的书写不多,所以关系也不密切。但是,北师大许庆江 2012 年的博士论文《欧阳修的文学活动》,花了整整一章的篇幅来考察欧阳修与胥偃的交游关系,认为胥偃对于早期的欧阳修有着极重要的作用。这些都说明,书启表奏等自是可进入我们的研究视野,但一方面须尽量将相关资料收集完整,另一方面在论述上须更谨慎和圆融些。

关于欧阳修的空间书写,作者从洛阳记忆、贬地重构、颍州情结三个方面来加以探讨,也是新见迭出。这首先得益于研究方法的有新意。关于文学空间,此前学界已经有了关注,但研究得还远远不够。本著对欧阳修空间书写的研究,便很有创获。作者对于洛阳记忆的深层内涵的考察,对于贬地重构中欧阳修所体现出的对人生困境的理性超越与从容玩赏,对于颍州情结的重新解读,都通过材料的把握和文本的细读,层层深入,娓娓道来。

下编的论述中,给人印象最为深刻的是"六一风度"。不仅仅因为它在章和节的标题中三次出现,事实上,也正是下编所要论述的一个核心要旨。关于欧阳修,我们所熟悉的是"六一风神"一词。那么,"六一风度"与"六一风神”是否一样？据笔者的理解，本书的阐述中是有着不同的涵义指称的。历来对“六一风神”有着各种各样的探讨。有的偏重于文学风貌，例如刘宁由茅坤的风神观切入，探讨“六一风神”的情韵之美与叙事之道的关系（刘宁《叙事与“六一风神”——由茅坤“风神”观切入》，《文学遗产》2011 年第 2 期）；有的则认为欧阳修其文的风神，是其人的风采神韵的体现，如洪本健《略论“六一风神”》（《文学遗产》1996 年第 1 期）。但是学界主要还是从文学角度来体察“六一风神”，这点当无疑义。而陈湘琳的“六一风度”，是对欧阳修性情风度、文化性格，同时也包含文学风采的一种总括。对于这个观点的提出，笔者非常赞同。书中也提到拙文《论宋人对“九龄风度”的接受》（《文学遗产》2010 年第 5 期）。拙文所说“宋人”，主要就是以编撰《新唐书》的欧阳修和宋祁为例。笔者的研究算是抛砖引玉。陈湘琳通过她对欧阳修的文化气质的深入研究，提炼出“六一风度”，这是十分恰切的。笔者也有一点小建议。本书下编有三个章节的标题提到“六一风度”，其中一个是章标题，专章论述“六一风度”的内涵，另有两个是节标题，结论的第三节“六一风度：士大夫精神风貌”，这是从精神风貌的角度对欧阳修进行的总结之一，而另一个节标题即第七章第五节“六一风度：不朽之可能”。从正文内容看，其实是从“不朽”的角度来阐释“六一风神”的内涵，因此不妨改成“六一风神：不朽之可能”，是对“六一风神”的旧说翻新，而且可以避免跟“六一风度”内涵的夹缠。

本著的第二个特色是兼具女性的细腻与学者的理性。现在很多研究生在写作学位论文时，往往害怕文本分析，因为他们读作品不够多，体贴得不够深，文字表达上也有欠缺，想要写出有良好艺术感觉和深度审美阐释的论文似乎颇不容易，而陈著在这一点上具有突出特色。既在欧阳修生命情感的丰富性、复杂性上有细致体察，体现出女性学者特有的细腻，又有精准而漂亮的文字表达，毫无某些学术论文语言无味的弊病，能给人带来审美的享受。例如“贬地重构”一节从“视角的转换”对欧阳修几首滁州诗的内涵所作的分析，可谓鞭辟入里；又如对“颍州情结”的内涵的总结：“似乎关乎欧阳修退隐闲居选择的颍州，实际上更是欧阳修表达其反思、挣扎与‘内转’的言说符号。‘颍州’所表述的，其实不只是一个长期思慕与最后归隐的理想地点，不只是梦寐以求的‘精神家园’，也不只是一个因期待而被美化的人间‘乐土’。在余生有限的窘迫中，在庸碌无所作为的愧疚失意中，在急欲摆脱政治、人事困境牢笼的渴望中，颍州是一种‘逃禄而归耕’之道，是一种‘隐身’，是一条出路。”长篇的排比，既有文字之美，又有层层深入的学术剖析。

另外，在一些细节问题的论述上，也颇能见出作者的慧心。例如从欧阳修书简中“呵呵”一词的使用，去考察欧阳修的情感特征，是很有趣的切入点。这是作者善于体察、善于表达的一面。但如果仅仅如此，还不能算是成功的学术著作，学术需要深度、需要理性，这部著作在诗性与理性的结合上也有着不少成功的尝试。例如在探讨“洛阳记忆”时，借鉴了宇文所安“记忆的场景”、高友工“经验的内在对立”等观点；在“贬地重构”一章，借鉴了索亚“第三空间”理论；在分析《醉翁亭记》时，借鉴了法国语言学家宾文尼斯特的“第三者”理论。值得肯定的是，作者清楚地意识到用西方理论来解释中国古代的文学现象，容易有生硬套用之嫌，因而用得审慎而灵活，很好地增强了著作的理性色彩。

笔者也有一些不成熟的意见，仅供参考。比较是学术研究中常常用到的基本方法之一，本著也不例外。如作者将欧阳修与陶渊明、韩愈、邵雍等进行比较，常有精彩之处。但笔者以为，还有一些地方也需在比较中才能见出所论问题的独特意义。如“生命底色”一章，关于病衰、死哀、孤独等，其实是古今中外每一个人都必须面对的人生问题，这在欧阳修之前、之后的文人的创作中也都有表现。那么，这里有两层比较值得关注：一层是欧阳修与之前的文人相比，他的文学表现上有何不同？另一层是，作者在探讨欧阳修的病衰、死哀、孤独等问题时，所用文本包括书简、祭文和诗词文等不同文类和文体，其中尤以书简用得最多。那么，读者在这一章所强烈感受到的衰病孤独、沉重忧伤的欧阳修，是否跟文体有关呢？也就是说，我们之所以认为前代作家的创作中没有这方面内容和情感的强烈表现，或许是因为我们很少从书简的角度去加以关注。所以，事实是否如此，需要去考察和比较。另外，关于“玩物”的探讨，学界也有一些研究，如杨晓山《私人领域的变形：唐宋诗歌中的园林与玩好》（江苏人民出版社 2009 年版），其中有一章就专门探讨到“物恋”的问题，或可作为参照系。

还有一些具体问题的探讨也值得商榷。如第 161 页讲到欧阳修与道家和道教的关系，所用的两条材料恐怕都有点问题。第一条是关于欧阳修赠道士道服。苏辙的诗引里面只是说“服细布单衣”，并没有说是道服。第二条材料是魏泰所说：“欧阳公在颍，惟服道服，称六一居士。”《辞源》对“道服”的解释是“家居之服”，“居士”在《礼记》《韩非子》中都是指不求仕宦的处士，二者都有与为官相对的退居之意。所以尽管“道服”有时可解为道士之服、“居士”有时可解为在家信佛之人，但魏泰此条所说“道服”和“居士”，在没有上下文的情况下，恐怕不能拿来证明欧阳修的晚年思想与佛道有涉。又，第292页，作者从“逸”与“达”引申出从狂“逸”到畅“达”，认为这不仅是性格与观点的转变，也是词风、诗风、文风，甚至士风的转变。但是，旷达、达观的“达”，与畅达、“辞达而已矣”的“达”，恐怕并不是一回事。

当然，这些只是笔者的一己之见，不一定妥当。总的来说，陈湘琳《欧阳修的文学与情感世界》从交游体验、贬地重构、颍州情结、生命底色等角度切入，探讨了欧阳修文学所体现的生命情感、生命体验和文化性格，并概括出“六一风度”这一具有典型意义的士大夫精神风貌的指称，丰富和推进了欧阳修研究以及宋代文学研究，是近年来的一部力作。

刘越峰著《庆历学术与欧阳修散文》

潘殊闲

刘越峰博士的专著《庆历学术与欧阳修散文》（以下简称刘著）2013年8月由商务印书馆出版，书中重点探讨了庆历学术及其与欧阳修散文互动的问题，是近年来研究欧阳修散文的力作，归纳起来有以下几个特点。

第一，选题角度新颖，结构条理明晰。相对于宋诗和宋词而言，宋文的研究尚有很大的拓展空间。究其原因，宋代散文研究涉及到社会、政治、文化等诸多方面，林林总总，难以把握。特别是对宋代散文大家，例如欧阳修、苏轼，还要面对前人众多的研究成果，真可谓万喙啄一。因此，如何选择一个相对新颖的角度论述便是一个至关重要的问题。可以说，选题角度是否新颖直接关乎论说的成与败。难怪著名的宋代文学研究专家王兆鹏先生感叹：“作为宋代文学的领袖人物欧阳修一直是宋代文学研究的焦点，无论是其人其文其诗，研究成果都相当丰富。想要在欧阳修研究方面有所突破，殊属不易。”但颇为可喜的是,近些年来,学者们尝试着从科举、儒学、家族、地域和制度等方面关注宋代文学(包括散文),力作频出,取得了相当可观的成就。但就总体而言,这种从大文化的角度选题切入宋代文学的研究也不无遗憾之处,其中一个重要表现就是研究所涉及到的范围较广泛,大多把包括诗、词、文等在内的宋代文学作为研究对象。还有部分著作着眼于诗或词的研究,而专门研究宋文的著作不多,尤其是关注名家散文的著作更少。刘著能在前人研究成果的基础上,将庆历学术与欧阳修散文相结合,具体论述某一历史时段的学术新变与宋代名家散文的关系,在选题上表现出了巨大的学术勇气,具有开创性。这也正如王兆鹏先生所论:“该书作者迎难而上,锐意创新,将欧阳修置于庆历时期特殊的学术背景中,考察庆历学术与欧阳修散文的创作关系,力图总结学术与文学的互动模式,揭示欧阳修散文取得杰出成就的历史原因,选题具有一定的开创性。”

在论述结构的安排上,刘著能够做到层层深入,条理明晰。全书共分五个大部分:第一部分为绪论,论述了“庆历学术”的时限、代表人物以及“庆历学术”与欧阳修散文互动的可能性等问题。第二部分包括第一章、第二章和第三章,将“庆历学术”的代表人物分成“谈经者”、“知道者”和“能文者”三类,分别论述了庆历学人的学术思想和治学风格,以点代面,从微观的角度论述了与欧阳修散文有密切关系的庆历学术特色。第三部分为第四章,论述了庆历学术思想向欧阳修散文理论的转化。第四部分从欧阳修的散文风格、虚字的运用和文学的工具化等方面,论述了庆历学术与欧阳修散文的互动关系。第五部分为第六章,论述了庆历学术与欧阳修散文互动的影响。

刘著从“庆历学术”的概念阐述开始,论述了庆历学术与欧阳修散文互动的可能性、庆历学术的代表人物的学术思想、庆历学术向欧阳修散文理论的转化以及互动表现再到互动的影响。层层递进,条理明晰,丝丝入扣,这种独具匠心的结构安排,表现出著者具有较高的学术思维水平。正如著名的古代文学研究专家谢思炜先生评价的那样:“该书对庆历学术的发展及代表人物的思想进行了较为细密的梳理,在此基础上分析了欧阳修本人的学术思想和散文理论,再进而分析欧文的风格特点和艺术成就,条理明晰,言之有据,立论允当,反映了作者良好的学术素养和研究能力。”

第二,刘著论述颇多新见,气脉通畅。创新永远是学术著作的生命,刘著在这方面也有了可圈可点之处,表现为书中多有精彩而新颖的论断。例如,一般认为欧阳修重视韩愈的散文风格，从青少年时期起便注重学习韩愈的文风，但欧阳修的散文风格又不同于韩愈的文风，即所谓“学韩而不类韩”。刘著通过论述认定，庆历学术独特的思想和治学风格正是造成欧文“学韩而不类韩”的根本原因之一。这一点也受到了业师祝尚书先生的肯定。再如在论述北宋疑经惑古思潮的问题上，有的学者认为有“疑传派”和“疑经派”之分。刘著通过对胡瑗《周易口义》的研究，论证了这种分法并不符合历史事实，其实以胡瑗等人为代表的庆历学人多是兼疑改传注和疑改经文于一身，并且指出庆历前后的散文创新正是与这种勇于创新的精神密不可分的。刘著论述了石介对经学传承强烈的忧患意识和献身精神，宣扬《春秋》的王道思想；着重阐发《周易》中物极必反的理论等学术精神和学术理念，并在其认识价值中指出：“我们透过石介如此夸张的言语和行动，却恰恰看到了部分庆历学人在如何继承和发展传统儒家思想方面所处的困境。”也正是这一点，给庆历前后散文创作者的理论和创作带来了负面影响。类似观点，不单能厘清学术对散文的影响，而且有益于中国学术研究。其他还有论述欧阳修散文有枯简之病，以及归纳出欧阳修散文的转折法、配说法等具体文法等等。诸如此类，或在前人基础上深入论述、或更正前人成说、或发前人所未发，有令人耳目一新之感。

尤其难能可贵的是，以上所论新观点并非零金散玉般孤立地分散在刘著中。著者非常重视所谓庆历学术、散文创作理论以及散文创作实践三者的联系。如在庆历学术中重点论述了以欧阳修、李觏等人为代表的以人为本的学术思想。正是这种思想影响到欧阳修散文理论中有重人事、重人情，以及对含蓄多情散文风格的追求，而在具体的欧文创作实践中表现为“配说法”的运用等方面；再有宗经复古是庆历时期学术的共同特色，在论述这种学术思想向欧阳修散文理论转化时，重点论述了欧阳修与石介等人的不同，认定这种学术思想正是欧阳修追求简易文风的基础，而在具体欧文创作中则以《吉州学记》等文章为例论述了欧阳修在文章内容、布局、字句和段落等方面刻意求简的作法，尤其论及欧文刻意求简之病。诸如此类，刘著努力将学术、散文理论和散文创作紧密绾合在一起，前后联系，彼此照应，不但使文章写得血脉通畅，更在深层次上揭示出了学术与散文的互动关系。正如著名宋代文学研究专家程杰先生对本书评价的那样：“该书在论述庆历学术与欧阳修文风之有机关系上颇多新见，对欧阳修文风形成之思想学术等方面的基因阐发颇为深人,是一部较有创获的著作。”

第三,具有话题价值,启发学者新思。刘著除了在选题和诸多观点方面有创见以外,在论述庆历学术与欧阳修散文过程中,还有一些概念与提法颇能引起学界关注。例如,北宋仁宗庆历年间是疑经惑古学术思潮的重要发展阶段,有所谓“庆历正学”的提法,古今学者也多有提及“庆历学术”,但对“庆历学术”的起止年限、代表人物及学术特色少有集中深入的探讨。刘著在“绪论”中集中论述了“庆历学术”的问题,其中包括“庆历学术”的起止时间、代表人物,认为起于天圣末年,止于治平末年近四十年的时间,代表人物包括范仲淹、胡瑗、石介、孙复、刘敞、欧阳修、周敦颐、张载、李觏和邵雍等人,并将他们区分为“谈经者”、“知道者”和“能文者”三类,这种区分既把握住了各家学术的各自特色,同时也成为论述学术与散文关系的重要参考。

另外,刘著指出欧阳修具有“圣贤情结”。并把“圣贤情结”定义为:“指某人具有一种持久的心理状态,这种心理状态要求当事人不再满足于只做一个有道德操守的谦谦君子,而是以心目中的圣人为榜样,处处严格要求自己,让自己无限可能地接近‘圣人’的标准,最终成为圣人。在道德表现、生命价值实践等方面达到极致,以便让自己能够具有一种超越时空的力量,待肉身在这个世界上消亡以后,英名流芳千古。”我们认为,刘著中对这个概念的界定意义至少有三个:首先,改变了研究者多强调欧阳修的“君子意识”的习惯提法,对他的定位更加准确。其次,对论述北宋二程等人提出的所谓“圣贤气象”有启示作用,从某种程度上说,欧阳修的“圣贤情结”也是他对宋代理学发展的一大贡献。第三,这一概念的提出可以作为论述宋代学术与散文关系的切入点。

再有提出了学术与散文的互动模式的问题,在探讨学术对散文影响的同时,尤其重点论述了成熟的散文理论、散文创作实践对学术的反作用,不但确证了学术与散文互动模式的存在,而且提升了古代散文研究的意义和价值。并且明确提出了“学术与散文的互动并不因为欧阳修所代表的学术时代的逝去而停止运作。恰恰相反,随着熙、丰时代的到来,学术界更表现出异彩纷呈的局面,学术与散文的互动表现出了更加多元化的发展趋向。洛学、新学、蜀学等学术流派的思想、学风的异同影响着学者们散文风格的异同。反过来,他们各自不同的散文理论及实践,也在一定程度上影响着他们不尽相同的学术思想及发展趋向。”毫无疑问,著者对学术与散文互动模式的确认与论述,对研究中国古代散文有着巨大的启示作用。王兆鹏先生在论及著者试图总结学术与文学互动模式的努力时评价道:“这不仅将欧阳修的研究向前推进一步,也为整个中国古代文学与学术关系的研究提供了一个比较成功的范例。”

如上所述,刘著中诸如“庆历学术”、“圣贤情结”和“互动模式”等基本概念的提出或论述,和书中其他观点相比,虽说还不一定算得上完美,甚至不无可商榷之处,但毫无疑问具有一种话题价值,可以引起学界的思考与争鸣,借以启发学者新思,促进学术研究的深入,因为学术很大程度上是在对学术话题的争鸣与辨析中发展起来的。

胡迎建等校注《邵尧夫先生诗全集》《重刊邵尧夫击壤集》

李　姝

1975 年 7 月在星子县横塘乡和平村南宋墓中出土的《邵尧夫先生诗全集》《重刊邵尧夫击壤集》,堪称价值连城的孤本,具有极高的收藏和研究价值。多年来,星子县文物部门克服条件简陋、经费缺乏等困难,较完好地收藏和保存了这一珍贵古籍。这两种诗集能保存到今天,堪称奇迹。2008 年 3 月国务院批准颁布的首批《国家珍贵古籍名录》中,江西省 7 种古籍入选,其中即有《邵尧夫先生诗全集》与《重刊邵尧夫击壤集》两种。同年 6 月,江西五部珍贵古籍进京在国家图书馆参展,两部书列入其间。

邵雍(1011—1077),字尧夫,又称安乐先生、百源先生。生于河北范阳。随其父徙共城(今河南辉县)。少年时,刻苦自学,博览群书。史称:“自雄其才,慷慨欲树功名。于书无所不读,始为学,即坚苦刻厉,寒不炉,暑不扇,夜不就席者数年。”(脱脱《宋史·道学一·邵雍传》)为增长见识,他游学四方,越黄河、过汾河,涉淮水、渡汉水,到过齐、鲁、宋、郑等各地。回来后说,“道在是矣”。不复云游,隐居苏门山百源之上,后人称他为百源先生。年三十,葬其亲伊水上,遂于皇祐元年(1049)定居洛阳,以教授生徒为生。他淡泊名利,虽居处蓬荜环堵,不庇风雨,但他怡然有所乐。

嘉祐七年(1062),西京留守王拱辰就洛阳天宫寺西天津桥南五代节度使安审琦宅故基为邵雍建屋三十间。邵雍从此过着耕种自给的生活,名其居曰“安乐窝”。“春秋时出游城中,风雨常不出,出则乘小车,一人挽之,惟意所适。士大夫家识其车音,争相迎候,童孺厮隶皆欢相谓曰:‘吾家先生至也。‘不复称其姓字。或留信宿乃去。好事者别作屋如雍所居,以候其至,名曰行窝。”可见他当时受人尊敬,远近驰名。

他不仅学贯古今,奇才盖世,而且其人品峻洁,待人至诚。《宋史·邵雍传》曰:“德气粹然,望之知其贤,然不事表襮,不设防畛,群居燕笑终日,不为甚异。与人言,乐道其善而隐其恶。有就问学则答之,未尝强以语人。人无贵贱少长,一接以诚,故贤者悦其德,不贤者服其化。一时洛中人才特盛,而忠厚之风闻天下。”名流学士如富弼、吕公著、程颐、程颢、张载等退居洛阳时,都很敬重他;司马光待他如兄长。嘉祐间诏求遗逸,留守王拱辰以邵雍应诏授将作监主簿,复举逸士,补颍州团练推官,但他都坚决推辞,甚至以有病为由不到任。

熙宁初年,王安石变法,不少官吏见新法过于苛严,纷纷弃职而去,但邵雍未持过于反对态度,他给一些门生、友人写信说:“此贤者所当尽力之时,新法固严,能宽一分,则民受一分赐矣。投劾何益耶?”

晚年重病卧床时,司马光、张载、程颢、程颐晨夕侍候他。临终时,商量丧葬事,他能听见众人所言,召子伯温谓曰:“诸君欲葬我近城地,当从先茔尔。”熙宁十年卒,年六十七。程颢为之作墓志铭,称颂邵雍之道“淳一不杂”。元祐间赐谥康节。后人尊称“邵子”。

邵尧夫著有《皇极经世》《观物内外篇》《渔樵问对》等。其思想渊源于陈抟道家思想,众家皆有论述。朱震《汉上易传·表》说:“陈抟以先天图传种放,放传穆修,修传李之才,之才传邵雍。”而朱熹则认为邵雍传自陈抟,陈抟也有所承传。他说:“邵子发明先天图,图传自希夷,希夷又自有所传。”(朱熹《周易参同契考异·附录》)从朱震、朱熹的表述看,邵雍的思想源于道家系统,而直接传授者是李之才。需要说明的是,邵子之学虽有渊源,但更多的是自己的体悟。《宋史·邵雍传》对此论述极为清楚：邵雍“乃事之才，受河图、洛书、宓羲八卦六十四卦图像。之才之传，远有端绪，而雍探赜索隐，妙司神契，洞彻蕴奥，汪洋浩博，多其所自得者。”

邵尧夫学问精湛，融会贯通，妙悟自得。他根据《易经》关于八卦形成的解释，掺杂道教思想，虚构宇宙构造图式和学说体系，成为象数之学，也叫先天学。其预言诗《梅花诗》准确率之高，超乎想象。他对天地运化、阴阳消长的规律了如指掌。“远而古今世变，微而走飞、草木之性情，深造曲畅，庶几所谓不惑”，“知虑绝人，遇事能前知”。理学家程颐说他“其心虚明，自能知之”。程颢随其父拜访他，谈论终日之后赞叹道：“尧夫，内圣外王之学也！”

邵尧夫喜饮酒吟诗，其传说他“旦则焚香燕坐，晡时酌酒三四瓯，微醺即止，常不及醉也，兴至辄哦诗自咏。”著有《击壤集》。《四库提要》以为“邵子之诗，其源亦出白居易，而晚年绝意世事，不复以文字为长，意所欲言自抒胸臆，原脱然于诗法之外。”历代有人喜爱其诗。南宋大词人辛弃疾有《读邵尧夫诗》云：“饮酒已输陶靖节，作诗犹爱邵尧夫。若论老子胸中事，除却溪山一事无。”元代虞集早年斗室攻读，书“邵尧夫诗”，将书室题为“邵庵”，被人尊称为邵庵先生。明人希古以为：“体物切实，立意高古，其音纯，其辞质。如茹大羹啜玄酒而有余味焉。……即其言以味先生理趣之深，诵其诗以求先生道学之妙。”（《击壤集引》，载《四部丛刊》本《伊川击壤集》卷首）邵尧夫诗形成“击壤体”，仿效者又形成“击壤派”，是我国古代理学诗派最重要的支流，流行宋、明数百年之久，在日本也颇有影响。但也有人持贬低态度。清代王士桢说：“宋人惟程、邵、朱诸子为诗好说理，在诗家谓之旁门”（见郎廷槐《诗友诗传续录》）。当代陈延杰认为：“理学诗倡自邵雍、而周敦颐、张载、程灏相继而作，亦宋诗之一厄也”（《宋诗之派别》）。施蛰存《唐诗百话》之二提到邵尧夫的诗：“还有宋代道学家的诗，特别是邵尧夫的诗，也可以说是梵志诗的苗裔，用诗的形式来宣传道德观念或宗教思想。”

综观墓中出土的《邵尧夫先生诗全集》《重刊邵尧夫击壤集》两种，言理学固然占了相当一部分，他以诗言理，然不出于勉强，自然而成。“真为寄意于诗，而非刻意于诗者”。更有不少咏史诗，多为五古、七律，阐述他对历朝兴废原因的看法，对历史人物作用的探究。如《观大棋吟》《经世吟》等均为咏史诗的长篇巨作，为中国诗史所罕见。也有不少诗是谈他对诗学的见解，诸如诗的价值、作用等。有的是批判禅学之非，劝世人勿溺于佛教。写景诗数量也不少，无论是出游山水还是居家的即景遣兴，都可见他对四时物象观察的细致，当然也有部分是借景发明其理学观。比较多的还有咏怀诗，主要写他安贫守道，自述并描绘其生活状态，表达安乐的情怀以及辞官不作的决心，还有对名利的鄙夷，以及对世态人心的看法。还有一部分为唱和诗，在与友人的诗歌往来中，他既表达对友人的尊敬与感谢，也有对友人的劝诫，更多的是自述心迹与行止，以自己的生活状态告知友人。其诗集中有不少箴言，直指人心。即便在今天，对人们认识人生与社会，仍有穿透的意义，对人的修养也极有裨益。

邵雍的诗集，不仅可用来研究其人之思想、观念，还可研究其人的生平。从文学史方面来看，其诗学观、诗的文学价值以及“击壤体”的形成，都大有研究的必要。

两种诗集，其中《重刊邵尧夫击壤集》的正文目录下标明“内集　敬室蔡弼重编”。此集为七卷 219 首诗，45 页；《邵尧夫先生诗全集》为九卷 328 首，61 页，卷五比对目录缺 2 页七首。两种诗集共收录 547 首，经对比，有二十余首重出，但诗题与文字稍有不同。

与后来的明本相比，有的诗题与明本相同而诗并不同；有的诗题不同，而其实诗相同。经我反复比勘，还有明本所无的 28 首佚诗。其中《邵尧夫先生诗全集》有佚诗 16 首，蔡弼重编《重刊邵尧夫击壤集》有佚诗 12 首。稍有研究的人或许有两个疑问：一是两种书的诗较明代以后所刻本总量要少些，却为何称全集；二是为何 26 首诗不见于明本。

关于两书的版本刊刻，九江市图书馆吴怿先生认为是南宋刊本。他说：

> 《邵尧夫先生诗全集》卷一《三国志》一诗中有“桓相鼎峙震雷音”，另在卷六《代书友人》中也有“尚无闲地可盘桓”诗句，这三诗中有一个共同点，就是“桓”字末笔为缺笔。这是为避宋钦宗赵桓讳的非常用法。考宋钦宗赵桓为北宋最后一位皇帝，在位期间(1126—1127)，历史上的“靖康之难”，便发生在此时，北宋结束，南宋开始。可以确定《邵尧夫先生诗全集》刻版于 1126—1127 年或在此后。但同时我们又发现在《重刊邵尧夫击壤集》卷一中《观大棋吟》(《四库本》毕亨本作《观棋大吟》)中，“可嗟桓彦范，不杀武三思”中的“桓”字，却不避讳。这样我们对于《重刊邵尧夫击壤集》版本有了新的认识，《重刊邵尧夫击壤集》应当成书早于《诗大全集》之前，也就是在 1077—1126 之间，而《邵尧夫先生诗全集》为 1126—

1127 年或在此后所编刻，并将《重刊邵尧夫击壤集》补版后，作为子集同时刊印。综合所述，本书应为南宋时所刊刻。”[①]

然而这一观点还有疑处。《四库提要补证》载《击壤集》还有三种版本：一为毛晋本，一为元椠本，一为北宋本。云：“杨氏《楹书隅录》有北宋本十五卷，谓此本作内集十二卷，外集三卷，前有治平丙午中秋自序，编次与各本迥异，序后有蔡氏弼题语一则。盖由公手订二十卷本，重编为此本，《龟山语录》所称‘须信画前’云云一联，此本在卷十二中。”而《增订四库简明目录标注》还提供了一条线索：“《续录》云：‘黄丕烈有不全宋本，宋蔡弼子蔡文子刊本，题《康节先生击壤集》，分内集，与世行本迥异，十三行十二字。”这个不全的宋本，与《四库提要补证》所说的《击壤集》三种版本，今俱不见著录于《中国善本书提要》，可能均已佚。清末叶德辉所撰《书林清话》“翻板有例禁始于宋人”一节最后有：“建安蔡子文东塾之敬室，治平丙午（三年）刻邵子《击壤集》十五卷，见《杨录》。”《杨录》应即杨氏《楹书隅录》，蔡子文当为蔡弼之字号，敬室当为斋号。如此则可推断，《击壤集》最早刊于邵雍在世时，为宋治平三年（1006）邵雍自定本，邵雍自序即作于此时。墓中出土书既曰“重刊”，应是蔡弼在他初刻后不久，又翻板重刊了一次，而且少量诗中他还作有校语。同时还刊刻了《邵尧夫先生诗全集》。说全集并无不妥，因为当时他所搜集的必定是他所见得到的邵雍所有的诗。其编排也与后来的明本《击壤集》“迥异”，大不一样。所以我推断，墓中出土的版本应在元丰年间（1078—1085）或稍后。

邵雍去世后，其子邵伯温在元祐六年（1091）重又编集刊印了《邵尧夫击壤集》二十卷，加入了蔡本之后的邵雍晚年所作，而且以其子的身份，所得最易，故共收入 1118 首，很多诗题均加上了“吟”字，可见重新整理的功夫。还有一种可能，此集较治平年间的蔡弼刊集，文字不同，邵雍在晚年又将早年诗作改动一些。古代诗人通常会有此之举。邵伯温刊集由邵雍门生邢恕作序。以后明本多源出邵伯温本。这也就是明本较墓中出土的两种书要多出五百多首的原因，也是后来明本诗题与蔡本诗题同而内容不同、诗题不同而诗相同的原因。这也是 26 首佚诗为邵伯温编《击壤集》所无的原因，或邵伯温所删，或是邵伯温所未见。如此则前所列疑问均可迎刃而解。

南宋绍兴间成书的《郡斋读书志》，著录《邵尧夫击壤集》二十卷，并说“歌诗盖其余事，亦颇切理，盛行于时”[②]。当是指邵伯温编集本，但也说明在北宋时，邵雍诗在当时就因有不少刊本而盛行。

宋代邵伯温所编《邵尧夫击壤集》后世不存，明本只是陆续翻刻其书。版本主要有：明初张蓉镜、邵渊耀刻本《伊川击壤集》、明正统年间《道藏》太玄部，又见于《道藏辑要》星集，成化十一年毕亨刊本二十卷，《四部丛刊》集部即影印此书；至清代，还有四库全书中的《伊川击壤集》河南巡抚采进本，明版《击壤集》还有万历间刻本八卷，藏美国国会图书馆。毫无疑义的是，凡二十卷本的《击壤集》均出自邵伯温本，诸本文字差异甚少，万历刻本无从得窥。可以肯定的是，这两种宋墓中出土的书，与邵伯温本系统无关，如此而两书的版本、校勘、目录诸方面的意义也因而凸现。

这二种诗集应是福建建阳一带的刻本，因为蔡弼即是建安人。宋版书刻于建阳其地的甚多，坊刻本是最廉价的本子，校刻质量并不太高。诗集标榜全集，可能还有书商故意炒作的做法。还有一佐证，南宋乾道年间有大刻书家、学者蔡梦弼，字傅卿，亦建安（今福建建瓯）人，刻了不少书。如乾道七年东塾刻本《史记·三皇本纪》后有"建谿蔡梦弼傅卿亲校刻梓于东塾时，岁乾道七月春王正上日书"字样。蔡梦弼的东塾为南宋建阳其地的著名书肆，与敬室蔡弼东塾同名。蔡梦弼极有可能是蔡弼的后代，其名即取义于梦其先人蔡弼。此人潜心艺文，不求闻达。尝注韩愈、柳宗元文，还撰有《杜工部草堂诗话》，为世所重。如此则可推断，东塾为这一家族延续近百年的刻书坊。

两书均蝴蝶装，麻纸。《重刊邵尧夫击壤集》书框高 19－21 厘米，宽 13.5－14 厘米，左右双边，半页 12 行，行 20 字。《邵尧夫先生诗全集》板框格式行款大略如前书，唯左右单边。字刻勾勒遒劲，有欧柳笔意，墨色清晰，刀法精良。目录中各卷头有黑鱼尾，板框之间宽 3 分，上下有细黑鱼尾，白口。《邵尧夫先生诗全集》卷末有篆体字"德衤芙"印记。书原有封面，惜已毁坏。无论是从书籍的装帧形式，还是刻工文字风格都保留了宋代文化风格，尤以《重刊邵尧夫击壤集》前三卷最为突出。此集是经过蔡弼校勘过的本子，如《观棋大吟》："好胜心无已。"下有双行小注："已亦作厌"。"财利激于衷，"注："激亦作蔽"。《邵尧夫先生诗全集》未经校勘，有些错误，与明本相比，很多诗题无吟字。《重刊邵尧夫击壤集》卷七正文目录题为《邵尧夫先生诗全集》卷九，卷末亦相同，搞错了书名，从这一错误可以看出这两本书之间存在关联，否则不会将两本书名混淆，这两本书应当是后来同时同地所刊刻。《重刊邵尧夫击壤集》是《诗全集》中的一部分，而又不失其独立，两者共同构成《邵尧夫先生诗全集》整体。

关于其校勘价值，蔡本由蔡弼本人重刊时作了校记。这些校记，保留了当时底本与校本的异文，后来的明本、四库本、道藏本均无此校记，由此可知当时邵尧夫诗集就有不同的版本，也可见古人对校记的重视，十分宝贵。今天以宋墓出土本来校后世通行本，意义也十分重大。我曾撰《宋墓出土的两部邵尧夫诗集》(《文献》1988 年第 4 期、《古籍整理出版情况简报》第 193 期)一文，以明刊成化本对校，异文达三百多处。认为明本的一些刊刻错误，或以字形笔划相近而误，或增减偏旁而致误，或更换偏旁而误，以同音字或音近字代替而误。还有的双行小注，为明本所无。当然也有宋本的文字不如明本处。程千帆、徐有富著《校雠广义·校勘编》(此套书曾获国家图书奖)曾引用此文三处以说明校勘价值。如 75 页"既讹且倒"一节中云："胡迎建曾指出，宋邵雍的诗《首尾吟》：'车稳如茵草上归'，宋本作'草嫩如茵车上归'。明本'草'，讹为'车'，复改'嫩'为'稳'，又将'车'误为'草'，遂致文义不通。证之以《南园晚步思亡弟》：'南园之南草如茵。'可知明本误。"著者补充说："显然，宋本这句诗中的'草''车'两字被弄颠倒了，'嫩'字又被讹作'稳'字。"在 106 页"因假借字而讹"一节中说："胡迎建取《邵尧夫先生全集》与今传明刊本《击壤集》相校，发现集中《年老逢春》诗有云：'故宅废功除瓦砾，新畦加意种兰薰。''废'宋本作'费'。'费'与'加'俱为动词，对仗。明本以同音字而误。"③

再如《生子》一诗中："吾今耆年时七十"，明本作"我若寿命七十岁"。"尔正方刚二十五"，明本作"眼前见汝二十五"。似宋本较明本为优。又如《安乐窝中吟》颔联："自知一赏有分寸，谁让万金无孑遗。""万金"，明本作"黄金"，与"一赏"失对，似以宋本为是。《小圃逢春吟》："夜檐静透花间月，昼户晴生竹外烟。""昼户晴生"：明本作"画户晴生"，道藏本作"画户寒生"，四库本作"书户晴生"。揆之上句"夜檐"，以"昼户"为是。又如《诏三下答乡人不起之意……》其二："贫时与禄是何受，老后得官难更为。""何"，明本作"可"，依平仄，明本误。类此者不胜枚举。

在文字学上，二种宋版书也有其价值，一是可作避讳学的研究；二是有的异体字写法与通常的异体字不同；三是诗集中可见在宋代就流行一些简体字、俗体字，如"遷"作"迁"，(鄉十向)作"向"，明版仍作(鄉十向)；"辨"作"斗"，"覺"作"文十见(上下结构)"，"学"作"文十子(上下结构)"，"舉"作"文十丰(上下结构)"，"譽"作"文言"(上下结构)，"舞"，上半部作"无"，"國"作"国"，"興"作"兴"，"吳"作"吴"。

宋版书出土于陶墓中。据《故陶公提干堂长圹中记》,此墓墓主陶桂一,南康军星子县人。从学李燔,与余玠友好。李燔是南康军建昌人,朱熹的大弟子。绍定二年(1228),陶桂一入太学,后任武冈军、南康军军学教授,曾为白鹿洞书院堂长。卒于景定二年(1261),“其殓也,随生平服用外,覆以深衣而已。”

此书为墓主生前所好的殉葬品,说明墓主对此书的挚爱。至于此书为何未坏,堪称奇迹,有待文物专家研究。1975 年开沟时为一农民所获,以草木灰吸干水分,置于厨房烟囱旁,得以未朽。1982 年始由星子县文物站收藏,因缺损、粘结,1985 年送北京图书馆装裱修复。

此两种书列入 2011 年国家古籍整理资助项目,2012 年 4 月由江西美术出版社出版。我因作两书的校注并撰写前言,略有体会,兹述其集的文献价值,供博雅好古之士进一步研讨。

①吴怿《〈邵尧夫先生诗全集〉的文献价值》,江西省图书馆学会 2010 学术年会征文。

②晁公武《郡斋读书志校证》,上海古籍出版社 1990 年版,1041 页。

③程千帆、徐有富《校雠广义·校勘编》,齐鲁书社 1998 年版,第 75、90、106 页。

山本和义著、张剑译《诗人与造物——苏轼论考》

周剑之

一

日本学者深细的思维方式与精致的论证方法，向来为人称道。近年来，国内译介了不少相关论著。在宋代文学文化研究方面，最具代表性的，是王水照先生主编、上海古籍出版社出版的“日本宋学研究六人”集书系，目前已出版到第二辑。其中汇集了多位日本学者的著作，呈现了日本学界在相关方面的研究力量与学术动态，为我们打开了异域的视野。近期由张剑先生翻译的《诗人与造物——苏轼论考》（中国社会科学出版社 2013 年版），是又一部译介日本学者研究成果的力作。著者山本和义先生毕业于京都大学文学部中国文学科，师从吉川幸次郎、小川环树，主要研究苏轼与宋代文学。该著即其代表性作品之一，以贴近文学的角度，对苏轼及其诗歌做出了富于启发性的阐释，是日本汉学界苏轼研究中颇有代表性的作品。

《诗人与造物——苏轼论考》日文原著出版于 2002 年。书中汇集了著者长期以来研究苏轼及宋代文学的论文。从发表最早的《苏轼诗论稿》（1960 年），到发表最晚的《宋代文学研究的基础》（2000 年），跨越 40 年。在这样一段相当长的时间之内，著者持续对苏轼及宋代文学进行思考，形成了一系列各自独立又相互关联的成果。在结集时，著者又将这些论文重新编排，组成三个部分。第一部分为《苏轼诗论考》，是全书的重心，从不同的角度对苏轼进行研究，涉及苏轼的生平、人生观、创作特点等方面。就对象而言，则有“诗人的长啸”、“南行集”、“望湖楼醉书诗”、“洋川园池诗”等富于趣味性的话题。

第二部分《〈赤壁赋〉论考》,以《赤壁赋》为中心,考察苏轼创造的文学世界。第三部分《宋代文学论考》则延伸到对宋代文学的总体观照。

二

尽管书中论文的写作时间和写作重心各有不同,但大体贯彻着相对统一的脉络,即对“诗人”与“造物”之关系的思考。这是著者将本书命名为《诗人与造物》的原因,也是该著精髓所在。

在《诗人与造物》一章中,著者非常集中地谈到了这个问题。他从苏轼诗中读出的“诗人与造物的关系”是:造物把自然世界存在的江山风月赠给诗人,而诗人通过语言,把这些素材转化为美的存在,创造出一个与现实世界完全不同的诗世界,并从中获得愉悦。造物如同一个有生命有人格的个体,它期待着诗人的创造。为此,造物要将无限美好的风景展现给诗人。相应的,为了报答造物的恩赐,诗人要通过创作来实现造物的期待。而造物为了达成对美的期待,甚至不惜将各种磨难加诸诗人身上,让诗人在生命的困厄中淬炼出更为纯粹的诗和更为纯粹的美。苏轼是一个备受造物青睐的诗人。他得到了造物的赠予,同时也没有辜负造物的期待。他不是造物的模仿者,他用自己的“诗眼”对造物进行审视加工,创造出一个凌驾于现实世界之上的“诗世界”。苏轼享受着造物的“无尽藏”,并且悠游于诗的世界。

在这一章中,著者阐发了“造物”与“诗人”的微妙关系,从一个相当独特的角度解读出了苏轼诗歌的内涵。

值得注意的是,著者对“诗人与造物”的思索并非仅限于“诗人”与“造物”二者。这里还隐含了另一个关键的因素,那就是“诗歌”。就这个命题而言,“诗歌”的存在,在一定程度上不言自明。造物—诗人—诗歌,该著实际上包含了著者对这三者关系的认识和思考。

如果要试着归纳一下的话,那么在著者的研究中,至少涉及了以下几个重要的问题:造物对于诗人的意义是什么?诗人在造物基础上创造出来诗歌世界具有怎样的特点?诗人如何创造出诗歌中的新世界?为什么诗人能够创造出这样的新世界?这样一些相互勾连的层面,共同组成著者考察苏轼诗歌的主体脉络。

造物对于诗人的意义，《诗人与造物》一章已有充分探讨。而另外几个层面的内容，则揉在了其他的许多章节里。许多看似独立的章节，实质上含括了著者对这些层面思考。

首先，诗歌是诗人创造的另外一个世界。著者强调这"另一个世界"的特殊性，以及其与现实世界的区隔。在对《〈前赤壁赋〉初探》一章中，尤其强调赋中世界与现实世界的不同。在著者看来，苏轼是明知此"赤壁"并非三国"赤壁"的情形下，仍将其"看作"三国"赤壁"来展开书写。通过这样的处理，《前赤壁赋》得以建构出一个充满想象的空间。自由遨游在这个空间中的"苏子"，也成为与谪居黄州的苏轼不同的人。《洋川吏隐诗》同样分析了诗歌所创造的世界的特殊性。文同创作的《守居园池杂题》组诗，以及鲜于侁、苏辙、苏轼三人的和作，构成了一个"吏隐"的世界。诗人们虽然作为"吏"生活在现实的世界中，却通过诗歌创作将"吏"的场所建构成"隐"的"闲适的境地"。总之，诗人的创作和现实生活世界是有差异的，这是两个相互关联但又相互区别的时空。

其次，诗世界的形成，虽有赖于造物的赠予，但更有赖于诗人对自己与造物关系的处理。在著者的研究中，"诗人"是一个关键的存在。诗歌之所以能够成为与现实世界不同的另一个世界，根本上是得力于诗人的开拓。因为有了诗人的创作，造物的赠予和期待才能获得回应；也是因为有了诗人，才能创造出一个不同于造物所赠的新的世界，并真正闪现出"美"。著者认为，苏轼是一个积极开拓的诗人。苏轼拥有作为一个诗人的充分自觉。正如《黄州的苏轼和〈赤壁赋〉》一章中所言，他是"能动的诗人，是反抗的诗人。"他从不肯对现实亦步亦趋，而是积极用语言开垦出了一个诗世界。

当然，苏轼并非从一开始就拥有了这样的自觉，而是有一个发展的过程。在这过程中，又有尤为关键的阶段。著者认为，苏轼的自觉在通判杭州期间得到凸显。《望湖楼醉书诗》一章，详细分析了苏轼创作于熙宁五年的《六月二十七日醉书望湖楼五绝》。通过对五首绝句的条分缕析，指出五首诗旨趣各不相同，呈现出内涵丰富、不断扩展开去的诗歌世界，显示了苏轼对于诗人身份的自觉："因为是诗人，他可以享受更加丰富的人生，并努力将其诗世界扩展开去。"

"作为诗人觉醒"的例子远不止《望湖楼醉书诗》。著者在《洋川园池诗》一章中，考察了文同首唱、鲜于侁、苏辙、苏轼和作的《守居园池杂题》组诗。

通过对不同作者同一题材诗歌的比较阅读，得出结论：苏轼有意识地开辟属于自己的诗境，既不同于文同、鲜于侁、苏辙，也区别于作为这类组诗的源头的王维、裴迪等人。苏轼创作这组诗的态度，绝非循规蹈矩的补充，而是“激情澎湃甚至有点贪婪地要建构起与原诗旨趣不同的新的诗世界来”。他是一个努力发扬个性的诗人，并因此而创造出了丰富多彩的诗世界。同样，在《洋川吏隐诗》中再次提到了这几组诗作，并且指出，他们所营造出的“吏隐”世界，离不开作为诗人的这四人的经营。

再次，作为诗人的苏轼，之所以能在诗歌中开创出独特的世界，又与苏轼对现实世界的独特观照角度和思考方式有关。“他的世界中，没有既定的牢不可破的构造，即没有不可动摇的秩序。”“他对人生的思考没有被某一种意识形态所束缚”，是一种开放的姿态。这使得他所创造出来的诗世界具有一种独特的“舒展性”，呈现为“不断的展开”。

早在 1960 年发表的《苏轼诗论稿》一章中，著者详细剖析了苏轼看待事物的方法。按照历来诗歌创作的习惯，诗人的视点往往是相对固定的，自然围绕人呈现变化。苏轼却是以变动的视点看待景物。因此，苏轼诗歌中呈现出来的景象，是通过不同视点的累加、重叠、延展而得。苏轼不仅以这样的方式看待事物，而且以这样的方式看待自己、看待人生。基于这种独特的方式，使得苏轼对于传统的“人生如寄”有了新的解读。过去诗歌中的“人生如寄”，往往是对生命短暂的慨叹。苏轼却消解了这种悲哀情绪——正因为人生如“寄”，所以用不着执着于一事一时。苏轼从展望整个人生视点来把握自己当下所处的位置，从而相信人生中具有不断展开的未来，并且把日常生活中平凡的一点一滴视为整个人生价值不可或缺的累积。由此，苏轼诗歌才有可能呈现出一种对日常生活的纤细把握，即便在流放的日子中，也能够“把日常生活中的小喜悦与人生在世的大欢喜联系在一起进行讴歌”。正如《岭外诗》一章中涉及的诗歌那样，虽然远贬岭外，却能够体现出“清安”的心境、甚至是“深深的喜悦”。

《造物的诸相》一章，也是从类似的角度切入，探讨“作为对象频繁出现于苏轼诗中的造物的诸相”，并以此为契机，对苏轼思考世界的方式进行探究。在苏轼的眼中，“造物”是多种多样、不断变化的存在：时而是命运的主宰者，时而是可以与诗人嬉玩的“小儿”；时而用心细腻、充满智慧，时而无心淡泊、难以揣测。而苏轼对于造物的态度也相应地充满多样性，既可以领略造物的体贴，也可以包容造物带来的困厄。这样千变万化的造物形象说明，苏轼的世界具有开放性。在这样的心态驱使下，也就没有了对造物的执念，因而能够脱离造物支配，自如地与造物相处，并且能够凭借语言的力量，将造物纳入诗歌的世界。这是苏轼笔下的造物能以多种面貌呈现的根本原因。

以上几个层面，相互勾连，层层皴染出“诗人与造物”的核心主题。这一阐释角度，实质上抓住了“诗人”这个关键点。由“诗人”连结起来的，是属于现实世界的“造物”与超越现实世界的“诗歌”。理清了这条脉络，也就把握住了苏轼及其诗歌的独特价值。对这一主题的持续关注与深入思索、由此描绘出一个作为“诗人”的苏轼，是本书尤为重要的贡献。

除了对苏轼的深入探究，本书对宋代的诗歌和文学特色有也高屋建瓴的把握。《宋代的诗》一章指出了宋诗日常化的特点。而日常化题材要想诱发读者的感动，就需要诗人“兼备凝视对象的锐利的眼光和纤细敏锐的感觉”。《宋代的文学》则在将宋代视为“中国的文艺复兴”的背景下探讨宋代文学的状况，将欧阳修视为代表性的人物，阐释这个时期士大夫与士大夫文学的特色。尽管在今天看来，一些观点已称不上新鲜，但考虑到这些文章的写作时间——上世纪 90 年前后，则仍可从中见出著者眼光之敏锐、剖析之精准。而且其中的许多判断与论述，亦可为今日研究的深入提供理论基础。

三

该著另一方面的重要意义还在于，其中的观点勾连着日本学界对中国古代文学的一种研究思路。对“诗创造世界”这一问题的思考，著者并非独自为阵。从该著引用的一些他人观点，可看出日本学者对同一问题的关注。如书中所引藤田一美《诗作的虚构和意味——以苏轼〈前赤壁赋〉为线索》，即认为诗的语言“不仅能够作为新的统一的意义关联，而且能够自由地必然地建立起一个世界。”“诗人和自己的语言一同开拓出来的时空，不会因为诗人的自我意识回归而消失。用语言创造出的世界，具有在其他人的主观中成为现实的可能性。”尽管藤田一美论文针对著者的《〈赤壁赋〉初探》提出了批评，著者仍然部分地接受了它的意见。吉川幸次郎先生发表于 1979 年的《杜行迹》，论述《文学和素材的关系》一文，在杜甫研究中，也涉及了相关问题：“（杜甫）

对被给予的自然的素材，不满足于被动的描写，不时自己造型出新的自然来。”这些观点后来也被著者吸纳。

著者对苏轼与造物关系的思考，还启发了后来的学者。如川合康三《诗创造世界吗——中唐诗与造物》，用类似的思路考察中唐诗歌，发现中唐诗人是以“与造化争功”的敌对形态出现，这正是中唐时期文学的巨大变化之一。川合氏在论文附记中即提到了山本和义对他的启发。浅见洋二对这一问题亦有进一步的思考。如《论“拾得”诗歌现象以及“诗本”、“诗材”、“诗料”文体》，以杨万里与陆游的诗歌为中心，思考诗人创作与“天”（“造物”）的关系。当“天”（“造物”）与诗人之间的关系出现了新的变化，其实意味着诗人内部世界与外部世界的关系出现了新的变化。

无论是著者对他人意见的吸收、还是后来学者对著者观点的延伸拓展，都反映了日本学界良好的交流。不同学者对同一话题不断深入的研究，也在一定程度上体现了学术脉络的传承。理想的学术研究，应当具备这样对话方式，惟其如此，才能具备可持续发展性。

从译介的角度说，川合康三氏与浅见洋二氏的著作，译介稍早。而此次由张剑先生翻译的《诗人与造物——苏轼论考》，则在一定程度上补全了这一理路的发展脉络，从而可以为国内学界提供更为详明的参考。总之，透过此书，我们会鲜明感受到，异域学者关注的重心、思考的方式，确与国内学者存在着不少差异。借助他者的视角，反观自己的研究，正是介译域外汉学著作的重要意义。

王友胜点校《苏诗补注》

邓子勉

苏轼研究专家王友胜教授集一人之功，历时数年校点整理的《苏轼补注》（凤凰出版社 2013 年 9 月）已经出版，这是历代苏轼诗集笺注整理的又一重要成果。友胜教授近二十年来潜心于苏诗接受史研究，造诣精深。早在上世纪九十年代在复旦大学攻读博士学位期间，既撰写出了博士论文《苏诗研究史稿》，并先后在岳麓书社（2000年）、韩国新星出版社（2002年）出版问世，又于2010年由中华书局出版修订版，已在学界产生了较好的社会反响。新世纪以来，友胜教授再贾余勇，他独立主持的科研课题“查慎行《苏诗补注笺证》”又于2013年12月获全国高等院校古籍整理研究工作委员会立项资助。历时十年，孜孜矻矻，于今终于完成了此书的校点整理，并得以顺利出版。全书凡142万字，上中下三册，厚重朴实、典雅清香，可视为学界宋诗文献整理暨苏诗研究的重要基础工程，应当给予充分地肯定。

苏诗注本，宋代就有四家注、五家注、八家注、十家注以及百家注等，今存宋人注本较完整、流传较广的是署名王十朋的《集注分类东坡先生诗》与施元之、顾禧、施宿合撰的《注东坡先生诗》两种。前书一般省称百家注本、分类注本、王注本（旧王本），今存宋刊本数种。后书一般省称编年注本、施注本，凡四十二卷，有宋嘉泰六年刊本，今存本均残缺；又有宋景定年间郑羽补刻本，也是残本。施注本宋以后的四百余年未见有全本流传，直到清康熙年间，宋荦官江苏巡抚，得嘉泰残本三十卷，嘱邵长蘅补其阙卷，又摭拾为施氏所未收之遗诗四百余首，别嘱冯景注之，重为刊行，于是宋代施注全本得以流行于世。邵氏等急于求成，又肆意增删臆改，使得施注本面目已非，颇遭时贤及后人的诟责。除邵氏外，有清一代集注补正苏诗者有数人，其中查慎行是时代较早、成就较大的一家。

查慎行（1650－1728），浙江海宁人，清初著名诗人、学者。一生笃好苏诗，晚取苏轼“僧卧一庵初白头”的诗意，筑“初白庵”以居，因号初白老人。查氏既不满于王氏注本，又因宋荦刊本不令人惬意，遂倾三十年之力，成《苏诗补注》五十卷《苏诗辨证》一卷。《苏诗补注》首开苏诗注本五十卷之先河，包括正集四十五卷，补录帖子词、致语、口号、遗诗一卷，它集互现诗二卷及查氏自己的补编诗二卷，可谓卷帙浩博，成为清人苏诗注本中出现年代较早、成就较高、影响较大的一部校注本。查注本有康熙和乾隆刻本，此后就不见刊印。清以来苏诗注本中较重要者，如冯应榴《苏文忠诗合注》五十卷、王文诰《苏文忠公诗编注集成》四十六卷，早已经人整理先后由中华书局1982年、上海古籍出版社2001年出版。而早于冯、王二氏之先就梓行于世的查慎行《补注》本不仅迟迟未能整理出版，而且学界关注不多、评价不高，仅靠《四库全书》影印本及台湾新文丰出版公司 1979 年影印本流行于世,学人检读多所不便。友胜教授为改变这一失衡格局,为学界计,更为查慎行鸣不平,将多年潜心苏诗研究的成果梓行于世,这是继其《苏诗研究史稿》后的又一部关于苏诗研究的重要力作。前者偏于学理方面的探讨,后者则是在文献方面的夯实,二者相辅相成,便于学人查读,有助于苏诗研究,这是不言而喻的。

《苏诗补注》虽然不能尽善,但"考核地理,订正年月,引据时事,原原本本,无不具有条理,非惟邵注新本所不及,即施注原本亦出其下,自有苏诗以来注家以此本居最。"(《四库全书总目》卷一五四)研读查氏全书,可知四库馆臣的这个评价并非溢美之词。该书的编次以施氏原注本为基础,又做了很大的变动,其有功于苏诗注者,大略如次。

1.补录原注

邵长蘅等肆意删落施、顾原注,而查氏依宋本加以补录,用力颇勤,凡长蘅等所窜乱者,勘验原书,一一厘正。如卷十五《司马君实独乐园》一诗,查氏于"司马君实"注云:

> 施氏原注,新刻删去,今补录:司马文正公字君实,其先河内人,后家陕州夏县涑水乡。中进士甲科,仁宗擢知谏院,始发大议,乞立宗子为后,韩忠献因其言遂定大计。事英宗、神宗为翰林学士、御史中丞,王介甫为相,始行新法,首言其害,以身争之,当时士大夫不附介甫者,皆倚以为重。拜枢密副使,以言不行,不受命,除端明学士,出知永兴军。力乞归,以为留司御史台,提举崇福宫。闲居十五年,自号迂叟。及《资治通鉴》成,加资政殿学士。哲宗即位,宣仁帘听,入临京师,民拥其马,至不得行,遮道呼曰:"公无归洛,留相天子,活百姓。"卫士见公,皆以手加额。遂起为门下侍郎,拜左仆射。为政一年,疾病半之,而设施措注,凛凛乎向至治矣。元祐元年薨于位,赠太师、温国公。

凡二百五十馀言,可为"儿童诵君实,走卒知司马"句注脚。而邵氏删补本卷十二注云:"《渑水燕谈》:司马文正公以高才全德大得中外之望,士大夫识与不识,称之曰君实。下至闾阎畎亩,匹夫匹妇,莫不能道司马公。身退十余年,而天下之人日冀其复用于朝。"凡六十五字,远不及施氏原注详实丰富。又卷五《送吕希道知和州》于"吕希道"注云:

> 按《宋史》及《东都事略》俱无传,详见施氏原注,新刻本删节,今补录于后:吕希道,字景纯,丞相文靖公之孙,翰林侍读学士公绰之子。庆历

> 六年献所为文，召试赐进士出身，入判登闻鼓院。历知解、和、滁、汝、澶、湖、亳七州，河南监牧使，三司都勾院。景纯性宽厚，沉静端默。熙宁、元丰间士急于进取，独雍容其间，安分随所适而乐，遇事有不可，必力争。及元祐之初，吏治宽平，景纯雅量自如，亦不改其故。为郡皆有惠政，既去，而人思之。

而《施注苏诗》卷三题下注云："吕希道，字景纯，河东人。丞相文靖公之孙，翰林侍读学士公绰之子，历知解、和、滁、汝、澶、湖、亳七州。"邵氏删补本之注远不及原注详实。盖邵氏所据宋本颇有漫漶处，故有肆意增删臆改之举，得查氏补录，其文献价值则大大增强了。

2.修订补正

与王十朋集注分类本不同，施注本在编排体例上采用编年的方式，然囿于文献与闻见，其系年偶一有误。查注本对施注本编年多有修订补正，如卷三十一《和王晋卿送梅花次韵》查氏按语云：

> 石刻先生自题此诗后云：仆去黄州五周岁矣，饮食梦寐，未尝忘之。方请江湖一郡，书此一诗，寄王文父、子辩兄弟，亦请一示李乐道也。此诗施氏原注编上卷知贡举之后，而诗中有"五年不踏江头路"之句，当是元祐四年作，今改编。

按：苏轼宋神宗元丰七年（1084）四月离开黄州，元祐三年（1088）正月知贡举。此诗于元祐四年（1089）春在京城作，故有"五年不踏江头路"。是年三月苏轼除龙图阁学士知杭州，四月离开汴京赴任。而施氏原注本系此诗于元祐三年正月苏轼知贡举之后，邵氏删补本卷二十六标示此卷诗曰："时官翰林作，施注缺，今补。"查注本对施氏编年存在的疏漏进行修正，还有不少，此不赘。

除对编年修订外，还有其他方面，卷二《襄阳古乐府三首》之二"上堵吟"，查氏注云：

> 《元和郡县志》：白马山在竹山县西南三十里。《太平寰宇记》云即新城山。《荆州记》所谓孟达登白马山而叹，即此。按：竹山旧属襄阳府之均州。施氏补注远引衡州白马关者，大谬，今驳正。

按冯景《苏诗续补遗》卷上此诗注云："《襄阳记》：凤林关在岘山。《衡州金城山记》：武冈金城山。《道书》：第六十八福地，石真人修炼于此，题曰仙都白马关，在衡州城东北。"所謂"施氏补注"当指冯景续补之书。查氏尝协助徐乾学编撰《一统志》，又受学于地理学家顾祖禹。《苏诗补注》"略例"云："古今沿革,考索最详。”长于考释地理,于此可见一斑。

3. 增佚补缺

施注本收诗凡二千又七十四首,查注本收诗二千七百四十三首,较施本增溢七百多首。卷四十七查氏按语云:

> 吴兴施氏原本前、后集合三十九卷,其第四十卷则《翰林帖子词》五十四首、《遗诗》三十一首,最后两卷为《和陶诗》,共四十二卷。原注虽残缺,目录犹存。新刻本增《续补》上下二卷,《南行集》错杂其间,真赝相半。余既取《南行集》以冠全诗,又依《外集》,于《续补》卷中排次分编。其漫不可考者凡十九首,无从附录,仍置此卷首。此外一百十三首,皆慎别行搜采,汇分两卷,各疏出处,俾览者有考焉。

可见查氏不仅充分利用了邵氏新刻本的《苏诗续补逸》二卷诗,而且还遍考群籍,“别行搜采”苏轼诗歌佚诗一百十三首,这是他对保存苏诗文献的突出贡献。除增补外,还有订补佚漏。如卷三十六《吴子野将出家赠以扇山枕屏》查氏按语云:

> 诸刻本皆以“宴坐柳生肘”为结句,惟施氏原本有“忘怀紫翠间”二语,末句止存“相首”二字,中间“与到白”三字,好事者所补也,今仍阙,疑以俟考。

按:王氏集注本止于“宴坐柳生肘”,邵氏本此后有“忘怀紫翠间,相与到白首”二句。

查注本还有一个与其他苏诗注本不同的突出特点,就是将与苏轼同时唱和之作及相关诗作,检核作家文集,概予附录。所附作品包括唱和诗及相关诗两种情况,“唱和诗”中以苏轼原唱、他人和作居多,这占了附录诗的绝大部分。“相关诗”指对苏轼创作该诗产生影响的他人诗,或是受到苏轼该诗影响的他人诗。为了便于读者了解这两方面的情况,查注本特地附上原作,以便比对。全书正集四十六卷累计附录诗作九百八十七首,加上原集今本不存而当时实有的和作,共计千首以上,涉及到的作者前后近百人,除欧阳修、张方平等为苏轼前辈外,其余多为与苏轼有文字交往的时贤与后学,这些对研究苏轼生平交游等,很有研究与参考价值。

查注本虽以施氏原注为基础,又吸收了王氏集注本、邵氏删补本等长处,正谬补漏,后出转精,成为清代苏诗注本中之佼佼者,其学术价值由上可见一斑。整理和出版《苏诗补注》,固然与查注本自身的厚重学术份量有关,也是目前宋代文学研究暨苏诗研究所必需。

友胜教授的《苏诗研究史稿》,是一部关于苏诗传播与接受史的著作,其中对宋以来苏轼诗集的编辑与刊印、笺注与选评等问题,论析详细而深入。关于查注本的得与失,《苏诗研究史稿》之"查慎行与《补注东坡先生诗》"等相关章节,以及本书的《前言》和《整理说明》中分别做出了很详细的说明,有助于今人认清查注本的独特价值。友胜教授校点整理此书,以乾隆本为底本,校以他本。为了便于今人的阅读与研究,整理本在以下几方面作了完善与补充。

1.校勘文字

在校勘中,选用善本作为底本,除对校外,还有他校、理校等,如《谢运使仲适座上送王敏仲北使》一诗"人非雁南翔",底本"非"字为误,径改成"北"字。又如"伏枕"讹作"代枕"之类,也径予改正。又部分《和陶诗》,查氏本错以序引为题,整理本予以更正。异体字而与正体音义全同、只是写法不同的,一律改为正体;若义项有不同的,为免引起误解,仍然保留异体。异文如不影响文意理解,则保持原貌,不作改动。查注原文有明显的文字缺漏的,则依据他书作出补正。

2.处理查校

原书中诗题及诗中夹杂有查氏大量校语,或校异同,或校是非,颇有文献价值。有些易于与最后一个注释混在一起,整理本将查氏所有校语统一移于诗后,专设校记一栏,这样就明晰多了。因为是点校,一般不改原文。查注本中的内容,不少被后出的冯应榴和王文诰两家注本采用,整理本也充分地利用了已出版的冯、王二注本,逐篇对照,保证了校点的正确率。

3.调整注释

查氏本注释原列于诗句后,小字双行,不便认读,整理本统一移于诗后,至于苏轼自注仍保留原处,标以"公自注"。苏轼原注,因系作者自撰,文献价值和学术价值颇高,宋人对此重视不够,遗漏甚多,如王十朋集注本仅辑录了三条,到了清代,这种情况有所改观,邵长蘅删补本存有五百五十一条,查氏补注本有六百四十二条,在今存的各种苏诗注本中,存量是最多的。这些多出来的近百条,因为查氏的补注才得以保存,尤其珍贵。

4.补全名称

查氏注本征引书目与诗文时多用省称,即使是诗文题,引录也多用简称。

整理本对书名统一改用全称,如将《诗》改称为《诗经》,《后汉》改称为《后汉书》。对一些不常见的书,则补充了作者。又如书中附录的唱和诗作,抄录诗歌标题,并非照录原文,多使用省抄,甚至全无标题,只有作者,而且作者也是例以称字号,不举姓名。诸如此类,不便于今人的研读与使用。整理本花费大量时间,广为查阅核实,列出作者的姓名,补齐诗篇标题。

5.增添索引

原书目录中对唱和诗没有单独立目,而是括注于原题后。凡属唱和诗的,都在目录中标明;和作不存的,则在目录中括注"某集失原作"的字样以醒读者。整理本又编制了全集篇目笔画索引,附于书後,以利读者检索。

总之,本书整理体例科学,校点精审,用功之深,用力之勤,为苏诗研究暨宋诗研究提供了一部比较扎实的诗歌文本,值得一观。该书出版后,则在学界形成与冯应榴、王文诰二家注本鼎足而三的新格局。读者无论是阅读欣赏苏诗还是研究探讨苏诗,无论是从事实证性研究还是文学本位研究,都可以于查、冯、王三家注本之间互相折衷,互相取资,左右逢源,其研究必将有所进益,有所突破。可以预见,此书的出版对于苏诗研究必将起到明显的重要的促进作用。

张剑著《宋代范浚及其宗族考论》

金晓刚

历史的创造主体,除了光彩夺目为后世熟知的"大人物",更多的实是隐没不彰的"小人物"。但缘于长期形成的学术范式与关注兴趣,学者对"小人物"之价值颇不以为然。在他们看来,"小人物"所具有的特性,既不足以解释历史的主体,亦无力对现有结论构成冲击、颠覆,故而"小人物"在相当长时间内一直处于外缘边角,被视为败絮残简。而随着学术的纵深拓展与反思总结,以及新社会文化史与地方文化热潮的兴起,催生了"重写思想史"的呼声,即由对传统精英、经典的文本解读、诠释转向二、三流思想家或一般民众的知识、思想研究，纷纷强调并勾勒“小人物”的生活空间与思想世界。遗憾的是，这一设想与尝试仅较多提供了“历史背景”层面的启示，其路径仍多照搬传统框架、模式，许多研究更因视野狭窄，孤立论说，流泛于碎片化。

其实，历史人物的“大”与“小”，不在对象自身，而取决于研究者的眼光与解析。桑原骘藏的《蒲寿庚考》与史景迁的《王氏之死》，所选对象不可谓不小，却能出凡跃俗，道人之所未道，为学界推重，其因即在于此。倘能以“小人物”为切点，小中识大，通过个案透视系列大问题，引发学界思考，“所入者小，而所见者大”，则小者不小，作品可跻身上乘。近来，中国社科院文学研究所张剑先生的《宋代范浚及其宗族考论》（中国社会科学出版社 2014 年版，以下简称《范浚》）以“微不足道”的宋儒范浚为中心，从文献学、历史学、哲学、文学等角度进行了独出机杼的全面考察，探赜索隐，钩深致远，是一部以小见大、胜义缤纷的成功之作。在折射作者沉潜之功与高明之解的同时，也再次揭示、映证了“小人物”所富有的“大智慧”、“大能量”。

通过文本，透视学术史的历史图景

范浚（1102—1150），字茂明，世称香溪先生，婺州兰溪（今浙江兰溪）人，为两宋之交一位独特的儒者。其虽出生膴宦世家，却抱道自隐，与主流道学谱系亦无师友渊源。若无朱熹采其《心箴》入《孟子集注》，范浚在思想史或哲学史上很可能留不下雪泥鸿爪。《范浚》首章，著者即发挥一贯娴熟的文献功底，先梳理了范浚《香溪集》的版本脉络，考述出《四部丛刊》所谓的明万历刊本实系清乾隆七年家刻本，使《香溪集》的版本真貌得以还原。之后，又通过对比各版均作的《代贺赵丞相画像启》与成化本总目中题目尚为《代贺秦太师画像启》的细微差异，顺藤摸瓜，结合元姚桐寿《乐郊私语》及宋代官方文献的背景记载，多重互证，判定《香溪集》中的像赞对象属于秦桧而非赵鼎。后人的小小改动，既掩饰了范浚对秦桧的暧昧态度，又将范浚与抗战派领袖赵鼎联系在一起，窜改了历史事实。这一历史图景的重探，颠覆了近千年来人们对范浚的认识，亦或可重启学界对秦桧形象问题的再认识。

而在第三章中，著者系统探讨了范浚理学思想中的心性论、工夫论和宇宙论。范浚的心性论提出“性命心仁无二”、“止而觉”谓仁、“天下一性”等观点，近陆王而与程朱一派有所分别；其工夫论提出诚与不欺、思与敬、慎独与自牧、知耻有悔、学与养等存心、尽心、尽性的观点，又使他与程朱一派有所联系；其以“太一”论宇宙生成，以“皇极（大中）”论本体，有别于朱熹对“理”形而上的单向度认识。所引详富，所论精辟。然如果行文仅停驻于此，至多映射著者的论证邃密，学问浑厚。而此章更富意义的在于，其能高屋建瓴，观察了范浚理学的独特价值以及所处两宋之交在理学发展史上的时代意义。篇幅虽少，却字字警策。范浚思考能够直面问题本身，沉潜玩味，不盲从诸家，对道学的理解不乏精微和独到之处。如果将范浚的理学放入牟宗三先生所构画的宋明儒学思想体系中，其独特性就显现出来了。这一探索与发现，不仅有助于修正现有结论，亦可加深对宋代道学发展面貌的认识。论著又进一步指出范浚理学的时代意义。范浚以及与之类似的基层思想者昭示了两宋之交思想界一幅为人忽略的文化生态：“即在朱、陆两大思想界巨头崛起之前，主流学派之外儒者的思想和他们达到的高度，以及这些儒者所代表的更加广大的知识阶层所酝酿的文化潜流。也许正是这些基层文化生态和文化潜流，才催生出南宋儒学思想高峰的到来。”（第 56 页）的确，两宋之际的理学既逊色于北宋的关、洛、王、蜀时代，亦难媲美南宋诸老云集的乾淳年间。但这一阶段却是理学发展的重要承接期，尤其是洛学逐渐壮长，最终成为南宋理学源泉主流的关键期。因而对于这些过渡期的思想家，其功绩不可抹杀，需重新认识。如单以思想的拔萃与否考衡这一时期的理学，无异于方枘圆凿。相对于一向热捧的思想创新，学术的传承酝酿同样重要。

在哲学史剖解的同时，论著又运用思想史的视野，俯瞰了范浚在生前身后的接受境遇。著者再次指出范浚生前对秦桧并无恶感，朱熹亦未曾拜谒范浚，世传朱熹所撰《范子小传》系伪作。又以范浚与秦桧、朱熹的关系为切入点，具体探讨国家政治、地方士绅、家族后人以及地域文化、道学机制等在范浚人物形象变迁中所起的作用。史料显示，范浚不缺乏官方褒扬和地方士大夫及族人的追捧，但其最终未能融入具有全国性影响的道学谱系，说明政治权力或地方意识虽能在一定程度上干预道学，但道学谱系的形成有其自身内在的逻辑和独立性。所以著者进而专门讨论道学谱系的生成机制问题。这一机制的生成既涉及外在的官方、地方、家族力量的助推，也与思想家的师承网络及内在思想的系统性与活力性等因素相关，而后者或许更为本质和关键。

这些求索,既有微观的考证,又有宏观的审读,文献与义理并重。又能在倾注全力解读个案之时,仍时刻回望学术大问题,灼然是小中见大。著者一以贯之的“小题大作”精神与风格,也跃然纸上。

从诗歌切入,重觅文学史的书写方式

传统文学史研究,一般遵循生平事迹、作品分析、成就地位“三段式”的固定套路,来分析解读作家、作品。这样的研究模式不能说无助于文学研究,但行之既久,很大程度上疏漏和遮蔽了大量文学现象,也抹煞了历史的真实性与丰富性。研究的思维与视野均受极大束缚,论著难出新意。所以自上世纪90年代以来,文学界提出“重写文学史”的主张,力图改变原有的痼疾,使之从单面、政治化的学术框架下解脱出来,成为一门独立的审美的文学史。在此思想指导下,后来学者从本体论、方法论等多处入手,以更开放的心态、视角与多元的观念解构、重写文学史,还原文学的历史与地理生态。

《范浚》一书中的文学篇章,也继承了这一返本开新的阐释理念与书写风貌。在著者视阈中,文学研究若寻找一种统一性来解决,在认知对象、表达命题等方面,固然被证明是有效的。但一个作家有成长的变化,其思想和著述未必会有前后统一的连续性,不同作家对同一概念的内涵与外延可能也无普遍自觉的规定性。基于作家作品的多重构造和独立变化,著者在具体研究路径上,“承认各条不同路径对探索事物的独立价值与互补性”(第87页),因而采用多元化的视角来观照范浚的诗歌问题,以实现学术创新和自我超越。

一方面,著者运用大量诗歌来窥测范浚的内心世界,重点探寻范浚为何而隐的出处心态。其结合范浚的《狂泉》《六笑》《遣兴》《杂兴》等系列诗作,认为范氏在有能力和机会出仕的境态下,对于出仕与入仕亦曾有过矛盾、犹豫、挣扎和痛苦,而其最终选择乡隐,乃是出于对道的追求以及与世间奔竞、吏隐之风的彻底决裂。正是对世俗人情的失望和主动疏远,反而促成范浚与自然山水更为亲近与热爱。在他的诗歌中,山居、登临、出郊、玩月、探春、喜雨、喜雪的题材比比皆是,且多姿多彩,充满生意和亲切之感。所以另一方面,论著又以范浚诗歌中的“雨与晴”、“两种春”为例,用大量笔墨对这些意象进行了深入解读。

著者认为,作为理学家的范浚,其喜爱写晴,通过冷暖色的对比,调和出一种明亮清爽的景象,传达自己情趣和心境;喜爱写春,并有亲身感历与摹拟他人两种写作形态,传递不同的审美经验。可见,天地万物与诗歌创作已然成为范浚内心忧乐的精神寄托及表达方式。另外,范浚传世诗有一百六十五首,能够明确判断借鉴或学习唐诗者有百首左右。因此,著者又通过学唐模式的基本划分,总结出范浚学唐"形式多样,对象广泛"、"以中晚唐为主"、"化同己出,随心所欲"等特点。这些诗风特征与宗唐情结使得范浚与江湖诗派、江西诗派不同,"不是江湖,亦非江西"(第 82 页)。所以论著最终定论,范浚在诗史上成为独立于江西、四灵、江湖诗派之外的特殊存在,暗示了两宋之际诗坛面貌的复杂性和多元性,对宋代诗文的重新认识与评论不无意义。而这一结论,也契合了唐宋诗之分,并非两个时代而是两种风格之别。

通过多元视角的观照,著者发掘出范浚诗歌富有上述多种文学与文化意味,有利于释放被一元化或常规化视角所遮蔽的问题。这样的多元审视,与传统的书写方式相比,无疑独辟新径,也有着众多的创见突破,确是卓然有效的尝试,必将对文学研究予以方法论上的有益启示。

方志、家谱的考辨利用

方志、谱牒作为地方与家族记载的文献主体,其内容涉及广泛,能反映大量的经济、政治、地理、风俗、礼仪等社会与文化现象,具有不可忽视的参考价值。当依赖正史、文集不能充分解决一些问题时,利用方志、谱牒或许能事半功倍,帮助学者走出瓶颈与困局。鉴于香溪范氏家族,虽望重一时,但传世资料较少,除了范浚留有较为完整的二十二卷文集外,家族其他成员的作品仅有零星流传。因此作者在研究范氏家族时,亦充分参考并利用了兰溪县志和范氏家谱,勾勒出范氏族人的历代世系、生平交游、科第仕宦等大致情况,证明了家谱、方志可以为史学研究提供帮助,确系梁启超所说的"史界瑰宝"。

但正如作者所言,"正史、方志、家谱是构成中华历史的三大柱石。这种说法虽有一定道理,但无疑是以偏概全,更没有注意到三者的适用范围和文献可靠性都非对等并列关系。"(第 132 页)因为方志、家谱的纂修,既没有正史编撰的严格审核制度，也不如文集书信较多的真心流露，其随意性远大于后两者。编纂者们往往为拔高地方与家族的声望，不惜违背史实，大量美化粉饰乡贤、先祖。在这种民间思维与想象的指引下，许多书写记载真伪掺杂、良莠不齐。故而在运用地方文献的同时，作者秉着“实事求是，惟真是尚”的治学态度，通过多重爰引，排比互证，对兰溪县志与范氏家谱中的相关资料作了集中考辨和清理。如对《香溪范氏宗谱》中的名人序跋、人物传记、宋廷诰敕，作者进行了扎实的真伪稽考，对现今流行的众多荒诞无稽的传说，也予以一一辟谣矫正。

尤发人深省的是，作者并不囿于兰溪县志、范氏家谱的局部考订，而是以此为基点，从普遍意义的高度，深入讨论了家谱、方志的适用范围，以及对待不同史料应持有之不同态度。作者认为，“文献的可靠性，一般与其开放流通程度通常呈正比关系”（第133页），“对国史、方志、家谱乃至口述史，需有一大致理性的认识和信任等级的区划”（页134）。国史因开放流通程度最高，可信度最著，方志次之，谱牒则最末，可靠性也最堪疑。可见，史料的来源可以囊括一切，关键在于对文献的考辨和运用如何。《范浚》第六章中的这些论断，一方面体现了作者的披金拣沙与真知灼见，另一方面不啻于给热衷地方文化的民间学者特别是普通民众，注射了一针强有力的清醒剂。

纵观本书各篇章，均能做到小处入手，大处着眼，对人物和宗族研究具有重要的范式意义。但这些闪光点与赞誉，并不说明此书无懈可击。尤其对于范浚的经史著作、《进策》的具体价值，以及范浚与婺学关系的探研较为薄弱。又如范浚《香溪集》刻于绍兴三十一年，《代贺秦太师画像启》虽赫然入集中，书中便遽然断言“说明至少此时秦桧名声尚未大恶”（第10页）和“朱熹有意无意地忽略《心箴》以心为本体的第一层意思”（第38页）的解读也有待进一步商榷。当然，这些问题并不能掩盖作者的孤明先发，也不能否认本书对范浚及其宗族做出了目前最有解释力的研究。值得注意的是，该书还寄蕴了著者的真情深意。选择以范浚为中心的研究，除了延继为“小人物”发扬幽光潜辉的学术考虑，更重要的是基于作者与“小人物”的感同身受。作者坦言，对于倾尽全力也只能成为“小人物”的自己，将“份内之事做到最好，此生即是无憾，好高骛远只能让自己摔得很惨。”（第3页）这一自嘲与自慰，绝非一般的消颓丧志，实是渗透了作者对行为处世、立己安人的思考与寻求。在作者心中，学者何为？不应纯粹为学术而学术，还应有自身的人间情怀与道义精神。

在学术研究日益蜕变为知识化的概念之学的同时，这种对性命、身心的体认，对安身立命的追觅，显得弥足珍贵。透过作者的夫子自道，希望千百年形成的这一点“灵明”薪火，能被现代知识人赓续光大，在书斋内的纸上跋涉中，将毫无生趣的古董之学转变为活泼泼的生命关怀。

此外，与“小人物”的推心置腹，并不意味着作者只和“小人物”打交道。相反，在短期内难以突破的研究模式下，范浚很可能是其系列“小人物”研究的暂时终结。因此，对于作者转向“大人物”、“大问题”后的探讨与成果，我们致以祈愿，并不无期待。

徐汉明校注《辛弃疾全集校注》

邵大为　王兆鹏

唐宋词史上，辛弃疾是首屈一指的大家。论词作数量，他居第一，有629首，比居次位的苏轼多出257首。论词作质量，辛词内容博大精深，境界崇高壮伟，语言丰富多彩，风格变化多样，无人能出其右。宋末刘克庄作《辛稼轩集序》时就盛赞辛词是“大声鞺鞳，小声铿鍧，横绝六合，扫开万古，自有苍生以来所无”。论为人品格，辛弃疾的“英雄之才、忠义之心、刚大之气”（谢枋得《辛稼轩先生墓记》），除了英雄岳飞，也没有第二位词人可以跟他比拼。所以，他的词作，无论是当时还是后世，都受到人们的广泛关注，编校整理其词的代不乏人。

辛弃疾49岁时，门人范开就给他编印了《稼轩词》甲集，后来又陆续编成乙丙丁三集。这四卷本的《稼轩词》，就成为后世所传辛词最早的版本。辛弃疾去世不久，他生前寓居之地信州（今江西上饶）又刻有十二卷本《稼轩长短句》。这两个本子，收录的词作互有出入，但都没有收全，更没有收录诗文作品。元明两代，刻印的辛词版本虽多，但基本上是根据四卷本和十二卷本词集校刊，没有太多的增补。直到清代嘉庆年间，法式善利用主持编纂《全唐文》的机会，从《永乐大典》和方志、类书中辑出辛弃疾诗 111 首、文 30 篇，由辛启泰刻印成书，名为《稼轩集钞存》。辛弃疾的诗文总算有了一个辑本。

20 世纪以来，辛弃疾作品的整理进入一个新的时代。1939 年，著名宋史专家邓广铭先生在《稼轩集钞存》的基础上重新整理校订，删其误收，补其遗漏，编订成《辛稼轩诗文钞存》，1947 年由商务印书馆出版。1957 年又经修订，由上海古典文学出版社出版。1995 年，邓先生又与辛更儒合作，在上海古籍出版社出版了《辛稼轩诗文笺注》。从此，辛弃疾的诗文作品，不仅有了辑本，又有了注本，更便于一般读者的阅读理解。

邓广铭先生不仅整理、编校、笺注了辛弃疾的诗文，还系统整理校注了辛弃疾的全部词作，他的《稼轩词编年笺注》1939 年就已完成初稿，1957 年由上海古典文学出版社正式出版，1962 年修订再版，1978 年上海古籍出版社重版修订，1993 年又出版增订本。《稼轩词编年笺注》，既笺注语词典故，又编年考订，对研究辛弃疾的创作历程和创作风格的变化，极有助益。因此，出版以来，就深受读者和研究者的欢迎。经过半个多世纪的不断完善，其书已成为辛词研究中不可或缺的经典之作。

邓广铭先生是 20 世纪整理研究辛弃疾作品的第一功臣，但不是唯一的功臣。邓先生之后，又有一位徐汉明先生，为整理校注辛弃疾的作品倾注了四十余年的心力。已年逾古稀的徐先生，是华中科技大学出版社的资深编辑。读大学时，他就开始关注辛弃疾，注意搜罗辛弃疾的作品和相关研究资料。上世纪九十年代，有感于辛弃疾这样的大词人还没有一部全集问世，词作与诗文始终是分别刊行，徐先生竭尽全力，将辛弃疾的全部词作和诗文汇为一编，整理校订成《辛弃疾全集》，1990 年由长江文艺出版社出版，次年在台湾文津出版社出版繁体字版，很受海内外读者的欢迎。几年后又经修订，由四川文艺出版社再版。此后，他又不断校订，2007 年由湖北人民出版社推出新版《辛弃疾全集》。不过，全集虽然给查阅辛弃疾的全部作品带来方便，但因为没有注释，读者理解欣赏原作还是有些困难和障碍。于是，他又鼓足干劲，焚膏继晷，在原编的基础上进行注释，完成了 100 多万字的《辛弃疾全集校注》，在他七十初度的 2012 年由华中科技大学出版社隆重推出。

作为千百年来第一部《辛弃疾全集校注》，自有独特的价值。其一是收录作品完备，辑录资料丰富，集校、注、评于一体。书中不仅汇辑了辛弃疾传世的所有诗词文作品，成为收录作品最多最全的稼轩“全集”，而且通校了辛词的重要版本，辑录了自宋至今有关辛弃疾其人其作的评论资料和版本资料。其二是注释详赡，不仅笺注语典和事典，还诠释字词，疏解句意，既适用于专业读者使用，也便于一般读者阅读，融研究性和普及性于一炉。全集的汇编校注，完整地呈现出英雄词人辛弃疾崇高的精神世界和精美的艺术世界。

辛弃疾是以词人名世，但要真正了解辛弃疾其人，不能仅仅是读其词，还要读其诗、读其文。就像仅读李白的诗还不足以读懂李白，只有读了李白的《与韩荆州书》《上安州裴长史书》等散文后才能完整看出李白狂傲自信的个性一样。辛弃疾 33 岁(1172 年)时就预言金朝 60 年后必亡，金亡而南宋之忧更大。果然 62 年后的 1234 年金朝就被蒙古所灭，金朝覆灭后，南宋的半壁江山也逐渐不保，最终被元蒙取而代之。如果我们读了辛弃疾《美芹十论》和《九议》等文章，就可以知道辛弃疾不是预言家，而是战略家，他对金朝命运的预言和判断，是基于他对当时“国际”局势的深切了解，对南宋和金朝军事实力、政治格局的深刻洞察。读了辛弃疾的诗文，我们更能理解辛弃疾的“英雄之才、忠义之心、刚大之气”不止是体现在他词作里，更体现在他的日常思想和行动上。他是一位昂首挺立又专注实务的英雄豪杰！

一本好书，我们总期待它尽善尽美。《辛弃疾全集校注》虽然收录的评论、传记资料颇为丰富，但还是有可补之处。比如辛弃疾的友人洪迈所作《稼轩记》、宋末谢枋得写的《辛稼轩先生墓表》等文章，对了解辛弃疾的英雄壮举很有参考价值，有必要一并辑录。辛弃疾人生最辉煌、最有传奇色彩的壮举，是他南归之初生擒叛徒张安国之事。那是一场突发事件，没有任何预案。事前，辛弃疾受义军领袖耿京的指派，从金人占领区的山东潜行到建康与南宋朝廷接洽南归事宜，面见宋高宗后北返至海州(今江苏连云港市)，突然听说张安国已杀害耿京投降了金人，辛弃疾向随从说：“我缘主帅来归朝，不期事变，何以复命?”于是他带领人马冒死杀入金营中去活捉张安国。此事《宋史》本传的记载是，辛弃疾“约统制王世隆及忠义马全福等径趋金营，安国方与金将酣饮，即众中缚之以归，金将追之不及。献俘行在，斩安国于世”。但没说辛弃疾一行共有多少人、金营有多少兵马。洪迈《稼轩记》则说辛弃疾“赤手领五十骑，缚取于五万众中，如挟毚兔，束马衔枚，间关西奏淮，至通昼夜不粒食”。在那个没有现代化侦察和交通装备的年代，23 岁的辛弃疾带领区区五十人马杀入五万之众的金营之中，在酒席之上、金兵众位将领面前，赤手生擒捆缚张安国，然后飞奔而去，那是怎样的神勇啊！相形之下，美国海豹突击队击杀拉登就压根不算什么神奇！这则史事如果能收入书中，更有利于读者对辛弃疾的知人论世、对辛词的理解鉴赏。当今社会正在努力提升公民的责任意识和树立英勇正义的价值观，辛弃疾这一英雄壮举的彰显，也很有教育意义。我们期待这本书，在推进学术研究、普及文学经典、乃至激励人格力量、弘扬社会正气等方面，都能发挥它的积极作用。如此，则善莫大焉。

侯体健著《刘克庄的文学世界》

谢　琰

王水照先生主编的《复旦宋代文学研究书系》（共六种，复旦大学出版社2013年版），各有特色，各有成就，如同“日本宋学六人集”，形成极好的学术品牌效应。其中，侯体健先生的《刘克庄的文学世界——晚宋文学生态的一种考察》（以下简称侯著），被王先生定性为“外烁式”的“个案研究”，称道其“在研究理念和方法上是一个重大的突破，在刘克庄和晚宋文学研究中可谓独辟蹊径、另具手眼”（书系总序）。我拜读侯著，亦深感其与当今刘克庄研究论著多有不同，不仅对论题本身有创见，在宏观方法上亦多启人之思，对于一位“80后”作者而言，实属不易，堪称翘楚。故略申读书管见，以就教于侯先生及学界方家。

文学家的个案研究，方法有二：一为共时综括，即从题材、体裁、体派诸角度作平行分析，最终提炼出静态的“人格与风格”；二为历时描述，最终呈现出动态的“人生”。前者理论性更强，后者历史感更胜。近三十年来，随着西方汉学的输入，一种兼具理论性和历史感的个案研究方式开始为人熟知：以个体“人生”为中心，以“历史画卷”为外围，以重大理论问题为出口，形成“个案一历史一理论”的三环体系，这样既省却顾全大局之苦，又超越个案研究之隘。黄仁宇先生《万历十五年》、刘子健先生《欧阳修的治学与从政》、余英时先生《朱熹的历史世界——宋代士大夫政治文化的研究》，堪称此种个案研究的代表作。而侯著,从关键词的选择和论述策略来看,显然是对余著的学习与发挥。在刘克庄研究领域,之前的成果,或分释文体,或分论内容、心态、学理,有时搭配分期描述,但整体皆为“共时综括”。而侯著则是第一次完全从“共时综括”走入“历时描述”:作者对刘克庄的著述系年、行迹细节、人际网络都有详尽的把握。在此基础上,又以“历时描述”中遇见的重大问题为立足点,再度进行“共时综括”,形成“地域和家族”、“江湖和魏阙”、“政争和出处”、“学术和创作”、“刻书和编集”五条平行线索。于是,就其一章一节而言,往往是一段“人生”或“人生”一个侧面的完整展示,其剪裁、勾勒之功,颇有西方汉学著作的神采;而就其全书而言,又是一部全新的综论,有助于学界对刘克庄的“人格与风格”进行再思考、再界定。在这个意义上,侯著可谓综合了“历时描述”与“共时综括”两种方法之优长。

不过,值得注意的是,相较于余著那种似要“摧毁朱熹价值世界”(杨儒宾语)的强烈理论气场,侯著似乎并没有提出或解决重大理论问题的野心;全书的一大理论基石,恰是北美汉学界流行多年的“南宋地方精英论”。但我以为,这不是侯著的缺陷,恰是作者清醒、明智之处。历史研究与文学研究,本有截然不同的理论出口:前者指向社会学、政治学,后者指向美学、哲学。当作者决定用“历史场景的再现”来“解决文学本身的问题”时,他已放弃了文学本位的理论诉求,而是选择了在既有历史理论成果的指引下,把精力主要放在“描述”本身,也就是“文学世界”的展示和“文学生态”的考察上。换句话说,求美、求善暂被搁置,求真成为核心目标。就学术价值而言,三者原无高下之分;就刘克庄研究而言,求真尤其是当务之急。因为这个人身上笼罩的种种遮蔽、误会、谬赞、低估,在整个宋代文人中也许都堪称罕见,而晚宋这个时代,又以文献零乱参差、人物不大不小、社会不治不乱、评价不高不低而著称。在难以断定“善”、“美”的研究对象上,求“真”是第一要义。过去对晚宋文学和刘克庄的研究,也许正是迫切于断其“善”、定其“美”,才提出了一些今天看来不甚科学甚至颇有失误的结论。就这方面而言,侯著把握了正确的态度;而此态度,对于一切中小作家研究而言,也都是必要的。

“历时”、“共时”相结合的个案研究方法,“求真”为上的研究态度,决定了侯著带给人的第一强烈的印象:“完整的示现感”。所谓完整,意味着包含多重层次:最表面的是具备特殊意义的作品,中间一层是作品背后、此时此地的心态与事件,最里面是晚宋人物群像和社会生态。侯著每展示一个阶段或一个侧面，都是把现象与原因、个体与群体、审美与历史一并推到读者面前，读之如观纪录片。之所以能做到这点，我以为是因为作者始终抓住一个关键词："身份"。这个词，醒目地出现在第二章，但事实上，它所代表的观念与视角，渗透在全书各处。历时言之，刘克庄一生可分为游士、乡绅、朝臣三阶段(第二章)；共时言之，刘克庄在家乡就是"地方精英"(第一章)，在政争中就是受害的官僚(第三章)，在学术活动中就是理学家和史学家(第四章)，在刻书和编集活动中既是作者又是读者(第五章)。在每个专题研究中，作者抓取某种特殊的身份特征，循此而求其因果、读其诗文，既能照顾到各种历史现象和各种文体，又能对最典型的细节予以放大处理，从而给出"完整的示现感"。比如第一章探讨家族与文学、地域与文学的关系，本来很容易流于地志介绍或家谱梳理，但侯著紧扣"地方精英"身份，于是追问：第一，如何成为地方精英？第二，精英如何影响地方？对于前一个问题，侯著重点撷取"祠禄制度"来作解释(第75页)，这既符合刘克庄人生经历，也是宋代所特有、南宋所滥见，非常有效地解释了并非地方长官却能影响地方的"精英"力量形成的物质基础和制度保证。对于后一个问题，侯著则重点描述了刘氏家族文学活动与地域文人网络之间相互辐射的过程，并举"文房四友除授"一题的写作以及淳祐十年的一次咏梅唱和为例(第67－73页)，这就把"精英"身份与文学创作紧密结合起来。再如第二章从游士身份出发分析早期山水游历诗与四六文，从乡绅身份出发分析村居诗、唱和诗、唱和词、游戏之作、序跋文，从朝臣身份出发分析奏议公文及四六文。这些分析，把我们通常囫囵吞枣而得知的刘克庄文学世界的种种方面，都一一剪裁，精确定位，配置到最恰当的"生态"之中。读罢此章，我们既能清晰地看到一幅幅人脉网络，也能把刘克庄的诗、词、文统一在同一身份特征和人生境遇之下，还能对诸如刘克庄文学创作的发展阶段、刘克庄诗与晚唐体及江西诗派的关系、晚宋士人的生存环境等理论问题，产生新的思考。又如第三章第一节，以"谤不止"与"不终弃"来概括刘克庄的官僚生涯，以"故我"与"今我"之矛盾来描述刘克庄的官僚心态，我以为是全书中剪裁最佳、最能深入人心的一段文字。其实很多刘克庄研究专著都掌握了同样一段史实，但却叙述得颇为枯燥、浅显，其原因主要是没有抓住刘克庄的特殊身份特征。侯著此章开头便指出："对照之前的群体性党争，刘克庄所经历的政治风波，都与'党'没太大关系，更多的时候是他个人与周边的各种政治事件、政坛人物发生冲突，……刘克庄与晚宋政治发生的各种紧张关系，并非表现为群体性‘党争’，而是个体性‘政争’。”（第 166 页）这段话对于我们理解刘克庄的政治生涯至为重要：他是一个被动的、受害的、非主流、无党派的官僚。侯著从一开始就抓住这个身份特征，从而能准确地勾勒出刘克庄的心路历程乃至文化性格。比如第三章第二节开头所总结的“郁结中的疏狂、焦虑中的旷达、失意中的自适和颓唐中的真率”四个方面（第 188 页），我以为是很精辟的，尤其是“旷达”、“真率”两部分，前者结合文、词、诗多角度分析（第 194—196 页），后者举病痛诗为例（第 202 页），都鞭辟入里。

除了“完整的示现感”，侯著给人的另一强烈印象是：“均衡的理性”。在思辨、考据、鉴赏分析三方面，侯著均能游刃有余地应对、发挥，难能可贵。比如在思辨方面，令人印象深刻的是第二章第一节对“江湖诗人”、“江湖体”（或“江湖诗”）、“江湖诗派”、“游士”、“乡绅”诸概念的辨析。参之张宏生先生的旧著《江湖诗派研究》，我们会发现侯著事实上把张著所理解的“非官非隐阶层”，从单一的“谒客”，扩大到了“游士”与“乡绅”两种身份，并且力图动态地理解“江湖诗人”，不作非此即彼的裁断。这种理解，显然是符合晚宋历史实情的。再如考据方面，全书开头作文献综述之时，已开始对“江湖诗祸”的时间问题进行考据（第 2 页），这种随文而作的考据，俯拾皆是。比如两篇改官启文的作年（第 112 页），《江西诗派序》的性质（第 243 页），《孝诗》的刊行（第 244 页），《惟扬客舍》诗的删落（第 250 页），对这些问题的考据，都能显示作者的心细如发、持论谨慎。至于鉴赏分析方面，作者“尤着意于对前人绝少涉及的文章（包括散体与骈体）进行语言艺术层面的分析”（第 21 页）。比如对《备对劄子》第一篇逐段分析并进而总结刘克庄散文特点（第 153—158 页），对刘克庄四六启文中“长句中四字”的分析（第 114 页），都较为细致、到位，为全书增色不少。此外，侯著行文节制，不作矫揉造作的思辨，不作节外生枝的考据，不作空洞浮泛的鉴赏，还常合理利用注释，保持正文的清洁、流畅，这些也都是“均衡的理性”的表现。

但凡是具备精致体系的著作，都有“体系祸害观点”的危险。若论侯著的缺陷，可能最显著的就是有些章节或段落似乎是为了体系的完整和优美而铺设，锐气不足，特色不显。比如第一章第二节从“情感认同”立论，用大量篇幅论述“慕祖”、“勉子”等普遍性现象及相关作品，未能揭示家族对刘克庄文学之影响的特殊性。再如第四章第一节，其实基本围绕理学、文学两种“学脉”而展开，未能真正切入文学。所举《建宁府学重建明伦堂记》一文（第 213

页)，由于“记”的对象的特殊性而充斥着俗套的理学话语，并非考察理学与刘氏文学关系的恰当文本。又如第四章第二节，力求以诗歌来证明刘克庄“史学尤精”，并选取思想价值和艺术水平皆偏低的两组《杂咏一百首》为例(第219页)，说服力不强。而且，第218页论刘克庄在淳祐六年(1246)之前“未曾参与任何修史组织”，第220页又猜测其史学盛名得益于咏史组诗，似有违史实。刘克庄端平元年(1234)曾任宗正寺主簿(修帝王谱牒、历数、政令因革之史官)，真德秀曰：“方是本色。”(参王宇《刘克庄与南宋学术》第81页)。可见其既曾任史官，史名亦早著。像这样值得商榷的细节，还有少许。比如第251页分析刘克庄早年严于删诗而后来鲜作汰择，归因于“从‘精品意识’向‘诗史观念’的转变”，似失之简单。郭绍虞先生曰：“沧浪之长在识，后村之长在学。重在识，故锋芒毕露或失之偏；重在学，则不拘一格，而转若无所见其长。”(《宋诗话考·后村诗话》)这种“不拘一格”的批评观念，是积学而渐成。“诗史观念”固然为刘克庄所具有，但亦是宋人之普遍观念；刘克庄对自己的诗先严后宽，正如他选历代诗也是先严后宽，是其批评观念发展所致；深而言之，是其纠结、延宕但又宽和、真率之性格所致。仅以“诗史观念”去解释，似未得其旨。

总之，“完整的示现感”和“均衡的理性”，是我拜读侯著的最强烈印象。这两种印象，关乎具体论述，更关乎宏观方法。专治刘克庄或晚宋文学的学者，会从侯著中得到丰富的具体启迪，而其他学人，亦能将其方法移用于其他个案、其他时代。侯著并没有从根本上颠覆旧局或新建理论，也没有把“文学重心下移”或“典型宋代士大夫文学的解构”(第265页)等颇抓眼球的论点过度发展为全书的结论，但其“描述”本身，就蕴藏着巨大的理论张力；也恰恰因为它没有给出终极的理论出口，所以它保存、呵护着全部的可能性，呈现出个案研究的无限新境界。

孙虹校笺《梦窗词集校笺》

钱锡生

孙虹教授的新著《梦窗词集校笺》已于 2013 年 12 月在中华书局出版，全书共一百四十余万字，集汇校、汇注、汇考、汇评于一体，汇校底本采用彊村丛书本《梦窗词集》，校本有 31 种之多，还有各类选本 15 种，几乎穷尽了与梦窗词相关的所有版本；汇注对前此各种注本不捐细流，广泛吸纳，但又推陈出新，纠正诸家笺注有数百条之多；汇考则以梦窗生平行踪为本，结合时、地、景而考之；汇评也有很多补充，仅过录海内孤本的批校语就有 9 种。全书洋洋洒洒，汇为大观，这是她继《清真集校注》后的又一部力作，更是梦窗词研究史上一部集大成式的作品。

吴文英词的笺注，前有杨铁夫的《吴梦窗词笺释》（该书最早为 1936 年无锡民生印书馆印本，广东人民出版社 1992 年有陈邦炎、张奇慧校点本），后有吴蓓的《梦窗词汇校笺释集评》（浙江古籍出版社 2007 年版），他们都是四明功臣，其笺也都是集成之作。孙虹的新笺与之相比，有什么新的特点？综观全书，规模宏大，难于一一尽言。本文主要围绕其“考辨”一栏，谈一些认识和体会。

一

杨铁夫的《吴梦窗词笺释》在上个世纪三十年代出版，是最早一部对梦窗词进行全部笺释的著作，在上个世纪一直独领风骚、影响巨大。杨著最重要的工作是对梦窗情事作了全面的考索。他在《吴梦窗事迹考》中云：“梦窗一生艳迹，一去姬，一故妾，一楚伎。”并一一罗列有忆姬之意的词，其中有 15 首为重到苏州时作，有 12 首是编年词，有 70 首是无编年词，认为梦窗忆姬之作有 97 首之多。他在笺释《琐窗寒·玉兰》时又说："梦窗忆姬之作，居全集四分之一"。实际上，杨氏笺为忆姬之作的，有 115 首，梦窗词共有 340 首，这一比例约占其全集三分之一。

孙著对这一论断表示怀疑，认为杨铁夫的这种诠释方法，是把普泛意义上的爱情甚至非爱情词作狭义化，是一种泛"本事"化阐述。（参见孙虹《梦窗词泛"本事"化阐述献疑》，《文学遗产》2010 年第 4 期）她在对这些梦窗词进行逐一考辨的基础上，否定了绝大多数所谓的"情词"。

如：《瑞鹤仙·丙午重九》（乱云生古峤），杨笺："丙午为姬去后第三年，此因登高节忆姬作。"孙考辨云："此词为重九感今怀昔，是随幕史宅之再度客杭叹留滞之作，无一语涉及所谓忆姬。"

《一寸金》（秋压更长），杨笺："因幌挂而不垂，显是独宿情景，其亦有忆姬之意与？"孙按："此词无一语涉及所谓苏州遣姬，且是梦窗节令词中少见的不入闺房意的重九抒怀词。"

《六幺令·七夕》（露蛩初响），杨笺："此是七夕忆姬之作。"孙按："此为节序词……不干所谓去妾遣姬之事。"

《月中行·和黄复庵》，杨笺："此亦忆姬之词。"孙按："此词写苏州重九夜。与友人感怀今昔，非忆姬之作。"

《永遇乐·探梅》（阁雪云低），杨笺："此是冶游中忆姬之词。"孙按："此为冬至节序词，冬至日作探梅之游，非冶游也。"

《荔枝香近》"睡轻时闻"，杨笺："此亦七夕忆姬之作。"孙按："此词应是就七夕词中固有的爱情承载，对比人间情爱泛泛言之。"

《扫花游·春雪》，杨笺："此为重到西园忆姬之作。"孙按："此为咏春雪词。"

孙虹认为这些词绝大多数是节序词和咏物词，而非忆姬之作。她的结论是建立在扎实的考辨基础上。首先，她抓住了两个关键点来进行辨析：

一是《琐窗寒·玉兰》"汜人"等词语的版本考据。此词是梦窗词集的开卷之作，也是杨铁夫笺释本建立"苏州去姬"词群的逻辑起点。杨笺云："此词更于姬之来踪去迹，详载无遗，可作一篇'琴客小传'读。"然而杨笺此说的前提却是没有版本依据的"汜人"之疑改以及"海谷"之径改，原文起首五句应为"绀缕堆云，清腮润玉，记人初见。蛮腥未洗，梅谷一怀凄惋。"杜文澜本校曰：

"'记人'疑'汜人'之误。"后出诸本皆从杜本之疑改作"汜人",杨笺又误作"氾人",从而使唐沈亚之《湘中怨解》中太学进士郑生与鲛宫仙女汜人的爱情传说,羼入了这首赋咏兰花词的阐释中。而"梅谷",彊村四校本径改为"海客",也属不妥。同时,孙虹提出,此词咏"玉兰",如要用"汜人"典,必须同时满足三个前提:一是有"重见"之义,二是出自楚湘,三是水中花卉,方可两相比拟。然而玉兰生于幽谷而非水中,所以不能满足第三个条件。"梦窗用典极为谨严,不可能咏谷中兰花却滥误及此。"因此,孙虹的结论是:"此词有可能寓入了词人的爱情体验,但不能以莫须有的'汜人'为影事把《琐窗寒》阐释成爱情实录。"

二是对梦窗词中"燕"意象的考辨。孙虹认为:"杨铁夫之所以对梦窗词进行'泛本事化'阐述,一个重要原因就是梦窗词中'燕'字的出现频率极高。我国古代文学中,'燕'确实可以作为姬妾的代名词。"然而杨铁夫对梦窗词中出现的"燕"字,几乎都解作了"去姬"。而持同样见解的人也很多。夏承焘在《天风阁学词日记》中采纳周癸叔意见,将燕作为歌妓之名:"考得梦窗有二妾,一名燕,湘产。"而吴梅在《汇校梦窗词札记》中也提到过:"梦窗词中所用'燕'字,泰半指人。如上《瑞鹤仙》词云:'最无聊,燕去堂空',及此词下叠'总难留燕',皆是也。《绛都春》词题:'燕亡久矣,京口适见似人。'则质言之矣。"

孙虹认为,梦窗词中大部分"燕"意象不能作这种截然的划分,其蕴含的意义,至少有四种情况与所谓姬妾爱情无涉:一是词中多处用杜甫《发潭州》'樯燕语留人'诗意,表现惜别情怀。二是用王谢堂前燕、旧巢新燕意象表现盛衰今昔之感。三是借写身如社燕、天涯为客之羁思;甚至人不如燕的况味。四是以'莺燕'泛称游女、歌妓或称贵人家姬妾。

即使是与爱情有关,此"燕"也不一定有特定的对象,梦窗词中有三首出现"莺燕"意象并且显寓"本事"的词作,分别是《绛都春·燕亡久矣,京口适见似人,怅怨有感》:"南楼坠燕,又灯晕夜凉,疏帘空卷。"《昼锦堂》:"难忘处,犹恨绣笼,无端误放莺飞。"《新雁过妆楼》:"宜城当时放客,认燕泥旧迹,返照楼空。"孙虹认为这些人皆为与梦窗有过密切接触的歌妓,"这些词作中的爱情对象仍然不是所谓'苏州去姬'('苏州遣妾'),而是与歌妓之间的情感纠葛。"

其次,她针对具体作品作具体分析。有的词仅是咏物词,在咏物中表现了词人之心志。如《庆春宫》"残叶翻浓",杨笺:"此为在伎席忆姬之作。"孙按:"此为咏荷之作。词人透过吟咏莲荷及云英未嫁之典,抒写虽未遇于时,却未肯俯仰俗流之心志。"《过秦楼·芙蓉》(藻国凄迷)同样如此,杨笺:"此为重到西园忆姬之作。"孙按:"词与《庆春宫》(残叶翻浓)同为咏荷兼写虽未遇于时,却未肯俯仰俗流之心志。"

有的词通过考辨其创作时、地,也可否定其情事之说。如《诉衷情》"阴阴绿润暗啼鸦",杨笺:"此亦是忆姬之词。"孙按:"此词应写于宋亡之后。"理由有三,其一,词中有"红云深处春在,飞出建章花",建章花代指南宋宫殿,此词凭吊之意甚显。其二,词中"陌上断香车"实寓今昔隔世之感。其三,此词或亦同汪元量一样,是曾为赵氏(嗣荣王)门客的泣血洒泪之作。《点绛唇》(卷尽愁云)亦写于同一时间,杨笺"说灯前事者,姬尚在时也"。孙按:"此词应同写悯周之悲,是亡国后写于杭州。"既然是宋亡之后的词作,自然是关乎国事而无关乎情事。

孙虹虽然否定了杨铁夫将梦窗词作泛"本事"化阐述,但又认可梦窗词中有艳情本事,只是数量不多。她认可杭州亡妓说,在《渡江云·西湖清明》(羞红颦浅恨)中的"考辨"中云:"梦窗与这位西湖歌妓曾有一段情事,后来此歌妓离杭,此写访之未遇。"除此词外,还有五首,"这些词作记录了梦窗与彼美西湖相识,送别至西兴渡口,屡访不遇及悼亡的全过程。"她还在《吴梦窗杭州情词及"亡妾"、"亡姬"辨说》(《江南大学学报》2010 年第 6 期)一文中,对前贤总结的吴梦窗词作中十四首杭州情词进行了勘比剔抉,认同其中四首,另外加上三首相关情词,共七首词作构筑了杭州情词完足的"自证链"。

孙虹也认可苏州恋情说,只是否认其为在苏州时的家姬,而是一位营妓。在笺释《瑞鹤仙》"晴丝牵绪乱"时云:"梦窗集中未见分毫纳娶蛛迹,称姬称妾未能相宜。"在笺释《扫花游·送春古江村》时云:"杨笺意谓此时姬尚在苏州,同居西园,因不及姬。遍检梦窗情词,共居西园之所谓苏姬其实未曾有也。"

孙虹还认可杨铁夫的楚伎说,并进一步具体化。她在对《满江红》进行考辨时称:"梦窗集中共有五首与重午相关的词作……所有重午词作,都与扬州纠结不解。考梦窗于杭京游戏幕期间曾游楚州,必经之路为淮南东路大都督府所在地扬州。年轻时的淮安之行曾在扬州逗留,结识一位歌妓,并与之共度重午……梦窗一生艳迹,除苏州营妓、杭州亡妓之外,尚有此扬州歌妓。"

二

吴蓓的《梦窗词汇校笺释集评》(浙江古籍出版社 2007 年版),共 76 万余字，该著在体例上，“汇校”之外，又加“声律”，“笺释”之后，又有“集评”。在汇校上采用五本对校，在排序上将同调之词放置一起，在笺释上采用逐句推求，逐字注释，可谓体例新颖，资料周全，后出转精。

吴笺的目标是，“力争纠正前人缺失，尽量解答以往梦窗词解读过程中留下的疑难问题。”其中，她最重要的纠正是全面批驳杨铁夫的“情事说”。在其《梦窗词汇校笺释集评》及论文《梦窗“情事说”解构》(《浙江学刊》2008 年第 6 期)中，她认为杨铁夫的“情事说”类似于《红楼梦》研究中的“索隐派”，由它造成了梦窗词的大量误读现象，这又反过来加重了梦窗词的晦涩难懂。为此，她提出了一个颇具创意的“骚体造境”法。所谓骚体造境法者，是以男女之情喻亲友之爱，比附于屈骚香草美人之思。

吴文认为：“总之，男人可以假扮作女人，或者说通过女性角色来言事，是诗词本身的传统。梦窗在这些酬赠之作中频频运用的正是这一种传统的手法。”“这种骚体造境法，在梦窗集中绝非偶一为之，而是有相当的篇幅。”她认为：“我们实在不应忽略，梦窗集中，骚体造境的符号俯拾即是。”她在其前言中一口气举了梦窗酬赠词中 26 首之多，认为这些词采用了“骚体造境”，而吴笺中共界定梦窗集中有 58 首词为“骚体造境”的代表。

如她在笺释梦窗《解语花·立春风雨中饯处静》一词时云：“梦窗于赠别词中巧设情境，隐去自我身份，用妇人代己言，以男女之情言友朋之情，譬若词中‘骚体’。”“前贤不审此种手法，解词难免支离其意。”在笺释梦窗《绛都春·燕亡久矣，京口适见是人，怅怨有感》一词时，吴文云：“这个‘燕’，完全可能也是一位男人，是梦窗的一位朋友，或许是他所曾依附的一位权贵(比如梦窗投赠最多的史宅之即早逝)。在他死后多年，梦窗偶然于京口见到一位与他面貌神情(词中说最相似的是眼睛)相似的人，于是激发一段回忆感慨。用‘骚体造境’法演绎，于是便成为这样一段凄怨的‘情事’。”她还断言：“梦窗集中会有真实的感咏爱情的作品，但在数量上并不太多。”吴蓓对自己的这一发明颇为自信，她在其论文中说：

> “骚体造境法”，帮助我们确立了这样一种理念。当这种理念上升于整个梦窗词的观照时，我们所获得的，是一种神清气爽的感觉：原先的枝蔓纠缠，如今一通而百畅；原先的疑窦郁积，如今冰释而雪消；原先的十步之外不见森林，如今但见眼底苍郁一片，生机原发。总之，于梦窗词，我们看到的是全然不同于以往的景观。

孙虹在《梦窗词集校笺》中对吴蓓的这一重大“发现”基本不予置评，只是在《瑞龙吟·送梅津》一词的集评中引述了吴蓓的这一说法。但后来孙虹专门为此撰文《梦窗词“骚体造境”阐释法献疑——与吴蓓女史商榷》(《中国韵文学刊》2012年第1期)，对吴蓓作为“骚体造境”典例的若干首词，她逐条重加按语进行了辨驳：

如《瑞龙吟·送梅津》，吴笺：“此亦梦窗‘骚体造境’酬赠法。”孙按：“此词戏仿梅津丽情笔意，却无涉男女爱悦。”

《水龙吟·用见山韵饯别》，吴笺：“此词颇用‘骚体’，作者托身女子，以男女情喻朋友谊。”孙按：“此词运典涉及宫人韩氏与儒士于祐的爱情故事……于祐与被遣放的宫人缔结姻缘事属偶然，凿空为实言之，则有违君臣之大体。”

《倦寻芳·饯周定夫》，吴笺：“此词亦用‘骚体造境法’送行，以男女私情寄友朋情谊。词人以花、美人自托。”孙按：“此为梦窗集中不多见的脉络井井的送别词作：上阕先写苏州送别，再写二人情谊，并遗憾不能同往杭京行乐。下阕先写对友人宦途的祝愿，再写友人在苏州时，居杭妻子的思念，以及赴阙之后的琴瑟和谐与西湖游冶。词中虽然浸润着对友人的怀念，但未尝以‘美人自托’。”

由上可见，孙虹否定了吴蓓的“骚体造境”说。她认为造成吴蓓此说的缘由，一是失注误注。如《风入松·麓翁园堂宴客》：“欢宴良宵好月，佳人修竹清风……贞元供奉梨园曲，称十香、深蘸琼钟。”吴笺云：“‘欢宴’二句入‘宴’题。用男女欢会事作喻，梦窗惯常手法。佳人：喻指宾客。修竹清风，喻宾客清雅、温煦、倜傥的风仪。”“‘称十香’二句表面写美人侑觞，实承上片‘佳人’之喻写‘朝士’们(宾客)觥筹交错的情景。”又如《烛影摇红·饯冯深居，翼日其初度》：“正西窗、灯花报喜。柳蛮樱素，试酒争怜，不教不醉。”吴笺云：“西窗，梦窗借美人而自喻，谓当相候于西窗之下，剪烛相庆。……柳蛮樱素，如集中‘红围’之用，借喻届时满座高朋。”孙虹在论文中通过对这些词语典故的详细疏解，认为吴笺多有误注或失注之处。二是过度推阐。如“围红”意象。吴蓓认为：“梦窗不仅习惯于将自己比作美人，他还时常将朋友化作女身，如果是一帮朋友，他就用‘围红’意象来拟之。”如她在笺释《庆春宫》“别岸围红，千艳倾城”时，虽然交代了“围红”一词的出典：“五代王仁裕《开元天宝遗事》载：唐申王冬日苦寒，令官妓密围而坐，以御寒气，谓之妓围。”但吴笺又按云：

“梦窗集中多用围红意象,未可迳作妓席解。此乃梦窗借屈骚之法,当领其作意。此首以围红托喻百花,解时当从尘俗之意脱略出高致。梦窗别处多借‘围红’以花草事喻友朋情,围中之人,非必侑酒之妓,实多指高朋之辈也。前人解读梦窗词,常于此等处误解,不可不审。”后来吴文进一步发挥道:“梦窗集中的‘围红’意象,却不可径依现实而解。我们既肯定了‘骚体造境法’,此‘围红’也就不妨看作是此种手法的一个构件,或者说是零件。……如果读此词句,脑中出现的真是歌伎的身影,那么便是曲解了词意。”与“围红”意象相似的,还有蛮素、燕、西园等。如梦窗《霜叶飞·重九》“记醉踏南屏,彩扇咽、寒蝉倦梦,不知蛮素。”吴文云:“这里的‘蛮素’,很可能是‘骚体造境法’的又一个零件,它所指代的,乃是昔日的同性好友。”这些说法想象臆测的成分很多,不太符合梦窗词的本意。

孙虹认为:词人之间的酬酢饯别,难入缠绵之情,与词之体性略相龃龉,所以梦窗此类词作往往兼代赠主妻妾叙意,以“闺房”增益妩媚之意态。但梦窗的这类酬酢词,皆为写实之境。这就解释了梦窗酬酢词中确实存在着这样一种“闺房”的现象。同时,孙虹又指出:“吴氏‘骚体造境法’,狭义地坐实了词中男女角色转换,得出的结论有可能背离词人作意。”她通过对梦窗这些词的重新疏解,认为:“阐释梦窗词,必须以词集为中心,旁涉典制、物性等等;一论所出,赅及数卷。吴氏多因失注误注,或过度推阐,梦窗词作被进行了‘易性’阐释,这非但没有解构前贤笺注中合理的爱情因素,反而消解了其词七宝眩曜的美感价值,恐未能对梦窗深旨抉微发覆也。”

由此,孙虹把杨笺列于苏姬杭妾的泛“本事”化阐释、吴笺列于“骚体造境”的词作,通过考辨从方法论上动摇了其根本,使之全部各归其类,还原梦窗词本来面貌。

三

梦窗词研究,除杨笺、吴笺之外,还有很多前贤与当代学者,孙虹在前人基础上,接踵继起,愈推愈密。在其“考辨”一栏中,她用力最多的是对前人成说的一一辨驳,主要围绕三个方面。

一是辨明创作时间:书中《梦窗编年词一览表》共得编年词一百五十四

首。除梦窗注明干支的十二首，郑文焯考出“新词稿”作年的十六首，及夏承焘、刘毓崧、吴熊和、钟振振系年数首之外，新考编年词近百首。

如辨《瑞龙吟·送梅津》作于淳祐十年秋天：“夏笺此词曰：‘词及垂虹桥、齐云楼并有“西湖到日”句，盖在苏送梅津赴杭。’并确定写于淳祐七年(1247)，杨铁夫、刘永济亦倡和此说；实误。……此词实为饯送梅津外任的词作。……是淳祐十年秋天写于苏州。”

辨《贺新郎·为德清赵令君赋小垂虹》作于宝庆二年(1226)。朱笺、夏笺通过南宋德清赵姓县令的比勘，考定此词写于嘉定十七年(1224)赵善春任上。孙据《德清县志》卷五《职官表》：“赵善春，嘉定十七年任。黄钟，绍定元年任。”表明赵善春自嘉定十七年(1224)至绍定元年(1228)四年皆任德清。而该词显示，梦窗为赵令君任上重到刘郎，而“记留连、空山夜雨，短亭春酒”，表明初游德清是空山新雨之秋，短亭饯别则为“春酒”，此次再游是“官梅清瘦”之初春，其间的时间跨度最少是三年，故知此词至早也应写于宝庆二年，此时赵善春仍在德清任上。

辨《瑶华·分韵得作字，戏虞宜兴》，作于淳祐三年(1243)十二月。词曰：“有秀荪、来染吴香。”表明写于吴地，与梦窗在苏幕时间相符的虞姓宜兴知县，唯虞兟一人。《咸淳重修毗陵志》卷十《秩官门》：“宜兴。虞兟，淳祐三年十二月。”可以确证此词的写作时间，词中“冰澌细响长桥，荡波底蛟腥，不涴霜锷。”“冰澌”云云，可与写于深冬十二月互为印证。

辨《踏莎行·敬赋草窗〈绝妙词〉》，作于宋亡之后。朱笺词题“绝妙词”为周密词集《蘋洲渔笛谱》，但周密《浩然斋雅谈》三次自称《绝妙好词》为《绝妙词》。而据夏承焘《周草窗年谱·草窗著述考》：“草窗此书(《绝妙好词》)自选其‘送陈允平被召’词及《乐府补遗》题白莲词，结集必在宋亡之后。”梦窗既赋周密结集于宋亡之后的词选《绝妙好词》，又隐括吊唁故国词中警句，可以确证卒于宋亡之后。

二是辨明创作地点。梦窗一生行踪不定，四处漂泊，他的词也表现了各处的名山胜水和人文古迹。孙虹通过对其创作地点的考辨，进一步细化了梦窗的行谊。

如辨《西河·陪鹤林先生登花园》，其园林在绍兴。张如安在《吴梦窗生平考证二题》(《中国韵文学刊》2000 年第 2 期)一文中提出：“袁正献即袁韶之父袁燮，所筑‘是亦楼’在甬上(今浙江宁波)。”孙按：“袁韶非袁燮之子，而是袁升之子。”“朱、杨、张等前贤时彦皆以为袁园即四明袁氏园……对照袁燮所记其园始末规模，其中不能无疑焉……会稽正有名为‘花园’的园林，其依稽山傍镜湖的建制与词中所写相仿佛。”

辨《烛影摇红·麓翁夜宴园堂》，其园堂在杭州。“云麓园在何地，吴熊和、钟振振二位先生持论与杨铁夫相同，认为云麓园在四明月湖。然就此词内证看，史氏云麓园在杭州。梦窗另一首赠史氏的词作《水龙吟·云麓新葺北墅园池》中有‘好山都在西湖，斗城转北多流水’，明写有园池在杭京。此词中‘银台双引’、‘香沾袖’、‘签声转漏’明显写朝官夜直的生活状况。”

辨《醉桃源·赠卢长笛》，其沙河塘在杭州。吴梅《汇校梦窗词札记》：“今苏州娄门外有沙河，中有堤，俗名沙河塘。梦窗此词，当在苏作。”孙虹据词中“沙河塘上旧游嬉”：杭州沙河塘为嬉游之地，而苏州沙河塘并非游赏胜地。又据词中“断肠吴苑草凄凄，倚楼人未归”，卢长笛是吴人，沙河塘若在苏，则不必说“人未归”，故吴说非。

辨《瑞鹤仙·赠道女陈华山内夫人》，其华山是无锡惠山的古称。吴熊和引范成大《吴郡志》：“华山，在吴县西六十三里。”孙虹引陆羽的《游惠山寺记》：“惠山，古华山也。……华山上有方池，池中生千叶莲花，服之羽化。”《无锡县志》也有惠山金莲池的记载。这里是禅流道伴的修行乐土，陈氏“华山”是沿用无锡惠山古称所起的道号，兼指修道地点。

辨《尉迟杯·赋杨公小蓬莱》，杨公小蓬莱在湖州乌程县。朱笺、夏笺以为“杨公小蓬莱”在衢州，杨公为衢州太守杨彦瞻。张如安《吴梦窗生平考证二题》一文引《光绪乌程县志·金石》，考出此词中的“小蓬莱”应归属“云溪隐杨氏”，但其引文多处错讹。孙虹据清《南浔镇志》：“端石棋枰刻字。有‘宋绍定辛卯六月既望刻石’。云溪隐□氏小蓬莱棋局。明嘉靖癸亥纪泉石改制。”结合镇志所载明代纪官《重得石枰记》，进一步考出词中“湖阴”指洞庭太湖之南，云溪指杨氏小蓬莱西面的“溪塘”。此地宋属乌程，正是梦窗年青时曾游历的地方，集中《惜红衣·余从姜石帚游苕霅间三十五年矣，重来伤今感昔，聊以咏怀》，即是晚年再游故地的词作。

三是辨明交游人物。梦窗一生交游广泛，杨铁夫《吴梦窗事迹考》罗列交游六十余人。孙虹在此基础上，新考得沈皞、虞兟、孙德之、李宗勉等人，共得交游八十多人。

如辨《西平乐慢·过西湖先贤堂，伤今感昔，泫然出涕》，其赠主对象为袁韶。张如安在《吴梦窗生平考证二题》指出词中“歌断宴阑，荣华露草，零落山丘，到此徘徊，细雨西城，羊昙醉后花飞”数句，化用温庭筠《经故翰林袁学士居》诗意：“西州城外花千树，尽是羊昙醉后春。”采用藏姓名笔法，通过化用故实点出了凭吊对象为袁学士，即先贤堂创建人袁韶。孙虹认为张说可从，“但其中仍有疑窦，这就是梦窗词作一般都不忌讳写出赠主，此词却闪烁其辞，其中的原因可能与史家所称理宗‘端平一淳祐更化’有直接关系。”袁韶生前为显宦，身后却寥落，这与“端平更化”有关。袁隶属史弥远同党，是台谏攻击的对象，所以梦窗对赠主不便直言，闪烁其辞。

辨《绛都春·饯李太博赴括苍别驾》，其李太博为李宗勉。朱笺：“疑此太博即李伯玉。”孙虹认为此李太博非李伯玉，“然《绛都春》送行地为‘吴苑’，赴官地为台州，现存史料中李伯玉两无其事，定非李伯玉。”“勘比《宋史》及相关史料，梦窗在苏州仓幕时间内李姓曾任太博、且赴台州任者，亦仅李宗勉一人。”

辨《瑶华·分韵得作字，戏虞宜兴》，虞宜兴为赴任宜兴知县的虞兟。雍国公虞允文的孙辈。夏笺：“词云：‘秋风采石，羽扇挥兵’，又云：‘有秀荪、来染吴香’，必允文孙曾也。”但这位曾孙是谁，夏笺语焉不详。孙虹据元郑元祐《蜀虞处士墓碣铭》，知墓主虞炫是虞允文六世孙，而虞兟是虞炫的曾祖父，也就是虞允文的曾孙。高斯得《淳安县修狱记》更为确证：“虞君名兟，乾道宰相忠肃雍公之曾孙。”荪，香草名，与“孙”谐音。因可确考词作赠主为虞允文的曾孙虞兟，又据《咸淳毗陵志》：“宜兴。虞兟，淳祐三年十二月”，知其时他赴任宜兴知县。

辨《齐天乐·毗陵陪两别驾宴丁园》，两别驾为王龙荣与孙德之。此词属“新词稿”，作于淳祐三年(1243)。吴熊和《梦窗词补笺》据《咸淳毗陵志》，考定此年通判为谯刁、添差通判为王龙荣：“谯刁，淳祐元年，朝奉郎。三年八月满。”“王龙荣，淳祐二年九月至三年十一月。十二月离任，寻除太学博士。”但孙虹从词中有“渐风雨西城，暗欺客帽”，考知此词写于九月初重阳节前，而此时谯刁已秩满离任，不能有九月丁园之游。又据《咸淳毗陵志》载：“(通判)孙德之，淳祐三年闰八月，奉议郎。”因此梦窗陪游的对象应是王龙荣和接任谯刁的孙德之。

总之，《梦窗词集校笺》通过对梦窗词的汇校、汇笺、汇考、汇评，将梦窗词的研究融会贯通,向前推进了一大步。孙虹精于考辨,敢于自立,对梦窗词研究中的疑难问题进行了系统全面和深入细致的辨析。薛瑞生先生在序言指出:“予观是编,对梦窗词研究的最大贡献,将在是焉。作者不废前哲今贤考据之功,又不囿于前贤今哲考据之失,对梦窗仕履行实及其交游进行考证。……即此一端,谓为梦窗功臣当不虚美。”此洵为知言。同时,作为一部新著,百密一疏,也不乏可商榷之处。如对梦窗生卒年的考订,还只是一个大致的范围,尚无不可移易之铁证;对梦窗情事,增加了扬州歌妓说,认为所有的重午词,都与她有关,这也仅为一家之言。但这些观点,对我们进一步走近梦窗、了解梦窗的生平事迹不无裨益,相信此书的出版将会使梦窗词研究,提升到一个新的理论水平和认知高度。

邱鸣皋著《舒岳祥年谱》

黄震云

年谱是以人为本、时事为经纬的文献研究方式,最见学术功力。自宋代开启以来,为历代学界所看重,认为是治学之本。但近年来,由于一些风气的原因,除了王兆鹏教授等人尚有大著推出,很少有人再做这一吃力不讨好的事情,较为流行的是大话西游式的铺张,或者调侃故事。这些不能说完全没有积极意义,但确实又没有什么价值。前些日子,接到邱鸣皋先生寄来的《舒岳祥年谱》(上海古籍出版社 2012 年 10 月版,14 万字,责任编辑:常德荣),学脉象兴,为之感到十分欣喜。

但心情又特别复杂,这主要是因为:第一,年头岁尾,不断听到一些同行,尤其是宋元段学者离世的消息,又有同道说原因是词曲中多愁善感,容易误导学者,虽无理据,但也符合常情。我在《岁末有怀》中记录了这一心情:岁月无情仍岁月,春秋消长似优游。镜前负版不堪看,梦断蓝天已白头。邱老师已经年届八十,身体不是很好,眼睛一直高度近视,如此精益求精,笔耕不辍,让人心疼。第二,先生原为江苏师范大学的校长,也是我的大学古文老师,桃李满天下,在淮海地区德高望重。现在学界活跃的傅刚、张宏生、魏崇新、胡可先、陈飞等一干古代文学领域的名校名师皆出自先生名下。而先生对我更有知遇之恩,且不谈如何指导做人为学,单就将我从一个海滨乡村教师调到大学工作,当时没有指标,是先上班后办手续的这件事,已经足够感动一生的了。第三,岁末接老家电话,堂萱望百之年,忽然感冒身体状态不好,所以连夜全家回老家,只好把书带上。按照道理说,应该经常去看看家人和老师才是,但是总是事情缠身,有时候春晚都不看,辛苦在三尺书桌。再加上天性懒散,一静下来就不想动,所以内心总是觉得亏欠,所以是陆陆续续拖到现在才把书读完。

对《舒岳祥年谱》,我认为对我至少有两点感动。首先,舒岳祥是南宋末期最著名的作家之一,是唐代文宗时期著名宰相舒元舆之后,学术上是天台三宿儒之一,文学上为宋末最著名的诗人之一,诗风豪迈,影响深远,而在教育和地域上是浙东学派创始的重要人物,浙河以东学诗者之宗,气节上以遗民身份,坚守本分,心系民生。但是,历来对舒岳祥关注不够,就是今天我们从知网上也查不到几篇关于舒岳祥的研究文章,而查百度历史人物,像台州和宁波都没有列出舒岳祥这个人。那么有这样一本书,对于浙东学派的形成,对于宋元之际的东南学术和诗歌乃至民俗心理社会生活,则有了一面很好的镜子。选题本身显示了学术的眼光,当然也是价值的体现。其次,本书的内容最初发表在《徐州师范学院学报》,1992 年第 2 期、第 3 期连载。时间已经过去 20 多年了,先生依然不放手,精益求精。这确实是我们需要尊敬的一种境界。在成就感之外,坚持学术担当的使命感和责任感,这是邱老师经常言传身教的东西,回味回味,还真具有普世价值。

年谱之学经历了几百年,已经形成了固定的传统,作为二次文献整理固然难以逃避资料完备可靠、判断选择眼光准确、辨析清晰明了等特点,但是创新和时代气息,应该能够承载,否则就会失去学术魅力。我们看到邱先生在年谱写作上秉承了求真务实、繁简得当的传统,还有自己的清晰的学术思想。年谱分为史事部分、考证史事部分、等待考证部分。所谓等待考证部分,指的是没有弄清楚的事情,如舒岳祥和绿林的关系等,需要进一步研究,这是问题性,就像数学界习惯提出什么什么命题一样,是学术规范的一种原则。考证事实部分则自己考证与别人考证清晰罗列,包括资料。如舒岳祥后裔舒家悦利用编写村志书、家谱等机会搜集到不少资料，邱先生能与他们取得联系，获取一些新的资料，并明确说明资料的来源。不仅丰富了材料，而且更重要的是材料的挖掘有方，值得我们重视。总之，在资料上各方面的关系理得很清楚，显示了先生把握资料的能力非同小可，应该说具有时代的年谱特征。至于进一步的考证，本书也以细密见长。如“至元二十九年”条，《赋唐律一十韵以纪其事》中有一“绛”字，四库本和《全宋诗》皆作“峰”，年谱指出，“绛”指朱叟绛，是人名，作“峰”不可通，言之可信。

年谱中关注时代、环境和生活对作家的思想和创作的影响是本年谱又一个新的做法。舒岳祥为什么仕途不顺？过去我们往往用民族气节来看待，把古人看成是一种墨守陈规的渔夫。其实不是这样，孔孟本不是教主，而是学者，应时而生。年谱指出，舒岳祥不顺或不仕有自己的原因，也有时代的原因。舒岳祥的时代是贾似道当政，自然彼此无法配合，又充满着危险性，所以弃官（“咸淳十年”条）。并从舒岳祥关于陶渊明的《归去来》的解说中发现，舒岳祥认为陶渊明弃官是明知自己已经成为燔肉，是不得已的作为，而不能简单地看作五斗米不折腰要个性。毕竟陶家是官宦世家，不至于对官场规矩一点都不懂（后记），又根据其诗文不及时世印证。注重思想深处、个人处境和重大历史事件等在年谱中的布局和认识，是本年潽超越一般年谱的地方之一。

对于民族关系的研究把握，体现了邱先生学术研究的风度。中国的历史，历代皆有人总结，大致说来，充满了纷争。如果按照地域理论，则人群和族群之争永无止境。以中华民族一体化的理论看待地域之争和历史事件，是现代马克思主义的思维。但是同时，普遍的一般知识分子和学者们还是喜欢汉族中心论思想，认为只有汉文化才是正宗的文化，少数民族是野蛮的人群。其实，这样的概括不是完全没有道理，也有充分的证据。问题在于，历史在任何情况下都不存在绝对，文化是互相影响，不存在先进和落后，最好是具体情况具体分析，而整体上应该以平等的共同繁荣作为原则更符合实际。化肥农药可以提高农作物产量，但是对农作物品质上是增加了伤害的成分，转基因食品增加了色彩的美丽和产能的提高，但是对人种异化以及发生疾病的可能性让人担忧，前进和倒退，美好和失败，不是简单地二分。在这一点上本年谱把握非常成功，主要表现在一是根据历史资料说话，二是客观地以现代的理念去表达资料，不用修饰和感情色彩的语言。过去，在读大学的时候，看邱老师的文章平实而隽秀、流畅而激情。现在看,先生对于语言的政策性和情感性也有深入的用心。

人文社科研究创新的前提是求真务实,求真的过程需要精益求精,精益求精不是一两天的事情。邱先生的《舒岳祥年谱》有着丰富的内涵和学术价值,值得我们肯定、学习和推荐。

论词学家王兆鹏

——当代词学家系列研究之三

崔海正

一

辛卯(2011)春节,我因事居留京城,暇日曾以《青玉案》(软风悄悄传春语)词致意兆鹏教授,而注中则云:"王君年富力强,于词学诸多领域皆有论著,颇见斩获,堪称全能型学者。"他自然一如往常,谦称"谬奖";而在我,因为是在大略检视了词坛与兆鹏君的研究现状之后作如是说,自信并非对友人的胡乱吹捧。那么,现在不妨就让我们再次以不同方式展示一下王君著述,其中不少对学界中人或许是"熟面孔",但好书好文不厌百回赏,每次"走马",总有扑面香。比如:

《两宋词人年谱》(下称《词人年谱》)乃读博期间遵唐圭璋先生之命编撰出十余家南渡词人之"谱"、后有机会酌情理出5家(谱主分别为葛胜仲、葛立方、叶梦得、吕本中、向子諲)梓行面世的。该谱不是仅仅罗列谱主的生平履历与作品系年,而是除此之外,对其所有著述的存佚、传刻、版本源流以及与之交游、结社唱和等有关情事悉加考述,亦决不因其作为研究对象而为之讳(比如对葛胜仲、葛立方父子献谀秦桧之恶行即痛下针砭)。如此,通过同属一代之谱主,即可大致洞察当时文坛概貌与风尚,并为文学史、文化史等提供可信之参照。杨海明教授称其为继夏承焘先生《唐宋词人年谱》之后的"又一部力作”，笔者深表赞同[①]。而《词学史料学》当为国内首部比较全面、系统的关乎史料学的词家专著，它从词体、词人、词集、词论以及词史、词学史（后二类散见于词论中）等六个方面囊括词学研究之范围（另有工具书介绍），条分缕析，而侧重绍介基础研究史料（由于理论研究资料的特殊性，从略）；又因《清词别集简目》已有更较完备之他人同类著述等，故亦从略。尽管如此，就其应有的“担当”来说，已可称完备了。据笔者统计，仅“引用书目”即达1030余种。然史料既冠以“学”，也就不单是“料”的堆积，而又有述论、考辨及查阅、使用方法，兼具版本目录学与研究指南之功效，犹如明星厨师操办的“十全宴席”，不仅吃来鲜美可口，还从中知道了各种用料的营养价值和烹调技巧。此书满足了学界的渴盼，理所当然地受到热烈欢迎。还有誉满学林的《宋南渡词人群体研究》（下称《群体研究》），它原为博士学位论文，其选择很少被学人视为独立发展阶段的南渡词坛作为研究对象，以群体为支点，从群体认同、心灵探寻、范式演进等不同方向展开综合、深入之追讨，而其最大贡献——如众所熟知——乃是开创性地提出了词学领域“代群”、“范式”的概念范畴。前者催生了崭新的宋词分期“六代群说”，后者则意在突破虽曾被广泛运用、却并不科学的所谓豪、婉两“派”或两“体”说的陈俗老套，并主要将“三大范式”中的花间范式、东坡范式（另有清真范式）应用于本课题的具体实践。如此，“代群”与“范式”纵横交叉、词人状貌与作品特质内外显现，复杂而混沌的南渡词人群体（即第三代词人群）找到了更加适合的词史框架及全新的阐释思路，于是好评如潮，刘扬忠、张海鸥等学者均予以高度评价[②]。至此，不能不提到《唐宋词史论》。此著上篇“史论”、下篇“考据”。考据篇对稀见词集和若干宋词人生卒之辨识，自可作为史论之基石，暂且不论，而其最诱人处乃在上篇几“论”。如果说《群体研究》一书对首倡之代群分期、三大范式主要给予“原则性”说明和“粗线式”勾勒（因其重在南渡词），此处“流变论”、“范式论”则从代群、审美层次以及东坡、易安词抒情范式甚而宋咏物词三种范型等不同方向、角度对唐宋词（主要为晚唐至南渡时期）之递变演进作了更进一步、更深透也更富理论光芒之阐发，词史被置于科学而明晰的规范之中。虽则为“示例”，其意在为今后写出一部新型唐宋词史“做些探索和准备”（《后记》），但其新锐之思路已可启迪人心。同时，作者近年来乐此不疲所从事的词学定量分析，在《定位论》中也初露锋芒，也许它正兆示着“别是一家”的计量词学史的诞生！还有，新近出版的《宋代文学传播探原》（下称《传播探原》),其上编谈论宋代文学(诗、词、文)的传播方式及效应,下编则是考察宋人 160 种词别集版本在两宋时期的传刻情况。众所周知,传播研究是王君多年来关注的"热点"之一,虽然本书内容大都以单篇论文形式在不少重要报刊(如《文学评论》等)发表过,但经作者不同程度的修订和精心编排,其"集群化"、整体性所产生的学术影响力当会更加强烈。当然,即便仅是宋代文学的传播,也涉及到众多议题,书中只是某些相对重要且较为宏观的东西,或可说是一个阶段性总结。用传播学观念探讨文学现象,就要审视从创作到鉴赏的整个传播过程,亦即变之前的"二维"研究(作家一作品)为"四维"(作家一作品一传播一接受)研究,这样,才能更好地揭示出文学史中那许多的"秘密",而其中,传播是必不可少的一环。书中对这一"朝阳产业"的探路开发,以及将词集版本目录学纳入传播与接收视野的实践性操作,意义深远。

最后,简说一下"讲"出来的两本书,一是《词学研究方法十讲》(下称《十讲》),一是《唐宋词名篇讲演录》(下称《讲演录》)。前者授听者、读者以"渔",后者则类如"鱼"之美味,给以知识滋养时又请其尽享审美愉悦。《十讲》主要针对词学的实证研究(如版本、校勘等。诠释研究法因程序性及效果稍差暂未置入),并结合自己治学的经验,详述其查书及研究方法,操作步骤"程序化",实用性、导引性极强。这种词学方法论(其实也适用于整个文学领域)著述,一般当由名家来做,前辈、时贤之作亦有所见,但多半"论"多"法"少,当然也有人或"谦让"不讲,或不屑为,或视之"秘籍"而不愿示人。本书重在"法门","支招"而"破招",足可弥补前此缺憾。《讲演录》按题材分唐宋词名篇为约会词、离别词等十二类,采用想象、还原诸欣赏手段,巧妙对接传统与现代,又同样融进个人的阅读感悟与人生体验,加之主讲者超强的口才、优雅的风度、"青春态"形象以及幽默而不失其"度"的调侃与流行语汇(如追星族、大腕之类),极易拉近双方距离从而唤起心灵共振,使听讲者如浴唐风宋韵而流连忘返,于艺术陶醉中提升人格素养,无怪乎不同层次、不同专业的学子皆对其演讲膜拜至极!应该说,二书虽可算作普及型著述,但仍有相当的学术含量(如其词史意识、鉴赏理路等,其实,书中预设的许多课题,也值得学人思考);同时,王君之"讲"不像"百家讲坛"那样直接面向社会大众,它首先面对的是高校学子,然后流播于大庭广众,故而有冲破学院派"高墙"走向社会的学术实践意义。

上面大略"观赏"了王君几种专著的风采,到目前为止,他奉献出的成果

已经十分惊人,限于篇幅,在下只好择其要者仅仅罗列书目。其专著约计另有9种,如:

《张元干年谱》《两宋词人丛考》(合著)、《唐宋词史的还原与建构》《唐宋词的定量分析》(合著)、《唐宋诗词考论》等。

单独主编或合作编著约30余种,如:

《增订注释全宋词》《唐宋词汇评·唐五代卷》《全唐五代词》《宋词大辞典》《宋才子传笺证》等。

参撰约20余种,如:

《中国二十世纪文学研究论著提要》《中国文学史》《宋代文学史》《中国古典文献学》等。

校点约7种,如:

《全宋诗》(第16册黄裳诗)、《明词综》《兰皋明词汇选》《天机馀锦》等。

已发表论文约计230余篇,如:

《论"东坡范式"——兼论唐宋词的演变》《宋文学书面传播方式初探》《英雄的词世界——稼轩词的特质及其新变》《唐宋词的审美层次及其嬗变》《历史的选择——宋代词人历史地位的定量分析》《本世纪词学研究的基本格局》《本世纪唐五代词的文献整理与研究概况》《钱钟书〈宋诗选注〉的文献价值及文献疏失》《宋词的口头传播方式初探——以歌妓唱词为中心》《从诗词的离合看唐宋词的演进》《〈全明词〉漏收1000首补目》《〈全清词·顺康卷〉前5册漏收词补目》《中国古代文学传播研究的六个层面》《千年一曲唱〈阳关〉——王维〈送元二使安西〉的传唱史考述》《宋代所传词集丛考》《重回历史现场——辛弃疾生擒张安国始末考释》等[3]。

你看,即便以提要或目录式"打包"择要陈列,也有些让人眼花缭乱。其中之论文,有的是发表在《中国社会科学》《文学遗产》等令人艳羡的刊物上。本来,笔者可以换一种思路,既能省去许多麻烦,亦利于行文畅通,但说话须重"实证",故此处做法亦属"无奈"。这些著述、文章,除少数触及通代或断代文学史及其它体裁(比如诗文)之外——这是很必要的——于词学(主要是唐宋词)的方方面面关涉甚广。按惯常的说法,不管是实证性(或称基础性)研究中有关词籍、词作、词人方面的目录、版本、校勘、笺注、辑佚、考辨、年谱,还是理论阐释性研究中的文本鉴赏、个体或群体、词论、传播接受、词史、学术史研究以及若干层面的规律性探讨、方法论等等，它们大多未曾缺席。从另外的角度看，既有“高雅型”学术，又有普及性读物，也有工具书、教材、课堂实录等，而文章类别，那就更多。如按笔者曾经初步构想的词学研究体系（见崔海正《中国词学研究体系建构稿》，齐鲁书社2007年版），当涉及四大层次、十六个门类中的几十个子目。当然，这里所谓“全”，并非说王君在研究实践上“承包”了词学领域所有的科目——这是不可能的——只是在相对的意义上与他人比较而言的。比如其研究领域，主要还在唐宋词；词的音韵、声情等，还有当下有人提倡的学者最好也能写作诗词，他便少有所为。不过，说到旧体诗词创作，他不但曾在课堂上鼓励学子“尝试写词”，也赞赏友人的创作实绩（参《李遇春〈中国当代旧体诗词论稿〉序》等），而且对此有自己的看法，认为“当今的古体诗词，要么写得不像，要么写得太像”，他主张用今人语言奏响时代心声，写出鲜活而独特的“生命情韵”（王兆鹏《词体复活的“标本”——评蔡世平的词》，《贵州社会科学》2008年第5期）。所以，也许因其理念，现时又未得暇，故对之不必苛求。毕竟研究与创作不是一码事，不写诗词似也无碍成为研究名家，况且他也偶或染指。而尤应说明的是，王氏决不像一个故事中所说的那个“菜鸟”，会飞飞不远，会跳跳不高，会叫却令人厌听；他技能全面而本领超强。换言之，不但如上所举“产品”数量、样式多，质量亦相当优异。据不完全统计，其论著获各家书评40余篇，被权威刊物（如《新华文摘》、人大复印资料等）及他人著、论转载、摘编、引用难以数计，荣膺全国性和省部级科研奖励与荣誉称号30余项，网络点击量则更多，得到专家和词学爱好者的一致赞誉，成为各类媒体追逐的学术明星，这绝非偶然。实际上，通过本文开头对几部专著的“略窥一斑”，读者心目中或即有了一定的价值评判。故此，在基本摸清了王氏的“家底”之后，我们可以更有“底气”地说，兆鹏君是当代十分难得的“全能型”词学家，此非故作夸张！

二

王氏是如何成就自我并赢得普遍认可，或者说他究竟具有怎样的魅力？优秀学者们所具有的东西，他差不多全有。我一直在想，什么是他身上更为独特的东西呢？

其一，悦读与追求。任何一个学术名家，除了天资聪颖之外，必曾有过勤奋向学的经历。古人“贵学”，我国古代有不少诸如悬梁刺股、凿壁借光、囊萤映雪等关于“苦读”的故事。但苦读只不过是一种“精神”写照，如果真的把读书学习看作是“苦”事，或者在某种外力的强制之下不得已而为之，那就既不能坚持长久，最终也绝对成不了“气候”。王君出身农家，并无家学渊源。为给做学问打好根基，他早在大学时期便拼命“玩”起了背诵。因为知识从不怕“胖”，可说是越“胖”越好，更用不着“减肥”。那些包括唐宋诗词在内的令人心旷神怡的名篇佳作，他每天起早背，饭后散步背，晚上睡前背；学校里背，回家干活时也背；今日背一遍，次日再背一遍，一周、一月后再把所背作品复诵一遍，如此循环往复，这是何等功夫！在他看来，虽然电脑可以迅速检索有关信息，但不能代替“人”的记忆。做学问要有所创造，但“创造往往是基于联想，而联想又常常源于记忆”，记忆是“发现问题的基础”。因此，他反复强化记忆，把“珍品宝物”收藏进自己的精神仓库里，以便随时取用。也就是说，无论今后的科学技术如何进步，而“人”即研究主体的因素是决不可忽视的。此点对他的学术研讨帮助极大。笔者由于各种原因，脑海里“存货”不多，尽管亡羊补牢，努力加“餐”，然著书作文不免常有捉襟见肘之感，虽可调用其它辅助手段，但稍纵即逝的灵感不会等待你的安排，以至影响了应有的创造性发挥，王君之言不虚。然其勤读背诵，又是在自觉而愉悦的心境中进行的。他说做学问可以“自娱身心”，凡是要做的事情，就用“快乐的心情去做它”，何况他的教学与研究，能把兴趣与职业联系起来，“越发要用一种快乐的心情去做”。而“读诗词有了兴趣，再怎样阅读、怎样背诵，也不会觉得苦”。是啊，有人说兴趣是良师益友，是甜蜜的牵引，干什么事，只要有兴趣，就会快乐地去探索，开心地去实践，读书治学也一样。真是书囊无底，功夫越大，就越有绠短汲深之叹。这种悦读乐学的精神品格，他一以贯之。如无特殊事由，他现在多半是白天写作、上课，晚上读书，日常琐务合理安排，决不因无谓的闲聊或东瞧西瞅耽误有效的工作和学习时间。他认为时间对每个人都是一样的，关键在于会不会利用。“会利用时间，一天就比别人多做四五个小时的学问”，一天两天也许没什么差别，如果一月、一年、十年，如此下去，结果就大不一样了[4]！这种道理可以说人人都懂，但又有多少人能几十年如一日地坚持？尤其在这人皆想学、却又不愿付出“那个”代价的浮躁的今天！王君快乐地坚持着，这又是何等地恒毅与执着！

然而，王君“好学而不贰”(《左传·昭公十三年》)的人生态度，却又并非仅仅是兴趣所致，在这背后，其实还隐藏着一股巨大的推力，那就是追求！他知道自己不足而发愤图强，攻读博士选择唐老，除其名气外，就是因为湖北地区研究词学的“高手少”，“学成后，在湖北的学术界也许会有自己的一席之地”。看来，他追求做学问的成功，追求事业的辉煌，用他自己的话说，就是“把追求学问的高境界和高品位作为人生的奋斗目标”(王兆鹏《求学之路》，《中文自学指导》1997年第3期)。说白了，即不但要成名成家，而且要成为超越时人的“拔尖”学者！这话似乎有点“刺眼”，但这没有什么不好，不是常说不想当将军的士兵不是好士兵吗，当个名流又有什么不可？这可能涉及到所谓“名利”问题。其实，对大多数知识分子来说，“名利”并非是他们不想要的，只不过对于物质方面的“利”看得轻淡。有的人进入老年阶段，回想一生足迹，觉得人生如烟，名利如浮云；或仕不得志，生不如意，面对荒景野色，自述抑郁等。杜甫说“细推物理须行乐，何用浮名绊此身”(《曲江二首》之一)。白居易说“名为公器无多取，利是身灾合少求”(《感兴二首》其一)，大约道出了这种心态。自然，也有的慷慨抚剑，济世不邀名；或专注某一事业，孜孜矻矻，不问时日，而名自至；或所谓克己之欲、淡泊致远等。至于斤斤计较，採取不当手段而取名利者是极少数，此不必论。但无论如何，名利特别是“名”之念想在知识阶层的内心深处是隐然存在的，只是对此所取的方式各不相同。如果否认这一点，似有不够诚实之嫌。这是一个极其庞大而又非常复杂的命题，此处不宜也不必要展开论辩。我们要说的是，对于王君的人生“追求”，学人灵犀相通并竞骛之。

其二，好奇与寻觅。人谓好奇是求知的欲望，是前行的动力。是的，好奇心是希望，是智能的特性之一。据说当第一只古猿也过腻了树上的生活而对平坦的陆地环境感到兴趣时，便爬下树木试探着走向林边的空地，是好奇心让世界有了更高级的生命；当第一个北京人从地上拿起被“天火”烧焦的野味放入口中时，他感到的不再是茹毛饮血，从而使他的部落走出生食的境地，这也是因为好奇心的驱使。对于学术而言，好奇是探索与创造的必要前提，没有极强的好奇心与发现欲，在科学研究上是无所作为的，而王君对此深有体验。他说自己治学好“喜新厌旧”，老在想如何“探讨新问题，试用新方法，摸索新路向”⑤，此乃最可贵的学术品质之一。比如，他读过不少书，但怎么读书最好，最有效果，特别是名师、名家的读书方法，他怀有很大的好奇心。唐老曾以宋代词人为例告诉他读书要“纵横”来读，他由此领悟，要考察一个作家，不能单打独奏，必须了解与之同时的一群作家或前后几代作家，只有这样，作家作品的渊源流变、艺术贡献等才能真正弄明白。而文学，在某种意义上是“人学”，要研究文学，就不能只看有关文学的资料，其它书籍以及有关的人生阅历等也都非常必要，他照着做了，绩效果然不错。其它如吴调公先生的“比较读书法”（如比较阅读中外、古今不同的文学理论名著韦勒克、沃伦的《文学理论》和刘勰的《文心雕龙》等），傅璇琮先生的“一网打尽”法（即读一本书，把所需要的或可能有用的东西都记下来，此可避免为了不同的议题而重复翻检它）等，也对他很有启发。再如，他对如何进一步提升自己的理论能力感到困惑与好奇，于是又采取扬长“补短”而不是“避短”的姿态，认真浏览、悦读了不少西方的哲学著作，这给了他意外的惊喜和信心。每当文思枯竭时，他便读一读或者回味一下那给人无穷智慧的哲学，就总能找到一个解决问题的理路。他的《两宋词人年谱》等著作，即是这样写成的。至于如何把文章写好，他也仿效先贤，并研读过一些著名学者的论著，如唐圭璋先生的《词学论丛》、程千帆先生的《古诗考索》、陈贻焮先生的《唐诗论丛》等，揣摩其法，融汇于心。其影响颇大的定量分析方法，也是凭着学术敏感，受香港学者罗忼烈先生《试论宋词选集的标准和尺度》一文之“刺激”，对其事实上已经运用的统计的、量化的新颖手段感到强烈的好奇，于是循此而进，又扩大涉及范围，以统计分析之法对宋代词人的历史地位给予更明晰的认知[6]，从而获得各方好评，终于一发而不可收，形成至今骄视词林的有效方法之一。

他就是这样地好奇着、寻觅着，广泛地涉猎了文学社会学、接受美学、传播学、科学哲学、心理学等领域的重要论著，丰富着自己，实现了一个个突破与超越。

其三，“配型”与“嫁接”。“配型”当为现代医学名词，基本意思是，要选择与接受者组织相容性配合的供体。“嫁接”当为植物学名词，基本意思是，选取某种植物的枝或芽接到另一种植物体上，使两者结合成新的植株。二者均为主体借外力而生成一个“新”的系统，不同的是，前者是主体某种受损之物接受同一名称健康之物的置换，后者是两种相异之物的“交配”。此处借用这两个概念，简略说明王君在词学研究中借鉴其它学科的理念，提出自己新解的几个特例。当然，它们在很多情况下是不容易分清的。比如，他在文学社会学中，找到了研究作家代群的方法，并根据宋词发展的进程，提出比前此内涵更为丰富、见识更加独到的新观点。广义的文艺社会学传统悠久，法国作家史达尔在19世纪初以专著《从文学与社会制度的关系论文学》的形式讨论了文学与其它社会领域的关系，特别是20世纪中期法国波尔多文学社会学学派的代表人物罗贝尔·埃斯卡皮的《文学社会学》（于沛选编，浙江人民出版社1987年版），引起人们极大的关注。该著中不仅有“世代与群体”、“周期性”等标题和词语，也有对文学社会学的原则与方法、文学生产、文学的消费与阅读等有关问题的系列论述。王君借其与本学科的理论加以置换、交融、贯通，终于提出了关于宋词分期的新说。再如，接受美学、叙事学等有关理论启迪了他的灵感，使其从三大“抒情范式”的视角对唐宋词的流变进行了全新的研讨，受到学界的重视。西方接受美学以现象学与解释学为基础、以读者的接受为依据而成为独立的理论体系，其最主要的一点就是读者的作用和地位，或者说读者的具体化是第一位的，这使它与一般的文学理论划开了界限。该学说的代表人物、德国学者尧斯在其著名的《走向接受美学》中阐释了相关理论，还从艺术史、文学类型研究、比较文学等不同角度论述了艺术史与一般历史的区别、类型研究与比较研究的若干方法等；而美国学者霍拉勃的《接受理论》，则比较系统地阐述了这一学说的理论来源，并对其进行较为全面的析论⑦。当然，接受美学的专家们在文章中也提及并使用了“范式”、“文本”、“效应”等名词概念。而西方叙事学与结构主义文学批评等关系较为密切，它所研讨的问题属于不同层次的许多方面。大体而言，它是对叙事文体法则的归纳与说明，同时也为文学本体理论的研究提供了方向。法国学者茨维坦·托多罗夫、罗兰·巴尔特、德国学者沃尔夫冈·凯瑟、英国学者布兹等为此做出了贡献⑧。同样，王君将这些理论、方法吸收、消化，并结合唐宋词的演替情形，提出用抒情范式来把握唐宋词史的新颖理念。它如《群体研究》之中篇侧重对宋南渡词人的心态进行论析，此颇得益于心理学的研究成果；关于宋代文学传播方式的研究思路，又受到传播学理论的启悟；尤其是，他注意到20世纪西方人文社科领域出现的很多计量学的分支学科，如经济计量学、文献计量学、计量史学等，而又继承了中国古代文学研究中零散的定量分析之法，认为其共同点都是通过数学方法，更有效地分析人类各方面的活动与规律。于是，他将定量分析引入词学研究的实践，于20世纪末叶与同门刘尊明合作发表了《历史的选择：宋代词人历史地位的定量分析》的论文，立即引起热议。此后，他坚持探索，力求使之更加完善、成熟，并与他人合作出版了《唐宋词的定量分析》《宋词排行榜》等学术成果[9]。

在学术、知识体系迅速更新的文化背景下，各门学科都在打破孤芳自赏的格局，形成开放、开发型的路数，学者们——如王君——也在朝着高度综合的知识结构奋力上进。中外的理论观念和治学方法滋养着他，使其在学术前沿得心应手，迎接着挑战，酝酿着新的课题。

其四，胸怀与境界。王君在接受访谈时曾说："做学问，刚开始的时候方法很重要，但达到一定的境界后，更需要胸襟、气度和人品。"（邓建《旧学与新知兼融　还原与建构并举》，《南阳师范学院学报》2008 年第 2 期）在《十讲》中也说过类似的话，谓一流学者需要有一流之胸襟，此乃睿智、务实之言。胸襟、气度、人品等各自的具体含义有所不同，但说到底，主要是学者的品格、德行问题。《二程粹言·论道篇》引述程颐的话说："一德立而百善从之"[10]。意思是，有了美德，很多善行就会产生。不论这句话的背景、语境如何，强调品德之美是不错的。于学问亦如此。明人方孝孺《谈诗》之三云："发挥道德乃成文，枝叶何曾离本根"（方孝儒《逊志斋集》卷二十四，文渊阁《四库全书》本），大体道出此意。而现今学界某些稍有成绩者，有的自许天下第一，可畏不可敬；有的满足于现实之条件、地位，似和尚撞钟，得过且过；自然也有德才不足想进而不能进者。王君对此一直保持着清醒的头脑，他觉得书读不完，学问做不完，自己只不过在有生之年做应该做的一份而已。虽然品行好的人在学术上不一定有多少创造，有多大成就，但大学问家的品质一定是上乘的。所以，对他人、朋友，他宽容虚心、乃谦谦君子；对自己，从严要求，常自省察；对门下，不以傲接，平心相待；对导师，所谓有德有技于己者，常怀感恩之心，不可忘也。总之，待人接物，"品行"为先，落落大方。比如，对导师曾昭岷、常国武、曹济平等先生钦敬有加，尤其对唐圭璋先生，曾在《文献》等刊物上四次专门加以介绍，在其它论著中亦时而提及。通过这些文字，读者更进一步了解了这位词学大师专于业、深于情的博大与深沉，师生之间的温暖、亲近以及唐老对词学研究的卓异贡献。一般人多知唐老为文献大家，王君便特意说明他在词学批评、词史研究方面的成就。试问，如果没有这些师长的"家法"培育、扶持，王君在学术上的实绩、在学界的影响，是否能够像今天这样呢？再如，要不是北京学者电话询问关于《全明词》的编纂情况，恐怕他也不会立即激起明词研究的兴趣，撰就《〈全明词〉漏收 1000 首补目》之文；要不是郁贤皓、傅璇琮、陈尚君等师友的点拨与帮助，他由宋词研究触及到唐诗领域，《唐彦谦四十首赝诗证伪》也难说写得如此扎实；如果不是他以其人格风范与学子们互动，把课堂变成唐宋词审美的圣殿，引领了他们对这些“千年老货”的狂热，甚至“钻进”了那些不太喜欢文学的理工科学子的耳朵和内心，又怎么可能信心满怀地出版《讲演录》《十讲》两本专著？他曾在某重要刊物发表《据〈金石录〉考证杨炯的卒年》一文，陶敏先生在同一刊物撰文谓孤证不能成立，并订正其看法。王君发函对陶先生表示感谢，又据此反思，认为学术乃天下之公器，决不能“虐待”别人的商榷与评价！《唐宋词史论》之名称原为《唐宋金元词史研究》，并写出了论金元词的初稿，待看到其他几位博士探讨金元词的论文后，自愧不如，断然删去，改为现名。某杂志发表他的文章，在“编者按”中称他为“词学大师”；某网站的“访谈录”称其为“山斗”，都被他严词拒绝。他说自己“渺予小子”，何敢称之？此非谦虚，乃其“真实的心声”，因为距“大师”、“泰山、北斗还差十万八千里”。这是胸怀，这也是境界！请问，在这些人脉、学术的背后，隐藏着的难道不是品格、德行的感召吗？

有人说学问是识别之术，学术乃是发现差异，此话颇有道理。然学术在不断变迁，观念、方法等亦随之而变；不变的乃是人格的力量，是浩瀚、淡然的胸襟和无上的美雅境界，此与学术息息相通。

三

在检视了王君的学术贡献及其获取这些成就的因由之后，人们或许会问，他是如何跋涉几十年的学术之路，我们又当对他有怎样的期盼呢？

他算是幸运的。当其在“浩劫”的日子里接受完所谓中等教育，进入被称为具有标志性历史符号的“77 级”大学族群时，他基本上是“应该”进入高校的年龄。然其入学后如摸底成绩不理想等，刺痛了他的神经，于是便奋发读书。由于此前熟读过繁体字的《水浒》《三国演义》等古代小说，颇觉与古代文学有些缘分。当然，繁体字的磨练以及简单的文言文写作，似乎与“简化字出身”的同年龄段的伙伴们显得不太协调，但这确乎为接触古籍打开了一条不大不小的通路；同时，尽管他生于缺乏学术文化的农民家庭，但他又毕竟不用像那些“老”同窗一样，心中整日里牵挂着年迈的父母和老婆孩子、想着季节性农事以及总该应酬的许多俗务，而应该有激情、有能力来把握这来之不易的读书机缘。他做到了！也许是一个较为偶然的机缘，即他写的一篇关于唐代边塞诗的文章竟然得到任课教授的大力表扬，一下子点燃了他对唐宋文学的极大兴致。

然而其学术研究，却是从宋代词人张元干开始的。当时在读书中，他发现不同版本的书籍对张元干的生卒年和籍贯说法相异，这大大激发了他的好奇，一心想探个究竟。他找来张氏文集，发现有些作品已经很明确地提到自己的年岁，于是很快便弄清了张氏的生年。自然，他并不知道有学者对此早有研讨，而是继续追究，终于写出了《张元干生平事迹考辨》的学士论文。而他有幸留校任教，又是他学术道路上的一个重要铺垫。那是一个拨乱反正、清理扬弃、中西文化再次激烈碰撞的知识“爆炸”时代，血气方刚的王君携其新锐之气以及对知识的热烈渴求，加入了这场浩荡如潮、今天看来极不寻常的文化进军。他朦胧知道，必须尽快提升自己，实现心中的学问梦想。于是，不久他就获准报考并成为唐五代词学家曾昭岷先生的硕士弟子，这也就奠定了他一生的词学专业方向。几年之中，他边工作边学习，广泛阅读有关典籍，并以《张元干年谱》“交卷”完成学业。

俗话说，机会只给那些有准备的人，而时刻准备着的王君真的又迎来了一次绝佳的契机。1986年末，他随曾先生去上海参加词学研讨会，其以词名不显的湖南籍词人王以宁为题，撰成《王以宁其人其词》赴会，竟然得到了学界耆宿施蛰存先生的赏识，并答应发表在施氏主编的专业刊物《词学》上，这使他惊喜异常；尤其是，会上得到唐圭璋先生将招第二届博士生的信息，而他的硕士生涯还差一年没有毕业，怎么办？他实在太想早一点列于词学大师的门下了！但他并非只为博士学位，只是要进一步“改变”自己。在这决定人生命运的关键时刻，曾先生毅然决定：提前毕业！经过百般努力，他终于如愿以偿。在某种意义上，是曾氏惜才如命的亮节成就了他的未来。如此，王君的学术之路有了一个华美的开端，他的羽翼渐次丰满了！

虎踞龙盘的南京令人神往，这里高校多，名家多，藏书丰富，人文环境很适合王君，尤其是他就读的南京师大有心仪的导师。唐老身体瘦弱，一生磨难，晚年又卧病在床，但嗜书如命，心中除了词学，略无其它。不管何人拜访，总是娓娓而谈学问事。因而，初次见面，唐老便给他讲秦观词的真伪，讲李清照词的校勘，谈《四印斋所刻词》《宋六十名家词》有擅自改字、补字的弊病，谈自己做学问的态度方法，勉励他多读有用之书，说自己年老且多病，“但有生之年，还是要多读点书，尽量减少些失误。”（王兆鹏《忆唐圭璋师》，见《唐宋词史论》之《附录》，人民文学出版社 2000 年版）他心灵震颤，深受教益。

在唐老门下的几年，他如鱼得水，视野大开。此前，尽管在文献方面有了一些“资本”，但其眼界、思维方式、知识结构等还有不少“软肋”。唐老的人品、文品渗入到他的血液里，使其在治学的各方面都发生了根本性变化。比如“三心”（信心、恒心、虚心）本是唐老的箴言，他如获至宝。其中坚定“信心”也许比较好办，但后二者就不那么容易了。人常言做任何一件事，坚持较短的时间，比较容易做到，但长此以往，甚或一辈子如此重复，没有特出的坚韧与毅力是万万不行的。读博期间，他每天读书学习十几个小时，虽累心也甜。曾听一位当时与他同住一宿舍楼、但攻读其它专业的研究生说，常见王君带着书本、文具，匆匆忙忙，见了熟人喜笑颜开地打个招呼，在玩乐场所很难见到他。当然，有了成绩，他也会像唐老那样虚怀若谷，有求必应。如文人相轻似为通病，有的嘴上不说，内心不服，即使错在自己身上也不服软，王君从不如此。所谓态度决定一切，他心恒志专、自强不息，如细流可积至沧溟，小石可崇成泰华，不仅开阔了眼界，豁亮了心胸，也大大提高了理论思辨能力和论著写作能力，并冲击到学术的前沿。这期间，他在《词学》等刊物发表了近 20 篇论文，并在《文学遗产》刊出《论“东坡范式”——兼论唐宋词的演变》的重要文章，还修订出版了《张元干年谱》。特别是博士论文《群体研究》，亦如上述，融中外考据、思辨之法于一炉，借鉴并创建了崭新的词学概念与文本框架，不仅得到参评与答辩专家的一致赞赏，也使其在学界有了不小的声誉。他如振翅飞翔的小鸟，在词学的精彩世界里，简直是一飞冲天！

回到湖北大学约两年左右，他成为全国古代文学界最年轻的教授之一，并曾担任中文系（人文学院）的主要负责人，为学科建设和人才培养做出了突出贡献。后调至武汉大学，专做教学科研工作。这段时间，虽有甘苦、起落，但基本上是度过长期的学子生活后的释放，是在三、四十岁的盛年翱翔于学术蓝天、独立自主地运筹帷幄的重要阶段。据粗略统计，在现今十几部专著中，至少有五、六部著作如其博士论文以及《唐宋词史论》《词学史料学》等出版于此期。它们的主要内容与学术价值，本文开始部分已有简略绍述，此不再赘。而其它 60 种左右的各类著作，此时期大约出版了 40 余种。这类成果多是唐宋词家个体或群体作品的选注、鉴评、校点等，也有少量的其它类型著述，有些书目已见上文所列，此处可简介几种。如《全唐五代词》，该书虽为师生四人编纂而成，但王君用力尤多。在前人不断汇辑一代总集的基础上，它以更加科学的编排、严整的体例，网尽词之初生至全面昌盛之前这一历史时期所能发现的全部词作，后出转精，与乃师唐老的《全宋词》《全金元词》等传世力作一样，成为词家案头必不可少的一部典籍。主编之《宋词大辞典》，可谓既大又全，“正编”与“附录”相互联系，基本囊括了宋词及其研究的各个方面；资料实实在在，每条解释注明原始出处；能反映最新学术成果，是一部集大成性质的关于宋词阅读与研究的工具书；还有他独立主持的《唐宋词汇评·唐五代词》及《明词综》等。前者以其参与编著《全唐五代词》为依据，汇纂该时代词人的生平传记与词人词作的评论资料，所设项目较多，而尤重资料之可信，令读者放心；后者以原刻本为底本，首次校记其擅改原作及关于词人生平之误，并辑录前人所补作品，因而更完善可读。而在200余篇已发论文中，大约有140篇左右的文章出现于这一时期，其中有对师友论著的述评；有《〈兵要望江南〉版本及作者考辨》《词学秘籍〈天机馀锦〉考述》等有关词学之奇书的发现、版本源流诸问题的精心辩证，以及对其它诗人、词家的证伪和某些古籍如《花草粹编》的误收误题之作；也有对李清照、辛弃疾等词人的人格内涵及词作特质、范式的深入开掘，如认为清照词与苏轼词在抒情范式上有着更内在的关联，而与秦观、周邦彦词分属不同的规范体系；还有于世纪之交前后对唐宋词及唐宋词学、词史研究的回顾与展望。值得注意的是，他提醒学界应注意对文学进行量化分析，并对其传播接受投入更多的关注。他发表了十几篇有关文章，如关于宋代文学的传播方式、宋词作者的统计分析以及宋代文学研究现状分析等。这些论著可以说所涉门类多，眼界大，创意迭出，在以唐宋词为核心的学术框架内，他翔于碧空，又接地气，把握着自己的方向，不断推出受欢迎的“精品”。

此时在治学思想上，除上述承传唐老之“三心”外，他又根据自己多年教学科研的体会、悟解，提出“四新”、“三熟”等观念[11]。所谓“四新”是指治学目标，即要有新资料、新方法、新观点、新领域。当然，用新颖的好方法获取到未被发见的新资料，或者在寻觅新资料的过程中体验到某种适用的新方法，都是非常可贵的，但要紧的是在此基础上拿出新观点，即前沿性与创新性。按王君的说法，前沿性是发现并解决新问题，创新性是解决未曾解决的老问题。做一般人想不到者并非易事，做别人做不了的也许更难，总之都是要出“新”

才行。细枝末节之“新”也许不难，但凡有点“意思”的文章或著作，总要说些与别人不同的话。但真正在研究观念、方法或在学科改革、建设上提出或解决具有重要学术价值的“大新”，就非一时的心血来潮能办到的。当然，新观点可能更多地出现于局部，而“大新”就可能闯出一片新天地，进入到某个新的领域。比如王君从事的词学统计分析、传播方式等研究，当即如此。人们天天喊出新、创新之类的口号，在学术上谁都知道“随人作计”并无出息，自出手眼方可能成就事业。然而，某一专业、学科究竟有多少、有多大分量的“出新”呢？这当然有很多原因，此不说学术生态，仅就作者个人而言，亦如笔者曾在一文中说过的，它需要广博的学识，需要才情、勇气、能力、工具方法等等。这也不是说一般人决不能出“新”，而是强调需有相当的“软硬”实力才有希望做到。所谓“三熟”，是指治学素质，即熟悉作品、史料、理论。乍一听，似乎老生常谈，用不着说，但实行起来却是另一回事。比如要把某一个或几个作家的全部而不是一部分作品真正读透，能与作家进行心灵的对话，这并不简单啊！而研究古代文学，要穿越光阴的隧道，去考察、了解古人生活的大背景和具体小环境，熟悉其生存与心理状态等，就不但要读一般史书，还要读历史原典，弄清并把握古人的个性、习惯、爱好等等，这恐怕更难吧？当然，有了基础要素，如没有文学、美学、文化学等理论的导引，就无法找到分析并解决论题的方式、途经，更不会有所创见。所以，这些道理好懂，而付诸实施则不易。科学研究的每一天都是“历史”，而历史往往在人们不太注意的偏僻之处展现它最纯粹的真实。要发见它，需要智慧，也需要眼光！人谓王君治学是考据与阐释并重，还原与建构并举。这当然不错，而我却更愿意认为，他能在第一手资料中攫取最有价值的东西，并将其升华为具有补缺或突破性的理论，在这个意义上，他的诠释、建构更令人难以忘怀。因为这种理论既有坚实的根基，又有发展的余地，或成为新的学科生长点，与那些人云亦云、或杂乱拼凑并无多少科学依据的所谓“理论”不可同日语！

近几年，他除了应对学界愈益频繁的各种事务之外，仍如既往，在学术园地里辛勤开垦并收获着，定量分析、传播接受、文献考据等依然是他的“最爱”。他大约出版了七、八种专著，其它各类著作十一、二种。如前述，其中《传播探原》等已见上文，而唐诗与宋词的《排行榜》，则以统计分析的方法，尝试为一千多年来唐诗宋词的经典名篇排定座次。当然，做出这个榜单并非最终目的，重要的是在这一过程中，许许多多数据中所含纳的若干“为什么”，即在社会的某一阶段，为什么是这些名篇而不是其它；在历史的年轮中，其关注度与影响力有怎样的变化，为什么有这样而不是另样的变化等等，这些相对高难的问题也许本书中不能完全回答，但起码是千百年来作者首次以此种方式向社会大众传播文学经典——如同《讲演录》和《十讲》一样——这本身就有非同寻常的意义；何况它还能昭示出一些比如"南北宋词坛实力较为均衡"等有一定深度的问题。尽管这一成果也许还有可完善之处，但有条"新路"总比没有好，而其严肃的科学态度更应得到人们的尊重，有兴趣的读者可从两书王君所写的《前言》中释疑解困。其刊发论文约有六、七十篇，虽然体裁样式比此前有所增加（如为他人著作写《序言》较多），但其主旋律与上述专著类似，比如《宋词经典名篇的定量考察》以及宋人所传词集、宋代诗词的题壁传播、20 世纪词学研究成果量的变化、新世纪以来词学研究走势等进行了考述、论证。尤其是，他"重回历史现场"，利用现今有可能看到的全部材料，对人们熟知的"辛弃疾生擒张安国"事件之梗概给以迄今最全面、最丰满的解读（仅文末"注释"就有 91 条，有的注释还不止一条材料）[12]。从该事件之"起因与背景"到各方面之"影响"，重拾历史"碎片"排比勘验，从中透视了稼轩的"人格"及"心理动机"，揭示出这一壮举在其"生命历程中的特殊意义"。此文可称为王君文献考据文章的"创新性"典范之一。

这时在研究的方式、方法上也有某些变化。比如由于环境、条件之改进，门下硕士、博士弟子之增多，使他愈益感到，特别是较大的研究项目，就像自然科学技术研究那样，非常"需要团队的合作"，"应该逐渐适应这种潮流，从个体劳动走向多人合作、规模化合作。"[5] 这是研究实践给予他的启示，而他又认为这是当今世界科学研究之"潮流"，还是很有见地的。因为在某些研究领域和项目中，由学者个体的突破转变为一个团队的和谐协作，尽管古时也有，但毕竟很少，这体现了社会与学术研究的进步；同时，王君主要整合常有变动的"门生"这一团队，也具有多方面尤其是现实性意义。又如他在论著中多次提到使用计算机和电子文本的"容易"、"便捷"和"省力"等[13]，这使许多人特别是不少老年学者非常羡慕，因为他们不会或者低水平操弄计算机，又往往不得不沿用传统方法事倍功半地工作着，而王君使用这一先进工具（自然，一般年轻学者操作电脑水平都较高），可以说助推了他的发现与创造，起码是加速了他的成果的生成。

更可关注的是，他目前正在主持国家社科基金重大项目《唐宋文学编年系地信息平台建设》。此前虽有个别时段或个别作家的编年论著，但零散又缺乏空间性，而近年科技的发展，诱发其利用地理信息系统实现研究之突破，并首次提出“系地”的概念。先是唐宋文学，要使编年系地的成果在数字地图上得到可视化呈现。其“特色在于：文献资料的集成性、文学史呈现的全景性和研究方法的科学性。”即将唐宋以来的研究成果进行全面的数字化集成，并注明出处；让唐宋历史上每一年所有在世在场的作家及全部作品都能得到呈现，以实现编年与系地、大小作家、有无事迹之并重；在研究方法上，用模糊思维使生平事迹不详的作家呈现身影，更是一大创意。本项目的实施将会为中国文学史研究提供新的范式，短时段的、空间序列的文学史研究等将成为可能。缘此，研究模式或以个体作家为中心转向以年度文学为中心，由以时间为轴心转向时空结合为轴心，而唐宋文学的变迁以及与地理关系的研究，也会形成新的热点。这不但为中国古代文学学科开辟出新的领地，随之而来的滚动开发，更将会带来巨大的应用和商业价值。这一项目并非异想天开，而是正在扎扎实实的推进之中，且已有阶段性成果问世（如《宋七家词人考略》等），实在令人舞之蹈之，王君和他的团队正在飞越原先似乎难以逾越的“禁区”！

王君曾说要做“顶天立地”的一等学问（文献考据是“立地”，理论阐释为“顶天”），现在他操持着自己擅长的先进手段与方法，在唐宋诗词特别是词学的王国里可说是如握庖丁之术，融通古代与现代，随时准备着发现与开拓。著名学者傅璇琮和王水照先生为其申报“长江学者特聘教授”所写的推荐书中，皆认为他现今的成就提升了我国古代文学的总体水平，开创了研究的新格局。他自己则说“学术”就是把固态的理论、知识与动态而灵活的方法、技巧相结合，必须有“学”有“术”才能真正搞好。记得与他初次谋面，大约是1991年山东莱州李清照辛弃疾会议期间，那时他刚刚完成博士学业，风华特出，潇洒而自信，十分惹人喜爱。此后我们声气相通，如他所说“彼此无间言”，成为同行好友。几十年的风雨跋涉，如今他已被学界公认为新一代词学者的领军人物了！重要的是，他才刚过知天命之年，正当学术的盛壮时期，不说论著等身，仅就其提出的新命题、开辟出的新领域而言，已足以令学界感到“安慰”了！试想，一个学者一生能奉献出多少个起引领作用的成果呢？当然，他还在前行着，率领着后续团队。人们常感叹当今学术界是缺席大师并呼唤大师的时代。有理由相信：到某个时候，当评说词学大师之时，兆鹏君当会毫无悬念地入选——当然,在其生活的时代,他会像现在一样不愿接受——因为在人生百态的舞台上,他一直扮演着实干家兼探路者的角色。如欲未信,请待观历史的裁定!

①杨海明《词人年谱的又一部力作——王兆鹏〈两宋词人年谱〉评价》,《书目季刊》29卷1期。

②见刘扬忠《建构词史研究新框架的成功尝试》,《北方论丛》1993年第6期;张海鸥《评王兆鹏〈宋南渡词人群体研究〉》,《中国韵文学刊》1996年第1期。

③上引王兆鹏先生各种著作、论文,未注明出版社、刊物名称以及出版和发表日期,一是读者对其比较熟悉,二是容易查到,三是为节省此处篇幅,亦利于阅读。同时,所选择之论著是否合适,一并敬请见谅。

④可参王兆鹏《求学之路》,《中文自学指导》1997年第3期;邓建《旧学与新知兼融　还原与建构并举——王兆鹏先生词学访谈录》,《南阳师范学院学报》2008年第2期;百花潭网站《传统与现代——武大王兆鹏教授访谈录》。

⑤参王兆鹏《宋代文学传播探原》之(代序)《文学传播研究的想象空间》,武汉大学出版社2013年版。

⑥参刘尊明、王兆鹏《唐宋词的定量分析》之《前言》,北京大学出版社2012年版。

⑦可参李泽厚主编《美学译文丛书》中的《接受美学与接收理论》,尧斯·霍拉勃著,周宁、金元浦译,辽宁人民出版社1987年版。

⑧可参王泰来等编译《叙事美学》,重庆出版社1987年版。

⑨刘尊明、王兆鹏著《唐宋词的定量分析》,北京大学出版社2012年版;王兆鹏、郁玉英、郭红欣著《宋词排行榜》,中华书局2012年版。

⑩程颢程颐著、王孝鱼点校《二程集》之《二程粹言》卷一,中华书局1981年版,第1175页。

⑪所谓"三心"、"四新"、"三熟"等,可参王兆鹏《词学研究方法十讲》之第一讲"治学的态度和读书的方法",北京大学出版社2008年版;邓建《旧学与新知兼融　还原与建构并举》,《南阳师范学院学报》2008年第2期。

⑫参王兆鹏《重回历史现场——辛弃疾生擒张安国事件始末考释》,《文学评论》2013年第3期。

⑬参王兆鹏《唐宋词史的还原与建构》之《后记》,湖北人民出版社2005年版。

吴熊和先生学述

胡可先

吴熊和先生是当代著名的词学家,并且在诗学、史学、文献学等方面具有独到的见解。先生学术,远绍唐宋,近承乾嘉,在词学研究方面自成一家,在20世纪后期的词学研究史上具有突出的地位,并产生了巨大的影响,对于21世纪的学术研究也起着导夫先路的作用。我自1996年以后,跟随先生求学,后又在浙江大学任教,亲炙先生教诲,虽未专门治词,然对先生的学术历程与治学方法,亦稍有领悟,故撰为此文,以记一斑。

吴熊和先生,1934年5月出生于上海,1951年考入华东师范大学中文系,1955毕业并从上海来到杭州,师从夏承焘先生读研究生并专攻词学,1957年毕业留校,直至2012年11月2日逝世,完成了长达60年的词学研究生涯。

望海潮:学术奠基的求学之路

上海,作为中国第一座国际化大都市,屹立在世界的最东方;华东师范大学,作为新中国成立后组建的第一所大学,培养出大批一流的学者。这里的潮起潮落,震撼全国,影响世界。吴熊和先生与这座城市、这所大学有着至为密切的关系。

吴熊和先生1951年进入华东师范大学中文系读书。华东师范大学中文系创建于1951年,是该校最早建立的系科之一。20世纪50年代的华东师范大学,聚集了大批国学大师以及一流学者,诸如许杰、徐震堮、施蛰存、徐中玉、钱谷融、程俊英、周子美、余振(李毓珍)、万云骏、史存直、林祥楣,都是其中重要人物。吴熊和先生在这一批名师的指导下,逐渐走向治学之路。

在华东师范大学的教师当中,徐震堮与施蛰存对吴先生影响最大。吴先生在华东师范大学入学考试的试卷中,写了一首优异的古体诗词而得到徐震堮先生的赏识,从此以后,就成为徐先生的弟子。徐震堮(1901—1986),字声越,嘉善人。自幼酷爱文学,又精于文字、音韵、训诂、考证和词学。后入南京高等师范学堂读书,又从王瀣、吴梅研习诗赋词曲之学。与陆维钊、胡士莹同学,被誉为"嘉兴三才子",又称"江东三少",曾执教于浙江大学。建国后院系调整,转入华东师范大学中文系任教授,又为《辞海》编委。1982年华东师大古籍整理研究所成立后,任所长,并被聘为国务院古籍整理小组成员。徐震堮治学严谨踏实,无征不信,又博览群籍,学富五车;论诗主含蓄深蕴,不喜直露轻巧;论词则将词品与诗品融合,反对以"豪放"、"婉约"笼统而论的简单化方法。并注重研究与创作结合。刘梦芙作《五四以来词坛点将录》比之于"天败星活阎罗阮小七"。徐震堮著述宏富,计有《唐诗宋词选》《汉魏六朝小说选注》《三家注李长吉歌诗》《敦煌变文集校记补正》《世说新语校笺》《徐震堮诗文选》等。吴熊和先生受徐震堮影响主要表现在三个方面,一是受其无征不信的学风的影响,二是对其词学思想的传承与超越,三是受其诗歌创作的影响。

施蛰存(1905—2003),杭州人,八岁随父迁居松江。早年毕业于震旦大学(复旦大学前身),20世纪30年代,就成为蜚声文坛的著名作家,堪称中国现代小说的先驱者。后又曾任暨南大学、大同大学、光华大学、沪江大学教授。1952年院系调整,遂为华东师范大学中文系教授,并致力于古典文学与碑版文物的研究。施蛰存先生具有不拘藩篱的个性,无论是文学创作,还是学术研究,抑或是大学教学,他都别具一格。尤其是一生当中把教书育人放在第一位。他在《唐诗百话序》中写道:"我当了四十年的语言文学教师,课堂讲解是我的老本行,我不会写研究文章,我能写的文章,人家读起来也还像是课堂教学用的讲稿。"因而他在教学当中,既重严格的教学训练,又不断启迪学生展示自己的个性。施蛰存是一位中西贯通、古今融会的大家,在中国古典文学、中国现代文学、西方文学与文学翻译等方面,都有精深的造诣。施蛰存先生亦颇重视词学,《词学》创刊,施先生即担任主编之一,一直到《词学》第13辑后,才由主编改换为名誉主编。他在汇集论词资料、搜罗见存词籍、辑校历代词集、续编花间词选、刊布罕见词籍、撰写词学论著等诸多方面,都作出了贡献①。而施先生主编的《词学》自第9辑开始,即聘请吴熊和先生为顾问。因此,吴熊和先生能成为20世纪词学研究开拓风气的著名学者,与其在华东师范大学求学,特别是其时受到施蛰存先生的影响是分不开的。2003年,华东师范大学为施蛰存先生举办了百岁华诞的庆祝活动,吴熊和先生也亲赴上海,并为《庆祝施蛰存教授百岁华诞文集》撰写了一篇《高丽唐乐与北宋词曲》的学术论文。后来还曾作《临江仙·敬挽蛰存师》云:"白玉楼高辞不就,去留心迹双清。晚霞如火四窗生。天风吹衣带,送上大罗城。低首湘真传一脉,人间再奏新声。尘寰俯视意纵横。门墙依恋处,百鸟正嘤嘤。"

武林春:词学宗师的一脉传承

杭州古为临安府,这里又有著名的灵隐、天竺山峰,旧时称为武林山,故亦以武林称杭州。杭州得江山之助,故古往今来,都成为文学名家与学术大师的汇聚之地,其中不乏渊源有自、源远流长的学术派别。夏承焘与吴熊和先生的一脉传承,也是现代词学史上可堪书写的一页。

1952年院系调整,在原浙江大学、之江大学文理科的基础上建立浙江师范学院,1953年教育部指定在该校设立古典文学研究班。1955年吴熊和先生从华东师大中文系毕业,并从上海来到杭州,受教于夏承焘、姜亮夫、胡士莹、王驾吾、钱南扬、郦承铨、陆维钊、任铭善诸先生,眼界大开,渐窥治学门径。1957年毕业留校后,专从夏承焘先生研治词学。

夏承焘(1900—1986年),字瞿禅,别号瞿髯,浙江温州人。30岁以后专攻词学,弘博精深,对我国词学的发展起了重大作用。1930年夏先生到之江大学任教,自此以后,坐镇杭州,在将近半个世纪的时间里,一直主持东南词学讲席,与海内词家、学人声气相通,治词授业,多所建树,成为蜚声国内外的一代词学宗师。他一面继承历代词学之长,一面对传统词学作了多方面的开拓与创新,以考信求实的态度研究词体、词乐、词律和词史,大大扩展了词学研究的领域,为词学走向科学化、系统化与理论化的轨道作出了突出贡献。

词学是由诗学分离出来的一门专业学问，兴起于两宋，盛行于清朝。旧词学长于词的外在形式的考订与词集校理，而疏于词史与词学理论的系统研究，因此历代词学著述虽然繁富，研究路子却不免逼仄，难得融会贯通之要旨。进入20世纪后，词学研究才逐渐步入科学、系统、现代化的轨道，取得了多方位的成果。夏承焘先生正是现代词学的杰出代表。他承晚清词学复兴之余绪，借鉴科学的研究方法与现代理念，结合其深厚的传统学养与扎实的考订功夫，锲而不舍，精勤探索，以毕生之力，在词人年谱、词论、词史、词乐、词律、词韵以及词籍笺校诸方面均取得突破性成果，构筑起超越前人的严整的词学体系，拓展了词学研究的疆域，提高了词学研究的总体水平[②]。更为重要的是，夏承焘先生系统开创了词人谱牒之学，奠定了现代词学之科学基石。“晚清词学，长于订律而疏于考史，先生则以词学与史学结褵，进而为论世知人之事。他博览群书，究心寻检和校核唐宋词人的年里事迹和创作背景等，积岁月而成《唐宋词人年谱》十种十二家，由此词人行实得称信史。”[③]故而夏承焘先生的词学，代表了一个历史阶段的研究水平，具有继往开来的学术意义。

夏承焘先生在培养人才方面所取得的成就也是举世公认的。据吴战垒先生介绍，夏先生于门下弟子，从不摆师道尊严的架子。他送给一位老学生的对联写道：“南面教之，北面师之。”对于学生的优点，他总是尽量加以奖勉，且用以自励。先生治学门庑广大，但从不以自己的爱好和专长来规范学生，而是因材施教，充分鼓励学生发挥自己的才性，扬长避短，卓然有所成就。故先生门下，济济多士，其著名者如翻译莎士比亚的专家朱生豪，语言文字学家任铭善、蒋礼鸿，园林建筑学家陈从周，戏曲小说家徐朔方，均亲炙先生而另辟学术新境；传先生词学一脉而卓然成家者则有吴熊和等[④]。

吴熊和先生1955年始从夏承焘先生研习词学，从《夏承焘学词日记》中，我们可以看到吴先生始从夏先生学词经历的颇为珍贵的材料，约有以下几个方面的内容：

一，指导读书。夏先生指导研究生，以读专书与作品为主，“教研究生专书与作品，皆先令其作分释，后加指点，不用讲演方式”（《夏承焘集》第七册，第461页）。1955年11月4日，古典文学教研组召开座谈会，确定夏先生“指导侯志明、王开富、吴熊和三研究生，两年间全般（盘）负责”（《夏承焘集》第七册，第489页）。又11月九日：“夕研究生吴熊和、侯志明、王开富来谈，至九时去。三生皆指定由予指导两年者，以后每星期接见一次，两周向其检查一次。”（《夏承焘集》第七册，第 491 页）又 12 月 23 日：“为研究生说辑诗经古义方法，开出书目，分配各人工作。予任周礼、仪礼、三家诗；各生札汉以前子史杂著。”（《夏承焘集》第七册，第 501 页）

二，指导论文。1956 年 11 月 14：“以《词例》稿一册交侯志明为论文，研究生选予出论题共六人，予皆令其整理予所札稿。为词调演变者，侯志明、倪明贤；为词体释例者，周满江；为词源笺注者，吴熊和；为韦庄词注者，刘金城。”（《夏承焘集》第七册，第 569 页）1957 年 5 月 20 日：“晨往文化区，改吴熊和论文。”（《夏承焘集》第七册，第 615 页）5 月 28 日：“夕阅吴熊和论文。”（《夏承焘集》第七册，第 617 页）

三，师生切磋。1956 年 1 月 10 日：“晨八时方起。心叔（任铭善字心叔）来，与商治香山集。心叔谓当整理词学诸书，稍稍休息再着手。夕研究生来，亦与谈此事，思集众力为之。吴熊和谓闻一多集中有整理唐诗计划。当作函问（浦）江清。”（《夏承焘集》第七册，第 506 页）1957 年 1 月 2 日：“夕古典文学研究班开座谈会，谈读词心得，读李煜、辛稼轩词心得，吴熊和、沈家骥发言最好。”（《夏承焘集》第七册，第 580 页）1957 年 11 月 3 日：“晨吴熊和、刘遗贤来，商李后主词，颇受其启发。”（《夏承焘集》第七册，第 645 页）

四，合作著述。1957 年 7 月 29 日：“浙江人民出版社邹身城来，取去‘怎样读唐宋词’稿一册，云十月底可出书。邹君要予与吴熊和同署名。”（《夏承焘集》第七册，第 629 页）10 月 5 日：“夕看旧稿宋词史事考，约三万余字，拟属熊和为作注。”（《夏承焘集》第七册，第 640 页）1958 年 1 月 4 日：“一九五八年一月四日，浙江出版社送来《怎样读唐宋词》稿费八百三十元，与吴熊和均分。共六万三千八百字，每千字十三元。”（《夏承焘集》第七册，第 658 页）除日记记载之外，夏先生与吴熊和先生合作著述，或其著作嘱吴熊和先生加以校订者甚多，如《龙川词校笺跋》云：“1961 年与吴君熊和同客京门，尝嘱作校记，今值修订，一并逐入，注释亦多有增补。”（《夏承焘集》第三册，第 475 页）夏承焘与吴熊和先生合作撰写的著作还有《放翁词编年笺注》《读词常识》等。

夏先生与其研究生的关系非常融洽，甚至在上课以后，与吴熊和先生等研究生一起游览杭州名胜。如 1955 年 10 月 28 日：“今日讲诗经时代的社会形态。午后与研究生沈家骥（海宁）、吴熊和（上海）、倪复贤（兰州）、周满江（汜水）同游水星阁，看张镃舍宅发愿疏石刻。”（《夏承焘集》第七册，第 488

页)并且带领或引荐研究生拜访文化、学术、艺术界名流。如带领研究生拜访盖叫天事就是典型的一例。起因是1956年10月19日,夏先生参加浙江省举办的鲁迅先生逝世20周年纪念会,到会者一两千人,主席团到者有马湛翁、张冷僧、王国松、陈立、梅兰芳、盖叫天等十余人,夏先生恰好与梅兰芳、盖叫天二人并坐,就约定下星期一偕诸研究生往访。10月22日的日记记载往访的情况颇为详细:“午后与研究生九人往金沙港访盖叫天,听其谈演林冲、武松、朱仝诸角色,如何体验生活琢磨艺术,历二小时,且谈且演,时时以巾拭汗。前日见《戏剧报》有其所述粉墨春秋一文,载幼年学戏艰苦情况。今日谓近人演吕蒙正,唱‘吕蒙正出寒窑,老天爷杀穷人,何用钢刀’二句,因无穷苦生活经验,便不能近情,语语令人感动。盖老三十年前即造屋居此,屋甚旷敞,有大厅陈列古玩书画,厅外布置花木,楚楚可爱。谓当时费钱六千元,近以坏于台风,省政府方为修理。盖老今年七十岁,将往上海重摄电影。屋额马湛颂为书燕南别墅四字,厅额吴湖帆为书百忍堂三字。闻生圹在附近,黄宾划先生为书学到老三字。”(《夏承焘集》第七册,第562页)

御街行:词学研究的御跸之路

杭州是南宋的国都,也是宋词繁盛最为集中的都会。这座古城,不仅留下了很多珍贵的文化瑰宝,就是当年的街坊里巷,也成了后代藏龙卧虎之地。而南宋的禁城或御行之道,也是南宋文化更为宝贵的遗存,浙江大学御跸社区的教工宿舍就座落在旧时的御道上,吴熊和先生几十年来,在这里演绎着词学研究的御街行。

20世纪是中国新旧词学的交替时期,王鹏运、朱祖谋、王国维、夏承焘、唐圭璋等几代学者开创了词学研究的基业,但仍有不少留待后人继续努力的余地。如就注重体系建构的通论性著作而言,建国之后,虽然出现了一些词学通论著作,但它们大多受到当时时代、社会背景的束缚,将传统的论从史出改为以论带史,而未能对词学问题进行深入探讨。吴熊和先生有鉴于此,力拯这一研究局面。这方面的代表性著作就是《唐宋词通论》,该书的出版使40年代至80年代词学宏观研究的萧条局面得到很大的改观。它不尚空论而务实学,对词学史上许多重大问题作了非常精辟的阐释,无论在理论、方法和具体考证上，都对词学研究具有重大突破和创新。从这里就更可以看出其承前启后、建立新词学基本体系的重要性。同时，该书评论精当，下语果断，表述谨慎，文采斐然。对词学上不少争议的问题，取舍有度，对问题的关键点认识清楚，显示了通达的学术眼光。

《唐宋词通论》凡七章，第一章“词源”，探讨了我国诗乐结合的传统，考察了词体形成的过程；第二章“词体”，概括了按谱定词与依曲定体的特性；第三章“词调”，探讨了词调的来源、演变，词调与曲调的关系等内容；第四章“词派”，鸟瞰了唐至两宋词派演变的大势；第五章“词论”，对历代词论作了提纲挈领的勾勒；第六章“词籍”，对历代词学要籍作了举要式的介绍；第七章“词学”，重点探讨词乐、曲调等方面的内容，并对于今后的词学发展作宏观层面的展望。故综合起来看，《唐宋词通论》是词学研究领域的一部能通古今之变的煌煌巨著。著者融合哲学、史学、文艺学、文献学等诸多学科领域，在广阔的社会背景上，显示唐宋词递嬗演变的轨迹，并对其因革之理作出科学的阐释。如书中对于苏轼推进词律的论述，其独到见解，真能使人振聋发聩。前人认为苏轼不善唱曲，因而其词有不入腔处。而作者认为：苏轼并非不能唱歌，他曾自歌古《阳关》，且在词律上也有创新，“苏词突破《花间》、柳永藩篱，在用调上也不能不另辟蹊径，以求声辞相合。他着重引进了不少慷慨豪放的曲调为词，……有的是自度腔，有的是他最先使用，有的则是经他运用而后获得流传与推广的。……柳永所创词调，靡靡之音不少，苏轼发展的则是‘东州壮士’、‘关西大汉’、‘执铁板’、‘抵掌顿足而歌功之’的雄豪曲调。他对北宋慢词的兴盛，也有草创与开拓之功，其作用也许不在柳永之下。”[5]对于词学的推进，吴熊和先生还作了总体的规划：一、评论唐宋各名家词的论文集；二、词人年谱、传记丛书；三、汇集与研究唐宋音谱及词乐材料，作《唐宋词乐研究》；四、在清人《词律》《词谱》的基础上，重新编撰包括敦煌曲在内的《唐宋词调总谱》；五、汇辑唐宋词论、词话，成《唐宋词论词评汇编》；六、总结历代词学成果，作《词学史》；七、历述词辞目录版本，作《唐宋词籍总目提要》；八、包举上述词家、词调、词籍条目，并对唐宋词的一些常用语辞作汇解的《唐宋词词典》。最后综合以上八个方面的内容，以写在一部体系完备的词史。

吴熊和先生的另一部代表性著作是其主编的《唐宋词汇评（两宋卷）》，该书所汇辑的唐宋词资料，分词人资料与作品资料两部分。词人资料设词人小传、传记资料、年谱、著述、总评诸栏目。词人小传以《全宋词》词人小传为基础，并广泛搜集《续资治通鉴长编》《宋史》等宋元典籍，以及《宋诗纪事》《全宋诗》等后代著作，并经过作者的提炼后撰写而成。传记资料并列史传书目卷次、宋人文集、宋元以及后世方志、家乘谱牒、金石碑刻等各种文献中的传记资料。年谱列举两宋直至近人所撰词人年谱。著述包括词人撰述、词集版本与各本序跋。总评辑录两宋以来直至 20 世纪对词人的专门评论。作品资料设本事、编年、汇评、考证、附录诸栏目。本事主要采诸宋人笔记。编年既收录已有的诸家年谱及词集编年，择善而从，更加上著者多年的考订成果与研究心得。汇评采自宋人文集笔记、历代词话、词选以及近人评论。考证主要包括对作品所涉及的人名地名与年代的相关考证。该书又在本世纪初出版，预示着宋代词学研究在总体格局上产生两种新变：一是研究格局的变化。最近二十年的宋词研究，在文献方面虽然也有一些收获，但其主流仍是词的文化学、文艺美学方面的研究。词学文献研究不仅与唐诗无法相比，即使与词的文化学及艺术研究相比，也反差过大。而《唐宋词汇评》无疑会开辟宋词文献研究的新途径。二是研究观念的变化。此前的词学研究，重在探讨与诗文之异，过多地探讨词的本体特征，视野较诗文研究狭隘得多。而《唐宋词汇评》通过词史互补，挖掘出前人没有注意到、然而却是非常重要的社会主题，或许这样的研究方法，也会和唐诗中以诗证史、诗史互证的方法一样，成为词学研究常见的方法。

解连环：清通简要的学术途径

吴熊和先生早年求学于上海，后来长期讲学于杭州，其学术形成一种独有的风格，具有明显的南方学风，其特点是清通简要。

《世说新语·文学篇》云："褚季野（裒）语孙国安（盛）云：'北人学问渊综广博。'孙答曰：'南人学问清通简要。'"[6]《北史·儒林传序》亦云："南人约简，得其英华；北学深芜，穷其枝叶。"[7]所谓"清"，就是纯正精粹；所谓"通"，就是宏通畅达；所谓"简"，就是避去繁冗；所谓"要"，就是提纲挈领。吴先生博览群书，学问渊深，亦具北人"渊综广博"的优势。然博观约取，厚积薄发，终归南学清通简要之境界。夏承焘先生常教导学生牢记章学诚论浙东学术之言："浙西尚博雅，浙东贵专家。"这也成为吴熊和先生长期追求的目标。吴先生的治学，亦终身服膺于浙东学术，并以此为基础，融合东西，兼综南北，形成自己独特的词学体系。他在1990年赴南京拜见词学宗师唐圭璋先生，作了两首绝句，其一言："不轻北派重南宗，南北论文一例同。拂拂座间春气动，至今白下仰高风。"自注称："曩读章学诚《文史通议》论浙东学术，'学者不可无宗主，而必不可有门户，故浙东浙西并行而不悖也。'近人论词，或主重拙大，或主小轻巧。其实词出多门，体性各异，不必勉为一轨。座间有论及者，故志于此。"这是吴先生在词学研究方面颇为融通的见解，也是其论词的重要思想之一。2008年，吴先生还作有《书生》诗云："好学深思一味痴，姓名谬被数公知。平生幸事增人羡，浙学宗风是本师。"自注亦称："清代浙江与吴学、皖学鼎足而三，皆出于私门，与官学不侔。余非浙人，然于浙西博雅浙东专家，终身服膺，莫敢失坠。"可见吴先生在数十年的治学生涯中，皆以融合浙东浙西为己任，他的见解对于当代词学史研究，具有重要的认识意义。吴先生非常重视通达，博雅与专精兼具，不满足于考订笺释而不求超越的精耕细作方式，他强调宏观研究，而与学术界普遍追求的宏观研究又有所不同。他提出了宏观的中介之说："在不同的层次中，都有着需要宏观观照的问题，它们是进入宏观研究的中介。如果有益于宏观开发，则不论题目大小，在宏观研究的领域中不难找到自己合适的位置。宏观研究应以它广阔的视野、清晰的思辨和明睿深至的见解，吸引各个层次的研究者参与进来，共同创造。要是高立门墙，自我限制，反而导致学术的萎缩。"[8]即如《唐宋词通论》，就是清通简要的代表性著作。著者立足于通古今之变，究因革之理，将历史感与时代感有机地融合在一起，不仅勾勒出唐宋词发展演变的线索，而且揭示出包蕴于其间的客观规律，表现出著者对于词学古今发展流变所独具的通识。在著述过程中，又十分注意简约与精要，作者在重印后记中说："本书涉及的问题，历来有所争议，只有通过反复辩论或史实考证才能解决。为了避免枝蔓与辞费，书中只写了个人探索所得的大大结论而未及充分展开。"[9]

中国词学的发展演变，情况至为复杂，每一种词体抑或词学现象的出现，都有其特定的背景，以及与之相关的音乐史、文化史、艺术史具有紧密的联系。因而要探讨某一些词学现象，不仅要采取传统的文史结合的方法，还必须综合各方面的材料进行比较分析，尤其是要广泛地使用文献学、语言学、社会学、文化史等多方面的知识，以求得出近乎事实的结论。而归根到底又是将诸多知识的引用作为手段，以服务于文学研究的宗旨。吴先生具有洞察古今文学演变的通识，故而他的著作，无论是通论性的专著，还是专题研究的单篇论文，大都能从具体问题出发，进而能推广为普遍性的结论。吴先生曾说："词学不但要与诗学彼此补益，相互参照，联手共事；同时，还要不断从其他相关学科，尤其是史学（包括音乐史、文化史）中取得滋养和帮助。宋词上承唐诗而旁通宋诗，两宋作家往往诗、文、词三者兼擅，并出一手。治宋词若知其一不知其二，必然左支右绌，顾此失彼，难以弘通。唐宋词又与唐宋诗一样，皆有盛有衰，然而盛衰的原因，亦各有异。探寻词的题源与词曲繁衍的背景，就不能撇开词乐、词调以及当时的歌妓制度等一系列问题，因而有必要仰赖于音乐史、文化史所能提供的研究成果。宋元之际词的衰落与曲的兴起，也与当时音乐重心的转移有关，背后有着后世难以捉摸的音乐之手的牵动。要是仅从几个词人曲家的更替着眼，显然不够。这些都是诗学或许无须旁骛而词学则一直视为本分的事。"[10] 他在《唐宋词通论》的重印后记中也说："词在唐宋两代并非仅仅作为文学现象而存在。词的产生不但需要燕乐风行这种具有时代特征的音乐环境，它同时还关涉到当时的社会风习，人们的社交方式，以歌舞侑酒的歌妓制度，以及文人同乐工歌妓交往中的特殊心态等一系列问题。词的社交功能与娱乐功能，在相当长的时间内，是同它的抒情功能相伴而行的。不妨说，词是在综合上述复杂因素在内的历史背景下产生的一种文学——文化现象。"[9]

正因为如此，吴熊和先生深入进行专题研究，力图解决词史上一些既重要而复杂的问题，并在治学方法上示后学的津梁。如通过宋代官制中的磨勘制度，考证柳永的生平仕履，从一个新的角度为柳永生平勾勒了一个清晰与可信的轮廓；通过柳永与孙沔的交游，以考证柳永的卒年；考证高丽唐乐与北宋词曲的关系；从文献收载、时地参合与词调流传的多维视角，以考证陆游《钗头凤》的本事等等，都是尝试从不同的视角以考察宋代词人与词作的各种复杂情况。对于明末清初环太湖流域词派的综合研究，更是吴熊和先生近十年来致力的重要课题。他认为："论清初词派，不能不注意一个重要事实：这些词派在地域上有共同性，主要出于环太湖地区与江南运河两岸的一些相邻州县；在时间上，则兼跨明清，一波两浪，前呼后应。……但在文学上，却不能一刀切，截然分开。"[11] 有鉴于此，吴先生写出"明清之际词派研究"的三篇力作：《柳州词选与柳州词派》《西陵词选与西陵词派》《梅里词缉与浙西词派的形成过程》。吴先生所发表的文学著作，都是贯穿了史学的实证精神，其结论也是在严密的史料考证的基础上得出的；他常常用史学的方法以解决文学的问题，而不是用文学的方法去解决历史问题。他还指导博士以清初词派作为各自的专题进行深入研究，并取得了一定成果，得到了学术界的称誉："词派的研究，也有了专著，严迪昌先生的《阳羡词派研究》，就是其中的代表。杭州大学吴熊和教授门下的博士，有好几位的博士论文是研究清词词派，只是尚未公开出版。清词研究，近些年已逐渐为研究者所注意。"[12]

杏园芳：且把金针度与人

吴熊和先生自1957年任教以来，到现在已超过半个世纪，受其教者已不计其数，得其亲炙之及门弟子亦不下数十人，其中如钱志熙、沈松勤、方勇等更是登堂入室，并已成为学者翘楚。

吴先生在教书育人方面，秉承夏承焘先生的方法与气度，亦不以自己的专长与爱好来规范学生，而是因材施教，根据学生的才性与知识结构加以引导，使其发挥各自的专长。他所重视的是学者素质的培养、学术规范的传承、专业功底的训练、学术思想的建立以及学术境界的提升诸方面。他经常强调的是有思想的学术与有学术的思想，反对细微末节的繁琐考证与游谈无根的浮夸理论，使学生能从高处起步，并在各自从事的学术领域作出自己的贡献。

从博士生的论文选题，就可以看出吴先生的指导风格。李剑亮《唐宋词与唐宋歌妓制度》、沈家庄《宋词的文化定位》、陶然《金元词研究》、徐枫《嘉道年间的常州词派》、谷辉之《西陵词派研究》、金一平《柳州词派研究》、吴蓓《浙西词派研究》、李越深《云间词派研究》、谭新红《清词话研究》、黄杰《宋词与民俗》；方勇《南宋遗民诗人群体研究》、沈松勤《北宋党争与文学》、萧庆伟《北宋党争与文学》、费君清《南宋江湖派研究》、钱建状《南宋初期的文化重组与文学新变》；张兴武《五代作家的人格与诗格》、胡可先《永贞革新与中唐后期文学研究》等。他培养博士生，以词学研究为重点，但并不为词学的范围所囿，而是在自唐至清的各体文学研究方面都有所开拓。这从他指导的博士生所出版的著作，更可以看出来：沈松勤《唐宋词社会文化学研究》（浙江大学出版社2000年）、《北宋文人与党争》（人民出版社1998年）、《南宋文人与党争》（同前2005年）；李剑亮《宋词诠释学论稿》（人民文学出版社2006年）、张兴武《五代十国文学编年》(人民文学出版社 2001 年)、《五代艺文考》(巴蜀书社 2003 年);胡可先《中唐政治与文学》(安徽大学出版社 20004 年)、《政治兴变与唐诗演化》(中国社科出版社 2003 年)、《唐代重大历史事件与文学研究》(浙江大学出版社 2007 年);吴蓓《梦窗词汇校笺释集评》(浙江古籍出版社 2007 年)。

不仅是培养博士生如此。20 世纪 50 年代以后,吴先生还与夏承焘先生一起撰写过《怎样读唐宋词》《读词常识》等普及性著作,通过切身的体验以引导初学者逐步进入词学研究的殿堂。他认为:“做好这类基础研究,除了有助于学术积累,还可以帮助一些年轻学者从高处起步,避免学养不足带来的缺失和课题的低水平重复,提高当前词学研究的总体水平。”[13]

意难忘:师门往事的点滴印象

我第一次见拜见吴熊和先生,是 1996 年 4 月来杭州报考博士的时候。吴先生问我为什么要报考博士,况且是江苏人,为何没有报考江苏高校的博士。我说以前一直从事唐代文史的考证,对于理论研究甚为隔漠,加以没有读过硕士,故知识结构不免偏颇。攻读博士的主要目的是为了完善知识结构,并且想在宋代文学方面加以努力,以扩大自己的研究范围,而吴先生是我心目中能兼文献考订与理论研究二者之长的著名学者,故而决定报考杭州大学。入学以后,吴先生给我们集中授课并不多,而多是根据学生的不同特点进行个别交流。记得第一次上课是把几届博士生都集中到一起的。他说在暑假里读了两个月的书,有了一些心得,才召集我们讲一下,讲了一个半小时,我当时听了几乎是每句话都有振聋发聩之效,至今的场面还记忆犹新。其中所讲的两个方面,成为我以后从事学术研究所时常关注的问题。一是学术与思想的关系,要求有思想的学术与有学术的思想。从事学术研究而缺乏思想,终究境界不高;仅有思想而缺乏学术根底,易于游谈无根,危害更大。其二是有关浙江学术的论述。他以为浙人古往今来都是很重思想的,他们的思想又颇多异端特质,起码从宋代开始,浙人的思想又往往与时尚相左,经过若干年甚至几个世纪以后,才逐渐为人们所认识与接受。也就是说,他们的思想具有超前的意识。代表人物如宋代的叶适、陈亮,明代的王阳明,清代的黄宗羲、朱彝尊、全祖望，直至近代的龚自珍、章太炎、王国维、马一浮等。

有关博士论文，吴先生更是从选题到答辩，都给予精心的指导与把关。我攻读博士学位的最初目的是要在有限的三年间，提升一下自己唐代文学研究的境界，扩充一下宋代文学的研究领域，最初的一年多时间从事宋词的考订与词人年谱的编纂，后来扩展到宋代科举与文学关系的研究，并拟把“宋代科举与文学”作为博士论文的选题，且在资料搜集方面形成一定的规模，初步产生论文的框架与思路，然后请教吴先生。吴先生以为傅璇琮先生出版过《唐代科举与文学》一书，而选取“宋代科举与文学研究”是步傅先生的后尘，学术开创性不够。经过吴先生的提醒，我就放弃了这一选题的研究，后来选取了唐代既非常重大又十分复杂的政治事件永贞革新作为切入点，以从事中晚唐文学与政治关系的研究。直至答辩前夕，吴先生还对我的论文提要进行了精心的修改。在向吴先生汇报研究情况与学位论进展的过程中，吴先生曾多次谈到乾嘉学派琐屑饾饤的弊端，提醒我不要陷入繁琐的考据，而是要以考据为支撑，以建构自己的理论框架。也因为吴先生的精心指导，我的博士论文得以顺利完成，并于2003年获得全国百篇优秀博士学位论文提名。

攻读博士学位期间，我虽然是定向考生，但因与原单位关系处理得不错，故而能够全部脱产在学校学习，这样也就与前后届的师兄弟颇有接触，对于吴先生的因材施教情况了解甚多。当时在校的同门学生，年龄等各方面悬殊都很大，如沈家庄已五十余岁，并且有了教授职称，而陶然只有二十多岁。总体来说，只要是吴先生的弟子，无论进校时学术功底与素质如何，毕业时都能达到一定的学术境界。对于论文的选题，吴先生特别强调学术创新，但重要的选题也不避重复，甚至是同门弟子也可以选择相同的题目。如1997年毕业的萧庆伟选择了《北宋党争与文学》的选题，后来沈松勤也想写这个题目，得到吴先生的鼓励。二位博士的论文后来分别在人民文学出版社与人民出版社出版，得到了学术界的一致称誉，沈松勤的论文还被评选为2000年全国百篇优秀博士学位论文。吴先生很少批评学生，但每位学生都会感受到他的威严；他更少表扬学生，而每位学生都会从他的学问与威严中得激励。我经常与同门兄弟交流，共同的体会是，每次汇报论文与学术研究情况，尤其是当你提出新的论点的时候，吴先生总能够提出不同的观点或相反的论点以打开你的思路，促使你进一步思考。即使是答辩时的专家评阅书，吴先生对于专家赞誉性的文字往往不置一词，而对专家提出的建设性意见，则特别加以肯定。一直到我们也指导博士生的时候，才深深的感受到，廉价的赞扬并不是培养人才的好方法。在培养研究生方面，吴先生确是因材施教，指导有方。

吴先生学问精深而为人淡泊，处世低调，惟有如此更表现出常人难以企及的境界。2003年端午节，先生写了一首《鹧鸪天》词云："黌舍无端竟进场。桐阴一叶托清凉。每温书味思茶酽，偶拂吟笺试墨香。邻笛怨，旧池荒。老来有约是斜阳。软红洗尽相挽手，放眼青冥各举觞。"在桐阴之下的清凉之境，品茶读书，醮墨写诗，这是何等的平淡，又是何等的境界！他在退休之后作了一首《踏莎行》云："寻梦看山，枕书听水。秦关汉苑他生事。松风几度洗心来，无端莺燕声盈耳。陋巷回车，衡门迎市。老妻笑说归休是。头衔不属故将军，灞陵醉尉休诃止。"描写闲居生活的乐趣。枕书寻梦，看山听水，何等悠适。不须昼锦煊赫，正是书生本色。先生居杭州御跸古巷，地近繁华而幽静可喜，故有陋巷、迎市之语。结处用李广典故，拍合退休身份，其意在于从此"可与人田间饮"而不必为程期所迫矣。词中将渊明的平淡闲适和东坡的旷达诙谐，融为一体，显现出清雅淡泊的学人风范。情感真挚而胸次高朗，从平常性情中显现洒脱风神，这是先生的性格特征，也是其人格魅力所在。

①参见林玫仪《施蛰存先生的词学研究》，载《庆祝施蛰存教授百岁华诞文集》，上海古籍出版社2003年版，第65—79页。

②参郑小军《词学史上的一座里程碑：读〈夏承焘集〉》，《中国图书评论》2000年第10期，第9页。

③吴战垒《夏承焘集前言》，《夏承焘集》第一册，浙江古籍出版社、浙江教育出版社1997年版，第2页。

④吴战垒《夏承焘集前言》，《夏承焘集》第一册，第6页。

⑤⑨吴熊和《唐宋词通论》，商务印书馆2003年版，第210页、第455页。

⑥徐震堮《世说新语笺校》，中华书局1984年版，第117页。

⑦李延寿《北史》卷八一，中华书局1974年版，第2709页。

⑧⑩⑪⑬吴熊和《吴熊和词学论集》，杭州大学出版社1999年版，第366页、第411页、第371页、第442页。

⑫严迪昌、刘扬忠、钟振振、王兆鹏《传承、建构、展望：关于20世纪词学研究的对话》，《文学遗产》1999年第3期，第8页。

2012—2013年宋代文学研究著作索引

田　甘

一、总论

中国转向内在——两宋之际的文化转向,刘子健著,江苏人民出版社,2012.1

北宋党争与文祸、学禁之关系研究,涂美云著,万卷楼图书股份有限公司,2012.1

中国古代文学史(宋代至晚清卷),郭英德、过常宝著,中国人民大学出版社,2012.1

两宋士大夫文学研究,陶文鹏主编,中国社会科学出版社,2012.3

心性与诗禅:北宋文人与佛教论稿,张煜编,华东师范大学出版社,2012.4

我有嘉宾——西园雅集与宋代文人生活,胡建军著,上海锦绣文章出版社,2012.7

宋元文学名作欣赏,《名作欣赏》杂志社主编,北京大学出版社,2012.8

文人墨客诗生活(宋代篇),黄为之、杨庭治编,二十一世纪出版社,2012.8

宋代文学的历史文化考察,钱建状著,福建教育出版社,2012.10

两宋宗室文学研究,骆晓倩著,中华书局,2012.11

宋代雅俗文学观,凌郁之著,中国社会科学出版社,2012.11

北宋士风演变的历史考察,郭学信著,中国社会科学出版社,2012.12

两宋道教文学与艺术,查庆、雷晓鹏著,四川大学出版社,2012.12

韩愈与宋学——以北宋文道观为讨论核心，张瑞麟著，花木兰文化出版社，2012

宋人文集篇目分类索引，邓广铭、张希清主编，中华书局，2013.1

唐宋文学论稿，王祥著，中国社会科学出版社，2013.1

西湖文学史(唐宋卷)，彭万隆、肖瑞峰编，浙江大学出版社，2013.1

秋垣悲歌——轩亭吟别离(宋代文学故事)，范中华编著，湖南人民出版社，2013.1

词话丛编补编，葛渭君编，中华书局，2013.2

中国文学通史第3卷　宋辽金文学，张炯、邓绍基、郎樱总主编，刘扬忠本卷主编，江苏文艺出版社，2013.2

宋金文学的交融与演进，胡传志著，北京大出版社，2013.3

唐宋“古文运动”与士大夫文学，朱刚著，复旦大学出版社，2013.3

美的焦虑——北宋士大夫的审美思想与追求，艾朗诺著，上海古籍出版社，2013.4

唐宋柳宗元传播接受史研究，杨再喜著，中国社会科学出版社，2013.5

宋代文学传播探原，王兆鹏著，武汉大学出版社，2013.6

宋代文学论丛，殷光熹著，云南大学出版社，2013.6

唐宋文学，兰翠主编，杨滨副主编，北京师范大学出版社，2013.6

宋代文化市场与文学审美俗趣，尚光一著，中国书籍出版社，2013.7

第七届宋代文学国际研讨会论文集，杨国安、吴河清主编，河南大学出版社，2013.7

中国古代俳谐词史论，王毅著，上海古籍出版社，2013.8

宋代文化研究第20辑，四川大学古籍整理研究所、四川大学宋代文化研究中心编，四川大学出版社，2013.8

宋代文学研究年鉴2010－2011，刘扬忠、王兆鹏主编，武汉大学出版社，2013.9

词话丛编二编，屈兴国编，浙江古籍出版社，2013.9

宋代都市文化与文学风景，张鸣、黄君良、郭鹏编，北京语言大学出版社，2013.9

唐宋经典作家仕隐思想研究，邵明珍著，齐鲁书社，2013.9

安徽文学史(先秦至北宋卷)，唐先田、陈友冰主编，安徽文艺出版社，2013.11

汴京与临安——两宋文学中的双城记，刘方著，上海古籍出版社，2013.11
中国文学史(辽宋夏金元卷)，方铭主编，长春出版社，2013.12
宋代儒家道德文章与践履精神，张文浩著，中国社会科学出版社，2013.12

二、诗

宋元明诗概说，吉川幸次郎著，复旦大学出版社，2012.1
唐宋诗探索拾遗，罗宗涛著，天津教育出版社，2012.1
宋元明清诗选：汉英对照，许渊冲译，五洲传播出版社，2012.1
宋诗导读，张福清编，暨南大学出版社，2012.2
宋诗名篇赏析，傅德岷等编著，巴蜀书社，2012.2
宋代禅僧诗辑考，朱刚、陈珏著，复旦大学出版社，2012.3
唐诗与宋代诗学，王园著，三晋出版社，2012.4
宋诗的风骨与意趣，郄丙亮、解爽、陈星宇著，四川大学出版社，2012.5
中国诗歌通史(宋代卷)，赵敏俐、吴思敬主编，人民文学出版社，2012.6
唐宋诗风流别史，阮忠著，中国社会科学出版社，2012.6
唐宋诗词鉴赏，董元编著，三秦出版社，2012.6
宋代诗文选注，聂石樵选注，北京师范大学出版社，2012.8
唐宋诗学与诗教，刘宁著，中国社会科学出版社，2012.8
汉英对照宋诗绝句二百首，陈君朴编译，上海交通大学出版社，2012.8
中唐至北宋的典范选择与诗歌因革，李贵著，复旦大学出版社，2012.9
宋元诗学论稿，史伟著，上海远东出版社，2012.9
唐宋诗词教程，王兆鹏、郭红欣主编，华中师范大学出版社，2012.10
南宋前期诗词之文体互渗研究，许芳红著，中国社会科学出版社，2012.10
佛教五经与唐宋诗学，张海沙著，中华书局，2012.11
诗法与书法——从唐宋论书诗看书法文献的文学性解读，由兴波著，广西师范大学出版社，2012.11
千家诗，谷一然评注，人民文学出版社，2012.11
中兴四大家诗学研究，杨理论著，中华书局，2012.11
宋代田园诗研究，刘蔚著，人民文学出版社，2012.12

唐宋粤西地域文化与诗歌研究,钟乃元著,民族出版社,2012.12
宋代《诗经》文学阐释研究,胡晓军著,贵州大学出版社,2013.1
唐宋诗词述要,黄昭寅著,中央编译出版社,2013.1
唐宋咏粤诗选注,林兆祥编著,南方日报出版社,2013.2
制度思想与文学的互动——北宋前期诗坛研究,成玮著,复旦大学出版社,2013.3
宋代论书诗研究,蔡显良著,人民出版社,2013.3
珍本宋集五种——日藏宋僧诗文集整理研究,许红霞辑著,北京大学出版社,2013.3
西译宋代诗词三百首(汉西对照),王怀祖选译,上海外语教育出版社,2013.3
宋诗叙事性研究,周剑之著,中国社会科学出版社,2013.5
唐宋诗词审美,张毅著,南开大学出版社,2013.5
唐宋诗词考论,王兆鹏著,中国社会科学出版社,2013.6
《诗人玉屑》诗学思想研究,李艳婷著,光明日报出版社,2013.6
江湖——南宋"体制外"平民诗人研究,陈书良著,中国国际广播出版社,2013.6
千古绝句　赏析宋诗,张学淳编著,上海社会科学院出版社,2013.6
南宋唐诗选本与诗学考论,陈斐著,大象出版社,2013.8
宋诗纪事,厉鹗辑撰,上海古籍出版社,2013.8
宋诗赏析——宋朝那些诗生活,徐昌才编,二十一世纪出版社,2013.8
宋代江浙诗歌合韵谱,钱毅著,西南交通大学出版社,2013.8
唐宋人寓湘诗文集,黄仁生、罗建伦校点,岳麓书社,2013.8
宋元之际士人阶层分化与诗学思想研究,史伟著,人民文学出版社,2013.8
宋代诗话与诗学文献研究,卞东波著,中华书局,2013.9
唱和诗词研究　以唐宋为中心,巩本栋著,中华书局,2013.9
明代宋诗总集研究,张波著,花木兰文化出版社,2013.9
宋元明清诗选(汉译英),许渊冲、许明译,海豚出版社,2013.9
南宋中兴诗风演进研究,韩立平著,华东师范大学出版社,2013.10
北宋"新政"语境下的诗歌嬗变研究——庆历到元丰,陈冬根著,江西人民出版社,2013.11
大慧宗杲与两宋诗禅世界,方新蓉著,中华书局,2013.11

北宋前期诗歌转型研究,谢琰著,北京大学出版社,2013.12

巫山诗文　宋代部分　诗歌部,陈地宇编注,重庆出版社,2013.12

三、词

宋词与园林,罗燕萍著,中国社会科学出版社,2012.1

宋词名篇100讲,艾治平编,百花文艺出版社,2012.1

唐诗宋词鉴赏,华文兄弟文化公司主编,湖南人民出版社,2012.1

最美的宋词,布谷鸟编,新星出版社,2012.1

宋词三百首鉴赏辞典(学生彩图版),江龙主编,江西教育出版社,2012.1

唐诗宋词鉴赏辞典,程帆主编,湖南教育出版社,2012.1

宋词三百首(英汉对照),许渊冲译,五洲传播出版社,2012.1

宋词鉴赏辞典,上海辞书出版社文学鉴赏辞典编纂中心编,上海辞书出版社,2012.1

唐诗三百首　宋词三百首　元曲三百首,《礼品书家庭必读书》编委会编,辽海出版社,2012.1

唐诗宋词鉴赏全书,《礼品书家庭必读书》编委会编,辽海出版社,2012.1

宋词三百首,上彊村民选编,中华文化大讲堂主编,中国华侨出版社,2012.1

宋词三百首,金性尧选注,上海远东出版社,2012.1

名师导读宋词(初中版),肖川主编,岳麓书社,2012.1

伴随学生成长的宋词三百首,崔钟雷编,万卷出版公司,2012.1

宋词排行榜,王兆鹏、郁玉英、郭红欣著,中华书局,2012.2

唐宋词的定量分析,刘尊明、王兆鹏著,北京大学出版社,2012.2

宋词名篇赏析,傅德岷、卢晋编著,巴蜀书社,2012.2

关于唐诗宋词的100个故事,谢安雄主编,南京大学出版社,2012.2

宋词中的身体叙事——经济因素的渗透与反映,窦丽梅著,河南人民出版社,2012.2

宋词故事,谢安雄著,九州出版社,2012.2

淹没的相思——唐宋词钩沉,李晓风著,学苑出版社,2012.3

蒋勋讲宋词,蒋勋著,中信出版社,2012.3

词中城市——品读宋词中的人文景观，吴琳著，中央编译出版社，2012.3

唐诗宋词鉴赏，张明非等著，中国人民大学出版社，2012.3

唐诗三百首·宋词三百首，蘅塘退士、朱孝臧编，万卷出版公司，2012.3

宋词三百首，上彊村民选编，哈尔滨出版社，2012.3

宋词鉴赏辞典，兰东辉著，中国书籍出版社，2012.3

天下第一词——宋词，苏轼等著，宁宇编译，高等教育出版社，2012.3

宋词三百首，刘维编，黑龙江科学技术出版社，2012.3

一生要读的美丽宋词，文真明编，立信会计出版社，2012.3

宋词三百首，本社编，蓝天出版社，2012.3

国人必读宋词手册，李晓丽编著，上海科学技术文献出版社，2012.3

唐宋音乐管理与唐宋词发展研究，龙建国著，南开大学出版社，2012.4

宋词研究，村上哲见著，杨铁婴、金育理、邵毅平译，上海古籍出版社，2012.4

唐诗三百首　宋词三百首　元曲三百首，李淼等编，辽海出版社，2012.4

宋词三百首赏析，李秀艳编著，延边大学出版社，2012.4

唐宋词三百首，李晓明编著，吉林文史出版社，2012.4

唐诗宋词元曲，李志敏编，福建美术出版社，2012.4

名师导读宋词(高中版)，肖川主编，岳麓书社，2012.4

唐宋词的魅力——基于古典诗词曲之比较研究，潘裕民著，广西师范大学出版社，2012.5

宋词大鉴赏，姜钧编，外文出版社，2012.5

唐诗宋词元曲大鉴赏，杨永胜、何红英主编，外文出版社，2012.5

唐宋词经典——杨雨如是说，杨雨著，商务印书馆国际有限公司，2012.5

宋词三百首(插图本)，上彊村民编选，凤凰出版社，2012.5

宋词三百首彩图全解详注，朱孝臧编选，中国华侨出版社，2012.5

宋词三百首，上彊村民选编，岳麓书社，2012.5

宋词名篇，陈果安选编，中南大学出版社，2012.5

唐宋名家词选，龙榆生编选，上海古籍出版社，2012.6

品读两宋词，李金旺主编，外文出版社，2012.6

宋词三百首，吕明涛、谷学彝编注，中华书局，2012.6

宋词，河马文化编，吉林摄影出版社，2012.6

宋词，米骏编，山西教育出版社，2012.6

宋词三百首,孙学堂、陈光新注析,山东画报出版社,2012.6
宋词精选,管士光选注,大象出版社,2012.6
唐诗·宋词·元曲,董原主编,三秦出版社,2012.6
宋词三百首,王春红编著,企业管理出版社,2012.6
唐宋词十八讲,曾大兴著,中山大学出版社,2012.7
中国红——宋词,李葳葳编著,黄山书社,2012.7
唐宋词鉴赏大辞典,刘石编,中华书局,2012.7
唐诗宋词元曲鉴赏辞典,《超值典藏书系》丛书编委会编著,吉林出版集团有限责任公司,2012.7
唐诗·宋词·元曲,谢志强选注,教育科学出版社,2012.7
宋词三百首,洪镇涛主编,上海大学出版社,2012.7
宋词三百首,古典文学编辑组编注,中国财政经济出版社,2012.7
美得令人心醉的宋词,顾非熊选注,北京联合出版公司,2012.8
唐诗宋词,思履编,中国华侨出版社,2012.8
宋词三百首,田竞编,吉林出版集团有限责任公司,2012.8
慢读宋词——珍爱源自生活的真情,琹涵著,商务印书馆,2012.8
唐宋人词话,孙克强编著,南开大学出版社,2012.8
宋词鉴赏大全集,刘默、陈思思、黄桂月编著,中国华侨出版社,2012.9
唐宋词深度导读,丁凤来著,苏州大学出版社,2012.9
宋词——中国文化长廊中的又一明珠,《青少年经典阅读书系》编委会主编,首都师范大学出版社,2012.9
宋词——花间的细诉,蔡志忠编绘,生活·读书·新知三联书店,2012.9
唐诗说　宋词说,蔡志忠编绘,生活·读书·新知三联书店,2012.9
宋词三百首全解详注,上彊村民编,中国华侨出版社,2012.9
唐诗宋词元曲(导读本),唐彩云编著,新世界出版社,2012.9
宋词一百首,康桥编,上海远东出版社,2012.9
宋词故事,马丽宁、司垚编著,中华书局,2012.10
听故事　学宋词,泡爸、泡泡著,北京师范大学出版社,2012.10
宋词三百首,上彊村民编,崇文书局,2012.10
宋词三百首(青少版),何燕编,湖北美术出版社,2012.10
临水照花人——宋词的美丽与哀愁,傅林著,中国华侨出版社,2012.11

长相思　不相忘——那些关于宋词的传奇，月满天心著，九州出版社，2012.11

宋词三百首，武玉成、顾丛龙评注，人民文学出版社，2012.11

唐宋词谱校正，谢桃坊编著，上海古籍出版社，2012.12

宋元明词选研究，丁放、甘松、曹秀兰著，商务印书馆，2012.12

散落在唐诗宋词里的爱情，兰泊宁著，黑龙江教育出版社，2012.12

唐宋词欣赏，夏承焘著，浙江古籍出版社，2012.12

宋词，苏轼等著，江西美术出版社，2012.12

图说唐诗宋词元曲，潜唐编著，北京联合出版公司，2012.12

图说宋词三百首，徐峙编著，北京联合出版公司，2012.12

唐诗宋词(第2版)，程郁缀著，北京大学出版社，2012.12

南宋乾淳词坛研究，李静著，花木兰文化出版社，2012

宋词题序研究，张晓宁著，陕西人民出版社，2013.1

唐诗宋词十五讲(第2版)，葛晓音著，北京大学出版社，2013.1

宋词三百首注释，朱祖谋编，上海三联书店，2013.1

总是宋词最关情，王鹏编著，中州古籍出版社，2013.1

宋词三百首大师导读，华夏国学书院主编，石油工业出版社，2013.1

宋词经典品读，杨庆存著，蓝天出版社，2013.1

画里画外话宋词，沙金、安之卿、昆兰著，河北教育出版社，2013.1

全宋词佳句类典，竞鸿、陆力主编，吉林文史出版社，2013.1

走进唐宋词——帘卷西风，人比黄花瘦，晏选军编，云南教育出版社，2013.1

走进唐宋词——一蓑烟雨任平生，晏选军编，云南教育出版社，2013.1

走进唐宋词——似曾相识燕归来，晏选军编，云南教育出版社，2013.1

宋词三百首，夏松凉编选，南京大学出版社，2013.1

宋词，彭洁明译，中国少年儿童出版社，2013.1

宋词三百首，逸闻、雨潇编选，四川文艺出版社，2013.1

几点催花雨，柔肠一寸愁千缕——品味唐诗　吟赏宋词，刘建文著，中国画报出版社，2013.1

唐诗三百首·宋词三百首，蘅唐退士、上彊村民选编，中国画报出版社，2013.1

宋词赏析，沈祖棻著，北京出版社，2013.2

万里江山何处——宋词的后半生，金鑫著，新华出版社，2013.2

遇见最美的宋词，赵小峦、行云著，北京联合出版公司，2013.2

宋词赏析,沈祖棻著,北京出版社,2013.2
宋词名家鉴赏,《家庭经典文库》编委会编,中国工商出版社,2013.2
薛砺若宋词通论,薛砺若著,吉林人民出版社,2013.3
蒋勋说宋词,蒋勋著,中国书店出版社,2013.3
那情那人那诗——唐诗宋词里的美丽与哀愁,王子居编,中国言实出版社,2013.3
唐宋词说,郑福田著,北京大学出版社,2013.3
唐人七绝诗浅释　宋词赏析,沈祖棻著,武汉大学出版社,2013.3
唐宋词名篇新探,李明、袁海霞著,天津大学出版社,2013.3
宋词(英汉对照),许渊冲编译,海豚出版社,2013.3
宋词,阮一峰编,浙江少年儿童出版社,2013.3
宋词三百首,朱孝臧编选,现代出版社,2013.3
宋词三百首,徐井才主编,新华出版社,2013.3
人间自是有情痴——唐宋词类说,黄海著,贵州大学出版社,2013.3
宋词三百首笺注,唐圭璋笺注,人民文学出版社,2013.4
唐宋名家词赏析,叶嘉莹著,南开大学出版社,2013.4
人情不似春情薄:宋词中的人生百味,邓乔彬著,中央编译出版社,2013.4
宋词通史,肖鹏著,凤凰出版社,2013.4
宋词三百首笺注,唐圭璋笺注,人民文学出版社,2013.4
宋词,高昌编著,海豚出版社,2013.4
宋词三百首,张兴东主编,宁波出版社,2013.4
熟读宋词 300 首,周国维编,高等教育出版社,2013.4
宋词三百首,思履主编,中国华侨出版社,2013.4
多元共生的系统与文化——北宋怀古咏史词研究,张若兰著,云南大学出版社,2013.5
宋词中的大宋,侯磊著,安徽人民出版社,2013.5
南宋西湖词解读,应守岩编,浙江古籍出版社,2013.5
黎教授教你读宋词,黎孟德著,巴蜀书社,2013.5
唐诗宋词三百首,苏易编著,北京燕山出版社,2013.5
最美的宋词,周克乾编著,北京大学出版社,2013.5
宋词选(青少版),闻忆编选,长江文艺出版社,2013.5

曾是惊鸿照影来——宋词之旅,李元洛著,中国青年出版社,2013.5
宋词,语文新课标必读丛书编委会编,西安交通大学出版社,2013.5
宋词三百首,韩高年译注,甘肃民族出版社,2013.5
宋词三百首,周鹏鹏、李迅编注,光明日报出版社,2013.5
宋词选读,毛文琦编,浙江古籍出版社,2013.6
唐宋词赏鉴,赵丽主编,吉林大学出版社,2013.6
宋词三百首(第2版),邓启铜、熊蓉注释,东南大学出版社,2013.6
谁的到来恰逢花开——摇曳在宋词里的锦瑟年华,八月安妮著,中国华侨出版社,2013.6
宋词三百首精选,牛炜征选编,二十一世纪出版社,2013.6
唐诗宋词简明读本,姜夕吉著,国家行政学院出版社,2013.7
宋词三百首,朱孝臧选编,北京燕山出版社,2013.7
唐宋词与流行文化,宋秋敏著,上海人民出版社,2013.7
宋词三百首,张在军主编,朝华出版社,2013.7
宋词三百首全解,上彊村民编,中国华侨出版社,2013.7
一念繁华一念灰——宋词里的情殇与哀愁,仁君编著,人民邮电出版社,2013.7
宋词鉴赏辞典,夏承焘著,上海辞书出版社,2013.8
唐宋词艺术发展史,邓乔彬著,安徽师范大学出版社,2013.8
宋词三百首,朱孝臧编选、思履主编,中国华侨出版社,2013.8
名家讲宋词,《文史知识》编辑部编,中华书局,2013.8
唐诗宋词元曲,王辉编著,云南人民出版社,2013.8
唐诗宋词笺谱,黄风池、汪氏辑,线装书局,2013.8
唐诗宋词,王逸群编著,金盾出版社,2013.8
唐诗三百首　宋词三百首　元曲三百首,思履主编,北京联合出版公司,2013.8
新编宋词三百首全译本,钟礼平编著,海天出版社,2013.8
在最美的宋词里邂逅最美的爱情,宋默著,中国华侨出版社,2013.9
宋词三百首(汉译英),许渊冲译,海豚出版社,2013.9
宋词三百首简注,萧希凤注,对外经济贸易大学出版社,2013.9
宋词,俞惠英编译,二十一世纪出版社,2013.9

一生要会背诵的唐诗宋词,赵亚虎编著,新世界出版社,2013.9
词论　宋词声律探源大纲　唐五代两宋词简析　微睇室说词,刘永济著,武汉大学出版社,2013.10
宋词三百首诵读本,“中华诵·经典诵读行动”读本委会,中华书局,2013.10
春江花月夜——宋词主体意象研究,许兴宝著,宁夏人民出版社,2013.10
归来,最美的宋词,李颜垒著,清华大学出版社,2013.10
许你一首昳丽的词——一生最爱的100首宋词,杨晓影著,石油工业出版社,2013.10
时光印痕——唐诗宋词中的节气之美,沈善书著,中国华侨出版社,2013.10
分类新编全宋词,吕树坤编纂,作家出版社,2013.10
宋词三百首,徐峙编著,北京联合出版公司,2013.10
宋词三百首,康震、向铁生注释,中信出版社,2013.10
宋词——中国文化长廊里的璀璨明珠,“青少年成长必读经典书系”编委会主编,河南科学技术出版社,2013.10
宋词三百首全解,上彊村民编,北京联合出版公司,2013.10
唐宋词一百首,人民文学出版社编辑部编选,人民文学出版社,2013.11
唐诗宋词元曲,马松源编,线装书局,2013.11
宋词名家名篇鉴赏,经典读库编委会,江苏美术出版社,2013.11
唐宋词,陈顺智主编,湖北人民出版社,2013.11
宋词三百首,张琪编,山东美术出版社,2013.12

四、文

唐宋八大家大全集,王宝华主编,百花洲文艺出版社,2012.1
唐宋八大家文鉴,白春平主编,华夏出版社,2012.1
北宋古文运动发展史,祝尚书著,北京大学出版社,2012.2
北宋社会经济发展与散文创作研究,张觉等著,河南人民出版社,2012.2
唐宋八大家文钞,张伯行选编,浙江古籍出版社,2012.2
宁波历代碑碣墓志汇编,章国庆编著,上海古籍出版社,2012.3
唐宋八大家文集,崔钟雷主编,哈尔滨出版社,2012.3

唐宋古文选,王水照编,凤凰出版社,2012.4

唐宋八大家名篇鉴赏,李志敏主编,福建美术出版社,2012.4

唐宋散文名篇,陈果安译注,中南大学出版社,2012.5

唐宋八大家文选,韩愈等著,三秦出版社,2012.6

宋代传状碑志集成,曾枣庄主编,四川大学出版社,2012.7

唐宋文选,韩愈等著,谢百魁译,外语教学与研究出版社,2012.10

唐宋八大家文选,段青峰注译,崇文书局,2012.10

唐宋八大家集,韩愈等注,夏华等编译,万卷出版公司,2012.10

两宋辞赋史,刘培著,山东人民出版社,2012.12

政论与史论演变研究——以北宋中至南渡初期为例,郑芳祥著,花木兰文化出版社,2012

唐宋八大家散文总集,郭预衡主编,河北人民出版社,2013.1

唐宋八大家散文鉴赏,《家藏经典文库》编委会编,中国工商出版社,2013.2

宋代诏令全集,曾枣庄、王智勇、王蓉贵主编,四川大学出版社,2013.3

中国散文通史(宋金元卷),李真瑜、田南池、房春草著,安徽教育出版社,2013.3

丽水宋元墓志集录,郑嘉励、梁晓华编,浙江古籍出版社,2013.4

北宋文选,杨庆存、杨静编选,杨庆存主编,北京联合出版公司,2013.5

南宋文选,杨庆存、张玉璞编选,杨庆存主编,北京联合出版公司,2013.5

唐宋八大家散文鉴赏,刘青文主编,北京教育出版社,2013.5

宋代骚体文学的嬗变,李金善著,河北大学出版社,2013.7

宋元文章学,祝尚书著,中华书局,2013.8

唐宋文选,介江岭编注,浙江古籍出版社,2013.9

唐宋八大家名篇赏析,刘洪仁、刘细涓编著,巴蜀书社,2013.10

唐宋八大家名篇鉴赏,《经典读库》编委会编著,江苏美术出版社,2013.11

五、小说戏曲笔记

全宋笔记第五编,上海师范大学古籍整理研究所编,大象出版社,2012.1

涑水记闻,司马光撰,邓广铭、张希清点校,中华书局,2012.3

梦溪笔谈,张富祥译注,中华书局,2012.3

太平广记,和兴文化编,陕西人民美术出版社,2012.4

繁华之城——东京梦华录,孟元老著、张临生导读,海豚出版社,2012.5

容斋随笔,洪迈著,中国画报出版社,2012.5

丁晋公谈录(外三种),潘汝士撰,杨倩描、徐立群点校,中华书局,2012.6

中国古代民间故事长编(宋元卷),顾佳希编著,浙江大学出版社,2012.6

图解梦溪笔谈——细品唐宋盛世文明,沈括著、黄道明编,山东美术出版社,2012.7

图解《梦溪笔谈》,许汝纮著,海燕出版社,2012.7

宾退录　却扫编,赵与时、徐度撰,傅成、尚成校点,上海古籍出版社,2012.8

鸡肋编　贵耳集,张绰、张端义撰,李保民校点,上海古籍出版社,2012.8

稽神录　睽车志,徐铉、郭彖撰,傅成、李梦生校点,上海古籍出版社,2012.8

宋元戏曲史,王国维著,东方出版社,2012.8

宋元戏曲本体论,陈建森著,人民出版社,2012.9

梦溪笔谈(青少版),沈括著,湖北美术出版社,2012.10

太平广记,李昉著、石鸣编译,崇文书局,2012.10

唐宋传奇,廖晨星注译,崇文书局,2012.10

括异志,张师正撰,傅成、李裕民校点,上海古籍出版社,2012.11

贾氏谭录　涑水记闻,张洎、司马光撰,孔一、王根林校点,上海古籍出版社,2012.11

杨文公谈苑　后山谈丛,杨亿、陈师道撰,李裕民、李伟国校点,上海古籍出版社,2012.11

清异录　江淮异人录,陶穀、吴淑撰,孔一校点,上海古籍出版社,2012.11

邵氏闻见录　邵氏闻见后录,邵伯温、邵博撰,王根林校点,上海古籍出版社,2012.11

麈史　侯鲭录,王得臣、赵令畤撰,俞宗宪、傅成校点,上海古籍出版社,2012.11

南部新书　茅亭客话,钱易、黄休复撰,尚成、李梦生校点,上海古籍出版社,2012.11

齐东野语,周密撰,黄益元校点,上海古籍出版社,2012.11

桯史　默记,岳珂、王铚撰,黄益元、孔一校点,上海古籍出版社,2012.11

中吴纪闻　曲洧旧闻,龚明之、朱弁撰,孙菊园、王根林校点,上海古籍出版

社，2012.11

青箱杂记　春渚纪闻，吴处厚、何薳撰，尚成、钟振振校点，上海古籍出版社，2012.12

东轩笔录　嫩真子录，魏泰、马永卿撰，田松青校点，上海古籍出版社，2012.12

冷斋夜话　梁溪漫志，惠洪、费衮撰，李保民、金圆校点，上海古籍出版社，2012.12

四朝闻见录　随隐漫录，叶绍翁、陈世崇撰，尚成、郭明道校点，上海古籍出版社，2012.12

风窗小牍　清波杂志，袁褧、周辉撰，尚成、秦克校点，上海古籍出版社，2012.12

归田录(外五种)，欧阳修等撰，韩谷等校点，上海古籍出版社，2012.12

春明退朝录(外四种)，宋敏求等撰，尚成等校点，上海古籍出版社，2012.12

投辖录　玉照新志，王明清撰，上海古籍出版社，2012.12

挥麈录，王明清撰，田松青校点，上海古籍出版社，2012.12

燕翼诒谋录　墨庄漫录，王栐、张邦基撰，孔一、丁如明校点，上海古籍出版社，2012.12

癸辛杂识，周密撰，王根林校点，上海古籍出版社，2012.12

青锁高议，刘斧撰，施林良校点，上海古籍出版社，2012.12

容斋随笔(青少版)，洪迈著，湖北美术出版社，2012.12

太平广记，王春红编著，企业管理出版社，2012.12

石林燕语　避暑录话，叶梦得撰，田松青、徐时仪校点，上海古籍出版社，2012.12

湘山野录、续录　玉壶清话，文莹撰，黄益元校点，上海古籍出版社，2012.12

铁围山丛谈　独醒杂志，蔡絛、曾敏行撰，李梦生、朱杰人校点，上海古籍出版社，2012.12

萍洲可谈　老学庵笔记，朱彧、陆游撰，李伟国、高克勤校点，上海古籍出版社，2012.12

师友谈记　曲洧旧闻　西塘集耆旧续闻，李廌、朱弁、陈鹄撰，孔凡礼点校，中华书局，2013.1

唐宋传奇，元稹等著，华夏出版社，2013.1

全宋笔记第六编，上海师范大学古籍整理研究所编，大象出版社，2013.3

容斋随笔(图文版)，洪迈著，万卷出版公司，2013.3

考古编　续考古编,程大昌撰,刘尚荣校正,中华书局,2013.3

两宋民族战争本事小说戏曲故事演变,张春晓著,暨南大学出版社,2013.4

隋唐五代宋金戏剧史料汇编,张发颖编,学苑出版社,2013.4

唐宋传奇集,鲁迅校录,蔡义江、蔡宛若今译,浙江文艺出版社,2013.4

东轩笔录,魏泰著、李裕民校,中华书局,2013.5

宋代傀儡戏研究,刘琳琳著,新世界出版社,2013.5

《洛阳搢绅旧闻记》校注,丁喜霞著,中国社会科学出版社,2013.6

容斋随笔精粹,洪迈著,海潮出版社,2013.6

宋元戏曲史,王国维著,安徽人民出版社,2013.6

唐宋微型小说精粹,吾三省编著,上海文化出版社,2013.7

东京梦华录(精装插图本),孟元老著,中国画报出版社,2013.7

默记　燕翼诒谋录,王铚、王栐撰,朱杰人、诚刚点校,中华书局,2013.7

宋代日记丛编,顾宏义、李文整理标校,上海书店出版社,2013.7

梦溪笔谈(图文版),沈括著,万卷出版公司,2013.8

容斋随笔,洪迈撰,孔凡礼点校,中华书局,2013.8

清车王府藏戏曲全编　第7册　宋代戏,黄仕忠主编,于曼玲本册主编,广东人民出版社,2013.9

清车王府藏戏曲全编　第8册　宋代戏,黄仕忠主编,陈妙丹、于曼玲本册主编,广东人民出版社,2013.9

清车王府藏戏曲全编　第9册　宋代戏,黄仕忠主编,龙赛州、张萍本册主编,广东人民出版社,2013.9

清车王府藏戏曲全编　第10册　宋代戏元代戏,黄仕忠主编,赵铁锌、欧阳菲本册主编,广东人民出版社,2013.9

王国维人间词话　王国维宋元戏曲史,王国维著,吉林人民出版社,2013.10

宋代歌舞剧曲录要　元人散曲选,刘永济著,武汉大学出版社,2013.11

容斋随笔(白话本),洪迈著,程民生、李旭主编,安徽人民出版社,2013.11

《容斋随笔》成书研究,许净瞳著,中国社会科学出版社,2013.11

容斋随笔,洪迈著,安徽人民出版社,2013.11

枭声夜雨——小读《清锁高议》,宋源著,海燕出版社,2013.12

六、作家作品

烛影摇红——浅斟低唱的宋代才子,江湖夜雨著,研究出版社,2012.3

两宋寿州吕氏家族著述研究,杨松水著,黄山书社,2012.4

宋代名人传,岳洋著,山东教育出版社,2012.5

宋代蓝田四吕及其著述研究,李如冰著,人民出版社,2012.5

唐宋八大家传奇,中华文库青少年导读本丛书编委会编,外文出版社,2012.6

唐宋八大家学术档案,闵泽平主编,武汉大学出版社,2012.7

宋元时期四明袁氏宗族研究,陈莉萍、陈小亮著,浙江大学出版社,2012.7

宋人轶事汇编,丁传靖辑,中华书局,2012.7

两宋四明楼氏的盛衰沉浮及其家族文化——基于《楼钥集》的考察,唐燮军、孙旭红著,浙江大学出版社,2012.10

北宋前期四重臣与江西文化的兴盛,王德宝著,中国社会科学出版社,2012.10

南宋浙东学派文学思想研究,郭庆材主编,中华书局,2013.2

宋代词人传奇故事,英子著,长春出版社,2013.3

解读诗词大家(二)宋代卷,魏丕植著,作家出版社,2013.4

唐宋八大家,刘超编著,团结出版社,2013.4

宋代浙东文派研究,李建军著,中华书局,2013.5

唐宋八大家的故事,李道英著,金盾出版社,2013.6

宋代江西文学家族研究,黎清著,中山大学出版社,2013.8

宋代文学四大家研究,欧明俊著,人民出版社,2013.10

唐宋时期汉水上游作家作品研究,付兴林、马玉霞、胡金佳著,中国社会科学出版社,3013.10

北宋士人交游录,方健著,上海书店出版社,2013.11

宋代隐逸文人群体研究,王小兰著,中国社会科学出版社,2013.11

家族文学史的建构——宋代晁氏家族文学研究,李朝军著,人民出版社,2013.12

千秋是非话寇准,赵冬梅著,电子工业出版社,2012.2

林和靖集,林逋著,沈幼征校注,浙江古籍出版社,2012.6

范仲淹与庆阳——纪念范仲淹知庆州970周年学术讨论会论文集,刘文戈、马啸主编,天津古籍出版社,2012.1

范仲淹传,诸葛忆兵著,中华书局,2012.8

范仲淹,皮波人物国际名人研究中心编著,国际文化出版公司,2012.10

忧国忧民——范仲淹,姜正成主编,海潮出版社,2013.1

吾谁与归——范仲淹与滕子京的生死情,季铁铮著,作家出版社,2013.10

范仲淹与庆阳——庆阳市第三届范仲淹学术研讨会论文集,刘文戈、徐治堂、齐社祥主编,甘肃人民出版社,2013.11

张先集编年校注,张先著,吴熊和、沈松勤校注,上海古籍出版社,2012.12

今生最爱晏殊词,梅边吹笛著,首都经济贸易大学出版社,2012.4

晏殊《类要》研究,唐雯著,上海古籍出版社,2012.6

珠玉词,晏殊著,毛晋辑,中国书店,2012.9

晏殊晏几道集,诸葛忆兵编选,凤凰出版社,2013.3

柳永集,王星琦编选,凤凰出版社,2012.2

柳永——情到真时自为词,桃花潭水著,哈尔滨出版社,2012.3

杨柳岸晓风残月——柳永词注评,柳永著,谢桃坊导读,查明昊、吴净注,上海古籍出版社,2012.3

柳永——系我一生心,负你千行泪,倾蓝紫著,哈尔滨出版社,2012.3

今生最爱柳永词,容芬、陈忠涛著,首都经济贸易大学出版社,2012.4

乐章集校注,柳永著,薛瑞生校注,中华书局,2012.6

忍把浮名,换了浅斟低唱——柳永词传之风月篇,吴俣阳著,华中科技大学出版社,2012.6

中华婉约词圣　柳永　李清照名词名句,柳永、李清照著,宁宇编译,高等教育出版社,2012.7

词解柳永,田婧璐著,中央广播电视大学出版社,2012.12

柳永词传——秦楼狂客的浅斟低唱,王馨著,文汇出版社,2013.1

衣带渐宽终不悔——柳永的浅斟低唱,立夏著,重庆出版社,2013.5

柳永词,薛瑞生选注,中华书局,2013.10

中国十大文豪　欧阳修,童一秋编,吉林文史出版社,2012.1

欧阳修散文选集,王水照、王宜瑗选注,百花文艺出版社,2012.3

唐宋八大家名篇赏析与译注——欧阳修卷,孙章存注释,张元评译,经济日报

出版社,2012.4

欧阳修诗编年笺注,欧阳修撰,刘德清、顾宝林、欧阳明亮笺注,中华书局,2012.6

欧阳修传略,刘德清、刘菊芳著,江西人民出版社,2012.6

欧阳修词评注,郁玉英编著,江西人民出版社,2012.6

欧阳修赋评注,邓声国编著,江西人民出版社,2012.6

欧阳修诗评注,丁功谊、刘德清编著,江西人民出版社,2012.6

欧阳修文评注,欧阳勇、刘德清编著,江西人民出版社,2012.6

欧阳修的文学与情感世界,陈湘琳著,复旦大学出版社,2012.9

欧阳修陆游诗歌民俗祭典述论,王政、王娟、王维娜著,中国书籍出版社,2013.1

欧阳修故事,孙晓玲、苏馨著,长春出版社,2013.1

欧阳修大传,朱安群、徐奔著,中国文史出版社,2013.2

欧阳修诗文鉴赏辞典,上海辞书出版社文学鉴赏辞典编纂中心编,上海辞书出版社,2013.3

庆历学术与欧阳修散文,刘越峰著,商务印书馆,2013.8

欧阳修传,王水照、崔铭著,天津人民出版社,2013.11

唐宋八大家名篇赏析与译注——苏洵卷,王湜华注释,王湜华、瞿承楷评译,经济日报出版社,2012.4

康震评说唐宋八大家　三苏,康震著,中华书局,2012.11

苏洵故事,张桂琴著,长春出版社,2013.1

伊川击壤集,邵雍著,郭彧整理,中华书局,2013.1

唐宋八大家名篇赏析与译注——曾巩卷,马万昌注释,瞿承楷评译,经济日报出版社,2012.4

隆平集校正,曾巩撰、王瑞来校正,中华书局,2012.7

曾巩故事,郝桂敏著,长春出版社,2013.1

曾巩集,曾巩撰,陈杏珍、晁继周点校,中华书局,2013.5

改革大佬王安石,蓑笠翁著,湖南人民出版社,2012.1

大道独行王安石,李桂娟编著,中国社会科学出版社,2012.1

王安石全传,李建华、侯小明编著,华中科技大学出版社,2012.2

唐宋八大家名篇赏析与译注——王安石卷,徐冲注释,徐冲、瞿承楷评译,经

济日报出版社,2012.4
王安石诗论稿,李唐著,黑龙江教育出版社,2012.8
不畏浮云王安石,姜正成主编,海潮出版社,2013.1
王安石故事,毕宝魁著,长春出版社,2013.1
单挑大宋朝王安石,独孤慕雨著,中国工人出版社,2013.1
王安石诗词文选注,高克勤选注,上海远东出版社,2013.8
王安石诗作与佛禅之关系研究,刘洋著,中央民族大学出版社,2013.10
王安石传,安开学著,北京联合出版公司,2013.11
王安石和他的北宋帝国,赵家三郎著,广东旅游出版社,2013.12
小山词,晏几道著,毛晋辑,中国书店,2012.9
苏轼诗词选评,王水照、朱刚撰,上海古籍出版社,2012.1
中国十大文豪　苏轼,童一秋编,吉林文史出版社,2012.1
苏东坡传　武则天正传,林语堂著、张振玉译,辽宁教育出版社,2012.1
风情百样苏东坡,王伟编著,中国社会科学出版社,2012.1
苏东坡传,林语堂著,湖南文艺出版社,2012.1
苏东坡传,林语堂著,张振玉译,外语教学与研究出版社,2012.2
东坡集(图文版),苏轼著、夏华等译,万卷出版公司,2012.3
苏轼——一蓑烟雨任平生,桃花潭水著,哈尔滨出版社,2012.3
苏轼散文选集,崔承运选注,百花文艺出版社,2012.3
中华豪放词圣　苏东坡　辛弃疾名词名句,苏轼、辛弃疾著,宁宇编译,高等教育出版社,2012.3
精神家园的诗学探寻——苏轼"和陶诗"与陶渊明诗歌之比较研究,杨松冀著,人民出版社,2012.4
苏东坡和他的大宋朝,徐棻著,成都时代出版社,2012.4
苏东坡集,苏轼著,江苏广陵书社有限公司,2012.4
唐宋八大家名篇赏析与译注——苏轼卷,徐秀珊注释,康锦萍评译,经济日报出版社,2012.4
苏轼诗文鉴赏辞典,上海辞书出版社文学鉴赏辞典编纂中心编,上海辞书出版社,2012.5
苏东坡,刘小川著,上海文艺出版社,2012.5
苏东坡官场笔记,桂园著,河南文艺出版社,2012.6

人间有味是清欢——苏轼的词与情,西坡著,石油工业出版社,2012.6

苏东坡传,林语堂著,长江文艺出版社,2012.6

千古风流人物——黄玉峰说苏轼,黄玉峰著,复旦大学出版社,2012.7

东坡诗文选(英汉对照),苏轼著,林语堂英译,安徽科学技术出版社,2012.7

苏轼题画诗选评笺释,葛泽溥选评笺释,河南大学出版社,2012.7

蓑雨人生——苏轼,宁建设著,企业管理出版社,2012.7

论苏轼的艺术哲学,许外芳著,暨南大学出版社,2012.7

苏东坡词今译,薛玉峰著,中国文联出版社,2012.9

东坡词,苏轼著,毛晋辑,中国书店,2012.9

苏轼词百首,中国书店编,中国书店,2012.10

词解苏轼,周丛林著,中央广播电视大学出版社,2012.12

从王维到苏轼——诗歌与禅学交会的黄金时代,萧丽华著,天津教育出版社,2013.1

苏轼故事,李丽著,长春出版社,2013.1

高处不胜寒　诗人苏东坡,李时英著,昆仑出版社,2013.1

苏轼诗词汉英对照,许渊冲编译,海豚出版社,2013.1

苏轼——乐观放达的大文豪,罗文娟编著,团结出版社,2013.1

信仰的力量——苏轼,陈泽华主编,吉林教育出版社,2013.1

苏东坡传,林语堂著,宋碧云译,武汉出版社,2013.1

苏东坡黄州名篇赏析,黄冈市赤壁管理处组编,饶晓明、方星移、朱靖华、饶学刚著,华中师范大学出版社,2013.1

苏轼"和陶诗"考论兼及韩国"和陶诗",金甫暻著,复旦大学出版社,2013.3

苏东坡别传,刘敬堂著,中国纺织出版社,2013.3

苏轼,叙述一种,刘小川著,作家出版社,2013.3

苏东坡传,李一冰著,江苏文艺出版社,2013.3

淑世与超旷——苏轼仕杭时期活动与创作评析,周晓音著,浙江工商大学出版社,2013.5

苏东坡传,林语堂著,宋碧云译,万卷出版公司,2013.7

苏轼与《周易》,徐建芳著,中国社会科学出版社,2013.8

苏诗补注,查慎行著,王友胜校点,凤凰出版社,2013.9

苏轼传,王水照、崔铭著,天津人民出版社,2013.11

苏轼传,胡明刚著,北京联合出版公司,2013.11

诗意地筑造——苏轼诗学思想的生存论阐释,孟宪浦著,学林出版社,2013.12

苏东坡传,林语堂著,北京联合出版公司,2013.12

唐宋八大家名篇赏析与译注——苏辙卷,王湜华、谭宝善注释,谭宝善评译,经济日报出版社,2012.4

苏辙研究——全国首届苏辙学术研讨会论文集,方永江、刘清泉主编,四川大学出版社,2012.11

苏辙故事,卢燕平著,长春出版社,2013.1

清代前中期黄庭坚诗接受史研究,陈伟文著,中国人民大学出版社,2012.5

黄庭坚诗文鉴赏辞典,上海辞书出版社文学鉴赏辞典编纂中心编著,上海辞书出版社,2012.5

山谷词,黄庭坚著,毛晋辑,中国书店,2012.9

山谷诗注续补,黄庭坚著,陈永正、何泽棠注,上海古籍出版社,2012.11

黄山谷诗选注,黄庭坚著,冷桢选注,江西人民出版社,2012.12

黄庭坚传,程效著,广东人民出版社,2013.3

黄庭坚在宜州文献诸说考证品评,吴政著,广西师范大学出版社,2013.8

李之仪及其诗词创作研究,韩华著,中国社会科学出版社,2013.10

便做春江都是泪——悲情歌手秦观,陈忠涛著,安徽教育出版社,2012.3

淮海词,秦观著,毛晋辑,中国书店,2012.9

词解秦观,晴子衿著,中央广播电视大学出版社,2012.12

秦观诗词选,秦观著,曾学文编,广陵书社,2013.7

秦少游诗精品,黄思维编注,华东师范大学出版社,2013.10

秦少游词精品,谢燕编注,华东师范大学出版社,2013.10

秦少游文精品,刘勇刚、吴雅楠编注,华东师范大学出版社,2013.11

米芾研究,罗勇来著,文物出版社,2012.6

贺铸词集,贺铸著,钟振振导读,上海古籍出版社,2013.6

苏轼门人——晁补之传,潘守皎著,天津古籍出版社,2012.9

浣花纸上绿衣客——周邦彦词的清丽哀愁,陈以著,石油工业出版社,2013.6

毛滂集,毛滂著,周少雄点校,浙江古籍出版社,2012.8

唐庚集编年校注,黄鹏编著,中央编译出版社,2013.4

注石门文字禅,释惠洪著,释廓门贯彻注,张伯伟等点校,中华书局,2012.2

惠洪文字禅思想研究，张惠远著，宗教文化出版社，2013.3

真妄之间——作为史传家的禅师惠洪研究，江泓著，宗教文化出版社，2013.8

吕颐浩集，吕颐浩著、徐三见等点校，浙江古籍出版社，2012.3

苏过诗文编年笺注，苏过撰，舒星校补，蒋宗许、舒大刚注，中华书局，2012.12

闲品《断肠集》——朱淑真诗词传，孟斜阳著，哈尔滨出版社，2012.2

断肠词中断肠人——南宋潮女朱淑真的绮丽人生，李黛著，崇文书局，2012.5

朱淑真集注，朱淑真撰，魏仲恭辑，郑元佐注，冀勤辑校，中华书局，2013.5

开到荼靡花事了——朱淑真词传，王臣著，湖南文艺出版社，2013.11

叶梦得年谱，邱世芬著，花木兰文化出版社，2012.3

刘一止集，刘一止著，龚景兴、蔡一平点校，浙江古籍出版社，2012.5

李纲传奇，古道著，华文出版社，2012.4

旷世才女李清照，刘巧巧编著，中国社会出版社，2012.1

李清照——烟尘如梦花事了，桃花潭水著，哈尔滨出版社，2012.3

闲品《漱玉词》——李清照词传，孟斜阳著，哈尔滨出版社，2012.3

今生最爱李清照，梅边吹笛著，首都经济贸易大学出版社，2012.4

李清照，刘永刚著，辽海出版社，2012.5

阅读李清照，曹丽芳著，南京大学出版社，2012.5

愿时光清浅，许你安然——李清照的词与情，木溪著，石油工业出版社，2012.6

词学新视野——李清照辛弃疾暨词学国际学术研讨会论文集，中国李清照辛弃疾学会编，上海古籍出版社，2012.8

李清照词传——溪亭日暮的飘零绝唱，倪儿著，文汇出版社，2012.8

李清照——中国第一女词人，刘思源著，海豚出版社，2012.8

李清照集校注，王仲闻校注，人民文学出版社，2012.11

李清照词传，海晓红著，华中科技大学出版社，2013.1

词解李清照，桂文哲著，中央广播电视大学出版社，2013.1

一种相思两处愁——一代词宗李清照诗词品读，赵明华著，中国画报出版社，2013.1

易安香学——李清照的人生和她的中国香，周荣桥著，文汇出版社，2013.2

《漱玉词》笺译·心解·选评，李清照原著，陈祖美译解，中国社会科学出版社，2013.3

一种相思两处愁——李清照词传，王臣著，湖南文艺出版社，2013.3

李清照集笺注，李清照著，徐培均笺注，上海古籍出版社，2013.4
李清照传——淡扫蛾眉吐锦绣，刘敬堂著，中国工人出版社，2013.7
漱玉词，李清照著，郭时羽校注，上海古籍出版社，2013.8
多少事，欲说还休——杨雨评讲李清照，杨雨著，清华大学出版社，2013.8
与你相遇的美好——李清照的爱情札记，易菲著，中国华侨出版社，2013.10
李清照的红楼梦，冯峰鸣著，化学工业出版社，2013.10
李清照诗词，诸葛忆兵选注，中华书局，2013.10
半笺娇恨寄幽怀——李清照，朱丹红著，北京工业大学出版社，2013.11
陈与义集，陈与义著，吴书荫、金德厚点校，中华书局，2012.2
岳飞，文景主编，中国人口出版社，2012.1
岳飞传，钱彩原著，王心宇改编，东北师范大学出版社，2012.2
岳飞传，崔旭主编，安徽文艺出版社，2012.3
岳飞，丛曙光、耿梅著，辽海出版社，2012.4
岳飞传，《青少年素质教育精品阅读》编委会编，上海科学普及出版社，2012.5
岳飞传，徐井才主编，北京教育出版社，2012.7
精忠报国岳飞，《意林》编辑部编，吉林摄影出版社，2012.8
岳飞传，还珠楼主著，武汉出版社，2012.9
正说岳飞，冯建林、周俊玲编著，人民出版社，2012.10
精忠报国凌云志——岳飞，姜正成主编，海潮出版社，2013.1
岳飞，皮波人物国际名人研究中心编著，国际文化出版公司，2013.2
岳飞研究论文集汇编，龚延明、岳朝军主编，浙江大学出版社，2013.3
这才是岳飞，覃仕勇著，重庆出版社，2013.5
岳飞传，闫仲渝主编，华夏出版社，2013.7
岳飞传，钱彩原著，张燕钧主编，富强等改写，中国画报出版社，2013.9
王十朋系年要论与时事要录，王兴文著，学习出版社，2013.8
王十朋及其诗，郑定国著，花木兰文化出版社，2013
只有清香似旧时——陆游诗词情话，吴俣阳著，华中科技大学出版社，2012.6
放翁词编年笺注，陆游著，夏承焘、吴熊和笺注，陶然订补，上海古籍出版社，2012.7
陆游闲适诗研究，李建英著，首都师范大学出版社，2012.9
陆游词百首，中国书店编，中国书店，2012.10

陆游与汉中,中国陆游研究会、汉中市陆游研究学会编,上海古籍出版社,2013.1

陆游诗文鉴赏辞典,上海辞书出版社文学鉴赏辞典编纂中心编,上海辞书出版社,2013.3

陆游选集,朱东润选注,上海古籍出版社,2013.10

陆游严州诗文笺注,朱睦卿笺注,浙江大学出版社,2013.10

尤袤年谱,赵维平著,上海三联书店,2012.6

尤袤及其《遂初堂书目》研究,林育慈著,花木兰文化出版社,2012.9

周必大生平与思想研究,邹锦良著,江西人民出版社,2013.9

杨万里文学思想研究,郭艳华著,中国社会科学出版社,2012.6

杨万里选集,周汝昌选注,上海古籍出版社,2012.12

杨万里思想研究,张玖青著,中国社会科学出版社,2013.4

朱熹,赵志强著,辽海出版社,2012.5

朱熹别传,刘湘如著,安徽文艺出版社,2013.1

朱熹大辞典,张立文主编,上海辞书出版社,2013.9

朱熹文学思想研究,李士金著,人民文学出版社,2013.11

南宋王质研究,王三毛著,凤凰出版社,2012.1

诗总闻,王质著,中国书店,2012.5

众里寻他千百度·辛弃疾词,辛弃疾著,郑小军编著,人民文学出版社,2012.1

辛弃疾全集校注,徐汉明校注,华中科技大学出版社,2012.3

辛弃疾——刀锋上的渴望,桃花潭水著,哈尔滨出版社,2012.3

美芹十论,辛弃疾著,胡亚魁、杨静译注,中山大学出版社,2012.5

阅读辛弃疾,侯体健著,南京大学出版社,2012.5

稼轩词,辛弃疾著,毛晋辑,中国书店,2012.9

辛弃疾词百首,中国书店编,中国书店,2012.10

辛弃疾,巩本栋著,南京大学出版社,2012.10

辛弃疾,陈泽华编,吉林教育出版社,2013.1

辛弃疾词鉴赏辞典,上海辞书出版社文学鉴赏辞典编纂中心编,上海辞书出版社,2013.3

辛弃疾全集,辛弃疾著,徐汉明点校,崇文书局,2013.3

辛弃疾词传——燕赵奇士的家国悲歌,谢文婷著,文汇出版社,2013.9

辛弃疾词,辛更儒选注,中华书局,2013.10
杨简研究,张实龙著,浙江大学出版社,2012.4
叶适集,叶适著,刘公纯、王孝鱼、李哲夫点校,中华书局,2013.5
姜夔——爱咏梅的音乐家,严淑女著,海豚出版社,2012.8
姜夔词,姜夔著,韩经泰、王维若评注,人民文学出版社,2012.11
词解姜夔,孟斜阳著,中央广播电视大学出版社,2012.12
姜白石词笺注,姜夔著,陈书良笺注,中华书局,2013.1
白玉蟾生平与文学创作研究,刘亮著,凤凰出版社,2012.3
白玉蟾文集新编,白玉蟾著,盖建民辑校,社会科学文献出版社,2013.6
白玉蟾诗集新编,白玉蟾著,盖建民辑校,社会科学文献出版社,2013.6
白玉蟾全集　道教南宗白玉蟾真人修炼典籍,白玉蟾原著,周全彬、盛克琪编校,宗教文化出版社,2013.9
戴复古集,戴复古著,吴茂云、郑伟荣校点,浙江大学出版社,2012.8
渠阳集,魏了翁撰,张京华校点,岳麓书社,2012.12
后村词笺注,刘克庄著,钱仲联笺注,上海古籍出版社,2012.8
刘克庄的文学世界——晚宋文学生态的一种考察,侯体健著,复旦大学出版社,2013.3
刘克庄序跋文研究,游坤峰著,花木兰文化出版社,2013
刘克庄人物诗研究,张健著,花木兰文化出版社,2013
沧浪诗话校笺,严羽著、张健校笺,上海古籍出版社,2012.12
梦窗词汇校笺释集评,吴文英著,吴蓓笺校,浙江古籍出版社,2012.6
吴文英王沂孙集,邓乔彬编选,凤凰出版社,2013.1
吴文英的生涯和他的"节序怀人"词,苏虹菱著,花木兰文化出版社,2013
花外集笺释,杨天遒著,上海大学出版社,2013.1
周密研究,刘静著,人民出版社,2012.8
林景熙集补注,林景熙著,章祖程注,陈增杰补注,浙江古籍出版社,2012.3
文天祥,皮波人物国际名人研究中心编著,国际文化出版公司,2012.12
碧血丹心文天祥,姜正成主编,海潮出版社,2013.1
文天祥,陈泽华主编,吉林教育出版社,2013.1
文天祥,袁钟仁著,广东人民出版社,2013.1

2012—2013年宋代文学研究论文索引

赵 舒

一、总论

中书舍人与北宋诗文研究,侯佳,河南大学博士学位论文,2012

亡宋北解流人诗文研究,闫雪莹,东北师范大学博士学位论文,2012

艺术—审美视阈中的北宋道教与文学,苏振宏,中央民族大学博士学位论文,2012

宋代谪官与文学,赵忠敏,浙江大学博士学位论文,2013

宋初南北两大文学群体研究,楼培,浙江大学博士学位论文,2013

唐宋"燕"诗词研究,申明镜,南京师范大学硕士学位论文,2012

词曲异同论,师歌,首都师范大学硕士学位论文,2012

宋初进士行卷与文学(960—1040),杨亿力,华中师范大学硕士学位论文,2012

宋代女性爱国诗词研究,魏肖肖,河南大学硕士学位论文,2012

西湖吟社初探,王敏,曲阜师范大学硕士学位论文,2012

中国古代七夕诗词的审美研究,赵妮,西北民族大学硕士学位论文,2012

论唐宋诗词对外教学,翟其琛,上海外国语大学硕士学位论文,2012

两宋眉州唐氏家族研究,张立娜,暨南大学硕士学位论文,2012

唐宋诗词在现代流行歌曲中的潜行与显现,魏蕾,中南民族大学硕士学位论文,2012

北宋中期文人集会诗文研究,章文明,广西师范学院硕士学位论文,2012

古典诗词中的灯烛意象及其文化意蕴探究,李严琴,华东交通大学硕士学位论文,2012
南宋文人的结盟风气及文学史意义研究,王淋淋,广西师范学院硕士学位论文,2012
宋人咏庐山诗词研究,王楠,延边大学硕士学位论文,2012
唐宋变革下的"骫骳从俗",张博,北京大学硕士学位论文,2012
婉约派诗歌英译的意境再现,贾甜甜,山东师范大学硕士学位论文,2012
宋代中越文化交流研究,詹成燕,西南交通大学硕士学位论文,2012
儿童文学视野下的宋代童蒙读物研究,张盛悦,华侨大学硕士学位论文,2013
北宋藉田礼与藉田诗文研究,张美乐,西北师范大学硕士学位论文,2013
两宋宗室任官制度与宗室文学,魏晔,西南大学硕士学位论文,2013
南宋福州宗室文学研究,孙旭,西南大学硕士学位论文,2013
南宋江湖诗派中的宗室诗人研究,韩梅,西南大学硕士学位论文,2013
南宋江湖文人的家国意识,易伟奇,陕西师范大学硕士学位论文,2013
宋代咏茶文学研究,罗璇,南京师范大学硕士学位论文,2013
宋代宗室诗人的仕宦情怀研究,尹荭,西南大学硕士学位论文,2013
宋辽金元时期文学家地理分布研究,吉昊,山西大学硕士学位论文,2013
宋元文学作品中的杜牧形象研究,刘乐,陕西师范大学硕士学位论文,2013
唐宋"莺"诗词研究,阮琼,南京师范大学硕士学位论文,2013
唐宋时期诗词传播的"粉丝群"现象研究,王呈,河北大学硕士学位论文,2013
唐宋文学中的芍药,孙慧颖,安徽大学硕士学位论文,2013
文学作品中的李师师形象研究,管美凤,浙江工业大学硕士学位论文,2013
中国唐宋诗词对泰国华人作品的影响,徐莲佳,广西大学硕士学位论文,2013
宋人自编集的文体分类编次意义——以欧、苏、周、陆别集为例,张海鸥、罗婵媛,河北师范大学学报,2013.2
从士人的处贫心态看中唐至北宋士风之嬗变,方丽萍,青海师范大学学报,2012.1
论宋代科举取士对士风的影响,于建东,伦理学研究,2012.1
梅与宋人嗜"雅"的美学风尚,张培艳,北京林业大学学报,2012.1
南宋地方官学的修建与士人参与,宋燕鹏,安徽师范大学学报,2012.1
南宋方志理论浅析:以方志起源、性质、功能为中心,桂始馨,广西地方志,

2012.1

宋代江西文学家的地理分布，夏汉宁，江西社会科学，2012.1

唐宋诗词中“菊花”的认知隐喻解读，王雪，文学界(理论版)，2012.1

西山南浦：意象之外的意象——兼论宋代文人情感构造的视点，伍德林、董春林，湖南师范大学社会科学学报，2012.1

唐诗宋词中意象对艺术设计的影响，金旭东、乔京禄，名作欣赏，2012.12

中国文章学成立与古文之学的兴起，吴承学，中国社会科学，2012.12

从宋代诗词看咏梅之风及其成因，詹弘，兰台世界，2012.18

论两宋理学“气象”涵蕴及其诗性品格，王培友，兰州大学学报，2012.2

家学传承与唐宋时期士族的更新，邢铁，中华文史论丛，2012.2

论石刻对宋代文学传播的作用与影响，王星，王兆鹏，甘肃社会科学，2012.2

南宋台州戴氏家族诗歌创作及承传，何方形，台州学院学报，2012.2

宋代“千家注杜”文化现象考论，郭茂育，兰州教育学院学报，2012.2

宋代佛教文学的基本情况和若干思考，张培锋，武汉大学学报，2012.2

宋代诗词中的“金陵怀古”主题初探，林稚晖，五邑大学学报，2012.2

宋代士人山水游宦与精神家园的内在建构，程磊，北方论丛，2012.2

唐宋诗词审美特点的研究，董朝霞，沙洋师范高等专科学校学报，2012.2

北宋迁谪文人笔下的岭南商业文化，昌庆志，南方文坛，2012.3

北宋陕西路蓝田吕氏家族诗歌创作浅论，宁雯，陕西青年职业学院学报，2012.3

从个人唱和到群体表达——北宋非集会同题写作现象论析，朱刚、李栋，江海学刊，2012.3

从唐宋荷花诗词管窥唐宋文人爱花心态，李青云，鄂州大学学报，2012.3

糊名誉录制度下的宋代进士行卷，钱建状，文学遗产，2012.3

论宋代晁氏家族诗歌“企慕东皋”的归隐情怀，刘京臣，徐州工程学院学报，2012.3

论文学传播中的共生现象及其对文学经典生成的影响——以宋词为中心，郁玉英，江西社会科学，2012.3

论文学雅俗观——以宋代文学为中心，凌郁之，苏州科技学院学报，2012.3

论中原文学与辽金元时期北方民族的汉文创作，尹晓琳，延边大学学报，2012.3

宋代道教文学概况及若干思考,罗争鸣,哈尔滨工业大学学报,2012.3
宋代选本的演进与分期,邓建,广西社会科学,2012.3
唐诗宋词中"西楼"内涵的演变,白璐,安庆师范学院学报,2012.3
以心为师,笔随意走——从爱国诗词观两宋文人士大夫心态,姚艺玲,漳州职业技术学院学报,2012.3
"古文辞"沿革的文化形态考察——以明嘉靖前唐宋文传统的建构及解构为中心,陈广宏,文学遗产,2012.4
"宋初三先生"在唐宋儒学转型过程中的作用及影响,张义生,青岛大学师范学院学报,2012.4
"心所同然"与"各有会心"——宋明以来诗学中以解释者为中心的主观性阐释方法摭谈,刘凤霞,云南社会科学,2012.4
北宋洛阳文人集团与南北文学的冲突和融合,楼培,中华文史论丛,2012.4
传统爱国诗篇与国族认同构建,张颖,长沙大学学报,2012.4
和谐之美:宋代端午节庆文化的新变与再建构,李懿,哈尔滨学院学报,2012.4
论石门题刻的文学内涵和价值,胡可先,陕西师范大学学报,2012.4
论宋代尚理平朴之文风对器物造型的影响,唐济川、高纪洋,时代文学(下半月),2012.4
论唐宋江南采莲诗词,吴倩倩,湖州职业技术学院学报,2012.4
论印刷媒介影响下的宋代主流思想变革,虎业勤、沈继睿,河南工程学院学报,2012.4
诗歌相酬:敦煌书札所见唐宋士人之间的人际交往,王使臻,宁夏师范学院学报,2012.4
史志中的宋代合肥人物,王道才,中共合肥市委党校学报,2012.4
宋代贬谪文人与海南文化,刘丽、陈海波,新东方,2012.4
宋代文人的馆阁情结,成明明,西北大学学报,2012.4
宋代文人意趣兴起的成因,苏梅、刘赦,古籍整理研究学刊,2012.4
宋南渡诗坛的创作风貌及衍变,李欣,长江学术,2012.4
《文献通考·经籍考·集部》对宋代文学的阐说,柳燕,湖北大学学报,2012.5
古意传久远,动静两相宜——唐宋诗词传播模式研究,杜浩、王呈,河北大学学报,2012.5
两宋之交文学的家国之悲与救国之音,任联齐,文学教育(中),2012.5

浅谈宋代女性文学中酒意象的审美文化阐释，张漪，剑南文学（经典教苑），2012.5

唐宋之际的文学功能观，陈毓文，云南农业大学学报，2012.5

北宋文禁——基于新旧党争的研究，郭丽冰，广西民族大学学报，2012.6

兰亭之会及其对唐宋文人审美情趣的影响——基于东晋名士与唐宋浙东联唱诗人的比较，俞林波，湖南农业大学学报，2012.6

论两宋理学家处理文道关系的思维特性及其文化的价值，王培友，孔子研究，2012.6

南宋浙江朱子学发展的境遇和特点，李同乐，江南大学学报，2012.6

宋代的科名崇拜、科名歧视与文学传播，钱建状，厦门大学学报，2012.6

宋代士人审美心理多元化的文化成因，高杨，文艺评论，2012.6

宋代游学活动初探，张建东，中州学刊，2012.6

唐宋八大家座次考论——以三十四种唐宋八大家选本为据，付琼，贵州社会科学，2012.6

唐宋诗词文化学研究综述，郑平，铜仁学院学报，2012.6

“以诗为词”与“以词为诗”——论宋代田园诗词的破体现象，刘蔚，社会科学，2012.7

怀古诗词审美特征浅析，王安祥，新课程研究（下旬刊），2012.7

唐宋文人笔下的“干越”图像，陈小芒，黑龙江教育学院学报，2012.8

两《唐书》“文人传”的书写理念与唐宋思想转型的关系，田恩铭，文艺评论，2012.8

探微诗词中柳的意象大量存在的原因，梁越月，金田（励志），2012.8

唐宋八大家选本群的历史分期，付琼，学术论坛，2012.8

初期白话诗派的唐宋诗词观对新诗理论之影响，陈学祖，学术研究，2012.9

古人诗意三题，卓琦培，青岛文学，2012.9

宋代女子绝命诗词分类解读，骆新泉、丁云，长春理工大学学报，2012.9

从“富贵之语”到“穷人之辞”——宋初、中期诗审美转变论，李山岭，商丘师范学院学报，2012.11

南宋“中兴”问题再分析，邹锦良，江西社会科学，2012.11

世间尤物意中人——浅析唐宋诗词中的女性之美，周洋，佳木斯教育学院学报，2012.11

宋人的“富贵”批评,李江峰,渭南师范学院学报,2012.11
唐诗宋词中“雪”的多义系统的隐喻和转喻分析,王奇,文学界(理论版),2012.11
西昆文风在科场的传播与影响考论,许瑶丽,西南民族大学学报,2012.11
从柳宗元“文以明道”观探析其在两宋理学家的接受境遇,杨再喜,兰州学刊,2012.12
独辟蹊径,深层解读:提高高中唐诗宋词选读课有效性策略研究,孙霞,语文学刊,2012.12
论宋代诗文中马少游形象的凸显及其原因,韩元,长江大学学报,2012.12
北宋文化大家为何“井喷”:偃武修文社会稳定,钟葵,科学大观园 2012.13
唐宋诗词探胜校本内容编选构思设想,吕高愿、耿彦庆,学园(教育科研),2012.14
唐宋诗词中隐喻的认知研究,周珊珊,语文学刊,2012.16
浅谈唐宋诗词中的体育文化,王淑芳,芒种,2012.17
试论宋代士大夫的忧患意识,张申,黑龙江史志,2012.18
唐宋诗词中“雨”意象的发展流变及其原因,朱文秀,语文学刊,2012.18
浅谈唐宋诗词中的体育文化,王旭,芒种,2012.19
中国古代茶花诗歌的忠君体国的忧患意识,孙培华,作家,2012.20
唐宋谣谚与科举选官制度管窥,王凯旋、李阳,兰台世界,2012.21
宋代社会思想观念的发展变化及原因,孙金玲,重庆科技学院学报,2012.24
古代科技、思想文化史一般规律总结——以宋元文化为例,戴冕,教师,2012.31
北宋道统论视域下的“尊荀”思潮浅述,孔磊,江苏广播电视大学学报,2013.1
阐释学视野下的宋代“以才学为注”,张良,云南社会科学,2013.1
论宋元福建地区的唐诗学与明代闽中诗派的形成,张艳辉,福州大学学报,2013.1
南宋党争与湖州德清沈氏家族及其文学语言的心理特性——以沈与求、沈介为例,林阳华,湖州师范学院学报,2013.1
南宋道教文学思想中的爱国情怀,蒋振华,中国文学研究,2013.1
千古长沙贾太傅　唐宋诗情各不同,陈丽华,现代语文,2013.1
宋代广东茶文化发展管窥——主要基于文学作品视角,何崚、陈海强、陈兴元、赖兆祥,湖南农业大学学报,2013.1

宋人心仪唐诗句法现象分析,张毅,文学遗产,2013.1

唐宋咏史怀古创作中的"金陵"情结,弓亚斌,天水师范学院学报,2013.1

隐括与点化:宋代诗、乐融合的两种方式,韩伟,大连理工大学学报,2013.1

从年谱、本事等看宋人的诗文接受意识,薛宝生,内蒙古社会科学,2013.2

从宋代台阁体的繁衍看文学体派的形成机制,祝尚书,北京大学学报,2013.2

论元初月泉吟社的遗民性诗学心态,尹变英、郭鹏,海南大学学报,2013.2

从汉魏到两宋:明前文学视域中的台州府,陈瑾、罗燕芳,台州学院学报,2013.2

受容与"温柔的背叛":当代流行歌曲意境与唐宋诗词关系探微,宋秋敏,新疆社会科学,2013.2

唐宋诗歌中的张良题咏及其文化意蕴,马强,陕西理工学院学报,2013.2

西昆派诗词互动关系初探,操瑞文,古籍研究,2013.2

北宋天圣、明道年间洛阳文人群体考论,刘艳萍,天中学刊,2013.3

茶意象和唐宋文人的诗意人生,高青芝,荆楚学刊,2013.3

从谚语入诗看唐宋文学向世俗化转型的一个细节轨迹——以"嫁鸡逐鸡嫁狗逐狗"为例,莫道才,中国典籍与文化,2013.3

论宋孝宗朝桂林石刻文学,何婵娟,合肥学院学报,2013.3

蜜蜂诗词与宋代经济社会,李璐,湘潭大学学报,2013.3

南宋中后期士人分化与诗坛新变,常德荣,社会科学研究,2013.3

宋代江西文学家结构分析,夏汉宁、刘双琴,江西社会科学,2013.3

宋人对唐人诗文别集的搜集与整理,刘华天,剑南文学(经典教苑),2013.3

宋儒的韩愈接受——以"孔颜之乐"为中心的考察,刘顺,中原文化研究,2013.3

唐宋诗词中的设问辞格及其审美价值,张艺娇、张春泉,阜阳师范学院学报,2013.3

唐宋诗词中渗透的悲愤描写与主题思想,李立峰,文学教育(下),2013.3

唐宋时期宦游广西诗人的文化策略,钟乃元,广西民族大学学报,2013.3

唐宋时期入幕广西诗人的心态及诗歌特征,钟乃元,洛阳理工学院学报,2013.3

唐宋洛阳分司长官对文人群体的影响——以裴度、钱惟演、文彦博、韩绛为中心,刘艳萍,河南科技大学学报,2013.4

北宋名公交游与许、洛士风及文学活动,王雪枝,文艺评论,2013.4

从两宋文人笔下的飞禽形象看当时的社会人生,李立峰,文学教育(下),2013.4

拐点在宋:从地志的文学化到文学的地志化,叶晔,文学遗产,2013.4

庐山诗社与江西宗派关系略说,李小荣,文学遗产,2013.4

论陇右的地域文学意蕴及其意义,王忠禄,天水师范学院学报,2013.4

论宋辽金元美学的平淡境界,邹其昌,创意与设计,2013.4

南宋中后期道学派与江湖、四灵的诗体取向,马建平,临沂大学学报,2013.4

声诗还是歌诗:宋代音乐文学概念辨析,韩伟,大连理工大学学报,2013.4

士人贬谪与文学创作——宋神宗至高宗五朝文坛新取向,沈松勤,中华文史论丛,2013.4

宋初的隐逸精神与隐逸文化生态,刘辰,中国青年政治学院学报,2013.4

宋代文人的庶族文化特征与陶渊明的接受,王慧刚,当代文坛,2013.4

宋人对"漫家"元结的精神体认与宋人的吏隐,艳菊,齐齐哈尔大学学报,2013.4

唐宋时期的"蒙顶茶"及其诗词题咏,张利文,湖南农业大学学报,2013.4

自然意象衔接研究——以唐宋贬谪诗词为例,张珍、夏日光,襄阳职业技术学院学报,2013.4

单体总集编纂的文体学意义——以唐宋元时期为例,朱迎平,中山大学学报,2013.5

关于宋朝"贬谪"文学的分析,赵彩娟,语文建设,2013.5

岭南意象视角下唐宋贬谪诗的归情,侯艳,广西社会科学,2013.5

论"韩欧"作为传统散文的意义——中国古代散文走向成熟,刘美玉,攀枝花学院学报,2013.5

论《新唐书》古文家传记书写与唐宋文学观念转型的关系,田恩铭,浙江师范大学学报,2013.5

论宋人自觉美化环境的生态意识,张雷宇,河南教育学院学报,2013.5

浅谈唐诗宋词与琵琶表演艺术的相互交融,李明兴,艺术科技,2013.5

宋代士人吏隐的精神价值与山林境界的转向,程磊,中南民族大学学报,2013.5

宋代中越文学交流述论,刘玉珺,学术论坛,2013.5

从汉唐气象到宋元境界——宋代美学风貌概述，潘立勇，杭州师范大学学报，2013.6

地域文化视野下的月泉吟社研究，邹艳，江西社会科学，2013.6

南宋科举、道学与古文之学——兼论南宋知识话语的分立与合流，林岩，中山大学学报，2013.6

情感、移情与心理空间实时意义构建——以中国唐宋诗词英译为例，蒋丽萍，长春理工大学学报，2013.6

宋初山林隐逸的精神转向与理想人格的重构，程磊，中国海洋大学学报，2013.6

宋人对杜牧诗文的接受与传播，苏铁生、陈建森，北方论丛，2013.6

唐宋旅游诗词比较，张丽君，学术探索，2013.6

唐宋诗词中的哀怨美，季红花，吉林广播电视大学学报，2013.6

亡宋祈请使群体及创作考论，闫雪莹，古籍整理研究学刊，2013.6

"一鸟不鸣山更幽"的文化象征——以荆公新学为背景，董宇宇，理论界，2013.7

宋代文人与《般若心经》，张海沙，暨南学报，2013.7

唐宋文人的"行路难"情结，靳梓培，重庆科技学院学报，2013.8

重评唐宋时期湖南文学发展之大势，黄仁生，书屋，2013.8

宋代福建文学家族与家族文学，林毓莎，福建论坛，2012.12

对唐宋经典作家仕隐思想的重新审视，张文，全国新书目，2013.12

山水游宦视域下宋人"金山题咏"的文化意蕴，程磊，兰州学刊，2013.12

唐诗宋词颜色词意象英译，王筱，湖北科技学院学报，2013.12

浅析莲意象的产生及其在唐宋时期的演变，陈颀、尤倩，名作欣赏，2013.17

论两宋理学家文道观的类型、特征及其内在矛盾性，王培友，中国诗歌研究，2013

献诗：宋人的"敲门砖"，晏建怀，财会月刊，2013.15

朝鲜假传对中国唐宋叙事文学影响的接受——从高丽朝的假传创作谈起，李杉婵，前沿，2013.15

中唐入宋时期的"文统"与"道统"：一个互文性的考察，王基伦，中国古代文学理论学会第十八届年会暨国际学术研讨会论文集，2013

唐宋文化的审美差异,高峰,南京日报,2012.7.17
宋代江西文学家结构分析,刘双琴,中国社会科学报,2012.12.28
唐宋八大家在法国,车琳,中国社会科学报,2013.10.23

二、诗及诗学批评

韩国诗话《诗家点灯》唐宋诗举证研究,聂垚,吉林大学博士学位论文,2012
宋诗与明代诗坛,郑婷,复旦大学博士学位论文,2012
唐宋诗中的孔子研究,周岩壁,华东师范大学博士学位论文,2012
宋代乐府诗研究,罗旻,北京大学博士学位论文,2012
宋代雅乐乐歌研究,徐利华,南开大学博士学位论文,2012
南宋中兴三大诗人的梦诗研究,路薇,西北大学硕士学位论文,2012
宋诗"兴发感动"的审美表现研究,刘斌,辽宁师范大学硕士学位论文,2012
江苏非吴语区宋诗用韵研究,林海丽,南京师范大学硕士学位论文,2012
宋诗与宋代灾害探研,王宇飞,四川师范大学硕士学位论文,2012
卞之琳智性诗歌与宋诗理趣,王晨晨,华中师范大学硕士学位论文,2012
《全宋诗》南宋江西诗人用韵研究,章江艳,南昌大学硕士学位论文,2012
《文苑英华》诗歌类目分类体系研究,高娟,鲁东大学硕士学位论文,2012
宋代陶诗评论与宋诗平淡自然审美理想之构建,王伟杰,山东大学硕士学位论文,2012
宋代帖子词研究,徐利,安徽大学硕士学位论文,2012
宋代端午帖子词研究,张多姣,湖南大学硕士学位论文,2012
宋诗中的古琴艺术,郭新云,河南大学硕士学位论文,2012
宋代苦吟诗论,赵文洁,山西大学硕士学位论文,2012
宋代童趣诗研究,李丹,西南大学硕士学位论文,2012
宋代禽言诗研究,王福苓,西南大学硕士学位论文,2012
宋诗话中"趣"范畴的研究,杨秀平,西南大学硕士学位论文,2012
宋代闺阁女诗人及其诗作研究,侯志敏,内蒙古大学硕士学位论文,2012
宋代民间歌谣研究,蔡金成,南京师范大学硕士学位论文,2012
唐宋竹枝词研究,陈敏,辽宁大学硕士学位论文,2012

宋代茶诗三题，何珊，哈尔滨师范大学硕士学位论文，2012

北宋应制诗研究，王楠，温州大学硕士学位论文，2012

地域文化与洛阳钱幕文人集团唱和诗研究，王书荣，广西大学硕士学位论文，2012

南宋六言诗研究，张瑞芳，兰州大学硕士学位论文，2012

宋代洗儿诗与示儿诗研究，吴春秋，湖南科技大学硕士学位论文，2012

宋代梦诗研究，王鹿，南京大学硕士学位论文，2012

程千帆与宋诗研究，王珊珊，东北师范大学硕士学位论文，2012

宋诗中的男子簪花现象研究，谭艳玲，西南大学硕士学位论文，2013

《宋诗选注》研究，彭彩凤，内蒙古师范大学硕士学位论文，2013

唐宋诗学“圆融”范畴研究，王国君，暨南大学硕士学位论文，2013

宋诗书灯意象研究，薛涓，西南大学硕士学位论文，2013

宋辽金民间歌谣研究，范晓婧，南京师范大学硕士学位论文，2013

宋代武人诗研究，娄斯文，辽宁大学硕士学位论文，2013

宋代女性诗人及诗作探析，谢静雯，宁夏大学硕士学位论文，2013

宋代哀悼诗研究，张迎双，南京师范大学硕士学位论文，2013

北宋茶诗研究，苏琼，宁夏大学硕士学位论文，2013

宋代“和陶诗”研究，陈可人，南京师范大学硕士学位论文，2013

宋代风土百咏诗研究，魏倩，河北师范大学硕士学位论文，2013

宋代桃源诗研究，邹静，广西师范大学硕士学位论文，2013

地域文化视野下的宋元竹枝词，钱晓燕，河北师范大学硕士学位论文，2013

宋代题画诗研究，叶林艳，中南民族大学硕士学位论文，2013

宋诗话论杜对宋人注杜的影响研究，杨凌峰，西南大学硕士学位论文，2013

《钱钟书手稿集·容安馆札记》与南宋诗歌发展观，王水照，文学评论，2012.1

《全宋诗》乐章辑考——新补大晟府乐章50首及其他乐章辑考，张春义，嘉兴学院学报，2012.1

《全宋诗·皇荂曲》作者邓林考辨，洪亚楠，广州大学学报，2012.1

《诗缉》的成书时间及其“以诗解《诗》”，周东亮，西南交通大学学报，2012.1

《西昆酬唱集》的道教底色，罗争鸣，武汉大学学报，2012.1

北宋大观年间庐山诗社考——兼论其与江西诗社之关系，罗宁，九江学院学报，2012.1

帝王诗与帝王业,马军,青春,2012.1

讽物、观理与宋诗的“理趣”,谢琰,文学评论丛刊,2012.1

论采桑女形象在宋诗中的新变,闫续瑞、杨茂文,兰州学刊,2012.1

论南宋后期诗歌从宗唐到学杜的转变,左汉林,楚雄师范学院学报,2012.1

论诗诗与南宋后期诗学批评,刘飞、赵厚均,学术界 2012.1

论宋初百年台谏制度建设与士人气节及诗格变迁之关系,王培友,求是学刊,2012.1

论宋代采桑诗的农事主题,闫续瑞、杨茂文,文艺评论,2012.1

论宋代诗歌阐释的学问化特色,颜文武,广西社会科学,2012.1

论宋元诗学的共通性,屈国琴,濮阳职业技术学院学报,2012.1

南宋《胡笳十八拍》集句诗之书写及其历史意义,衣若芬,浙江大学学报,2012.1

日本学者池泽滋子的宋诗研究,邱美琼,古典文学知识,2012.1

宋代“贫民诗”成因探析,何蕾,北方论丛,2012.1

宋代两浙地区民俗诗创作的多维透视,蒋东玲、侯英,江西社会科学,2012.1

宋代旅桂文人送别诗研究,李明原,广西教育学院学报,2012.1

宋代诗人笔下的鉴湖风貌,渠晓云,绍兴文理学院学报,2012.1

宋代洗儿诗初论,王友胜、吴春秋,中国文化研究 2012.1

熊念劬《宋人如话诗选》研究,王顺贵、黄淑芳,上饶师范学院学报,2012.1

任渊《黄陈诗集注》所引宋人佚书考,吴晓蔓,古籍整理研究学刊,2012.2

“镜喻”文化与“水月镜花”诗论,严红彦,学术论坛,2012.2

《全宋诗》误收唐诗考辨,朱腾云,河南大学学报,2012.2

《宋诗选注》诗注艺术探微,郭俐兵,时代文学(上半月),2012.2

补《全宋诗》81 首——新补《全宋诗》之二,彭国忠,华东师范大学学报,2012.2

北宋庐山诗社小考,罗宁,文学遗产,2012.2

南宋中兴诗人群体论纲,曾维刚,兰州大学学报,2012.2

论清人编宋诗选本的稿源多样性,高磊,内蒙古大学学报,2012.2

论宋代诗论中的“一唱三叹”说,徐利华,中国韵文学刊,2012.2

南朝与南宋诗歌对比研究,姚文文,语文学刊,2012.2

去意尚味——南宋中后期诗学阐释论,李光生,合肥工业大学学报,2012.2

宋代诗歌观念的转变,颜庆余,江苏教育学院学报,2012.2

“柴米油盐酱醋茶”入诗录,刘继尧,茶叶通讯,2012.3

《岁寒堂诗话》研究现状述评,张颖,开封教育学院学报,2012.3

北宋重要诗案与诗歌发展的转向,杜若鸿,浙江大学学报,2012.3

窗外之梅　窗内之书——论宋诗新原质“梅”、“窗”、“书”之人文品格,周剑之,汉语言文学研究,2012.3

论农具诗在北宋的发展,张明华,安徽农业大学学报,2012.3

论宋代诗学的文本倾向及其蕴涵的文学经典意识,闫霞,聊城大学学报,2012.3

宋初晚唐诗派形成原因探析,刘辰,湖南科技学院学报,2012.3

宋代劝农诗探研,陈伟庆,农业考古,2012.3

宋代儒家道德诗学的生成逻辑和理论内核,张文浩,华夏文化论坛,2012.3

宋代儒家道德诗学的研究路径,张文浩,内蒙古社会科学,2012.3

宋代诗人酬唱圈研究,吕肖奂,国学学刊,2012.3

宋代诗学视阈内的“健”范畴,张振谦,云南社会科学,2012.3

宋代诗意图的创作情形和艺术特征,黄贤辉、赵晓涛,华南师范大学学报,2012.3

宋代史学精神与史论诗,韦春喜,山东大学学报,2012.3

宋诗语言反讽手法管窥,吴静,广西教育学院学报,2012.3

天潢贵胄的吟唱——试论宋代宗室诗,陶广学,广东广播电视大学学报,2012.3

以战喻诗:略论宋诗中的“诗战”之喻及其创作心理,周裕锴,文学遗产,2012.3

再论《桃花溪》的诗作者问题,张兰芳,语文知识,2012.3

“渔父家风”与江西诗派,伍晓蔓,文学遗产,2012.4

《千家诗》的版本流传与编辑特点,丁志军、徐希平,西南民族大学学报,2012.4

从宋诗看诗与画在文体表现上的宽度与限度,熊丹丹,广西职业技术学院学报,2012.4

从宋诗看宋代两浙地区的农业崇信习俗,蒋东玲、侯英,农业考古,2012.4

从浙地民俗诗看宋代浙人之社会性格,蒋东玲,湖北民族学院学报,2012.4

东传日本之宋元僧人诗集举隅,杨铸,中国典籍与文化,2012.4

花鸟画题画诗意象类型研究,史宏云,晋阳学刊,2012.4

论南宋诗人使用杜诗典故的特点,左汉林,广西民族师范学院学报,2012.4

论宋初百年偈语诗的诗性品格及其文化价值,王培友,清华大学学报,2012.4
论宋初晚唐派诗歌的主题取向,刘辰,牡丹江大学学报,2012.4
论宋诗话《韵语阳秋》的创作特色,张乡里,求索,2012.4
浅析宋代乡愁诗的情感内涵与抒情范式,王运涛,河南广播电视大学学报,2012.4
日本学者浅见洋二的宋代诗学研究,邱美琼、杨素霞,井冈山大学学报,2012.4
试论宋代诗人诗歌创作叶音及其语音根据,刘晓南,语文研究,2012.4
宋初晚唐体清寒苦吟诗风与佛家怀抱,赵宏、宫波,北方论丛,2012.4
宋初西昆体文学价值的反思与再议,辛烨,忻州师范学院学报,2012.4
宋代儒家道德诗学的生成逻辑和理论内核,张文浩,南京政治学院学报,2012.4
宋代昭君诗主题嬗变的理学渊源,邓莹辉,中南民族大学学报,2012.4
宋末元初唐宋诗之辨论析,刘飞、赵厚均,南京师大学报,2012.4
宋诗视阈中两浙地区城市商贸新风略论,蒋东玲,江西财经大学学报,2012.4
唐末至宋初的宗白诗风,陈毓文,湖南农业大学学报,2012.4
唐宋诗歌批评中的以“健”论诗,张振谦,中南民族大学学报,2012.4
唐宋诗学中“雪夜访戴”意象的文化审美嬗变,侯艳,兰州大学学报,2012.4
浙地民俗诗对宋诗的领域拓展及手法创新,蒋东玲,湖州师范学院学报,2012.4
论南宋中兴时期道学发展与道学诗人群体的形成,曾维刚,西北师大学报,2012.4
科举对南宋诗坛的影响:以诗人“身份自觉”意识为中心的考察,王开春,求是学刊,2012.5
《全宋诗》疏误小札,王宏生,福建江夏学院学报,2012.5
《全宋诗·寇准卷》文献述考,胡世强,东南学术,2012.5
《宋诗纪事》时政谣谚论略,方燕,四川师范大学学报,2012.5
《文苑英华》编者的乐府观,王辉斌,阅江学刊,2012.5
科举对南宋诗坛的影响——以诗人“身份自觉”意识为中心的考察,王开春,求是学刊,2012.5
论卢仝的《饮茶歌》对宋诗的影响,周圣弘、林君妍,湖北师范学院学报,2012.5
论清人编宋诗选本的地域不平衡性,马卫中、高磊,苏州大学学报,2012.5

论宋代律诗叙事功能的增强，周剑之，江西社会科学，2012.5
论宋代诗话的“闲评”特色与理性精神，谢珊珊、邓乔彬，文艺理论研究，2012.5
论宋人本意还原的诗歌阐释方法，王祝英，江西社会科学，2012.5
论宋诗话中的“味”，黄爱平、孙逊，文艺理论研究，2012.5
论宋诗中的簪花戴花意象，况汉英、周永香，安康学院学报，2012.5
论苏诗林子仁注，何泽棠，电子科技大学学报，2012.5
论唐宋诗差异与科举之关联，诸葛忆兵，文学评论，2012.5
略论江湖诗派中的宗室诗人，杨理论、骆晓倩，重庆师范大学学报，2012.5
明代唐宋诗高下之争的重新考察，沙先一、叶平，徐州师范大学学报，2012.5
宋初隐逸诗歌艺术风格探析，刘辰，衡阳师范学院学报，2012.5
宋代《海棠》诗归属考，涂小丽，古籍整理研究学刊，2012.5
宋代江浙诗韵中舌根鼻韵尾阳声韵及阴声韵、阳声韵通押考察，钱毅、钱宗武，扬州大学学报，2012.5
宋代农事诗的文化阐释，韩梅、孙旭，赤峰学院学报，2012.5
宋代诗人焚毁诗稿原因及其文化内涵之初探，魏晔、张夸，剑南文学（经典教苑），2012.5
宋诗纪事的发达与宋代诗学的叙事性转向，周剑之，文学遗产，2012.5
以诗为词：诗学内涵的历史演变及其相关论断评议，张巍，北方论丛，2012.5
《全宋诗》鲁交诗订补，张福清，江海学刊，2012.6
《宋诗别裁集》选源考，高磊，阴山学刊，2012.6
北宋豫章诗社考论，周子翼，江西社会科学，2012.6
淳熙十六年与南宋中期诗坛，王开春，安庆师范学院学报，2012.6
从辋川到半山——兼论盛唐绝句与北宋绝句之异同，邓芳，文史哲，2012.6
订正《全宋诗》一误，陈增杰，温州大学学报，2012.6
两宋出使辽金诗阐论，陈大远，北方论丛，2012.6
论杜甫诗歌对宋诗的影响，左汉林、韩成武，三峡大学学报，2012.6
论李商隐对江西诗派的影响，张巍，北京大学学报，2012.6
论宋代山水诗意象的世俗化倾向，孙兰、王刚，中国海洋大学学报，2012.6
南宋理学史学观与史论诗，韦春喜，文史哲，2012.6
弱势外交下的宋代使金词，彭国忠，安徽师范大学学报，2012.6
诗与故事的联姻——宋诗中的“传奇”与“志异”，周剑之，云南大学学报，

2012.6

宋初天台宗僧诗刍论,张艮,河南师范大学学报,2012.6

尊杜与非杜:两宋时期多元思潮的再阐释,梁桂芳,文史哲,2012.6

宋诗中高唐神女意象的转变及其原因分析,解婷婷,学术界,2012.6

唐宋诗学岭南意象的时空思维与生命审美抒写,侯艳,广西社会科学,2012.6

北宋诗人使用杜诗典故论略,左汉林,长江大学学报,2012.7

论南宋使金诗中的故国之痛,李自豪,剑南文学(经典教苑),2012.7

唐宋边塞诗风格成因比较,赵飞、郭艳华,现代语文,2012.7

基于社会转型理论的南宋爱国诗潮,任联齐,咸宁学院学报,2012.8

论宋代女性咏史诗的审美个性,田桂芬,名作欣赏,2012.8

宋人注宋诗的典故注释与批评,何泽棠、吴晓蔓,文艺评论,2012.8

高丽汉诗对宋诗之接受研究,王正海,学术界,2012.9

冯咏《江西诗派论》及其对江西诗派内涵的解读,邱美琼、王晶,南昌大学学报,2012.9

两宋使北诗三论,蒋英,湖北社会科学,2012.9

南宋诗歌地位、作用、功能之变迁,史伟,社会科学家,2012.9

从《宋诗选注》看钱钟书的宋诗观,李肖锐,文学界(理论版),2012.11

论北宋后期诗歌的宗唐倾向,左汉林,内江师范学院学报,2012.11

门巷规模古　田园气味长:宋代田园诗的生态视域观照,曹瑞娟,名作欣赏,2012.11

会当放汝江湖去——三教合一思想下的唐宋戒杀诗,吕继北,文史知识,2012.12

宋代诗学视野中的意象批评,刘伟,语文学刊,2012.12

论宋代边塞诗词的主题风貌,马冠芳,新西部(理论版),2012.14

“关得双扉坚似铁,不容俗物浪相干”——吴之振·《宋诗钞》·黄叶村庄·《种菜诗》及其他漫谈,漆永祥,东方艺术,2012.20

浅析宋初白体诗人对白居易诗歌体裁的学习,于向辉、张艳存,作家,2012.20

唐宋单亲诗人的诗人气质,周婷,语文学刊,2012.21

“妙观逸想”理论阐释——兼及宋人“学禅”风气对诗歌的影响,上官婧,青春岁月,2012.22

顿悟与渐悟——论宋诗话中的“以禅论诗”,杨华容,名作欣赏,2012.23

儒家仁学对唐宋诗歌的影响,刘佳丽,文教资料,2012.26

盛唐气象与宋诗理性的艺术特征及其教学策略,杨利群,考试周刊,2012.94

钱钟书选注《宋诗选注》中的诗学思想,李丽,Proceedings of 2013 3rd International Conference on Applied Social Science(ICASS 2013) Volume 3,2013

《全宋诗》道教类诗歌补正——以《道藏》记传类经典为中心,李小荣,古籍研究,2013.1

《全宋诗》及《全宋诗订补》辨证补遗,张焕玲,古籍整理研究学刊,2013.1

《全宋诗》指瑕27例,张昌红,嘉兴学院学报,2013.1

北宋初期诗人学杜论略,左汉林,伊犁师范学院学报,2013.1

采药诗和作为诗歌意象的"采药",叶雅风,牡丹江大学学报,2013.1

从宋代理学诗看传统诗观,刘楠,剑南文学(经典教苑),2013.1

佛禅诗话四则,张培锋,古典文学知识,2013.1

论南唐诗风在宋初诗坛的存续,郭倩,齐齐哈尔大学学报,2013.1

论宋代桂林石刻诗歌,何婵娟,广西教育学院学报,2013.1

略论宋诗对唐诗艺术技巧的沿革,吴丹琦,黑河学刊,2013.1

宋人注宋诗的诗学批评,何泽棠、吴晓蔓,大连理工大学学报,2013.1

宋诗:继承中的突破创新,康健,剑南文学(经典教苑),2013.1

宋诗对女性服饰"裙"的描写研究,宋静雯,重庆科技学院学报,2013.1

宋诗话中"格"的复杂意蕴及其诗学意义,黄爱平,华南理工大学学报,2013.1

宋诗尚意若干考察,刘飞,北方论丛,2013.1

宋诗选本序言的文学理论价值,王顺贵,社会科学战线,2013.1

唐宋论书诗的文化特质,由兴波,华夏文化论坛,2013.1

唐宋诗歌的"时空共寓"思维初探,赵洁,黑龙江生态工程职业学院学报,2013.1

唐宋小说的诗情与画意——以《游仙窟》、《红线》、《王幼玉记》、《李师师外传》等为例,苗贵松,理论界,2013.1

《虎溪三笑图》题画诗考论,于淑娟,中华文史论丛,2013.2

北宋除夕诗歌创作思想刍议,刘彩霞,吕梁教育学院学报,2013.2

论北宋中期诗歌创作中的学杜风潮,左汉林,山东大学学报,2013.2

论宋代海南谪宦的渡海诗,郭庆财,中国文学研究,2013.2

论宋代乐府诗创作对《诗》、《骚》传统的追溯，罗旻，湖南科技大学学报，2013.2
论宋代诗学中的“含蓄”观，罗璇，河北科技大学学报，2013.2
论宋代史地杂咏的思想内容及艺术特色，张焕玲，时代文学(下半月)，2013.2
论唐宋黔中诗的历史地理意象及其意义，马强，长江师范学院学报，2013.2
南宋诗学的“尚味”阐释观念，郑珊珊，云南社会科学，2013.2
钱钟书宋诗研究对治学的启示，王水照、侯体健，南京师范大学文学院学报，2013.2
宋代地域性诗文选本与地理志的关系，丁放、张晓利，江淮论坛，2013.2
宋代雕版印刷传播对宋代诗歌的影响，张锦辉，云南社会科学，2013.2
宋代集句诗“以词为诗”现象梳理及诗学意义，张福清，中国文学研究，2013.2
宋代诗歌总集新考，卞东波，中国韵文学刊，2013.2
宋代诗学的知识转向与抒情传统的重建，张健，北京大学学报，2013.2
宋集中的乐府诗编纂研究，罗旻，东岳论丛，2013.2
唐宋变革视野下的“元和体”诗学意义，田恩铭，井冈山大学学报，2013.2
唐宋之际“学人之诗”的传承与嬗变，张兴武、李海洁，西北师大学报，2013.2
《汉武》唱和诗述议——兼论《西昆酬唱集》的缘起与特征，罗争鸣，安徽大学学报，2013.3
从宋人注宋诗的用典研究看宋诗的创作理论，何泽棠，暨南学报，2013.3
从唐宋诗歌中展现出来的古代踏春运动，宋在国，兰台世界，2013.3
读宋诗札记，赵永源，江苏大学学报，2013.3
杜诗“吴体”与宋诗传承——胡应麟《诗薮》引诗考辨，陈广忠，中国韵文学刊，2013.3
论两宋科举制度对诗歌发展之助力，王培友，中国文化研究，2013.3
论庆历七律诗风，张立荣，社会科学战线，2013.3
论宋代史地杂咏的历史地理价值，张焕玲、褚连波，遵义师范学院学报，2013.3
论宋代史地杂咏的思想艺术特色，张焕玲，船山学刊，2013.3
论晚唐体与西昆体的渊源与离合，傅蓉蓉，扬州大学学报，2013.3
浅论宋诗话中的“工”——以《诗话总龟》及《苕溪渔隐丛话》为例，郑若萍，华中人文论丛，2013.3
浅析唐宋悯农诗中的对比手法，张学椿，闽西职业技术学院学报，2013.3
日本学者内山精也的宋诗研究，邱美琼、殷丽萍，浙江师范大学学报，2013.3

试论杜诗对宋末遗民诗的影响——以杜本《谷音》为例，葛志伟，杜甫研究学刊，2013.3

宋代韩愈诗歌优劣之争——以欧、王、苏、黄、陈为例，孙文明，广西职业技术学院学报，2013.3

宋诗情景关系疏离原因探究，叶官谋，广州广播电视大学学报，2013.3

围棋与义理：思想史视野中的宋代围棋诗歌，何云波，中国韵文学刊，2013.3

元祐更化初《同文馆唱和诗》考论，吕肖奂，四川大学学报，2013.3

宗教景观视野下唐宋时期广西的诗歌创作特点，钟乃元、韩雪，柳州师专学报，2013.3

《全宋诗》重出考辨十二首，陈伟庆，中国韵文学刊，2013.4

从《宋诗选注》不选《正气歌》看钱钟书的“审美批评”，刘世南、李逃生，江西社会科学，2013.4

从宋诗看吴越地区市民休闲文化及其商业化趋向，蒋东玲，江西科技师范大学学报，2013.4

历代题咏濂溪理学的诗歌中之莲意象，王晚霞、汪任驰，成都大学学报，2013.4

两宋之际咏物诗中理学观念的渗透，王建生，文艺评论，2013.4

论两宋端午诗之公共写作与个体写作——以“续命缕”意象为中心，李小荣，社会科学研究，2013.4

论宋代“诗圣”说的内涵与成因，李新，保定学院学报，2013.4

论宋代诗法传授的几个问题，王德明、黎家延，广西师范大学学报，2013.4

论宋代诗僧诗话的内容特征，胡玉兰，黑河学刊，2013.4

尚韵与宋代诗学批评，刘飞、赵厚均，人文杂志，2013.4

宋代湖南诗社概论，陈小辉，南华大学学报，2013.4

宋代江浙诗人用韵的通语音变，钱毅，汉语学报，2013.4

宋代诗歌分题分韵创作的活动形态考察，吕肖奂，徐州工程学院学报，2013.4

宋代诗论中的用事论对高丽诗话批评的影响，蒋肖云，剑南文学(经典教苑)，2013.4

宋诗总集三论，王友胜，中国韵文学刊，2013.4

对唐宋诗歌的特别传唤——孔子研究的格外维度，周岩壁，中州大学学报，2013.5

江西派诗学特征探异，丁乐，绥化学院学报，2013.5

论集唐诗,张明华,阜阳师范学院学报,2013.5
论宋明两代的诗学辨体理论,陈艾红,黄冈师范学院学报,2013.5
论许浑七律对两宋诗人的影响,吕海龙,江南大学学报,2013.5
试论吉川幸次郎的《宋诗概说》,黄小梅,文学教育(下),2013.5
试论唐、宋郊祀声诗所呈现的时代特质,杨晓霭,西北师大学报,2013.5
宋人富贵诗论的转变,董灵超,湖南农业大学学报,2013.5
唐诗与宋诗差异论略,吴丹琦,黑河学院学报,2013.5
《全宋诗》误收唐人诗新考,阮堂明,苏州科技学院学报,2013.6
《宋诗纪事续补》补正(一),王利民,江海学刊,2013.6
《娱书堂诗话》的“新发现”,凌郁之,古典文学知识,2013.6
论北宋文人唱和诗的心理功能,郝美娟,西北大学学报,2013.6
论宋代田家诗的民俗化倾向,李黎,社会科学家,2013.6
宋代鄱阳湖旅游诗歌繁荣成因探析,章年卿,老区建设,2013.6
宋金元时期道教与诗歌研究的回顾与思考(2005－2012),罗争鸣,贵州社会科学,2013.6
宋末元初诗学批评中“本色”内涵的多维考察,刘飞,中州学刊,2013.6
宋元之际的理学诗风及其反拨,史伟,江西社会科学,2013.6
唐宋钦州流人与诗歌考,黎爱群、曾彤,广西职业技术学院学报,2013.6
从“唐韵”到“宋调”:江西诗派对中国美学传统的改变,钟锦,人文杂志,2013.7
唐宋文人汉中写景诗初探,宫臻祥,剑南文学(经典教苑),2013.7
从宋诗看宋代生态环境,曹瑞娟,兰台世界,2013.9
宋代寺院题诗的传播效应,左福生,中华文化论坛,2013.9
《沧浪诗话》与江西诗学,吴晟,广州大学学报,2013.11
宋诗艺术风格述评,王艳芳,长江大学学报,2013.11
宋代巴蜀诗社略论,陈小辉,成都师范学院学报,2013.12
宋仁宗朝诗学新建,马骥葵,文艺评论,2013.12
忧时元是诗人职:贾似道与晚宋诗歌,操瑞文、张晓利,兰台世界,2013.12
试论两宋游仙诗的发展及类型,杨振旗,淮海工学院学报,2013.13
大学古代文学(唐宋阶段)诗歌作品探索和研究——唐宋诗作的文学特点及其成因剖析,刘晓慧,大学教育,2013.21
论唐宋时期广西诗的概貌及地域特征,钟乃元,安徽文学(下半月),2013.2下

“穷者之诗”:剖析“多余人”形象的诗意,李永雅,名作欣赏,2013.32

三、词及词学批评

宋代笔记在《全宋词》编纂中的史料价值,宋娟博士学位论文,2012

唐宋行旅词研究,朱国伟,南京师范大学博士学位论文,2012

北宋士大夫词研究,马里扬,北京大学博士学位论文,2012

唐宋词体论要,李飞跃,北京大学博士学位论文,2012

宋词的女性化特征演变史,孙艳红,吉林大学博士学位论文,2012

宋词音乐专题研究,伍三土,扬州大学博士学位论文,2013

《全宋词》中的乐舞词研究,刘艳超,沈阳师范大学硕士学位论文,2012

北宋豪放词的发展流变研究,杨阳,北方民族大学硕士学位论文,2012

宋词帘意象研究,邓龙飞,华侨大学硕士学位论文,2012

从翻译美学看许渊冲英译宋词中悲情美的再现,柳晓利,华中师范大学硕士学位论文,2012

从闲情逸志到亡国之音,谢诚,上海社会科学院硕士学位论文,2012

宋词五十六字以上小令词律研究,周雷,山东师范大学硕士学位论文,2012

宋代山水田园词研究,张培,河南大学硕士学位论文,2012

宋代元宵词研究,林晶晶,广西师范大学硕士学位论文,2012

宋南渡时期唱和词研究,王琼,湖北大学硕士学位论文,2012

唐宋鸿雁词研究,王梦玉,南京师范大学硕士学位论文,2012

宋代寒食词研究,关君怡,辽宁大学硕士学位论文,2012

北宋词本事研究,项鸿强,陕西师范大学硕士学位论文,2012

北宋词本事研究,郝青,河北师范大学硕士学位论文,2012

词与宋代笔记小说,禹霖,四川师范大学硕士学位论文,2012

论南宋咏物词的审美范式,晏婷,陕西师范大学硕士学位论文,2012

南宋咏史怀古词主题研究,荆帅帅,陕西师范大学硕士学位论文,2012

宋词柳絮意象研究,李妍,辽宁大学硕士学位论文,2012

宋代女词人常见意象分析,彭艳芳,陕西师范大学硕士学位论文,2012

《全宋词》四十三字至四十六字小令词谱研究,翟丽丽,山东师范大学硕士学

位论文,2012
《全宋词》五十至五十五字小令词谱研究,玄婷婷,山东师范大学硕士学位论文,2012
北宋"正人艳词"研究,林倩帆,广西大学硕士学位论文,2012
晁氏家族词学观念及其词作研究,林婧,哈尔滨师范大学硕士学位论文,2012
两宋檃括词研究,李颖,鲁东大学硕士学位论文,2012
宋朝女性词作中的民俗,肖云姣,江西师范大学硕士学位论文,2012
宋词四十二字及以下小令词律研究,陈玉,山东师范大学硕士学位论文,2012
宋代季节词的情感世界,肖迪,延边大学硕士学位论文,2012
宋代咏茶词研究,吴启桐,延边大学硕士学位论文,2012
《全宋词》量词研究,杜靖华,郑州大学硕士学位论文,2013
《全宋词》四十七至四十九字小令词谱研究,李业兰,山东师范大学硕士学位论文,2013
《全宋词》五十九至六十六字中调词谱研究,刘艳,山东师范大学硕士学位论文,2013
《苏幕遮》研究,程璐瑶,河北师范大学硕士学位论文,2013
窥探宋词中的筝乐艺术,梅丽娟,江西师范大学硕士学位论文,2013
南宋浙西词地图研究,叶紫,南京师范大学硕士学位论文,2013
宋词中的武术文化,赵莉,河南大学硕士学位论文,2013
宋代茶词研究,张稳,山东大学硕士学位论文,2013
宋代金曲《念奴娇》词研究,周丹,兰州大学硕士学位论文,2013
宋代联章词纵向研究,徐梅,广西大学硕士学位论文,2013
宋元词曲递变研究,刘芳,南京大学硕士学位论文,2013
宋代应制词三论,姜延达,哈尔滨师范大学硕士学位论文,2013
唐宋《江城子》词调及其词作研究,杨阳,东北师范大学硕士学位论文,2013
唐宋《菩萨蛮》词研究,李芳,南京师范大学硕士学位论文,2013
南宋遗民山水词研究,方玲,西北大学硕士学位论文,2013
"曲子"、"长短句"、"诗余"与宋人对词体的归类认识,杨旭,人文丛刊,2012
浅谈宋代科举制度与宋词的"联体化",徐坤,文学界(理论版),2012.1
词的兴起与成熟,李颖利,山西煤炭管理干部学院学报,2012.1
词牌、曲牌与文人、乐人之关系,项阳,文艺研究 2012.1

从《全宋词审稿笔记》看唐圭璋对《全宋词》的修纂及其人格风范，潘明福、王兆鹏，南京师大学报，2012.1

从寄夫词看宋代侍妾的艰难处境，骆新泉，长春师范学院学报，2012.1

从宋词看宋代的民俗文化，程越，群文天地，2012.1

读宋代词人笔下的“渔父”，钟婷婷，现代语文，2012.1

论两宋豪放词与婉约词的阴阳关系，李刚刚、陈康妮，北方文学（下半月），2012.1

论两宋赠妓、咏妓词的异同，陈丽丽，江西社会科学，2012.1

论南宋“和清真词”现象——以方千里、杨泽民、陈允平为核心，杜丽萍，兰州学刊，2012.1

论宋词与女乐之关系，余皓，黄钟，2012.1

论宋词中“功用性亭”意象的抒情内涵及其艺术营构，王慧敏，长春师范学院学报，2012.1

论宋代多片词，赵雪沛、陶文鹏，江海学刊，2012.1

论宋代四川籍词人的分布，张俊强，郑州航空工业管理学院学报，2012.1

诗社参照下的南宋词社活动特点，张晓利、操瑞文，河南工业大学学报，2012.1

试论宋词中的“倦客”形象，王萍，广州大学学报，2012.1

宋词“无语”修辞的审美考察，郭守运，文学评论，2012.1

宋词窗意象的审美探析，赵玲玲，长春师范学院学报，2012.1

宋词的传播方式探析，黄懿，名作欣赏，2012.1

宋词调与宫调，洛地，西华师范大学学报，2012.1

宋代词人词调运用的定量分析，刘尊明、杨东林，中国文化研究，2012.1

宋代女作家自我意识的觉醒及其诗词呈现，谢穑，湖南农业大学学报，2012.1

美学视角下宋词《江城子》三个英译本的对比研究，师文颖，名作欣赏，2012.11

浅论宋代女性词人，李玥、杨艳梅，长春师范学院学报，2012.11

唐宋诗词鉴赏能力的培养，郑云龙，现代语文（教学研究版），2012.11

论唐宋巴蜀词的民俗传承，王玫，文艺评论，2012.12

宋词叙事性与教育神经科学的互动关系研究，薛健飞、浦玉忠，求索，2012.12

宋代题画词的主要贡献和后世影响，苗贵松，哈尔滨学院学报，2012.12

唐宋秋千词略论，梁俊仙、岳玉平，名作欣赏，2012.12

壁间奇葩：论宋代题壁词的艺术特征，祝云珠，齐齐哈尔大学学报，2012.2

传播模式下的“词为艳科”,郭如贞、周璀,淄博师专学报,2012.2

多维视角,解读愁情——宋词中愁情词的鉴赏,张蓓蕾,长春工业大学学报,2012.2

论“词圣”,夏志颖,文学评论丛刊 2012.2

论宋代中秋词中的嫦娥与桂花意象,于莎雯,名作欣赏,2012.2

论元好问对宋词的继承与创新,黄春梅,长春师范学院学报,2012.2

略论宋词酒意象的道家人生哲学意蕴,邓龙飞,铜仁学院学报,2012.2

漫漫边塞天地,悠悠历史长河——浅析宋代边塞词的历史蕴涵,董继兵,名作欣赏,2012.2

明人和宋词刍议,顾宝林,中国社会科学院研究生院学报,2012.2

少年游事老方觉——南宋遗民词人的怀想之悲,丁楹,重庆文理学院学报,2012.2

试论宋词流派划分及其特色,雷江红,山西煤炭管理干部学院学报,2012.2

试论宋代寄内词的七种感情模式,骆新泉,南阳师范学院学报,2012.2

宋词“镜”意象的审美探析,林盛禹,安徽理工大学学报,2012.2

宋词女性主题的艺术表现,赵盛国,郧阳师范高等专科学校学报,2012.2

宋词中的离愁别绪,张瑞琴,剑南文学(经典教苑),2012.2

宋词中的长安书写,张文利、张乐,西北大学学报,2012.2

宋代词选传播的特点与宋人心目中的宋词“名家”,邓建,长江学术,2012.2

宋人词中的“上元奇遇”,马里扬,古典文学知识,2012.2

宋夏战争与北宋词学审美风貌的演进,郭艳华,宁夏师范学院学报,2012.2

唐宋人词选的理论批评价值,余敏芳,五邑大学学报,2012.2

论宋元话本小说中的词学文献价值,曹凤群,文学界(理论版),2012.2

“苏幕遮”的传播,张培锋,文史知识,2012.3

词亦可以观——以两宋词为核心,娄洪,枣庄学院学报,2012.3

读点宋词,吴惠娟,秘书,2012.3

论北宋前期词的悲情意识,董宇宇,理论界,2012.3

论宋代元宵词的悲剧意识,谈春蓉,盐城师范学院学报,2012.3

论宋代镇江怀古词,李辉,阴山学刊,2012.3

论唐宋游仙词,张振谦,大连理工大学学报,2012.3

南宋遗民词与佛教思想,梁健,佳木斯大学社会科学学报,2012.3

逆转·拟人·新显·认知——宋词中咏“愁”的新奇隐喻，刘桃梅，百色学院学报，2012.3
浅析宋词崇雅的原因，黄海，贵州大学学报，2012.3
试论宋代山水田园词人创作的深层意识，张培，许昌学院学报，2012.3
宋词钓叟形象探微，柯映宏，南方论刊，2012.3
宋词中的颜色词语，董佳，西北大学学报，2012.3
宋词中筝音的悲喜意境，王洁茹，北方文学（下半月），2012.3
宋代金陵怀古词简论，李辉，阜阳师范学院学报，2012.3
宋代女性词人“荷”意象的文化意蕴，王湘华，甘肃社会科学，2012.3
宋代所传词集丛考，王兆鹏，词学，第27辑
谈谈婉约词和豪放词的不同特点，陈允诺，文学教育（中），2012.3
综论词的起源（上），王伟勇、薛乃文，中国韵文学刊，2012.3
“视域融合”视野下“以诗为词”的论辩，赵英超，中国石油大学胜利学院学报，2012.4
《本事词》“自序”之解读，陈玉国，内蒙古民族大学学报，2012.4
《草堂诗余》在清初的接受与批评，焦晓静，重庆三峡学院学报，2012.4
《抛球乐》考，于海博，文学遗产，2012.4
《渔家傲》中乡情浓，唐应淦、郑荣芳，文学教育（下），2012.4
蝉声呜咽中的凄凉与悲苦——《乐府补题·齐天乐》析论，周茜，河北大学学报，2012.4
词学对待性范畴研究的重要性，谢凤英，齐齐哈尔师范高等专科学校学报，2012.4
词学史论三议，夏中义，文艺理论研究，2012.4
论《草堂诗余》在明代的传播接受，朱建光，理论导刊，2012.4
论律赋在唐宋词体演进中的作用，曹辛华，文史哲，2012.4
论南宋理宗时期的理学与词，张潆文，哈尔滨师范大学社会科学学报，2012.4
论宋代词人贬谪对词体“诗化”的影响，张英，山西师大学报，2012.4
闽南语歌、唱唐宋词析论，王伟勇，国学学刊，2012.4
清人对宋季遗民词的批评接受及其词学意义，祝东，孝感学院学报，2012.4
宋词“恨”字修辞的审美考察，赵玲玲，文艺评论，2012.4
宋词发展成因论略，左超能，柳州师专学报，2012.4

宋词鼓声声像浅论,白帅敏,唐山学院学报,2012.4

宋词三国英雄意象探析,方新蓉,西华师范大学学报,2012.4

宋代边塞词的儒家文化解读,董继兵,咸宁学院学报,2012.4

宋代词调及用调的统计与分析,刘尊明、范晓燕,齐鲁学刊 2012.4

宋代女性词人作品风格浅论,闫冠华,吕梁学院学报,2012.4

宋代社交生活的"新宠"——从宋代社交词的定量分析谈起,王伟伟,东岳论丛,2012.4

唐宋词中"愁"的若干意象,李枫、关黑拽,时代文学(上半月),2012.4

虞美人杂考,赵红娟,浙江师范大学学报,2012.4

"十首九说妇人与酒":论李白闺情诗、饮酒诗对宋词的影响,刘京臣,中国社会科学院研究生院学报,2012.5

苏轼与南宋清空词风,郭锋,南京师大学报,2012.5

朱彝尊与宋代词选本,朱建光,宁夏大学学报,2012.5

北美词学研究述评,吴珺如,东吴学术,2012.5

本色的沿承与深化:孝宗时期的艳情词,陈丽丽,南京师大学报,2012.5

唱和体词,曾枣庄,古典文学知识,2012.5

论宋代艳情词中的寄托,陈丽丽,中州大学学报,2012.5

论中秋在宋词中的审美特征与表达效果,于莎雯,湖南社会科学,2012.5

宋词元曲色彩倾向之比较,李雅君,名作欣赏,2012.5

宋代边塞词的战争文化解读,董继兵,名作欣赏,2012.5

宋代词牌来源的女性化意蕴,谢穑,湖南社会科学,2012.5

宋代音乐文学消费对宋词发展的影响研究,贾忠,音乐创作,2012.5

唐宋时期歌妓唱词的传播范式,倪超,湖南科技学院学报,2012.5

选择的立场:宋人词选价值略论,余敏芳、赵晓岚,云梦学刊,2012.5

朱彝尊与宋代词选本,朱建光,宁夏大学学报,2012.5

追和词的产生及其发展脉络,史华娜,阅江学刊,2012.5

《唐宋词的定量分析》的方法论意义与学术贡献,邓建,天中学刊,2012.6

《增订注释全宋词》补注举隅,刘京臣,信阳师范学院学报,2012.6

边塞风光　气象雄阔,陶文鹏,古典文学知识,2012.6

从《望江南》到《回回偈》,李雄飞,民族文学研究,2012.6

从审美价值和思想价值两方面来探讨宋代婉约词的艺术性,陈光,文学界(理

论版),2012.6
关于"词曲递变"研究的几个问题,李昌集,吉林大学社会科学学报,2012.6
论江西诗派之词学及其意义,王睿,海南大学学报,2012.6
论南北曲曲调系统对词调的继承,刘芳,兰州学刊,2012.6
宋词创作观念矛盾与词文学美学体征的变化,蔡燕,曲靖师范学院学报,2012.6
宋词美学刍议,陈中林、徐梦吟,鄂州大学学报,2012.6
宋词所描写的琵琶音乐及其审美特征,刘尊明、李晓妍,徐州工程学院学报,2012.6
宋夏战争对宋初词学创作风貌的影响,郭艳华,北方民族大学学报,2012.6
唐宋诗词的阅读与研究,莫砺锋,华夏文化论坛,2012.6
倚声:宋代文人对言语的救赎,韩立平,文化学刊,2012.6
增订注释《全宋词》补注举隅,刘京臣,信阳师范学院学报,2012.6
宋、金教坊之盛衰与靖康之变,董希平、刘隽一,文艺研究,2012.7
词序在南宋和金元的分化发展,段红伟,理论界,2012.7
从闺阁艳情到隐喻言志——文人词中的女性形象类析,盛伟华,语数外学习(语文教育),2012.7
论唐宋词人身份地位的历史嬗变,侯海荣,长春教育学院学报,2012.7
自注与释读——浅析《忆少年》,李晨,剑南文学(经典教苑),2012.7
北宋前期词人词作的地理分布,李静,学术论坛,2012.8
北宋前期词事功观念辨正,董宇宇,文学教育(上),2012.8
梁令娴的词集选编与词学贡献,王湘华,江西社会科学,2012.8
论《乌夜啼》曲牌来源及其填制,王莉,玉林师范学院学报,2012.8
时代风气与南宋遗民词创作,丁楹,文艺评论,2012.8
试论唐宋《望江南》词的艺术风格,刘尊明,学术研究,2012.8
论经典形成中标准的变化及其身体认定:以宋词为例,董希平,社会科学战线,2012.9
浅析宋代边塞词的人物典故,董继兵,大众文艺,2012.9
唐宋词之"女性诱惑"论,宋秋敏,社会科学战线,2012.9
"苏学盛于北"与金词的发展历程,胡梅仙,长安大学学报,2013.1
词坛沉寂与"南词"北进——宋初百年词坛考察,沈松勤、楼培,北京大学学

报,2013.1

词体的唐宋之辨:一个被冷落的词学论题,符继成、赵晓岚,文艺研究,2013.1

从刘勰的通变观看宋词辨体论与破体论之得失,方建煌,励耘学刊(文学卷),2013.1

论《绝妙好词》的选词标准与审美取向,程磊,钦州学院学报,2013.1

论宋词的女性化词风,周剑,长沙民政职业技术学院学报,2013.1

论宋词的唐调与宋腔,房日晰,文艺研究,2013.1

论文人词对近体诗声律的模仿、突破与回归,刘芳,江苏社会科学,2013.1

梦象生意——写梦入词的创作立意剖析,侯夏娜,黑龙江生态工程职业学院学报,2013.1

南宋"词史"意识的自觉,李辉,中国韵文学刊,2013.1

南宋遗民词"以词存史"的叙事功能考察,陈瑜,福建师范大学学报,2013.1

浅析南宋遗民词人的群体特征,闻铭,剑南文学(经典教苑),2013.1

宋词艺术对现代歌曲的创作启示,郑平,贵州大学学报,2013.1

宋词与音乐,刘启恕,民族音乐,2013.1

宋代都市文化与宋词中的文学风景,刘扬忠,词学,第29辑

宋七家词人考略,王兆鹏、潘明福,南京师范大学文学院学报,2013.1

唐宋词的唯美主义倾向,宋秋敏,社会科学家2013.1

文学研究中的语汇与语汇系统——关于宋初体以及宋词基本结构模式的确立与推广,施议对,词学,第29辑

艳情与艳笔的离合:论南宋艳词与咏物词的交融,陈丽丽,南京师范大学文学院学报,2013.1

三首节令宋词的审美透析,王波平,新课程研究(中旬刊),2013.12

《草堂诗余》成书年代及编者再考辨,陈丽丽,中国文学研究,2013.2

词意画的变迁与宋词接受,王晓骊,学术交流,2013.2

闺阁园林间的浅吟低唱——从宋词看宋代闺阁的园林情调,张震英、雷艳平,学术论坛,2013.2

花庵绝妙词选笔记(一),刘子庚、胡永启,词学,第30辑

论宋词拟人手法的泛化与深化,陶文鹏、赵雪沛,徐州工程学院学报,2013.2

论宋词之词调与宫调的关系,谢桃坊,东南大学学报,2013.2

论唐宋词三次尊体运动,木斋、祖秋阳,词学,第30辑

南宋词的美学境界，潘立勇、吴树波，江苏社会科学，2013.2
试析政治对南宋词嬗变之影响，卫宏伟，合肥师范学院学报，2013.2
宋词题序的史料价值，张晓宁，安康学院学报，2013.2
宋词调水调歌头考，马里扬，词学，第30辑
宋词中的“长安”意象，李世忠，长安大学学报，2013.2
宋代节日词研究：一个文献综述，贺闱，重庆社会科学，2013.2
苏词变革的儒学复兴实质及其双重典范意义，黄贤忠，中国韵文学刊，2013.2
雅宴茶香笙歌阑——宋代士大夫的茶会情趣与茶词歌唱，杨晓霭，古典文学知识，2013.2
祝寿词所见宋代士人思想意识，王慧刚，北方论丛，2013.2
南宋江浙遗民词与江西遗民词之比较，宋全生，教育教学论坛，2013.25
简论《全宋词》中关于瑟的意象，张晓婷，濮阳职业技术学院学报，2013.3
论宋代节序词的情感诉求，李术文，山西师大学报，2013.3
论唐宋词在韩国的传播与接受，钱锡生，江海学刊，2013.3
女性主义批评视野下的宋女性词中的女性形象，康燕燕、谭东梅，华中人文论丛，2013.3
宋词与词讼，金国正，学术交流，2013.3
宋词中“香”意象探究，龙飞，贵阳学院学报，2013.3
宋词中的栏杆意象，单贞贞，濮阳职业技术学院学报，2013.3
宋词中的镇江魅力，李金坤，苏州科技学院学报，2013.3
宋代艳词的美学特质，陈艳秋，名作欣赏，2013.3
探究以诗为词，柯立中，南昌航空大学学报，2013.3
唐宋《望江南》词调的创制源流与声情特征，刘尊明、余泽薇，湖北大学学报，2013.3
《草堂诗余》与明代词学的复苏，岳淑珍，河南大学学报，2013.4
《宋史·乐志》“仙吕双”辨，石艺，古籍整理研究学刊，2013.4
《渔歌子》在唐宋文人接受中桃花意象的退出，白璐，合肥学院学报，2013.4
都市文化视阈中雅俗两种审美倾向的交汇与融合——以宋元话本中的词为例，郑永晓，长江学术，2013.4
多事之秋　多“梦”之人——南宋遗民词中的“梦”意象探析，路薇，宁夏大学学报，2013.4

论宋代宴饮活动与词的互动关系,马丽梅,江西师范大学学报,2013.4
宋词中蕴含的人生智慧,张翠爱,南京师范大学文学院学报,2013.4
宋代"销魂词"及其文学史意义,温瑜,北方论丛,2013.4
五代、两宋怀古词时代精神的演变,李辉,天水师范学院学报,2013.4
以欧阳修为例——略论宋传统大儒写艳情词的缘由,贾晓莉,商,2013.4
词体叙事探析,刘梅,赤峰学院学报,2013.5
杜诗意象对宋词的影响论略,刘京臣,太原师范学院学报,2013.5
论宋夏战争对北宋咏史怀古词创作的影响,郭艳华,北方民族大学学报,2013.5
仁宗朝馆阁翰苑与词坛论略,郭凌云,北京大学学报,2013.5
宋初词坛沉寂原因新探,孙克强,文学遗产,2013.5
宋词中的"西湖意象"及其文化蕴涵,沈松勤,文学遗产,2013.5
宋代隐逸词中的"归去"思想,张春丽,当代文坛,2013.5
唐宋山水词中的生态意蕴,张雷宇,郑州航空工业管理学院学报,2013.5
文化权力变迁中的宋词接受,王晓骊,石家庄学院学报,2013.5
韩文对宋词影响研究,刘京臣,聊城大学学报,2013.6
仁宗朝词坛新变及成因探析,郭凌云,求索,2013.6
宋词繁荣原因新论,李世忠,文艺评论,2013.6
宋南渡文人的道教因缘——兼论道教对文人词创作的影响,姚惠兰,中华文化论坛,2013.6
宋代茶词中的民俗风尚,黄光,湖北社会科学,2013.7
宋代山水画与词的美学特征,王万发、冯云轩,重庆社会科学,2013.7
《全宋词审稿笔记》宋元易代词人收录原则小议,王琨,大众文艺,2013.8
国衰词盛——论南宋社会与豪放词发展的关系,江菲菲,湖北函授大学学报,2013.8
论南宋前中期的词坛风尚及尊体进程,陈丽丽,江西社会科学,2013.8
唐宋咏物词探微,梁敏、利芸,广东技术师范学院学报,2013.8
宋代《满庭芳》词调研究,张云蕊,湖北科技学院学报,2013.9
宋代词调《青玉案》格律用韵研究,赵瑞华,湖北科技学院学报,2013.9
析唐宋词中的"芳草"意象,许美丽,郭杰,语文学刊,2012.13
论宋代词人对唐诗的借鉴倾向,陈明霞,重庆科技学院学报,2012.14

宋代女性词中的“梅花”意象，谢穑，语文学刊，2012.16
明月在唐宋诗词中的情境解析，张璞，青春岁月，2012.20
浅论宋词中的葡萄酒文化，陈静薇，丝绸之路，2012.20
宋代咏菊词与陶渊明，王慧刚，芒种，2012.22
从心理认知角度解读宋词的语篇连贯，杜惠玲，芒种，2012.24
试论慢词在北宋的发展，包佛忠，中国科教创新导刊，2012.36
烟雨宋词之金戈铁马，袁建明，中国农资，2012.49
论南宋爱国词中民族意识的体现，郭建，甘肃联合大学学报，2012.S4
蒋勋说宋词，蒋勋，当代学生，2012.Z4
浅析宋代词人的“凭栏”情结，袁峥，中南民族大学学报，2012.增
浅析创作环境对女性词的影响——以宋代女性词为例，陈虹，现代语文，2013.16
宋南渡时期抗金武将的词风探微，肖鑫，名作欣赏，2013.21
论回文体宋词的创作及特点，华建铭、韩瑞，大众文艺，2013.24
宋初山水词源起探析，刘影，名作欣赏，2013.26
20 世纪《词论》“别是一家”研究述略，方坚伟，名作欣赏，2013.6 下

四、散文及散文批评

宋代外交行记与语录研究，王皓，四川师范大学博士学位论文，2012
仁宗朝论兵文研究，滕雯，沈阳师范大学硕士学位论文，2012
宋代碑传理论研究，魏海稳，浙江师范大学硕士学位论文，2012
《文苑英华》赋类目研究，郭洪丽，鲁东大学硕士学位论文，2012
《文苑英华》散文类目研究，孟婷，鲁东大学硕士学位论文，2012
北宋诗序研究，孙英，西南大学硕士学位论文，2012
北宋士大夫奏议中的史论研究，黄开军，西南大学硕士学位论文，2013
两汉至宋代“赋”论研究，朱林霞，中央民族大学硕士学位论文，2013
宋初赋风的流衍，王东晨，山东大学硕士学位论文，2013
宋初科考与文赋，许洪波，中国海洋大学硕士学位论文，2012
宋代青词研究，韩丹，华东师范大学硕士学位论文，2012

宋代寓言文研究,石牧林,首都师范大学硕士学位论文,2012

北宋骈文理论批评研究,谢卓杰,湖北师范学院硕士学位论文,2013

宋元祝文初探——从和刻本《事林广记》中的祝文模板谈起,刘颖,内蒙古师范大学硕士学位论文,2013

昆体四六文研究,肖林桓,江南大学硕士学位论文,2013

两宋之际乡居田园辞赋研究,马颖颖,山东大学硕士学位论文,2013

南宋诗序研究,兰芳方,西南大学硕士学位论文,2013

宋代单篇传记研究,王皓,江西师范大学硕士学位论文,2013

宋代祈雨文研究,肖玉霞,西北师范大学硕士学位论文,2013

宋代唐集序跋研究,刘冰欣,西北大学硕士学位论文,2013

宋代文论"理趣"范畴研究,黄金华,湖北民族学院硕士学位论文,2013

宋六大家文话研究,李佳,兰州大学硕士学位论文,2013

宋人序宋别集研究,唐艳,广西大学硕士学位论文,2013

北宋书序作者所选择的传播因素分析,张静,成都理工大学学报,2012.1

论《宋文鉴》,巩本栋,中国文化研究,2012.1

论中国文章学正式成立的时限:南宋孝宗朝,祝尚书,文学遗产,2012.1

略论宋初散文的文化域,李佳,长江大学学报,2012.1

南宋扬州州学藏书楼记解读,江向东,国家图书馆学刊,2012.1

宋代书目中的宋赋研究,许净瞳,甘肃联合大学学报,2012.1

谢伋《四六谈麈》考论,李建军,图书馆理论与实践,2012.11

论宋代不同版本的《姑苏台赋》与士人品性,贾雁飞,求索,2012.12

"七"体创作一转关——宋元"七"辞新变浅探,孙科镂,文艺评论,2012.2

两宋僧道铭文小品论略,许外芳,华南理工大学学报,2012.2

论理学对南宋后期辞赋文学精神的规范与重塑,刘培,江海学刊,2012.2

南宋词科取士与制文之体关系论略,管琴,北京大学学报,2012.2

南宋后期辞赋创作探微,刘培,厦门大学学报,2012.2

判词的历史沿革及其在宋代的发展,姜小东,南京师范大学文学院学报,2012.2

宋代放生与放生文研究,赵杏根,上饶师范学院学报,2012.2

宋元时期古文批评之论"格",高洪岩,沈阳师范大学学报,2012.2

唐宋"四六"渐变转型的艺术轨迹,张兴武,中华文史论丛,2012.2

论理学对南宋后期辞赋文学精神的规范与重塑，刘培，江海学刊，2012.2
理学对南宋后期辞赋审美风范的规范与重塑，刘培，山西大学学报，2012.3
两宋之际的党争与辞赋创作，刘培，南开学报，2012.3
论两宋之际的四六文，黄之栋，浙江大学学报，2012.3
宋代墓志人物品评复音词初探，王海平，广播电视大学学报，2012.3
宋代浙东文派的散文史价值与文章学贡献，李建军，浙江学刊，2012.3
唐宋文之争发微，马茂军，社会科学研究，2012.3
论唐宋时期敦煌民间结社的当代意义：以敦煌社邑文书为中心，高天霞，东南学术，2012.4
《全宋文》所收碑志文补遗五篇，尚永亮、罗昌繁，长江学术，2012.4
禅宗与江西宋代散文的文化景观，刘松来、周兴泰，武汉大学学报，2012.4
陈衍《石遗室论文》论宋代古文，王基伦，古典文学知识，2012.4
论南宋中期辞赋骋才使气的创作倾向，刘培，四川大学学报，2012.4
论唐宋八大家对桐城派文体形成及其实践的影响，邓心强，大庆社会科学，2012.4
南宋孝宗时期散文作家群考论，陈君慧，甘肃社会科学，2012.4
宋代科举与辞赋嬗变，许结，复旦学报，2012.4
宋代祈谢雨文的文体类别及其所映现的仪式意涵，杨晓霭、肖玉霞，西北师大学报，2012.4
宋元时期科举文批评之论“格”，高洪岩、高云龙，辽东学院学报，2012.4
唐宋入蜀文人与巴蜀文化之缘，沈学玕，南京邮电大学学报，2012.4
从“诗味”到“文味”：宋代文章学之“味”范畴论析，刘春霞，华南师范大学学报，2012.5
论宋代选本《文章轨范》的选评特色——兼与《古文关键》比较，邓建，广西社会科学，2012.5
原宇宙形成之奥妙，论人法自然之道理——读王曾状元卷《有物混成赋》，栾华、栾绪夫，潍坊教育学院学报，2012.5
《八子百选》与《唐宋文醇》隐曲关系考——兼论《唐宋八大家文钞》在东亚书面语共同化进程中的范式意义，查屏球、滕汉洋，中山大学学报，2012.6
《全宋文》补正五则，刘隽一，中州学刊，2012.6
《全宋文》所收碑志文补遗七篇，罗昌繁，古籍整理研究学刊，2012.6

从“曲终奏雅”到“发端警策”——论献、考制度对赋体嬗变之影响，许结，湖北大学学报，2012.6

和刻本《淮海挐音》所收宋文辑考，陈斐，南都学坛，2012.6

论宋代制书的文体形态和文学性，徐海容，文艺评论，2012.8

宋代家谱序跋的文化意蕴，梅华，社会科学家，2012.8

论魏晋以后文言史构建的必要性——从唐宋古文的发展谈起，谢序华，怀化学院学报，2012.9

论宋代散文的艺术精神，柏春梅，新西部(理论版)，2012.13

试论宋辽金元墓志的语料价值，何山，重庆科技学院学报，2012.17

从《文苑英华》看宋人对唐赋的态度，杨欣华，文教资料，2012.26

宋代咏茶赋研究，罗璇，名作欣赏，2012.32

宋代弹劾公文的创作者心理探析，肖虹，兰台世界，2012.35

宋四六话:骈散之争格局中的骈文理论，温志拔，太原理工大学学报，2013.1

唐宋笔记文体辨析——为中国古代笔记散文正名，马茂军，华南师范大学学报，2013.1

《宋文通论》编校错误引发的反思，任文京，社会科学论坛，2013.11

《东坡志林》记游文学作品考论，田琦、漆子扬，辽东学院学报，2013.2

从“话”的文本特性看宋四六话的博杂特点，莫道才，广西师范大学学报，2013.2

论北宋书序的言说方式与传播策略，张静，长江学术，2013.2

唐宋金元文论“衰落”、“隆起”辨，杜书瀛，陕西师范大学学报，2013.2

《全宋文》补遗六篇，罗昌繁，渭南师范学院学报，2013.3

《全宋文》铭文重收指误和漏收补遗，许外芳，华南理工大学学报，2013.3

《全宋文》误收徐铉铭文一篇考辨——兼正《全宋诗订补》误署作者一例，张炜，西南交通大学学报，2013.3

论宋代骈体王言的政治功能与文学选择，周剑之，文学评论，2013.3

宋代文章评点本考录，张秋娥，常熟理工学院学报，2013.3

熙、丰文化生态与“西汉文风”之流衍——以翰林学士制诰诏令的承变为考察中心，陈元锋，文学遗产，2013.3

北宋文人辞赋尚雅情结发微，李晓红，辽东学院学报，2013.4

两宋之交辞赋中的仕与隐，周骥，辽东学院学报，2013.4

论苏门四学士辞赋创作及比较，鲍非非，辽东学院学报，2013.4

试从唐宋古文运动看“文”与“道”的关系，宋芸，黑龙江教育学院学报，2013.4

唐宋人所撰诗集序跋文的时代特色比较研究，郭根群、杜晶晶，岳阳职业技术学院学报，2013.4

论唐宋古文运动非以骈文为对立面，罗书华，上海师范大学学报，2013.5

宋代赠送序文体研究，张海鸥，韩山师范学院学报，2013.5

宋代文格与《黼藻文章百段锦》，彭国忠，安徽大学学报，2013.6

宋代字说考论，刘成国，文学遗产，2013.6

唐宋散文代表“韩欧”名称的缘起、演变及意义，刘美玉，河西学院学报，2013.6

唐宋吊文的文体形态和文学性，谢敏，文艺评论，2013.8

《全宋文》补遗，郑利锋，中州学刊，2013.9

两宋辞赋特质及其精神重塑，陈双蓉、归青，求索，2013.9

五、小说笔记戏剧

《太平广记》异文研究——以韩国所藏《太平广记详节》《太平通载》为中心，金相圭，浙江大学博士学位论文，2012

以宋代为背景的英雄传奇小说研究，杨秀苗，山东大学博士学位论文，2012

宋代笔记在《全宋词》编纂中的史料价值，宋娟，吉林大学博士学位论文，2012

宋代传奇研究，王庆珍，哈尔滨师范大学博士学位论文，2013

宋代文言小说叙事演变研究，王秀娟，南开大学博士学位论文，2013

从变文到元明词话的文体流变研究，韩洪波，扬州大学博士学位论文，2013

“范张交友”故事的传播及其文化意蕴，魏青青，温州大学硕士学位论文，2012

宋传奇及其文化内涵研究，赵丽君，重庆工商大学硕士学位论文，2012

《东京梦华录》之北宋都城汴梁民俗生活研究，周芊，青海师范大学硕士学位论文，2012

《鬼董》研究，温佳，黑龙江大学硕士学位论文，2012

曾慥《类说》的小说史价值研究，郭玉华，山东大学硕士学位论文，2012

以金盈之《醉翁谈录》为个案的笔记小说研究，蔡际青，黑龙江大学硕士学位论文，2012

《鸡肋编》研究,李珏坤,四川师范大学硕士学位论文,2012
词与宋代笔记小说,禹霖,四川师范大学硕士学位论文,2012
“参军”流变中若干问题的考论,姜伊飞,兰州大学硕士学位论文,2013
《汴京遗迹志》中的名胜文学研究,曹森,赣南师范学院硕士学位论文,2013
《鸡肋编》研究,陈路露,黑龙江大学硕士学位论文,2013
汉代至宋初禽鸟小说研究,李亚青,内蒙古师范大学硕士学位论文,2013
话本小说中的婚俗叙事研究,梅东伟,华东师范大学硕士学位论文,2013
宋人婚恋小说研究——以传奇、话本为中心,付成雪,集美大学硕士学位论文,2013
宋元公案话本中法官形象的法文化史考察,罗先红,河北大学硕士学位论文,2013
唐宋传奇艺术特征比较研究,马志红,黑龙江大学硕士学位论文,2013
宋元南戏中的书生形象研究,史薇,浙江工业大学硕士学位论文,2013
浅论宋元南戏与北曲杂剧在婚恋作品上的差异及原因,高雅琳,文学界(理论版),2012.1
从《精忠录》到《大宋中兴通俗演义》——小说商品生产之一例,石昌渝,文学遗产,2012.1
葫芦与双环:宋元话本小说的空间结构,夏明宇,河南师范大学学报,2012.1
话本小说“入话”的大众化叙事技巧探微,刘坡,襄樊学院学报,2012.1
论宋元文化生态对《三国志通俗演义》成书的影响,刘金亮,阜阳师范学院学报,2012.1
宋代杂剧与两宋党争简论,庆振轩,郑州大学学报,2012.1
宋明理学与章回小说的价值取向,宋克夫、邵金金,长江学术,2012.1
宋元话本中的媒人及说媒场景,梅东伟,洛阳师范学院学报,2012.1
文化合模的想象与规训——冯燕故事在宋代的叙述与传播,张劲松,贵州大学学报,2012.1
“说参请”考释——“说参请”源流研究系列之一,庆振轩,长江大学学报,2012.2
论宋元话本小说中的词学文献价值,曹凤群,文学界(理论版),2012.2
《鹤林玉露》著者罗大经生平事迹补考,王瑞来,中国典籍与文化,2012.2
《清凉三传》文本论析,杜瑞平,名作欣赏,2012.2

《武林旧事》非"地理类"论，王庆珍，学术交流，2012.2

近百年来宋元戏曲本体与生成的反思，陈建森、莫嘉丽，文艺理论研究，2012.2

科举背景下宋代文言小说的变迁，张会，社会科学家，2012.2

论宋人笔记小说中王安石的负面形象，阳繁华、唐成可，合肥学院学报，2012.2

宋代道教传奇刍议，唐瑛，西南交通大学学报，2012.2

宋元笔记小说中的南宋"社会"及其繁盛原因，王淋淋，温州职业技术学院学报，2012.2

宋元小说家话本"娱心"和"劝惩"功能的文体呈现，韩洪波、崔常俊，青岛大学师范学院学报，2012.2

宗教真实与文学想象——《太平广记》仙传小说的叙事特征，曾礼军，浙江师范大学学报，2012.2

两宋社会文化氛围与戏曲艺术形态的形成，刘小梅，戏曲艺术(北京)，2012.3

杂剧《宋公明排九宫八卦阵》"九宫"来源考，杨秋红，宗教学研究，2012.3

"明确头回"与"隐藏头回"——浅析宋元话本小说中的"头回"，常鹏飞，周口师范学院学报，2012.3

《太平广记》与唐代阿拉伯商人的科技生活(下)——以早期伊斯兰商人为中心的考察，吕变庭，青海民族研究，2012.3

《太平广记》中唐蕃交聘小说考，刘林晓，西藏民族学院学报，2012.3

从创作主体看古代白话小说的演变，傅承洲，九江学院学报，2012.3

论《刎颈鸳鸯会》的书面语特征及其用意，向志柱，淮阴师范学院学报，2012.3

宋人笔记中论唐史之风，涂小丽，北方论丛，2012.3

宋元话本中的女妖形象，刘志华，山西煤炭管理干部学院学报，2012.3

宋代散乐杂剧演禁与文人关系探讨，丁淑梅，南京师大学报，2012.4

诸宫调对南北剧文体之影响，吴晟，浙江学刊，2012.4

北宋初期笔记小说中的五代十国君臣形象，罗昌繁，许昌学院学报，2012.4

《王魁负桂英》故事在宋代的变迁及其政治道德意涵，杨果、方圆，国际社会科学杂志，2012.4

曾慥《类说》的史料价值与问题，薛琪薪、金坡，佛山科学技术学院学报，2012.4

从敦煌写卷《唐太宗入冥记》到小说《西游记》——7 至 16 世纪冥界演变与传播的文献学考察，钱光胜，华侨大学学报，2012.4

从甄别到缕析：论四库馆臣对宋人笔记的著录，赵龙，图书与情报，2012.4

鼓子词与话本是“说唱”的吗，张正学，求是学刊，2012.4
话须通俗方传远，语必关风始动人——以《京本通俗小说》为例谈短篇白话小说与诗词之关系，王功双，佳木斯教育学院学报，2012.4
两宋笔记中“兰”、“蕙”辨之文献研究，许净瞳，电子科技大学学报，2012.4
论宋代曲艺与小说之关系，凌郁之，辽东学院学报，2012.4
探析“快嘴李翠莲”命运悲剧的必然性——结合宋元话本《快嘴李翠莲记》，乔素英，开封教育学院学报，2012.4
宋元时期的南戏接受考论，王良成，阜阳师范学院学报，2012.5
“市井”东京与宋元小说话本，梅东伟，天中学刊，2012.5
“杨家将”创作文献接受史新论，沈文凡、聂垚，晋阳学刊，2012.5
北宋历史琐闻笔记观念简论，郭凌云，北京大学学报，2012.5
对《程史》的叙事解析，赵志丽，晋中学院学报，2012.5
论话本小说的“韵”与“散”，王委艳，大庆社会科学，2012.5
宋传奇中的复仇女性形象论，智宇晖，成都理工大学学报，2012.5
宋元小说话本《柳耆卿诗酒玩楼记》研究，刘翠翠，长江师范学院学报，2012.5
唐宋笔记小说中灵验记的文化意蕴，杨超，宝鸡文理学院学报，2012.5
黑水城出土《刘知远诸宫调》作期和著作权综考，王昊，吉林大学社会科学学报，2012.6
明清小戏的演出格局探源：兼及宋代“小杂剧”研究，李玫，文学遗产，2012.6
《避暑录话》——宋代口述史的经典之作，潘殊闲，西华大学学报，2012.6
《新编五代史平话》成书探源，罗筱玉，文学遗产，2012.6
20 世纪 80 年代以来宋代传奇小说研究综述，时娜，理论界，2012.6
融诗于史——宋元讲史平话引用诗词韵语考察，韩洪波、崔常俊，河池学院学报，2012.6
诗与故事的联姻——宋诗中的“传奇”与“志异”，周剑之，云南大学学报，2012.6
试论《宣和遗事》的思想性，程海涛，山西大同大学学报，2012.6
《太平广记》神仙小说的“石”文化意蕴，曾礼军，兰州学刊，2012.7
从《太平广记》看唐代社会的婚姻观，王晓妍，文学界（理论版），2012.7
从《湘山野录》看皇位之争对宋代书禁的影响，邢勇，史学月刊，2012.8
论“泥马渡康王”在历代文学作品中的演变，张雅琦，李美莲，重庆科技学院学

报,2012.8

例谈南戏的艺术审美趋向,马素芬,文学教育(上),2012.9

四库馆臣辑佚宋人笔记的成就:以辑佚永乐大典所载宋人笔记为例,赵龙,图书馆理论与实践,2012.9

论宋元杂剧中"捷讥"色的性质,张卓群,金田(励志),2012.11

古代小说中爱情信物的文化内蕴与叙事意义,张丑平,学术界,2012.11

勾栏新考,黎国韬,学术研究,2012.12

从《闹樊楼多情周胜仙》管窥宋元时期法律制度,李勤,芒种,2012.15

从《古今小说》男女情事看宋元明女性地位,关伊湄,大众文艺,2012.17

由《李娃传》到《曲江池》——浅论《李娃传》与《曲江池》相异之处,季孟瑶,青年文学家,2012.18

读《鸡肋编》中笔记一则献疑,邓启辉,文教资料,2012.26

福建宋杂剧的发现及其戏剧形态探考,叶明生,文化遗产,2013.1

论宋代宫廷的"杂剧色",元鹏飞,中华戏曲,2013.1

南戏的取材及其价值取向,赵兴勤,文化艺术研究,2013.1

宋元戏曲艺术思维的民俗成因——以善恶报应信仰为中心,戴峰,戏剧(中央戏剧学院学报),2013.1

《桯史》叙事情感色彩的表现方法,赵志丽,长江大学学报,2013.1

《太平广记》前一百卷校点札记,毛娜,古籍研究,2013.1

改革开放以来宋江形象研究述略,温婧,运城学院学报,2013.1

论唐宋笔记小说中的海洋艺术表现——以《长须国》与《归皓溺水》为例,郭清杨,现代妇女(下旬),2013.1

以宋代笔记为例看宋人对唐诗的认识,王红丽,文学教育(下),2013.1

朱启钤的鬼故事阅读——宋人笔记《鬼董狐》钩沉,张复,公共图书馆,2013.1

宋元话本小说的文体形态与繁荣经济下的市民文化,任莹,现代语文,2013.11

王魁故事演变及其文化阐释,雷斌慧,名作欣赏,2013.11

宋代传奇作家的文化心态,王庆珍,文艺争鸣,2013.12

宋话本《钱塘湖隐济颠禅师语录》考论,朱刚,西南民族大学学报,2013.12

农本意识形态下小人物的悲剧——南戏《白兔记》中李洪一形象解读,吴祥军,学理论,2013.17

宋杂剧的搬演及其艺术生态论略,赵兴勤,井冈山大学学报,2013.2

诸宫调音乐叙事体制流变考，盛志梅，文艺理论研究，2013.2
《董西厢》和《张协状元》中结构助词“个”用法考察，宗蒙、都兴宙，现代语文（语言研究版），2013.2
《贵耳集》版本概述及其诗学见解，陈宁，阿坝师范高等专科学校学报，2013.2
《太平广记》编纂疏误举隅，严寅春，西藏民族学院学报，2013.2
《醉翁谈录》中“新话”考，韩洪波、陈安梅，宝鸡文理学院学报，2013.2
行走的景观：宋元话本小说的空间意象，夏明宇，暨南学报，2013.3
论宋元小说的类型意识，王同舟，长江学术，2013.3
试论《太平广记》的空间叙事及其文化内涵，秦川，九江学院学报，2013.3
试论宋传奇的“文备众体”，时娜，理论界，2013.3
宋代《世说新语》的版本、仿作及研究，林宪亮，燕山大学学报，2013.3
《程史》的“程”考辩，李晓艳，齐齐哈尔工程学院学报，2013.3
宋人笔记中狄青双重形象符号探微——士大夫的目光与叙述心态，张劲松，毕节学院学报，2013.3
唐宋汪华的神话故事与徽州社会变迁——以《新安忠烈庙神纪实》为中心，丁希勤，安徽史学，2013.3
论瓦舍勾栏的兴废与说话艺术，张莉、郝敬，民俗研究，2013.4
宋元南戏“明改本”的演剧形态，罗冠华，东疆学刊，2013.4
《太平广记》人怪遇合故事的文化蕴涵，曾礼军，齐齐哈尔大学学报，2013.4
《太平广记》人鬼遇合故事的主题类型与文化蕴涵，曾礼军，辽东学院学报，2013.4
《太平广记》医药情节撷析，贡树铭，中医药文化，2013.4
《武林旧事》版本流传及其特点考述，操瑞文，文艺评论，2013.4
陈鹄非《耆旧续闻》的作者，许勇，古典文学知识，2013.4
都市文化视阈中雅俗两种审美倾向的交汇与融合——以宋元话本中的词为例，郑永晓，长江学术，2013.4
话本小说中的“东京”，刘勇强，长江学术，2013.4
论话本小说的叙事节奏，王委艳，三峡大学学报，2013.4
论唐传奇韵散结合的形态、渊源及对宋元以来小说之影响，吴怀东，明清小说研究，2013.4
合生琐考，凌郁之，苏州科技学院学报，2013.5

中国古典戏曲中的尚圆情结，张婧，长春工业大学学报，2013.5

《太平御览》中的大禹资料研究，刘丽萍，晋城职业技术学院学报，2013.5

从《湘山野录》《续录》看宋初佛教的贡献，张锦辉，广州大学学报，2013.5

宋人史料笔记关于史书采撰的几点认识，丁海燕，辽宁大学学报，2013.5

宋元戏剧脚色体系中的"孤色"，姚小鸥、麻永玲，戏剧艺术，2013.6

宋元戏文缺字校补，李申，江海学刊，2013.6

《太平广记》篇目考辨三则——以韩藏《太平广记详节》为校勘依据，盛莉，中南大学学报，2013.6

《太平广记》中的龙，张晓永，濮阳职业技术学院学报，2013.6

七夕与牛郎织女的神话传说，牛会娟、江玉祥，文史杂志，2013.6

《碾玉观音》与刘锜的诗词，程毅中，文史知识，2013.7

论《大唐三藏取经诗话》的体制，梁利玲，嘉应学院学报，2013.7

论《太平广记》中的狐形象，陆丽丽，太原城市职业技术学院学报，2013.7

中国古典戏剧与"乐"——从宋元剧本中体现出来的戏剧观念说起，钱久元，艺海，2013.8

浅析《碾玉观音》中崔宁的形象，朱学召，语文建设，2013.8

宋杂剧金院本"酸目"新探，牛刚花、陈继华，四川戏剧，2013.9

《东京梦华录》"街西五岳观"试析，牛敬飞，中国古都研究，第26辑

论敦煌讲唱文学对宋话本体例及叙事的影响，钟海波，中国古代小说戏剧研究，2013

宋元话本小说结构体制论略，杨庆鹏，语文建设，2013.29

从写狐小说看我国文人文化心理的演变，李绍荣，名作欣赏，2013.34

《宋元戏曲史》中"自然"与"意境"关系之探讨，童圆，学理论，2013.36

六、作家作品

徐　铉(916－991)

徐铉唱和诗及其思想研究，颜修，重庆师范大学硕士学位论文，2012

浅论徐铉入宋后的文章——兼与高教版《中国文学史》商榷，魏玮，大庆师范学院学报，2012.1

徐铉《贡院锁宿闻员外使高丽赠送》考辨——兼谈宋代官员“过呼”现象，张卫忠，文献，2012.4

徐铉入宋诗歌编年考，李振中，古籍整理研究学刊，2013.1

论徐铉师生传承对宋初文学演进的影响，李振中，新疆大学学报，2013.3

论徐铉七律诗风的转变及其诗学内涵，张立荣，江西师范大学学报，2013.4

徐铉诗风的“李白体”倾向，李振中，商丘师范学院学报，2013.8

九　僧

“九僧”生卒年限及群体形成考，王传龙，文学遗产，2012.4

九僧的佛学观念与诗歌创作，周固成，绥化学院学报，2013.11

李　昉(925－996)

李昉诗歌研究，郭雪玲，辽宁师范大学硕士学位论文，2012

李昉行年考，李冬艳，萍乡高等专科学校学报，2013.2

太平宰相的平夷雅正——李昉的“白体诗”创作，秦蓁，重庆电子工程职业学院学报，2012.5

宋　白(936－1012)

宋白及其诗文研究，王帅，山东师范大学硕士学位论文，2012

赵光义(939－997)

宋太宗《逍遥咏》，赵润金、刘玉芳，南华大学学报，2013.1

宋太宗与升平诗歌，赵润金，船山学刊，2012.3

张　咏(946－1015)

张咏研究，李艳，河北师范大学硕士学位论文，2012

晁　迥(948－1031)

晁迥诗歌探微，刘京臣，开封大学学报，2012.1

晁迥事迹补辨，汪国林，宿州学院学报，2013.10

王禹偁(954－1001)

王禹偁文坛主盟辨，陈为兵，天中学刊，2012.3

王禹偁，佚名，中文自修，2012.12

不屈的身影——读王禹偁《村行》，陈燕茹，名作欣赏，2012.29

试论王禹偁的灾害诗，王菽梅，贵州民族大学学报，2013.1

王禹偁三次贬谪及其诗歌创作探析，朱维娣，唐山学院学报，2013.1

静、趣、雅——《黄州新建小竹楼记》中的三层境界赏析，马琰，名作欣赏，2013.26

王禹偁与滁州，景刚，滁州学院学报，2013.4

论王禹偁的七律诗风及诗学史意义，张立荣、张丽，江西社会科学，2013.8

三教合流与王禹偁的文化人格，潘守皎，中国古代文学理论学会第十八届年会暨国际学术研讨会论文集，2013

潘　阆(？－1009)

潘阆研究，张伟，辽宁师范大学硕士学位论文，2012

北宋传奇诗人潘阆，张静，古典文学知识，2012.3

种　放(955－1015)

从关陕到汴洛:宋代古文运动发端的另一向度——以"关西夫子"种放为中心，郭鹏，中国文化研究 2013.3

罗处约(960－992)

罗处约《灵隐寺碑记》浅读，李玉用、周咏樨，黑龙江史志，2013.19

魏　野(960－1019)

魏野诗风之归类与宋初"白体""晚唐体"之内涵，周子翼，齐鲁学刊，2013.6

寇　准(961－1023)

寇准诗歌中的故土情结，严安政、成荣强，渭南师范学院学报，2012.3

《全宋诗·寇准卷》文献述考，胡世强，东南学术，2012.5

林　逋(967－1028)

林逋诗作及其在日本的影响，王玉立，浙江工商大学硕士学位论文，2012

简论林逋诗风，姚春莉，现代语文，2013.19

林逋《山园小梅》的被赞赏与被批判，高燕，现代语文，2013.16

杨　亿(974－1020)

二十世纪以来杨亿研究综述，朱长英，船山学刊，2012.1

作为词臣的杨亿及其四六文创作，施懿超，柳州师专学报，2012.1

杨亿与钱若水交游考，张慧、张其凡，商丘师范学院学报，2012.2

宋初宦官的参政预军制度——从《杨文公谈苑》所载一首诗说起，许净瞳，中南大学学报，2012.3

宋真宗朝翰林学士与诗风嬗变——以杨亿为中心，陈元锋，文史哲，2012.5

杨亿七律诗风的转变及其诗学意义,张立荣,江西社会科学,2012.8

杨亿及其昆体四六,施懿超,中国海洋大学学报,2013.2

刘　潜(? －1041)

宋诗人刘潜卒年考,钱建状,江海学刊,2012.6

柳　永(987? －1053?)

柳永与张先:北宋慢词的开疆与精构,苏丹桂,华侨大学硕士学位论文,2012

柳永故事流变研究,刘翠翠,江苏师范大学硕士学位论文,2012

论日本学者宇野直人的柳永词研究,支叶兰,华东师范大学硕士学位论文,2013

21世纪柳永研究的新特点,杨国学,武夷学院学报,2012.1

陈锐词学思想研究——兼谈晚清民国词坛对柳永词的接受,袁志成,邵阳学院学报,2012.1

从"词家之有柳永,如诗家之有白居易"看柳、白创作风格之异同,杨桃,佳木斯教育学院学报,2012.1

柳永才是豪放词真正创始者,王立厚,宁夏大学学报,2012.1

柳永和秦观词中登高题材之比较研究,贺灵、向德俊,兴义民族师范学院学报,2012.1

论柳词渺远苍凉意境的营造,胡琳,盐城师范学院学报,2012.1

文学传统与柳词的"俗",梁必彪,西北民族大学学报,2012.1

从《乐章集》中"香"看柳永的审美情趣,马朵,赣南师范学院学报,2012.2

从宋代士人对柳永词评价的矛盾态度看宋代词论发展,董娜,襄樊职业技术学院学报,2012.2

柳永词的市民意识浅探,裴军,重庆科技学院学报,2012.2

略论柳永词的女性化特征,孙艳红、王兰亭,白城师范学院学报,2012.2

有关柳永的戏曲小说作品考论,杨忠谦,重庆文理学院学报 2012.2

关于柳永艳情词同情妓女的几点思考,岳德虎,红河学院学报,2012.3

解读柳永词中的"男子作闺音",刘晓,文学教育,2012.3

论柳永词中的自我意识,王冠波,江汉大学学报,2012.3

论宋词与汴京节日文化——以柳永为例,刘云霞、甘鹏飞,河南科技学院学报,2012.3

从明人的记载看柳永的生卒年及其与苏轼的关系，邓子勉，古典文学知识，2012.4

风尘中的真善美——论柳永的歌妓词，邹华、王晓蓉，思茅师范高等专科学校学报，2012.4

柳词与民间词的区别及影响，魏玮，云南社会科学，2012.4

从现代审美意识看柳永词的艺术，何山，名作欣赏，2012.5

论柳永都市词的意象美，肖爱招，黑龙江教育学院学报，2012.5

“自成一家”与苏轼关注柳永词的文化动因，曹志平，湖北理工学院学报，2012.6

瓷枕上的苏词与柳词，卢思密，收藏，2013.11

柳永词的绘画意识探究——以《大学语文》为例，周红兵，湖南科技学院学报，2012.7

苏、柳对峙文化动因探析，曹志平，兰州学刊，2012.11

柳永词作文化浅析，闫冠华，山西广播电视大学学报，2013.1

柳永的生平仕履和词作路径，李修生，中国典籍与文化，2013.1

论柳词雅俗之辩的文化心理，程荣、杨国学、邓新广，集美大学学报，2013.1

心仪与口诛——柳永评价中的矛盾心理探析，程荣、杨国学、张文琦，武夷学院学报，2013.1

由柳永与关汉卿的相似看文学的传承，张文革、张国培，石家庄职业技术学院学报，2013.1

论柳永词中“伤逝”主题的体验批评，熊斌，吉林省教育学院学报，2013.10上

“风流浪子”与“浪漫骑士”的独特抒写——试比较柳永歌妓词与中世纪骑士抒情诗，童敏，临沂大学学报，2013.2

柳永的被理解与被误解——兼谈“柳永热”中的迷途与歧途，薛瑞生，南京师范大学文学院学报，2013.2

柳永黄庭坚俗词之比较，房日晰，安康学院学报，2013.2

柳永俗词与关汉卿曲风格异同的原因探究，韩志宏，牡丹江师范学院学报，2013.2

柳永为何成为市民阶层最为喜爱的风流才子——兼与历代风流才子形象比较，程荣，武夷学院学报，2013.3

欧阳修、柳永、秦观词集版本著录补正，黄水平、张金锋，德州学院学报，2013.3

清代对宋代柳永词评之研究，董娜、乔永新，重庆交通大学学报，2013.3
系我一生心，负你千行泪——略论柳永的恋情词，王晓霞，内蒙古师范大学学报，2013.3
柳永词中的颜色词——以“红”与“翠”为例，董佳，宝鸡文理学院学报 2013.4
唐宋词语篇多模态语用分析——以柳永、温庭筠的词为例，杭芸芸、韩卫红，语文学刊，2013.5 下
浅谈柳永词的雅和俗，吴慧敏，湖北科技学院学报，2013.8

范仲淹（989－1052）

也谈范仲淹《岳阳楼记》的写作目的，陈湘源，岳阳职业技术学院学报，2012.1
论范仲淹的文学思想，陈如毅，东莞理工学院学报，2012.2
毛泽东眼中的范仲淹：典型的“文武双全”的知识分子，王治涛，洛阳理工学院学报，2012.2
范、欧“以同而异”的学术内涵及人格表达，张兴武，杭州师范大学学报，2012.3
范仲淹的《渔家傲》作于麟州红楼——兼谈范仲淹与庆历西事，焦拖义，榆林学院学报，2012.3
范仲淹和欧阳修的人格魅力对北宋仁宗朝士风和文风的影响，汪冲，新乡学院学报，2012.4
范仲淹与鄱阳湖，万萍，江西师范大学学报，2012.5
范仲淹《赋林衡鉴》与宋体律赋的定调，许瑶丽，四川师范大学学报，2012.6
范仲淹：清廉的一面镜子，可敬，人大建设，2012.7
雄文谁继范文正——《岳阳楼记》难以企及的三个高度，兰石洪，名作欣赏，2012.9 中
范仲淹的教育活动与宋型文学的生成，陈彦昭，文学界(理论版)，2013.1
重读《灵乌赋》有感，陈华东，社会科学论坛，2013.3
北宋名臣范仲淹的身份意识，杜莹，唐山师范学院学报，2013.4
范仲淹对宋初士人精神的影响，赵瑞阳、郭艳华，宁波教育学院学报，2013.5

张　先（990－1078）

柳永与张先：北宋慢词的开疆与精构，苏丹桂，华侨大学硕士学位论文，2012
论张先词清丽婉约的女性化特征，孙艳红、李佳，文艺评论，2012.8
论张先于格律——风雅词派有开创之功，许伯卿，南京师大学报，2012.5

晏　殊(991－1055)

宋代二晏词接受史研究,张琛,河北大学硕士学位论文,2013

晏殊诗文校注,王翠莲,广西师范学院硕士学位论文,2013

千回百折,哀感无端——晏殊词风格探微,钱鸿瑛,北京大学学报,2012.1

文章世所希:晏殊之赋研究,唐红卫,江西科技师范学院学报,2012.1

论《珠玉词》中的"香"意象,张秀珍,安康学院学报,2012.3

太平宰相,富贵词章——晏殊其人其词研究,赵云洁,信阳农业高等专科学校学报,2012.4

论晏殊《珠玉词》中的"臣妾心态",郭艳华,文艺评论,2012.6

论晏殊词对花间词风的继承和开拓,谢煜,岳阳职业技术学院学报,2012.6

境有阔狭,言有深长——宋初文坛上的父子词人大小晏词作的异同,易苏利,新作文,2012.11

晏殊词用韵考,齐程花,华中师范大学研究生学报,2013.2

诗源而多委:从《词轨》看晏欧词的接受与批评,顾宝林,词学,第30辑

晏殊词"思致"表现形态探微,曹章庆,陕西教育学院学报,2013.1

论晏殊——宋诗典范的彗星,王秀云,中国古代文学理论学会第十八届年会暨国际学术研讨会论文集,2013

胡　瑗(993－1059)

胡瑗《论语》诠释探微,乔芳,新疆大学学报,2013.6

胡　宿(995－1067)

论北宋诗人胡宿的"平淡"诗观,段莉萍,重庆三峡学院学报,2012.4

宋　庠(996－1066)

宋庠、宋祁赋作探微,张秀苹,山东大学硕士学位论文,2012

宋庠的"忆苦思甜",陈鲁民,唯实,2012.7

宋　祁(998－1061)

宋庠、宋祁赋作探微,张秀苹,山东大学硕士学位论文,2012

《九家集注杜诗》中宋代宋祁、王安石、黄庭坚三家注杜考,赵曼、陈景阳,杜甫研究学刊,2012.2

宋祁《景文集》流传及版本考,王福元,贵州文史丛刊,2012.2

论宋祁的文,温洁,语文知识,2012.3

论宋祁的辞赋创作,张秀苹,辽东学院学报,2012.4

独卷疏帷成默坐,暗虫相应作秋声——宋祁在淮南的诗歌创作,温洁,长城,2012.12

宋祁研究综述,温洁,短篇小说(原创版),2012.16

宋祁诗歌的自我情感观照及其价值评判,王福元,求索,2013.1

禅悦与审美:宋代文人的心灵安顿——以宋祁禅悦诗的考察为中心,赵德坤,宜宾学院学报 2013.9

包　拯(999－1062)

试论包拯“无私书”之因,徐世民,淮北职业技术学院学报,2012.3

尹　洙(1001－1047)

论《春秋》学对尹洙文学创作的渗透,仇媛,甘肃联合大学学报,2012.2

一花一世界,一叶一菩提——从《河南集》和《五代春秋》等细微处探讨尹洙的《春秋》观,仇媛,广播电视大学学报,2012.3

梅尧臣(1002－1060)

梅尧臣研究,涂序南,南京师范大学博士学位论文,2013

梅尧臣诗歌在清代的接受研究,杨素霞,南昌大学硕士学位论文,2013

梅尧臣送别诗研究,张兴茂,广西大学硕士学位论文,2013

论梅尧臣诗的审丑意义,陈晓清,安康学院学报,2012.1

云外一声鸡——梅尧臣《鲁山山行》,陶文鹏,文史知识,2012.1

论梅尧臣涉农诗的文学个性及其史学价值,陈友冰,安徽农业大学学报,2012.3

一枝一叶总有情　关心民瘼传政声——梅尧臣的豫西伏牛山情结,常民强,平顶山学院学报,2012.4

《梅尧臣集编年校注》补正,顾大朋,古籍整理研究学刊,2012.6

论梅尧臣田园诗的集成与开山意义,刘蔚,宁夏社会科学,2012.6

论梅尧臣注《孙子兵法》,涂序南,南京政治学院学报,2012.6

《六一诗话》之梅尧臣诗歌理论初探,范晔,新课程学习(下),2012.10

论梅尧臣与西昆体的关系,陈庆艳,长城,2012.12

宋诗开拓者梅尧臣诗风浅说,姚微微,高中生之友,2012.24

论宛陵体,涂序南,南京师范大学文学院学报,2013.1

梅尧臣的诗歌创作及其与杜诗的关系,左汉林,江南大学学报,2013.1

朱熹对梅尧臣诗歌的接受,陈文苑、马蕾,湖州师范学院学报,2013.1

陈师道对梅尧臣诗歌的接受,陈文苑、马蕾,楚雄师范学院学报,2013.2

陈师道对梅尧臣诗歌的接受,陈文苑,西安石油大学学报,2013.3

梅尧臣河豚鱼诗及其相关争议,曹韧基,古典文学知识,2013.3

苏、梅、欧的韩诗接受及其诗史意义,查金萍,周口师范学院学报,2013.4

富　弼(1004－1083)

北宋名相富弼仕履官衔系年考释,龚贤明,文史,2012.3

石　介(1005－1045)

“泰山五贤”之石介一生传神的写照——宋代石刻档案《哭守道先生碑》记,曹健全、安立明,山东档案,2012.4

石介《中国论》的文学书写与文化意蕴,李懿,船山学刊,2012.4

文彦博(1006－1097)

文彦博及其诗歌研究,李海舰,山东师范大学硕士学位论文,2012

北宋名臣文彦博,沈淦,第二课堂(高中版),2012.1

文彦博作品综考,申利,古籍整理研究学刊,2012.4

祖无择(1006－1085)

祖无择及其诗歌研究,李艳芳,华中科技大学硕士学位论文,2012

张方平(1007－1091)

“早以一日之知,遂托忘年之契”——论苏轼父子与张方平的交谊,喻世华,西南石油大学学报,2012.4

释契嵩(1007－1072)

《镡津文集》版本源流考述,蒋艳萍,南阳理工学院学报,2013.2

宋僧契嵩《镡津文集》版本考述,纪雪娟,宋史研究论丛,第14辑

范　镇(1007－1088)

“岂以闾里,忠义则然”——论苏轼与范镇家族的四代交谊,喻世华,南京理工大学学报,2012.3

苏轼与范镇交游述略,彭敏,芒种,2012.14

丘　浚(?－1090?)

宋人丘濬生平、著述考——兼补《全宋诗》、《全宋文》,周小山,中国典籍与文

化,2012.3

欧阳修(1007－1073)

苏轼与欧阳修关系研究,张昶,吉林大学硕士学位论文,2012

论海外汉学界的欧阳修研究,李珍,华东师范大学硕士学位论文,2012

欧阳修表奏书启研究,刘洁,湘潭大学硕士学位论文,2012

欧阳修姚鼐散文比较研究,江汉情,安徽大学硕士学位论文,2013

试论欧阳修对"宋型文化"发展的贡献,杨黎黎,广西师范学院硕士学位论文,2013

新见九十六篇欧阳修散佚书简辑存稿,(日)东英寿,中华文史论丛,2012.1

论欧阳修词的多元化审美特征——兼具艳情娱乐、闲雅之情与感伤情怀,赵春蓉,乐山师范学院学报,2012.1

论欧阳修诗歌艺术的复合式结构及其历史地位,王培友,中国文化研究,2012.1

欧阳修《与高司谏书》发覆,胡旭,文学与文化,2012.1

欧阳修词与政治心态的内在转向,马里扬,北京大学学报,2012.1

欧阳修道德人格及其对知识分子人格建构的启示,范卫平,聊城大学学报,2012.1

欧阳修佛教观"好名而欺心"辨析,李黎,江西社会科学,2012.1

欧阳修与宜昌"六一书院",徐丫,三峡论坛(三峡文学.理论版),2012.1

欧阳修祝祭文简论,王利锁,汉语言文学研究,2012.1

宋代官员的公务旅行:以欧阳修于役志为中心,黄纯艳,中国社会经济史研究,2012.1

褒贬祖《春秋》,叙述祖《史记》——欧阳修《新五代史》传记风格探微,张新科、任竞泽,陕西师范大学学报,2012.2

从对偶范畴角度看骈文与欧阳修的散文创作,张思齐,广东社会科学,2012.2

风格·渊源·地位:欧阳修词论,胡可先、徐迈,河南社会科学,2012.2

兴亡阅今古　图籍罗甲乙——论欧阳修谪夷陵期间的学术研究与论著,吴柏森,三峡大学学报,2012.2

从新发现的96通书简看欧阳修的日常生活,欧明俊,武汉大学学报,2012.3

东英寿教授新见欧阳修散佚书简解读,洪本健,武汉大学学报,2012.3

范、欧"以同而异"的学术内涵及人格表达,张兴武,杭州师范大学学报,2012.3

关于《欧苏手简》所收欧阳修尺牍，朱刚，武汉大学学报，2012.3

简析欧阳修的批评文体及其文体贡献，陈舟，南昌教育学院学报，2012.3

略论欧阳修书简的艺术特色——从日本学者新发现的96通书简说起，熊礼汇，武汉大学学报，2012.3

欧阳修散传的记事方法与“风神”，徐裕敏，昭通师范高等专科学校学报，2012.3

一道涟漪让水有生命——新发现欧阳修书简的学术意义，熊礼汇，武汉大学学报，2012.3

尊师重道，薪火相传——论苏轼与欧阳修的三代交谊，喻世华，南京航空航天大学学报，2012.3

略论欧阳修滁州诗歌，叶洪珍，滁州学院学报，2012.4

衡本《欧阳文忠公集》之《太常博士尹君墓志铭》勘误，舒迟，滁州学院学报，2012.6

欧阳修的《易》学研究与古文文风转变，程刚，文艺理论研究，2012.6

欧阳修散文不同文体之史学色彩浅探，卓希惠，福建教育学院学报，2012.6

欧阳修诗词中酒的情结，苏立，滁州学院学报，2012.6

浅析韩愈诗歌对欧阳修的影响，张宁，文学教育，2012.6

“富贵山林”与“六一风神”——对欧阳修散文艺术风格的一种文化心理阐释，袁晓薇、李本红，福建论坛，2012.12

“各极其长，虽善论者不能优劣”——欧阳修多家并举诗学观探析，张贵，名作欣赏，2012.20

得本通末　开创新篇——欧阳修《诗》学本末论析探，李冬梅，社会科学研究，2013.1

欧阳修理性人格及其对现代人格建构的启示，范卫平，南昌大学学报，2013.1

欧阳修《六一诗话》的精神实质简论，张兆勇、张娜，淮北职业技术学院学报，2013.2

欧阳修与柳宗元的文学关联及其思想差异，杨再喜，中国文学研究，2013.2

欧阳修诗论综述，王安良、罗春磊，剑南文学(经典教苑)，2013.5

《六一诗话》之梅尧臣诗歌理论初探，范晔，新课程学习(下)，2012.10

欧阳修为什么写伶官传序，范长斗，语文学刊·上半月刊，2012.11

欧阳修《诗本义》的文学阐释思想，韦丹，语文建设，2012.14

试论朱熹对欧阳修《本末论》的继承与突破,付佳,中国典籍与文化,2012.3

权力与话语的平衡点——浅析欧阳修“诗穷而后工”的多重内涵,王伊薇,商丘师范学院学报,2012.8

千古伯乐欧阳修,晏建怀,老年人 2012.9

论“欧苏”宋文的历史影响,刘美玉,福建论坛,2012.S2

欧阳修谏诤意识对诗文创作的影响,马海燕,郭艳华,新西部(理论版),2012.Z6

欧阳修《庐山高》、《醉翁亭记》在朝鲜汉文学中的追摹与变形,卞东波,古典文献研究,第15辑

胡适对欧阳修词的考辨与评判——清末民初词学现代转型中的批评个案,欧阳明亮,词学,第30辑

诗源而多委:从《词轨》看晏欧词的接受与批评,顾宝林,词学,第30辑

北宋学术新变与欧阳修散文创作互动关系,刘越峰,沈阳师范大学学报,2013.1

蝉声·谏诤·立言——论欧阳修《鸣蝉赋》之诤臣身影及其困境隐喻,许东海,安徽大学学报,2013.1

从欧阳修诗文看北宋夷陵的风土人情,王前程、杨闪闪,井冈山大学学报,2013.1

欧公居滁无乐考——《丰乐亭记》、《醉翁亭记》别解,刘尚荣,井冈山大学学报,2013.1

欧诗断论,刘德清,井冈山大学学报,2013.1

欧阳修对陶渊明的推崇及其政治意义,吴国富,井冈山大学学报,2013.1

欧阳修文化性格之家世渊源论略,周建军、伍玖清,湘潭大学学报,2013.1

欧阳修远佛亲道倾向与晚年出儒入道论,吕肖奂,井冈山大学学报,2013.1

“日常化”的意义及其局限——以欧阳修为中心,朱刚,文学遗产,2013.2

扩大与提升千古名篇的传播力度——从《醉翁亭记》改编为曲文由来说起,李晖,巢湖学院学报,2013.2

闲人雅歌——论欧阳修对词的雅化,程秀美,池州学院学报,2013.2

《欧公本末》考论,李洪波,学术交流,2013.3

《秋声赋》与《前赤壁赋》的异同比较,刘新文、牛来友,唐山师范学院学报,2013.3

论欧阳修的“圣贤情结”及其影响，刘越峰，重庆邮电大学学报，2013.3

欧阳修、柳永、秦观词集版本著录补正，黄水平、张金锋，德州学院学报，2013.3

欧阳修《集古录跋尾》文学内涵发微，孙宗英，海南大学学报，2013.3

人情与礼制的冲突——濮议中的欧阳修，丁功谊，宁夏社会科学，2013.3

别样咏春词——谈欧阳修《采桑子》，马雪艳，乐山师范学院学报，2013.4

欧阳修的“别号”隐情，林秋平，齐齐哈尔大学学报，2013.4

苏、梅、欧的韩诗接受及其诗史意义，査金萍，周口师范学院学报，2013.4

民间流传欧阳修之佚文《郭氏族谱序》辨伪，顾宝林，井冈山大学学报，2013.5

欧阳修“平易”风格论辨析，陈冬根，河北学刊，2013.5

欧阳修词的审美意蕴，冯英华，韶关学院学报，2013.5

“韩欧”文价值认识比较论，刘美玉，滁州学院学报，2013.6

探讨欧阳修创作的艺术风格——平易自然，房媛，佳木斯教育学院学报，2013.7

韩　琦(1008－1075)

韩琦大名幕府及诗歌考述，刘秋彬、黄东民，安阳工学院学报，2013.1

韩琦好人而非“老好人”，晏建怀，阅读与作文(高中版)，2012.11

苏舜钦(1008－1048)

苏舜钦思想考论，庆振轩，陕西师范大学学报，2012.2

赵　抃(1008－1084)

赵抃及其诗歌研究，田苗华，吉林大学硕士学位论文，2013

苏　洵(1009－1066)

苏洵政论文研究，李团结，东北师范大学硕士学位论文，2012

三苏道情性话题的论辩，张立文，社会科学研究，2012.2

三苏与杜诗，左汉林，北京青年政治学院学报，2012.3

三苏经学与文学论略，高明峰，文艺评论，2012.4

“早以一日之知，遂托忘年之契”——论苏轼父子与张方平的交谊，喻世华，西南石油大学学报，2012.4

苏洵“蜀学”内涵及对我国学术文化贡献谫论，张国荣，乐山师范学院学报，2012.6

“风水相遭”说：三苏父子为文的家学精髓，王启鹏，广东第二师范学院学报，

2013.1

苏老泉拒不应试——唐宋八大家札记(一),陈占敏,名作欣赏,2013.29

吴中复(1011－1079)

吴中复年谱,王可喜、王兆鹏,中国诗歌研究,第9辑

邵　雍(1011－1077)

邵雍文学研究,袁辉,南京大学硕士学位论文,2013

邵康节体:理学趣味的诗性表现,阮堂明,殷都学刊 2012.3

邵雍和白居易——兼论北宋中后期洛阳诗人群对白居易的接受,赵艳喜,聊城大学学报,2012.6

盆池中的理学,谢琰,文史知识,2012.8

从邵康节、陈白沙之诗与诗论看宋明理学诗的特点,孔锐,现代哲学,2013.1

理学趣味与风月情怀——论邵雍的"邵康节体"诗及其诗史地位,阮堂明,安徽大学学报,2013.1

论墓中出土宋版邵尧夫诗集二种的文献价值,胡迎建,古籍研究,2013.2

蔡　襄(1012－1067)

蔡襄散文研究,葛彦波,延边大学硕士学位论文,2012

蔡襄诗歌研究,李娜,鲁东大学硕士学位论文,2012

蔡襄文集刊刻考述,陈枚香,图书馆理论与实践,2013.11

陈希亮(1014－1077)

论苏轼与陈公弼、陈季常父子的交谊,喻世华,重庆邮电大学学报,2012.4

陶　弼(1015－1078)

陶弼在广西的经历及其诗歌创作研究,刘瑞,广西师范学院硕士学位论文,2012.6

北宋陶弼滨海诗歌创作研究,宋坚,广西民族大学学报,2012.4

陶弼北部湾滨海诗作遗存考略,宋坚,梧州学院学报,2013.2

杨　蟠(1017?－1106)

宋代诗人杨蟠五题,林晖,台州学院学报,2012.5

周敦颐(1017－1073)

周敦颐与"二程"的文学特点比较,龚祖培,湖南城市学院学报,2012.5

周敦颐文集三个版本的承续关系,粟品孝,宋代文化研究,第20辑

陈　襄(1017－1080)

陈襄《古灵先生文集》宋刻本考辨,时永乐,中国典籍与文化,2013.2

鲜于侁(1018－1087)

论苏轼与鲜于侁的忘年交谊,喻世华,南京晓庄学院学报,2012.5

文　同(1018－1079)

文同及其诗文研究,马郁,西北大学硕士学位论文,2012

亦师亦友亦兄亦弟——论苏轼与文同的忘年交谊,喻世华,重庆交通大学学报,2012.5

刘　敞(1019－1068)

刘敞和王安石性情论的比较研究,乐文华,江西教育学院学报,2012.4

试论宋代儒臣刘敞,王靖,重庆科技学院学报,2012.14

宋人那缕简白的风——北宋诗人刘敞《微雨登城》赏析,牧斯,高中生之友,2012.22

黄　庶(1019－1058)

黄庶及其诗歌研究,唐红艳,广州大学硕士学位论文,2012

常　秩(1019－1077)

"汝阴处士"常秩事迹考,袁贝贝,阜阳师范学院学报,2012.3

司马光(1019－1086)

司马相如《难蜀父老》新论,王德华、宋雪玲,四川师范大学学报,2012.4

论司马光的文学创作观念,王子墨,江淮论坛,2012.6

苏轼散文中的士林理想人格管窥——以司马光形象的塑造为中心,关四平,学术交流,2013.1

司马光《温公续诗话》新探,韩辰,现代语文,2013.16

曾　巩(1019－1083)

论曾巩的传记理论及传记创作,郭亚磊,浙江师范大学硕士学位论文,2012

曾巩记体文研究,张超旭,陕西师范大学硕士学位论文,2013

曾巩文学思想及其传播与接受,薛俊芳,海南师范大学硕士学位论文,2013

曾巩记体散文研究,刘芸,安徽大学硕士学位论文,2012.4

温厚平和,含蓄深沉——论曾巩散文的情感特征,喻进芳,大连海事大学学报,2012.4

略论曾巩的人才观，李美娜，山西高等学校社会科学学报，2012.5

朱右《唐宋六家文衡》与曾巩散文，邹书，宁波广播电视大学学报 2013.4

曾巩《归老桥记》中“青陵”及其相关问题辨正，梁颂成，武陵学刊，2013.5

曾巩的历练——唐宋八大家札记（三），陈占敏，名作欣赏 2013.34

张　载(1020－1077)

理学思想的诗性阐释——张载和他的理学诗，阮堂明，古典文学知识，2012.4

张载卒年考，李山峰，唐都学刊，2013.5

王　莘(？－?)

王莘交游考，房厚信，阜阳师范学院学报，2013.5

苏　颂(1020－1101)

苏颂人格及其诗歌研究，王密密，杭州师范大学硕士学位论文，2013

冯　京(1021－1094)

宋人冯京、王遇等佚诗文辑考，王可喜，古籍整理研究学刊，2013.1

冯　山(？－1094)

冯山诗歌艺术风格探析，李清华、张娜娜，重庆交通大学学报，2012.3

杜　默(1021－1089?)

宋代杜默生卒、籍贯考及其作品辑佚，程杰，文学遗产，2012.4

杜默诗文辑佚及其评价，薛从军，巢湖学院学报，2013.1

濮州杜默、和州杜默及其手植梅考，程杰，安徽大学学报，2013.1

王安石(1021－1086)

佛禅与王安石诗歌研究，宫波，吉林大学博士学位论文，2012

“道”与王氏新学从内圣到外王的转化逻辑——兼论新旧党争的学术动因，吴增辉，河北科技大学学报，2012.1

名家选本的初始化效应——王安石《唐百家诗选》在宋代的流传与接受，查屏球，安徽大学学报，2012.1

王安石诗文五首系年考，刘成国，文献，2012.1

《王荆公唐百家诗选》版本源流考述，陈斐，南阳师范学院学报，2012.11

王令与王安石交往综论，王瑶，北方文学(下旬)，2012.11

《九家集注杜诗》中宋代宋祁、王安石、黄庭坚三家注杜考，赵曼、陈景阳，杜甫研究学刊，2012.2

《王荆文公诗李壁注》二题，李晓黎，中南大学学报，2012.2

论宋人笔记小说中王安石的负面形象，阳繁华、唐成可，合肥学院学报，2012.2

“文人”与“官人”的身份纠结——解读王安石的另类，孤独高智，文史杂志，2012.3

论王安石与苏轼孟学思想之差异，胡金旺，华北电力大学学报，2012.3

王安石与苏轼对扬雄和韩愈的接受及其影响，陈冬根，井冈山大学学报，2012.3

刘敞和王安石性情论的比较研究，乐文华，江西教育学院学报，2012.4

论杜诗对王安石诗歌创作的影响，左汉林，内蒙古民族大学学报，2012.4

庆历学风与王安石的《诗经》学，易卫华，河北学刊，2012.4

同源异质各臻其极——王维、韩愈、王安石“桃花源”诗比较阅读，文晓华，徐州工程学院学报，2012.4

熙宁变法与荆公思想的发展演变，张建民，山西师大学报，2012.5

春风自绿江南岸——王安石《泊船瓜洲》赏析，陶文鹏，文史知识，2012.7

恩自浅胡自深　人生乐在相知心——读王安石《明妃曲二首》，赵芳，实践（思想理论版），2012.7

山寺志文学文献的价值与局限——从山寺志书所载王安石佚诗说起，冯国栋，社会科学战线，2012.8

试论禅宗对王安石晚年诗风转变的影响，李传涛，青春岁月，2012.23

试论《邵氏闻见录》中的王安石形象，张启容，新西部（下旬.理论版），2012.Z2

论沈钦韩的《王荆公诗集注》，何泽棠，中国矿业大学学报，2013.2

论王安石诗的自身互文现象，孙建峰，江苏社会科学，2013.2

王安石扬杜抑李论，王书华，杜甫研究学刊，2013.2

熙宁变法与王安石的诗歌创作，杨碧海，济源职业技术学院学报，2013.3

宋英宗、宋神宗朝翰林学士与治平、熙丰诗坛——以王安石为中心，陈元锋，山东师范大学学报，2013.6

王　晢（？－？）

王微之姓名考辨，李浩，文教资料，2012.26

沈　遘（1025－1067）

《补全宋诗》沈遘诗六十四首质疑，周小山，古籍整理研究学刊，2012.2

钱塘地域文化对三沈诗歌创作主题的影响，林阳华，中国诗歌研究动态，2012.2

吕大防(1027－1097)

吕大防的杜诗研究及其影响，李如冰，杜甫研究学刊，2013.3

章　楶(1027－1102)

咏物词的写形与写意——比较章质夫和苏轼的两首杨花词，葛晓音，文史知识，2012.5

范纯仁(1027－1101)

范纯仁行年考，江卉，湖北科技学院学报，2012.11

王安国(1028－1074)

读王安国，魏丕植，黄河之声，2012.15

王安国诗歌略论，徐步乙，广西职业技术学院学报，2013.6

晏几道(1030－1106，一说 1038－1110，一说 1038－1112)

晏几道、秦观词的比较研究，高莹，长春师范学院硕士学位论文，2012

宋代二晏词接受史研究，张琛，河北大学硕士学位论文，2013

《小山词》中的"醒"与"醉"，高飞，榆林学院学报 2012.1

狎邪之大雅，豪士之鼓吹——再论《小山词》的思想特质和艺术成就，刘凌、张学忠，学术交流，2012.2

论晏几道身上的"阿 Q 性"，焦贻之，长春工业大学学报，2012.6

境有阔狭，言有深长——宋初文坛上的父子词人大小晏词作的异同，易苏利，新作文(中学作文教学研究)，2012.11

字里行间见真情——晏几道《木兰花》赏析，许金华，文史知识，2013.1

李煜与晏几道梦词比较研究，樊文军，榆林学院学报，2013.3

试论晏几道《鹧鸪天》词的创作成就，刘尊明、陈晶，深圳大学学报，2013.3

"歌尽桃花扇底风"新释，许兴宝，苏州科技学院学报，2013.4

沈　括(1031－1095)

"以大观小"与"以道观之"——论沈括式中国特色透视观与庄子观物态度之关联，郑笠，闽江学院学报，2012.1

钱塘地域文化对三沈诗歌创作主题的影响，林阳华，中国诗歌研究动态，2012.2

《梦溪笔谈》:609 条中的人文世相,陆春祥,西湖,2012.11
论沈括的诗歌观与诗风,罗昌繁,安阳师范学院学报,2013.1

杨　杰(1031?－1100)

北宋无为杨杰诗文研究,刘长根,广西大学硕士学位论文,2012

王　令(1032－1059)

王令与王安石交往综论,王瑶,北方文学(下旬),2012.11

李清臣(1032－1102)

李清臣研究,李玲,河北师范大学硕士学位论文,2012

佛　印(1032－1098)

苏轼与佛印交游考,喻世华,江苏大学学报,2013.4

程　颢(1032－1085)

周敦颐与"二程"的文学特点比较,龚祖培,湖南城市学院学报,2012.5
程颢的精神世界与其诗歌意趣之观照,罗旻,宁夏大学学报,2012.6
通往圣贤之路:二程道德诗学抉论,张文浩,广西社会科学,2012.8

沈　辽(1032－1085)

钱塘地域文化对三沈诗歌创作主题的影响,林阳华,中国诗歌研究动态,2012.2

韦　骧(1033－1105)

韦骧及其诗歌研究,张鹤,河北师范大学硕士学位论文,2012

程　颐(1033－1107)

周敦颐与"二程"的文学特点比较,龚祖培,湖南城市学院学报,2012.5
苏轼与程颐在性情论上的分歧,胡金旺,电子科技大学学报,2012.6
通往圣贤之路:二程道德诗学抉论,张文浩,广西社会科学,2012.8

章　惇(1035－1105)

苏轼与章惇之恩怨述略,朱飞镝,乐山师范学院学报,2013.3

郭祥正(1035－1113)

郭祥正的桃源心路历程,刘中文,集宁师范学院学报,2012.3
诗歌对话的可能性——试论宋代诗人郭祥正对李白的接受,赵婷婷,文艺理论研究,2012.4

苏　轼(1037－1101)

苏轼、苏辙、苏过贬谪岭南时期心态与作品研究,严宇乐,复旦大学博士学位论文,2012

论苏轼的人生境界及其文化底蕴,阮延俊,华中师范大学博士学位论文,2012

苏轼文人集团研究——以诗词书画为中心,于广杰,河北大学博士学位论文,2013

苏轼谐趣词研究,李恒,吉林大学博士学位论文,2013

陆贽与苏轼奏议比较研究,张天城,辽宁大学硕士学位论文,2012

苏轼题跋文研究,杨晓玲,江西师范大学硕士学位论文,2012

苏轼登高词研究,梁淑婷,青岛大学硕士学位论文,2012

从苏轼词中的酒、月、水意象看苏轼的人品追求,刘艳飞,辽宁大学硕士学位论文,2012

苏轼的碑志文研究,赵征,辽宁师范大学硕士学位论文,2012

苏轼苏辙的兄弟之情及对苏轼文学创作的影响,梁益萍,宁波大学硕士学位论文,2012

苏轼陆游咏梅诗词比较,邓海燕,西北大学硕士学位论文,2012

苏轼的"记"体散文研究,刘含笑,东北师范大学硕士学位论文,2012

概念整合理论视阈下的诗歌自然意象研究——以苏轼离别词为例,刘海迪,长沙理工大学硕士学位论文,2012

哲学阐释学角度下苏轼词英译中的译者主体性研究,杨敏,四川师范大学硕士学位论文,2012

刘宓庆文化心理翻译理论视阈下的苏轼词的英译研究,李啸东,西安外国语大学硕士学位论文,2012

从苏轼辞赋创作看其文艺思想,赵毅,中国海洋大学硕士学位论文,2012

苏轼与欧阳修关系研究,张昶,吉林大学硕士学位论文,2012

宋代乡村人居环境词研究——以苏轼、辛弃疾乡村词为中心,李玉军,中南民族大学硕士学位论文,2013

苏轼政论散文研究,唐鹏,扬州大学硕士学位论文,2013

宋代笔记中的苏轼,翟璐,河南大学硕士学位论文,2013

苏轼"四西湖时期"文学的情感交流与意象选择,贾丽君,中南民族大学硕士学位论文,2013

苏轼黄州时期休闲活动研究,刘飞,河南大学硕士学位论文,2013

苏轼小品文中的文艺思想研究,吕解颐,吉林大学硕士学位论文,2013

苏轼批评文体研究,周美华,东华理工大学硕士学位论文,2013

金代苏轼诗词的传播方式研究,周敏,沈阳师范大学硕士学位论文,2013

论《庄子》对苏轼人生境界的影响,冉冬梅,重庆师范大学硕士学位论文,2013

双重身份认同的矛盾与超越:苏轼心理传记学研究,王世明,闽南师范大学硕士学位论文,2013

苏轼写作理论研究,徐旭黎,长春理工大学硕士学位论文,2013

论白居易、苏轼的杭州创作,张璐,陕西师范大学硕士学位论文,2013

苏轼凤翔作品研究,胡梁,西藏民族学院硕士学位论文,2013

柳永、苏轼酬赠送别词比较,李博,兰州大学硕士学位论文,2013

"眉山记忆"与苏轼词风的嬗变轨迹,马里扬,文学遗产,2012.1

"在场"和"缺席"的修辞阐释——苏轼《江城子·乙卯正月二十日夜记梦》解读,李娟,韶关学院学报,2012.1

东坡词传播与接受简史,刘扬忠,社会科学战线,2012.1

论《集注分类东坡诗》的历史阐释,何泽棠,北京化工大学学报,2012.1

论蔡松年对苏轼豪放词风的继承与发展,胡生友,语文教学通讯·D刊(学术刊),2012.1

论东坡符号,刘清泉,江苏科技大学学报,2012.1

论苏诗赵次公注的诗学阐释,何泽棠,北京工业大学学报,2012.1

嫩版诒祥——苏东坡终老常州的前前后后,陆岩,常州工学院学报,2012.1

试论苏轼对于杜诗的艺术批评与接受,李新、魏红,商丘职业技术学院学报,2012.1

试论苏轼小品文对晚明小品的影响,许晓燕,汕头大学学报,2012.1

苏轼和星座——浅谈唐宋之际的星命术,李天飞、韩旭,乐山师范学院学报,2012.1

苏轼研究杂谈,刘尚荣,乐山师范学院学报,2012.1

苏轼咏茶诗词浅论,李雯,常州工学院学报,2012.1

苏轼于陶渊明的"旷世之恋"探析,洪玉凤,陕西理工学院学报,2012.1

苏轼与人生,莫砺锋,玉林师范学院学报,2012.1

苏轼与宋代的楼台室宇赋,李栋,山东青年政治学院学报,2012.1

苏轼与中国诗学“活法”说论考——从“弹丸脱手”“兔起鹘落”说起，曾明，西南民族大学学报，2012.1

苏轼作品中对六朝文学观的体现分析，金燕，长沙铁道学院学报，2012.1

苏辛农村词比较，杨茜，中国文学研究，2012.1

谈苏轼常州所作词，张志烈，乐山师范学院学报 2012.1

形似，神似，诗意——苏轼《书鄢陵王主簿所画折枝二首》精义解析，胡立新，社会科学战线，2012.1

以诗为词，自是一家——论苏轼的词风，胡改英，西安文理学院学报，2012.1

隐晦的诗旨，豁达的胸怀——读苏轼《六月二十日夜渡海》，孙明材，古典文学知识，2012.1

玉楼银海与苏诗伪注，周裕锴，古典文学知识，2012.1

《坛经》与苏轼诗歌创作，丁庆勇、阮延俊，湖南第一师范学院学报，2012.1

出新意　寄妙理——苏轼《题西林壁》赏析，于仁耿，新语文学习(小学高年级版)，2012.11

浅析苏东坡幽默的主要形式及根源，马列，名作欣赏，2012.11

浅议黄庭坚诗学理论——兼与苏轼比较，代开才，科技信息，2012.11

苏、柳对峙文化动因探析，曹志平，兰州学刊，2012.11

意从韵生——苏轼对王羲之书法的继承与创新，王航，大众文艺，2012.11

平生生死梦　三者无劣优——苏轼海南诗中的人生体验，施志咏，文史知识，2012.12

论苏轼及“苏门四学士”贬谪词悲剧来源，杨朝龙，科技信息，2012.16

“茶味人生随意过”的苏轼茶诗生活——宋代文人茶事生活系列论文之一，邓敏，农业考古，2012.2

“阈限”规约下的苏轼《江城子》互文性解读及英译策略剖析，袁翠，山东外语教学，2012.2

北宋士人贬谪山水中的“集体记忆”——以苏轼及苏门诸子武昌“寒溪西山”唱和为例，程磊，烟台大学学报，2012.2

蝉蜕尘埃外，蝶梦水云乡——汝州路上观苏轼，夏文先，江苏科技大学学报，2012.2

从民族融合的视角看苏轼对金朝上层人物的特殊影响，谭平，长江文明，2012.2

佛教典籍与苏轼诗歌创作探微——以《金刚经》为中心，丁庆勇、阮延俊，社会科学论坛，2012.2

概念整合视阈下自然意象的研究——以苏轼离别词《沁园春》为例，刘海迪、谢姝，宜春学院学报，2012.2

和韵而似原唱——苏轼《水龙吟》(次韵章质夫杨花词)的艺术成就，李宜蓬，东北农业大学学报，2012.2

论苏轼的为师之道——以李廌为例，喻世华，河南科技大学学报，2012.2

论苏轼和陶诗、词、文之异同，段梦云，安庆师范学院学报，2012.2

论苏轼诗文清冷意境之美学意义及影响，闫小军，乐山师范学院学报，2012.2

论苏轼簪花的大乐与小乐——《吉祥寺赏牡丹》的文化学阐释，胡颖佳，广州广播电视大学学报，2012.2

论苏轼作品中的"蔬笋气"，金燕，黄冈师范学院学报，2012.2

略论苏轼的散文创作，王晓霞，凯里学院学报，2012.2

苏东坡政治主张的和谐追求，赖正和，乐山师范学院学报，2012.2

苏东坡知足常乐的自处之道，江澄格，乐山师范学院学报，2012.2

苏轼、黄庭坚七律创作技法之异同及其人格异趣，张立荣，晋阳学刊，2012.2

苏轼《念奴娇·赤壁怀古》及其断句浅议，廖智勇，现代语文，2012.2

苏轼不归故里的文化考察，李光生，文艺评论，2012.2

苏轼文学创作所体现的超然心态，冯俊楠，赤峰学院学报，2012.2

苏轼文章中"月色入户"之"户"的意蕴，韩慧慧、查中林，常州大学学报，2012.2

苏轼想象的颠覆——从林语堂、余秋雨到胡兰成，郑兴、仲璨，汕头大学学报2012.2

苏轼与洪泽湖的诗文情缘，陈斯金、张锦瑞，陇东学院学报，2012.2

苏轼与润州有关的诗文篇目考，喻世华，江苏科技大学学报，2012.2

寓意于物，造平淡于绚烂中——论苏轼饮食题材作品的创作风格，陈喜珍，名作欣赏，2012.2

兹游奇绝冠平生——说东坡谪居海南的诗作，徐培均，中国韵文学刊，2012.2

三苏道情性话题的论辩，张立文，社会科学研究，2012.2

三苏与杜诗，左汉林，北京青年政治学院学报，2012.3

"诚同"与《东坡易传》对党争的反思及对儒家价值的超越，吴增辉，乐山师范学院学报，2012.3

“和”文化视角下的苏轼旷达,余颖,贵州文史丛刊,2012.3

“岂以闾里,忠义则然”——论苏轼与范镇家族的四代交谊,喻世华,南京理工大学学报,2012.3

“易无思”与“思无邪”——苏轼对于“思无邪”的独特阐释,程刚,暨南学报,2012.3

从苏轼的儋州散文看其晚年的生活状态,任晓凡,长治学院学报,2012.3

从苏轼诗词看苏轼天地人生之境界,张美丽,山西师大学报,2012.3

精神突围中的苏东坡——《前赤壁赋》的符号性解读,杨朴,名作欣赏,2012.3

君子之交,和而不同——论苏轼与秦观的交谊,喻世华,南京邮电大学学报,2012.3

论宋南渡词人对苏轼豪放词的接受——以宋金民族关系格局为考察中心,肖鑫、郭艳华,传奇.传记文学选刊(理论研究),2012.3

论苏轼的以戏为诗,贺根民,沈阳师范大学学报,2012.3

论王安石与苏轼孟学思想之差异,胡金旺,华北电力大学学报,2012.3

迁移与转化:从日记到小品文——试析苏轼日记《记承天寺夜游》的文体跨界写作,刘中黎,重庆师范大学学报,2012.3

浅谈苏轼婉约词的特点,乔素英,濮阳职业技术学院学报,2012.3

人仙奇恋,浪漫风神——苏轼《芙蓉城》诗探析,周璐,语文知识,2012.3

苏轼词对白居易诗的化用,马丁良,名作欣赏,2012.3

苏轼对宋词革新的历史性贡献,刘楠霞,文学界(理论版),2012.3

苏轼诗词类作品石刻的数量统计与分析,王星、王兆鹏,长江学术,2012.3

苏轼诗歌的雨意象探析,陆婵娣,乐山师范学院学报,2012.3

苏轼饮食文学创作漫论,王友胜,古典文学知识,2012.3

苏轼与秦观词中所彰显出的生命悲剧意识,陈蓉,绵阳师范学院学报,2012.3

苏轼葬郏探因,乔建功,平顶山学院学报,2012.3

苏子真的说服了客人吗?——《前赤壁赋》中苏子论辩策略的分析,归青,古典文学知识,2012.3

王安石与苏轼对扬雄和韩愈的接受及其影响,陈冬根,井冈山大学学报,2012.3

新见《精刊补注东坡和陶诗话》残本文献价值初探,杨焄,文学遗产,2012.3

智者在苦难中的超越——论苏轼的 AQ(逆境商)对其文学创作的影响,董朝

霞,南阳理工学院学报,2012.3

尊师重道,薪火相传——论苏轼与欧阳修的三代交谊,喻世华,南京航空航天大学学报,2012.3

“道德高风果在世外”——论苏轼与道潜的交往,喻世华,江南大学学报,2012.4

“早以一日之知,遂托忘年之契”——论苏轼父子与张方平的交谊,喻世华,西南石油大学学报,2012.4

白居易与苏轼怀古诗数量比较研究,张亚祥,乐山师范学院学报,2012.4

此心安处是吾乡——以“归”为中心论苏轼对精神家园的追寻与建构,郝美娟,山西大学学报,2012.4

三苏经学与文学论略,高明峰,文艺评论,2012.4

从表演角度看苏轼词革新,汪倩,广东第二师范学院学报,2012.4

从理想走向现实、保守的苏轼对外思想,张云筝,北京教育学院学报,2012.4

从明人的记载看柳永的生卒年及其与苏轼的关系,邓子勉,古典文学知识,2012.4

从相生相待到平等不二——苏轼融通佛道路径及其局限性论析,左志南,中南大学学报,2012.4

李白与苏轼之仙人气质及其咏月情怀浅析,张国培,民办高等教育研究,2012.4

论道家美学对苏轼文艺思想的影响,杨琦,吉首大学学报,2012.4

论苏轼对陆龟蒙的接受,熊艳娥,求索,2012.4

论苏轼与陈公弼、陈季常父子的交谊,喻世华,重庆邮电大学学报,2012.4

论苏轼与歙砚,沈喜彭,重庆科技学院学报 2012.4

谁知圣人意,不尽书籍中——苏轼诗歌用典研究,沈章明,学术界,2012.4

苏轼涉梦词探析,赵佳丽、林高跃,惠州学院学报,2012.4

苏轼诗歌的现实主义精神,王艳辉,开封教育学院学报,2012.4

苏轼书画创作中的禅风意韵,陈英俊,国画家,2012.4

苏轼月词中的主观精神,王淑玲,名作欣赏,2012.4

苏轼韵高而才高的诗美理想——从“韵高而才短”说起,王志清,苏州大学学报,2012.4

谈苏赋之句式美,娜布其,文学界(理论版),2012.4

艺术随笔之于苏轼,陈桂莹,美与时代,2012.4

知己之感,知音之赏——苏轼妇女观散论,庆振轩、牛思仁,乐山师范学院学报,2012.4

“宋诗运动”与苏轼书法在晚清的接受,钱超,书法赏评,2012.5

禅宗的幽默与苏轼谐谑贬谪诗,梁梅,巢湖学院学报,2012.5

对苏辛两首词的补注与质疑,张福勋、李素珍,南阳师范学院学报,2012.5

乐乎？忧乎？——苏轼节序词解读,张玉华,赤峰学院学报,2012.5

论苏轼以赋为诗的艺术表现,沈章明,西南民族大学学报,2012.5

论苏轼与鲜于侁的忘年交谊,喻世华,南京晓庄学院学报,2012.5

明月如霜——浅析苏轼作品中的般若美学,金燕,名作欣赏,2012.5

乾嘉注释学视野中的《苏文忠公诗合注》,何泽棠,华南理工大学学报,2012.5

邵伯温、邵博父子的苏轼评价论略,杨胜宽,甘肃社会科学,2012.5

试析苏轼诗歌中生命主体意识的升华,苏罗密,楚雄师范学院学报,2012.5

说东坡论诗诗,王文龙,盐城师范学院学报,2012.5

苏轼诗词题跋中的书法美学观,李志刚,吉林艺术学院学报,2012.5

苏轼咏月诗文中的人格魅力,王金川,名作欣赏,2012.5

苏轼与南宋清空词风,郭锋,南京师大学报,2012.5

苏轼与孙子兵学,魏鸿,滨州学院学报,2012.5

为苏轼题画诗误读辨——以《书鄢陵王主簿所画折枝二首》为例,杜芡,韩山师范学院学报,2012.5

亦师亦友亦兄亦弟——论苏轼与文同的忘年交谊,喻世华,重庆交通大学学报,2012.5

咏物词的写形与写意——比较章质夫和苏轼的两首杨花词,葛晓音,文史知识,2012.5

“自成一家”与苏轼关注柳永词的文化动因,曹志平,湖北理工学院学报,2012.6

创作学诗圣,首倡集大成——论苏诗对杜诗的接受,李新、刘昊旸,名作欣赏,2012.6

东北苏轼研究述评,胡元翎、宋学达,天中学刊,2012.6

解析苏轼《范增论》及其在古代朝鲜的受容,付春明,齐齐哈尔大学学报,2012.6

论苏东坡黄州词的创新及原因分析,郭杏芳,学术探索,2012.6

论苏轼词中的自然生态美学思想,张雷宇,南昌大学学报,2012.6

论苏轼诗文的清冷意境,闫小军,乐山师范学院学报,2012.6

论苏轼艺术创作之“技道两进”,汪倩,齐齐哈尔大学学报,2012.6

人格在道、政、学之间挺立——北宋儒学思想史视域中的苏轼刍论,王渭清,宝鸡文理学院学报,2012.6

苏轼“无意为文”、“有为而作”与中国诗学“活法”说论考,曾明、王进,社会科学研究,2012.6

苏轼《定风波》赏析,张伟、周梅,文学教育,2012.6

苏轼《海外集》中的海南民俗拣梳,雍天荣,文学教育,2012.6

苏轼《前赤壁赋》中的明月,蒋发科,文学教育,2012.6

苏轼碑文漫赏,董乃斌,文史知识,2012.6

苏轼词论浅析,何卓彦,襄樊职业技术学院学报,2012.6

苏轼和陶诗三题,杨松冀,玉溪师范学院学报,2012.6

苏轼与程颐在性情论上的分歧,胡金旺,电子科技大学学报,2012.6

乌台为何开梅花,刘洋、程章灿,古典文学知识,2012.6

寓意于物,物我相联——苏轼音乐美学思想探析,胡郁青,成都大学学报,2012.6

哲人之文与骚人之文——苏轼与柳宗元贬地山水游记比较,杨有山,信阳师范学院学报,2012.6

曾为天涯沦落人——苏轼故居,解维汉,对联(民间对联故事)(下半月),2012.7

感悟苏东坡其人其文,张笑,时代文学(下半月),2012.7

豪放沉郁　旷达飘逸——苏轼词二首赏析,肖军辉,现代语文,2012.7

考官避错嫌,苏东坡丢状元,魏羲之,文史博览,2012.7

论苏轼词中的丈夫柔情,余颖,乐山师范学院学报,2012.7

论苏轼文学批评的象喻特色,潘殊闲,乐山师范学院学报,2012.7

情深千古“缓缓归”——兼析对苏轼《陌上花》的误读,许金华,文史知识,2012.7

苏轼在密州对生活困境的超越,张海平,乐山师范学院学报,2012.7

论“吴中四杰”之杨基对苏轼等蜀地词人的承继,朱瑞昌,名作欣赏,2012.8

浅谈苏轼诗歌的理趣特征,王江丽,赤峰学院学报,2012.8
浅谈苏轼诗歌中的禅风,王春燕,课外语文(教师适用),2012.8
浅析"乌台诗案"对苏轼思想之影响,宋一雪,文学界(理论版),2012.8
清闲之老:苏词主题词的文化意蕴,钟波,文艺评论,2012.8
苏东坡北归书法创作之考论,李景新,乐山师范学院学报,2012.8
苏东坡焚契还宅,赖晨、达理,民间传奇故事(A卷),2012.8
苏轼词的特色分析,丁卫峰,文学教育(上),2012.8
苏轼黄州诗书的多元情感论析,戚荣金,湖北社会科学,2012.8
苏轼诗、词、文中的哲理思辨,张杏丽,长春理工大学学报,2012.8
谈苏轼的和谐博弈观,刘清泉、王晋川,乐山师范学院学报,2012.8
从道教炼养方式看苏轼的道教信仰——兼及在道教传播史上的地位,贾喜鹏、王建弼,乐山师范学院学报,2012.9
佛家思想使苏东坡晚年的人生价值得到升华,王启鹏,乐山师范学院学报,2012.9
宋代孟子升格运动境域下之苏轼论孟子,伍宝娟,乐山师范学院学报,2012.9
苏东坡巧对辽国使臣,吴军,文苑(经典选读),2012.9
应物:苏轼文道的新变,罗书华,福建论坛,2012.9
读苏轼,魏丕植,黄河之声,2012.13
浅析苏轼的《念奴娇·赤壁怀古》,颜光霞,青春岁月,2012.14
苏轼旷达新论,余颖,作家,2012.14
苏轼与范镇交游述略,彭敏,芒种,2012.14
浅析苏诗的艺术灵魂——"奇趣",丛航飞、王娟子、杨南,青春岁月,2012.16
论苏轼词风的多样性,钟奇高,才智,2012.19
浅说苏轼与辛弃疾婉约词题材之异,徐艳,青年文学家,2012.20
一墙划开两世界——赏苏轼《蝶恋花·春景》词,施洪波,名作欣赏,2012.20
豪情满怀,壮志满胸——苏轼《念奴娇·赤壁怀古》浅析,董继伟,神州,2012.21
秋月·冬雪——教《记承天寺夜游》和《湖心亭看雪》后感,胡会娟,教育教学论坛,2012.22
宋代诗话中的苏诗批评与论争,王彤,学理论,2012.26
唐宋文人的不同命运——从《小石潭记》和《赤壁赋》看,汪忠华,中学教学参考,2012.28

略谈苏轼在词风上的创新,彭涛,科技信息,2012.30
论"欧苏"宋文的历史影响,刘美玉,福建论坛,2012.S2
论苏轼杭州生活与词作繁荣之关系,冯丽霞,城市文化评论,第8卷
超然与幽怨并存:谪居黄州期间苏轼诗歌创作中的情志矛盾,桂天寅,现代语文,2013.1
"风水相遭"说:三苏父子为文的家学精髓,王启鹏,广东第二师范学院学报,2013.1
从表演角度看苏轼词革新,汪倩,江苏广播电视大学学报,2013.1
开吟咏冼夫人先河——浅谈苏轼《和陶拟古九首之五》的艺术与意义,林华胜,新东方,2013.1
留给子孙的精神遗产:论苏轼"和陶诗"与苏氏一族,原田爱,九江学院学报,2013.1
论大慧宗杲对苏轼的接受,方新蓉,西华大学学报,2013.1
论苏轼与广西的情缘及意义,喻世华,惠州学院学报,2013.1
宋韵在苏轼美学中的呈现,李菡萏,剑南文学(经典教苑),2013.1
苏东坡与惠州文化两题,陈友乔,惠州学院学报,2013.1
苏轼《少年游》(玉肌铅粉傲秋霜)编年详考,彭文良、木斋,天中学刊,2013.1
苏轼出川前佛教因缘探析,司聃,内蒙古师范大学学报,2013.1
苏轼词《蝶恋花》(花褪残红青杏小)的情趣与理趣,徐军新,甘肃广播电视大学学报,2013.1
苏轼词是人的本质力量对象化的显现及丰富开创空间,赵英超,齐鲁师范学院学报,2013.1
苏轼前后《赤壁赋》的叙事学解析,于艳洋,运城学院学报,2013.1
苏轼散文中的士林理想人格管窥——以司马光形象的塑造为中心,关四平,学术交流,2013.1
苏轼文学艺术作品中的道德教化思想,焦强,山东行政学院学报,2013.1
苏轼辛弃疾之农村词比较,房日晰,商洛学院学报,2013.1
苏轼兴治水利考,陈伟庆,乐山师范学院学报,2013.1
苏轼叙写"气"的语意蕴涵辩证,管仁福,齐鲁学刊,2013.1
苏轼与江苏士人的交游,曾枣庄,江苏科技大学学报,2013.1
苏轼寓言中的社会心态探析,马佳佳,滁州学院学报,2013.1

苏轼知定州诗词文赋创作概览，李新，保定学院学报，2013.1

苏轼重要美学观点解析，左国华，黄冈师范学院学报，2013.1

瓷枕上的苏词与柳词，卢思密，收藏，2013.11

对苏轼“以诗为词”内含的多层面理解，宋学达，吉林省教育学院学报(下旬)，2013.12

北宋元丰五年文坛的伟大神话——苏东坡“两赋一词”著作的审美心理探析谈，祖应，黄冈师范学院学报，2013.2

朝鲜文人对苏轼儒道释思想的接受与批判，曹春茹，云南民族大学学报，2013.2

东坡诗“入务”考论，戴紫，文学与文化，2013.2

读东坡文章，感人格魅力，李锦煜，陇东学院学报，2013.2

感遇咏怀，寄慨身世——从三首咏梅词看苏轼的心路历程，李锦煜，西北成人教育学报，2013.2

离而不舍的深情眷恋——苏轼《蝶恋花·春景》，张蕾，文史知识，2013.2

论苏轼词的雪意象，袁海俊，乐山师范学院学报，2013.2

论苏轼与同僚的相处及启示——以杭州为例，喻世华，西南石油大学学报，2013.2

试论苏轼和赖山阳的咏海诗，陈菊、贺雪飞，焦作大学学报，2013.2

苏、辛怀古词词风之异——对《念奴娇·赤壁怀古》、《南乡子·登京口北固亭有怀》的文本细读，杨昊，北京教育学院学报，2013.2

苏轼《洞仙歌》流传与接受中的三个问题，陈斌，江苏科技大学学报，2013.2

苏轼的人品与词风，周力雁，开封教育学院学报，2013.2

苏轼的作家修养论，徐建芳，当代文坛，2013.2

苏轼七古创变与北宋诗文革新，康忠强，乐山师范学院学报，2013.2

苏轼诗序研究，饶眺，上饶师范学院学报，2013.2

苏轼以诗为词辨，施议对，词学，第30辑

苏辛农村词比较研究述评，梁萌，乐山师范学院学报，2013.2

陶渊明与苏轼饮酒诗比较，王迎春，淮北师范大学学报，2013.2

吾归何处——论苏轼词作中的“怀归”情结，王慧，石河子大学学报，2013.2

休戚相关，荣辱与共——论苏轼与王巩的交谊，喻世华、朱广宇，江苏科技大学学报，2013.2

也谈翁方纲与宋棐《施顾注东坡先生诗》,王长民,中国典籍与文化,2013.2

以生命美学透视苏轼《江城子》,周晓蕾,焦作大学学报,2013.2

元好问对苏轼词的接受,李世忠,贵州文史丛刊,2013.2

子瞻过海后与少陵出峡时——苏轼海南诗的人文思考,施志咏,古典文学知识,2013.2

《秋声赋》与《前赤壁赋》的异同比较,刘新文、牛来友,唐山师范学院学报,2013.3

把酒问月:“谪仙”与“坡仙”气质及咏月情怀之异,张国培、刘伟,齐齐哈尔师范高等专科学校学报,2013.3

此心安处是吾乡,一蓑烟雨任平生——从莫砺锋教授《漫话东坡》看苏轼历经坎坷后的平淡心态,凌朝栋,渭南师范学院学报,2013.3

从词体功能的变化看苏轼“以诗为词”,姚菊,中国韵文学刊,2013.3

两宋题画词与苏轼文人集团综合文艺观念,于广杰、罗海燕、郝远,石家庄铁道大学学报,2013.3

论“小东坡”唐庚与苏轼的诗学渊源,唐玲,海南大学学报,2013.3

论元杂剧对“乌台诗案”的叙事重写——以苏轼形象为中心研究,胡玉平,江西青年职业学院学报,2013.3

浅论苏轼“以才学为诗”,张国荣,乐山师范学院学报,2013.3

浅谈苏轼诗序,桂丹瑜,贵州文史丛刊,2013.3

苏东坡“经学”三书提要,舒大刚,湖湘论坛,2013.3

苏轼的舒州卜居梦,琚小飞,唐山师范学院学报,2013.3

苏轼题名、题字及文类石刻作品数量统计与分析,王星、王兆鹏,湖北大学学报,2013.3

苏轼艺术创作思想之“形”与“神”,汪倩,乐山师范学院学报,2013.3

苏轼易学与诗学,李瑞卿,文学评论,2013.3

苏轼与章惇之恩怨述略,朱飞镝,乐山师范学院学报,2013.3

文化传播与国家安全——苏轼、苏辙对宋朝文化信息安全的谋划,谭平,中华文化论坛,2013.3

由六拜苏轼看李廌其人,梁萌,枣庄学院学报,2013.3

在历史和现实的缝隙中——读苏轼《念奴娇·赤壁怀古》,过常宝、陈彦昭,文史知识,2013.3

《苏轼词编年校注》之"校勘"指瑕——兼复吴讷《东坡词》抄本原貌，田玉琪、杜茜，古籍整理研究学刊，2013.4

《易》理与苏轼文艺观，杨万里，内蒙古大学学报，2013.4

从诗歌注释的视野看王文诰的苏诗批评，何泽棠，南昌大学学报，2013.4

从诗文酬唱看苏轼与黄庭坚的非凡友谊，王宏武，乐山师范学院学报，2013.4

多元文化交融与苏轼文学审美范式嬗变，高杨，文艺评论，2013.4

快意雄风海上来：试论苏轼海南诗词的"海"味，潘殊闲，重庆师范大学学报，2013.4

论诗歌的意象叠加——以苏轼《卜算子》为例，王太顺、傅美艳，沈阳师范大学学报，2013.4

论王文诰《苏诗编注集成》的历史解释，何泽棠，燕山大学学报，2013.4

浅论郑珍早年诗歌创作与苏轼的渊源传承关系——以《秧马歌》和《播州秧马歌》为考察文本，曾秀芳，贵州民族大学学报，2013.4

苏、梅、欧的韩诗接受及其诗史意义，查金萍，周口师范学院学报，2013.4

苏轼《临江仙》(忘却成都来十载)编年补证，彭文良、木斋，乐山师范学院学报，2013.4

苏轼和陶诗系年考辨，杨岚、焦远东，重庆交通大学学报，2013.4

苏轼黄州词中的归隐情结论析，陈中林、徐胜利，鄂州大学学报，2013.4

苏轼与佛印交游考，喻世华，江苏大学学报，2013.4

简论苏门文人对苏轼散文理论的承变，朱晓青，海南师范大学学报，2013.5

情与理的迷梦：苏轼《芙蓉城》试析，罗艳梅、胡蔚，中华文化论坛，2013.5

说苏轼赤壁两赋的"悟"与"了"，杨胜宽，广东技术师范学院学报，2013.5

苏轼诗文评点的演进历程，樊庆彦、刘佳，文史哲，2013.5

苏轼以唐诗入词的动因研究，李锦，求索，2013.5

"吾生如寄"与"此生安归"——苏轼晚年的精神困境与自我救赎，吴增辉，乐山师范学院学报，2013.6

超然台的"时空位移"——析苏轼超然思想的影响，王晓磊，乐山师范学院学报，2013.6

傅共《东坡和陶诗解》探微，杨焄，中山大学学报，2013.6

民本思想与苏轼文学创作，伍宝娟、吕晓玲，绵阳师范学院学报，2013.6

苏轼涉农诗初探，许起山、陈伟庆，乐山师范学院学报，2013.6

苏轼史论文的思想与艺术特征,林峥,南方论刊,2013.6

苏轼题蜀僧文长老三诗漫论,黄春,文史杂志,2013.6

苏轼《浣溪沙·荷花》词编年新考,彭文良,乐山师范学院学报,2013.7

说苏东坡散文《方山子传》兼及其他,邓国栋,秘书,2013.8

苏轼"圣化"杜甫背景、内涵及对"宋调"形成之意义,张国荣,乐山师范学院学报,2013.8

日本五山文学中的"苏轼",林瑶,乐山师范学院学报,2013.9

苏轼"格高千古"的中秋词为何诞生在密州,张崇琛,写作,2013.9

也谈苏轼的幸与不幸,陈友乔,玉溪师范学院学报,2013.9

苏轼作品中禅宗思想的渗透与挖掘,陈建忠、张保太,现代语文,2013.16

从苏轼词"梦"的意象来看佛禅思想之影响,刘秀娟,名作欣赏,2013.2 中

东坡与朝云,介子平,名作欣赏,2013.32

苏轼生活的时代,介子平,名作欣赏,2013.34

乌台诗案前苏轼诗歌中的归隐心态分析,桂天寅,名作欣赏,2013.6 中

李之仪(1038－1117)

再论李之仪卒于政和八年,王星,文学遗产,2012.5

从李之仪词及词学思想看其创作的趋同性及独特性,赵洁,林区教学,2013.2

李之仪交游略考,温纬,中共马鞍山市委党校学报,2013.2

朱长文(1039－1098)

文人庭园与文学写作——以朱长文乐圃为考察中心,马东瑶,齐鲁学刊,2013.4

苏　辙(1039－1112)

苏轼、苏辙、苏过贬谪岭南时期心态与作品研究,严宇乐,复旦大学博士学位论文,2012

苏辙被贬龙川期间的文学与思想研究,罗春娜,暨南大学硕士学位论文,2012

苏轼苏辙的兄弟之情及对苏轼文学创作的影响,梁益萍,宁波大学硕士学位论文,2012

苏辙闲居颍昌时期诗歌的研究,熊光红,闽南师范大学硕士学位论文,2013

苏辙《道德真经注》"心性说"探微,杨晴,安阳师范学院学报,2012.1

三苏道情性话题的论辩,张立文,社会科学研究,2012.2

苏辙在济南的交游唱和活动及其文化意蕴,马银华,工会论坛(山东省工会管理干部学院学报),2012.3

三苏与杜诗,左汉林,北京青年政治学院学报,2012.3

从“省之又省”到圆融三教——党争及贬谪与苏辙的思想蜕变,吴增辉,西华师范大学学报,2012.4

三苏经学与文学论略,高明峰,文艺评论,2012.4

试说苏辙散文中的“水喻”,杨忠伟,学术交流,2012.5

苏辙及和陶诗研究,陈可人,文学教育,2012.11

“风水相遭”说:三苏父子为文的家学精髓,王启鹏,广东第二师范学院学报,2013.1

苏辙的诗论及其诗歌创作,蒽琼、李天保,广西大学学报,2013.1

雅适中见深醇——从《和文与可洋州园亭三十咏》看苏辙诗的艺术特色,张晓杰,安康学院学报,2013.1

夜雨何时听萧瑟——论苏辙诗歌的兄弟情结,喻世华,乐山师范学院学报,2013.1

文化传播与国家安全——苏轼、苏辙对宋朝文化信息安全的谋划,谭平,中华文化论坛,2013.3

出新意于法度之中——从苏辙评价看苏轼和陶诗,杨岚,乐山师范学院学报,2013.8

苏辙的青年和老年——唐宋八大家札记(二),陈占敏,名作欣赏,2013.32

范祖禹(1041－1098)

两部《范祖禹年谱简编》中的纪元问题,王靖宇、朱翔,西安文理学院学报,2013.5

彭汝砺(1041－1095)

彭汝砺诗歌研究,司志杰,鲁东大学硕士学位论文,2012

彭汝砺诗歌特色评析,司志杰、王晶,上饶师范学院学报,2012.1

郑　侠(1041－1119)

《西塘先生文集》版本源流考述——兼补《全宋文》二篇,罗昌繁,文艺评论,2013.4

舒　亶(1041－1103)

舒亶及其词作研究,赵淑英,首都师范大学硕士学位论文,2012

北宋新党舒亶考论，孙福轩，浙江学刊，2012.2

宋人舒亶轶文一篇，龚烈沸，宁波大学学报，2013.4

黄大临（？—？）

黄庭坚、黄大临《青玉案》词考论，李世忠，文艺评论，2012.8

黄庭坚（1045—1105）

黄庭坚贬谪巴蜀时期诗词研究，肖艳华，重庆工商大学硕士学位论文，2012

黄庭坚诗学理论研究，侯春晖，齐齐哈尔大学硕士学位论文，2012

黄庭坚学陶诗研究，李瑞，山东师范大学硕士学位论文，2012

论黄庭坚的文人主体意识，王楠，辽宁大学硕士学位论文，2012

黄庭坚贬谪时期尺牍研究，赖仕贤，福建师范大学硕士学位论文，2012

黄庭坚戏题诗研究，徐煜辉，安徽大学硕士学位论文，2012

《世说新语》对黄庭坚诗文创作及人格的影响，林莺，宁波大学硕士学位论文，2012

黄庭坚题画诗研究，李广艳，漳州师范学院硕士学位论文，2012

黄庭坚贬谪时期尺牍研究，赖仕贤，福建师范大学硕士学位论文，2012

秦观与黄庭坚词比较，王芳，西北大学硕士学位论文，2013

黄庭坚诗歌研究三题，韩元，南京大学硕士学位论文，2013

黄庭坚题跋美学思想研究，吕锦，内蒙古师范大学硕士学位论文，2013

点铁成金功夫，标新立异境界——试论黄庭坚诗歌中的数词，江建高，湖南科技学院学报，2012.1

静穆与洒脱——论黄庭坚对佛禅“静观”的融摄与其诗歌创作之关系，左志南，中国石油大学学报，2012.1

论黄庭坚的魏晋风度，许外芳、余翠萍，九江学院学报，2012.1

《九家集注杜诗》中宋代宋祁、王安石、黄庭坚三家注杜考，赵曼、陈景阳，杜甫研究学刊，2012.2

黄庭坚纪行诗思想内涵论略，温优华、何小明，赤峰学院学报，2012.2

黄庭坚俗词的艺术特征，郭凌云，聊城大学学报，2012.2

论黄庭坚的宜州诗词——元祐党人旅桂文学研究之二，张彦，贺州学院学报，2012.2

山谷诗二史注的诗学研究，何泽棠，中国矿业大学学报，2012.2

苏轼、黄庭坚七律创作技法之异同及其人格异趣，张立荣，晋阳学刊，2012.2
山谷雅词的艺术特征，郭凌云，黑龙江社会科学，2012.3
史容《山谷外集诗注》的诗学阐释，何泽棠，长安大学学报，2012.3
“秦七黄九”补说，宋学达，齐齐哈尔大学学报，2012.4
论任渊《山谷诗集注》的诗学批评，何泽棠、吴晓蔓，东方论坛，2012.4
论史容《山谷外集诗注》的当代阐释，何泽棠，北京理工大学学报，2012.4
朱熹与黄庭坚诗学的离与合，吴晟，南昌大学学报，2012.4
历代黄庭坚、陈师道诗歌优劣之争考论，刘欢萍，中南大学学报，2012.5
论黄庭坚的咏梅诗，彭远利，遵义师范学院学报，2012.5
黄庭坚“以诗为词”及其文学史意义，梅华，唐都学刊，2012.6
论黄庭坚“三峡”诗文创作特色，宦书亮、黄艳立，三峡大学学报，2012.6
论黄庭坚对庾信诗赋的接受，何世剑、吴艳，南昌大学学报，2012.6
对黄庭坚在宜州“讲学”深层底蕴的再探讨，吴政，北方文学(下半月)，2012.7
钱钟书对黄庭坚认识之反复，李廷华，书屋，2012.7
黄庭坚对杜甫诗歌的接受与创新，骆德林，文学教育(上)，2012.8
“夜”里的黄庭坚，贾冬梅，上海企业，2012.9
黄庭坚把酒作诗赞“五粮”，国防，2012.9
从黄庭坚的茶诗中看北宋文化，苏琼、景娟，文学界(理论版)，2012.11
读黄庭坚小山词序札记，陈中林、徐梦吟，名作欣赏，2012.11
浅议黄庭坚诗学理论——兼与苏轼比较，代开才，科技信息，2012.11
“文字禅”与北宋“诗文书画一体”——以黄庭坚的论述为中心，陈志平，文艺研究，2012.12
北宋黄庭坚艺术特点略谈，张剑，芒种，2012.15
黄庭坚俚俗词语言特色简论，刘童，文教资料，2012.26
黄庭坚诗歌比喻的渊源及其创新，韩元，重庆第二师范学院学报，2013.1
唐宋咏茶诗繁盛的文化背景探析——以黄庭坚茶诗为例，窦道阳，茶叶通讯，2013.1
再论皎然三偷说对黄庭坚诗法的启示，许清云，中国韵文学刊，2013.1
柳永黄庭坚俗词之比较，房日晰，安康学院学报，2013.2
论黄庭坚的杜诗观，王红丽，绥化学院学报，2013.2
张耒与黄庭坚之唱酬诗平议，韩文奇，甘肃广播电视大学学报，2013.2

大乘佛学“幻”概念与黄庭坚的审美观念，汤凌云，中国文学研究，2013.3

少读漫叟文，晚寻次山迹——略论黄庭坚对元结的接受，周艳菊，九江学院学报，2013.3

从诗文酬唱看苏轼与黄庭坚的非凡友谊，王宏武，乐山师范学院学报，2013.4

黄庭坚与成都杜甫草堂，任舸，杜甫研究学刊，2013.4

“秦七黄九”词创作差异略论，朱家元，乐山师范学院学报，2013.6

吕南公（1047？－1086）

吕南公研究，于飞，中国社会科学院研究生院硕士学位论文，2012

王巩（1048－1117？）

休戚相关，荣辱与共——论苏轼与王巩的交谊，喻世华、朱广宇，江苏科技大学学报，2013.2

王　回（1048－1101）

三回考，袁贝贝，温州大学学报，2012.6

秦　观（1049－1100）

秦观与黄庭坚词比较，王芳，西北大学硕士学位论文，2013

挣扎与超脱，冲淡与妩丽——秦观闲适诗研究，孙斯提，东北师范大学硕士学位论文，2013

秦观词和雪莱诗鸟意象比较研究，孙丽薇，天津大学硕士学位论文，2013

秦观文学作品中的儒释道思想，苏晶晶，新疆师范大学硕士学位论文，2013

晏几道、秦观词的比较研究，高莹，长春师范学院硕士学位论文，2012

秦观散文用典研究，李黎，河北师范大学硕士学位论文，2012

试析秦观文艺观下的散文风格，丁宝堂，云南大学硕士学位论文，2012

清代对秦观词的接受研究——以云间词派、常州词派为例，王玉娟，曲阜师范大学硕士学位论文，2012

秦观与周邦彦恋情词比较研究，汪鑫，信阳师范学院硕士学位论文，2012

“艳情”渐隐，“身世”渐显——论秦观词艺术风格的演变，朱国伟，名作欣赏，2012.1

柳永和秦观词中登高题材之比较研究，贺灵、向德俊，兴义民族师范学院学报，2012.1

试论秦观诗与“元祐体”关系——以《和东坡红鞓带》为例，林春香、郭丹，龙岩

学院学报,2012.1
君子之交,和而不同——论苏轼与秦观的交谊,喻世华,南京邮电大学学报,2012.3
秦观词之用典,薛艳,韶关学院学报,2012.3
秦观的越州之行及相关作品绎说,高利华,绍兴文理学院学报,2012.3
秦少游诗歌研究述评,孙斯提,职大学报,2012.3
苏轼与秦观词中所彰显出的生命悲剧意识,陈蓉,绵阳师范学院学报,2012.3
“秦七黄九”补说,宋学达,齐齐哈尔大学学报,2012.4
两宋时期的秦观诗研究,牛卫东,河南科技大学学报,2012.5
论秦观词调选、用特点及其意义,曹辛华,北京大学学报,2012.5
秦观词纯美意境的构成,张旭,文艺评论,2012.6
此时无声胜有声:论秦观词的“召唤结构”——以《满庭芳》(山抹微云)为例,刘晓,现代语文,2012.7
秦观《满庭芳·山抹微云》一词有关问题的厘定和补苴,陈祖美,词学,第27辑
秦观词创作片论,李锦煜,南华大学学报,2013.1
宋人总集收录秦观作品叙录,牛卫东,图书馆理论与实践,2013.1
浅析秦观诗歌的佛禅情怀,刘秀娟,广州广播电视大学学报,2013.2
秦观“词心”研究述评,郑玲,池州学院学报,2013.2
秦观词集版本著录补正,黄水平,阴山学刊,2013.2
秦观词论与其词的创作关系,黄澄华,盐城师范学院学报,2013.2
欧阳修、柳永、秦观词集版本著录补正,黄水平、张金锋,德州学院学报,2013.3
秦观策论写作范式论略,朱晓青,江汉学术,2013.3
秦观“诗似小词”论,刘秀娟,濮阳职业技术学院学报,2013.4
秦观、周邦彦同中有异的沉郁词风比较,陈皓钰,河南机电高等专科学校学报,2013.5
“秦七黄九”词创作差异略论,朱家元,乐山师范学院学报,2013.6
秦观《望海潮》四首发微,彭志,乐山师范学院学报,2013.6
流水落花春去也——秦观词在绍圣元年到绍圣四年的演变与考察,李桔松,语文学刊,2012.9上
论秦观迁谪词中的超脱情怀,昌庆志,词学,第28辑

贺　铸(1052－1125)

贺铸、辛弃疾侠士词比较研究，唐可，中南大学硕士学位论文，2012

贺铸《东山词》的艺术独特性，罗乔赟，江西师范大学硕士学位论文，2012

贺铸诗词互见研究，王余方，陕西师范大学硕士学位论文，2012

贺铸词用典研究，梁玉龙，吉林大学硕士学位论文，2013

历代贺铸词批评研究，张晶，牡丹江师范学院硕士学位论文，2013

论贺铸的词史地位，徐承伟，东岳论丛，2012.9

梧桐半死红颜老，天上人间寻芳魂——贺铸和纳兰容若悼亡词之比较，张红，文学界(理论版)，2012.12

略谈张耒《东山词序》及对贺铸词的审美揭示，程萌，重庆交通大学学报，2012.4

贺铸诗词的异同比较，向德俊，兴义民族师范学院学报，2012.6

贺铸词商补四则，杨庆云，求索，2012.8

论贺铸的词史地位，徐承伟，东岳论丛，2012.9

从贺铸的词风看他对古文化的传承与发展，高卫红，南阳师范学院学报，2013.1

兴中有比　意味深长——贺铸《青玉案》解读，邵彦平，西昌学院学报，2013.2

在永不消失的真实中重新开花——贺铸词《鹧鸪天·半死桐》欣赏，焦兵书，未来教育家，2013.12

贺铸"以诗为词"说，房日晰，词学，第30辑

《东山词》用典研究，向德俊，兴义民族师范学院学报，2013.6

北宋·贺铸词《鹧鸪天》中的隐喻认知解读，汤秋平，海外英语，2012.13

游　酢(1053－1123)

宋代理学家游酢的文学思想，陈忻，重庆工商大学学报，2012.3

陈师道(1053－1102)

《后山诗话》研究，王翠翠，辽宁大学硕士学位论文，2012

陈师道咏物诗研究，熊丹丹，广州大学硕士学位论文，2013

陈师道"唐人不学杜诗"平议，王婷，剑南文学(经典教苑)，2013.1

陈师道的诗学观新论，阮堂明，苏州科技学院学报，2012.3

从任渊《后山诗注》看后山诗法，何泽棠，江南大学学报，2012.3

历代黄庭坚、陈师道诗歌优劣之争考论,刘欢萍,中南大学学报,2012.5
陈师道对梅尧臣诗歌的接受,陈文苑、马蕾,楚雄师范学院学报,2013.2
陈师道对梅尧臣诗歌的接受,陈文苑,西安石油大学学报,2013.3

晁补之(1053－1110)

晁补之绍圣后诗歌研究,袁利杰,闽南师范大学硕士学位论文,2013
晁补之《续楚辞》、《变离骚》与朱熹《楚辞后语》比较研究,刘真伦,文学遗产,2012.2
张耒与晁补之唱酬赠答诗平议,韩文奇,甘肃广播电视大学学报,2012.2
论晁补之诗歌的用典,刘京臣,黄河科技大学学报,2012.5
晁补之《续楚辞》、《变离骚》作者、篇目及佚文辑存,刘真伦,古籍研究,2013.1

张　戒(?－?)

张戒《岁寒堂诗话》美学思想研究,周觅,哈尔滨师范大学硕士学位论文,2013
张戒与严羽诗歌审美理想之比较,张颖,船山学刊,2013.1
试论张戒的杜甫情结,张兆勇、孙立民,淮北师范大学学报,2013.2
张戒与严羽宋诗观异同论,张颖,佳木斯大学社会科学学报 2013.2
张戒之宋诗观发微,张颖,常州大学学报,2013.3
论张戒《岁寒堂诗话》之"意味"说,张颖,吉林师范大学学报,2013.3

张　耒(1054－1114)

张耒辞赋研究,池伟,安徽大学硕士学位论文,2012
张耒乐府诗述论,李朋,辽宁师范大学硕士学位论文,2012
论张耒的法律思想,赵鹏,重庆大学硕士学位论文,2013
略谈张耒《东山词序》及对贺铸词的审美揭示,程萌,重庆交通大学学报,2012.4
张耒贬谪心态的演变,刘红红,山花,2012.14
张耒与晁补之唱酬赠答诗平议,韩文奇,甘肃广播电视大学学报,2012.2
张耒与黄庭坚之唱酬诗平议,韩文奇,甘肃广播电视大学学报,2013.2
张耒记体文作法论析,朱晓青,写作,2013.5

邵伯温(1055－1134)

邵伯温、邵博父子的苏轼评价论略,杨胜宽,甘肃社会科学,2012.5

王　铚(?－?)

王铚著述考,房厚信、张明华,东岳论丛,2012.6

周邦彦(1056－1121)

秦观与周邦彦恋情词比较研究,汪鑫,信阳师范学院硕士学位论文,2012

典雅风致　神思飞越——周邦彦《苏幕遮》赏析,杨建新、俞建蓉,语文月刊,2012.1

另类情怀　别样写法——细读周邦彦的《渡江云·晴岚低楚甸》,王荧荧,东方艺术,2012.S2

论清真词的"时空转换",汪洋、孔哲,东方论坛,2012.5

周邦彦词中的"香",王浩,群文天地,2012.8

周邦彦之"词中老杜"与常州词学,余意,词学,第28辑

周邦彦——北宋词之大成,曹凡,文学界(理论版),2012.11

轮回般的近似,精妙处的相异——周邦彦词与姜夔词的比较,张勤,湖南工业职业技术学院学报,2013.1

从《人间词话》看王国维对周邦彦的评价,叶小芳,剑南文学(经典教苑),2013.1

王国维视域中的周邦彦词,曹旭、陆路,上海师范大学学报,2013.5

秦观、周邦彦同中有异的沉郁词风比较,陈皓钰,河南机电高等专科学校学报,2013.5

家住吴门　久作长安旅——周邦彦的生平与创作心态探析,周玉梅,山东商业职业技术学院学报,2013.6

纤手破新橙——读周邦彦《少年游》有感,积雪草,中华魂,2013.22

周邦彦清真雅词的艺术成就,孟小驰,神州,2013.23

潘大临(1057－1106)

潘邠老"满城风雨近重阳"断句诗的接受研究,周静,中国韵文学刊,2013.2

陈　瓘(1057－1124)

中华本《永乐大典》陈瓘诗文辑考,李懿,古籍整理研究学刊,2012.3

鲍慎由(？－1127)

宋代文学家鲍慎由生平、著述考,吴怀东、徐昕,中国文学研究,2013.3

李　廌(1059－1109)

论苏轼的为师之道——以李廌为例,喻世华,河南科技大学学报,2012.2

由六拜苏轼看李廌其人,梁萌,枣庄学院学报,2013.3

晁说之(1059－1129)

晁说之诗歌“好议论”论略,刘京臣,济宁学院学报 2012.1

晁说之诗歌简论,李朝军,上饶师范学院学报,2012.5

晁说之散文简论,李朝军,成都大学学报,2012.6

释仲殊(? －?)

北宋僧人仲殊词作初探,杨发宁、王蕾,桂林师范高等专科学校学报,2013.4

阮　阅(? －?)

读阮阅,魏丕植,黄河之声,2012.18

邹　浩(1060－1111)

邹浩诗歌研究,谷学颖,广西师范学院硕士学位论文,2012

赵令畤(1061－1134)

赵令畤《侯鲭录》诗学思想研究,李丹,暨南大学硕士学位论文,2012

陈　渊(1067－1145)

陈渊诗歌及思想研究,吴倩,河南大学硕士学位论文,2012

张　扩(? －?)

宋代诗人张扩考,段莉萍,乐山师范学院学报,2012.3

范　温(? －?)

宋诗话中佛禅话头及其喻意(一)——范温《潜溪诗眼》禅语之分析,周裕锴,河南师范大学学报,2012.6

唐　庚(1070－1120)

北宋徽宗朝唐庚诗歌研究,刘丽丹,河南大学硕士学位论文,2012

论“小东坡”唐庚与苏轼的诗学渊源,唐玲,海南大学学报,2013.3

释惠洪(1070－1128)

诗僧惠洪诗歌创作研究,范昕,河南大学硕士学位论文,2012

惠洪的文字禅与句法论,郭庆财,徐州师范大学学报,2012.5

推重“句法”,“翻案”创新——(宋)释惠洪《石门文字禅》修辞研究,鄢文龙,宜春学院学报,2013.1

苏　过(1072－1123)

苏轼、苏辙、苏过贬谪岭南时期心态与作品研究,严宇乐,复旦大学博士学位论文,2012

苏过诗歌中的“陋室”情结，庞明启、王侠，德州学院学报，2013.1

许景衡（1072－1128）

许景衡及其诗歌研究，乔庆刚，河北师范大学硕士学位论文，2012

葛胜仲（1072－1144）

葛胜仲及其《丹阳集》研究，柳絮，吉林大学硕士学位论文，2012

高　登（？－1148）

高登及其《东溪集》研究，李巧爱，广西师范学院硕士学位论文，2012

翟汝文（1076－1141）

古雅典重、气格浑厚——论翟汝文“《尚书》体”制诰，黄威，东北师大学报，2013.3

叶梦得（1077－1148）

叶梦得《石林诗话》研究，应紫，广西民族大学硕士学位论文，2013

从“阴抑苏黄”到“顾挹苏氏之余波”——论叶梦得早期贬苏与后期学苏的必然性，许兴宝，内蒙古民族大学学报，2012.2

叶梦得“阴抑元祐”考辨，王晴，台州学院学报，2012.4

南渡视野下的叶梦得、陈与义词之比较，姚惠兰，作家，2012.6

《避暑录话》——宋代口述史的经典之作，潘殊闲，西华大学学报，2012.6

叶梦得词简论，房向莉、房日晰，咸阳师范学院学报，2013.3

叶梦得与独山叶氏的关系，李慧清，神州，2013.15

汪　藻（1079－1154）

汪藻著述考，金建锋，上饶师范学院学报，2012.5

汪藻诗中的“老坡气”，梁玉竹，乐山师范学院学报，2013.4

论汪藻的散文创作，黄威，兰台世界，2013.21

王庭珪（1079－1171）

王庭珪诗论及其意义，连国义，绥化学院学报，2012.4

刘　昺（？－？）

刘昺及《大晟乐书》辑考，张春义，宁夏大学学报，2012.2

韩　驹（1080－1135）

韩驹与宗杲关系考，方新蓉、鲜纪勇，成都大学学报，2013.2

王　灼(1081？－1160)

王灼《碧鸡漫志》词学批评理论研究,张丹卉,牡丹江师范学院硕士学位论文,2012

孙　觌(1081－1169)

论宋高宗朝谪宦的北归心态——以李纲、孙觌为中心,郭庆财,贵州师范大学学报,2013.6

朱敦儒(1081－1159)

希真词意象论,韩小兵,陕西师范大学硕士学位论文,2012

朱敦儒诗词中的休闲美学,章辉,河北科技师范学院学报,2012.2

以朱敦儒词中之“娥”诠释其人生之悲,刘春景,安阳工学院学报,2012.3

朱敦儒的休闲美学,章辉,美与时代(上),2012.5

论朱敦儒“神仙风致”对李白“诗仙风骨”的接受与承继,肖林桓、尹楚兵,名作欣赏,2012.17

朱敦儒在岭南的生活与创作,谭绍娜、曾大兴,词学,第28辑

朱敦儒的山水情怀与山水词,李亮伟,古典文学知识,2013.6

赵　佶(1082－1135)

亡国之君李煜、赵佶词作探析,王山青,鸡西大学学报,2012.7

赵佶与赵构的词,房向莉,电影评介,2013.19

周紫芝(1082－1155)

周紫芝诗词用韵研究,汪亮娟,温州大学硕士学位论文,2013

宋代诗人周紫芝及其诗歌综论,王辉斌,中华文化论坛,2012.1

周紫芝诗学思想探析,施小琼,牡丹江师范学院学报,2012.3

宣城四士生平著作考,徐海梅,安徽工业大学学报,2012.4

自恨空漂泊,无由见老成——论周紫芝的辞赋创作,刘培,湖湘论坛,2012.6

浅谈周紫芝的咏怀词,常庆,大众文艺,2012.9

南渡诗人周紫芝诗风探析,徐海梅,淮南师范学院学报,2013.1

李　纲(1083－1140)

李纲福建踪迹考,郑淑榕,福建师范大学博士学位论文,2013

李纲对陶渊明的接受,黄关蓉,四川师范大学硕士学位论文,2012

李纲对陶渊明饮酒和咏菊诗的继承,黄关蓉,重庆师范大学学报,2013.2

论宋高宗朝谪宦的北归心态——以李纲、孙觌为中心，郭庆财，贵州师范大学学报，2013.6

李纲与蔡京父子关系考辨，王晴，浙江学刊，2013.5

李纲和陶诗内容研究，黄关蓉、王雪飞，中华文化论坛，2013.10

李纲在桂诗文思想内容初探，王楠，考试周刊，2013.57

李清照(1084－1155)

清代李清照研究，邹帆，湖北大学硕士学位论文，2012

基于语料库的李清照诗词翻译风格再现研究，张李贝，上海外国语大学硕士学位论文，2012

萧观音与李清照诗词比较，张春梅，新疆师范大学硕士学位论文，2012

“三美”理论指导下李清照词英译的美感再现，付桂英，上海外国语大学硕士学位论文，2012

文化语境视角下李清照八首词翻译的对比研究，胡银根，湖南工业大学硕士学位论文，2012

李清照词的接受史研究，黄玫菱，复旦大学硕士学位论文，2012

李清照词中意象翻译的符号学视域，魏秀云，中南大学硕士学位论文，2012

从改写理论看雷克斯罗斯的李清照诗词英译，王改津，华中师范大学硕士学位论文，2012

李清照《词论》研究之批评，户伯涛，东华理工大学硕士学位论文，2012

李煜与李清照词作中的艺术世界，刘姝麟，云南大学硕士学位论文，2012

李清照词中的美学意蕴，甘少迎，安徽大学硕士学位论文，2012

刘宓庆翻译美学视角下李清照作品的翻译，张磊磊，苏州大学硕士学位论文，2012

功能派理论下的创造性翻译——王红公、许渊冲英译李清照词之比较，马丽娜，上海外国语大学硕士学位论文，2012

古词中文化意象英译的阐释学解读——以李清照词两个英译本为个案研究，何旭明，西北师范大学硕士学位论文，2012

从文学文体学角度分析李清照词风英译，王云燕，西安外国语大学硕士学位论文，2012

图式理论视角下李清照词英译的对比研究，刘娟华，广西师范大学硕士学位论文，2012

从互文性视角看李清照词中意象的翻译——许渊冲译本和雷克斯罗斯与钟玲译本的比较研究，庞云，湖南大学硕士学位论文，2012

主题与主题倾向关联视角下的李清照词英译的比较研究，吴淑艳，西南大学硕士学位论文，2012

朱利安·豪斯的翻译质量评估模式在宋词翻译中的应用——以《声声慢》的英译本为例，汤琳，吉林大学硕士学位论文，2012

李清照词中的花类隐喻研究，李碧芸，温州大学硕士学位论文，2013

家国巨变与词境开拓——李清照、张炎词比较研究，吴忠迁，河北师范大学硕士学位论文，2013

翻译适应选择论视角下的李清照词英译本对比研究，石艳，浙江工商大学硕士学位论文，2013

李清照与纳兰性德愁情词比较研究，董娜，曲阜师范大学硕士学位论文，2013

李清照叶嘉莹文学比较研究，王亚红，河北师范大学硕士学位论文，2013

共谋视角下的翻译主体间性——以英译李清照词为例，陈慰，电子科技大学硕士学位论文，2013

李清照词可译度的多维度审视，高红霞，西安外国语大学硕士学位论文，2013

李清照词的认知转喻研究，杨柳，湖南师范大学硕士学位论文，2013

从女性主义翻译观看译者主体性——以李清照词的两个英译本为例，杨柳，四川师范大学硕士学位论文，2013

A Study on the Cultural Images Translated in Li Qingzhao's Ci-poems: a Perspective of Domestication and Foreignization，仵琳，西安外国语大学硕士学位论文，2013

探析李清照词中"花"之寓意，肖娟，中国市场，2012.1

散失与累积：明清时期《漱玉词》篇数增多问题，艾朗诺，中国韵文学刊，2012.1

宋词翻译中的格式塔意象再造——以李清照词为例，李超，佳木斯教育学院学报，2012.1

情景婉唱　声情双绝——李清照词中"意境"浅析，宁朝红，漯河职业技术学院学报，2012.1

跨文化语用学中的文化因素与语用翻译——以李清照《声声慢》翻译比析为例，何清华，出国与就业（就业版），2012.1

李清照《醉花阴》词的含蓄美在英译中的传达,闫朝晖,江汉大学学报,2012.1
浅析武则天和李清照的女性形象和女性意识,范瑞芳,传奇.传记文学选刊(理论研究),2012.1
试论李清照的精神世界,师星三,攀枝花学院学报,2012.1
论李清照《如梦令》写作缘由——兼论《点绛唇·蹴罢秋千》作者,周长风,济南职业学院学报,2012.1
浅论李清照词作中的自我形象,刘敏,名作欣赏,2012.1
谈易安词之“女子自写照”,刘婷玉,北方文学(下半月),2012.1
文情并茂,精粹绝伦——读李清照《声声慢》,龙杰,名作欣赏,2012.1
小情怀与大境界——“济南二安”婉约词创作特色比较,方波,青岛农业大学学报,2012.1
李清照与贺双卿词中愁情之比较,姜景莲,职大学报,2012.1
浅析李清照词中“舟”的意象,刘瑞娟,邢台学院学报,2012.1
此情无计可消除——浅议宋代女词人李清照词的艺术魅力,俞丽萍,陕西广播电视大学学报,2012.1
唐圭璋对李清照研究的贡献及方法论意义,张再林、王金伟,南京师范大学文学院学报,2012.1
清代李清照词的纂辑,李家康、邹帆,群文天地,2012.2
文情并茂　精粹绝伦——读李清照《声声慢》,龙杰,名作欣赏,2012.1
李清照“梅”词中的修辞赏析,张筱,时代文学(上半月),2012.2
李清照词意象美嬗变论析,王长顺,文艺评论,2012.2
李清照《醉花阴》互文性研究,房霞,重庆理工大学学报,2012.2
探寻李清照的人格魅力,赵军英,吉林省教育学院学报(下旬),2012.2
李清照《声声慢》英译比较研究,张怡,剑南文学(经典教苑),2012.2
简论李清照词的艺术特色,叶翠,剑南文学(经典教苑),2012.2
李清照“别是一家”的词论,王高宇,长春教育学院学报,2012.2
略论李清照以词言志的诗化美,王晓霞,宁夏社会科学,2012.2
李清照词作韵调使用与情感表达,李昕皓,安顺学院学报,2012.2
女人如花花似梦——浅析李清照词中的花意象,余轩宇、张幸,景德镇高专学报,2012.2
论李清照爱国思想的成因,孙旭,湛江师范学院学报,2012.2

苹翠荷柔蕊暗香——李清照早中期的咏花词分析,李鹤男,辽宁师专学报,2012.2

形美"、"形合"与"形式对等"——以李清照《如梦令》英译本为例剖析译诗的"形",高文艳,疯狂英语(教师版),2012.2

从视域融合论看李清照再嫁问题及其争论,邱敏,陕西理工学院学报,2012.2

东篱把酒黄昏后——李清照词黄昏意象探析,佘红云,九江学院学报,2012.2

李清照词的审美价值探析,王利平,新西部(理论版),2012.3

李清照诗词中的隐喻和转喻分析,胡梁雁,襄樊学院学报,2012.3

花已向晚——试以《如梦令》和《好事近》为例浅析李清照后期词作特色,代洁,剑南文学(经典教苑),2012.3

易安心事谁人知——李清照《永遇乐·元宵》赏析,张稳,潍坊教育学院学报,2012.3

浅析李清照的精神世界,朴晓琳,黑龙江生态工程职业学院学报,2012.3

李清照与张爱玲后期创作之比较,杨小梅,辽宁师专学报,2012.3

穿越千年的追寻——解读李清照的理想追求和现实陷落,李星,河南广播电视大学学报,2012.3

款款心曲凭一问,多情却被无情恼——李清照《如梦令》赏析,王靖懿,语文知识,2012.3

试论李清照词作的艺术魅力,闫冠华,山西广播电视大学学报,2012.3

李清照朱淑真词作意象择取缘由探析,王媛,江西青年职业学院学报,2012.3

"人比黄花瘦"考论,许兴宝,河套大学学报,2012.3

至今思项羽,不肯过江东——谈李清照爱国主义精神的现代教育意义,张元奎,语文建设,2012.4

李清照词中的"焚香"意象,伏涛、李晓絮,名作欣赏,2012.4

论李清照和柳如是诗词的审美特质,吕玉梅,价值工程,2012.4

顾春与李清照词作对比赏析,靳晓冰,北方文学(下半月),2012.4

李清照词的艺术创新手法,王肖菊,和田师范专科学校学报,2012.4

语言符号构建的三维境界——李清照《点绛唇·蹴罢秋千》赏析,周北南,名作欣赏,2012.5

李清照咏梅词两首之比较,张宏,名作欣赏,2012.5

不同的艺术风格,相同的创作方法——比较阅读苏轼《水调歌头》和李清照

《声声慢》,张清鑫,大众文艺,2012.5

从雁意象入手比较阅读李清照的《一剪梅》与《声声慢》,姜云霞,职业技术,2012.5

走进李清照——坚毅刚健、婉约清新,王兰芳,咸宁学院学报,2012.5

论李清照大丈夫情怀的形成与创作,崔花云,韶关学院学报,2012.5

浅析李清照词作中愁情主题的意义,李苏怡、史玉琳,剑南文学(经典教苑),2012.5

浅析李清照诗词女性气质,王肖菊,职业时空,2012.5

齐鲁文化与李清照文化品格探析,赵红卫,潍坊学院学报,2012.5

论李清照文化的思想内涵及其当代价值,江林,中共济南市委党校学报,2012.5

李清照《声声慢》叠字艺术阐释史,覃银芳,文学教育(下),2012.5

李清照词作的意境美,魏飞莲,湖南科技学院学报,2012.6

浅析李清照早期词中的少女形象,刘霞,中国校外教育,2012.6

浅谈李清照词的“今昔对比”,吴飞,文学教育(上),2012.6

刚柔并济的婉约——阿赫玛托娃与李清照诗词中的女性形象比较,熊骄,绵阳师范学院学报,2012.6

李清照作品“愁”的不同内涵,赵继光,时代文学(下半月),2012.6

清丽婉妙诉衷情　深情绵缈动人心——李清照与勃朗宁夫人诗歌中的爱情主题比较,袁群,宜春学院学报,2012.6

论文学翻译视域融合的“有界”与“无界”——以李清照《如梦令》为例,李天贤、王文斌,外语教学,2012.6

评价理论视角下李清照词中的女性意识,胥国红、周玮露,河南师范大学学报,2012.6

许渊冲译著主体性在李清照《声声慢》英译本中的体现,李睿婕、张轶前,河北联合大学学报,2012.6

南宋女词人李清照之文学成就及影响,尹迎宾,漯河职业技术学院学报,2012.6

李清照词《声声慢·寻寻觅觅》及其英译文级差系统的对比研究,丁莉,长春工业大学学报,2012.6

李清照《渔家傲·记梦》英译的美学特征再现——基于定性为主半定量为辅

的译作评价方法的探讨,唐艳芳、王成,浙江外国语学院学报,2012.6
从互文性看李清照词中菊之意象的翻译,曾萌芽,郑州航空工业管理学院学报,2012.6
谈李清照词中的借酒抒情,宋丽娜,才智,2012.7
李清照前后期词风差异及成因,陈丽杏,文学教育(下),2012.7
闲适淡雅清丽妩媚——试论闺中密友李清照的前期词,周小华,剑南文学(经典教苑),2012.7
李清照诗词创作中女性形象浅论,钱忠相,名作欣赏,2012.8
从用色角度分析李清照前后期词作,陈婷,科教文汇(上旬刊),2012.8
李清照的个性气质在其作品中的展现,张杰,读与写(教育教学刊),2012.8
李清照《渔家傲》心理学探析——以弗洛伊德梦理论解析易安记梦词,陈婷,安徽文学(下半月),2012.8
读李清照,魏丕植,黄河之声,2012.8
试论李清照人品与文品研究不对等现象,赵继光,辽宁行政学院学报,2012.9
怎一个愁字了得——浅论李清照词中之“愁”,钟玉荣,剑南文学(经典教苑),2012.9
论李清照词的人性魅力,康丽云、罗智伟,宜春学院学报,2012.9
走进李清照——坚毅刚健、婉约清新,王兰芳,湖北科技学院学报,2012.10
梧桐细雨　闺深情浓——李清照闺怨词主题的探究,刘宗铱,北方文学(下半月),2012.10
李清照的人生经历与作品风格,张艳红,名作欣赏,2012.11
乱世美神李清照,杨诗睿,文学教育(下),2012.11
李清照《醉花阴》赏读,雷徽,剑南文学(经典教苑),2012.11
论李清照词前后期“愁怨”的差异性,周燕玲,群文天地,2012.12
李清照朱淑真词风比较,方蔚,文学教育(上),2012.12
翻译过程中李清照词意境之美感再现——以许渊冲的翻译为例,车明明、赵珊,重庆理工大学学报,2012.12
李清照“香词”审美意蕴探析,陈娜,文学界(理论版),2012.12
李清照词的艺术风格,阳文湘,职业,2012.12
李清照“别是一家”的词论主张与苏轼“自是一家”的词创主张的殊途同归,白静,商,2012.13

朱淑真词中的女性形象——兼谈与李清照词的异同,王中田,名作欣赏,2012.14

论李清照词中的生命自觉,廖小春,产业与科技论坛,2012.17

李清照前后两期词赏析,李智伟,职业,2012.24

新世纪李清照研究的传播学转向——2000－2012年研究文献述评,苗贵松,华中师范大学学报,2012.S4

李清照《好事近》赏析,王臣,国学,2013.1

李清照出生时间考辨,肖胜云,船山学刊,2013.1

解读李清照——曲折的生命历程带来的词风转变,张林,太原城市职业技术学院学报,2013.1

雷克思罗斯英译李清照诗词之译者主体性研究,李延林、葛文峰、季淑凤,西安石油大学学报,2013.1

李清照的男性意识及其成因探析,侯海荣,无锡商业职业技术学院学报,2013.1

李清照朱淑真词风比较,方蔚,郧阳师范高等专科学校学报,2013.1

从《词论》看李清照词的诗化美,王晓霞,广播电视大学学报,2013.1

从同构关系看英汉诗词翻译衔接技巧的差异——以李清照的《声声慢》和许渊冲的英译版为例,师丽娟,海外英语,2013.2

通过艾米莉的 *I'm Nobody* 及李清照的《声声慢》浅析中西女性文学的差异(英文),臧琪,海外英语,2013.2

浅析李清照《醉花阴》与《武陵春》中的愁情,李春苗,文学教育(上),2013.2

李清照词的怀旧情结,丰蕾,内蒙古电大学刊,2013.2

彼岸的易安居士踪迹:美国李清照诗词英译与研究,季淑凤、葛文峰,南京航空航天大学学报,2013.2

克里斯蒂娜·罗塞蒂与李清照诗歌中的生态女性主义解读,郑静,长沙铁道学院学报,2013.2

文学作品中的隐喻艺术思维——李清照的词《鹧鸪天》赏析,陈玉秀,河北广播电视大学学报,2013.2

李煜和李清照愁情词的比较,李朋,黄冈职业技术学院学报,2013.2

李清照思想性格之我见,张三玲,山西大同大学学报,2013.2

浅析千古第一才女李清照,高毅,统计与管理,2013.2

李清照《菩萨蛮》赏析，刘黎平，国学，2013.3

李清照《论词》“别是一家”的意义与局限，郑学识，龙岩学院学报，2013.3

李清照词叙事手法研究，王丽芳、张芳，长春师范学院学报，2013.3

基于同构关系层面的李清照《声声慢》英译本赏析，王彩萍、祁晶，黑龙江生态工程职业学院学报，2013.3

李清照——怎一个愁字了得，杜红，文学教育（中），2013.3

浅析李清照的词学思想，张振，漯河职业技术学院学报，2013.3

《词论》与《填词》的比较研究，王元元，湖南工业职业技术学院学报，2013.3

浅论李清照词作中的自我形象，刘敏，名作欣赏，2013.3

雷克思罗斯英译宋词中的女性形象研究——以李清照的《点绛唇·蹴罢秋千》为例，张小凯，开封教育学院学报，2013.3

从舒婷与李清照诗词创作看女性自我意识的觉醒，朱亚芬，文学教育（上），2013.4

“骚人可煞无情思，何事当年不见收”——探究《人间词话》不提李清照的缘由优先出版，吴晓霞，艺术科技，2013.4

百年来李清照、辛弃疾研究成果量的时段变化，王兆鹏，徐州工程学院学报，2013.4

李清照《漱玉集》异体字探析，李丽香，钦州学院学报，2013.4

婉约中见真率，温柔中透刚强——论李清照婉约词中的疏朗气，孟敏，湖南工业职业技术学院学报，2013.4

美国学者詹姆斯·克莱尔之李清照词英译探究，季淑凤，淮北师范大学学报，2013.4

菊芳雅致梅傲雪——李清照后期的咏花词分析，李鹤男，辽宁广播电视大学学报，2013.4

自是花中第一流——论李清照词中的丈夫气，张琳，剑南文学（经典教苑），2013.4

从花意象看李清照的人生境遇与心态变化，刘伟安、张伟，开封大学学报，2013.4

男权制社会下李清照愁源探析，王正江、杨天美，语文建设，2013.5

酒在李清照词中的美学意义，李永福，文学教育（下），2013.5

才女之累赘：李清照的重塑与再造，艾朗诺，复旦学报，2013.5

李清照《声声慢》中叠词的运用，姚玉坤、屈贝茜，文学教育（下），2013.5

李清照坚强独立的女性意识，陈华，剑南文学（经典教苑），2013.5

李清照词中的愁情，徐梅，剑南文学（经典教苑），2013.5

试用图形背景理论解读李清照诗词，傅建华，文史博览（理论），2013.5

柔情似水，热情如火——李清照与狄金森爱情诗风格对比，胡竞，佳木斯教育学院学报，2013.5

从情感体验看李清照和朱淑真不同的创作风格，宋昀其，韶关学院学报，2013.5

此花不与群花比——从宋人对李清照的评价看宋代女性教育，叶露，贵州师范大学学报，2013.5

花意象与李清照的五味人生，高青芝，湖北函授大学学报，2013.6

功能对等理论视角下的李清照词翻译——以许渊冲《浣溪沙》英译本为例，王博，现代交际，2013.6

李清照《词论》思想重释——以李八郎之例考证为基础，柏红秀，文学遗产，2013.6

后悔改嫁的李清照，赵子云，文史博览，2013.7

李清照词中的现代女性意识，高冰，文学教育（下），2013.7

论李清照再婚，李小梅，剑南文学（经典教苑），2013.7

论李清照《声声慢》中的愁情，严文婧，佳木斯教育学院学报，2013.7

半瓣花上说人情——李清照词中“花意象”浅析，姜云霞，现代语文（学术综合版），2013.7

谈谈李清照《乌江》的平仄和拗救，李继义，文学教育（中），2013.8

从文化图式看李清照的词的英译连贯，杜惠玲，开封教育学院学报，2013.8

李清照《永遇乐》艺术成就赏析，杨培云，名作欣赏，2013.8

从文学作品看李清照的爱国主义精神，王玉，语文建设，2013.8

艾米莉·迪金森与李清照诗作对比分析，房琳琳，剑南文学（经典教苑），2013.9

李清照词中以表达愁情的情感隐喻及其情感，马卓昊，剑南文学（经典教苑），2013.9

李清照《如梦令·常记溪亭日暮》细读，黄建设，现代语文（学术综合版），2013.10

论李清照词的辞格运用，常姗，牡丹江大学学报，2013.10

美国诗人与中国词宗的诗歌因缘——肯尼斯·雷克思罗斯的李清照词英语译介研究，葛文峰、李延林，北京第二外国语学院学报，2013.10

对李清照词的认知隐喻研究，周旺、徐赛颖，现代语文(语言研究版)，2013.10

“归化”、“异化”下李清照《如梦令》英译赏析，高巍、杨少赟、刘静怡，安徽文学(下半月)，2013.10

醉其芬馨　赏其神骏——李清照词作风格的主要表现，张杨，湖南科技学院学报，2013.11

于无疑处生疑——李清照《声声慢》之意象解读，俞佳，科教文汇(中旬刊)，2013.11

语篇转喻理论视角下中西诗歌意象探析——以李清照和埃米莉·迪金森的诗歌作品为例，杨虹艳、王昕，赤峰学院学报，2013.11

开放中的保守与封建时的冲锋——李清照与艾米丽·狄金森的诗词对比研究，曹小璐，戏剧之家(上半月)，2013.11

李清照：情倾金石养天年，高新炎、黄力，新湘评论，2013.12

近五十年李清照词在英语世界的译介述评，韩周琨，海外英语，2013.18

女性主义翻译理论与李清照词英译，王丹，才智，2013.24

论易安词中的“瘦”，范明慧，名作欣赏，2013.26

论李清照词作中的女性意识，袁中华，学理论，2013.26

语篇衔接在百家讲坛中的连贯功能——以康震主讲《李清照》为例，钱蔚、马宁，才智，2013.27

温软香艳背后的家国梦——李清照人生与诗词解读，陈露、张晨、陈亚萍，名作欣赏，2013.29

论李煜李清照词相似的审美特征及其成因，刘雪梅，语文建设，2013.30

吕本中(1084－1145)

论吕本中“活法”“悟入”说，魏素芬，辽宁大学硕士学位论文，2012

靖康之变与吕本中诗歌新变，焦群，安徽大学硕士学位论文，2012

从创作实践角度论吕本中的“活法”诗风，张楠，黄河水利职业技术学院学报，2012.4

论吕本中诗论在其创作中的具体运用，徐娥，文学教育(上)，2012.5

吕本中“活法”说之我见，徐娥，韶关学院学报，2013.1

吕本中、陈与义词之比较，房日晰，古典文学知识，2013.4

《东莱诗集》著录简考，廖思玲、杨燕，新余学院学报，2013.4

吕本中诗学"活法"说考论——从"江西诗派"的"句法"、"音律"、"锻字炼句"等说起，曾明、王进，西南民族大学学报，2013.7

曾　几(1085－1166)

曾几《茶山集》考论，王兴华，山东师范大学硕士学位论文，2012

论曾几的诗歌，赵薇，重庆师范大学硕士学位论文，2012

曾几近十年研究综述，代慧婷、何小燕，文学界(理论版)，2012.9

曾几《茶山集》版本著录与辑佚考，赵阳，乐山师范学院学报，2013.7

向子諲(1085－1152)

进而无悔　退不待年——从《酒边词》看向子諲的仕宦心态，向子諲，淮北师范大学学报，2012.5

略论芗林词题序中之"戏"，何亚静，开封大学学报，2013.1

《酒边集》两种版本比较研究，赵银芳，图书馆界，2013.4

李弥逊(1085－1153)

李弥逊与朱熹，李弢，闽台文化交流，2012.3

试论李弥逊词的思想内容，吴晓霞，艺术科技，2013.4

赵　鼎(1085－1147)

赵鼎诗歌研究，王丹，哈尔滨师范大学硕士学位论文，2013

南宋宰相赵鼎奏疏的忧愤之情，陈忻，重庆师范大学学报，2012.6

南宋宰相赵鼎怀归诗的内蕴，陈忻，四川师范大学学报，2013.1

南宋宰相赵鼎怀归诗的政治意蕴，陈忻，山东大学学报，2013.2

蔡　伸(1088－1156)

蔡伸及其词研究，何抗，苏州大学硕士学位论文，2012

蔡伸《友古词》研究，赵婷婷，哈尔滨师范大学硕士学位论文，2012

大慧宗杲(1089－1163)

论大慧宗杲对苏轼的接受，方新蓉，西华大学学报，2013.1

大慧宗杲禅师颂古创作研究，张培锋，哈尔滨工业大学学报，2013.4

陈与义(1090－1138)

陈与义诗歌研究，刘雄，浙江大学博士学位论文，2013

陈与义心理体验研究,李秀娥,辽宁师范大学硕士学位论文,2012
论陈与义诗中的画意,罗曼,哈尔滨师范大学硕士学位论文,2013
陈简斋诗歌研究,徐立,南京大学硕士学位论文,2013
一花一世界——略论陈与义的咏花诗,梁玉竹,文学界(理论版),2012.3
南北宋之际诗坛与陈与义的"新体"诗风,罗璇,河北北方学院学报,2012.5
陈与义《虞美人·十年花底承朝露》作年考,张奇、吴士田,黑河学刊,2012.5
多少人间事,天涯醉又醒——初探陈与义七首《雨》诗之"雨",王小翠,湖南工业职业技术学院学报,2012.5
南渡视野下的叶梦得、陈与义词之比较,姚惠兰,作家,2012.6
试论陈与义《牡丹》一诗的悲剧美,杨丽,琼州学院学报,2013.1
陈与义与南宋初期的相党之争,宁智锋,郑州航空工业管理学院学报,2013.2
陈与义题画诗探论,王迎春,安庆师范学院学报,2013.3
吕本中、陈与义词之比较,房日晰,古典文学知识,2013.4
试论陈与义诗歌的声律,刘雄,漯河职业技术学院学报,2013.4
论陈与义五言古诗,张晨,湖南工业大学学报,2013.5
陈与义《雨》诗之意境初探,高全,湖北广播电视大学学报,2013.11

张元干(1091－1170?)

张元干词研究,王玞玥,长春师范学院硕士学位论文,2012

邓　肃(1091－1132)

论邓肃的题跋文,金文凯,三明学院学报,2012.1
论邓肃对杜甫的接受,金文凯,西南交通大学学报,2012.4

王之道(1093－1169)

宋南渡士人的隐逸特征——以王之道为例,曹秀兰,绥化学院学报,2013.2
宋南渡士人对杜甫"忠爱"精神的接受及意义——以王之道为例,曹秀兰,聊城大学学报,2013.6
《宋史·王之望传》补正,刘云军,宋代文化研究,第20辑

扬无咎(1097－1171)

透梅肝胆入梅心——扬无咎咏梅词研究,彭远利,铜仁学院学报,2012.4
论南宋名家杨无咎的词画艺术及其影响,何尊沛,西华师范大学学报,2013.1
"墨梅"与南宋扬无咎,王燕、王亚菲,农业考古,2013.4

赵长卿(？ －？)

《惜香乐府》咏物词研究，夏玲，西南大学硕士学位论文，2013

胡　铨(1102－1180)

胡铨《澹庵文集》研究，袁娉，赣南师范学院硕士学位论文，2012

范　浚(1102－1150)

宋范浚《香溪集》版本源流考，张剑，文献，2013.1

岳　飞(1103－1142)

“岳飞学”构建的初步思考，马强，南昌大学学报，2013.1

岳飞《过张溪赠张完》诗考辨，肖飞，常州工学院学报，2013.2

《小重山》——岳飞释放忠愤之情的另一首绝唱，程秀娟、宋以民，现代语文(学术综合版)，2013.5

民族英雄岳飞诗词赏析，自知沉浮，国学，2013.11

关于岳飞《满江红》词的真伪之我见，周楞伽，书屋，2013.11

吴　芾(1104－1183)

吴芾、王十朋诗辑佚二首，曾维刚，江海学刊，2013.3

晁公遡(？ －？)

无用的“圣人之道”和丢失的“天性”——晁公遡散文论略，李朝军，贵州师范大学学报，2013.3

晁公遡诗歌论略，李朝军，乐山师范学院学报，2013.7

从宋诗中看晁公溯对通济堰的贡献，戴建君，2013年中国水利学会水利史研究会学术年会暨中国大运河水利遗产保护与利用战略论坛论文集，2013

赵次公(？ －1164)

论苏诗赵次公注的诗学阐释，何泽棠，北京工业大学学报，2012.1

从杨万里诗考赵次公卒年及交游，郭如贞，杜甫研究学刊，2012.1

葛立方(？ －1164)

论宋诗话《韵语阳秋》的创作特色，张乡里，求索，2012.4

《韵语阳秋》杜诗评论述略，顾慧，宿州教育学院学报，2013.1

史　浩(1106－1194)

史浩《鄮峰真隐漫录》中的表演文体研究，王东，四川师范大学硕士学位论文，2012

赵　构(1107－1187)

赵佶与赵构的词,房向莉,电影评介,2013.19

黄公度(1109－1156)

黄公度《莆阳知稼翁文集》人名笺证(上),李国栋、方烨,黄冈师范学院学报,2013.4

胡　仔(1110－1170)

胡仔《苕溪渔隐丛话》研究述评,程紫丹,湖州师范学院学报,2013.2

林之奇(1112－1176)

从《观澜文集》看林之奇诗学观的新异性,张艳辉,佳木斯大学社会科学学报,2013.5

王十朋(1112－1171)

王十朋蜀中经历及文学创作,贾苹,四川师范大学硕士学位论文,2013

论王十朋对杜甫的接受,杨成军,西南大学硕士学位论文,2013

因为"睫在眼前长不见"——王十朋为《百家注东坡诗》编者之内证,李晓黎,中国韵文学刊,2012.2

论王十朋《会稽三赋》的产生与特征,郑利锋,金陵科技学院学报,2013.1

论王十朋的山水诗与宦游诗,陶文鹏,西南民族大学学报,2013.3

吴芾、王十朋诗辑佚二首,曾维刚,江海学刊,2013.3

王十朋结社述论,陈小辉,绵阳师范学院学报,2013.10

李　垕(?－1179)

李垕事迹钩沉及其诗文辑考,王东,西南交通大学学报,2013.1

林光朝(1114－1178)

林光朝及《艾轩集》研究,李梦,广西大学硕士学位论文,2012

吕渭老(?－?)

宋南渡词人吕渭老的昆虫意蕴论略,李璐,求索,2012.1

洪　适(1117－1184)

洪适四六文研究,郭睿,广西大学硕士学位论文,2013

《盘洲文集》编刻流传考,孙文明,郑州师范教育,2012.5

论洪适散文《恕斋记》的艺术特色,仝芳川,青年文学家,2013.2

韩元吉(1118－1187)

论南涧词的中和之美,孙婷婷,扬州教育学院学报,2012.1
韩元吉词中的神仙风致,郭慧珍、郑升,宜宾学院学报,2012.4
韩元吉与辛弃疾的交游与唱和,单芳,宁夏师范学院学报,2013.1
《南涧甲乙稿》诗作辨伪及韩诗辑佚,易水霞,上饶师范学院学报,2013.2

姜特立(？－1192?)

陆游与"近幸"姜特立交往中的若干问题,杨俊才,浙江社会科学,2013.1

赵彦端(1121－1175)

赵彦端《介庵词》研究,刘少文,哈尔滨师范大学硕士学位论文,2012
赵彦端年谱,胡可先,文化与传播,2012.6

洪　迈(1123－1202)

《夷坚志》与宋代科举社会,沈利红,浙江大学硕士学位论文,2012
《夷坚志》人鬼恋故事研究,李娜,华侨大学硕士学位论文,2013
洪迈文学思想研究,潘超,华东师范大学硕士学位论文,2013
《夷坚志》诗词著录刍议,段晓华、赵宏祥,江西社会科学,2012.1
论《夷坚志》叙事的民间性,叶静,江西教育学院学报,2012.1
小说与新闻之间:《夷坚志》故事的文体特征,王子成、秦川,九江学院学报,2012.1
从《夷坚志》看宋代少年犯罪,盖巍,开封教育学院学报,2012.3
"第一义谛"之探寻:陈寅恪对洪迈的两点批评及其诗学意义,项念东,安徽师范大学学报,2012.4
从《夷坚志》看宋代僧人活动空间,王翠,许昌学院学报,2012.4
从《夷坚志》中雷电灾害看宋代民间雷神崇拜,张静,江西师范大学学报,2012.4
《容斋随笔》中的骈文批评,于景祥,社会科学辑刊,2012.6
从《夷坚志》看宋代农村的上层居民,刘树友,兰台世界,2012.21
《夷坚志》的价值策略:传录的客观性强调,袁文春,西南交通大学学报,2013.1
洪迈《夷坚志》的传录姿态与价值焦虑,袁文春,燕山大学学报,2013.2
简析洪迈《夷坚志》反映社会现实作品的艺术表现手法,谢乐乐,牡丹江大学学报,2013.2

《夷坚志》中的“乡民”描写及其文化阐释，孙逊、朱洁，复旦学报，2013.3
南宋名臣的诗情雅韵——洪迈诗歌浅析，吴浩菊，辽宁教育行政学院学报，2013.5

陆　游(1125－1210)

陆游文研究，倪海权，哈尔滨师范大学博士学位论文，2012

陆游诗词梦意象的美学研究，卢玮玮，中南民族大学硕士学位论文，2012
论陆游乡居诗中的“太平气象”，管舒，安徽师范大学硕士学位论文，2012
陆游诗歌意象研究——以“月”、“雁”、“雪”、“灯烛”为中心，张啊咪，福建师范大学硕士学位论文，2012
苏轼陆游咏梅诗词比较，邓海燕，西北大学硕士学位论文，2012
陆游文三论，李由，南京大学硕士学位论文，2012
陆游论书诗探论，马志华，兰州大学硕士学位论文，2012
探赜索隐，探骊得珠——陆游论诗诗研究，田多瑞，兰州大学硕士学位论文，2012
《老学庵笔记》研究，郭彦龙，广西大学硕士学位论文，2012
论《入蜀记》的游记特征，李杰，山西师范大学硕士学位论文，2012
陆游咏梅诗词研究，赵艳艳，延边大学硕士学位论文，2013
“我今仅守诗书业，汝勿轻捐少壮时”——论陆游的家庭诗教，张福勋、李素珍，阴山学刊，2012.1
“我今仅守诗书业，汝勿轻捐少壮时”——论陆游的家庭诗教，张福勋，南阳师范学院学报，2012.1
顾随讲论放翁诗，高献红、赵林涛、顾之京，河北大学学报，2012.1
陆游《钗头凤》词本事再辨，尹占华，菏泽学院学报，2012.1
陆游科考被秦桧“显黜”考识，庆振轩，西北大学学报，2012.1
陆游咏竹诗论，彭庭松，农业考古，2012.1
论陆游田园诗的“太平”书写，刘蔚，东岳论丛，2012.1
从《入蜀记》看陆游的爱国情结，蔺若晨，山西广播电视大学学报，2012.2
陆游南郑之嬗变，张丽君、王致涌，绍兴文理学院学报，2012.2
生态批评视野中的陆游山阴诗，曹瑞娟，东华理工大学学报，2012.2
洋为中用:运用概念整合理论分析中国古典文学作品的尝试——以陆游《钗

头凤》为例，杨欢、夏日光，北京化工大学学报，2012.2
地域文化的互动：陆游与汉中，李锐，陕西理工学院学报，2012.3
纪念陆游从戎南郑840周年学术研讨会综述，孙启祥，陕西理工学院学报，2012.3
陆游“汉中诗词”映现的南宋汉中之生态环境，付兴林、胡金佳，陕西理工学院学报，2012.3
陆游汉中诗文的史料价值初探，孙启祥，陕西理工学院学报，2012.3
陆游诗歌对李杜诗风的继承与发展，张艳清，太原城市职业技术学院学报，2012.3
浅论陆游咏梅诗中的“一”与“多”，徐梅，邢台学院学报，2012.3
从陆游的诗歌看古代诗人骑驴，刘瑞娟，黄冈师范学院学报，2012.4
丰富凝练研究主题　延续拓展研究领域——纪念陆游从戎南郑840周年暨唐宋诗人与汉中国际研讨会学术总结，莫砺锋，绍兴文理学院学报，2012.4
纪念陆游从戎南郑840周年暨唐宋诗人与汉中国际学术研讨会综述，孙启祥，文学评论，2012.4
陆游夔州诗中的“苦”与“根”探究，董小改，天水师范学院学报，2012.4
陆游晚唐诗词矛盾价值观探析，王昊，绍兴文理学院学报，2012.4
陆游文学概观与陆游全集校注的几点说明，钱仲联、马亚中，徐州师范大学学报，2012.4
陆游学杜甫诗考辨，左汉林，宁夏大学学报，2012.4
陆游与宋代理学，姜锡东，国际社会科学杂志，2012.4
陆游作品的“重农”思想及其当代启示，洪群英、谢庆芳，中央社会主义学院学报，2012.4
论陆游诗自注的价值，莫砺锋，中华文史论丛，2012.4
陆游词体探析，庄庭兰，华南师范大学学报，2012.5
陆游和苏轼游记散文的比较，陈永娟，剑南文学（经典教苑），2012.5
论陆游所撰碑志文，赵永平，江苏教育学院学报，2012.5
《渭南文集》版本考述，王永波，中华文化论坛，2012.6
文化语言学视角下汉语爱情古诗英译中的语篇情节分析——以陆游《钗头凤》两个英译本为例，马玉、刘晓琳，湖北广播电视大学学报，2012.6

陆游南郑军旅生活论略，付兴林、胡金佳，文学界(理论版)，2012.7
论李白和陆游诗中“酒”意象的差异，刘崇来、马艳芳，现代语文，2012.7
浅谈陆游词的思想内容，李威，牡丹江大学学报，2012.7
浅析陆游诗歌的民族精魂，朱元元，成功(教育)，2012.7
试论陆游诗歌对李白浪漫风格的接受，黄云姬，长春师范学院学报，2012.7
水·桥·池·园·山——陆游笔下的成都与绍兴，尹波，文史知识，2012.7
《老学庵笔记》语言学价值探析，唐七元，广西社会科学，2012.8
浅谈陆游田家诗中的农本思想，李建华，黑龙江教育学院学报，2012.9
读陆游，魏丕植，黄河之声，2012.13
陆游词中的功名心态，张鹏，文教资料，2012.32
陆游诗中的自我文人形象浅论，邓程，华北电力大学学报，2013.1
陆游与“近幸”姜特立交往中的若干问题，杨俊才，浙江社会科学，2013.1
陆游与姜夔咏梅词思想内容之比较，詹其仙，大庆师范学院学报，2013.1
论陆游诗歌选本《精选陆放翁诗集》的价值意义，王丽，现代语文，2013.1
论陆游之“诗人风致”——兼论从戎为原型的审美回忆，高利华，杭州师范大学学报，2013.1
《谈艺录》与《宋诗选注》对陆游评价之对比，李继华，河南科技学院学报，2013.11
《钗头凤》与陆游文学形象的流变，王璐，赤峰学院学报，2013.12
陆游与江西诗派关系新探——对《读近人诗》误读之还原阐释，阮怡，四川大学学报，2013.2
模式与建构：试论陆游记梦诗的创作，吴可，延安大学学报，2013.2
20世纪以来日本学者的陆游诗歌研究，邱美琼、胡海金，南昌大学学报，2013.4
陆游“汉中词”艺术价值论略，宫臻祥、刘小龙，广东技术师范学院学报，2013.4
陆游“汉中诗词”爱国主义情感内涵的书写，宫臻祥，长沙大学学报，2013.4
陆游的儒家思想与崇高人格——驳钱钟书论陆诗之说，刘梦芙，韩山师范学院学报，2013.5
亲友皆分散，契阔常喟叹——论陆游纪梦诗中的怀人之作，刘敏，剑南文学(经典教苑)，2013.7
当“信物”已成“绝唱”——陆游与唐婉的《钗头凤》浅析，姜云霞，现代语文，

2013.9
陆游诗中的楠木,佚名,收藏,2013.9
论南宋中期的爱国士风对陆游诗歌创作之影响,赵瑞阳、郭艳华,大众文艺,2013.21

唐　婉(? —?)

当"信物"已成"绝唱"——陆游与唐婉的《钗头凤》浅析,姜云霞,现代语文,2013.9

范成大(1126—1193)

范成大《石湖词》研究,向红霞,四川师范大学硕士学位论文,2012
范成大与江南文化关系研究,高屹,宁夏大学硕士学位论文,2013
范成大开府时期诗歌研究,张燕,西南大学硕士学位论文,2013
王维、范成大山水田园诗歌异同之比较,黄文娟,才智,2012.1
略论范成大诗歌中的道家思想,孙魏,许昌学院学报,2012.1
范成大的休闲美学,章辉,湖南城市学院学报,2012.2
论范成大的趣味田园,臧守刚,和田师范专科学校学报,2012.2
论范成大学杜及其宗唐倾向,左汉林,上饶师范学院学报,2012.4
范成大纪行三录文体论,刘珺珺,文学遗产,2012.6
以韩国李圭景《诗家点灯》所辑文献为中心的范成大研究,聂垚、沈文凡,内蒙古民族大学学报,2012.6
山水田园,范成大的精神家园——品鉴《四时田园杂兴》六十首,施伟萍,名作欣赏,2012.8
试论范成大使金诗的思想艺术,左明珠,科教导刊(中旬刊),2012.9
浅谈范成大《吴船录》中的巴蜀民情风俗,程虹、黄明亮,淮海工学院学报,2012.14
论范成大入、出蜀途中所作诗歌,罗超华,四川文理学院学报,2013.1
是理论盲区还是别出亮点——怎样定位范成大诗思的历史个案,张兆勇、张彩云,中国韵文学刊,2013.3
范成大在徽州期间的悲剧意识,陈文苑,佳木斯大学社会科学学报,2013.3
范成大巴蜀诗与唐宋诗歌嬗变论略,申东城,中华文化论坛,2013.4
《宋史·范成大传》辨误十则,王学军,图书馆理论与实践,2013.9

"观稼诗人"与"农民诗人"的比较——杨万里与范成大田园诗之比较,唐欣欣,赤峰学院学报,2013.9

南宋的民俗档案:范成大的"三录二志",宋廷位,兰台世界,2013.19

论范成大词的思想内涵和情感意蕴,田守文,现代阅读(教育版),2013.21

周必大(1126－1204)

周必大《玉堂杂记》的文献价值,徐珊珊,天中学刊,2012.1

略论南宋周必大的四六文,李精一,学术交流,2012.5

地方士绅与中央朝政——周必大与其岳父王葆关系的考察,许浩然,阴山学刊,2012.4

山水清音　庐陵情怀——读周必大的故乡山水诗,李仁生,井冈山大学学报,2012.5

心理认同与士人结群:南宋庐陵士人的日常交游——以周必大为中心考察,邹锦良,北方论丛,2012.4

周必大与杨万里交游考述,杨瑞,西南交通大学学报,2013.5

周必大翰苑诗歌与南宋词臣文化心态,徐珊珊,中国文化研究,2013.1

周必大《玉堂杂记》单刻本版本探源,王聪聪,南京师范大学文学院学报,2013.4

赵　昚(1127－1194)

宋孝宗与南宋中兴诗坛,曾维刚,文学遗产,2013.6

杨万里(1127－1206)

宦游如梦记平生——杨万里的宦游生涯与诗歌写作,岳娜,北京大学硕士学位论文,2012

杨万里序跋文研究,李思琪,扬州大学硕士学位论文,2012

杨万里咏物诗研究,李娜,河北师范大学硕士学位论文,2012

杨万里运河行旅诗研究,陈颖,延边大学硕士学位论文,2013

诚斋诗论及其诗歌创作研究,宋军,海南师范大学硕士学位论文,2013

"以史证易"与杨万里诗歌意象选择,程刚,北方论丛,2012.1

从杨万里诗考赵次公卒年及交游,郭如贞,杜甫研究学刊,2012.1

论杨万里的赋"趣",李美慧,成都纺织高等专科学校学报,2012.1

杨万里诗味论试析,吴树波,语文知识,2012.1
“晚唐异味”与诚斋诗的底蕴,丁功谊,文化学刊,2012.2
20世纪以来杨万里研究综述,王琦珍,文化学刊,2012.2
诚斋体与诚斋诗的阅读,薛瑞生,乌鲁木齐职业大学学报,2012.2
杨万里“性灵”观的诗学旨归,郭艳华,文化学刊,2012.2
论诚斋诗蕴含的忧患意识,汪文国,剑南文学(经典教苑),2012.3
师法自然的自由创作——对“诚斋体”之“自然”特质的深层阐析,熊海英,中南大学学报,2012.3
诗歌审美范畴的全新开拓——论“诚斋体”主于“趣”,熊海英,江南大学学报,2012.3
杨万里民本思想的核心内涵及现实意义,马海音、陆双祖,甘肃社会科学,2012.3
“杨万里”当作“杨万里”说献疑,黄伟豪,中国典籍与文化,2012.4
杨万里对姜夔诗学思想的影响,丁功谊,文艺评论,2012.4
杨万里各诗集创作时间考证,丁功谊,井冈山大学学报,2012.4
一幅醉卧海棠图,画出至情陆放翁——从杨万里赠陆游的海棠写意诗说起,李超,绍兴文理学院学报,2012.4
易学视野中的诗学建构——论易学思想对杨万里诗歌创作的影响,郭艳华,井冈山大学学报,2012.4
杨万里学杜及“诚斋体”的宗唐倾向,左汉林,沈阳师范大学学报,2012.5
杨万里焚诗原因辨析,朱连华、刘欢,内蒙古大学学报,2012.6
杨万里散文艺术论,扶平凡,贵州民族大学学报,2012.6
南宋使金诗人华夷观的表现形式——以杨万里接送金使诗为例,李素珍、温斌,职大学报,2013.1
文人庭园与诗歌书写——以杨万里东园为考察中心,马东瑶、王润英,北京师范大学学报,2013.1
杨万里“去词去意”论发微,李瑞卿,文学遗产,2013.2
杨万里《宿新市徐公店》评析,陈才智,古典文学知识,2013.2
杨万里的记体文评析,扶平凡,玉溪师范学院学报,2013.3
杨万里易学与诗学,李瑞卿,周易研究,2013.3

方　昕(？－？)

宋本方昕《集事诗鉴》考论，蔡丹、张焕玲，南京师范大学文学院学报，2012.1

石孝友(？－？)

论石孝友俗词的散曲化特征，何春环，文艺评论，2012.1

论石孝友羁旅行役词，冀敏，上饶师范学院学报，2012.4

项安世(1129－1208)

《宋史·项安世传》补正，辛更儒，中国典籍与文化，2013.4

张宗元(？－？)

《宋会要辑稿》张宗元资料辨误，曾维刚，甘肃广播电视大学学报，2012.4

朱　熹(1130－1200)

朱子诗经学考论，陈才，华东师范大学博士学位论文，2013

论朱熹《诗集传》对《小序》的改造，袁英，沈阳师范大学硕士学位论文，2012

朱熹咏梅诗词的研究，马玉红，延边大学硕士学位论文，2012

朱熹组诗研究，曾清燕，福建师范大学硕士学位论文，2012

朱熹《楚辞集注》训诂研究，贺鹏，辽宁师范大学硕士学位论文，2013

典范的意义——朱熹的辞赋创作，王仕强，辽东学院学报，2012.1

朱熹蜀汉正统论，杨静静，宜春学院学报，2012.1

晁补之《续楚辞》、《变离骚》与朱熹《楚辞后语》比较研究，刘真伦，文学遗产，2012.2

论朱熹经学与文章之学的关系，方笑一，华东师范大学学报，2012.2

朱熹论杜矛盾现象评析，杨胜宽，杜甫研究学刊，2012.2

朱熹诗闲适意趣的文化审美视境，邱蔚华，北京工业大学学报，2012.2

从《武夷棹歌》浅析朱熹的山水审美观，邓维明，三明学院学报，2012.3

论朱熹词，胡迎建、刘诗频，江西广播电视大学学报，2012.3

论朱熹的“正统”观，黄太勇、于晓杰，牡丹江师范学院学报，2012.3

李弥逊与朱熹，李弢，闽台文化交流，2012.3

朱熹王夫之对屈原精神的阐释，赵明玉、吴长庚，武夷学院学报，2012.3

“郑风淫”是朱熹对孔子“郑声淫”的故意误读，徐正英、陈昭颖，中州学刊，2012.4

朱熹《牧斋净稿》述评，马宾，上饶师范学院学报，2012.4

朱熹与黄庭坚诗学的离与合,吴晟,南昌大学学报,2012.4
周文王王道政化的里巷歌谣——朱熹文学、理学二元一体的《二南》解释学,郝永,南阳师范学院学报,2012.5
朱熹诗歌的美学思想刍议,张品端、张蕾,武夷学院学报,2012.6
奈何唐诗入宋集——《全宋诗》与《朱子全书》误收朱子佚诗五首辨析,石立善,宋史研究论丛,2012
试论朱熹对欧阳修《本末论》的继承与突破,付佳,中国典籍与文化,2012.3
论元代《诗经》学对朱熹《诗》学的推崇,崔志博、樊兰,集宁师范学院学报,2012.4
论朱熹心理领悟学习研究方法及其特色,毛庆,江汉论坛,2012.9
论朱熹对儒家法制原则的改造,张维新,北方论丛,2012.2
从经典选择到不同思路之辩:简论朱子理气观的形成,丁为祥,陕西师范大学学报,2012.6
《游云谷诗卷》的前世今生——对古今几种有关朱熹伪帖的辨析,方彦寿,中国典籍与文化,2013.1
本雅明的翻译理论与朱熹对《离骚》的解读,马思清,职大学报,2013.1
朱熹《论语集注》文学观简论,李春强,山西师大学报,2013.1
朱熹对梅尧臣诗歌的接受,陈文苑、马蕾,湖州师范学院学报 2013.1
朱熹文学意象和义理阐发及其当代价值,吴莺莺,泉州师范学院学报,2013.1
朱熹《楚辞集注》成书时间理惑,李永明,古籍研究,2013.2
朱熹叶适诗歌理论之比较,许光,闽台文化研究,2013.2
朱熹在实际文学活动中流露的文学思想,李士金,河北师范大学学报,2013.2
百年来朱熹诗经学与诗经汉学比较研究述评,刘娟,河北科技师范学院学报,2013.3
百年来朱熹诗经学与宋代其他各家诗经学比较研究述评,刘娟,河北北方学院学报,2013.5
论朱熹"心统性情"哲学思想统摄下的文学观,王莹、孙红梅,沈阳师范大学学报,2013.4
朱熹之好恶与宋四家的历史遭遇研究,赵辉、杨刚,文艺评论,2013.6

罗　泌(1131－1189)

罗泌《路史》版本考辨,朱仙林,古籍整理研究学刊,2012.3

许及之(? －1209)

南宋诗人许及之生平事迹考补,白金,河南教育学院学报,2012.3

释志南(? －?)

浅谈宋志南和尚诗《绝句》的意境美,刘艳,文教资料,2012.24

张孝祥(1132－1170)

妙处细细与君说:张孝祥《念奴娇·过洞庭》赏析,王蕾,中华魂,2012.16

张孝祥词中的"洞庭"意向——以《念奴娇·过洞庭》为例,张耘启,文教资料,2012.33

论张孝祥山水词,李亮伟,宁波大学学报,2013.4

薛季宣(1134－1173)

薛季宣研究,周琦,南京师范大学硕士学位论文,2012

情深文明的诗人之赋——论薛季宣的辞赋创作,刘培,辽东学院学报,2012.5

王　质(1135－1189)

王质的词学观及其创作实践,宫洪涛,齐鲁学刊,2013.3

张　栻(1133－1180)

张栻诗歌与诗学思想研究,李明原,广西师范大学硕士学位论文,2012

朱淑真(1135? －1180?)

李清照朱淑真词作意象择取缘由探析,王媛,江西青年职业学院学报,2012.3

朱淑真词中的女性形象——兼谈与李清照词的异同,王中田,名作欣赏,2012.5

朱淑真闺怨诗词的情感特征,苏云,昌吉学院学报,2012.6

朱淑真诗词中的南宋仕女生活,刘文静,新闻爱好者,2012.12

寂寞梨花落,断肠芳草远——浅析朱淑真的放诞与脆弱,袁璐,青年文学家2012.14

朱淑真与古代朝鲜女诗人李玉峰之创作比较,庄秀芬,理论界,2013.3

从情感体验看李清照和朱淑真不同的创作风格,宋昀其,韶关学院学报,2013.5

解读朱淑真《断肠词》中的爱情追寻,范爱菊,小说评论,2013.S2

朱淑真词及其价值探析,范爱菊,华中师范大学学报,2013.S6

吕祖谦(1137－1181)

吕祖谦《吕氏家塾读诗记》初探,李伟,四川师范大学硕士学位论文,2012

陈傅良与吕祖谦诗歌比较研究,李美慧,西南交通大学硕士学位论文,2012

“二度抽离”与南宋浙东学派崛起的问题意识:以乾淳之际吕祖谦的思想动向为个案,王宇,浙江社会科学,2012.7

从文道到意法:吕祖谦与散文学史的重要转折——兼说《古文关键》之“关键”的含义,罗书华,中国文学研究,2013.3

王　炎(1137－1218)

南宋王炎诗词研究,贺莹,南京师范大学硕士学位论文,2012

楼　钥(1137－1213)

楼钥律赋用韵考,黄燕妮、罗积勇,湖北第二师范学院学报,2012.4

陈傅良(1137－1203)

陈傅良散文研究,董皎怡,扬州大学硕士学位论文,2012

陈傅良与吕祖谦诗歌比较研究,李美慧,西南交通大学硕士学位论文,2012

南宋理学家陈傅良诗歌研究,崔晶,广西师范学院硕士学位论文,2013

陆九渊(1139－1193)

试论陆九渊的理学思想、文学思想与文学创作,梁健,牡丹江大学学报,2012.8

陆九渊家庭关系探微,王佩,湖北工程学院学报,2013.1

苏　泂(?－?)

南宋诗人苏泂研究,赵明,南京大学硕士学位论文,2012年

毛　幵(?－?)

毛幵《樵隐词》浅析,李广艳,赤峰学院学报,2012.3

袁说友(1140－1204)

论袁说友在蜀中的诗歌创作,罗超华,乐山师范学院学报,2013.7

辛弃疾(1140－1207)

辛弃疾谐谑词研究,徐晶,江西师范大学硕士学位论文,2012

论辛弃疾前期词创作,汪洋,青岛大学硕士学位论文,2012

贺铸、辛弃疾侠士词比较研究,唐可,中南大学硕士学位论文,2012

论宋金背景之下的元好问词与辛弃疾词,刘玉华,山西大学硕士学位论文,2012

对话理论及互文性视阈下的宋词典故及其英译——辛弃疾个案研究，胡璐，四川外语学院硕士学位论文，2012
稼轩词用典研究，张宇，吉林大学硕士学位论文，2012
论元好问容受稼轩词的特征，李姣，吉林大学硕士学位论文，2012
论辛弃疾对杜甫的接受，吕娜，西南大学硕士学位论文，2012
辛弃疾田园闲适词的生命特质及其探源，杨建波，辽宁师范大学硕士学位论文，2013
辛弃疾的词学思想与南宋士人文化，王晓，湖南大学硕士学位论文，2013
辛弃疾词对《史记》的接受研究，余学娟，重庆工商大学硕士学位论文，2013
辛弃疾词中隐喻翻译的认知分析，薛朋，东华大学硕士学位论文，2013
格式塔意象再造视角下辛弃疾词作的翻译，宋安琪，青岛大学硕士学位论文，2013
稼轩词古文辞赋手法运用之探析，耿光华、张朝辉，河北北方学院学报，2012.1
辛弃疾《青玉案·元夕》主旨探析，赵菲，潍坊教育学院学报，2012.1
金戈铁马辛弃疾——《辛弃疾词两首》教法探索兼论苏辛词差异，解占启，语文教学通讯·D刊(学术刊)，2012.1
毛泽东、苏轼、辛弃疾豪放词之比较，王丽，教育教学论坛，2012.3
苏辛农村词比较，杨茜，中国文学研究，2012.1
壮怀长思洗胡沙——论辛弃疾词的爱国主义情感，王利平，新西部(下旬.理论版)，2012.Z1
论剑说诗　醉舞狂歌——从诗词看宦海沉浮中辛弃疾的多面性，卢森焕，名作欣赏，2012.6
辛弃疾隐居瓢泉之心态研究，鲍宇，黑龙江教育学院学报，2012.2
惜春怨春的情怀，忧风愁雨的绝唱——论辛弃疾词的象征手法，杨万毅、何静翔，昌吉学院学报，2012.1
菱湖和辜墩辛氏宗谱对辛弃疾家世后裔填补订正的探讨，滕振坤，上饶师范学院学报，2012.1
20 世纪以来唐宋咏史怀古词研究的历史回顾，刘怀荣、石飞飞，宁夏师范学院学报，2012.1
小情怀与大境界——“济南二安”婉约词创作特色比较，方波，青岛农业大学学报，2012.1

略论稼轩农村情结,方波,长春理工大学学报,2012.3
论辛弃疾词在宋代的传播方式,王春苗,剑南文学(经典教苑),2012.3
浅谈辛弃疾的爱国词,唐先福,读与写(教育教学刊),2012.4
浅析辛弃疾词中的雨意象,顾慧,宿州教育学院学报,2012.2
诗中圣哲与词坛飞将——再论杜甫与辛弃疾,赵晓岚,中国文学研究,2012.2
深沉的孤独与强烈的自信——说辛弃疾《贺新郎》,张津,古典文学知识,2012.3
辛弃疾词中的"阑干"意象及其忧国情怀,张译丹,重庆科技学院学报,2012.9
独立苍茫醉不归——从稼轩词看辛弃疾在无奈境遇中的醉态与醉意,冯戎,山西财经大学学报,2012.S2
辛弃疾刘克庄之寿词比较,房向莉、房日晰,咸阳师范学院学报,2012.3
从唱和词观陈亮对辛弃疾词作的影响,汪许莹,社会科学家,2012.5
对苏辛两首词的补注与质疑,张福勋、李素珍,南阳师范学院学报,2012.5
根底藕丝长,花里莲心苦——论辛弃疾的女性观,陈晓芸、郝晓翔,上饶师范学院学报,2012.2
辛弃疾诗歌用韵考,殷衍韬、鞠文浩,绥化学院学报,2012.3
《贺新郎》唱和中的辛陈词艺术对比,张昊苏,天津市财贸管理干部学院学报,2012.2
千古知音　异代同悲——论辛弃疾的屈原情结,黄云姬,贵阳学院学报,2012.3
辛弃疾战略思想"四面"观,赵晓岚,军事历史研究,2012.2
谈辛弃疾词的"神鸦",吴宗海,汉字文化,2012.3
元好问对辛弃疾其人其词的接受和学习,刘扬忠,忻州师范学院学报,2012.3
阅读与演唱价值的失衡——论辛弃疾以文为词及其案头化倾向,宋皓琨,求是学刊,2012.4
夏承焘先生对辛弃疾其人其词的精深研究——兼及他对我的稼轩词研究的启迪和引导,刘扬忠,中国韵文学刊,2012.3
浅析辛弃疾词作雄奇刚健之美,常嵬,现代交际,2012.7
辛弃疾词意象与风格之关系,张先云,群文天地,2012.14
人中之杰　词中之龙——辛弃疾的人格特征论析,黄云姬,新乡学院学报,2012.4

壮志难酬　雄心未减——试比较辛弃疾的《永遇乐·京口北固亭怀古》和弥尔顿的《失明抒怀》,林春香、袁艳玲,内蒙古农业大学学报,2012.4

论韩愈对辛弃疾创作的影响,孙文周,上饶师范学院学报,2012.4

暮春情结　斜阳心理　美人意绪——辛弃疾《摸鱼儿》解读,黄全彦,古典文学知识,2012.5

辛弃疾词:齐鲁文化与江南文化叠合形成的艺术世界,陈玉兰,文学遗产,2012.5

生子当如孙仲谋——北固山英雄文化蕴含及其现代意义发覆,李金坤,江苏科技大学学报,2012.3

“若道都齐无恙,云何渐渐如钩”考论,许兴宝,苏州科技学院学报,2012.5

辛弃疾农村词浅析,徐程,开封教育学院学报,2012.3

辛弃疾《木兰花慢·中秋饮酒》鉴赏,王方俊,国学,2012.10

辛弃疾政论文之历史传承及创新,骆冬松,江苏社会科学,2012.5

辛弃疾《木兰花慢·可怜今夕月》及其英译文中评价资源对比研究,丁莉,疯狂英语(教师版),2012.4

今代又尊韩——论辛弃疾对韩愈的文化认同,赵晓岚,周口师范学院学报,2012.6

试论辛弃疾的题咏词,黎修良、谭小琴,名作欣赏,2012.35

论辛弃疾的咏事词,谭小琴、黎修良,名作欣赏,2012.36

辛弃疾词对《史记》典故的接受研究,余学娟,沧州师范学院学报,2012.4

基于生态美学角度的辛弃疾闲适词赏析,林芬,南昌教育学院学报,2012.12

断鸿声里英雄泪——论辛弃疾《登建康赏心亭》词的矛盾心境,杨锦辉,湖北职业技术学院学报,2013.1

朱熹与辛弃疾在上饶的友谊,艾涛,春秋,2013.1

韩元吉与辛弃疾的交游与唱和,单芳,宁夏师范学院学报,2013.1

论辛弃疾词的曲折含蕴美,孙雪霄,齐鲁学刊,2013.1

苏轼辛弃疾之农村词比较,房日晰,商洛学院学报,2013.1

张炎《词源》辛弃疾评语疏证——兼论张炎“尚雅”的词学审美理想,王翠菊,石河子大学学报,2013.2

辛弃疾《水龙吟》、《永遇乐》两词的异同,彭秀丽,语文知识,2013.3

重回历史现场——辛弃疾生擒张安国始末考释,王兆鹏,文学评论,2013.3

浅论辛弃疾散文的艺术特色，王洋，现代语文（学术综合版），2013.3

百年来李清照、辛弃疾研究成果量的时段变化，王兆鹏，徐州工程学院学报，2013.4

爱国情怀背后的生命隐忧——辛弃疾《水龙吟》《永遇乐》别解，杜生国，语文教学通讯·D刊（学术刊），2013.4

辛弃疾词中的反讽艺术，武元甲，运城学院学报，2013.4

“醉卧沙场君莫笑”与辛弃疾何干？，一言，咬文嚼字，2013.4

剑胆　词魂　爱国心——解读辛弃疾及其在中国文学史上的独特性，张晨，语文教学通讯·D刊（学术刊），2013.4

一腔幽愤　不泯童心——辛弃疾《清平乐》欣赏，黎烈南，古典文学知识，2013.4

闺怨词意象衔接研究——以辛弃疾《祝英台近·晚春》为例，夏日光、夏素芬，长沙理工大学学报，2013.5

辛弃疾乡村田园词论略，杜娟，广州广播电视大学学报，2013.5

辛弃疾的赋别词，胡光凡，国学，2013.6

辛弃疾的“事功派”思想及在稼轩词中的体现，宋学达，红河学院学报，2013.6

辛弃疾词中的神话意象，梁珍珍，剑南文学（经典教苑），2013.8

苏轼与辛弃疾词风例析，杜亭，文学教育（上），2013.8

“那人”不与他人同——品析辛弃疾《青玉案》，姜云霞，现代语文（学术综合版），2013.8

常为客、无人识，一身都是愁——从稼轩词看辛弃疾对自身“为客”身份的认知与表达，栾莉舒，剑南文学（经典教苑），2013.10

辛弃疾与刘克庄词豪放特质比较，叶翔羚，文学教育（下），2013.10

辛弃疾与药名，中国中医药现代远程教育，2013.11

南宋词人辛弃疾的爱国思想，焦安勤，兰台世界，2013.12

伟大诗人辛弃疾产生的时代背景及其爱国诗词，刘新杰，兰台世界，2013.15

从辛词中看辛弃疾对陶渊明诗的接受与革新，王弯弯，名作欣赏，2013.23

浅析苏轼词与辛弃疾词之不同，高杰，新西部（理论版），2013.Z2

杨　简（1141－1226）

南宋理学家杨简之诗赋观及其诗赋创作刍论，叶官谋，理论界，2012.5

物物是吾体，心心是我思——试论杨慈湖咏春诗的思想意蕴，胡栋材，宁波大

学学报,2013.5

王　遇(1142－1211)

宋人冯京、王遇等佚诗文辑考,王可喜,古籍整理研究学刊,2013.1

陈　亮(1143－1194)

从唱和词观陈亮对辛弃疾词作的影响,汪许莹,社会科学家,2012.5

陈亮词"微言"论浅谈,王东林,长春教育学院学报,2013.19

赵　蕃(1143－1229)

旨淡骨独清:南宋"上饶二泉"的生平、创作与诗学略论,周静,上饶师范学院学报,2012.2

论赵蕃行役诗的特点,施常州,南京审计学院学报,2012.6

叶　适(1150－1223)

叶适诗文研究,彭静岑,南京师范大学硕士学位论文,2012

叶适挽词研究,姜丹莱,广西师范大学硕士学位论文,2012

论叶适墓志文创作的新变与成就,沈松勤、楼培,浙江大学学报,2013.4

叶适"集本朝文之大成者"刍议,沈松勤,文学遗产,2012.2

试论叶适的道统论与文学思想,郑慧,古籍整理研究学刊,2012.5

叶适"洛学起而文字坏"文学史意义阐析,陈光锐,盐城师范学院学报,2013.1

叶适道器合一思想与其发展的文学观,郑慧、张恩普,东北师大学报,2013.1

朱熹叶适诗歌理论之比较,许光,闽台文化研究,2013.2

程　垓(？－？)

程垓闺情词论析,许丹,西南石油大学学报,2012.1

林(山票)(？－？)

南宋闽籍诗人林(山票)考,王浩远、王超,古籍整理研究学刊,2012.3

张　镃(1153－1221?)

园林别业与宋人休闲雅集和文学活动——以杭州张镃南湖别业为中心的考察,曾维刚、铁爱花,浙江学刊,2012.5

刘　过(1154－1206)

刘过词中的女性形象,李芹,宿州教育学院学报,2012.1

姜　夔(1154－1221)

生态隐喻下的姜夔诗词研究,侯海荣,吉林大学博士学位论文,2013

姜夔、史达祖词风比较,晏慧,陕西师范大学硕士学位论文,2012
姜夔自度曲的音乐创作风格研究,李建荣,河南师范大学硕士学位论文,2012
南宋姜夔词调歌曲的音乐文化内涵和演唱研究,张舒,杭州师范大学硕士学位论文,2012
论姜夔词在宋元明清的接受,王春苗,苏州大学硕士学位论文,2013
三首姜夔自度曲的演唱研究,左娟,武汉音乐学院硕士学位论文,2013
姜白石词调歌曲研究综论,杨子,河南大学硕士学位论文,2013
"浮家泛宅"文化意识与姜夔"清空"创作理念,杨万里,汉语言文学研究,2012.2
姜夔咏梅词的修辞特色之管窥,辛海苗、杨红霞,绥化学院学报,2012.1
《白石道人诗说》伪托说考辨与南宋诗坛风气演变,王睿,贵州文史丛刊,2012.2
姜夔、贺裳品词之争及其咏物观的差异,彭洁明,中南大学学报,2012.3
论南宋姜夔"清空"词风,郭华义,呼伦贝尔学院学报,2012.3
越文化对姜夔"古雅峭拔"审美意识的影响,杨万里,绍兴文理学院学报,2012.3
姜白石、吴梦窗咏梅词的意趣语境,孙虹、畲卉囡,文史知识,2012.4
诗言志——试论姜白石诗歌思想,朱耀辉,黑河学刊,2012.4
杨万里对姜夔诗学思想的影响,丁功谊,文艺评论,2012.4
《白石道人诗说》与姜夔诗词之关系,孙敬清,湖州师范学院学报,2012.5
姜夔词史经典地位的历史嬗变,郁玉英,文学评论,2012.5
观历史星河,揽古人之韵:姜夔音乐思想探析,胡郁青,四川戏剧,2012.6
姜夔琴歌审美特点之管窥,王谡,齐齐哈尔大学学报,2012.6
论姜夔词中的"荷"意象,畲璐,怀化学院学报,2012.6
《暗香》、《疏影》的历史评价与接受策略,张宏生,中国韵文学刊,2013.1
姜夔梅词的文化品格探析,张宝利,佳木斯教育学院学报,2013.1
陆游与姜夔咏梅词思想内容之比较,詹其仙,大庆师范学院学报,2013.1
论姜夔《白石道人诗说》对江西体与晚唐体的调和,孙敬清,阴山学刊,2013.1
情丝袅袅　余韵悠长——试析姜夔的恋情词,翟志娟,焦作大学学报,2013.1
《白石道人歌曲》校议——读中华书局1999年版《全宋词》札记,蔡永明,盐城工学院学报,2013.2

从文人之雅走向学人之雅——朱彝尊与姜夔、张炎“雅词”之辨，苏利海，浙江学刊，2013.2

姜夔词“出韵”现象析疑——兼谈宋代词人用韵观念与用韵变化，刘庆云，词学，第30辑

论姜夔的隐逸性格与词风生成之关系，徐拥军，内蒙古大学学报，2013.2

论姜夔融“江西诗法”入词，许芳红，学海，2013.2

试析姜夔感伤词风，宋秀秀，桂林师范高等专科学校学报，2013.3

浅论词与乐的完美结合——以姜夔自度曲为例，杨子，民族音乐，2013.5

高观国(？ —？)

《竹屋痴语》研究，张崇建，河北师范大学硕士学位论文，2012

竹屋词的升沉起伏与清代词学的演进，黄浩然，南京师大学报，2012.2

敖陶孙(1154—1227)

敖陶孙诗学思想及其诗歌研究，赵燕芳，广西师范学院硕士学位论文，2013

曹彦约(1157—1228)

《四库全书》本宋曹彦约《昌谷集》误收陆游文，王政，文献，2013.2

崔与之(1158—1239)

“岭南儒宗”崔与之蜀中诗论，罗超华，重庆文理学院学报，2013.4

高似孙(1158—1231)

高似孙辨伪方法探析，童子希，黄冈师范学院学报，2012.1

韩　淲(1159—1224)

韩淲诗歌研究，王湘湘，郑州大学硕士学位论文，2012

韩淲及其诗词研究，鞠婷，苏州大学硕士学位论文，2012

韩淲诗歌研究，臧利娟，南京大学硕士学位论文，2013

旨淡骨独清：南宋“上饶二泉”的生平、创作与诗学略论，周静，上饶师范学院学报，2012.2

徐　玑(1162—1214)

永嘉四灵的诗歌与禅宗，王洪漪，鲁东大学硕士学位论文，2012

永嘉四灵的隐逸情怀，刘泓良，重庆师范大学硕士学位论文，2013

“永嘉四灵”诗集版本叙录，吴侃民，萍乡高等专科学校学报，2012.1

论“永嘉四灵”对魏晋风度的体认与承袭，赵彦、张维民，北方民族大学学报，

2012.2
对永嘉四灵诗歌思想的多重解读,兰芳方,科教导刊(中旬刊),2012.3
试论四灵诗歌的艺术渊源及特色,吴侃民,萍乡高等专科学校学报,2012.4
南宋中后期道学派与江湖、四灵的诗体取向,马建平,临沂大学学报,2013.4

叶绍翁(? —?)

叶绍翁《靖逸小集》若干异文辨析,李鹏,图书馆工作与研究,2012.2
叶绍翁两首经典诗歌的异文比较,李鹏,古典文学知识,2012.4
道是"不值"却有值——叶绍翁《游园不值》解读的多个层面,赵泽学,名作欣赏,2012.17
游园"不值"却有"值",郑昀,语文教学通讯·D刊(学术刊),2013.1
叶绍翁《游园不值》的写作技巧探析,李红,文学教育(下),2013.6

史达祖(1163—1220?)

姜夔、史达祖词风比较,晏慧,陕西师范大学硕士学位论文,2012
论梅溪咏物词之形神俱备,李洁谊,文学教育(中),2012.1
论梅溪词的"李长吉之韵",王睿,南京师范大学文学院学报,2012.3
野村篁园咏物之作的梅溪词影,陆越,浙江学刊,2013.2

度　正(1166—1235)

南宋学者度正生平著述考辨,何忠盛,古籍整理研究学刊,2013.2

曾原一(? —?)

曾原一《选诗演义》与宋代"文选学",卞东波,文学遗产,2013.4

戴复古(1167—?)

戴复古及其诗歌研究,黄思逾,四川师范大学硕士学位论文,2013
说戴复古的两首诗——五律《寄沈庄可》、《山行》,钱志熙,文史知识 2012.1
元好问与戴复古论诗绝句比较论,胡传志,文学遗产,2012.4
新发现《戴氏家乘》中戴复古家世和生卒年,吴茂云,台州学院学报,2013.2

黄　庚(? —?)

林景熙黄庚互见诗辨疑,陈增杰,历史文献研究,第31辑

赵师秀(1170—1219)

《众妙集》研究,栾潇潇,鲁东大学硕士学位论文,2012
赵师秀《约客》的独创性新探,胡宪丽,名作欣赏,2013.24

高　翥(1170－1241)

高翥及其诗歌研究,张怡文,南京师范大学硕士学位论文,2013
高翥及其诗歌研究,刘真,暨南大学硕士学位论文,2013

劉祖伊(？－？)

关于宋刘祖尹《题石壁精舍》诗异文的讨论,王祝英、张涌泉,浙江社会科学,2013.6

杜大珪(？－？)

宋杜大珪:皇朝名臣续碑传琬琰录为伪书考,顾宏义、吕晓闽,中国典籍与文化,2012.4

赵汝鐩(1172－1246)

赵汝鐩诗歌研究,司亚萍,广西大学硕士学位论文,2012
赵汝鐩及其诗歌研究,张雅堃,河北师范大学硕士学位论文,2013

卢祖皋(1174？－1224)

卢祖皋词研究,徐志明,沈阳师范大学硕士学位论文,2013
论卢祖皋的小令词,房向莉,安康学院学报,2012.2

洪咨夔(1176－1236)

论《洪平斋四六笺注》及其文章学价值,侯体健,南京师范大学文学院学报,2013.3

薛师石(1178－1228)

薛师石研究,刘丽芳,曲阜师范大学硕士学位论文,2012

真德秀(1178－1235)

真德秀文学研究,亢莹莹,湖南科技大学硕士学位论文,2012

魏了翁(1178－1237)

魏了翁《游忠公仲鸿鉴虚集序》脱文辨误,唐玲,文献,2012.3
魏了翁与《渠阳集》,张京华,怀化学院学报,2012.9

陈耆卿(1180－1237)

陈耆卿六论,林晖、陈耆卿,台州学院学报,2013.1

岳　珂(1183－1243)

《玉楮诗稿》校注,孙园园,广西大学硕士学位论文,2012
岳珂诗歌研究,郭莉,南京师范大学硕士学位论文,2013

岳珂与《金佗稡编》、《金佗续编》研究，远飞，南昌大学硕士学位论文，2013

释绍嵩(？ —？)

从绍嵩《亚愚江浙纪行集句诗》看宋人对唐宋诗人诗歌的接受，张福清，中国韵文学刊，2012.4

绍嵩《江浙纪行集句诗》对《全宋诗》的辑佚价值，张福清，韩山师范学院学报，2013.1

陈振孙(1183？ —？)

陈振孙评诗资料辑考，何广棪，古籍整理研究学刊，2012.3

刘克庄(1187—1269)

后村词意象论，梁婷婷，陕西师范大学硕士学位论文，2012

刘克庄《后村诗话》研究，赖洪兵，集美大学硕士学位论文，2013

刘克庄六言诗研究，詹丽琴，江南大学硕士学位论文，2013

刘克庄题跋文研究，唐海英，广西大学硕士学位论文，2013

近百年来刘克庄散文研究述评，周炫，广东农工商职业技术学院学报，2012.1

论刘克庄晚年诗歌主流——从“效后村体”谈起，侯体健，北京大学学报，2012.4

刘克庄对黄庭坚的诗学批评，杨芙蓉，当代文坛，2012.2

辛弃疾刘克庄之寿词比较，房向莉、房日晰，咸阳师范学院学报，2012.3

刘克庄与南宋理宗朝的“以文为戏”之风，周炫，乐山师范学院学报，2012.4

身闲冷看世人忙——论刘克庄的辞赋创作，刘培，山东青年政治学院学报，2012.6

刘克庄词作格调略论，王宏武，咸阳师范学院学报，2012.3

刘克庄词的谐谑从俗风格，姚红彩，郑州航空工业管理学院学报，2012.6

论刘克庄的骈文理论与创作，张作栋、袁虹，河池学院学报，2012.6

浅谈刘克庄咏物词，刁俊心、周奇文，现代交际，2012.8

从书判看刘克庄对判官素质的思考，周炫，广州社会主义学院学报，2012.2

论刘克庄的寿词，刘婧芳，剑南文学(经典教苑)，2012.3

刘克庄为何爱用本朝事？刘洋、程章灿，古典文学知识，2012.5

诗词巨匠　一代名贤，林爱菁，剑南文学(经典教苑)，2012.11

论刘克庄书画题跋的艺术价值，周炫，名作欣赏，2012.20

谁误君寻五作家？程章灿、于溯，古典文学知识，2013.1

论《千家诗选》与刘克庄及江湖诗派的关系，钱志熙，北京大学学报，2013.2

李杜并尊话盛唐——论刘克庄对盛唐诗歌的接受，王红丽，名作欣赏，2013.2

目光如炬识子昂——论刘克庄对初唐诗歌的接受，王红丽，名作欣赏，2013.2

严羽、刘克庄唐宋诗之争认知差异的原因，詹丽琴，盐城师范学院学报，2013.1

末世歌吟重大节——论刘克庄对晚唐诗歌的接受，王红丽，名作欣赏，2013.2

激赏韦柳显匠心——论刘克庄对中唐诗歌的接受，王红丽，名作欣赏，2013.2

刘克庄诗歌中的释道二教，孙培，渭南师范学院学报，2013.10

刘克庄帖子词特点及矛盾心态，张晓红，集美大学学报，2013.4

从刘克庄劄子看其治国理念，周炫，贺州学院学报，2013.3

刘克庄节序词的抒情主题，姚红彩，郑州航空工业管理学院学报，2013.5

辛弃疾与刘克庄词豪放特质比较，叶翔羚，文学教育(下)，2013.10

赵以夫(1189－1256)

南宋词人赵以夫生平及词作编年考，王可喜、王兆鹏，词学，第30辑

吴　潜(1195－1262)

吴潜词编年研究，刘宏辉，复旦大学硕士学位论文，2012

吴潜词比较谈，丛何，黑龙江大学硕士学位论文，2012

吴潜词研究，庞春妍，哈尔滨师范大学硕士学位论文，2012

南宋名相吴潜及其词研究，王山青，西北师范大学硕士学位论文，2013

从吴潜文学思想看家族文化的传承与发展，潇潇，合肥学院学报，2013.1

吴潜家世考，张津津，宜宾学院学报，2013.2

李曾伯(1198－1265?)

宋名臣李曾伯研究，张俊青，重庆师范大学硕士学位论文，2012

李曾伯词研究，孔凡娜，山东师范大学硕士学位论文，2012

南宋词人李曾伯研究，李多进，西北师范大学硕士学位论文，2013

李曾伯守淮事迹述论，周燕来，西安电子科技大学学报，2012.6

探析南宋李曾伯的边塞词创作，董继兵，大众文艺，2012.7

辛派词人李曾伯寿词思想研究，祝肖超、沈霞，文教资料，2013.19

赵孟坚(1199－1264，一说1199－1267)

《彝斋文编》校注，陈飞，广西师范学院硕士学位论文，2013

方岳(1199－1262)

方岳诗词用韵考,高永安,语言研究,2013.2

吴文英(1200? －1260)

梦窗词接受研究,娄美华,吉林大学硕士学位论文,2013

吴梦窗及交游群体词风研究——兼论吴梦窗的词学思想,阳竞希,江南大学硕士学位论文,2013

论"潜气内转"在词学语境中的含义和特征——以梦窗词为例,孔颖,华东师范大学硕士学位论文,2013

吴梦窗苏州词考论——以交游为中心,杨雪,江南大学硕士学位论文,2013

梦窗词在清代词学中的接受与经典化,佘卉囡,江南大学硕士学位论文,2013

梦窗词"骚体造境"阐释法献疑——与吴蓓女史商榷,孙虹、阳竞希,中国韵文学刊,2012.1

吴文英《莺啼序》对美术手法的吸收,张佩,理论界,2012.1

论梦窗词的隐秀艺术,夏明宇,中国韵文学刊,2012.2

梦窗词对屈宋作品的接受,田玉琪、张雅丽,长江学术,2012.2

吴文英周密词之比较,房日晰,安康学院学报,2012.2

姜白石、吴梦窗咏梅词的意趣语境,孙虹、畲卉囡,文史知识,2012.4

论宋代咏物词的修辞建构与梦窗范式,孙虹,福建师范大学学报,2012.5

吴梦窗词校勘札记——毛晋本及毛扆校本,孙虹、阳国梁,井冈山大学学报,2012.6

吴梦窗赠施枢词编年补证,孙虹,江南大学学报,2012.6

梦窗赋情:异度时空中的澄波映影,孙虹、刘伟新,文史知识,2012.11

吴梦窗与史宅之交游辨证,孙虹,词学,第28辑

梦窗词的"语病"与误读,陈昌宁,宁波大学学报,2013.1

吴梦窗《琐窗寒·玉兰》"汜人"辨误,孙虹,古籍研究,2013.1

映梦窗,凌乱碧——梦窗词心理感觉性意象分析,张文静,九江学院学报,2013.1

梦窗园林词辩证二题,孙虹、孙龙飞,中国韵文学刊,2013.2

映梦窗,零乱碧——吴文英词艺术价值论,周茜,南京大学学报,2013.2

梦窗词"兰"物象的重旨复意,孙虹、朱鸿翠,文史知识,2013.5

高斯得(? —?)

高斯得诗歌"诗史"探微,张晓利、操瑞文,南京理工大学学报,2012.3

沈义父(? —?)

沈义父及其《乐府指迷》研究述评,刘少坤,中国韵文学刊,2013.1

陈景沂(1201—?)

《全芳备祖》编者陈景沂生平和作品考,程杰,绍兴文理学院学报,2013.6

刘　祁(1203—1250)

刘祁诗歌述论,杜成辉,商丘师范学院学报,2012.1

萧立之(1203? —1283?,一名立等)

萧立之诗歌研究,殷智婷,江西师范大学硕士学位论文,2013

黄　昇(? —?)

黄昇《散花庵词》探析,李淑清,遵义师范学院学报,2013.1

魏庆之(? —?)

论《诗人玉屑》卷二一的词学思想,涂芊,群文天地,2012.14

浅析《诗人玉屑》中的杜律诗评,潘玥,杜甫研究学刊,2013.3

陈　模(1209? —1256?)

南宋陈模《怀古录》考论,卞东波,中国典籍与文化,2012.4

严　羽(? —?)

论《沧浪诗话》的诗悟理论,王文琪,青岛大学硕士学位论文,2012

《沧浪诗话》的主要艺术观念研究,宋冬莹,中南民族大学硕士学位论文,2013

严羽的"第一义"与"悟"新论,陶成涛,三明学院学报,2012.1

严羽论诗的自信气质与主观精神,邓心强,理论与现代化,2012.1

严羽诗学之"气象"与"兴趣",程小平,北京工业大学学报,2012.1

说江西诗病:严羽"妙悟入神"的活法美学体系——重新认识严羽的禅宗美学思想,束景南、赵瑞广,浙江社会科学,2012.2

《沧浪诗话》"本色说"的文体学解释,顾瑞雪,长江学术,2012.3

试析严羽《沧浪诗话》的诗体论,方向红,长江学术,2012.3

严羽《沧浪诗话》的才法观,方向红,学习月刊,2012.4

严羽《沧浪诗话》的诗歌批评理论及其创作心理,侯宏业,时代文学(上半月),2012.4

论严羽的诗学趣味，周丹，重庆交通大学学报，2012.5

《沧浪诗话》之杜甫论，张颖，天中学刊，2012.6

从《沧浪诗话》看汉魏诗歌的优长与不足，韩国良，许昌学院学报，2012.6

严羽对江西诗学的批判——评《沧浪诗话》，吴章娟，剑南文学（经典教苑），2012.7

论《沧浪诗话》的用事观，丁志超，合肥师范学院学报，2013.1

浅析严羽《沧浪诗话·诗辨》的诗论性，张雨婷，贵州民族大学学报，2013.1

严羽、刘克庄唐宋诗之争认知差异的原因，詹丽琴，盐城师范学院学报，2013.1

元好问、严羽宋诗持论考察，刘福燕、延保全，兰州大学学报，2013.1

张戒与严羽诗歌审美理想之比较，张颖，船山学刊，2013.1

《沧浪诗话》与《岁寒堂诗话》之关系，张颖，湛江师范学院学报，2013.2

论严羽《沧浪诗话》和“妙悟”说，赵依，中华文化论坛，2013.2

论严羽兴趣、诗识与妙悟诗论的得与失，程磊，武陵学刊，2013.2

严羽诗论“兴趣说”含义新探，魏静、卢盛江，天津大学学报，2013.2

张戒与严羽宋诗观异同论，张颖，佳木斯大学社会科学学报，2013.2

从《沧浪诗话·诗评》看严羽的诗歌批评标准，郭丽娟，吕梁学院学报，2013.3

论严羽《沧浪诗话》的诗歌发展观，田军，西安电子科技大学学报，2013.4

“意象话语”的三元谱系结构及其嬗变——兼论严羽妙悟：是“悟有分限”，还是“有分限之悟”，徐扬尚，中州学刊，2013.5

从“悟”看严羽的“以禅喻诗”，喻守国，求索，2013.6

严羽之宋诗观论略，张颖，云梦学刊，2013.6

家铉翁（1213？－1297）

宋末家铉翁先祖及家人族亲考述，闫雪莹，吉林广播电视大学学报，2012.11

家铉翁《则堂集》漏佚、隐佚、误收诗文考，闫雪莹，古籍整理研究学刊，2012.2

家铉翁羁北交游考，闫雪莹，文艺评论，2013.12

史　铸（？－？）

南宋史铸《百菊集谱》辑佚的文献价值，张福清，古籍整理研究学刊，2013.1

陈允平（1215？－？）

西麓诗研究，张敏，哈尔滨师范大学硕士学位论文，2012

论南宋“和清真词”现象——以方千里、杨泽民、陈允平为核心，杜丽萍，兰州

学刊,2012.1

陈允平生平考,桂珊,郑州师范教育,2012.2

许月卿(1217－1286)

钱锺书《容安馆札记》批评宋代诗人许月卿发微——兼及钱先生论理学、气节与宋末诗歌,侯体健,社会科学,2012.7

马廷鸾(1222－1289)

《碧梧玩芳集》辑佚九则,孙文明,牡丹江师范学院学报,2013.6

王应麟(1223－1296)

王应麟的"词科"情结与《辞学指南》的双重意义,王水照,社会科学战线,2012.1

《困学纪闻》之《诗》学研究,马志林,诗经研究丛刊,2013.2

王应凤(1223－1275)

王应凤生卒年考,张骁飞,宁波大学学报,2013.4

谢枋得(1226－1289)

从《文章轨范》看谢枋得的散文理论,乔晶,山西大学硕士学位论文,2012

文、谢之死:兼谈宋亡之际士大夫的人伦困境与抉择,刘婷婷,长江大学学报,2013.11

方　回(1227－1305)

方回《瀛奎律髓》研究,田金霞,浙江大学硕士学位论文,2013

方回的唐代律诗演进观,陈亚飞,广西师范学院硕士学位论文,2013

步武渊明,追悔己身——方回和陶诗刍论,夏小凤,沈阳工程学院学报,2012.2

后东坡时代的诗化革新与传统回归——以方回体为中心的探讨,木斋、尚雪红,学习与探索,2012.5

陈宜中(1230？－？)

陈宜中研究二三题,张亚玲,浙江工业大学硕士学位论文,2013

严子安(？－？)

日本藏南宋遗民诗人严子安"和唐诗"辑考,查屏球,学术界,2012.9

王沂孙(1230？－1291？)

清代王沂孙词接受史,陈术,中南民族大学硕士学位论文,2012

王沂孙词审美研究,何秋平,四川师范大学硕士学位论文,2012

婉约沉郁　缠绵忠爱——碧山词词风研究，邢馨月，长春师范大学硕士学位论文，2013
浅析王沂孙的咏物词，邢馨月、周奇文，长春师范学院学报，2012.1
《花外集》艺术探微，尚艳，佳木斯教育学院学报，2012.7
浅论王沂孙词中的“梅花”意象，涂静文，文教资料，2012.32
王沂孙词忧郁之美，高银花，名作欣赏，2013.2
王沂孙“梅”词寄托问题商榷，夏莹莹，濮阳职业技术学院学报，2013.3
王沂孙咏物词之沉郁说探析，王倩，文学教育(上)，2013.11
浅析南宋遗民词中的山水之思——以周密、王沂孙、张炎、蒋捷的词作为例，齐腾腾，重庆科技学院学报，2013.03

周　密(1232－1298)

周密《武林旧事》研究，肖素娟，重庆师范大学硕士学位论文，2012
周密词研究，杨永萍，新疆师范大学硕士学位论文，2012
从周密笔记看南宋士大夫的文化生活和心态，程悦，上海社会科学院硕士学位论文，2012
周密《齐东野语》研究，额尔德木图，河南师范大学硕士学位论文，2012
周密《绝妙好词》研究，李萌，西北师范大学硕士学位论文，2012
周密诗词用韵考，周艳萍，温州大学硕士学位论文，2012
吴文英周密词之比较，房日晰，安康学院学报，2012.2
论周密早期词的思想境界，张晓宁，湖州职业技术学院学报，2012.2
身处异代成相知，尽在悠悠故国情——从朱彝尊对周密《绝妙好词》的接受说起，曹秀兰，聊城大学学报，2012.4
论周密词与其笔记的内在关联，操瑞文、张晓利，湖州师范学院学报，2012.5
史体视域下周密笔记的体例特征，操瑞文、张晓利，嘉兴学院学报，2013.1
论周密以笔记为词现象，操瑞文，中国韵文学刊，2013.2

刘辰翁(1233－1297)

刘过与刘辰翁词比较研究，王大鹏，赣南师范学院硕士学位论文，2013
论刘辰翁与宋元之际文风嬗变，尹静雅，华侨大学硕士学位论文，2013
刘辰翁与宋末元初李贺诗的盛行，焦印亭，江西教育学院学报，2012.1
文天祥与邓剡及刘辰翁交游论略，顾宝林，文学遗产，2012.3

凌氏刊刻刘辰翁评点著作考述，焦印亭，电影评介，2012.4

论刘辰翁奇崛文风形成的内在理路，李超，北京工业大学学报，2013.3

刘辰翁《道德经评点》刍论，杨秀礼，宗教学研究，2013.2

刘辰翁未登陆象山之门考，李超，兰台世界，2013.21

蒋　捷(？ —？)

蒋捷词研究，何肖，辽宁师范大学硕士学位论文，2013

蒋捷《竹山词》刍论，黄春芳，内蒙古师范大学硕士学位论文，2013

论蒋捷词中的云意象，王梦琪，河南广播电视大学学报，2012.4

论蒋捷的咏花词，郑妍，文学界(理论版)，2012.7

浅探蒋捷词中的遗民情怀——以蒋捷词中的语用特点为考察点，万春香，重庆科技学院学报，2012.12

元好问与蒋捷隐逸情怀之比较，张兴茂、李寅生，绵阳师范学院学报，2012.4

《竹山词》的雅与俗，周雅杰，绵阳师范学院学报，2012.9

浅析南宋遗民词中的山水之思——以周密、王沂孙、张炎、蒋捷的词作为例，齐腾腾，重庆科技学院学报，2013.3

坚韧悲凉的遗民心态——对蒋捷词作内在精神的一种观察，李蒙，名作欣赏，2013.8

徐　钧(？ —？)

徐钧《史咏集》考论，张小丽，上饶师范学院学报，2012.5

文天祥(1236－1283)

文天祥骈文研究，潘洁，湖南师范大学硕士学位论文，2012

文天祥纪行诗研究，曾娟娟，重庆师范大学硕士学位论文，2013

文天祥与邓剡及刘辰翁交游论略，顾宝林，文学遗产，2012.3

风流志士文天祥，樊蔚泉，电影文学，2012.16

文天祥诗歌中的爱国主义情感透析，韩先喜，读与写(教育教学刊)，2013.4

文、谢之死：兼谈宋亡之际士大夫的人伦困境与抉择，刘婷婷，长江大学学报，2013.11

蒲寿宬(？ —？)

宋遗民文人蒲寿宬骚体诗作主题探析，马兰，青年文学家，2012.17

刘壎(1240－1319)

刘壎与《隐居通议》的文学研究，韩书琳，复旦大学硕士学位论文，2012

刘壎的古赋理论与创作，刘建立，周口师范学院学报，2012.1
刘壎的古文思想，刘建立，上饶师范学院学报，2012.1
论宋遗民刘壎的散文观，杜春雷，赣南师范学院学报，2012.4
论宋遗民刘壎的骈文思想及其批评，杜春雷，中国韵文学刊 2013.1

汪元量(1241－1317?)

关于汪元量《玉楼春·度宗愍忌长春宫斋醮》词的系年和解读，王昊、张立敏，珠江论丛，2013.2

郑思肖(1241－1318)

论钱谦益对《心史》的态度，陈福康，新世纪图书馆，2012.8
论《心史》沉井典故条目的编写，陈福康，辞书研究，2012.1
史家意识与遗民心态——南宋遗民郑思肖及其《心史》，王建美，前沿，2013.6
何以慰吾怀，赖古多此贤——论郑思肖《一百二十图诗集》的思想艺术，张焕玲，咸阳师范学院学报，2013.3
郑思肖姓字寓意考，张焕玲，商洛学院学报，2013.3
元初文人题陶画诗谫论——以郑思肖、刘因、赵孟頫为例，宋贤、潘啸龙，北方论丛，2013.6
论乾隆时官方判定《心史》为伪的问题，陈福康，南京师范大学文学院学报，2013.3

林景熙(1242－1310)

林景熙黄庚互见诗辨疑，陈增杰，历史文献研究，第31辑
梦中冬青犹伤悲：读林景熙《冬青花》《梦中作》及其它，王成盘，山东图书馆学刊，2012.4

戴表元(1244－1310)

戴表元之生平与交游网络，陈璐，华中师范大学硕士学位论文，2013
试论戴表元诗歌的清雅旨趣，杨凤琴，宁波大学学报(人文科学版)，2012.3
戴表元出仕信州路儒学教授的主客观原因，管正平、彭华艳，上饶师范学院学报，2013.4

张　炎(1248－1320?)

张炎词云意象研究，伍艳，陕西师范大学硕士学位论文，2012
张炎《词源》批评论，梁淑丽，牡丹江师范学院硕士学位论文，2012

论《词源》的层次与张力，胡玄，牡丹江师范学院硕士学位论文，2012

《词源》美学研究，吴恋，中南大学硕士学位论文，2012

家国巨变与词境开拓——李清照、张炎词比较研究，吴忠迁，河北师范大学硕士学位论文，2013

张炎词学思想研究，徐嫚，华中师范大学硕士学位论文，2013

论《词源》的层次与张力，胡玄，牡丹江大学学报，2012.2

浅论张炎改造词体的观念，彭新有，楚雄师范学院学报，2012.2

故园并不如梦——张炎梦词文化符号心态透视，张劲松，毕节学院学报2012.3

“春锄”还是“春锄”？——张炎《渡江云》词“春锄”校释及其他，杨传庆，文史知识，2012.3

蔡桢《词源疏证》与近代《词源》笺注，李桂芹，湖南师范大学社会科学学报，2012.4

论《山中白云词》对前代隐逸词的发展，梁洁，鸡西大学学报，2012.8

从文人之雅走向学人之雅——朱彝尊与姜夔、张炎“雅词”之辨，苏利海，浙江学刊，2013.2

张炎《词源》辛弃疾评语疏证——兼论张炎“尚雅”的词学审美理想，王翠菊，石河子大学学报，2013.2

词人张炎“崇佛”史料辩诬，陈明洁，词学，第30辑

《山中白云词》“汪氏刊本”及“江昱疏证本”考辨，夏志颖，文献，2013.3

新世纪以来张炎《词源》研究述评，罗海燕，武陵学刊，2013.3

浅谈张炎《词源》对《诗经》“诗教”说的继承，陈中林、徐梦吟，名作欣赏，2013.6

论《山中白云词》风格的成因，梁洁，兰州教育学院学报，2013.9

新世纪张炎词研究综述，陈中林、徐梦吟，名作欣赏，2013.29

江昱《山中白云词疏证》析论，夏志颖，古典文献研究，第15辑

张玉娘(1250－1276)

张玉娘《兰雪集》的生命体验及艺术特色研究，李漾，湖南大学硕士学位论文，2012

刘将孙(1257－？)

刘将孙生平创作考论，李鸣，广州城市职业学院学报，2012.2

从《如心室画记》看刘将孙的师心倾向，李超，江西科技师范大学学报，2013.5

俞　琰(1258－1327)

俞琰生卒年新考，高新满，泸州职业技术学院学报，2013.3

徐君宝妻(？－？)

宋代汉民族精神沉沦的挽歌——解析宋徐君宝妻《满庭芳·汉上繁华》，雷江红，吕梁学院学报，2013.4

王清惠(？－？)

《满江红》与宋昭仪王清惠，屈广燕、王颋，文艺评论，2013.12

七、其它

文学文献研究

宋代《文苑英华》校勘之研究，黄燕妮，武汉大学博士学位论文，2013

《九宫正始》考原，李光辉，河北师范大学硕士学位论文，2012
宋代花卉文献研究，张文娟，华中师范大学硕士学位论文，2012
黑水城文献《六十四卦图歌》研究，李伟，四川师范大学硕士学位论文，2013

保定古莲池刻石所见宋人诗作，梁松涛、马学良，文献，2012.1
关于宣和奉使高丽图经创作的几个问题，王皓，四川师范大学学报，2012.1
宋代年谱的本义阐释，常先甫，海南大学学报，2012.1
《宋人传记资料索引》"王洋"条辨正，任群、朱传弟，南京师范大学文学院学报2012.2
《宋史·阿里骨传》笺证，齐德舜，西藏研究，2012.2
论《施注苏诗》的邵长蘅补注，何泽棠，南京航空航天大学学报，2012.2
任渊《黄陈诗集注》所引宋人佚书考，吴晓蔓，古籍整理研究学刊，2012.2
宋代蜀人师古考，彭超、彭燕，成都航空职业技术学院学报，2012.2
"春明宋氏"家族世系考述，赵珊珊，淮南师范学院学报，2012.3
论《诗林广记》对宋诗宋注的摘引，李晓黎，安徽大学学报，2012.3
中华书局版《宋高僧传》的标点错误，郭绍林，社会科学战线，2012.3

《古文苑》辑录诗文来源考,王晓鹃,文史哲,2012.4
国家图书馆入藏清宫天禄琳琅宋元版书探略,刘明,国家图书馆学刊,2012.4
读宋杂录六则,蔡润田,黄河,2012.5
《宋登科记考》拾补——以碑刻文献为中心,吴建伟,古籍整理研究学刊,2012.6
"人生何处不相逢"作者考辩,罗高兴,科教文汇(中旬刊),2012.7
《经义考》所录五部宋人佚著考略,沈曙东、林日波,绵阳师范学院学报,2012.7
宋本《太平御览》引《周语中》斠证,郭万青,中国俗文化研究,第7辑
《禅宗颂古联珠通集》叙录,张昌红,新世纪图书馆,2013.1
《楚东酬唱集》考论,丁放、张晓利,安徽师范大学学报,2013.1
《读本朝史有感十首》考释,曾祥波,古籍整理研究学刊,2013.1
《梁溪集》中的宋人佚诗,阮堂明,古籍整理研究学刊 2013.1
国家图书馆藏明刻本《宋元诗》初探,张波,文献,2013.1
《类编长安志》中的唐宋佚诗考,张建伟、刘浩,古籍研究,2013.2
"王梵志"诗作的归属分类及语言学其依据,方梅、卢巧琴,兰州学刊,2013.3
《宋史·儒林传》疏误举证,王建生,中国典籍与文化,2013.3
"应庐"应是谁家庐? 程章灿、于溯,古典文学知识,2013.4
读《宋史·艺文志》札记六则,杨洪升,文学与文化,2013.4
关于编纂《存世宋刻本书录》的几点启示,丁延峰,图书馆研究与工作,2013.4
黑水城出土的汉文文学文献及其价值,张蓓蓓、伏俊琏,甘肃社会科学,2013.4
宋代兰溪范氏家族史料的若干问题,张剑,上饶师范学院学报,2013.5
"和莺吹折数枝花"考识,庆振轩、牛思仁,西安石油大学学报,2013.6
中华书局本《宋高僧传》的版本问题,杨志飞,图书馆杂志,2013.8
南宋中层学术世界中的考据学,温志拔,湖南科技学院学报,2013.9
《四库全书总目》订误一则,赵振,图书馆理论与实践,2013.12
宋元杂字书流行考,李振聚、王晓娟,图书馆理论与实践,2013.12
清嘉庆眉州本《三苏全集》惊现西安,赵克礼,收藏,2013.13
《事物纪原》初本成于宋代考,朱仙林、曹书杰,历史文献研究,第31辑
《宋大诏令集》佚文考(续),王智勇、张济,宋代文化研究,第20辑
《宋代蜀文辑存》的编纂得失与整理价值,吴洪泽,宋代文化研究,第20辑
宋代类书概况及基本类型,王利伟,宋代文化研究 2013,第20辑

书评

古代诗文注释领域的一次开拓——李祖尧编注《内简尺牍》论略,马强才,华西语文学刊,2012.2

至宋始是真文字——评杨庆存《宋代散文研究》,韩伟,文学评论丛刊,2012.2

宋代文化与文学研究的新视野——崔际银教授《文化构建与宋代文士及文学》评介,曾维刚、张鹏,宁波大学学报,2012.3

融通文士文学文化　拓展宋代文学研究域境——《文化构建与宋代文士及文学》读后,张金花,理论与现代化,2012.4

《陆游与汉中》序论,傅璇琮,绍兴文理学院学报,2012.5

文献与诗学意义并具的清人宋诗选本研究——读谢海林《清代宋诗选本研究》,阮忠,海南师范大学学报,2012.5

旧话重提,新见迭现:评《北宋庆历士风与文学研究》,顾友泽,辽东学院学报,2012.6

从来大家无小作,一字一句不寻常:读戴伟华先生《唐诗宋词研究》,赵小华,淮阴师范学院学报,2012.6

新思维、新视野、新收获——评许芳红先生的《南宋前期诗词之文体互渗研究》,李征宇,淮阴师范学院学报,2012.6

注释是文本解读的基石——以《渭南文集校注》为例,莫砺锋,学术界,2012.8

宋代禅僧诗整理与研究的重要收获——读《宋代禅僧诗辑考》,金程宇,中华文史论丛,2013.1

王辉斌教授《宋金元诗通论》平议,汪超,重庆第二师范学院学报,2013.1

宋代文学基础研究的硕果——读《宋才子传笺证》,陶文鹏,清华大学学报,2013.2

“传证体”的确立——浅谈《宋才子传笺证》的体式创新,王兆鹏,清华大学学报,2013.2

南宋诗人研究的新进境——读《宋才子传笺证·南宋后期卷》,卞东波,清华大学学报,2013.2

宋代文学研究的新界标——评傅璇琮等《宋才子传笺证》,李德辉,清华大学学报,2013.2

视野宏通　考辨细密——评曾维刚《张镃年谱》,王星,天中学刊,2013.3

究际通变　匡发赋奥——评刘培先生《两宋辞赋史》,李晓红,辽东学院学报,

2013.3

融通文史哲学的有益探索——评刘培《两宋辞赋史》,张丽,山东青年政治学院学报,2013.3

一部宋代辞赋研究的力作——刘培先生《两宋辞赋史》读后,樊庆彦,山东农业大学学报,2013.4

创新品格与方法自觉——评《宋元明词选研究》,王开春,合肥师范学院学报,2013.5

南宋遗民群体研究的示范之作——简评刘静博士撰著的《周密研究》,刘培,西华大学学报,2013.5

一部厚重、恢弘的唐宋词艺术史著——评邓乔彬《唐宋词艺术发展史》,董军平、刘锋焘,湖北师范学院学报,2013.5

文学研究与文化研究的通融——评刘培《两宋辞赋史》,张丽,济南大学学报,2013.6

循哲思之脉搏　探文学之律动——评宋克夫《宋明理学与明代文学》,黄霖,湖北大学学报,2013.6

园林志趣与隐士文化的变迁——读杨晓山《私人领域的变形》,陈海若,安徽文学(下半月),2013.7

功在当代,泽被后学——《宋诗话全编》对古代文学研究的学术价值,张福勋,南阳师范学院学报,2013.8

在宏观把握中突出个案研究——评丁放等人所著《宋元明词选研究》,刘尊明、夏志颖,学术界,2013.8

《江湖——南宋"体制外"平民诗人研究》序,赵敏俐,书屋,2013.9

词谱研究的新创获——评谢桃坊《唐宋词谱校正》,王永波,词学,第30辑

"无信人言,人实诳汝"——《宋元明词选研究》读后,卢坡,中华读书报,2013.7.3

描绘宋代辞赋研究画卷——刘培《两宋辞赋史》读后,樊庆彦,中国社会科学报,2013.12.23

其他

宋代华亭文学研究,王功全,华中师范大学硕士学位论文,2012

《岭外代答》与南宋广西民俗,温玉珍,广西民族大学硕士学位论文,2012

《唐宋文举要》研究,韩传慧,安徽师范大学硕士学位论文,2012
宋代咏茶诗词的审美研究,岳晓灿,南京师范大学硕士学位论文,2012
《坡门酬唱集》研究,刘珊,吉林大学硕士学位论文,2013
《重刊贞和类聚祖苑联芳集》与《新撰贞和分类古今尊宿偈颂集》的对比研究,常妍,北京大学硕士学位论文,2013
宋代《论学绳尺》研究,朱倩,南京师范大学硕士学位论文,2013
文学地理学研究的重要收获与突破——首届中国文学地理学暨宋代文学地理研讨会综述,刘双琴,江西社会科学,2012.1
从《宋诗三百首》等看许耀的塾学观,高磊,廊坊师范学院学报,2012.1
2011 南京·唐圭璋先生诞辰 110 周年暨词学研究国际研讨会综述,刘岳磊,中国韵文学刊,2012.2
北宋疑孟思想的探究,颜复萍,名作欣赏,2012.2
南宋台州戴氏家族诗歌创作及承传,何方形,台州学院学报,2012.2
词学新境的建构与拓展——吴熊和教授访谈录,陶然,文艺研究,2012.3
从宋代杜诗注疏的"经典"传统论明末清初的杜诗辑注,张家壮,杜甫研究学刊,2012.3
定量考察与文学经典——以王兆鹏、郁玉英《宋词经典名篇的定量考察》为例,张昊苏,浙江商业职业技术学院,2012.3
首届全国夏承焘学术研讨会综述,钱志熙,中国韵文学刊,2012.3
曲词溯源论辨——以木斋《曲词发生史》为讨论缘起,黄坤尧,中国韵文学刊,2012.3
专精独诣,卓然名家,文史互证,洞幽发微——台湾中山大学刘昭明的苏轼研究,彭文良,天中学刊,2012.3
孤桐意象考论,俞香顺,温州大学学报,2012.4
《山家清供》的编纂特色及其美学思想,王彩红,新乡学院学报,2012.4
教育视域下的宋代私家藏书略探,张建东,四川图书馆学报,2012.4
刘永济著述整理与研究学术研讨会综述,白金杰,武汉大学学报,2012.4
袁枚对宋诗的态度,代亮,长江学术,2012.4
《无住沙石集》里的唐宋文人和典故:日本佛教说话文学对内典的利用,陆晓霞,日语学习与研究,2012.5
论宣城贡氏的家族传统,张建伟、陶金红,淮北师范大学学报,2012.5

略论以儒传家的宋代赵州宋氏家族，尉艳芝，中华文化论坛，2012.5
南宋书院与祠官关系的文化考察，李光生，河北大学学报，2012.5
宋代东莱吕氏家族母教探微，李鹏，保定学院学报，2012.5
略论宋初士大夫名节淡薄的颓废之风，郭学信，聊城大学学报，2012.6
“借句”“借意”不是抄袭，汤林尧，中华诗词，2012.7
“压宋成唐”及其他，白雨庐，中华诗词，2012.7
宋、金吴牛喘月故事镜的命名与文化内涵考说，杨玉彬，文物鉴定与鉴赏，2012.7
《诗经图》：一个宋儒的诗学图像文本，沈亚丹，文艺研究，2012.9
名作“隐括”言简意赅，那秋生，中文自修，2012.11
第五届中国唐宋诗词暨天台山文化国际学术研讨会综述，高平，中国韵文学刊，2013.1
古文唐“瘦”宋“肥”论——以朱东润《中国历代文学作品选》与姚鼐《古文辞类纂》为考察对象，李金松，文学与文化，2013.1
反思与借鉴：宋初士人接受白居易的一个重要维度，张再林，长江学术，2013.2
群体选择性误读——论宋代文人的马少游情结，顾友泽，文学评论，2013.2
析莫砺锋、阮忠诗歌研究之差异——以《江西诗派研究》《唐宋诗风流别史》的比较为例，刘宝强，黄冈职业技术学院学报，2013.2
宋日禅文化圈内的论辩式诗偈酬唱——《无象照公梦游天台石桥颂轴》解读，吕肖奂，西北师大学报，2013.2
“意新语工”的文化阐释，梁玉竹，咸阳师范学院学报，2013.3
《联珠诗格》的东传与日本五山七绝的发展——兼论中国文学经典海外传播的路径与原则，谢琰，江海学刊，2013.3
历史观照与文化视野——论许总的宋诗研究，李朝阳，江汉大学学报，2013.3
“梨花”与“海棠”：唐宋文人暮年畸恋现象探析，何蕾，昆明学院学报，2013.4
宋代的名字说与名字文化，张海鸥，中山大学学报，2013.5
咸酸杂众好　中有至味永——论渤海遗民文学对中原文学的接受与反哺，宋巍，渤海大学学报，2013.5
从叙事文学角度看宋代佛教史书中的灵异故事，张培锋，贵州社会科学，2013.6
论宋元时期的楹联，张小华，重庆科技学院学报，2013.6

以唐、宋诗接受为核心的金元诗坛风貌及其价值发微,胡正伟,内蒙古社会科学,2013.6

粤词研究的学术史回顾,赵维江、谷卿,学术研究,2013.7

《宣和奉使高丽图经》中的高丽茶文化,郑银美,青年文学家,2012.23

研究"唐宋转型"与当今社会有密切联系,李纯一,文汇报,2013.2

(鄂)新登字 08 号

图书在版编目(CIP)数据

宋代文学研究年鉴. 2012～2013/刘扬忠,王兆鹏主编.
—武汉:武汉出版社,2015.9
ISBN 978-7-5430-9531-1
Ⅰ.①宋…　Ⅱ.①刘…　②王…　Ⅲ.①中国文学—古典文学研究—宋代—年鉴　Ⅳ.①I206.2-54

中国版本图书馆 CIP 数据核字(2015)第 220244 号

主　　编:刘扬忠　王兆鹏
责任编辑:李艳芬
封面设计:刘福珊
出　版:武汉出版社
社　址:武汉市江汉区新华路 490 号　　邮　编:430015
电　话:(027)85606403　85600625
http://www.whcbs.com　　E-mail:zbs@whcbs.com
印　刷:武汉市首壹印务有限公司　　经　销:新华书店
开　本:850mm×1168mm　1/32
印　张:20　　字　数:675 千字
版　次:2015 年 9 月第 1 版　　2015 年 9 月第 1 次印刷
定　价:48.00 元
